読書案内

「戦国」を知る本

①武将

下剋上の世を生きた人物群像

日外アソシエーツ

Guide to Books of Sengoku Era of Japan

vol.1 Warriors

Compiled by

Nichigai Associates, Inc.

©2008 by Nichigai Associates, Inc.

Printed in Japan

本書はディジタルデータでご利用いただくことができます。詳細はお問い合わせください。

●編集担当● 城谷 浩
カバーイラスト：浅海 亜矢子

刊行にあたって

　「読書案内」シリーズは、手軽に使えるハンディなブックガイドとして発刊した。利用者のニーズに対応した細やかなテーマごとに調査の手がかりを提供しようとするもので、これまでに「伝記編」7点、「作品編」4点、「紀行編」3点、「知る本」11点を刊行してきた。その中で「知る本」シリーズは、大事件、ものの歴史、国宝、明治時代、昭和時代、中国など各冊ごとに、そのテーマを知るための事項・人物・団体などのキーワードを選定し、キーワードの解説と、より深く知るための参考図書リストを提示するスタイルのブックガイドである。

　今回、新たに『「戦国」を知る本』として、「①武将」「②戦乱」「③文化」の3冊を刊行する。本巻「①武将」では、合戦が相次ぐ戦国時代に生きた武将とその妻子、剣豪など200人の人物解説と参考図書8,075点を収録する。

　応仁の乱から信長・秀吉の時代を経て大坂夏の陣に至る戦国時代は、日本の歴史の中でもひときわ高い関心を集める時代である。研究書から入門・概説書まで毎年数多くの本が刊行され、NHKの大河ドラマをはじめテレビや映画にもたびたびとりあげられている。この時代の魅力はまず、織田信長・豊臣秀吉・徳川家康の天下取りの英雄3人をはじめ、全国に割拠した武将たちの人物像にある。それぞれの出自・性格・組織論などが現代人の人生訓として語られることも多い。第2に、戦国時代は大名の領国経営を通じて、各地の経済・産業が発達し、今日の地方都市の原型となる城下町や港町・門前町が形成された発展の時代であった。さらに、大航海時代のヨーロッパとの交易が行われ、日本人の海外渡航も広がり、国際交流が盛んな時代であった。第3に、茶の湯、生け花、風俗画など新しい芸術が生まれた華やかな桃山文化の時代、キリスト教文化が開花した時代でもある。今日でも日本を代表する古典芸能の能楽が発展し、歌舞伎が創始されたのもこの時代であった。

本書は、日本の戦国時代へのこうした多方面からの関心に応え、調査の第一歩のツールを目指して編集し、戦国時代を象徴するキーワードと参考図書を選定収録した。なお、大きなテーマや著名な人物では参考図書の数が膨大になるため、そのテーマ・人物全体を扱った概説書、入手しやすい図書を中心に、主要な図書を選んで収録した。本書が戦国時代への理解を深めるためのツールとして、既刊の「読書案内」シリーズと同様に広く活用されることを願っている。

　2008年7月

　　　　　　　　　　　　　　　　　　　　　　　　　日外アソシエーツ

凡　例

1．本書の内容
　本書は、日本の戦国時代の武将とその関連人物200人をとりあげ、それぞれの人物を解説するとともに、より深く学ぶための参考図書リストを付したものである。

2．見出し
1)　全体を人物の出身または活動地域によって「北海道・東北」「関東」「甲信越」「北陸」「東海」「近畿」「中国・四国」「九州・琉球」の8地域に分け、大見出しとした。これとは別に、戦国武将全体に関わるものは「戦国武将全般」として先頭に配した。
2)　各地域ごとに、武将とその妻子、剣豪などを選び、人名見出しとした。人名見出しは実名・通称・号などのうち最も広く使われている名前を採用し、各地域ごとに没年順に排列した。
3)　いずれの人物にも、人名読み、生没年とともに活動歴・人物像を示す解説を付した。

3．参考図書リスト
1)　それぞれの人物について、より深く学ぶための参考図書を示した。収録点数は8,075点である。
2)　参考図書は、入手しやすい最近の図書を優先することとし、刊行年の新しいものから排列した。

4．事項名索引（巻末）
　本文の見出し人名とその別名、関わった合戦名を五十音順に排列し、その見出しの掲載頁を示した。

目　次

戦国武将全般

　戦国武将 …………………………… 1

北海道・東北

　蘆名　盛氏 ………………………… 23
　葛西　晴信 ………………………… 23
　南部　信直 ………………………… 24
　津軽　為信 ………………………… 24
　最上　義光 ………………………… 25
　片倉　景綱 ………………………… 26
　松前　慶広 ………………………… 26
　支倉　常長 ………………………… 27
　後藤　寿庵 ………………………… 29
　佐竹　義宣 ………………………… 30
　伊達　政宗 ………………………… 31

関　東

　太田　道灌 ………………………… 39
　足利　成氏 ………………………… 40
　北条　早雲 ………………………… 41
　北条　氏綱 ………………………… 46
　塚原　卜伝 ………………………… 47
　北条　氏康 ………………………… 48
　上泉　伊勢守 ……………………… 50
　北条　氏照 ………………………… 50
　北条　氏政 ………………………… 51
　北条　氏直 ………………………… 52
　宇都宮　国綱 ……………………… 53
　小野　忠明 ………………………… 53
　お万の方 …………………………… 54
　小笠原　忠真 ……………………… 55

甲信越

　武田　信玄 ………………………… 56

　武田　信虎 ………………………… 72
　上杉　謙信 ………………………… 72
　武田　勝頼 ………………………… 80
　小笠原　長時 ……………………… 83
　真田　昌幸 ………………………… 84
　真田　幸村 ………………………… 85
　直江　兼続 ………………………… 89
　上杉　景勝 ………………………… 91
　阿茶局 ……………………………… 93
　真田　信之 ………………………… 94

北　陸

　朝倉　孝景 ………………………… 95
　朝倉　義景 ………………………… 95
　佐々木　小次郎 …………………… 97
　前田　利長 ………………………… 97

東　海

　東　常縁 …………………………… 99
　足利　義澄 ………………………… 99
　今川　氏親 ………………………… 99
　松平　広忠 ………………………… 100
　織田　信秀 ………………………… 100
　今川　義元 ………………………… 101
　山本　勘助 ………………………… 103
　竹中　半兵衛 ……………………… 105
　築山殿 ……………………………… 107
　松平　信康 ………………………… 108
　明智　光秀 ………………………… 108
　織田　信忠 ………………………… 114
　織田　信長 ………………………… 115
　森　蘭丸 …………………………… 144
　小谷の方 …………………………… 145
　織田　信孝 ………………………… 146
　柴田　勝家 ………………………… 146
　丹羽　長秀 ………………………… 149

(6)

目　次

蜂須賀 正勝	149
佐々 成政	151
朝日方	152
堀 秀政	152
羽柴 秀長	153
天瑞院	154
石川 数正	155
豊臣 秀次	156
酒井 忠次	157
豊臣 秀吉	158
前田 利家	181
鳥居 元忠	186
細川 ガラシャ	186
井伊 直政	189
伝通院	190
前田 玄以	191
山内 一豊	191
榊原 康政	194
結城 秀康	195
金森 長近	196
本多 忠勝	196
浅野 長政	197
加藤 清正	198
堀尾 吉晴	204
濃 姫	205
池田 輝政	205
仙石 秀久	206
増田 長盛	207
徳川 家康	207
本多 正信	234
芳春院	234
板倉 勝重	235
高台院	236
福島 正則	238
大久保 忠隣	240
織田 信雄	241
加藤 嘉明	242
徳川 秀忠	243
本多 正純	246
板倉 重昌	247
蜂須賀 家政	247
大久保 彦左衛門	248
春日局	249
土井 利勝	252
松平 忠明	253
伊藤 一刀斎	253
井伊 直孝	254
松平 忠輝	255

近　畿

足利 義尚	256
足利 義政	256
畠山 義就	258
足利 政知	259
足利 義視	259
畠山 政長	259
日野 富子	260
細川 政元	263
足利 義稙	264
足利 義晴	264
斎藤 道三	265
足利 義輝	266
浅井 長政	267
松永 久秀	268
別所 長治	271
中川 清秀	271
池田 恒興	272
筒井 順慶	272
荒木 村重	274
滝川 一益	275
蒲生 氏郷	276
服部 半蔵	278
足利 義昭	279
小早川 隆景	281
六角 義賢	283
宮部 継潤	283
石田 三成	283
大谷 吉継	288
九鬼 嘉隆	289
小西 行長	290
島 勝猛	292
長束 正家	293
小早川 秀秋	293
黒田 孝高	295
柳生 宗厳	300

(7)

目　次

宝蔵院 胤栄 …………………301
京極 高次 …………………301
細川 幽斎 …………………302
浅野 幸長 …………………305
大野 治長 …………………305
片桐 且元 …………………306
高山 右近 …………………307
豊臣 秀頼 …………………310
淀　 殿 …………………312
見性院 …………………315
京極 マリア …………………316
黒田 長政 …………………317
崇源院 …………………318
内藤 如安 …………………319
脇坂 安治 …………………319
藤堂 高虎 …………………319
宮本 武蔵 …………………322
柳生 宗矩 …………………334
松平 忠直 …………………337
柳生 兵庫助 …………………337
千　 姫 …………………338

中国・四国

尼子 経久 …………………341
大内 義隆 …………………341
陶　 晴賢 …………………343
細川 晴元 …………………344
毛利 隆元 …………………344
三好 長慶 …………………344
足利 義栄 …………………346
毛利 元就 …………………347
山中 幸盛 …………………354
宇喜多 直家 …………………356

吉川 元春 …………………356
長宗我部 元親 …………………357
安国寺 恵瓊 …………………359
長宗我部 盛親 …………………360
明石 掃部 …………………361
吉川 広家 …………………361
毛利 輝元 …………………362
宇喜多 秀家 …………………363

九州・琉球

尚　 真 …………………365
島津 忠良 …………………365
種子島 時堯 …………………366
龍造寺 隆信 …………………366
戸次 鑑連 …………………367
高橋 紹運 …………………367
大友 宗麟 …………………368
大村 純忠 …………………371
島津 義久 …………………372
有馬 晴信 …………………373
岩見 重太郎 …………………373
宗　 義智 …………………374
鍋島 直茂 …………………374
島津 義弘 …………………375
尚　 寧 …………………377
松倉 重政 …………………377
島津 家久 …………………377
立花 宗茂 …………………378
細川 忠興 …………………379
鍋島 勝茂 …………………381

人名・合戦名索引 …………………383

(8)

戦国武将全般

戦国武将

　日本の戦国時代は、室町幕府や寺社の力が衰え、領国を一円的に支配する武士が各地に現れた時代である。戦国時代の範囲についてはいくつかの捉え方があるが、本書では群雄割拠の時代として最も広く、関東地方で幕府の支配が及ばなくなった享徳3年(1454年)の享徳の乱の始まりから、元和元年(1615年)の大坂夏の陣で豊臣氏が滅び徳川幕藩体制が確立されるまでの約160年間の人物・テーマを扱う。第1巻「武将」では、下克上・合戦の時代を生きた武将とその妻子・家臣、剣豪などをとりあげた。

＊　　＊　　＊

◇戦国武将からの手紙―乱世を生きた男たちの素顔　吉本健二著　学習研究社　2008.5　300p　15cm　(学研M文庫)〈「手紙から読み解く戦国武将意外な真実」(2006年刊)の改訂　文献あり〉　667円　①978-4-05-901220-7

◇武将列伝　戦国爛熟篇　海音寺潮五郎著　新装版　文芸春秋　2008.5　403p　16cm　(文春文庫)　686円　①978-4-16-713555-3

◇戦国武将「まさか」の凄い戦略　楠戸義昭著　三笠書房　2008.4　270p　15cm　(知的生きかた文庫)〈文献あり〉　533円　①978-4-8379-7703-2

◇武将列伝　戦国揺籃篇　海音寺潮五郎著　新装版　文芸春秋　2008.4　448p　16cm　(文春文庫)　733円　①978-4-16-713554-6

◇戦国軍師列伝　津本陽他著　新人物往来社　2008.3　239p　19cm　(時代小説傑作選 6)〈1995年刊の新装校訂〉　1500円　①978-4-404-03541-7

◇戦国精強家臣団―勇将・猛将・烈将伝　全国版　学習研究社　2008.3　167p　26cm　(歴史群像シリーズ 特別編集)〈折り込1枚　年表あり〉　1800円　①978-4-05-605037-0

◇戦国武将国盗り物語　童門冬二他著　新人物往来社　2008.3　261p　19cm　(時代小説傑作選 7)〈1995年刊の新装校訂〉　1500円　①978-4-404-03542-4

◇戦国時代の「裏」を読む―通説に埋もれた史実に迫る　中村彰彦著　PHP研究所　2008.2　335p　15cm　(PHP文庫)　724円　①978-4-569-66971-7

◇戦国武将の「政治力」―現代政治学から読み直す　滝沢中著　祥伝社　2008.2　252p　18cm　(祥伝社新書)　760円　①978-4-396-11101-4

◇「戦国合戦」意外・驚きエピソード―信長・秀吉・家康と、武将たちのちょっと珍しい話　加賀康之著　PHP研究所　2008.1　387p　15cm　(PHP文庫)〈年表あり　文献あり〉　648円　①978-4-569-66966-3

◇「図解」軍師と参謀知略戦のすべて―歴史に学ぶ「勝つ」ための戦略　ビジネス兵法研究会著　PHP研究所　2007.12　95p　26cm　952円　①978-4-569-69543-3

◇戦国武将を育てた禅僧たち　小和田哲男著　新潮社　2007.12　221p　20cm　(新潮選書)　1100円　①978-4-10-603594-4

◇戦国武将この「すごい眼力」に学べ　小和田哲男著　三笠書房　2007.12　220p　15cm　(知的生きかた文庫)　533円　①978-4-8379-7677-6

◇日本史1000人―ビジュアル版　上巻〔改訂〕世界文化社　2007.12　223p　26cm〈上巻のサブタイトル：古代国家の誕生から秀吉の天下統一まで　年表あり〉　2400円　①978-4-418-07240-8

1

戦国武将全般

◇日本史1000人—ビジュアル版　下巻〔改訂〕　世界文化社　2007.12　223p　26cm　〈下巻のサブタイトル：関ケ原の戦いから太平洋戦争の終結まで　年表あり〉　2400円　①978-4-418-07241-5

◇東に名臣あり—家老列伝　中村彰彦著　文芸春秋　2007.12　293p　20cm　1600円　①978-4-16-326580-3

◇「図解」ふるさとの戦国武将—智将・猛将・参謀たちの教科書には載らない新・真実！　河合敦著　学習研究社　2007.11　95p　26cm　〈年表あり〉　933円　①978-4-05-403558-4

◇関ケ原合戦・あの人の「その後」—勝った人、負けた人がたどった「意外な運命」　日本博学倶楽部著　PHP研究所　2007.11　257p　15cm　（PHP文庫）〈文献あり〉　571円　①978-4-569-66938-0

◇戦国武将の生命懸け損益計算書—人生の岐路に彼らはどう対処したか　加来耕三著　土屋書店　2007.11　203p　18cm　（知の雑学新書7）　800円　①978-4-8069-0946-0

◇戦国武勇伝　3（王者、破れる）　百目鬼涼一郎著　学習研究社　2007.11　222p　18cm　（歴史群像新書）　900円　①978-4-05-403610-9

◇相続プロデューサーが教える戦国武将に学んだ社長が成功する！—事業継承成功と失敗の分岐点　藤永悟志著　文芸社　2007.11　167p　19cm　〈年譜あり　文献あり〉　1200円　①978-4-286-03804-9

◇戦国軍師の合戦術　小和田哲男著　新潮社　2007.10　286p　16cm　（新潮文庫）〈呪術と占星の戦国史〉（平成10年刊）の改題〉　438円　①978-4-10-128852-9

◇戦国武将「できる男」の意外な結末—愛蔵版　日本博学倶楽部著　PHP研究所　2007.10　221p　19cm　〈文献あり〉　476円　①978-4-569-69563-1

◇日本史1000人—ビジュアル版　上巻　世界文化社　2007.10　223p　26cm　〈上巻のサブタイトル：古代国家の誕生から秀吉の天下統一まで　年表あり〉　2400円　①978-4-418-07230-9

◇日本史1000人—ビジュアル版　下巻　世界文化社　2007.10　223p　26cm　〈下巻のサブタイトル：関ケ原の戦いから太平洋戦争の終結まで　年表あり〉　2400円　①978-4-418-07231-6

◇英傑の日本史　風林火山編　井沢元彦著　角川学芸出版　2007.9　262p　20cm　〈年表あり〉　1500円　①978-4-04-621108-8

◇古人往来　森銑三著, 小出昌洋編　中央公論新社　2007.9　307p　16cm　（中公文庫）　857円　①978-4-12-204914-7

◇「戦国武将」名将のすごい手の内　小和田哲男著　三笠書房　2007.9　238p　15cm　（知的生きかた文庫）　533円　①978-4-8379-7656-1

◇日本武将列伝—戦場の華、変わり兜にみる武将の美学　新人物往来社　2007.9　155p　26cm　（別冊歴史読本78）　1800円　①978-4-404-03378-9

◇〈負け組〉の戦国史　鈴木真哉著　平凡社　2007.9　243p　18cm　（平凡社新書）〈年表あり　文献あり〉　760円　①978-4-582-85391-9

◇かく戦い、かく死す—新編武将小説集　柴田錬三郎著　集英社　2007.8　253p　16cm　（集英社文庫）　476円　①978-4-08-746204-3

◇戦国時代諸英雄—武将達の興亡誌　村上博優篇著　東御　グリーン美術出版　2007.8　389p　18cm　1800円　①978-4-9901505-4-9, 978-4-9901505-9

◇戦国武将逸話の謎と真相　川口素生著　学習研究社　2007.8　321p　15cm　（学研M文庫）〈文献あり〉　630円　①978-4-05-901202-3

◇戦国武将御家騒動録　新人物往来社　2007.7　175p　26cm　（別冊歴史読本　第32巻21号）　1800円　①978-4-404-03373-4

◇男たちの戦国—戦国武将友情始末　夏野清三郎著　ぶんか社　2007.6　205p　15cm　（ぶんか社文庫）　600円　①978-4-8211-5101-1

◇「戦国武将」名将の頭の中　菊池道人著　三笠書房　2007.6　219p　15cm　（知的

戦国武将全般

生きかた文庫) 533円 ①978-4-8379-7636-3

◇上司の心得―名将名君に学ぶ 童門冬二著 PHP研究所 2007.5 238p 20cm 1500円 ①978-4-569-69069-8

◇戦国武将あの人の顛末―図説相関図と合戦地図で読み解く 中江克己著 青春出版社 2007.5 95p 26cm 〈年表あり〉 1000円 ①978-4-413-00889-1

◇武将が信じた神々と仏 八幡和郎監修 青春出版社 2007.5 188p 18cm (青春新書インテリジェンス) 〈文献あり〉 730円 ①978-4-413-04173-7

◇戦国武将の通知表―八幡和郎による戦国時代・名将100人の新常識! 八幡和郎監修 宝島社 2007.4 143p 26cm (別冊宝島1403号) 1143円 ①978-4-7966-5729-7

◇武将列伝 しなのき書房編 長野 しなのき書房 2007.4 379p 20cm (信州歴史時代小説傑作集 第1巻) 1800円 ①978-4-903002-09-5

◇京都・戦国武将の寺をゆく 津田三郎著 彦根 サンライズ出版 2007.3 237p 21cm 1600円 ①978-4-88325-320-3

◇戦国軍師入門 榎本秋著 幻冬舎 2007.3 203p 18cm (幻冬舎新書) 〈文献あり〉 720円 ①978-4-344-98026-6

◇戦国武将最後の戦い 新人物往来社 2007.2 175p 26cm (別冊歴史読本 第32巻4号) 1800円 ①978-4-404-03356-7

◇敗者の条件 会田雄次著 改版 中央公論新社 2007.2 222p 16cm (中公文庫) 〈年表あり〉 590円 ①978-4-12-204818-8

◇戦国驍将・知将・奇将伝―乱世を駆けた62人の生き様・死に様 歴史群像編集部編 学習研究社 2007.1 380p 15cm (学研M文庫)「戦国武心伝」(2002年刊)の改題 690円 ①978-4-05-901194-1

◇戦国軍師伝―勝機を掴む武略と叡智 学習研究社 2007.1 171p 26cm (歴史群像シリーズ) 1500円 ①4-05-604398-1

◇後継学―戦国父子に学ぶ 加来耕三著 時事通信出版局 2006.12 301p 20cm 1800円 ①4-7887-0673-3

◇戦国武将勝利の実学 火坂雅志著 勉誠出版 2006.12 266p 19cm 1400円 ①4-585-05344-1

◇手紙から読み解く戦国武将意外な真実 吉本健二著 学習研究社 2006.12 270p 19cm 〈文献あり〉 1450円 ①4-05-403275-3

◇山本勘助の時代一〇〇人―「風林火山」と戦国時代 外川淳著 河出書房新社 2006.12 230p 15cm (河出文庫) 〈年表あり〉 720円 ①4-309-40826-5

◇家康の父親は武田信玄だった! 武山憲明, 杉山光男著 ぶんか社 2006.11 270p 15cm (ぶんか社文庫) 〈文献あり〉 657円 ①4-8211-5076-X

◇戦国武将がわかる絵事典―日本の歴史を学んでみよう 名将のエピソードを知ろう 山村竜也著 PHP研究所 2006.11 79p 29cm 2800円 ①4-569-68633-8

◇山本勘助と戦国24人の名軍師―主家存亡を賭けて戦った智謀の将たち 新人物往来社 2006.11 205p 26cm (別冊歴史読本 第31巻23号) 〈年譜あり〉 1800円 ①4-404-03349-4

◇軍師の死にざま―短篇小説集 末国善己編 作品社 2006.10 349p 20cm 1800円 ①4-86182-101-0

◇戦国武将の謎―教科書ではわからない戦国時代の裏のウラ 桑田忠親著 日本文芸社 2006.10 199p 18cm 648円 ①4-537-25437-8

◇事典にのらない戦国武将の苦節時代 新人物往来社 2006.9 207p 21cm (別冊歴史読本 44号) 1600円 ①4-404-03344-3

◇戦国興亡名将たちの決断 戸部新十郎著 PHP研究所 2006.9 221p 19cm 476円 ①4-569-65544-0

◇戦術―名将たちの戦場 中里融司著 新紀元社 2006.9 287p 21cm (Truth in history 9) 〈文献あり〉 1900円 ①4-7753-0503-4

戦国武将全般

◇武田家臣団—信玄を支えた24将と息子たち　近衛竜春著　学習研究社　2006.9　426p　15cm　(学研M文庫)　〈文献あり〉　760円　ⓃISBN4-05-901191-6

◇名将に学ぶ人間学　童門冬二著　改訂新版　三笠書房　2006.9　237p　19cm　1400円　ⓃISBN4-8379-2210-4

◇戦国武将「凄い生き方」　小和田哲男著　三笠書房　2006.8　301p　15cm　(知的生きかた文庫)　552円　ⓃISBN4-8379-7573-9

◇名将の法則—戦国乱世を生き抜いた12人の知られざる"決断"とは　安部竜太郎著　日本実業出版社　2006.8　254p　19cm　〈年表あり〉　1600円　ⓃISBN4-534-04106-3

◇うらやましい人　日本エッセイスト・クラブ編　文芸春秋　2006.7　349p　16cm　(文春文庫)　562円　ⓃISBN4-16-743421-0

◇戦国武将名言録　楠戸義昭著　PHP研究所　2006.7　434,3p　15cm　(PHP文庫)　〈文献あり〉　686円　ⓃISBN4-569-66651-5

◇おんなたちの戦国史　日本史探検の会編　ぶんか社　2006.6　255p　15cm　(ぶんか社文庫)　590円　ⓃISBN4-8211-5052-2

◇戦国武将列伝—戦場を駆けた戦国武将たちの美学　甲冑・旗指物・陣羽織など、名品を一挙掲載　新人物往来社　2006.6　155p　26cm　(別冊歴史読本 39)　1800円　ⓃISBN4-404-03339-7

◇戦国名軍師列伝　川口素生著　PHP研究所　2006.5　301p　15cm　(PHP文庫)　〈文献あり〉　571円　ⓃISBN4-569-66625-6

◇戦国の影法師—もうひとつの意外人物列伝　武田鏡村著　三修社　2006.4　207p　19cm　1600円　ⓃISBN4-384-03809-7

◇名家老とダメ家老—戦国〜幕末・維新三〇〇諸侯の家老列伝　加来耕三著　講談社　2006.4　493p　19cm　1700円　ⓃISBN4-06-212813-6

◇北武蔵を駆け抜けた武将たち　戸島鉄雄著　名古屋　ブイツーソリューション　2006.3　223p　26cm　〈年表あり〉　2286円　ⓃISBN4-434-07619-1

◇事典にのらない戦国武将の死の瞬間　新人物往来社　2006.3　207p　21cm　(別冊歴史読本 31号)　1600円　ⓃISBN4-404-03331-1

◇戦国の女たち—司馬遼太郎・傑作短篇選　司馬遼太郎著　PHP研究所　2006.3　343p　15cm　(PHP文庫)　571円　ⓃISBN4-569-66591-8

◇戦国武将男の値打ち　田中春泥著　三笠書房　2006.3　253p　15cm　(知的生きかた文庫)　533円　ⓃISBN4-8379-7548-8

◇戦国の女たち—乱世に咲いた名花23人　森実与子著　学習研究社　2006.2　311p　15cm　(学研M文庫)　〈年表あり　文献あり〉　667円　ⓃISBN4-05-901180-0

◇戦国名将列伝—下剋上の世を勝ち抜いた一〇〇人の強者たち　『歴史街道』編集部編　PHP研究所　2006.2　103p　26cm　〈付・徳川時代の大坂城鳥瞰復元図　折り込1枚　年表あり　年譜あり〉　800円　ⓃISBN4-569-64858-4

◇名将の陰に名僧あり—戦国時代を生き抜いた知恵と戦略　百瀬明治著　祥伝社　2006.2　243p　16cm　(祥伝社黄金文庫)　〈「武将と名僧」(清流出版1996年刊)の改題　年表あり〉　571円　ⓃISBN4-396-31398-5

◇健康力—戦国武将たちに学ぶ　植田美津江著　名古屋　ゆいぽおと　2006.1　190p　18cm　〈東京 KTC中央出版(発売)　文献あり〉　1000円　ⓃISBN4-87758-403-X

◇人生が開ける戦国武将の言葉　童門冬二著　PHP研究所　2006.1　223p　19cm　476円　ⓃISBN4-569-64752-9

◇図説戦国武将おどろきの真実—乱世の英雄にまつわるウソのようなホントの話　歴史雑学探究倶楽部編　学習研究社　2006.1　95p　26cm　〈奥付のタイトル：戦国武将おどろきの真実〉　905円　ⓃISBN4-05-402999-X

◇戦国群雄伝—信長、秀吉、そして毛利元就、…戦国に覇を唱えた武将たち　改訂新版　世界文化社　2006.1　305p　26cm　(ビッグマンスペシャル)　〈年表あり〉　1700円　ⓃISBN4-418-05149-X

◇戦国人名辞典　戦国人名辞典編集委員会編　吉川弘文館　2006.1　1057,112p　23cm　18000円　ⓃISBN4-642-01348-2

戦国武将全般

◇戦国大名の大常識　小和田哲男監修, 青木一平文　ポプラ社　2006.1　143p　22cm　（これだけは知っておきたい 25）〈年表あり〉　880円　①4-591-08956-8

◇戦国武将のよそおい―異形兜から祐乗目貫まで　特別展　三島　佐野美術館　2006.1　119p　30cm　〈会期・会場：平成18年1月5日～2月6日 佐野美術館〉　①4-915857-62-X

◇たけみつ教授のこれぞ、戦国武将！―乱世に舞った10人の鬼才　武光誠著　リイド社　2006.1　269p　15cm　（リイド文庫）〈「戦国の名脇役たち」（PHP文庫1995年刊）の増訂〉　476円　①4-8458-2342-X

◇「図解」信長軍団なるほど人物事典―完全保存版　『歴史街道』編集部編　PHP研究所　2005.12　94p　26cm　〈折り込1枚　年譜あり〉　800円　①4-569-64599-2

◇戦国の妻たち　山村竜也著　リイド社　2005.12　239p　15cm　（リイド文庫）　476円　①4-8458-2638-0

◇戦国の妻たち―歴史を陰で支えた女たちの物語　鈴木亨著　河出書房新社　2005.12　223p　15cm　（Kawade夢文庫）　514円　①4-309-49598-2

◇戦国武将最強列伝　別冊宝島編集部編　宝島社　2005.12　286p　16cm　（宝島社文庫）〈2004年刊の増訂　年表あり〉　638円　①4-7966-5048-2

◇戦国武将の宣伝術―隠された名将のコミュニケーション戦略　童門冬二著　講談社　2005.12　311p　15cm　（講談社文庫）　571円　①4-06-275281-6

◇戦国女人十一話　末国善己編　作品社　2005.11　366p　20cm　〈文献あり〉　1800円　①4-86182-057-X

◇戦国武将「できる男」の意外な結末　日本博学倶楽部著　PHP研究所　2005.11　313p　15cm　（PHP文庫）〈文献あり〉　571円　①4-569-66484-9

◇戦国武将散り様列伝―戦国武将174人の最期の瞬間　宝島社　2005.10　127p　26cm　（別冊宝島 1208号）　952円　①4-7966-4863-1

◇山内一豊の妻と戦国女性の謎＜徹底検証＞　加来耕三著　講談社　2005.10　572p　15cm　（講談社文庫）〈年表あり〉　781円　①4-06-275203-4

◇江戸日本を創った藩祖総覧　武光誠著　PHP研究所　2005.9　297p　18cm　（PHP新書）　780円　①4-569-64453-8

◇深説戦国の謎100　歴史探訪研究の会編　リイド社　2005.9　254p　15cm　（リイド文庫）　476円　①4-8458-2626-7

◇戦国の女性たち―16人の波乱の人生　小和田哲男編著　河出書房新社　2005.9　253p　20cm　1500円　①4-309-22435-0

◇信長の家臣団―「天下布武」を支えた武将34人の記録　樋口晴彦著　学習研究社　2005.9　362p　15cm　（学研M文庫）　648円　①4-05-901174-6

◇悲劇の名将たち　柘植久慶著　中央公論新社　2005.9　291, 7p　20cm　〈文献あり〉　2200円　①4-12-003665-0

◇戦国武将の危機突破学　童門冬二著　日本経済新聞社　2005.8　309p　15cm　（日経ビジネス人文庫）　667円　①4-532-19305-2

◇戦国武将の名言に学ぶ　武田鏡村著　大阪　創元社　2005.8　189p　21cm　1500円　①4-422-20161-1

◇逆説の日本史　9(戦国野望編)　井沢元彦著　小学館　2005.6　481p　15cm　（小学館文庫）〈年表あり〉　657円　①4-09-402009-8

◇検証もうひとつの武将列伝　井沢元彦著　有楽出版社　2005.6　253p　20cm　〈東京　実業之日本社（発売）　年表あり〉　1600円　①4-408-59250-1

◇戦国なるほど人物事典―100人のエピソードで戦国史がよくわかる！　泉秀樹著　愛蔵版　PHP研究所　2005.6　235p　19cm　476円　①4-569-64332-9

◇戦国武将の遺言36選　歴史探訪研究の会編　リイド社　2005.6　254p　15cm　（リイド文庫）　476円　①4-8458-2779-4

◇戦国ものしり百科―戦国武将たちの意外な合戦・生活事情 完全保存版　中江克己

戦国武将全般

著　PHP研究所　2005.6　95p　26cm　952円　⑪4-569-64243-8

◇名将名城伝　津本陽著　PHP研究所　2005.6　280p　20cm　1500円　⑪4-569-64187-3

◇戦国武将・闇に消されたミステリー―いまだ解けない80の謎　三浦竜著　PHP研究所　2005.5　300p　15cm　(PHP文庫)　533円　⑪4-569-66407-5

◇戦国大名　杉山博著　改装　中央公論新社　2005.3　577p　16cm　(中公文庫)〈文献あり　年表あり〉　1238円　⑪4-12-204508-8

◇戦国武将・合戦事典　峰岸純夫, 片桐昭彦編　吉川弘文館　2005.3　896, 77p　23cm〈年表あり〉　8000円　⑪4-642-01343-1

◇戦国武将人を動かす天才に学ぶ　鈴木亨著　三笠書房　2005.3　285p　15cm　(知的生きかた文庫)　533円　⑪4-8379-7472-4

◇武士の実像　岩原信守著　元就出版社　2005.3　268p　19cm　1800円　⑪4-86106-025-7

◇図説戦国武将おもしろ事典　奈良本辰也監修　三笠書房　2005.2　285p　15cm　(知的生きかた文庫)〈文献あり〉　533円　⑪4-8379-7468-6

◇波瀾万丈中世・戦国を生きた女たち　石丸晶子著　清流出版　2005.1　231p　20cm　1500円　⑪4-86029-110-7

◇戦国武将の養生訓　山崎光夫著　新潮社　2004.12　218p　18cm　(新潮新書)　700円　⑪4-10-610098-3

◇戦国おんな絵巻―歴史よもやま話　永井路子著　光文社　2004.11　230p　16cm　(光文社文庫)〈葵を咲かせた女たち〉(日本放送出版協会1999年刊)の増訂〉　476円　⑪4-334-73783-8

◇戦国武将雑学事典―まるごと一冊戦国時代　戦国武将雑学研究所編　リイド社　2004.10　240p　19cm　381円　⑪4-8458-2765-4

◇武将を支えた禅の教え　童門冬二著　青春出版社　2004.10　270p　20cm　1500円　⑪4-413-02170-3

◇事典にのらない戦国武将の晩年と最期　新人物往来社　2004.9　207p　21cm　(別冊歴史読本　第29巻第26号)　1600円　⑪4-404-03094-0

◇戦国知将「強者の論理」　鈴木亨著　三笠書房　2004.9　267p　15cm　(知的生きかた文庫)　571円　⑪4-8379-7432-5

◇戦国武将あの人の顛末　中江克己著　青春出版社　2004.9　253p　15cm　(青春文庫)　571円　⑪4-413-09301-1

◇江戸の殿さま全600家―創業も生き残りもたいへんだ　八幡和郎著　講談社　2004.8　363p　16cm　(講談社+α文庫)〈年表あり〉　743円　⑪4-06-256869-1

◇戦国武将の意外なウラ事情―英雄たちの「秘められた事実」　日本博学倶楽部著　PHP研究所　2004.6　276p　15cm　(PHP文庫)〈年表あり　文献あり〉　571円　⑪4-569-66199-8

◇役に立つ戦国武将―厳選50人　時代劇雑学研究会著　リイド社　2004.4　223p　15cm　(リイド文庫)〈年表あり　文献あり〉　562円　⑪4-8458-2758-1

◇戦国武将最強列伝　宝島社　2004.3　127p　26cm　(別冊宝島989号)　952円　⑪4-7966-3953-5

◇戦国なるほど人物事典―100人のエピソードで戦国史がよくわかる！完全保存版　泉秀樹著　PHP研究所　2004.2　111p　26cm　952円　⑪4-569-63328-5

◇しぶとい戦国武将伝　外川淳著　河出書房新社　2004.1　237p　19cm　1600円　⑪4-309-22409-1

◇戦群―戦国武将秘録　v.3　永井豪とダイナミックプロ著, 吉川英治原作　実業之日本社　2003.12　427p　19cm　(マンサンQコミックス)　524円　⑪4-408-16778-9

◇ビジネス戦国武将占い　週刊文春編集部編　文芸春秋　2003.12　222p　16cm　(文春文庫plus)　495円　⑪4-16-766062-8

◇室町戦国史紀行　宮脇俊三著　講談社　2003.12　405p　15cm　(講談社文庫)

〈年表あり〉　695円　Ⓘ4-06-273918-6
◇図説戦国武将あの人の「その後」―「関ヶ原」「本能寺」…事件が変えた男たちの運命　日本博学倶楽部著　PHP研究所　2003.11　95p　26cm　952円　Ⓘ4-569-63217-3
◇戦群―戦国武将秘録　v.2　永井豪とダイナミックプロ著,吉川英治原作　実業之日本社　2003.10　440p　19cm　(マンサンQコミックス)　524円　Ⓘ4-408-16766-5
◇武将たちの四季―戦国の逸話と物語　岩原信守著　元就出版社　2003.10　318p　19cm　1800円　Ⓘ4-906631-99-1
◇戦群―戦国武将秘録　v.1　永井豪とダイナミックプロ著,吉川英治原作　実業之日本社　2003.8　441p　19cm　(マンサンQコミックス)　524円　Ⓘ4-408-16752-5
◇男ありて―戦国武人列伝　竹村紘一著　〔川崎〕ルックフォワード　2003.7　244p　22cm　〈発行所：八紘社〉　1200円　Ⓘ4-939032-05-1
◇戦国なるほど人物事典―100人のエピソードで歴史の流れがよくわかる　泉秀樹著　PHP研究所　2003.5　502p　15cm　(PHP文庫)〈「戦国乱世百傑百話」(実業之日本社1998年刊)の改題〉　819円　Ⓘ4-569-57945-0
◇佐賀の戦国人名志　川上茂治著　増補改訂版　佐賀　佐賀新聞社　2002.11　563p　21cm　〈折り込1枚〉　3048円　Ⓘ4-88298-127-0
◇週刊ビジュアル日本の歴史　no.140　戦国武将篇　20　デアゴスティーニ・ジャパン　2002.11　p800-839　30cm　〈年表あり〉　533円
◇戦国武将への大質問―ホントはどうなの？　コトの真相から、意外な顛末まで70の謎を解く　歴史の謎研究会編　青春出版社　2002.11　206p　15cm　(青春文庫)　486円　Ⓘ4-413-09255-4
◇週刊ビジュアル日本の歴史　no.135　戦国武将編　15　デアゴスティーニ・ジャパン　2002.10　p590-629　30cm　〈年表あり〉　533円

◇週刊ビジュアル日本の歴史　no.136　戦国武将編　16　デアゴスティーニ・ジャパン　2002.10　p632-671　30cm　〈年表あり〉　533円
◇週刊ビジュアル日本の歴史　no.138　戦国武将篇　18　デアゴスティーニ・ジャパン　2002.10　p716-755　30cm　〈年表あり〉　533円
◇週刊ビジュアル日本の歴史　no.139　戦国武将篇　19　デアゴスティーニ・ジャパン　2002.10　p758-797　30cm　〈年表あり〉　533円
◇週刊ビジュアル日本の歴史　no.131　戦国武将篇　11　デアゴスティーニ・ジャパン　2002.9　p422-461　30cm　〈年表あり〉　533円
◇週刊ビジュアル日本の歴史　no.132　戦国武将篇　12　デアゴスティーニ・ジャパン　2002.9　p464-503　30cm　〈年表あり〉　533円
◇週刊ビジュアル日本の歴史　no.133　戦国武将編　13　デアゴスティーニ・ジャパン　2002.9　p506-545　30cm　〈年表あり〉　533円
◇週刊ビジュアル日本の歴史　no.134　戦国武将編　14　デアゴスティーニ・ジャパン　2002.9　p548-587　30cm　〈年表あり〉　533円
◇戦国武将・あの人の「その後」―「関ヶ原」「本能寺」…事件が変えた男たちの運命　日本博学倶楽部著　PHP研究所　2002.9　244p　15cm　(PHP文庫)　552円　Ⓘ4-569-57777-6
◇週刊ビジュアル日本の歴史　no.127　戦国武将篇　7　デアゴスティーニ・ジャパン　2002.8　p254-293　30cm　〈年表あり〉　533円
◇週刊ビジュアル日本の歴史　no.128　戦国武将篇　8　デアゴスティーニ・ジャパン　2002.8　p296-335　30cm　〈年表あり〉　533円
◇週刊ビジュアル日本の歴史　no.129　戦国武将篇　9　デアゴスティーニ・ジャパ

戦国武将全般

ン 2002.8 p338-377 30cm 〈年表あり〉 533円

◇週刊ビジュアル日本の歴史 no.130 戦国武将篇 10 デアゴスティーニ・ジャパン 2002.8 p380-419 30cm 〈年表あり〉 533円

◇週刊ビジュアル日本の歴史 no.137 戦国武将篇 17 デアゴスティーニ・ジャパン 2002.8 p674-713 30cm 〈年表あり〉 533円

◇週刊ビジュアル日本の歴史 no.122 戦国武将篇 2 デアゴスティーニ・ジャパン 2002.7 p44-83 30cm 〈年表あり〉 533円

◇週刊ビジュアル日本の歴史 no.123 戦国武将篇 3 デアゴスティーニ・ジャパン 2002.7 p86-125 30cm 〈年表あり〉 533円

◇週刊ビジュアル日本の歴史 no.124 戦国武将篇 4 デアゴスティーニ・ジャパン 2002.7 p128-167 30cm 〈年表あり〉 533円

◇週刊ビジュアル日本の歴史 no.125 戦国武将篇 5 デアゴスティーニ・ジャパン 2002.7 p170-209 30cm 〈年表あり〉 533円

◇週刊ビジュアル日本の歴史 no.126 戦国武将篇 6 デアゴスティーニ・ジャパン 2002.7 p212-251 30cm 〈年表あり〉 533円

◇週刊ビジュアル日本の歴史 no.121 戦国武将篇 1 デアゴスティーニ・ジャパン 2002.6 41p 30cm 〈年表あり〉 533円

◇戦国武心伝―武門の意地と闘魂の群像 学習研究社 2002.5 195p 26cm (歴史群像シリーズ 66号) 1500円 ①4-05-602599-1

◇『名将言行録』乱世を生き抜く智恵 谷沢永一, 渡部昇一著 PHP研究所 2002.4 196p 20cm 〈文献あり〉 1300円 ①4-569-62018-3

◇戦国武将―勝者の死にざま/敗者の生きざま 岳勇士著 健友館 2002.3 170p 19cm 1600円 ①4-7737-0614-7

◇戦国武将の妻たち 桜田晋也著 永岡書店 2002.3 254p 15cm 486円 ①4-522-47520-9

◇戦国13人の名軍師―合戦を操った陰の実力者たち 新人物往来社 2002.3 161p 26cm (別冊歴史読本 第27巻 7号) 2000円 ①4-404-03002-9

◇戦国武将に学ぶ経営戦略 高木健次著 新評論 2001.12 225p 20cm 2200円 ①4-7948-0534-9

◇戦国武将に学ぶ風格の研究―彼らにおける老いの品性・老いの真価とは 鈴木輝一郎著 祥伝社 2001.12 202p 18cm (ノン・ブック) 819円 ①4-396-10423-5

◇戦国武将55の名言―乱世を生きぬいた漢たち 秋庭道博著 学習研究社 2001.12 230p 15cm (学研M文庫) 530円 ①4-05-901098-7

◇戦国武将にみる混迷変革期突破―人間の行動原理は昔も今も欲 米田一雄著 福岡 西日本新聞社 2001.11 254p 19cm 1524円 ①4-8167-0539-2

◇前田利家と戦国四十人 小和田哲男, 池田こういち文, 日弁貞夫写真 学習研究社 2001.11 128p 24cm (Gakken graphic books deluxe 20) 1800円 ①4-05-401499-2

◇戦国を勝ちぬいた武将たち―危機克服のリーダーシップ 童門冬二著 日本放送出版協会 2001.10 195p 21cm (NHKシリーズ) 〈放送期間:2001年10月―12月〉 850円 ①4-14-910423-9

◇戦国武将の時代―中世の上総国の秋元氏について 坂井昭編 新訂版〔君津〕〔坂井昭〕 2001.10 166p 26cm 1300円

◇戦国武将頭の使い方 小和田哲男著 三笠書房 2001.8 266p 15cm (知的生きかた文庫) 533円 ①4-8379-7190-3

◇戦国武将に学ぶ逆境の勝ち方―7つの成功法則 植西聡著 広済堂出版 2001.7 204p 19cm 1200円 ①4-331-50784-X

◇状況判断―まず計算し、しかる後これを超越せよ 大橋武夫著 復刻版 マネジ

メント社　2001.6　244p　20cm　1600円　ⓉI4-8378-0401-2
◇戦国武将勝ち残りの戦略―状況を読みいかに闘うか　風巻紘一著　日本文芸社　2001.6　237p　18cm　〈日文新書〉　686円　ⓉI4-537-25057-7
◇戦国武将大百科　勁文社　2001.6　173p　15cm　（ケイブンシャの大百科）〈1988年刊の一部改訂〉　780円　ⓉI4-7669-3841-0
◇戦国武将に学ぶ生活術　童門冬二著　産能大学出版部　2001.6　369p　19cm　1800円　ⓉI4-382-05505-9
◇戦国武将の攻めと守り　藤公房著　第2版　産能大学出版部　2001.6　180p　19cm　1600円　ⓉI4-382-05512-1
◇戦国武将の戦略と決断　藤公房著　第2版　産能大学出版部　2001.6　296p　19cm　1600円　ⓉI4-382-05511-3
◇戦国人物700傑　新人物往来社　2001.5　376p　21cm　（別冊歴史読本 74号）　1800円　ⓉI4-404-02774-5
◇戦国武将の時代―中世の上総国の秋元氏について　坂井昭編〔君津〕〔坂井昭〕　2001.5　166p　26cm　1300円
◇天下統一への野望―戦国時代の三英傑〈信長・秀吉・家康〉　恩田耕治著　勁文社　2001.5　301p　16cm　（勁文社「大文字」文庫）　838円　ⓉI4-7669-3814-3
◇戦国武将学入門―乱世に生きた知恵と戦術　道満三郎著　同朋舎　2001.3　190p　19cm　〈東京 角川書店（発売）〉　1300円　ⓉI4-8104-2672-6
◇戦国美濃の群像―濃姫・蘭丸・光秀…その生涯　里中満智子構成、影丸穰也、三浦みつる、花小路小町作画　岐阜　岐阜県　2001.3　213p　22cm　（マンガで見る日本まん真ん中おもしろ人物史シリーズ 4）
◇戦国の英雄　一竜斎貞水編　フレーベル館　2001.2　253p　22cm　（一竜斎貞水の歴史講談 5）　1500円　ⓉI4-577-02102-1
◇図説・戦国武将118―決定版　学習研究社　2001.1　190p　26cm　〈歴史群像シリーズ特別編集〉　1900円　ⓉI4-05-602415-4

◇九州戦国の武将たち　吉永正春著　福岡　海鳥社　2000.11　292p　22cm　2300円　ⓉI4-87415-321-6
◇この一冊で「戦国武将」101人がわかる！　小和田哲男著　三笠書房　2000.10　278p　15cm　（知的生きかた文庫）　552円　ⓉI4-8379-7132-6
◇戦国興亡武将たちの進退　戸部新十郎著　PHP研究所　2000.10　249p　15cm　(PHP文庫)〈「男の点描」（毎日新聞社 1995年刊)の改題〉　514円　ⓉI4-569-57460-2
◇大坂の陣名将列伝　永岡慶之助著　学習研究社　2000.9　286p　15cm　（学研M文庫）　560円　ⓉI4-05-901004-9
◇武将の運命　津本陽著　朝日新聞社　2000.8　307p　15cm　（朝日文庫）　560円　ⓉI4-02-264237-8
◇戦国武将夫妻のパートナーシップ―山内一豊と千代夫人にみる　小和田哲男, 榛村純一編　清文社　2000.5　201p　19cm　1400円　ⓉI4-433-27250-7
◇現代に生きる戦国武将の智恵　田部井昌子編著　大阪　出版文化社　2000.4　233p　19cm　1200円　ⓉI4-88338-243-5
◇知っててほしい天下統一に活躍した人びと―戦国・安土桃山時代　佐藤和彦監修　あかね書房　2000.4　47p　31cm　（楽しく調べる人物図解日本の歴史 4）〈索引あり〉　3200円　ⓉI4-251-07934-5
◇戦国大名の研究―乱世を生きた武将と民衆の姿　池享監修　ポプラ社　2000.4　47p　29cm　（調べ学習日本の歴史 5）　3000円　ⓉI4-591-06380-1
◇評伝戦国武将―智略と決断の人間学　童門冬二著　経済界　2000.4　217p　20cm　1333円　ⓉI4-7667-8201-1
◇武将たちの足跡をたどる―戦乱の世を生き、夢に散った男たち　マガジントップ編　山海堂　2000.4　159p　21cm　（私の創る旅 7）　1600円　ⓉI4-381-10369-6
◇家康・秀吉・信長乱世の統率力　童門冬二著　PHP研究所　2000.3　202p　19cm　1200円　ⓉI4-569-61016-1

戦国武将全般

◇戦国武将の宣伝術―隠された名将のコミュニケーション戦略　童門冬二著　宣伝会議　2000.2　332p　19cm　1400円　①4-88335-026-6

◇戦国武将　別冊宝島編集部編　宝島社　2000.1　317p　16cm　(宝島社文庫)　600円　①4-7966-1681-0

◇戦国武将ものしり事典　奈良本辰也監修,主婦と生活社編　主婦と生活社　2000.1　609p　21cm　2000円　①4-391-12385-1

◇戦国関東名将列伝　島遼伍著　宇都宮随想舎　1999.12　335p　21cm　2000円　①4-88748-032-6

◇戦国武将の人間学　童門冬二著　小学館　1999.12　267p　15cm　(小学館文庫)　514円　①4-09-403532-X

◇戦国の女たち―それぞれの人生　大阪城天守閣編　大阪　大阪城天守閣特別事業委員会　1999.10　139p　26cm　〈他言語標題：Women in the age of the Civil Wars　特別展：平成11年10月9日―11月14日　文献あり〉

◇戦国武将に学ぶ名補佐役の条件　童門冬二著　PHP研究所　1999.9　349p　15cm　(PHP文庫)　629円　①4-569-57315-0

◇戦国武将まんだら―秘本三十六人伝　大栗丹後著　春陽堂書店　1999.8　244p　16cm　(春陽文庫)　486円　①4-394-16136-3

◇本当はもっと面白い戦国時代―日本人の知恵　奈良本辰也監修,神辺四郎著　祥伝社　1999.7　326p　16cm　(祥伝社文庫)　590円　①4-396-31127-3

◇童門冬二の名将言行録―賢者は歴史に学ぶ　童門冬二著　日本実業出版社　1999.5　277p　20cm　1500円　①4-534-02931-4

◇軍師と家老―ナンバー2の研究　鈴木亨著　中央公論新社　1999.2　307p　16cm　(中公文庫)　667円　①4-12-203354-3

◇生死をかけた戦国武将の決断に学ぶ　新谷博司著　米沢　経営効率研究所　1999.1　250p　19cm　1800円

◇東寺百合文書を読む―よみがえる日本の中世　上島有,大山喬平,黒川直則編　京都　思文閣出版　1998.12　148, 6p　23cm　2500円　①4-7842-0978-6

◇戦国武将一〇四傑―鎧に隠された男たちの実像　新人物往来社　1998.11　244p　21cm　(別冊歴史読本94)　1600円　①4-404-02678-1

◇堂々日本史　第19巻　NHK取材班編　名古屋　KTC中央出版　1998.11　247p　20cm　1600円　①4-87758-112-X

◇名古屋謎とき散歩―戦国の三英傑を育んだ歴史街を訪ねて　恩田耕治著　広済堂出版　1998.10　275p　19cm　1600円　①4-331-50655-X

◇戦国名将名言録―激動の時代に生き残るリーダーの心得　百瀬明治著　小学館　1998.8　191p　19cm　(小学館ジェイブックス)　950円　①4-09-504419-5

◇天下取り採点戦国武将205人　新人物往来社編　新人物往来社　1998.8　271p　21cm　1500円　①4-404-02642-0

◇ひょうご合戦記戦国の武将たち　黒部亨著　神戸　神戸新聞総合出版センター　1998.7　302p　20cm　1800円　①4-343-00012-5

◇完全制覇戦国時代―この一冊で歴史に強くなる！　河合敦著　立風書房　1998.4　253p　19cm　1333円　①4-651-75203-9

◇城と女たち　上　楠戸義昭著　講談社　1998.4　423p　16cm　(講談社+α文庫)〈「城と女」(毎日新聞社1988年刊)の増訂〉　940円　①4-06-256258-8

◇信長・秀吉・家康の戦略戦術　佐々克明著　三笠書房　1998.4　243p　15cm　(知的生きかた文庫)　495円　①4-8379-0948-5

◇戦国武将に学ぶ情報戦略　津本陽著　角川書店　1998.3　220p　15cm　(角川文庫)〈「戦国武将に学ぶ処世術」(平成7年刊)の増補〉　438円　①4-04-171314-5

◇戦国乱世百傑百話　泉秀樹著　実業之日本社　1998.3　401p　20cm　2800円　①4-408-10261-X

◇日本史人物「女たちの物語」上　古代―戦国の舞台裏　加来耕三,馬場千枝著

戦国武将全般

講談社　1998.1　297p　16cm（講談社+α文庫）　680円　①4-06-256241-3

◇戦国・江戸男を育成した女の才覚―いい夫婦には理由がある　童門冬二著　光文社　1997.10　235p　18cm　1143円　①4-334-05240-1

◇戦国の女性たち―特別展　福井県立若狭歴史民俗資料館編　小浜　福井県立若狭歴史民俗資料館　1997.10　32p　30cm

◇戦国百傑伝―戦国の世に輝いた百の将星　上巻　オフィス新大陸編著　ジャパン・ミックス　1997.10　215p　21cm（ファンタジー・ファイル 5）　1900円　①4-88321-417-6

◇武将の運命　津本陽著　朝日新聞社　1997.7　267p　20cm　1500円　①4-02-257162-4

◇「図説」戦国武将おもしろ事典　三笠書房　1997.4　281p　19cm〈監修：奈良本辰也　新装版〉　1143円+税　①4-8379-1685-6

◇家康の臣僚―武将篇　中村孝也著　碩文社　1997.3　646p　22cm〈昭和43年刊の複製〉　12621円　①4-88200-302-3

◇水とたたかった戦国の武将たち―武田信玄・豊臣秀吉・加藤清正　かこさとし画・構成, おがたひでき文・編集　全国建設研修センター　1997.2　32p　24×24cm（土木の絵本シリーズ）〈監修：高橋裕　企画：全国建設研修センター〉　①4-916173-00-7

◇名将にみる生き方の極意―自覚の持ち方・覚悟の決め方　会田雄次著　PHP研究所　1997.2　229p　15cm（PHP文庫）〈『生と死の極意』（1995年刊）の改題〉　500円　①4-569-56974-9

◇戦国九州の女たち　吉永正春著　福岡　西日本新聞社　1997.1　286p　19cm　1600円　①4-8167-0432-9

◇戦国武将知れば知るほど　実業之日本社　1996.12　269p　19cm〈監修：小和田哲男〉　1300円　①4-408-10216-4

◇毛利元就と戦国武将たち　古川薫著　PHP研究所　1996.11　283p　15cm（PHP文庫）〈『乱世に躍る武将群像』（1991年刊）の増補〉　540円　①4-569-56949-8

◇戦国群雄伝―信長、秀吉、そして毛利元就、…戦国に覇を競った武将たち　世界文化社　1996.10　306p　26cm（ビッグマンスペシャル）　1900円　①4-418-96126-7

◇チャンスのつかみ方―戦国時代の勝者と敗者　百瀬明治著　PHP研究所　1996.10　268p　15cm（PHP文庫）〈『乱世を罷り通る』（ダイヤモンド社1990年刊）の改題〉　540円　①4-569-56942-0

◇戦国参謀頭の使い方―日本の歴史を変えた軍師列伝　小和田哲男著　三笠書房　1996.9　278p　15cm（知的生きかた文庫）　500円　①4-8379-0830-6

◇戦国の武将三十人　桑田忠親著　新人物往来社　1996.8　254p　20cm　2500円　①4-404-02364-2

◇戦国武将に学ぶ生き残りの戦略　一竜斎貞花著　日新報道　1996.8　296p　19cm　1400円　①4-8174-0375-6

◇桃山時代の女性　桑田忠親著　吉川弘文館　1996.8　214, 24p　20cm（日本歴史叢書 新装版）〈新装版　叢書の編者：日本歴史学会　略年表・参考文献：p202～214〉　2472円　①4-642-06642-X

◇天下取り戦国武将データファイル　新人物往来社　1996.7　296p　21cm（歴史読本臨時増刊）　1400円

◇戦国名将一日一言　童門冬二著　PHP研究所　1996.5　422p　15cm（PHP文庫）　760円　①4-569-56895-5

◇今川氏の武将たち　土屋重朗著　近代文芸社　1996.3　241p　20cm　1600円　①4-7733-5029-6

◇戦国武将に見るリーダーの条件　加来耕三述　全国都道府県議会議長会事務局　1996.3　29p　30cm（議会職員執務資料シリーズ no.353）〈会期：平成8年11月16日〉

◇武将と名僧　百瀬明治著　清流出版　1996.3　222p　20cm　1600円　①4-916028-17-1

戦国武将全般

◇室町を歩いた女たち　千草子著　小学館　1996.2　221p　20cm　1600円　①4-09-387165-5

◇戦国武将に学ぶ処世術―信長・秀吉・家康　津本陽著　角川書店　1995.12　238p　20cm　1200円　①4-04-884101-7

◇戦国軍師列伝　津本陽他著　新人物往来社　1995.10　239p　20cm　(時代小説セレクト 6)　1700円　①4-404-02298-0

◇リーダーの器―戦国武将に学ぶ　武藤誠著　啓正社　1995.7　317p　20cm　1800円　①4-87572-100-5

◇戦国の名脇役たち―乱世に輝いた九つの才能　武光誠著　PHP研究所　1995.6　251p　15cm　(PHP文庫)　460円　①4-569-56770-3

◇戦国武将に学ぶ経営の秘訣　青山幸男著　芸艸堂　1995.6　291p　19cm　1600円　①4-7538-0168-3

◇戦国武将の独り言　土橋治重著　三笠書房　1995.6　246p　15cm　(知的生きかた文庫)　500円　①4-8379-0738-5

◇男の点描―戦国武将生死の一瞬　戸部新十郎著　毎日新聞社　1995.5　246p　19cm　1300円　①4-620-10518-X

◇戦国女系譜　巻之2　楠戸義昭著　毎日新聞社　1995.5　248p　19cm　1400円　①4-620-31044-1

◇群雄創世紀―信玄・氏綱・元就・家康　山室恭子著　朝日新聞社　1995.4　285p　20cm　2200円　①4-02-256843-7

◇新・名将録―信長の野望　稲葉義明著　横浜　光栄　1995.3　174p　21cm　1700円　①4-87719-196-8

◇戦国英雄伝　縄田一男編　新潮社　1995.3　538p　15cm　(新潮文庫)　640円　①4-10-139718-X

◇日本史人物「その後のはなし」上　古代から戦国　加来耕三著　講談社　1995.2　490p　16cm　(講談社+α文庫)　980円　①4-06-256081-X

◇戦国の家老と末裔たち―上杉謙信の精強軍団　小黒義則著　国書刊行会　1995.1　306p　図版13枚　22cm　6000円　①4-336-03659-4

◇戦国武将の女たち―愛と野望が織りなす、もう一つの戦国絵巻　寺林峻著　日本文芸社　1994.11　237p　15cm　(にちぶん文庫)　480円　①4-537-06261-4

◇乱世の勝者敗者―戦国小説集　今東光他著　講談社　1994.11　233p　18cm　(時代小説ベスト・セレクション 第9巻)　1300円　①4-06-254909-3

◇戦国女系譜　巻之1　楠戸義昭著　毎日新聞社　1994.9　236p　19cm　1300円　①4-620-31009-3

◇新・軍師録―信長の野望　稲葉義明著　光栄　1994.8　173p　21cm　1800円　①4-87719-112-7

◇勝ち抜く戦略生き残る知恵―武将に学ぶ不況時代を乗り切る生き方のヒント　祖田浩一著　日本文芸社　1994.7　238p　19cm　1200円　①4-537-02420-8

◇この一冊で「戦国武将」101人がわかる！　小和田哲男著　三笠書房　1994.6　270p　15cm　(知的生きかた文庫)　500円　①4-8379-0658-3

◇戦国人物ガイド　後藤敦ほか著　新紀元社　1994.6　271p　21cm　1800円　①4-88317-236-8

◇戦国の異能人　戸部新十郎著　PHP研究所　1994.4　221p　15cm　(PHP文庫)　440円　①4-569-56625-1

◇日本史・乱世に生きた悲運の女たち―苦難に彩られた戦国の女系図　村松駿吉著　日本文芸社　1994.2　237p　15cm　(にちぶん文庫)　〈年譜：p236～237〉　480円　①4-537-06245-2

◇戦国武将なるほど事典―乱世がわかれば現代が見える！　実業之日本社　1994.1　269p　19cm　〈監修：磯貝正義〉　1200円　①4-408-39414-9

◇現代語訳名将言行録　軍師編　加来耕三編訳　新人物往来社　1993.11　235p　20cm　2900円　①4-404-02064-3

◇戦国武将に見るリーダーの人望力―人を魅きつける「人間経営」の八原則　三谷茉沙夫著　大和出版　1993.11　212p　19cm　〈参考文献：p212〉　1350円　①4-8047-1280-1

戦国武将全般

◇戦国武将の妻たち　百瀬明治著　PHP研究所　1993.11　235p　19cm　1350円　①4-569-54165-8

◇日本の歴史がわかる本―人物篇　南北朝時代～戦国・江戸時代　小和田哲男著　三笠書房　1993.11　269p　15cm　（知的生きかた文庫）　500円　①4-8379-0614-1

◇戦国武将百人百言―乱世を闘った男たちの珠玉の名言　PHP研究所編　京都　PHP研究所　1993.10　213p　21cm　〈執筆：秋元藍ほか〉　1300円　①4-569-53819-3

◇中世館林城と戦国武将―長尾氏・北条氏の攻防　館林市立資料館特別展　館林　館林市教育委員会文化振興課　1993.10　24p　26cm　〈会期：平成5年10月9日～11月14日〉

◇武将大名たちのリストラ戦略　加来耕三著　実業之日本社　1993.10　238p　20cm　1600円　①4-408-21007-2

◇戦国時代の謎と怪異―戦国群雄に隠された謎を解く！　桑田忠親著　日本文芸社　1993.7　237p　15cm　（にちぶん文庫）　480円　①4-537-06228-2

◇戦国武将のひとこと　鳴瀬速夫著　丸善　1993.6　257p　18cm　（丸善ライブラリー 88）　680円　①4-621-05088-5

◇戦国名将一日一言　童門冬二著　経営書院　1993.4　238p　20cm　1500円　①4-87913-447-3

◇こんな男が乱世に勝つ―戦国武将に学ぶ　早乙女貢著　広済堂出版　1993.3　251p　18cm　（Kosaido books）　780円　①4-331-00599-2

◇織田軍団ものしり帖　杉田幸三著　広済堂出版　1993.2　266p　16cm　（広済堂文庫）〈付：織田信長略年譜，参考文献〉　480円　①4-331-65167-3

◇戦国武将の人間学―リーダーにみる人の生かし方　童門冬二著　富士見書房　1993.2　254p　20cm　1600円　①4-8291-7228-2

◇大系日本の歴史　7　戦国大名　永原慶二ほか編　脇田晴子著　小学館　1993.2　457p　16cm　（小学館ライブラリー）　980円　①4-09-461007-3

◇愛知の歴史―まんが　3　天下を取った武将たち―戦国時代　浅野千恵美漫画　名古屋　郷土出版社　1993.1　151p　21cm　〈監修：水野時二〉　1400円　①4-87670-035-4

◇戦国武将「50通の手紙」―部下を奮い立たせた　加来耕三著　双葉社　1993.1　221p　15cm　（双葉文庫）　400円　①4-575-71031-8

◇武将に学ぶ苦境からの脱出　松本幸夫著　総合ライフ出版　1992.11　227p　19cm　1500円　①4-88311-029-X

◇危機突破の発想―戦国武将は知恵で勝つ　小和田哲男著　日本経済新聞社　1992.9　212p　20cm　1500円　①4-532-16072-3

◇戦国の反逆・謀叛の秘密　早乙女貢ほか著　ベストセラーズ　1992.8　255p　15cm　（ワニ文庫）　580円　①4-584-30328-2

◇日本の歴史・合戦おもしろ話　小和田哲男著　三笠書房　1992.8　269p　15cm　（知的生きかた文庫）　480円　①4-8379-0523-4

◇戦国の家長―生き残るために何をしたか　童門冬二著　中経出版　1992.7　230p　20cm　1400円　①4-8061-0609-7

◇戦国の智将・謀将の秘密　井沢元彦ほか著　ベストセラーズ　1992.7　255p　15cm　（ワニ文庫）　580円　①4-584-30323-1

◇戦国武将ガイド　米沢二郎，小山内新共著　新紀元社　1992.7　383p　21cm　1900円　①4-88317-213-9

◇戦国時代人物総覧　新人物往来社　1992.5　440p　21cm　（別冊歴史読本特別増刊）　1500円

◇戦国武将伝―リーダーたちの戦略と決断　白石一郎著　文芸春秋　1992.3　290p　16cm　（文春文庫）　420円　①4-16-737009-3

◇「戦国乱世」に学ぶ―日本的「知」の源流はどこにあるか　小和田哲男著　PHP研究所　1992.3　202p　15cm　（PHP文

戦国武将全般

庫)〈『乱世の論理』(1983年刊)の改題〉
460円 ⓘ4-569-56457-7

◇戦国名将の条件・参謀の条件　百瀬明治著　PHP研究所　1992.2　251p　15cm
(PHP文庫)　480円　ⓘ4-569-56442-9

◇「信長・秀吉・家康」覇者の人間学―英雄の真価を探る　安藤英男著　PHP研究所　1992.1　350p　20cm　1800円　ⓘ4-569-53449-X

◇戦国の武将おもしろ人物事典　保永貞夫, 小林範文, 講談社編　講談社　1991.12　143p　18cm　(講談社KK文庫)　680円　ⓘ4-06-199532-4

◇非情の戦国史―勝利と挫折の人間模様　南条範夫著　大陸書房　1991.11　247p　16cm　(大陸文庫)　530円　ⓘ4-8033-3774-8

◇織田軍団ものしり帖―天下を目指した猛者たちの真実　杉山幸三著　広済堂出版　1991.10　279p　18cm　(Kosaido books)〈織田信長略年譜：p264～267　付：参考文献〉　760円　ⓘ4-331-00538-0

◇戦国合戦と武将たち―信長・秀吉・家康特別展　兵庫県立歴史博物館編〔姫路〕兵庫県立歴史博物館　1991.10　108p　26cm　(兵庫県立歴史博物館特別展図録 no.16)〈会期：平成3年10月5日～11月24日〉

◇戦国武将の手紙を読む　二木謙一著　角川書店　1991.10　299p　19cm　(角川選書 218)　1400円　ⓘ4-04-703218-2

◇怒濤の自己啓発―戦国武将直伝　鈴木旭著　ダイヤモンド社　1991.10　254p　19cm　1500円　ⓘ4-478-73064-4

◇戦国武将こぼれ話　土橋治重著　大陸書房　1991.9　230p　16cm　(大陸文庫)　480円　ⓘ4-8033-3692-X

◇戦国武将誰も知らない苦労話　桑田忠親著〈三笠書房　1991.9　248p　15cm　(知的生きかた文庫)　450円　ⓘ4-8379-0466-1

◇面白すぎる謎解き日本史―ここまでわかった戦国日本　中ノ巻　平安時代から信長統一まで　歴史の謎を探る会編　青春出版社　1991.7　246p　15cm　(青春best文庫)　460円　ⓘ4-413-08055-6

◇戦国武将おもしろ雑学　広済堂出版　1991.7　235p　16cm　(広済堂文庫)〈監修：南条範夫〉　440円　ⓘ4-331-65102-9

◇名将を支えた戦国の異能群団―雑賀衆から柳生一族まで覇権に隠された群雄の知略　桐野作人著　日本文芸社　1991.7　238p　18cm　(Rakuda books)　780円　ⓘ4-537-02245-0

◇雑学戦国時代ものしり百科―天下統一を賭けて戦った戦国大名たち！　中江克己著　日東書院　1991.5　299p　19cm　1000円　ⓘ4-528-00880-7

◇日本史おもしろこぼれ話　小和田哲男著　三笠書房　1991.4　262p　19cm　1100円　ⓘ4-8379-1445-4

◇福岡戦国武将物語　上　佐野量幸著　久留米　米山製作所　1991.4　243p　19cm　1500円

◇戦国武将の野望―乱世に命を賭けた男たち　早乙女貢著　大陸書房　1991.3　262p　16cm　(大陸文庫)　540円　ⓘ4-8033-3236-3

◇福岡戦国武将物語　中　筑後水滸伝―田尻鑑種　佐野量幸著　久留米　米山製作所　1991.3　242p　19cm　1500円

◇戦国武将の本領　戸部新十郎著　読売新聞社　1991.1　268p　20cm　1300円　ⓘ4-643-90116-0

◇時代小説の楽しみ　8　戦国英雄伝　新田次郎他著　新潮社　1990.12　426p　20cm　1600円　ⓘ4-10-602808-5

◇戦国大名葛西氏家臣団事典　紫桃正隆著　仙台　宝文堂　1990.12　653,9p　22cm〈付(20p)　葛西氏関係年表：p633～653〉　12000円　ⓘ4-8323-0029-6

◇図説戦国武将おもしろ事典　三笠書房　1990.11　281p　19cm〈監修：奈良本辰也〉　1100円　ⓘ4-8379-1427-6

◇戦国の軍師たち　堀和久著　文芸春秋　1990.10　278p　16cm　(文春文庫)〈『軍師の時代』(日本文芸社1987年刊)の改題〉　400円　ⓘ4-16-749502-3

戦国武将全般

◇戦国武将の管理学　鈴木芳正著　産心社　1990.10　239p　19cm　(産心ビジネス)　1200円　①4-87920-122-7

◇時代小説大全集　3　人物日本史　古代・戦国　新潮社編　新潮社　1990.9　624p　16cm　(新潮文庫)　640円　①4-10-120812-3

◇時代小説大全集　4　人物日本史　江戸　新潮社編　新潮社　1990.9　600p　16cm　(新潮文庫)　600円　①4-10-120813-1

◇戦国武将に学ぶ大開運吉方位―栄光を導く方位パワー　小林祥晃著　広済堂出版　1990.9　279p　18cm　(Kosaido books)　760円　①4-331-00496-1

◇新・日本武将100選　日本史跡研究会著　秋田書店　1990.7　270p　20cm　(新100選シリーズ)〈監修：小和田哲男〉1700円　①4-253-00404-0

◇戦国乱世おもしろ読本　桑田忠親著　広済堂出版　1990.7　303p　16cm　(広済堂文庫)　470円　①4-331-65070-7

◇軍師・参謀―戦国時代の演出者たち　小和田哲男著　中央公論社　1990.6　242p　18cm　(中公新書)　620円　①4-12-100977-0

◇戦国名将・人物を知る事典　有精堂出版　1990.6　199p　19cm〈監修：山本七平, 永畑恭典〉　1500円　①4-640-31011-0

◇名将の社長学―信長はランチェスター法則を活かした　武田鏡村著　ビジネス社　1990.5　207p　19cm　1300円　①4-8284-0421-X

◇戦国武将の食生活―勝ち残るための秘伝　永山久夫著　河出書房新社　1990.3　268p　15cm　(河出文庫)　500円　①4-309-47189-7

◇人心掌握の天才たち―戦国武将に学ぶリーダーの条件　童門冬二著　PHP研究所　1990.2　251p　15cm　(PHP文庫)　460円　①4-569-56244-2

◇勝敗の分岐点―戦国武将に学ぶ　勝機をつかむ武将, つかめない武将　吉岡行雄著　産能大学出版部　1989.12　198p　19cm　1500円　①4-382-05028-6

◇戦国武将に学ぶ勝敗の分岐点―勝機をつかむ武将、つかめない武将　吉岡行雄著　産能大学出版部　1989.12　198p　19cm　1500円　①4-382-05028-6

◇名将に学ぶ人間学　童門冬二著　三笠書房　1989.11　252p　15cm　(知的生きかた文庫)　450円　①4-8379-0350-9

◇北武蔵の戦国武将文書展―平成元年度特別展解説　埼玉県立文書館編　浦和　埼玉県立文書館　1989.10　64p　26cm〈会期：平成元年10月28日～11月26日〉

◇戦国・城と女　楠戸義昭著　毎日新聞社　1989.10-1990.4　3冊　30cm　(毎日グラフ別冊)　各1800円

◇戦国武将国盗り秘話　早乙女貢著　PHP研究所　1989.10　217p　15cm　(PHP文庫)　420円　①4-569-56226-4

◇武家盛衰記　南条範夫著　文芸春秋　1989.10　446p　16cm　(文春文庫)　500円　①4-16-728210-0

◇戦国武将の危機管理―生死を賭けた戦乱の行動原理とは　新宮正春著　PHP研究所　1989.8　229p　19cm〈付：参考文献〉　1050円　①4-569-52568-7

◇英雄待望論―戦国武将に学ぶ　福島崇行著　日本ブックマネジメント　1989.6　233p　20cm〈著者の肖像あり〉　1500円　①4-89056-013-0

◇勝者と敗者の判断―戦国武将にみる興亡の岐路　土門周平著　学陽書房　1989.5　258p　20cm　1380円　①4-313-15041-2

◇戦国時代の佐野―乱世に生きた武将たち　第12回企画展　佐野　佐野市郷土博物館　1989.5　36p　26cm〈会期：平成元年5月2日～6月15日〉

◇ブレーンの力―武将の戦略を支えた名僧たち　百瀬明治著　佼成出版社　1988.11　213p　20cm　1200円　①4-333-01372-0

◇名将ものしり列伝　桑田忠親著　天山出版　1988.11　254p　16cm　(天山文庫)〈発売：大陸書房〉　400円　①4-8033-1723-2

◇危機突破の発想がリーダーを強くする―戦国武将に学ぶ　下村彰義著　HBJ出版局　1988.10　231p　19cm　(HBJ

戦国武将全般

business express) 1100円 ⓘ4-8337-3003-0

◇戦国武将伝―リーダーたちの戦略と決断 白石一郎著 文芸春秋 1988.10 246p 20cm 1200円 ⓘ4-16-310600-6

◇寝返りの戦国史―「裏切り」に生死を賭けた男たちの光と影 寺林峻著 日本文芸社 1988.10 237p 18cm (Darin books) 730円 ⓘ4-537-02119-5

◇大系日本の歴史 7 戦国大名 永原慶二ほか編 脇田晴子著 小学館 1988.8 374p 21cm 〈折り込図1枚〉 1800円 ⓘ4-09-622007-8

◇名将を支えた運気の秘密―九星術から見た武将たちのサバイバル戦略 片岡紀明著 日本文芸社 1988.8 229p 18cm (Darin books) 730円 ⓘ4-537-02117-9

◇戦国武将に学ぶ決断の時 玉木重輝著 鈴木出版 1988.7 252p 20cm 1400円 ⓘ4-7902-9010-7

◇戦国武将の遺書 桑田忠親著 広済堂出版 1988.7 246p 16cm (広済堂文庫) 420円 ⓘ4-331-65035-9

◇戦乱の日本史―合戦と人物 第9巻 天下布武 福田栄次郎責任編集 第一法規出版 1988.6 158p 31cm 〈監修：安田元久 編集：風土社〉 3500円 ⓘ4-474-10139-1

◇戦乱の日本史―合戦と人物 第10巻 天下人への道 高木昭作責任編集 第一法規出版 1988.6 158p 31cm 〈監修：安田元久 編集：風土社〉 3500円 ⓘ4-474-10140-5

◇戦国名将伝 檀一雄著 徳間書店 1988.5 315p 16cm (徳間文庫) 440円 ⓘ4-19-598525-0

◇信玄武将の起請文―重要文化財・生島足島神社文書 生島足島神社ほか編 長野 信毎書籍出版センター 1988.4 24, 206p 37cm 〈付(1枚) 限定版〉 15000円

◇成功の原則―戦国と現代 作家や学者が書かなかった「真の勝者」 新井喜美夫著 プレジデント社 1988.4 270p 20cm 1300円 ⓘ4-8334-1305-1

◇戦国のブレーン学―トップを支える知恵と心 大和勇三著 世界文化社 1988.4 220p 19cm (Bigmanビジネス・ブックス) 1300円 ⓘ4-418-88605-2

◇日本を創った戦略集団 2 戦国の組織と人脈 堺屋太一責任編集 堺屋太一ほか著 集英社 1987.12 269p 20cm 〈編集：日本アート・センター〉 1400円 ⓘ4-08-194002-9

◇人を見ぬき人を活かす―戦国名将の戦略と決断 藤公房著 ダイヤモンド社 1987.12 195p 19cm 1200円 ⓘ4-478-92016-8

◇戦国武将名言集 桑田忠親著 広済堂出版 1987.11 250p 16cm (広済堂文庫) 400円 ⓘ4-331-65026-X

◇名「脇役」事典―自分らしく生きるための 戦国武将〜現代経営者に学ぶ 百々由紀男著 公人の友社 1987.11 299p 19cm 1500円 ⓘ4-87555-141-X

◇北国を駆けた戦国の武将たち 石川県立歴史博物館編 金沢 石川県立歴史博物館 1987.10 81p 26cm

◇戦国武将を支えた信仰―生死を超越した不退転の決意 風巻絃一著 日本文芸社 1987.10 241p 19cm 980円 ⓘ4-537-02076-8

◇戦国武将おもしろ大百科 山梨輝雄著 広済堂出版 1987.9 263p 13cm (豆たぬきの本) 380円 ⓘ4-331-20108-2

◇戦国武将の食生活―勝ち残るための秘伝 永山久夫著 ジャパンポスト出版部 1987.9 238p 19cm (ポスト・ブック) 1200円 ⓘ4-915230-04-X

◇繁栄の決断―ハイテク時代と武将経営譚 大塚徹著 デン報道 1987.9 220p 20cm 〈発売：ぴいぶる社〉 1200円 ⓘ4-89374-005-9

◇肥後国衆一揆―肥後戦国武将たちの最後の戦い 荒木栄司著 熊本 フリーウェイ 1987.9 197p 19cm (肥後戦国史双書) 1500円

◇歴史のなかの愛―万葉・戦国の女たち 田中澄江著 文芸春秋 1987.9 254p

16cm（文春文庫）340円 ⓘ4-16-731303-0
◇考証・風流大名列伝　稲垣史生著　旺文社　1987.6　226p　16cm（旺文社文庫）400円　ⓘ4-01-061493-5
◇戦国時代のナンバー2　萩原裕雄著　マイブックチェーン21　1987.6　249p　18cm〈改装版　発売：東京経済〉　1000円
◇戦国おもしろ読本　桑田忠親著　広済堂出版　1987.5　265p　16cm（広済堂文庫）400円　ⓘ4-331-65020-0
◇戦国武将ビジネス読本　南条範夫著　広済堂出版　1987.5　239p　16cm（広済堂文庫）400円　ⓘ4-331-65019-7
◇戦国名将生き方の極意　西東玄著　PHP研究所　1987.5　245p　16cm（PHP文庫）450円　ⓘ4-569-26110-8
◇家康・秀吉・信長の経営戦略　佐々克明著　潮出版社　1987.3　221p　15cm（潮文庫）380円　ⓘ4-267-01126-5
◇男の決断行動学―戦国武将に学ぶ　加藤尚文著　三笠書房　1987.1　242p　15cm（知的生きかた文庫）420円　ⓘ4-8379-0141-7
◇戦国名将に学ぶ勝ち残りの戦略　風巻紘一著　三笠書房　1986.12　300p　15cm（知的生きかた文庫）440円　ⓘ4-8379-0135-2
◇二代目の帝王学―戦国武将に学ぶ　佐々克明著　二見書房　1986.11　250p　17cm（サラ・ブックス）750円　ⓘ4-576-86139-5
◇名将に学ぶ　行動編　武藤誠著　三笠書房　1986.11　240p　15cm（知的生きかた文庫）420円　ⓘ4-8379-0133-6
◇戦国おんな史談　桑田忠親著　潮出版社　1986.10　226p　15cm（潮文庫）360円　ⓘ4-267-01103-2
◇戦国武将の情報戦略　大西文紀著　アイペック　1986.10　229p　19cm　1300円　ⓘ4-87047-045-4
◇戦国武将の家訓　佐藤和夫著　新人物往来社　1986.9　300p　20cm　2300円　ⓘ4-404-01382-5

◇戦国武将の謎　駒敏郎著　祥伝社　1986.9　221p　16cm（ノン・ポシェット）380円　ⓘ4-396-31009-9
◇戦国武将にみる勝つ男の研究　下村彰義著　アイペック　1986.6　286p　19cm　1300円　ⓘ4-87047-041-1
◇戦国帝王学―決断・先見・調整　佐々克明著　三笠書房　1986.5　242p　19cm　1000円　ⓘ4-8379-1296-6
◇強い指導者―戦国武将新研究　会田雄次, 百瀬明治著　力富書房　1986.4　270p　19cm（リキトミブックス 19）〈『戦国武将新研究』（昭和60年刊）の改題新装版〉1000円　ⓘ4-89776-019-4
◇名将に学ぶ　人材編　武藤誠著　三笠書房　1986.4　259p　15cm（知的生きかた文庫）400円　ⓘ4-8379-0101-8
◇戦国に生きる―武将の名言　綱淵謙錠著　講談社　1986.3　222p　19cm（もんじゅ選書 20）1000円　ⓘ4-06-192277-7
◇戦国武将人使い名人伝　矢田挿雲著　原書房　1986.2　226p　20cm〈『人使い名人伝』（池田書店昭和25年刊）の改題新装〉1200円　ⓘ4-562-01704-X
◇遠江武将物語　神谷昌志著　静岡　明文出版社　1986.2　251p　19cm（駿遠豆ブックス 2）1500円　ⓘ4-943976-30-1
◇戦国武将に学ぶ決断の極意　藤公房著　三笠書房　1985.12　243p　15cm（知的生きかた文庫）400円　ⓘ4-8379-0080-1
◇戦国武将新研究―危機突破の必勝経営術　会田雄次, 百瀬明治著　力富書房　1985.11　270p　19cm（リキトミブックス 16）1000円　ⓘ4-89776-016-X
◇人生勝負の名言一〇〇則―戦国武将から現代のニューリーダーまで　西東玄著　ダイヤモンド社　1985.8　210p　19cm　1100円
◇戦国武将の情報学　宮崎正弘著　現代書林　1985.8　238p　20cm　1300円　ⓘ4-87620-076-9
◇尼子氏一門のルーツ―群雄割拠の戦国時代、中国山地を驀進した武将たちのルーツを探る！　横山正克著　米子　立花書

戦国武将全般

院　1985.6　474p　19cm　〈折り込図2枚〉　2300円

◇戦国武将の生き方死に方　小和田哲男著　新人物往来社　1985.5　244p　20cm　2000円　①4-404-01263-2

◇戦国武将・人材管理学　大和勇三著　京都　PHP研究所　1985.4　253p　15cm（PHP文庫）　400円　①4-569-26034-9

◇乱世に生きた女たち　桑田忠親著　旺文社　1985.2　226p　16cm（旺文社文庫）〈『桃山時代の女性』日本歴史叢書30(吉川弘文館昭和47年刊)の改題　略年表・参考文献：p211～226〉　350円　①4-01-064320-X

◇戦国の上州武将　高崎　群馬県立歴史博物館　〔1985〕　91p　26cm　〈県民の日制定記念　第22回企画展　会期：昭和60年10月5日～11月24日〉

◇子どもに読んで聞かせる戦国武将ものがたり　真鍋元之著　金園社　1984.12　280p　18cm（ハウブックス）　750円　①4-321-52803-8

◇新名将言行録　戦国時代2　榊山潤著　講談社　1984.12　321p　15cm（講談社文庫）　420円　①4-06-183394-4

◇新名将言行録　戦国時代1　榊山潤著　講談社　1984.11　344p　15cm（講談社文庫）　460円　①4-06-183369-3

◇社長学―戦国武将に学ぶ経営能力十章　野上二雄著　マネジメント社　1984.10　277p　19cm　1300円　①4-8378-0139-0

◇戦国武将・決断行動学―人が伸びる条件・人を伸ばす条件　大和勇三著　京都　PHP研究所　1984.10　300p　16cm（PHP文庫）　400円　①4-569-26017-9

◇戦国名将の気くばり―人生に勝つための気働き100の知恵　風巻紘一著　日本文芸社　1984.7　254p　18cm（舵輪ブックス）　680円　①4-537-00989-6

◇戦国大名論集　6　中国大名の研究　秋沢繁ほか編　岸田裕之編　吉川弘文館　1984.6　496p　22cm　〈監修：永原慶二〉　5900円　①4-642-02586-3

◇戦国の武将と城　井上宗和著　角川書店　1984.6　404p　15cm（角川文庫）　490円　①4-04-156002-0

◇戦国武将・人間関係学―いまを生きぬく勇気と知恵　大和勇三著　京都　PHP研究所　1984.4　277p　15cm（PHP文庫）　400円　①4-569-26004-7

◇濃飛の戦国武将―斎藤妙椿と織田信長の時代　特別展　〔関〕　岐阜県博物館　1984.4　40p　26cm　〈会期：昭和59年4月24日～6月3日〉

◇妥協のしかた―戦国武将に学ぶ逆転勝利のノウハウ　佐々克明著　日新報道　1984.3　187p　19cm　1000円

◇戦国武将競争の戦略　藤公房著　ダイヤモンド社　1984.2　187p　19cm　1100円

◇歴史を創った人々　3　近世篇　邦光史郎著　大阪　大阪書籍　1983.12　237p　19cm　（朝日カルチャーブックス31）　1200円　①4-7548-1031-7

◇戦国武将に学ぶ後継者づくり―明暗戦国二世物語　藤公房著　産業能率大学出版部　1983.11　200p　19cm　1200円

◇戦国女性史―信長・秀吉・家康をめぐる悲劇の女性たち　話のタネ本　村松駿吉著　日本文芸社　1983.9　238p　18cm（舵輪ブックス）　680円　①4-537-00760-5

◇軍師の時代―戦国乱世を演出した名将烈伝　堀和久著　日本文芸社　1983.8　254p　18cm　680円　①4-537-00789-3

◇戦国武将名言集―乱世の処生訓　桑田忠親著　広済堂出版　1983.7　253p　18cm　（Kosaido books）　680円

◇日本史探訪　9　戦国の武将たち　角川書店編　角川書店　1983.7　324p　15cm　（角川文庫）　420円

◇乱世の選択―新・戦国武将列伝　多岐一雄著　現代経営研究会　1983.7　252p　18cm　〈発売：池田書店〉　680円

◇近江の武将―架空対談　徳永真一郎著　京都　サンブライト出版　1983.6　237p　19cm　（近江文化叢書16）　1500円

◇近世史のなかの女たち　水江漣子著　日本放送出版協会　1983.6　243p　19cm

(NHKブックス 440) 750円 ①4-14-001440-7
◇戦国時代のナンバー2 萩原裕雄著 東京経済 1983.5 249p 19cm 980円
◇戦国武将現代的経営学 八切止夫著 日本シェル出版 1983.5 252, 257p 19cm 1400円
◇生き残りの戦略―戦国武将に学ぶ 後継者と人脈づくりの条件 風巻絃一著 日本文芸社 1983.4 248p 19cm 950円 ①4-537-00782-6
◇男の決断・行動学―戦国武将に学ぶ 加藤尚文著 柏書房 1983.1 198p 20cm 1200円
◇戦国武将いろいろ覚え帖 稲垣史生著 コンパニオン出版 1983.1 253p 19cm 1300円 ①4-906121-17-9
◇人物探訪日本の歴史 5 戦国の武将 暁教育図書 1982.11 195p 30cm 〈新装版〉
◇天下盗りの健康法―戦国武将に学ぶ長寿の秘訣 広済堂出版 1982.11 242p 18cm （Kosaido books）〈監修：南条範夫〉 680円
◇戦国武将に学ぶ行動指針―勝つ経営者の10の条件 野上二雄著 マネジメント社 1982.10 248p 19cm 1200円
◇戦国武将銘々伝 八切止夫著 日本シェル出版 1982.10 260, 245p 19cm 1400円
◇戦国武将の健康法 宮本義己著 新人物往来社 1982.9 222p 20cm 1800円
◇戦国武将の生活 桑田忠親著 旺文社 1982.9 286p 16cm （旺文社文庫） 380円
◇激録日本大戦争 第12巻 戦国武将の戦い 下 原康史著 東京スポーツ新聞社 1982.8 330p 19cm 1300円 ①4-8084-0051-0
◇戦国武将・人材管理学 大和勇三著 京都 PHP研究所 1982.7 234p 19cm 980円
◇かけ引きの発想―戦国の武将に学ぶ 斎藤之幸著 講談社 1982.6 206p 18cm （オレンジバックス） 680円 ①4-06-129489-X
◇激録日本大戦争 第11巻 戦国武将の戦い 上 原康史著 東京スポーツ新聞社 1982.3 318p 18cm 1300円 ①4-8084-0050-2
◇戦国武将と博多 古永正春ほか述 福岡 福岡相互銀行 1982.3 1冊（頁付なし） 26cm
◇名将の戦略と用兵―強力な兵をつくる人間活用術 峰隆一郎著 日本文芸社 1982.1 244p 19cm 950円
◇戦国武将 小和田哲男 中央公論社 1981.12 214p 18cm （中公新書） 440円
◇戦国名将の居城―その構造と歴史を考える 桜井成広著 新人物往来社 1981.8 240p 図版10枚 22cm 3800円
◇日本歴史展望 第6巻 戦国武将の夢と知略―戦国時代 笠原一男責任編集 旺文社 1981.8 288p 26cm 〈付（図1枚）：瓢鮎図〉 2300円
◇戦国おんな史談 桑田忠親著 潮出版社 1981.6 230p 20cm 980円
◇戦国の群像 早乙女貢著 新人物往来社 1981.6 230p 20cm 980円
◇戦国武将の先見力と情報戦略―青年武将にみる不屈の闘魂 藤公房著 産業能率大学出版部 1981.5 206p 19cm 1200円
◇戦国武将・勝機の決断 藤公房著 ダイヤモンド社 1981.4 183p 19cm 980円
◇統率力と戦略―戦国武将にみる 南条範夫著 広済堂出版 1981.4 250p 18cm （Kosaido books） 680円
◇歴史のなかの愛―万葉・戦国の女たち 田中澄江著 文芸春秋 1981.4 246p 19cm 950円
◇日本の城と戦国の女性たち 井上宗和著 グリーンアロー出版社 1980.12 239p 19cm （グリーンアロー・ブックス） 980円

戦国武将全般

◇讃岐人物風景　2　戦国の武将たち　四国新聞社編　大和学芸図書　1980.11　263p　20cm　1500円

◇戦国武将・人を見捨てるとき　大和勇三著　京都　PHP研究所　1980.8　236p　19cm　980円

◇戦国武将の墓相　杉浦岱典著　秋田書店　1980.2　252p　20cm　1300円

◇桑田忠親著作集　第3巻　戦国武将　2　秋田書店　1979.12　358p　20cm　1900円

◇桑田忠親著作集　第2巻　戦国武将　1　秋田書店　1979.11　356p　20cm　1900円

◇戦国房総の武将たち　府馬清著　昭和図書出版　1979.11　172p　20cm　1300円

◇桑田忠親著作集　第7巻　戦国の女性　秋田書店　1979.6　350p　20cm　1900円

◇戦国名将に学ぶ勝ち残りの戦略—状況を読みいかに闘うか!?　風巻絃一著　日本文芸社　1979.3　293p　19cm　850円

◇戦国武将のロマンと文化展　毎日新聞社　c1979　1冊(頁付なし)　24×26cm　〈主催：永青文庫，毎日新聞社　会期・会場：昭和54年1月25日～30日　大阪なんば高島屋〉

◇武家盛衰記　下　南条範夫著　秋田書店　1978.10　230p　20cm　980円

◇武家盛衰記　上　南条範夫著　秋田書店　1978.9　230p　20cm　980円

◇戦国武将の人間関係　藤公房著　ダイヤモンド社　1978.8　243p　19cm　980円

◇戦国武将の攻めと守り　藤公房著　産業能率短期大学出版部　1978.7　190p　19cm　950円

◇戦国武将の情勢判断　藤公房著　ダイヤモンド社　1978.5　265p　19cm　980円

◇戦国・名将言行録　5　西海・南海編　藤公房著　ダイヤモンド社　1978.4　244p　20cm　1500円

◇戦国武将の書簡　2　桑田忠親編著　徳間書店　1978.2　250p　20cm　2000円

◇戦国武将100話　中嶋繁雄, 小早川隆著　立風書房　1978.2　295p　20cm　〈監修：桑田忠親〉　1000円

◇戦国・名将言行録　4　東山・北陸編　藤公房著　ダイヤモンド社　1978.2　238p　20cm　1500円

◇怨念戦国武将史　八切止夫著　日本シェル出版　1977.11　254p　19cm　880円

◇戦国武将の統率道—リーダーシップの真髄をさぐる　藤公房著　産業能率短期大学出版部　1977.11　220p　18cm　950円

◇戦国・名将言行録　3　畿内・山陽・山陰編　藤公房著　ダイヤモンド社　1977.11　229p　20cm　1500円

◇戦国名将の参謀　八切止夫著　日本シェル出版　1977.11　257p　19cm　740円

◇戦国武将展　埼玉県立博物館編　大宮　埼玉県立博物館　1977.10　71p(図共)　25cm　〈奥付の書名：特別展「戦国武将展」展示品図録　会期：昭和52年10月16日—11月27日　付(別冊 8p 26cm)：展示品目録〉

◇戦国・名将言行録　2　東海編　下　藤公房著　ダイヤモンド社　1977.9　229p　20cm　1500円

◇戦国武将の経営学—現代を示唆する　鈴木亨著　日本ジャーナルプレス新社　1977.8　222p　18cm　(J.J books)　600円

◇戦国武将の語録　神子侃編著　徳間書店　1977.8　252p　20cm　1600円

◇戦国武将の書簡　1　桑田忠親編著　徳間書店　1977.7　268p　図　20cm　1600円

◇戦国・名将言行録　1　東海編　上　藤公房著　ダイヤモンド社　1977.7　232p　20cm　1500円

◇日本史の人物像　3　戦国の英雄　桑田忠親編集解説　筑摩書房　1977.7　266p　19cm　〈新装版〉　1300円

◇人物日本の女性史　第4巻　戦国乱世に生きる　集英社　1977.6　254p　図　20cm　〈監修：円地文子〉　890円

戦国武将全般

◇戦国武将・決断行動学―人が伸びる条件・人を伸ばす条件　大和勇三著　京都　PHP研究所　1977.5　274p　20cm　840円

◇戦国武将の宿敵・好敵手　藤公房著　ダイヤモンド社　1977.5　196p　19cm　900円

◇戦国武将のロマンと文化展　毎日新聞社編　毎日新聞社　c1977　1冊(頁付なし)　24×25cm　〈会期・会場：昭和52年10月6日―16日　新宿・伊勢丹〉

◇戦国意外史―武将列伝　八切止夫著　日本シェル出版　1976.11　260p　19cm　980円

◇池波正太郎の男の系譜　1　戦国篇　池波正太郎述、佐藤隆介編　文化出版局　1976　238p　肖像　19cm　700円

◇新名将言行録　続戦国時代　榊山潤著　講談社　1976　348p　図　20cm　〈付：戦国人の生きざま(対談：榊山潤、尾崎秀樹)〉1800円

◇戦国武将の用兵と軍略―信玄にみる人間活用の秘訣　藤公房著　産業能率短期大学出版部　1976　227p　19cm　950円

◇戦国武将ものしり事典　小和田哲男著　新人物往来社　1976　235p　20cm　1200円

◇房総における戦国武将の系譜　千野原靖方著　流山　崙書房　1976　156p　19cm　1500円

◇人物探訪・日本の歴史　5　戦国の武将　榊山潤編集指導　暁教育図書　1975　195p(図共)　31cm　〈編集指導：海音寺潮五郎、奈良本辰也、尾崎秀樹〉　2000円

◇新名将言行録　戦国時代　榊山潤著　講談社　1975　340p　図　20cm　〈付：対談　戦国時代の背景(榊山潤、尾崎秀樹)〉1800円

◇戦国武将・人間関係学―いまを生きぬく勇気と知恵　大和勇三著　京都　PHP研究所　1975　268p　19cm　840円

◇日本の歴史文庫　9　戦国の武将　佐々木銀弥著　講談社　1975　365p　図　15cm　〈編集委員：坂本太郎等〉　380円

◇若き日の戦国武将　藤公房著　産業能率短期大学出版部　1975　271p　19cm　900円

◇戦国武将の戦略と決断　藤公房著　産業能率短期大学出版部　1974　299p　19cm　900円

◇土佐戦国武将の盛衰の原因と末裔達―旧家の研究1　横山良吉著　柏　モラロジー研究所研究部　1974　704p　25cm　(研究ノート no.52)

◇戦国人名辞典　高柳光寿, 松平年一著　増訂版　吉川弘文館　1973　325p　20cm　1500円

◇戦国の女たち―強い生き方ここにあり　米原正義著　講談社　1973　261p　19cm　480円

◇戦国の武将と城と　井上宗和著　朝日新聞社　1973　250, 9p　肖像　22cm　1200円

◇戦国武将に見る人の生かし方殺し方　竹山増次郎、野上二雄、耳野皓三共著　日本実業出版社　1973　236p　19cm　650円

◇戦国武将の決断―合戦を推理する　大橋武夫著　新人物往来社　1973　213p　20cm　850円

◇戦国武将の決断と実行　藤公房著　ダイヤモンド社　1973　311p　図　19cm　900円

◇戦国武将の人生観　藤公房著　カルチャー出版社　1973　235p　19cm　650円

◇戦国武将の謎　駒敏郎著　祥伝社　1973　224p　18cm　(ノン・ブック)　400円

◇戦国武将の人間関係　藤公房著　カルチャー出版社　1973　243p　19cm　700円

◇戦国名将伝　檀一雄著　浪曼　1973　266p　肖像　20cm　(檀一雄作品集 8)　980円

◇戦国武将の情勢判断　藤公房著　カルチャー出版社　1972　265p　19cm　650円

◇日本武将列伝　3　戦国群雄編　桑田忠親著　秋田書店　1972　298p　図　20cm

戦国武将全般

890円
◇桃山時代の女性　桑田忠親著　吉川弘文館　1972　214, 24p 図　20cm　（日本歴史叢書 30）〈参考文献：p211-214〉
◇戦国武将と民衆　奥野高広著　新人物往来社　1971　285p 20cm〈参考文献：p.251-285〉880円
◇戦国武将の人間管理　藤公房著　ダイヤモンド社　1971　341p 18cm　580円
◇六人の武将―戦国乱世の哲学　安藤英男著　新人物往来社　1971　254p 20cm　780円
◇戦国の女性たち　上之巻　吉留路樹著　霞ケ関書房　1970　290p 図版　19cm　600円
◇戦国の女性たち　中之巻　吉留路樹著　霞ケ関書房　1970　288p 図版　19cm　600円
◇戦国の女性たち　下之巻　吉留路樹著　霞ケ関書房　1970　298p 図版　19cm　600円
◇戦国武将25人の手紙　岡本良一著　朝日新聞社　1970　222p 14×19cm　650円
◇乱世に生きる―戦国武将の手紙　桑田忠親著　新人物往来社　1970　339p 19cm　680円
◇英雄の手紙―乱世を生きた武将の人間像　桑田忠親著　読売新聞社　1969　220p 18cm　（読売新書）300円
◇戦国武将の生活　桑田忠親著　角川書店　1969　272p 19cm　（角川選書）
◇日本歴史全集　第9　戦国の武将　佐々木銀弥著　講談社　1969　312p(図共)　22cm
◇濃飛戦国武将伝　川口半平著　岐阜　創研社　1968　296p 19cm
◇戦国武将の絵　サントリー美術館編　サントリー美術館〔1967〕1冊(頁付なし)　26cm〈会期：昭和42年5月13日―6月30日〉
◇戦国武将の手紙　桑田忠親著　人物往来社　1967　313p 19cm　（歴史選書）480円

◇日本史の人物像　第3　戦国の英雄　桑田忠親編　筑摩書房　1967　266p 図版　20cm
◇武将伝戦国の史話　桑田忠親著　人物往来社　1967　293p 19cm　（歴史選書）480円
◇戦国武将伝　和歌森太郎等編, 来栖良夫著, 箕田源二郎絵　岩崎書店　1966　351p 図版　22cm　（少年少女おはなし日本歴史 5）
◇英雄の手紙―戦国武将の映像　桑田忠親著　読売新聞社　1963　220p 18cm　（サラリーマン・ブックス）
◇新説・戦国の武将―その兵法と人心収攬術　南条範夫著　アサヒ芸能出版　1963　217p 18cm　（平和新書）
◇戦国の史話―武将伝　桑田忠親著　人物往来社　1963　293p 19cm
◇戦国人名辞典　高柳光寿, 松平年一著　吉川弘文館　1962　274p 20cm
◇戦国武将の手紙　桑田忠親著　人物往来社　1962　313p 20cm
◇新名将言行録　第2巻　戦国風雲時代第1　榊山潤, 尾崎士郎著　河出書房新社　1958　326p 図版　19cm
◇新名将言行録　第3巻　戦国風雲時代第2　尾崎士郎, 海音寺潮五郎著　河出書房新社　1958　286p 図版　19cm
◇おんな日本史　第3巻　戦国・江戸篇　松波治郎著　妙義出版　1957　241p 19cm
◇戦国武将軍談　白井喬二著　鱒書房　1956　185p 18cm　（歴史新書）
◇戦国武将録　中山義秀著　角川書店　1956　188p 18cm　（角川小説新書）
◇戦国武将録　中山義秀著　同光社　1956　204p 19cm　（大衆小説名作選）
◇戦国名将伝　檀一雄著　河出書房　1955　174p 図版　18cm　（河出新書）

北海道・東北

蘆名 盛氏
あしな もりうじ

大永元年(1521年)～天正8年(1580年)6月17日

　武将。陸奥国会津(福島県)の人。初名は盛治、通称は平四郎、平三郎、号は止々斎。南会津を除く会津地方を掌握していた父盛舜(もりきよ)のあとをうけ、会津黒川城を拠点に、天文12年(1543年)山内舜通を破り、南会津および仙道(福島県中通り)に勢力を拡大、安積郡伊東氏、安達郡畠山氏なども支配し、蘆名氏全盛時代を築いた。永禄11年(1568年)子の盛興に家督を譲って隠退したが、盛興の死後再び政務を執った。天正6年(1578年)上杉御館の乱では上杉景虎方についた。永禄6年(1563年)のの室町幕府の記録では後北条、織田とともに「大名在国衆」50余人のなかに列している。

　　　　　　＊　　＊　　＊

◇三浦・会津 蘆名一族　七宮涬三著　新人物往来社　2007.7　268p　19cm　2800円　①978-4-404-03466-3

◇会津大事典　会津事典編纂会編纂　国書刊行会　1985.12　697,77p 図版12枚　31cm　〈発売：文栄堂書店(会津若松)〉20000円

◇戦国大名系譜人名事典　東国編　山本大,小和田哲男編　新人物往来社　1985.11　555p　22cm　〈付：参考文献〉　7500円　①4-404-01293-4

◇福島大百科事典　福島民報社福島大百科事典発行本部編　福島　福島民報社　1980.11　1206p 図版16枚　31cm　〈折り込図1枚 付(別冊 61p 30cm)：追録版〉20000円

葛西 晴信
かさい はるのぶ

永禄元年(1558年)？～慶長2年(1597年)？

　武将。陸奥国(宮城県)の人。初名は信清。葛西晴胤の子。兄義重を継ぎ葛西氏第16代当主となり、登米郡寺池城主。葛西7郡・桃生郡東部・栗原郡東北部を所領とする。伊達氏と結び、隣接する大崎氏と対立し、元亀2年(1571年)、天正元年(1573年)の2度にわたり大崎義隆をやぶる。豊臣秀吉の小田原攻めに際しては領内情勢が不安定なため参陣せず、所領を没収された。その後は前田利家に預けられ慶長2年(1597年)に64歳で没したと伝えられる。葛西氏はその後南部氏と伊達氏に分かれた。

　　　　　　＊　　＊　　＊

◇角川日本姓氏歴史人物大辞典　3　岩手県姓氏歴史人物大辞典　竹内理三ほか編纂　岩手県姓氏歴史人物大辞典編纂委員会編著　角川書店　1998.5　1195p　23cm　20000円　①4-04-002030-8

◇角川日本姓氏歴史人物大辞典　4　宮城県姓氏家系大辞典　竹内理三ほか編纂　宮城県姓氏家系大辞典編纂委員会編著　角川書店　1994.7　1005p　23cm　16000円　①4-04-002040-5

◇岩手百科事典　岩手放送岩手百科事典発行本部編　新版　盛岡　岩手放送　1988.10　931p　22cm　〈折り込図2枚 付(図1枚)：岩手県全図〉　8000円

◇戦国大名系譜人名事典　東国編　山本大,小和田哲男編　新人物往来社　1985.11　555p　22cm　〈付：参考文献〉　7500円　①4-404-01293-4

◇宮城県百科事典　河北新報社宮城県百科事典編集本部編　仙台　河北新報社　1982.4　38, 1192, 46p 図版12枚　29cm

〈付(図1枚)〉:宮城県全図　25000円
①4-87341-001-4

南部 信直
　　　　なんぶ のぶなお

　天文15年(1546年)～慶長4年(1599年)10月5日
武将。陸奥盛岡藩藩祖。陸奥国(岩手県)の人。
通称大膳大夫、初名田子九郎。南部氏一族高信
の子。陸奥三戸城主南部晴政の養子となり、天正
10年(1582年)宗家を継ぎ、三戸城主となる。天
正18年(1590年)豊臣秀吉に従い南部の7郡を安堵
される。また九戸政実の乱を豊臣軍の援助で鎮
圧し、福岡に居城を移して南部藩の祖となる。文
禄元年(1592年)秀吉の朝鮮出兵の際には、肥前
国名護屋城に赴任した。

　　　　＊　　　＊　　　＊

◇藩主なるほど人物事典―江戸260年をし
　たたかに生き抜いた全国各地の名君たち
　武田鏡村著　PHP研究所　2005.6　95p
　26cm　952円　①4-569-64244-6
◇南部信直・津軽為信の生涯　名久井貞美
　著　八戸　伊吉書院　2004.6　204p
　19cm　〈文献あり〉　1200円
◇青森県人名事典　東奥日報社編　青森
　東奥日報社　2002.8　1166p　27cm
　24762円　①4-88561-065-6
◇角川日本姓氏歴史人物大辞典　3　岩手
　県姓氏歴史人物大辞典　竹内理三ほか編
　纂　岩手県姓氏歴史人物大辞典編纂委員
　会編著　角川書店　1998.5　1195p
　23cm　20000円　①4-04-002030-8
◇東西決戦編　桑田忠親著　秋田書店
　1989.10　238p　19cm　(新編 日本武将
　列伝 5)　1500円　①4-253-00366-4
◇岩手百科事典　岩手放送岩手百科事典発
　行本部編　新版　盛岡　岩手放送　1988.
　10　931p　22cm　〈折り込図2枚 付(図1
　枚):岩手県全図〉　8000円
◇岩手　加藤秀俊, 谷川健一, 稲垣史生, 石
　川松太郎, 吉田豊編　農山漁村文化協会
　1988.6　380p　26cm　(全国の伝承 江戸
　時代 人づくり風土記 3)　4300円　①4-
　540-88001-2

◇戦国大名系譜人名事典　東国編　山本大,
　小和田哲男編　新人物往来社　1985.11
　555p　22cm　〈付:参考文献〉　7500円
　①4-404-01293-4
◇青森県百科事典　青森　東奥日報社
　1981.3　973p 図版12枚　28cm　20000
　円　①4-88561-000-1
◇津軽南部の抗争―南部信直　森嘉兵衛著
　人物往来社　1967　285p 図版　19cm
　(日本の武将 66)　490円

津軽 為信
　　　　つがる ためのぶ

　天文19年(1550年)1月1日～慶長12年(1607年)12
月5日
　大名。陸奥津軽藩主。陸奥国津軽赤石(青森県)
の人。幼名は扇、通称は右京亮。武田守信の子
で、叔父大浦為則の養子となる。津軽地方の在
地領主で三戸南部氏の支配下にあったが、元亀
2年(1571年)南部高信を討ち、次第に勢力をのば
して陸奥津軽地方を統一、豊臣秀吉から3万石を
安堵され、天正19年(1591年)津軽氏を称し初代
陸奥国津軽藩主となる。関ヶ原の戦いでは東軍
に属して大垣城の攻略にあたり、上野国大館に
2000石を加増された。弘前の城下町建設を命じ
るなど発展の足がかりを築いた。

　　　　＊　　　＊　　　＊

◇藩主なるほど人物事典―江戸260年をし
　たたかに生き抜いた全国各地の名君たち
　武田鏡村著　PHP研究所　2005.6　95p
　26cm　952円　①4-569-64244-6
◇南部信直・津軽為信の生涯　名久井貞美
　著　八戸　伊吉書院　2004.6　204p
　19cm　〈文献あり〉　1200円
◇全部愚耳旧聴記―弘前藩関係史料　上
　添田儀左衛門貞俊著　観音寺　上坂氏顕
　彰会史料出版部　2002.11　1冊(ページ付
　なし)　21×30cm　(叢書郷土史料補遺
　青森県―2)　〈文太書房創設22周年記念
　出版　複製〉　62800円
◇全部愚耳旧聴記―弘前藩関係史料　下
　添田儀左衛門貞俊著　観音寺　上坂氏顕
　彰会史料出版部　2002.11　1冊(ページ付

◇なし） 21×30cm （叢書郷土史料補遺 青森県―2）〈文太書房創設22周年記念出版 複製〉 62800円
◇青森県人名事典 東奥日報社編 青森 東奥日報社 2002.8 1166p 27cm 24762円 ①4-88561-065-6
◇全部愚耳旧聴記 上 添田儀左衛門貞俊著 観音寺 上坂氏顕彰会史料出版部 2001.3 3冊 30cm （上坂氏顕彰会所蔵手写本 38）〈複製〉 52800円, 52800円, 46800円
◇全部愚耳旧聴記 下 添田儀左衛門貞俊著 観音寺 上坂氏顕彰会史料出版部 2001.3 3冊 30cm （上坂氏顕彰会所蔵手写本 38）〈複製〉 52800円, 52800円, 41800円
◇奥羽・津軽一族 白川亨著 新人物往来社 2000.7 250p 19cm 2800円 ①4-404-02859-8
◇角川日本姓氏歴史人物大辞典 3 岩手県姓氏歴史人物大辞典 竹内理三ほか編纂 岩手県姓氏歴史人物大辞典編纂委員会編著 角川書店 1998.5 1195p 23cm 20000円 ①4-04-002030-8
◇東西決戦編 桑田忠親著 秋田書店 1989.10 238p 19cm （新編 日本武将列伝 5） 1500円 ①4-253-00366-4
◇岩手百科事典 岩手放送岩手百科事典発行本部編 新版 盛岡 岩手放送 1988.10 931p 22cm 〈折り込図2枚 付（図1枚）：岩手県全図〉 8000円
◇津軽風雲録 長部日出雄著 富士見書房 1988. 275p 15cm （時代小説文庫） 420円 ①4-8291-1143-7
◇戦国大名系譜人名事典 東国編 山本大, 小和田哲男編 新人物往来社 1985.11 555p 22cm 〈付：参考文献〉 7500円 ①4-404-01293-4
◇青森県百科事典 青森 東奥日報社 1981.3 973p 図版12枚 28cm 20000円 ①4-88561-000-1
◇津軽為信―史談 話し手：成田末五郎, 聞き手：楠美鉄二 青森 東奥日報社 1975 310p 19cm 1300円

最上 義光
もがみ よしあき

天文15年(1546年)～慶長19年(1614年)1月18日 武将、出羽山形藩主。出羽山形城主義守の子。天正5年(1577年)天童城主最上頼澄を討ち、天正11年(1583年)頃までにほぼ山形盆地を勢力下に置いた。天正18年(1590年)小田原征伐で豊臣秀吉に謁し、本領24万石を安堵される。慶長5年(1600年)関ヶ原の戦いでは、これに連動した出羽合戦において、結城秀康を援けて上杉景勝の兵と戦い、その功によって57万石に封ぜられ、現在の山形県にほぼ相当する広大な領地を得た。山形県山形市に最上義光歴史館がある。

＊　＊　＊

◇北天の巨星最上義光 片桐繁雄著 山形 最上義光歴史館 2002.3 160p 21cm 〈「最上義光合戦記」(ヨークベニマル平成10年刊)の一部を改版〉
◇戦国武将まんだら―秘本三十六人伝 大栗丹後著 春陽堂書店 1999.8 244p 15cm （春陽文庫） 486円 ①4-394-16136-3
◇最上義光合戦記 片桐繁雄ほか著, 星亮一監修 郡山 ヨークベニマル 1998.9 228p 20cm 非売品
◇最上義光の面影を追う 木村重道著 上山 みちのく書房 1997.11 301p 22cm 1800円 ①4-944077-29-7
◇最上義光―戦国の驍将 佐藤清志著 鶴岡 庄内農村工業農業協同組合連合会 1996.9 255p 20cm 〈発売：新人物往来社(東京) 最上義光の肖像あり〉 2800円 ①4-404-02416-9
◇戦国の武将三十人 桑田忠親著 新人物往来社 1996.8 254p 19cm 〈『武将伝戦国の史話』改題書〉 2500円 ①4-404-02364-2
◇山形 加藤秀俊, 谷川健一, 稲垣史生, 石川松太郎, 吉田豊編 農山漁村文化協会 1991.2 389p 26cm （全国の伝承 江戸時代 人づくり風土記 6） 4900円 ①4-540-90014-5

北海道・東北

◇東西決戦編　桑田忠親著　秋田書店　1989.10　238p　19cm　(新編 日本武将列伝 5)　1500円　Ⓘ4-253-00366-4

◇最上義光物語　中村晃訳〔東村山〕　教育社　1989.5　225p　18cm　(教育社新書)〈発売：教育社出版サービス(東京)　最上義光の肖像あり〉　1000円　Ⓘ4-315-50969-8

◇「裏切り」の研究―謀略のバランスシート　新井英生著　政界往来社　1988.3　244p　19cm　1300円　Ⓘ4-915303-28-4

◇義光と政宗―その時代と文化　山形県立博物館編　山形　山形県立博物館　1987.6　48p　26cm〈昭和62年度企画展　執筆：加藤稔ほか　会期：昭和62年6月6日～7月12日〉

◇修羅鷹　最上義光　中村晃著　叢文社　1987.4　232p　19cm　(現代を拓く歴史名作シリーズ)　1500円　Ⓘ4-7947-0148-9

◇新編庄内人名辞典　庄内人名辞典刊行会編　鶴岡　庄内人名辞典刊行会　1986.11　781p　19cm〈監修：大瀬欽哉　参考資料目録：p669～690〉　3500円

◇戦国大名系譜人名事典　東国編　山本大,小和田哲男編　新人物往来社　1985.11　555p　22cm〈付：参考文献〉　7500円　Ⓘ4-404-01293-4

◇山形県大百科事典　山形放送株式会社,山形県大百科事典事務局編　山形　山形放送　1983.6　2冊(別冊とも)　31cm〈別冊(308p 30cm)：資料編〉　25000円

◇奥羽の驍将―最上義光　誉田慶恩著　人物往来社　1967　301p　図　19cm　(日本の武将 60)　490円

◇風雲山形城　大場貞弘著　山形　誌趣会　1964 2版　199p　18cm

＊　＊　＊

として重用される。会津侵攻で戦功をあげ、陸奥二本松城在番となり、のち大森城主に転ずる。豊臣秀吉の小田原征伐の際は、政宗に秀吉従属を説いて参陣した。慶長7年(1602年)陸奥白石城主となり1万3000石を領した。秀吉が召し抱えようとしたがこれに応じず、常に政宗のよき参謀として従い、上杉景勝の家老直江兼続と共に天下の名陪臣と評される。

＊　＊　＊

◇戦国軍師の知略―将を動かし勝機を掴む　中江克己著　青春出版社　2008.6　188p　18×11cm　(青春新書インテリジェンス)　730円　Ⓘ978-4-413-04205-5

◇戦国名物家臣列伝　川口素生著　学習研究社　2008.6　321p　15cm　(学研M文庫)　667円　Ⓘ978-4-05-901223-8

◇角川日本姓氏歴史人物大辞典　4　宮城県姓氏家系大辞典　竹内理三ほか編纂　宮城県姓氏家系大辞典編纂委員会編著　角川書店　1994.7　1005p　23cm　16000円　Ⓘ4-04-002040-5

◇戦国の軍師たち　堀和久著　文芸春秋　1990.10　278p　15cm　(文春文庫)〈『軍師の時代』改題書〉　400円　Ⓘ4-16-749502-3

◇伊達政宗と片倉小十郎　飯田勝彦著　新人物往来社　1987.6　282p　20cm　2000円　Ⓘ4-404-01424-4

◇宮城県百科事典　河北新報社宮城県百科事典編集本部編　仙台　河北新報社　1982.4　38, 1192, 46p　図版12枚　29cm〈付(図1枚)：宮城県全図〉　25000円　Ⓘ4-87341-001-4

◇戦国大名家臣団事典　東国編　山本大,小和田哲男編　新人物往来社　1981.8　427p　22cm　6800円

片倉 景綱
かたくら かげつな

弘治3年(1557年)～元和元年(1615年)

武将。仙台藩伊達氏の重臣。出羽国米沢(山形県)の人。通称小十郎。米沢八幡社神主片倉景重の子。伊達政宗の小姓として仕え、次第に家臣

松前 慶広
まつまえ よしひろ

天文17年(1548年)9月3日～元和2年(1616年)10月12日

武将。蝦夷松前藩主。幼名は天方丸、通称は新三郎。蠣崎季広の三男で、母は河野季通の娘。

天正18年(1590年)豊臣秀吉の奥羽仕置を契機に上洛して秀吉に謁し、従五位下・民部大輔に叙任。翌年九戸政実の乱で秀吉軍について参陣、文禄の役でもいち早く肥前名護屋に参じた。文禄2年(1593年)秀吉から蝦夷支配の朱印状を得て出羽の安東氏の支配を脱し、慶長4年(1599年)松前と改姓。慶長9年(1604年)には徳川家康からアイヌ交易独占公認の黒印状を得て改めて従五位下・伊豆守に叙任され、蝦夷松前初代藩主となった。

＊　＊　＊

◇藩主なるほど人物事典―江戸260年をしたたかに生き抜いた全国各地の名君たち　武田鏡村著　PHP研究所　2005.6　95p　26cm　952円　⓵4-569-64244-6
◇北海道歴史人物事典　北海道新聞社編　札幌　北海道新聞社　1993.7　443p　21cm　4000円　⓵4-89363-696-0
◇北海道大百科事典　北海道新聞社編　札幌　北海道新聞社　1981.8　2冊　27cm　全36000円

支倉 常長
はせくら つねなが

元亀2年(1571年)～元和8年(1622年)7月1日
武将。慶長遣欧使節正使。本姓は山口、幼名は与市、通称は六右衛門。名は別に長経、長恒。洗礼名ドン・フェリペ・フランシスコ。山口常成の子で、伊達政宗の家臣支倉時正の養子となる。文禄元年(1592年)朝鮮の役では政宗と共に渡鮮。政宗の命により、慶長18年(1613年)宣教師ソテロと共に遣欧使節の正使として渡欧。1615年(元和元年)メキシコを経てスペインのフェリペ3世に謁見し、通商開設と宣教師派遣を求める政宗の書状を奏呈、同地で受洗。さらにローマに赴き教皇パウロ5世に謁見し、元老院から公民権を授与される。再びスペインに戻るが通商交渉は失敗し、元和6年(1620年)帰国。禁教令下、不遇のうちに病没した。

＊　＊　＊

◇捏造された慶長遣欧使節記―間違いだらけの「支倉常長」論考　大泉光一著　雄山閣　2008.6　261p　21cm　3000円　⓵978-4-639-02042-4
◇伊達八百年歴史絵巻―時を超へ輝く人の物語　伊達宗弘著　新人物往来社　2007.12　210p　19cm　2000円　⓵978-4-404-03512-7
◇東北ふしぎ探訪―歴史・民俗のミステリーを歩く　伊藤孝博著　秋田　無明舎出版　2007.10　577p　19cm　2800円　⓵978-4-89544-466-8
◇支倉常長―武士、ローマを行進す　田中英道著　京都　ミネルヴァ書房　2007.5　294,6p 図版2枚　20cm　(ミネルヴァ日本評伝選)〈肖像あり　文献あり　年譜あり〉　2800円　⓵978-4-623-04877-9
◇ヨーロッパに消えたサムライたち　太田尚樹著　筑摩書房　2007.1　327p　15cm　(ちくま文庫)〈文献あり〉　780円　⓵978-4-480-42295-8
◇スペインと日本人　福岡スペイン友好協会監修、川成洋、坂東省次編　丸善　2006.7　197p　19cm　(丸善ブックス)　2000円　⓵4-621-06107-0
◇支倉常長慶長遣欧使節の真相―肖像画に秘められた実像　大泉光一著　雄山閣　2005.9　271p　22cm〈年表あり　文献あり〉　3600円　⓵4-639-01900-9
◇海を越えた日本人名事典　富田仁編　新訂増補　日外アソシエーツ　2005.7　918p　22cm〈文献あり　年表あり〉　15000円　⓵4-8169-1933-3
◇教科書が教えない歴史有名人の晩年　新人物往来社編　新人物往来社　2005.5　286p　19cm　1600円　⓵4-404-03250-1
◇戦国武将の意外なウラ事情―英雄たちの「秘められた事実」　日本博学倶楽部著　PHP研究所　2004.6　276p　15cm　(PHP文庫)　571円　⓵4-569-66199-8
◇メキシコの大地に消えた侍たち―伊達藩士・福地蔵人とその一族の盛衰　大泉光一著　新人物往来社　2004.5　224p　19cm　2500円　⓵4-404-03193-9
◇歴史人物 あの人のその後　インターナショナル・ワークス編著　幻冬舎　2003.7　277p　15cm　(幻冬舎文庫)　533円　⓵4-344-40388-6

北海道・東北

◇支倉常長　五野井隆史著　吉川弘文館　2003.3　279p　19cm　(人物叢書　新装版)〈肖像あり　年譜あり　文献あり〉1900円　①4-642-05227-5

◇支倉遣欧使節のキューバにおける足跡調査―調査報告書　石巻　慶長遣欧使節船協会　2002.3　118p　30cm

◇ジパング江戸科学史散歩　金子務著　河出書房新社　2002.2　310p　19cm　2000円　①4-309-25155-2

◇歴史人物アルバム　日本をつくった人たち大集合　3　江戸時代の61人　PHP研究所編　PHP研究所　2001.2　47p　30cm　2900円　①4-569-68263-4

◇地球日本史　1　日本とヨーロッパの同時勃興　西尾幹二責任編集　産経新聞ニュースサービス、扶桑社〔発売〕2000.12　384p　15cm　(扶桑社文庫)　571円　①4-594-03030-0

◇ヨーロッパに消えたサムライたち　太田尚樹著　角川書店　1999.7　243p　20cm　〈文献あり〉1700円　①4-04-883579-3

◇遠い帆―オペラ支倉常長　高橋睦郎著　小沢書店　1999.3　136p　21cm　2000円　①4-7551-0312-6

◇支倉常長―慶長遣欧使節の悲劇　大泉光一著　中央公論新社　1999.3　207p　18cm　(中公新書)　660円　①4-12-101468-5

◇支倉六右衛門常長―慶長遣欧使節を巡る学際的研究　大泉光一著　文真堂　1998.10　424p　22cm　6800円　①4-8309-4306-8

◇戦後教科書から消された人々　2　濤川栄太著　ごま書房　1998.9　254p　18cm　571円　①4-341-30011-3

◇東北見聞録―歩く・会う・語る・住む　黒田四郎著　八朔社　1997.4　203p　19cm　1500円　①4-938571-62-5

◇戦国夜話―こころの風景　遠藤周作著　小学館　1996.6　157p　18cm　1000円　①4-09-840040-5

◇遠い帆―オペラ支倉常長　高橋睦郎著　小沢書店　1995.2　136p　21cm　3090円

◇風と海の回廊―日本を変えた知の冒険者たち　泉秀樹著　広済堂出版　1994.9　302p　19cm　1500円　①4-331-50448-4

◇角川日本姓氏歴史人物大辞典　4　宮城県姓氏家系大辞典　竹内理三ほか編纂　宮城県姓氏家系大辞典編纂委員会編著　角川書店　1994.7　1005p　23cm　16000円　①4-04-002040-5

◇支倉常長と胆沢町―常長終焉地を探る　切田未良著　仙台　秋桜社　1994.7　97p　19cm　1000円　①4-88278-093-3

◇慶長遣欧使節の研究―支倉六右衛門使節一行を巡る若干の問題について　大泉光一著　文真堂　1994.6　228p　21cm　3605円　①4-8309-4153-7

◇支倉常長異聞―海外に消えた侍たち　中丸明著　宝島社　1994.5　270p　20cm　〈主要参考文献：p270〉1600円　①4-7966-0802-8

◇支倉六右衛門と西欧使節　田中英道著　丸善　1994.1　228p　18cm　(丸善ライブラリー 110)〈支倉六右衛門の肖像あり　主な参考文献：p225～228〉640円　①4-621-05110-5

◇支倉常長の総て　樫山巌筆　仙台　金港堂出版部　1993.10　298p　20cm　1600円　①4-87398-049-6

◇遙かなるロマン―支倉常長の闘い　河北新報社編集局編　仙台　河北新報社　1993.7　119p　26cm　〈支倉常長の肖像あり　参考文献・慶長遣欧使節関係の年表：p111～117〉1500円　①4-87341-060-6

◇「私考」支倉常長の謎―報いても未だに　樫山巌著　創栄出版(製作)　1993.4　250p　19cm　1800円　①4-88250-325-5

◇狐狸庵 歴史の夜話　遠藤周作著　牧羊社　1992.11　170p　19cm　1600円　①4-8333-1531-9

◇支倉常長とスペイン―歴史シンポジウム記録　西田耕三編　仙台　宮城スペイン協会　1992.6　248p　21cm　非売品

◇切支丹時代―殉教と棄教の歴史　遠藤周作著　小学館　1992.2　200p　16cm

◇(小学館ライブラリー 20) 740円 ①4-09-460020-5
◇欧南遣使考　平井希昌編纂, 原普口語訳編纂　仙台　江馬印刷　1991.3　2冊　19cm　〈江馬印刷株式会社創業百周年記念　付(1枚)　ホルダー入(26cm)　「本編(明治24年刊の複製)」「口語訳」に分冊刊行〉
◇だから歴史はおもしろい　今野信雄編　彩流社　1990.4　344p　19cm　2000円
◇密使 支倉常長　長部日出雄著　文芸春秋　1989.8　540p　15cm　(文春文庫)　620円　①4-16-735004-1
◇キリシタン殉教史跡の旅―信仰に命を捧げた人びと、その足跡を追って　荒木誠三著　大陸書房　1988.4　237p　19cm　1300円　①4-8033-1365-2
◇伊達政宗―文化とその遺産　小林清治ほか編　里文出版　1987.9　422p　20cm　〈伊達政宗文芸年譜・参考文献：p392～417〉　2200円　①4-947546-18-2
◇伊達政宗の遣欧使節　松田毅一著　新人物往来社　1987.9　255p　20cm　〈伊達政宗の遣欧使節関係年表：p251～255〉　2000円　①4-404-01448-1
◇伊達政宗―「機」をはかる抜群の演出力　世界文化社　1987.3　239p　19cm　(Bigmanビジネスブックス)　〈伊達政宗の肖像あり〉　1300円　①4-418-87603-0
◇物語 海の日本史　下巻　邦光史郎著　講談社　1987.3　359p　19cm　1500円　①4-06-203130-2
◇世界史のなかの伊達政宗と支倉常長　高橋富雄著　仙台　仙台日伊協会　1987.1　39p　19cm　〈仙台日伊協会設立十周年記念〉　350円
◇ザ・仙台―伊達政宗と杜の都　読売新聞社　1986.11　162p　30cm　2000円　①4-643-54970-X
◇歴史のなかの紀行　北日本・海外　中田嘉種著　そしえて　1986.7　314, 12p　19cm　2300円　①4-88169-802-8
◇伊達政宗　5　山岡荘八著　光文社　1986.4　330p　15cm　(光文社時代小説文庫)　460円　①4-334-70332-1

◇交渉　佐々克明ほか著　旺文社　1986.3　293p　19cm　(ブレーン：歴史にみる群像 3)　1300円　①4-01-071413-1
◇キリスト教人名辞典　日本基督教団出版局　1986.2　2094p　27cm　〈主要参考文献：p2091～2093〉　43000円
◇みちのくの伝統文化　4 歴史編　高橋富雄編　小学館　1986.2　199p　30cm　8500円　①4-09-578004-5
◇慶長遣使考―支倉常長遣欧前後　佐藤仲雄著　〔仙台〕　〔佐藤仲雄〕　1984.3　279p　22cm　〈製作：第一法規出版(東京)　参考書目：p271～279〉　非売品
◇宮城県百科事典　河北新報社宮城県百科事典編集本部編　仙台　河北新報社　1982.4　38, 1192, 46p 図版12枚　29cm　〈付(図1枚)：宮城県全図〉　25000円　①4-87341-001-4
◇ローマへの遠い旅―慶長使節支倉常長の足跡　高橋由貴彦著　講談社　1981.12　351p　22cm　〈支倉常長の肖像あり　関係年表：p343～349〉　2400円　①4-06-115101-0
◇支倉常長伝　支倉常長顕彰会編　仙台　宝文堂出版販売 宝文堂(発売)　1975　236p 図　22cm　2000円
◇支倉六右衛門　中目覚著　仙台　白嶺会　1957　40p 図版　19cm

後藤 寿庵
ごとう じゅあん

天正6年(1578年)～元和9年(1623年)？
　キリシタン武将。幼名は又五郎、洗礼名はジュアン。寿安とも書く。メキシコから帰国した田中勝助と知り合い外国事情に通じる。伊達政宗の知遇を得て1200石をもって水沢の領主となり、胆沢川の上流から農業用水を引くため用水路(寿庵堰)を開削した。仙台藩キリスト教界の指導者で、自領で宣教師J.アンジェリスを補佐して布教に努め、年貢を四割減にするなど慈愛の精神で施政にあたったため、領民のほとんどが信徒になったといわれる。元和9年(1623年)藩主伊達政宗に棄教を命じられたが従わず、十余人の家臣を連れて盛岡藩領に逃れた。以後の消息は詳

かでない。

＊　＊　＊

◇東北ふしぎ探訪―歴史・民俗のミステリーを歩く　伊藤孝博著　秋田　無明舎出版　2007.10　577p　19cm　2800円　①978-4-89544-466-8

◇寿庵とその周辺―後藤寿庵顕彰誌　寿庵顕彰ふるさとルネッサンス委員会編　〔水沢〕　寿庵顕彰ふるさとルネッサンス委員会　1999.3　58p　26cm　〈折り込2枚〉

◇角川日本姓氏歴史人物大辞典　3　岩手県姓氏歴史人物大辞典　竹内理三ほか編纂　岩手県姓氏歴史人物大辞典編纂委員会編著　角川書店　1998.5　1195p　23cm　20000円　①4-04-002030-8

◇角川日本姓氏歴史人物大辞典　4　宮城県姓氏家系大辞典　竹内理三ほか編纂　宮城県姓氏家系大辞典編纂委員会編著　角川書店　1994.7　1005p　23cm　16000円　①4-04-002040-5

◇寿庵の道　安彦公一著　水沢　胆江日日新聞社　1993.11　207p　22cm　1000円

◇みちのくキリシタン物語　只野淳著　春秋社　1990.2　301p　19cm　2200円　①4-393-21802-7

◇岩手百科事典　岩手放送岩手百科事典発行本部編　新版　盛岡　岩手放送　1988.10　931p　22cm　〈折り込図2枚　付（図1枚）：岩手県全図〉　8000円

◇キリスト教人名辞典　日本基督教団出版局　1986.2　2094p　27cm　〈主要参考文献：p2091～2093〉　43000円

◇幻な人間寿庵とその治績　千田濤泉著　〔水沢〕　胆沢平野土地改良区　1984.8　217p　22cm　1400円

◇宮城県百科事典　河北新報社宮城県百科事典編集本部編　仙台　河北新報社　1982.4　38,1192,46p　図版12枚　29cm　〈付（図1枚）：宮城県全図〉　25000円　①4-87341-001-2

◇奥羽古キリシタン探訪―後藤寿庵の軌跡　司東真雄著　八重岳書房　1981.7　157p　20cm　1400円

佐竹 義宣
さたけ よしのぶ

元亀元年(1570年)～寛永10年(1633年)1月25日出羽秋田藩主。出羽国(秋田県)の人。幼名は徳寿丸、通称は次郎、右京大夫。佐竹義重の長男。天正14年(1586年)から天正17年(1589年)頃家督を継ぎ、常陸太田城を拠点に北条氏直、伊達政宗らと勢力を争う。豊臣秀吉の小田原征伐で功をあげ、水戸城に移り、文禄3年(1594年)常陸・陸奥・下野に54万石を領す。慶長5年(1600年)関ヶ原の戦いで西軍についたため、慶長7年(1602年)徳川家康から出羽秋田藩20万石に減封を命じられた。兵法および文芸や茶道に優れ、遺言で殉死を禁止したことでも知られる。

＊　＊　＊

◇図解 ふるさとの戦国武将　河合敦著　学習研究社　2007.11　95p　26cm　933円　①978-4-05-403558-4

◇藩主なるほど人物事典―江戸260年をしたたかに生き抜いた全国各地の名君たち　武田鏡村著　PHP研究所　2005.6　95p　26cm　952円　①4-569-64244-6

◇佐竹風雲録 義宣の巻　1　堀口真一著　筑波書林,(土浦)茨城図書〔発売〕　2002.7　148p　19cm　1400円　①4-86004-033-3

◇史伝 大河―悠久の佐竹氏　土居輝雄著　東洋書院　2002.4　462p　19cm　2000円　①4-88594-313-2

◇仮説・関ヶ原合戦　村田一司著　文芸社　2000.4　189p　19cm　1200円　①4-88737-959-5

◇栃木県歴史人物事典　栃木県歴史人物事典編纂委員会編　宇都宮　下野新聞社　1995.7　726p　27cm　18000円

◇佐竹義宣その時代―『常羽有情』控え抄　土居輝雄著　秋田　秋田魁新報社　1994.5　63p　21cm　(あきたさきがけブックno.12)　500円　①4-87020-134-8

◇雪代水―佐竹義宣と茶道　森笙子著　〔横手〕〔森笙子〕　1992.11　201p　19cm

◇茶道人物辞典　原田伴彦編　柏書房

1991.1　290, 22p　22cm　〈新装版〉
4944円　Ⓘ4-7601-0620-0
◇天下平定編　桑田忠親著　秋田書店
1989.10　249p　19cm　(新編　日本武将列伝 6)　1500円　Ⓘ4-253-00367-2
◇佐竹義宣と正洞院―その悲劇の死をめぐって　伊藤武美著　秋田　秋田文化出版社　1989.5　194p　19cm　1200円
◇戦国大名系譜人名事典　東国編　山本大、小和田哲男編　新人物往来社　1985.11　555p　22cm　〈付：参考文献〉　7500円

Ⓘ4-404-01293-4
◇茨城県大百科事典　茨城新聞社　水戸　茨城新聞社　1981.11　1099, 138p 図版16枚　27cm　〈発売：茨城県教科書販売、茨城県書店組合〉　23000円
◇秋田大百科事典　秋田魁新報社編集　秋田　秋田魁新報社　1981.9　918p 図版17枚　31cm　25000円　Ⓘ4-87020-007-4
◇郷土歴史人物事典茨城　佐久間好雄編著　第一法規出版　1978.10　215p　19cm　1300円

伊達 政宗　だて まさむね

　永禄10年(1567年)～寛永13年(1636年)5月24日　武将。陸奥仙台藩主。出羽国米沢(山形県)の人。幼名は梵天丸、通称は藤次郎。出羽米沢城主輝宗の長男。天正5年(1577年)元服、伊達中興の祖である大膳大夫政宗の名を襲い藤次郎政宗と称する。天正7年(1579年)三春城主田村清顕の娘愛(めご)姫と結婚。天正12年(1584年)18歳で家督をつぐ。父が畠山義継に討たれると、畠山・蘆名・佐竹らの連合軍を撃退し、さらに蘆名盛重を破って会津城に入城。ほぼ奥州を制圧したが、豊臣秀吉の天下統一の時期と重なったため、小田原征伐に参陣して恭順の意を示す。会津ほかを没収されて黒川(会津若松)から米沢に移る。秀吉の死後まもなく長女五郎八(いろは)と家康の子忠輝の婚約により徳川氏に接近。慶長5年(1600年)関ヶ原の戦いでは東軍について本領を安堵され、慶長8年(1603年)陸奥仙台藩62万石に転封となる。塩竈神社、大崎八幡神社、国分寺薬師堂、松島瑞巌寺を造営し、また北上、迫(はざま)、江合の3川の合流と北上川の石巻流出の工事を完成させて、仙台藩の米作と江戸廻米の基礎をすえた。慶長18年(1613年)家臣の支倉常長をローマ教皇のもとに遣欧使節として派遣。幼くして右目を失明したことから"独眼竜"と称された。宮城県松島町に「みちのく伊達政宗歴史館」がある。

◇戦国武将からの手紙―乱世に生きた男たちの素顔　吉本健二著　学習研究社　2008.5　300p　15cm　(学研M文庫)　〈『手紙から読み解く戦国武将意外な真実』改稿・改題書〉　667円　Ⓘ978-4-05-901220-7
◇伊達政宗の研究　小林清治著　吉川弘文館　2008.5　479p　22cm　〈文献あり〉　12000円　Ⓘ978-4-642-02875-2
◇伊達政宗―野望に彩られた独眼竜の生涯　相川司著　新紀元社　2007.11　270p　21cm　(Truth in history 11)　〈年表あり〉　1800円　Ⓘ978-4-7753-0591-1
◇「戦国武将」名将の頭の中―「勝負所」

で勝つ法　菊池道人著　三笠書房　2007.6　219p　15cm　(知的生きかた文庫)　533円　Ⓘ978-4-8379-7636-3
◇日本史偉人「健康長寿法」　森村宗冬著　講談社　2007.5　201p　18cm　(講談社プラスアルファ新書)　800円　Ⓘ978-4-06-272436-4
◇銅像めぐり旅―ニッポン蘊蓄紀行　清水義範著　祥伝社　2006.9　306p　15cm　(祥伝社文庫)　619円　Ⓘ4-396-33308-0
◇名将の法則―戦国乱世を生き抜いた12人の知られざる決断とは　安部竜太郎著　日本実業出版社　2006.8　254p　19cm　1600円　Ⓘ4-534-04106-3

31

北海道・東北

◇健康力—戦国武将たちに学ぶ　植田美津江著　名古屋　ゆいぽおと，KTC中央出版〔発売〕2006.1　190p　18cm　1000円　①4-87758-403-X

◇戦国武将の危機突破学　童門冬二著　日本経済新聞社　2005.8　309p　15cm（日経ビジネス人文庫）667円　①4-532-19305-2

◇藩主なるほど人物事典—江戸260年をしたたかに生き抜いた全国各地の名君たち　武田鏡村著　PHP研究所　2005.6　95p　26cm　952円　①4-569-64244-6

◇名将名城伝　津本陽著　PHP研究所　2005.6　280p　19cm　1500円　①4-569-64187-3

◇日本食文化人物事典—人物で読む日本食文化史　西東秋男編　筑波書房　2005.4　384p　21cm　5000円　①4-8119-0278-5

◇武将を支えた禅の教え　童門冬二著　青春出版社　2004.10　270p　19cm　1500円　①4-413-02170-3

◇陸奥国の戦国社会　大石直正，小林清治編　高志書院　2004.8　263p　21cm（奥羽史研究叢書6）4000円　①4-906641-85-7

◇親と子の日本史　上　産経新聞取材班著　産経新聞ニュースサービス，扶桑社〔発売〕2004.6　318p　15cm（扶桑社文庫）667円　①4-594-04674-6

◇室町戦国史紀行　宮脇俊三著　講談社　2003.12　405p　15cm（講談社文庫）695円　①4-06-273918-6

◇奥羽仕置と豊臣政権　小林清治著　吉川弘文館　2003.9　433,7p　21cm　10000円　①4-642-02828-5

◇伊達の文化誌—続・東北の原像　浜田直嗣著　仙台　創童舎　2003.4　255p　21cm　2500円　①4-915587-21-5

◇週刊ビジュアル日本の歴史　no.133　戦国武将編　13　デアゴスティーニ・ジャパン　2002.9　p506-545　30cm〈年表あり〉533円

◇図説伊達政宗　仙台市博物館編，渡辺信夫監修　新装版　河出書房新社　2002.7　129p　22cm（ふくろうの本）1600円　①4-309-76021-X

◇検証・伊達の黒船—技術屋が解く歴史の謎　須藤光興著　仙台　宝文堂　2002.6　148p　19cm　1143円　①4-8323-0116-0

◇仙台藩ものがたり　河北新報社編集局編　仙台　河北新報社　2002.6　239p　21cm　1800円　①4-87341-163-7

◇独眼竜政宗と伊達一族—奥州制覇70年の生涯と血族列伝　新人物往来社　2002.6　173p　26cm（別冊歴史読本11）2000円　①4-404-03011-8

◇歴史をつくった人びとの健康法—生涯現役をつらぬく　宮本義己著　中央労働災害防止協会　2002.3　251p　18cm（中災防新書）900円　①4-8059-0806-8

◇戦国のコミュニケーション—情報と通信　山田邦明著　吉川弘文館　2002.1　276p　19cm　3200円　①4-642-07782-0

◇武将歌人，伊達政宗　伊達宗弘著　ぎょうせい　2001.12　270p　20cm　1905円　①4-324-06639-6

◇日本史101人のことば　円谷真護著　柘植書房新社　2001.11　219p　19cm　1700円　①4-8068-0465-7

◇戦国武将　頭の使い方—「知恵と知恵の戦い」を読む　小和田哲男著　三笠書房　2001.8　266p　15cm（知的生きかた文庫）533円　①4-8379-7190-3

◇青雲の彼方—伊達政宗　川村昭義著　仙台　北灯社　2001.7　405p　19cm　1429円　①4-938698-05-6

◇戦国武将　勝ち残りの戦略—状況を読みいかに闘うか　風巻絃一著　日本文芸社　2001.6　237p　18cm（日文新書）〈『戦国名将に学ぶ勝ち残りの戦略』再編集・改題書〉686円　①4-537-25057-7

◇日本戦史　戦国編—死闘！七大決戦　河合秀郎著　学習研究社　2001.6　289p　15cm（学研M文庫）580円　①4-05-901057-X

◇風雲伊達政宗—炯眼独眼竜の雄材大略　学習研究社　2001.6　195p　26cm（歴史群像シリーズ）1600円　①4-05-602549-5

◇親と子の日本史　産経新聞取材班著　産経新聞ニュースサービス, 扶桑社〔発売〕2001.3　381p　21cm　1714円　①4-594-03068-8
◇史伝伊達政宗　小和田哲男著　学習研究社　2000.12　333p　15cm　（学研M文庫）　590円　①4-05-901020-0
◇大坂の陣名将列伝　永岡慶之助著　学習研究社　2000.9　286p　15cm　（学研M文庫）　560円　①4-05-901004-9
◇評伝 戦国武将—智略と決断の人間学　童門冬二著　経済界　2000.4　217p　19cm　1333円　①4-7667-8201-1
◇部下の心をつかむ江戸の人間学　童門冬二著　集英社　2000.2　282p　15cm　（集英社文庫）　533円　①4-08-747163-2
◇戦国武将　別冊宝島編集部編　宝島社　2000.1　317p　15cm　（宝島社文庫）〈別冊宝島『よみがえる戦国武将伝説』改訂・改題書〉　600円　①4-7966-1681-0
◇独眼竜政宗　三好京三著　PHP研究所　1999.11　476p　19cm　2000円　①4-569-60866-3
◇戦国武将まんだら—秘本三十六人伝　大栗丹後著　春陽堂書店　1999.8　244p　15cm　（春陽文庫）　486円　①4-394-16136-3
◇伊達政宗言行録—木村宇右衛門覚書　小井川百合子編　新人物往来社　1997.7　329p　22cm　13000円　①4-404-02463-0
◇伊達政宗—秀吉・家康を翻弄した男　長谷川つとむ著　PHP研究所　1997.4　382p　15cm　（PHP文庫）　629円　①4-569-57002-X
◇挑戦—ライバル日本史　5　NHK取材班編　角川書店　1996.11　294p　15cm　（角川文庫）　520円　①4-04-195422-3
◇伊達家の風景　伊達真美著　三月書房　1996.10　277p　19cm　1800円　①4-7826-0154-9
◇戦国の武将三十人　桑田忠親著　新人物往来社　1996.8　254p　19cm〈『武将伝戦国の史話』改題書〉　2500円　①4-404-02364-2

◇独眼竜政宗の素顔　逸見英夫, 伊達泰宗著　仙台　宝文堂　1996.8　214p　19cm　1300円　①4-8323-0081-4
◇伊達政宗　上　永岡慶之助著　青樹社　1996.7　485p　15cm　（青樹社文庫）　780円　①4-7913-0964-2
◇伊達政宗　下　永岡慶之助著　青樹社　1996.7　493p　15cm　（青樹社文庫）　780円　①4-7913-0965-0
◇政宗の黄金の城　首藤尚丈著〔仙台〕ジー・アイ・ピー　1996.7　312p　22cm〈仙台 プレスアート（発売）〉1500円
◇独眼竜政宗　上　津本陽著　文芸春秋　1996.3　301p　19cm　1500円　①4-16-316130-9
◇独眼竜政宗　下　津本陽著　文芸春秋　1996.3　292p　19cm　1500円　①4-16-316140-6
◇伊達政宗の手紙　佐藤憲一著　新潮社　1995.7　208p　19cm　（新潮選書）　980円　①4-10-600479-8
◇東国の覇王—ザ・Masamune＜歴史裁判＞独眼竜政宗の野望　志茂田景樹ほか著　ベストセラーズ　1995.5　255p　15cm　（ワニ文庫）　600円　①4-584-37024-9
◇書に見る伊達政宗—その人と時代 特別展図録　仙台市博物館編　仙台　仙台市博物館　1995.4　134, 5p　26cm〈執筆：佐藤憲一, 荒井聡　伊達政宗の肖像あり　会期：平成7年4月21日～6月4日〉
◇伊達政宗—最後の戦国大名 独眼竜の実力と野望　世界文化社　1995.4　162p　26cm　（ビッグマンスペシャル）　1300円
◇二流の人伊達政宗　葛西信太郎著　気仙沼　耕風社　1995.4　163p　18cm　（エキサイティング・ヒストリー・シリーズ）1500円
◇童門冬二の"出処進退"の研究—男の生き方、闘い方　童門冬二著　経済界　1994.8　237p　18cm　（リュウブックス）〈『強いリーダー生き方の秘密』改題書〉1000円　①4-7667-0259-X
◇対外交渉力が勝敗を決める　永岡慶之助, 赤木駿介, 童門冬二, 松浦玲, 宮地佐一郎,

綱淵謙錠,田原総一朗著　学習研究社　1994.4　254p　19cm　〈歴史の教訓 生き残りの戦略 第3巻〉　1800円　①4-05-400180-7

◇決断のとき―歴史にみる男の岐路　杉本苑子著　文芸春秋　1993.10　333p　15cm　（文春文庫）　450円　①4-16-722418-6

◇武将大名たちのリストラ戦略　加来耕三著　実業之日本社　1993.10　238p　19cm　1600円　①4-408-21007-2

◇知られざる「養生日記」―歴史が明かす賢人健康秘話!!　宮本義己著　ベストセラーズ　1993.3　255p　15cm　（ワニ文庫）　500円　①4-584-30371-1

◇伊達政宗の都―その歴史と未来　飯田勝彦著　新人物往来社　1993.2　253p　20cm　2000円　①4-404-01982-3

◇伊達政宗―戦国を生き抜いた大名 開館記念第1回特別展　徳島市立徳島城博物館編　徳島　徳島市立徳島城博物館　1993.1　62p　26cm

◇武将に学ぶ苦境からの脱出　松本幸夫著　総合ライフ出版　1992.11　227p　19cm　1500円　①4-88311-029-X

◇危機突破の発想―戦国武将は知恵で勝つ　小和田哲男著　日本経済新聞社　1992.9　212p　19cm　1500円　①4-532-16072-3

◇主役・脇役おもしろ列伝―歴史変遷の人間模様！　加来耕三著　大陸書房　1992.7　239p　15cm　（大陸文庫）　530円　①4-8033-4146-X

◇英雄たちの伝説―歴史の見どころ　南原幹雄著　悠思社　1992.6　241p　19cm　1300円　①4-946424-27-X

◇架空決戦 伊達政宗の大長征　志茂田景樹著　横浜　光栄　1992.6　225p　19cm　（歴史ifノベルズ）　1500円　①4-906300-64-2

◇死んでもともと―この男の魅力を見よ！最後の最後まで諦めなかった男たち　河野守宏著　三笠書房　1992.4　210p　19cm　1000円　①4-8379-1480-2

◇日本仏教人名辞典　日本仏教人名辞典編纂委員会編　京都　法蔵館　1992.1　887, 117p　26cm　〈法蔵館140年（丁字屋370年）創業記念出版〉　25000円　①4-8318-7007-2

◇伊達政宗　永岡慶之助著　会津若松　歴史春秋出版　1991.12　257p　19cm　〈付・ガイド 独眼竜政宗 橋本与代著〉　1600円　①4-89757-268-1

◇怒濤の自己啓発　鈴木旭著　ダイヤモンド社　1991.10　254p　19cm　1500円　①4-478-73064-4

◇戦国武将の野望―乱世に命を賭けた男たち　早乙女貢著　大陸書房　1991.3　262p　15cm　（大陸文庫）　540円　①4-8033-3236-3

◇茶道人物辞典　原田伴彦編　柏書房　1991.1　290, 22p　22cm　〈新装版〉　4944円　①4-7601-0620-0

◇伊達政宗書状　仙台市博物館編　仙台　仙台市博物館　1990.12　115p　21cm　(仙台市博物館収蔵資料目録 3)

◇乱世を罷り通る―チャンスの機微　百瀬明治著　ダイヤモンド社　1990.12　276p　19cm　1500円　①4-478-92019-2

◇決断のとき―歴史にみる男の岐路　杉本苑子著　文芸春秋　1990.10　278p　19cm　1300円　①4-16-344700-8

◇戦国武将の管理学―歴史に基づく人事管理法　鈴木芳正著　産心社　1990.10　239p　19cm　（産心ビジネス S‐122）　1200円　①4-87920-122-7

◇戦国乱世おもしろ読本　桑田忠親著　広済堂出版　1990.7　303p　15cm　（広済堂文庫）　470円　①4-331-65070-7

◇伊達政宗―米沢が生んだ風雲児　田宮友亀雄著　米沢　不忘出版　1990.7　233p　19cm　〈発売：遠藤書店　伊達政宗の肖像あり〉　1000円

◇伊達政宗―独眼竜の野望と咆哮　学習研究社　1990.6　173p　26cm　（歴史群像シリーズ 19）　〈付属資料：図1枚〉　971円　①4-05-105133-1

◇名将の社長学―信長はランチェスター法則を活かした　武田鏡村著　ビジネス社　1990.5　207p　19cm　1300円　①4-8284-0421-X

北海道・東北

◇戦国武将の食生活―勝ち残るための秘伝　永山久夫著　河出書房新社　1990.3　268p　15cm　(河出文庫)　500円　①4-309-47189-7

◇伊達政宗と仙台の名宝―特別展　名古屋市博物館編〔名古屋〕名古屋市博物館　1990.3　88p　26cm　〈伊達政宗の肖像あり　会期：1990年3月3日～4月1日〉

◇人心掌握の天才たち―戦国武将に学ぶリーダーの条件　童門冬二著　PHP研究所　1990.2　251p　15cm　(PHP文庫)〈『戦国武将　人心掌握の極意』改題書〉460円　①4-569-56244-2

◇伊達政宗　井口朝生著　富士見書房　1990.2　324p　15cm　(時代小説文庫)　470円　①4-8291-1193-3

◇戦国武将国盗り秘話　早乙女貢著　PHP研究所　1989.10　217p　15cm　(PHP文庫)　420円　①4-569-56226-4

◇東西決戦編　桑田忠親著　秋田書店　1989.10　238p　19cm　(新編　日本武将列伝 5)　1500円　①4-253-00366-4

◇戦国武将の危機管理―生死を賭けた戦乱の行動原理とは　新宮正春著　PHP研究所　1989.8　229p　19cm　1050円　①4-569-52568-7

◇日本史探訪　戦国時代 3　天下人秀吉の夢と現実　さいとうたかを著　角川書店　1989.8　255p　19cm　(角川コミックス)　1000円　①4-04-852183-7

◇戦乱を生き抜いた勝者の活力　宮本義己, 吉田豊編　第一法規出版　1988.10　325p　21cm　(史伝　健康長寿の知恵 2)　2200円　①4-474-17042-3

◇戦国を駆ける　神坂次郎著　中央公論社　1988.7　320p　19cm　1250円　①4-12-001703-6

◇戦国武将に学ぶ決断の時　玉木重輝著　鈴木出版　1988.7　252p　19cm　1400円　①4-7902-9010-7

◇戦国の群雄　西国・奥羽　小林清治, 米原正義編　第一法規出版　1988.6　158p　30cm　(戦乱の日本史　第8巻)　3500円　①4-474-10138-3

◇日本の組織図事典　新人物往来社編　新人物往来社　1988.6　432p　21cm　7500円　①4-404-01507-0

◇戦国名将伝　檀一雄著　徳間書店　1988.5　315p　15cm　(徳間文庫)　440円　①4-19-598525-0

◇人を見ぬき人を活かす―戦国名将の戦略と決断　藤公房著　ダイヤモンド社　1987.12　195p　19cm　1200円　①4-478-92016-8

◇戦国武将名言集　桑田忠親著　広済堂出版　1987.11　250p　15cm　(広済堂文庫)　400円　①4-331-65026-X

◇独眼竜政宗　下　茫洋篇　山岡荘八原作, ジェームス三木脚本　曜曜社出版　1987.11　333p　19cm　1400円　①4-89692-033-3

◇陸奥の覇王伊達政宗　岡崎市編〔岡崎〕岡崎市　1987.11　48p　26cm　〈開館5周年記念特別展　会期・会場：昭和62年11月3日～30日　三河武士のやかた家康館〉

◇伊達政宗公ゆかりの寺院　その2　仙台　宮城文化協会　1987.10　39p　26cm　500円

◇今、なぜ、政宗か―あすの男性像をさぐる　扇谷正造著　社会保険出版社　1987.9　261p　19cm　1300円　①4-7846-0111-2

◇真説　伊達政宗―独眼竜の実像に迫る　鈴木双竜著　土屋書店　1987.9　191p　19cm　1000円　①4-8069-0424-4

◇シンポジウム伊達政宗　高橋富雄ほか著　新人物往来社　1987.9　213p　20cm　1800円　①4-404-01452-X

◇戦国武将おもしろ大百科　山梨輝雄著　広済堂出版　1987.9　263p　13cm　(豆たぬきの本 208)　380円　①4-331-20108-2

◇戦国武将の食生活―勝ち残るための秘伝　永山久夫著　ジャパンポスト出版部　1987.9　238p　19cm　(ポスト・ブック)　1200円　①4-915230-04-X

◇伊達政宗―文化とその遺産　小林清治ほか編　里文出版　1987.9　422p　20cm

35

〈伊達政宗文芸年譜・参考文献：p392〜417〉 2200円 ④4-947546-18-2
◇伊達政宗の遣欧使節　松田毅一著　新人物往来社　1987.9　255p　20cm〈伊達政宗の遣欧使節関係年表：p251〜255〉2000円　④4-404-01448-1
◇伊達政宗と家臣たち―乱世を生きた男の群像　仙台市博物館編　仙台　仙台市博物館　1987.8　107p　26cm〈特別展図録　執筆：佐藤憲一ほか　会期：昭和62年4月25日〜5月31日〉
◇伊達政宗言行録―政宗公名語集　小倉博編，高橋富雄新訂　仙台　宝文堂出版販売　1987.7　145p　19cm〈『政宗公御名語集』(無一文館昭和10年刊)の改題複製　伊達政宗の肖像あり〉　780円　④4-8323-0195-0
◇伊達政宗公ゆかりの寺院　仙台編　その1　仙台　宮城文化協会　1987.7　35p　26cm　500円
◇独眼竜政宗　中　烈風篇　山岡荘八原作，ジェームス三木脚本　曜曜社出版　1987.7　387p　19cm　1400円　④4-89692-032-5
◇虚説実説伊達政宗　河北新報社編集局編　仙台　河北新報社　1987.6　113p　30cm　1200円　④4-87341-008-8
◇実録米沢太閤記―伊達政宗の生涯　田宮友亀雄著　米沢　不忘出版　1987.6　233p　19cm〈発売：遠藤書店　伊達政宗の肖像あり〉　980円
◇伊達政宗と片倉小十郎　飯田勝彦著　新人物往来社　1987.6　282p　20cm　2000円　④4-404-01424-4
◇伊達政宗に学ぶ「悪の交渉力」―上司を操るための18章　後藤寿一著　泰流社　1987.6　188p　19cm　1000円　④4-88470-591-2
◇独眼竜政宗　西本鶏介著，伊東章夫画　ポプラ社　1987.6　158p　21cm（テレビドラマシリーズ 1）　780円　④4-591-02524-1
◇陸奥伊達一族　高橋富雄著　新人物往来社　1987.6　200p　19cm　1800円　④4-404-01430-9

◇処世戦略の勝者・伊達政宗の生涯　長谷川つとむ著　高文堂出版社　1987.5　122p　19cm（人間活性化双書）　980円　④4-7707-0209-4
◇戦国おもしろ読本―武将の謎・逸話・真実　桑田忠親著　広済堂出版　1987.5　265p　15cm（広済堂文庫）　400円　④4-331-65020-0
◇戦国名将 生き方の極意　西東玄著　PHP研究所　1987.5　245p　15cm（PHP文庫）　450円　④4-569-26110-8
◇伊達政宗グラフティー　白井孝昌著　新人物往来社　1987.5　170p　21cm　1800円　④4-404-01420-1
◇写真譜・瑞巌寺―伊達政宗の菩提寺　樋口徹写真　桜楓社　1987.4　116p　26cm　2500円　④4-273-02154-4
◇独眼竜政宗　上　野望篇　山岡荘八原作，ジェームス三木脚本　曜曜社出版　1987.4　404p　19cm　1400円　④4-89692-010-4
◇政宗博物誌―The life & times of Masamune　仙台郷土研究会企画編集　仙台　瑞鳳殿　1987.4　127p　18cm〈監修：佐々久　発売：創童舎〉　700円
◇伊達政宗―「機」をはかる抜群の演出力　世界文化社　1987.3　239p　19cm（Bigmanビジネスブックス）〈伊達政宗の肖像あり〉　1300円　④4-418-87603-0
◇伊達政宗の勝ち残る経営戦略　鈴木久尋著　ティビーエス・ブリタニカ　1987.3　256p　20cm　1200円　④4-484-87238-2
◇風雲独眼竜―若き日の伊達政宗　井口朝生著　光風社出版　1987.2　303p　19cm　1000円　④4-87519-148-0
◇世界史のなかの伊達政宗と支倉常長　高橋富雄著　仙台　仙台日伊協会　1987.1　39p　19cm〈仙台日伊協会設立十周年記念〉　350円
◇独創学―アントレプレナー伊達政宗の超優良経営術　宮崎正弘著　アイペック　1987.1　212p　19cm　1300円　④4-87047-051-9
◇戦国名将に学ぶ勝ち残りの戦略―状況の読み方・生かし方　風巻絃一著　三笠書

房　1986.12　300p　15cm　（知的生き方文庫）　440円　⓪4-8379-0135-2

◇独眼竜 伊達政宗　木暮正夫著, 鴇田幹絵　ポプラ社　1986.12　214p　18cm　（ポプラ社文庫 A201）　420円　⓪4-591-02396-6

◇奥羽の二人　松本清張著　講談社　1986.11　259p　15cm　（講談社文庫）　340円　⓪4-06-183875-X

◇ザ・仙台―伊達政宗と杜の都　読売新聞社　1986.11　162p　30cm　2000円　⓪4-643-54970-X

◇図説伊達政宗　仙台市博物館編　河出書房新社　1986.11　129p　22cm　〈監修：渡辺信夫 執筆：渡辺信夫ほか〉　1000円　⓪4-309-22126-2

◇伊達政宗　上　永岡慶之助著　文芸春秋　1986.11　446p　15cm　（文春文庫）　500円　⓪4-16-740702-7

◇伊達政宗　下　永岡慶之助著　文芸春秋　1986.11　456p　15cm　（文春文庫）　500円　⓪4-16-740703-8

◇伊達政宗のしたたか人間学―現代に生かす独眼竜の慧眼　風巻絃一著　三笠書房　1986.11　271p　19cm　1000円　⓪4-8379-1312-1

◇独眼竜伊達政宗　水野泰治著　成美堂出版　1986.11　223p　19cm　1000円　⓪4-415-07711-0

◇独眼竜政宗　上　早乙女貢著　講談社　1986.11　470p　15cm　（講談社文庫）　580円　⓪4-06-183915-2

◇独眼竜政宗　下　早乙女貢著　講談社　1986.11　499p　15cm　（講談社文庫）　580円　⓪4-06-183916-0

◇独眼竜政宗の人間戦略　萩原裕雄著　日本文芸社　1986.11　233p　19cm　980円　⓪4-537-02047-4

◇伊達政宗―戦国をかける独眼竜　浜野卓也著　講談社　1986.10　213p　18cm　（講談社 火の鳥伝記文庫 60）　420円　⓪4-06-147560-6

◇伊達政宗―知られざる実像　小和田哲男著　講談社　1986.10　254p　20cm　1200円　⓪4-06-202967-7

◇伊達政宗とその武将たち　飯田勝彦著　新人物往来社　1986.10　262p　20cm　1800円　⓪4-404-01387-6

◇独眼竜伊達政宗　西野辰吉著　富士見書房　1986.10　286p　15cm　（時代小説文庫）　460円　⓪4-8291-1121-6

◇伊達政宗　会津若松　歴史春秋社　1986.9　159p　26cm　（福島ふるさと再見 2）　1600円

◇伊達政宗―東北の勇将　ムロタニツネ象漫画, 樋口清之監修　学習研究社　1986.9　148p　21cm　（学研まんが 人物日本史シリーズ）　680円　⓪4-05-102322-2

◇伊達政宗　5　蒼穹の鷹の巻　山岡荘八著　講談社　1986.9　310p　15cm　（山岡荘八歴史文庫 55）　420円　⓪4-06-195055-X

◇伊達政宗　6　大坂攻めの巻　山岡荘八著　講談社　1986.9　308p　15cm　（山岡荘八歴史文庫 56）　420円　⓪4-06-195056-8

◇伊達政宗　7　平和戦略の巻　山岡荘八著　講談社　1986.9　308p　15cm　（山岡荘八歴史文庫 57）　420円　⓪4-06-195057-6

◇伊達政宗　8　旅情大悟の巻　山岡荘八著　講談社　1986.9　334p　15cm　（山岡荘八歴史文庫 58）　420円　⓪4-06-195058-4

◇智将独眼竜政宗　松永義弘著　日本文華社　1986.9　246p　18cm　（文華新書）　680円　⓪4-8211-0450-4

◇名将ちょっといい言葉―武将に学ぶビジネス訓　宝井琴鶴著　商業界　1986.8　261p　19cm　（まあきゅりい・ぶっくす）　1200円

◇伊達政宗　上巻　海音寺潮五郎著〔新装版〕　朝日新聞社　1986.6　271p　19cm　780円　⓪4-02-255557-2

◇伊達政宗　下巻　海音寺潮五郎著〔新装版〕　朝日新聞社　1986.6　270p　19cm　780円　⓪4-02-255558-0

◇キリスト教人名辞典　日本基督教団出版局　1986.2　2094p　27cm　〈主要参考文献：p2091～2093〉　43000円

◇危うし独眼竜―伊達政宗の見果てぬ夢　紫桃正隆著　仙台　宝文堂出版販売　1985.12　325p　20cm　〈発売：宝文堂〉　1400円　①4-8323-0170-5

◇伊達政宗　小林清治著　吉川弘文館　1985.9　235p　19cm（人物叢書 新装版）〈新装版　伊達政宗の肖像あり　叢書の編者：日本歴史学会　略年譜：p221～231 主要参考文献：p234～235〉　1400円　①4-642-05013-2

◇伊達政宗公三百五十回忌展　瑞巌寺博物館編　松島町(宮城県)　瑞巌寺博物館　1985.4　39p　27cm〈伊達政宗の肖像あり〉

◇伊達政宗のすべて　高橋富雄編　新人物往来社　1984.7　267p　20cm　2000円

◇瑞鳳殿伊達政宗の墓とその遺品　伊東信雄編　仙台　瑞鳳殿再建期成会　1979.11　226p 図版80p　30cm　20000円

◇伊達政宗卿伝記史料　藩祖伊達政宗公顕彰会編纂　文献出版　1978.9　1462p　22cm〈藩祖伊達政宗公顕彰会昭和13年刊の複製　伊達政宗の肖像あり〉　25000円

◇伊達政宗―物語と史蹟をたずねて　竹内勇太郎著　成美堂出版　1975　224p(図共)　19cm　650円

◇政宗に睨まれた二人の老将　紫桃正隆著　仙台　宝文堂出版販売 宝文堂(発売)　1975　335p 図　15cm　490円

◇伊達政宗　山田野理夫著　椿書院　1973　245p 図 肖像　19cm（日本人物誌 1）650円

◇和漢詩歌作家辞典　森忠重著　みづほ出版　1972　952p 図　19cm〈日中対照文化・文学史年表：p.921-952〉　3500円

◇郷土の歴史　仙台市産業局観光課編　仙台　仙台市　1967　182p 図版　21cm〈政宗公生誕400年記念〉　非売

◇伊達政宗　小林清治著　吉川弘文館　1959　235p 図版 地図　18cm（人物叢書）

関　東

太田 道灌　おおた どうかん

　永享4年(1432年)～文明18年(1486年)7月26日　武将。相模国(神奈川県)の人。幼名は鶴千代、名は資長、通称は源六郎。道灌は法名。太田資清の長男。康正元年(1455年)家督を継いで扇谷上杉定正の家宰となる。長禄元年(1457年)江戸城を築いて居城とし、岩槻や河越にも築城して武蔵・相模地方の上杉氏の勢力拡大に活躍した。文明8年(1476年)長尾景春が古河公方足利成氏と結んで山内上杉顕定に背くと、主君上杉定正と共に顕定を助けて戦い、文明12年(1480年)景春の乱を鎮定。これにより道灌の名声は高まったが、扇谷上杉家の勢力増大を恐れた顕定方の讒言により、文明18年(1486年)主君定正に相模糟屋館で暗殺された。兵学に優れ"軍法師範"と称された。また和漢の学や詩歌にも優れ、万里集九ほか五山の学僧や文人との親交が深かった。

◇太田道灌　山田重夫著　栄光出版社　2007.10　244p　20cm　〈肖像あり　文献あり〉　1500円　①978-4-7541-0105-3

◇太田道真と道灌―河越・江戸・岩付築城五百五十年記念　小泉功著　さいたま幹書房　2007.5　175p　21cm　〈年表あり〉　1714円　①978-4-902615-26-5

◇太田道灌―太田道灌公五百二十回忌記念誌　太田道灌公五百二十回忌記念誌編集担当編　第2版　〔武蔵野〕　太田道灌公墓前際実行委員会　2006.11　187p　21cm

◇扇谷上杉氏と太田道灌　黒田基樹著　岩田書院　2004.6　220p　21cm　(岩田選書「地域の中世」1)　〈文献あり〉　2800円　①4-87294-326-0

◇江戸城―四海をしろしめす天下の府城　学習研究社　2000.4　175p　26cm　(歴史群像・名城シリーズ)　2500円　①4-05-401200-0

◇家康はなぜ江戸を選んだか　岡野友彦著　教育出版　1999.9　185p　19cm　(江戸東京ライブラリー 9)　1500円　①4-316-35750-6

◇永井路子の日本史探訪　永井路子著　角川書店　1999.8　205p　15cm　(角川文庫)　533円　①4-04-137206-2

◇童門冬二の名将言行録　童門冬二著　日本実業出版社　1999.5　277p　19cm　1500円　①4-534-02931-4

◇埼玉人物事典　埼玉県教育委員会編　〔浦和〕　埼玉県　1998.2　863, 69p　22cm

◇太田道灌―太田道灌公五一〇回忌=記念誌　太田道灌公墓前祭実行委員会編　〔武蔵野〕　太田道灌公墓前祭実行委員会記念編纂会　1996.9　73, 32p　21cm

◇足利成氏と太田道灌　小林晋著　〔小川町(埼玉県)〕　〔小林晋〕　1993.6　282p　21cm

◇角川日本姓氏歴史人物大辞典 14　神奈川県姓氏家系大辞典　竹内理三ほか編纂　神奈川県姓氏家系大辞典編纂委員会編著　角川書店　1993.4　981p　23cm　〈神奈川県参考文献一覧・略年表：p959～979〉　14000円　①4-04-002140-1

◇鎌倉事典　白井永二編　東京堂出版　1992.5　366p　21cm　〈新装普及版〉

関東

2800円　①4-490-10303-4
◇戦国大名系譜人名事典　東国編　山本大,小和田哲男編　新人物往来社　1985.11　555p　22cm　〈付：参考文献〉　7500円　①4-404-01293-4
◇私本・太田道灌　太田重良著　〔伊勢原〕〔太田重良〕　〔1984〕　219p　21cm　〈折り込図1枚　太田道灌の肖像あり　電子複写〉
◇神奈川県百科事典　神奈川県百科事典刊行会編　大和書房　1983.7　2冊(別巻とも)　29cm　〈発売：神奈川県書店商業組合(横浜),大和書房　別巻(352p)：概説篇・資料篇・分野別索引〉　全28000円
◇神奈川県史　別編1　人物―神奈川県歴史人名事典　神奈川県県民部県史編集室編　横浜　神奈川県　1983.3　816, 58p　23cm　非売品
◇群馬県人名大事典　前橋　上毛新聞社　1982.11　926p　27cm　20000円
◇郷土歴史人物事典神奈川　神奈川県史研究会編集　第一法規出版　1980.6　220p　19cm　〈監修：沢寿郎〉　1400円
◇群馬県百科事典　前橋　上毛新聞社　1979.2　980, 60, 52p　図版16枚　27cm　20000円
◇多摩の人物史―古代より現代まで800人　武蔵野　武蔵野郷土史刊行会　1977.6　471p　図　19cm　〈倉間勝義,岩淵久編　多摩の史家33名執筆　事典方式　発売：日新堂書店(武蔵野)〉1300円
◇埼玉大百科事典　1　あ―か　浦和　埼玉新聞社　1974　497p(図共)　27cm　10000円
◇和漢詩歌作家辞典　森忠重著　みづほ出版　1972　952p　図　19cm　〈日中対照文化・文学史年表：p.921-952〉　3500円
◇太田道灌　勝守すみ著　人物往来社　1966　269p　図版　19cm　（日本の武将26）　480円

足利 成氏
あしかが しげうじ

永享6年(1434年)～明応6年(1497年)9月30日

武将。幼名は永寿王丸（えいじゅおうまる）。足利持氏の四男。永享の乱後、信濃の大井持光に養われ、兄の足利安王・春王の結城挙兵に加わったが、捕えられ京都に送られる。のちゆるされて元服し、成氏と称して鎌倉公方となる。享徳3年(1454年)関東管領上杉憲忠を殺害。翌年幕府が上杉方へ援軍を送ったため、逃れて下総古河に移り、初代古河公方となった。しばらく幕府や上杉氏と対立していたが、文明14年(1482年)幕府と和睦した。

　　　　＊　　　＊　　　＊

◇関東公方足利氏四代―基氏・氏満・満兼・持氏　田辺久子著　吉川弘文館　2002.9　190p　19cm　2100円　①4-642-07789-8
◇埼玉人物事典　埼玉県教育委員会編　〔浦和〕　埼玉県　1998.2　863, 69p　22cm
◇栃木県歴史人物事典　栃木県歴史人物事典編纂委員会編　宇都宮　下野新聞社　1995.7　726p　27cm　18000円
◇足利成氏と太田道灌　小林晋著　〔小川町(埼玉県)〕　〔小林晋〕　1993.6　282p　21cm
◇角川日本姓氏歴史人物大辞典　14　神奈川県姓氏家系大辞典　竹内理三ほか編纂　神奈川県姓氏家系大辞典編纂委員会編著　角川書店　1993.4　981p　23cm　〈神奈川県参考文献一覧・略年表：p959～979〉　14000円　①4-04-002140-1
◇鎌倉事典　白井永二編　東京堂出版　1992.5　366p　21cm　〈新装普及版〉　2800円　①4-490-10303-4
◇古河公方足利氏の研究　佐藤博信著　校倉書房　1989.11　494p　21cm　（歴史科学叢書）　9991円　①4-7517-1980-7
◇長野県歴史人物大事典　赤羽篤ほか編　松本　郷土出版社　1989.7　841p　27cm　〈参考文献一覧：p820～821〉　20000円　①4-87663-126-3
◇戦国大名系譜人名事典　東国編　山本大,小和田哲男編　新人物往来社　1985.11　555p　22cm　〈付：参考文献〉　7500円　①4-404-01293-4
◇神奈川県史　別編1　人物―神奈川県歴史人名事典　神奈川県県民部県史編集室

編　横浜　神奈川県　1983.3　816, 58p　23cm　非売品

◇群馬県人名大事典　前橋　上毛新聞社　1982.11　926p　27cm　20000円

◇千葉大百科事典　千葉日報社編　千葉　千葉日報社　1982.3　1070p　図版102枚　31cm　〈折り込図1枚　付(別冊152p 30cm)〉23000円

◇茨城県大百科事典　茨城新聞社編　水戸　茨城新聞社　1981.11　1099, 138p　図版16枚　27cm　〈発売：茨城県教科書販売，茨城県書店組合〉　23000円

◇郷土歴史人物事典茨城　佐久間好雄編著　第一法規出版　1978.10　215p　19cm　1300円

◇郷土歴史人物事典栃木　尾島利雄, 柏村祐司編著　第一法規出版　1977.2　194p　19cm　1200円

◇足利成氏文書集―古河公方初代　佐藤博信編著　茅ケ崎　後北条氏研究会　1976　91p　図　21cm　(「研究史料」外篇　第3輯)　1500円

◇埼玉大百科事典　1　あーか　浦和　埼玉新聞社　1974　497p(図共)　27cm　10000円

北条 早雲　ほうじょうそううん

　永享4年(1432年)～永正16年(1519年)　武将。生まれは伊勢、備中、京都など諸説ある。本姓は伊勢。名は長氏。通称は新九郎。庵号は早雲庵宗瑞。初め将軍足利義視に仕え、義視の伊勢下向に従ったのち、駿河守護今川義忠の室であった妹をたよって今川氏に身を寄せる。文明8年(1476年)義忠が戦死した際に家督争いを調停し、竜王丸(今川氏親)を今川家の家督とした。その功により駿河富士一帯を与えられて興国寺城主となる。延徳3年(1491年)伊豆堀越公方家の内紛に乗じて足利茶々丸を討ち、韮山城を築いて伊豆国を掌握。明応4年(1495年)小田原を攻めて相模に進出。永正元年(1504年)京都の医者陳定治を小田原に招いて透頂香(外郎(ういろう))の製造販売を行わせるなど、城下の整備を図る。永正9年(1512年)鎌倉を押さえて玉縄城を築く。永正7年(1510年)頃からは相模の征服を開始し、明応12年(1515年)岡崎城に三浦義同を攻めて住吉城に敗走させ、明応13年(1516年)三浦氏を滅亡させ相模を制圧、関東征覇の基礎を確立。永正15年(1518年)に家督を氏綱に譲る。翌年伊豆の韮山城で没し、相模箱根の早雲寺に葬られた。後北条氏の初代であるが、北条を称するのは2代以降で、早雲自身は伊勢新九郎と称した。家訓に「早雲寺殿廿一箇条」がある。倹約家として知られる。

◇写真記録 日本人物史　日本図書センター　2008.6　297p　32×23cm　24000円　①978-4-284-50095-1

◇人事の日本史　遠山美都男, 関幸彦, 山本博文著　新潮社　2008.4　390p　15cm　(新潮文庫)　552円　①978-4-10-116443-4

◇伊豆水軍　永岡治著　静岡　静岡新聞社　2008.3　206p　18cm　(静新新書)　952円　①978-4-7838-0344-7

◇北条早雲とその一族　黒田基樹著　新人物往来社　2007.7　246p　20cm　2800円　①978-4-404-03458-8

◇「戦国武将」名将の頭の中―「勝負所」で勝つ法　菊池道人著　三笠書房　2007.6　219p　15cm　(知的生きかた文庫)　533円　①978-4-8379-7636-3

◇日本史偉人「健康長寿法」　森村宗冬著　講談社　2007.5　201p　18cm　(講談社プラスアルファ新書)　800円　①978-4-06-272436-4

◇伊勢の津 歴史散歩　横山高治著　大阪　創元社　2007.2　156p　19cm　1500円　①978-4-422-20465-9

◇戦国興亡 名将たちの決断　戸部新十郎著　PHP研究所　2006.9　221p　19cm〈『戦国興亡 武将たちの進退』再編集・改題書〉　476円　①4-569-65544-0

◇戦国時代の魁―北条早雲　前田徳男著　郁朋社　2006.9　278p　19cm　1500円　①4-87302-356-4

◇戦国歴史力―あなたのサムライ度をチェック！　橋場日月著　学習研究社　2006.9　127p　15cm　400円　①4-05-904021-5

◇日本を変えた44人の改革者　河合敦著　学習研究社　2006.3　333p　15cm（学研M文庫）〈『改革の日本史』加筆・改稿・改題書〉　690円　①4-05-901181-9

◇健康力―戦国武将たちに学ぶ　植田美津江著　名古屋　ゆいぽおと，KTC中央出版〔発売〕　2006.1　190p　18cm　1000円　①4-87758-403-X

◇戦国武将おどろきの真実―乱世の英雄にまつわるウソのようなホントの話　歴史雑学探究倶楽部編　学習研究社　2006.1　95p　26cm　905円　①4-05-402999-X

◇「名君」「暴君」大逆転の戦国史　新井喜美夫著　講談社　2005.12　201p　18cm（講談社プラスアルファ新書）　800円　①4-06-272351-4

◇戦国 北条一族　黒田基樹著　新人物往来社　2005.9　249p　19cm　2800円　①4-404-03251-X

◇検証 もうひとつの武将列伝　井沢元彦著　有楽出版社，実業之日本社〔発売〕　2005.6　253p　19cm　1600円　①4-408-59250-1

◇戦国なるほど人物事典―100人のエピソードで戦国史がよくわかる！　泉秀樹著　愛蔵版　PHP研究所　2005.6　235p　19cm　476円　①4-569-64332-9

◇人生を拓く「百尊」の教え　竹田和平著　講談社　2005.5　310p　19cm　1400円　①4-06-212922-1

◇役に立つ戦国武将―厳選50人　時代劇雑学研究会編　リイド社　2004.4　223p　15cm（リイド文庫）　562円　①4-8458-2758-1

◇起死回生の日本史―逆境に負けなかった男たち　歴史人物発掘会編　竹書房　2004.3　237p　15cm（竹書房文庫）　524円　①4-8124-1536-5

◇完全保存版 戦国なるほど人物事典―100人のエピソードで戦国史がよくわかる！　泉秀樹著　PHP研究所　2004.2　111p　26cm　952円　①4-569-63328-5

◇老いは生のさなかにあり　津本陽著　幻冬舎　2003.9　254p　19cm　1600円　①4-344-00393-4

◇戦国なるほど人物事典―100人のエピソードで歴史の流れがよくわかる　泉秀樹著　PHP研究所　2003.5　502p　15cm（PHP文庫）〈『戦国乱世百傑百話』修正・改題書〉　819円　①4-569-57945-0

◇教科書が教えない歴史人物の常識疑問　新人物往来社編　新人物往来社　2002.12　358p　19cm　1600円　①4-404-02987-X

◇城が見た合戦史―天下統一の野望をかけた城をめぐる攻防　二木謙一監修　青春出版社　2002.11　204p　18cm（プレイブックス・インテリジェンス）　667円　①4-413-04043-0

◇北条早雲　高野澄著　学習研究社　2002.11　293p　15cm（学研M文庫）　590円　①4-05-900211-9

◇週刊ビジュアル日本の歴史　no.121　戦国武将篇 1　デアゴスティーニ・ジャパン　2002.6　41p　30cm〈年表あり〉　533円

◇歴史をつくった人びとの健康法―生涯現役をつらぬく　宮本義己著　中央労働災害防止協会　2002.3　251p　18cm（中災防新書）　900円　①4-8059-0806-8

◇「もしも…」の日本戦国史　高野澄著　ベストセラーズ　2001.10　262p　18cm（ベスト新書）　680円　①4-584-12019-6

◇戦国武将 頭の使い方―「知恵と知恵の戦い」を読む　小和田哲男著　三笠書房　2001.8　266p　15cm（知的生きかた文庫）　533円　①4-8379-7190-3

◇義の旗風―小説 北条早雲　浜野卓也著　東洋経済新報社　2001.6　201p　19cm　1500円　①4-492-06127-4

◇戦国武将 勝ち残りの戦略―状況を読みいかに闘うか 風巻絃一著 日本文芸社 2001.6 237p 18cm （日文新書）〈『戦国名将に学ぶ勝ち残りの戦略』再編集・改題書〉 686円 ①4-537-25057-7
◇戦国武将に学ぶ生活術 童門冬二著 産能大学出版部 2001.6 369p 19cm 1800円 ①4-382-05505-9
◇戦国 城と合戦―知れば知るほど 二木謙一監修 実業之日本社 2001.5 269p 19cm 1400円 ①4-408-39473-4
◇痛快！歴史人物―彼らは天使か、悪魔か 桂文珍著 PHP研究所 2001.5 346p 18cm 1200円 ①4-569-61490-6
◇日本史50の大逆転―塗り替えられた歴史の下に、もう一つの歴史がある 小和田哲男著 三笠書房 2001.2 282p 15cm （知的生きかた文庫）〈『歴史おもしろかくれ話』再編集・改題書〉 552円 ①4-8379-7156-3
◇歴史人物アルバム 日本をつくった人たち大集合 2 鎌倉・室町・安土桃山時代の50人 PHP研究所編 PHP研究所 2001.2 47p 30cm 2900円 ①4-569-68262-6
◇戦国興亡 武将たちの進退 戸部新十郎著 PHP研究所 2000.10 249p 15cm （PHP文庫）〈『男の点描』改題書〉 514円 ①4-569-57460-2
◇歴史に学ぶ「乱世」の守りと攻め 小和田哲男著 集英社 2000.7 252p 15cm （集英社文庫） 457円 ①4-08-747170-5
◇歴史に学ぶ「叛逆者」の人生哲学 早乙女貢著 集英社 2000.5 270p 15cm （集英社文庫） 476円 ①4-08-747169-1
◇武将たちの足跡をたどる―戦乱の世を生き、夢に散った男たち マガジントップ編 山海堂 2000.4 159p 21cm （私の創る旅 7） 1600円 ①4-381-10369-6
◇奔る雲のごとく―今よみがえる北条早雲 北条早雲史跡活用研究会編, 小和田哲男監修 〔沼津〕 北条早雲フォーラム実行委員会 2000.1 234p 21cm
◇戦国武将まんだら―秘本三十六人伝 大栗丹後著 春陽堂書店 1999.8 244p 15cm （春陽文庫） 486円 ①4-394-16136-3
◇北条早雲―物語と史蹟をたずねて 土橋治重著 成美堂出版 1999.7 317p 15cm （成美文庫） 543円 ①4-415-06843-X
◇童門冬二の名将言行録 童門冬二著 日本実業出版社 1999.5 277p 19cm 1500円 ①4-534-02931-4
◇北条早雲 筑波常治作, 坂本玄絵 国土社 1999.3 204p 21cm （堂々日本人物史 1） 1200円 ①4-337-21001-6
◇北条早雲と家臣団 下山治久著 横浜有隣堂 1999.3 207p 18cm （有隣新書） 1000円 ①4-89660-156-4
◇司馬遼太郎全集 51 箱根の坂 司馬遼太郎著 文芸春秋 1998.10 614p 21cm 3429円 ①4-16-510510-4
◇戦国の名将北条早雲発掘―小田原・箱根・伊豆・三島・沼津をゆく 島武史著 東洋経済新報社 1998.4 240p 19cm 1600円 ①4-492-06104-5
◇北条早雲―さいしょの戦国大名 浜野卓也著 講談社 1998.2 205p 18cm （講談社 火の鳥伝記文庫） 590円 ①4-06-149904-1
◇老雄・名将 直伝の指導力―夢を託した者にだけ伝えたリーダー論 早乙女貢著 青春出版社 1997.10 238p 19cm 1400円 ①4-413-03082-6
◇後北条氏と領国経営 佐脇栄智著 吉川弘文館 1997.3 249, 12p 21cm 6180円 ①4-642-02754-8
◇人物日本歴史館 戦国篇―誰もが天下争覇の夢を見た！ 児玉幸多監修 三笠書房 1996.11 526p 15cm （知的生きかた文庫） 980円 ①4-8379-0842-X
◇北条早雲―理想郷を夢見た風雲児 中村晃著 PHP研究所 1996.10 324p 15cm （PHP文庫） 600円 ①4-569-56944-7
◇戦国の武将三十人 桑田忠親著 新人物往来社 1996.8 254p 19cm〈『武将伝戦国の史話』改題書〉 2500円 ①4-404-02364-2

関東

◇男の真剣勝負　津本陽著　角川書店　1996.4　363p　15cm　(角川文庫)　640円　⓵4-04-171312-9

◇夢ぞ！―人生は一場の舞　藤本義一著　騎虎書房　1996.3　348p　19cm　1900円　⓵4-88693-802-7

◇男の点描―戦国武将生死の一瞬　戸部新十郎著　毎日新聞社　1995.5　246p　19cm　1300円　⓵4-620-10518-X

◇捨てて勝つ―この時を超えた男の魅力を見よ　河野守宏著　大和出版　1994.2　188p　19cm　1350円　⓵4-8047-1294-1

◇現代語訳 名将言行録　智将編　加来耕三編訳　新人物往来社　1993.6　283p　19cm　2900円　⓵4-404-02021-X

◇男の真剣勝負　津本陽著　日本経済新聞社　1993.4　337p　19cm　1400円　⓵4-532-16091-X

◇こんな男が乱世に勝つ―戦国武将に学ぶ　早乙女貢著　広済堂出版　1993.3　251p　18cm　(広済堂ブックス)　780円　⓵4-331-00599-2

◇歴史にみるビジネスマンの原理・原則―創造的な判断力を磨く　新井喜美夫著　総合法令　1992.12　235p　19cm　(原理・原則シリーズ)　1500円　⓵4-89346-207-5

◇武将に学ぶ苦境からの脱出　松本幸夫著　総合ライフ出版　1992.11　227p　19cm　1500円　⓵4-88311-029-X

◇戦国合戦かくれ話―野望に燃えた武将たち！　土橋治重著　大陸書房　1992.9　246p　15cm　(大陸文庫)　470円　⓵4-8033-4279-2

◇「人間(リーダー)の魅力」が人を育てる―"知"で率い、"心"で伸ばすリーダーシップの方法　童門冬二著　大和出版　1992.5　203p　19cm　1300円　⓵4-8047-1218-6

◇戦国乱世の群像　笠原一男編　木耳社　1992.1　215p　20cm　(物語 日本の歴史 15)　1500円　⓵4-8393-7567-4

◇戦国武将の野望―乱世に命を賭けた男たち　早乙女貢著　大陸書房　1991.3　262p　15cm　(大陸文庫)　540円　⓵4-8033-3236-3

◇戦国武将の本領　戸部新十郎著　読売新聞社　1991.1　268p　19cm　1300円　⓵4-643-90116-0

◇図説 戦国武将おもしろ事典―楽しみながら歴史がわかる！時代が見える！　三笠書房　1990.11　281p　19cm　1100円　⓵4-8379-1427-6

◇北条早雲とその子孫―知られざる北条五代の実像　小和田哲男著　聖文社　1990.6　249p　20cm　1700円　⓵4-7922-0132-2

◇早雲寺―小田原北条氏菩提所の歴史と文化　早雲寺史研究会著　横浜　神奈川新聞社　1990.3　279p　18cm　(箱根叢書 16―かなしんブックス 32)〈(かなしんブックス 32)　企画:箱根町立郷土資料館　制作・発売:かなしん出版　参考文献:p272〜275〉　950円　⓵4-87645-120-6

◇人心掌握の天才たち―戦国武将に学ぶリーダーの条件　童門冬二著　PHP研究所　1990.2　251p　15cm　(PHP文庫)〈『戦国武将 人心掌握の極意』改題書〉　460円　⓵4-569-56244-2

◇群雄割拠編　桑田忠親著　秋田書店　1989.10　254p　19cm　(新編 日本武将列伝 3)　1500円　⓵4-253-00364-8

◇戦国武将国盗り秘話　早乙女貢著　PHP研究所　1989.10　217p　15cm　(PHP文庫)　420円　⓵4-569-56226-4

◇静岡県の城物語　小和田哲男文,水野茂写真　静岡　静岡新聞社　1989.9　179p　21cm　3100円　⓵4-7838-1037-0

◇北条早雲　浜野卓也文,成瀬数富絵　あかね書房　1989.4　205p　19cm　(嵐の中の日本人シリーズ 24)　906円　⓵4-251-08164-1

◇遅駆けの男―人生40から花を咲かせる法　遠藤昭著　明日香出版社　1989.3　213p　19cm　(アスカビジネス)　1200円　⓵4-87030-261-1

◇末法を照らした達人の極意　宮本義己,吉田豊編　第一法規出版　1989.2　325p

21cm （史伝 健康長寿の知恵 1） 2200円 ⓘ4-474-17041-5

◇北条五代に学ぶ―世代交替の力学 小山竜太郎著 六興出版 1988.7 251p 19cm 1200円 ⓘ4-8453-8089-7

◇後北条氏 鈴木良一著 横浜 有隣堂 1988.6 187p 18cm （有隣新書 34） 880円 ⓘ4-89660-082-7

◇戦国の群雄 畿内・東国 二木謙一編 第一法規出版 1988.6 158p 30cm （戦乱の日本史 第7巻） 3500円 ⓘ4-474-10137-5

◇日本の組織図事典 新人物往来社編 新人物往来社 1988.6 432p 21cm 7500円 ⓘ4-404-01507-0

◇戦国と現代 成功の原則―作家や学者が書かなかった真の勝者 新井喜美夫著 プレジデント社 1988.4 270p 19cm 1300円 ⓘ4-8334-1305-1

◇戦国の風雲児 北条早雲 早乙女貢著 世界文化社 1988.4 220p 19cm （BIGMANビジネスブックス） 1300円 ⓘ4-418-88604-4

◇早雲と道三 小学館 1988.4 286p 15cm （戦国・覇者の戦略 1） 580円 ⓘ4-09-401001-7

◇戦国武将名言集 桑田忠親著 広済堂出版 1987.11 250p 15cm （広済堂文庫） 400円 ⓘ4-331-65026-X

◇戦国武将を支えた信仰―生死を超越した不退転の決意 風巻絃一著 日本文芸社 1987.10 241p 19cm 980円 ⓘ4-537-02076-8

◇戦国武将おもしろ大百科 山梨輝雄著 広済堂出版 1987.9 263p 13cm （豆たぬきの本 208） 380円 ⓘ4-331-20108-2

◇男―生きざまの研究 早乙女貢著 PHP研究所 1987.8 245p 15cm （PHP文庫） 450円 ⓘ4-569-26119-1

◇図説 静岡県の歴史 永原慶二, 海野福寿編 河出書房新社 1987.5 287, 38p 26cm （図説 日本の歴史 22） 4500円 ⓘ4-309-61122-2

◇戦国おもしろ読本―武将の謎・逸話・真実 桑田忠親著 広済堂出版 1987.5 265p 15cm （広済堂文庫） 400円 ⓘ4-331-65020-0

◇戦国武将ビジネス読本―統率力と戦略 南条範夫著 広済堂出版 1987.5 239p 15cm （広済堂文庫） 400円 ⓘ4-331-65019-7

◇戦国名将 生き方の極意 西東玄著 PHP研究所 1987.5 245p 15cm （PHP文庫） 450円 ⓘ4-569-26110-8

◇闘えば勝つ 男の執念―我に備えあり 邦光史郎ほか著 三笠書房 1987.2 265p 19cm 1000円 ⓘ4-8379-1319-9

◇戦国名将に学ぶ勝ち残りの戦略―状況の読み方・生かし方 風巻絃一著 三笠書房 1986.12 300p 15cm （知的生き方文庫） 440円 ⓘ4-8379-0135-2

◇戦国武将の家訓 佐藤和夫著 新人物往来社 1986.9 300p 19cm 2300円 ⓘ4-404-01382-5

◇戦国武将の謎―日本史の旅 駒敏郎著 祥伝社 1986.9 221p 15cm （ノン・ポシェット） 380円 ⓘ4-396-31009-9

◇名将ちょっといい言葉―武将に学ぶビジネス訓 宝井琴鶴著 商業界 1986.8 261p 19cm （まあきゅりい・ぶっくす） 1200円

◇駿河の戦国時代 黒沢脩著 静岡 明文出版社 1986.5 249p 19cm （駿遠豆ブックス 5） 1500円 ⓘ4-943976-03-4

◇戦国帝王学・決断・先見・調整 佐々克明著 三笠書房 1986.5 242p 19cm 1000円 ⓘ4-8379-1296-6

◇日本武将譚 菊池寛著 文芸春秋 1986.3 265p 15cm （文春文庫） 360円 ⓘ4-16-741001-X

◇北条早雲のすべて 杉山博編 新人物往来社 1984.6 248p 20cm 2000円

◇北条早雲―物語と史蹟をたずねて 土橋治重著 成美堂出版 1974 221p 19cm 600円

◇北条早雲―素生考 立木望隆著 小田原郷土文化研究所 1971 426p 図 22cm 〈普及版〉 2500円

北条 氏綱
ほうじょう うじつな

長享元年(1487年)～天文10年(1541年)

武将。相模国小田原城主北条早雲の子。幼名は千代丸、通称は新九郎。永正15年(1518年)家督をつぎ、父の遺志を受けて領国の拡大に邁進。同時に虎の印判等を使用し始め、新しい領国支配体制を整える。上杉朝興を江戸城に破り、上杉朝定の武蔵川越城を落とし、葛西城、岩槻城を攻め、子の北条氏康と共に下総に進出して足利義明を破り、関東南部をほぼ勢力下に収めた。また、寺社の造営にも力を注ぎ、天文元年(1532年)には鎌倉の鶴岡八幡宮の造営を開始し、天文9年(1540年)完成した。

＊　　＊　　＊

◇北条早雲とその一族　黒田基樹著　新人物往来社　2007.7　246p　20cm　2800円　①978-4-404-03458-8

◇戦国 北条一族　黒田基樹著　新人物往来社　2005.9　249p　19cm　2800円　①4-404-03251-X

◇国府台合戦を点検する　千野原靖方著　流山　崙書房出版　1999.7　147p　18cm　1500円　①4-8455-1060-X

◇北条早雲と家臣団　下山治久著　横浜　有隣堂　1999.3　207p　18cm　(有隣新書)　1000円　①4-89660-156-4

◇埼玉人物事典　埼玉県教育委員会編　〔浦和〕　埼玉県　1998.2　863, 69p　22cm

◇後北条氏と領国経営　佐脇栄智著　吉川弘文館　1997.3　249, 12p　21cm　6180円　①4-642-02754-8

◇角川日本姓氏歴史人物大辞典　22　静岡県姓氏家系大辞典　竹内理三ほか編纂　静岡県姓氏家系大辞典編纂委員会編著　角川書店　1995.12　731p　23cm　16000円

◇群雄創世紀―信玄・氏綱・元就・家康　山室恭子著　朝日新聞社　1995.4　285p　19cm　2200円　①4-02-256843-7

◇北条氏康　青木重数著　新人物往来社　1994.1　309p　19cm　1300円　①4-404-02079-1

◇角川日本姓氏歴史人物大辞典　14　神奈川県姓氏家系大辞典　竹内理三ほか編纂　神奈川県姓氏家系大辞典編纂委員会編著　角川書店　1993.4　981p　23cm　〈神奈川県参考文献一覧・略年表：p959〜979〉　14000円　①4-04-002140-1

◇山梨百科事典　山梨日日新聞社編　増補改訂版　甲府　山梨日日新聞社　1992.7　1068, 198p　27cm　〈創刊120周年記念版〉

◇鎌倉事典　白井永二編　東京堂出版　1992.5　366p　21cm　〈新装普及版〉　2800円　①4-490-10303-4

◇戦国乱世の群像　笠原一男著　木耳社　1992.1　215p　20cm　(物語 日本の歴史 15)　1500円　①4-8393-7567-4

◇静岡県歴史人物事典　静岡新聞社出版局編　静岡　静岡新聞社　1991.12　608p　27cm　11000円　①4-7838-0424-9

◇北条早雲とその子孫―知られざる北条五代の実像　小和田哲男著　聖文社　1990.6　249p　20cm　1700円　①4-7922-0132-2

◇戦国武将の遺書　桑田忠親著　広済堂出版　1988.7　246p　15cm　(広済堂文庫)　420円　①4-331-65035-9

◇北条五代に学ぶ―世代交替の力学　小山竜太郎著　六興出版　1988.7　251p　19cm　1200円　①4-8453-8089-7

◇後北条氏　鈴木良一著　横浜　有隣堂　1988.6　187p　18cm　(有隣新書 34)　880円　①4-89660-082-7

◇戦国武将名言集　桑田忠親著　広済堂出版　1987.11　250p　15cm　(広済堂文庫)　400円　①4-331-65026-X

◇名将ちょっといい言葉―武将に学ぶビジネス訓　宝井琴鶴著　商業界　1986.8　261p　19cm　(まあきゅりい・ぶっくす)　1200円

◇戦国大名系譜人名事典　東国編　山本大, 小和田哲男編　新人物往来社　1985.11　555p　22cm　〈付：参考文献〉　7500円　①4-404-01293-4

◇神奈川県百科事典　神奈川県百科事典刊行会編　大和書房　1983.7　2冊(別巻とも)　29cm　〈発売：神奈川県書店商業組合(横浜), 大和書房　別巻(352p)：概説篇・資料篇・分野別索引〉　全28000円
◇神奈川県史　別編1　人物―神奈川県歴史人名事典　神奈川県県民部県史編集室編　横浜　神奈川県　1983.3　816, 58p　23cm　非売品
◇郷土歴史人物事典神奈川　神奈川県史研究会編集　第一法規出版　1980.6　220p　19cm　〈監修：沢寿郎〉　1400円
◇静岡大百科事典　静岡新聞社出版局編　静岡　静岡新聞社　1978.3　969p　図版17枚　30cm　〈特装本〉　30000円
◇埼玉大百科事典　4　とちーま　浦和　埼玉新聞社　1975　472p(図共)　27cm
◇埼玉大百科事典　5　みーわ　浦和　埼玉新聞社　1975　279, 231, 24p(図共)　27cm　〈付：埼玉県歴史年表〉
◇埼玉大百科事典　1　あーか　浦和　埼玉新聞社　1974　497p(図共)　27cm　10000円
◇埼玉大百科事典　2　きーしゃ　浦和　埼玉新聞社　1974　502p(図共)　27cm　10000円
◇埼玉大百科事典　3　しゃーとた　浦和　埼玉新聞社　1974　487p(図共)　27cm

塚原卜伝
つかはら ぼくでん

延徳元年(1489年)〜元亀2年(1571年)
　剣術家。常陸国塚原(茨城県)の人。字は高幹。常陸鹿島社祠官卜部覚賢の二男で、塚原土佐守安幹の養子となる。家伝の鹿島中古流を父から学び、さらに飯篠長威斎の天真正伝神道流を養父から学ぶ。各地で武者修行を重ね、鹿島神宮に参籠して、"一の太刀"という極意を編みだし、新当流を興す。武芸の師として将軍足利義輝に仕え、武蔵忍城主成田長泰、伊勢国司北畠具教らも指南した。晩年は下総に隠遁して武芸の指導にあたった。23歳から72歳までの50年間に、戦場への出陣39回、その間真剣勝負19回を数え、一度も敗れなかったといわれる。

＊　　＊　　＊

◇戦国の兵法者―剣豪たちの源流とその系譜　牧秀彦著　学習研究社　2007.7　261p　18cm　(学研新書)　780円　①978-4-05-403463-1
◇剣豪伝　天の巻　歴史を旅する会著　講談社　2003.8　314p　15cm　(講談社文庫)　533円　①4-06-273830-9
◇二十五人の剣豪―宮本武蔵から近藤勇まで　戸部新十郎著　PHP研究所　2002.10　245p　15cm　(PHP文庫)〈『剣は語る』改題書〉　571円　①4-569-57822-5
◇日本剣豪列伝　江崎俊平, 志茂田誠諦著　学習研究社　2001.12　348p　15cm　(学研M文庫)　700円　①4-05-901094-4
◇武道の謎を科学する　高橋華王著　砂書房　1999.10　173p　21cm　1500円　①4-915818-70-5
◇剣豪―剣一筋に生きたアウトローたち　草野巧著　新紀元社　1999.3　216p　21cm　(Truth In Fantasy 45)　1800円　①4-88317-325-9
◇全国諸藩剣豪人名事典　間島勲著　新人物往来社　1996.3　393p　22cm　〈主要参考文献：p388〜391〉　13000円　①4-404-02318-9
◇塚原卜伝　峰隆一郎著　祥伝社　1993.3　297p　15cm　(ノン・ポシェット)　480円　①4-396-32308-5
◇日本剣豪伝　鷲尾雨工著　富士見書房　1992.11　376p　15cm　(時代小説文庫)　560円　①4-8291-1241-7
◇日本剣豪譚　戦国編　戸部新十郎著　光文社　1989.8　354p　15cm　(光文社時代小説文庫)　480円　①4-334-70993-1
◇塚原卜伝　中山義秀著　徳間書店　1989.6　565p　15cm　(徳間文庫)　640円　①4-19-598803-9
◇剣士の名言　戸部新十郎著　政界往来社　1988.6　235p　19cm　(歴史ビジネス選書)　1300円　①4-915303-29-2
◇秘伝兵法二十七番　戸部新十郎著　読売新聞社　1988.3　250p　19cm　1200円　①4-643-88017-1

◇日本剣客列伝　津本陽著　講談社　1987.11　232p　15cm　（講談社文庫）　340円　Ⓘ4-06-184101-7

◇日本剣豪列伝　上　津本陽ほか著　旺文社　1987.6　587p　15cm　（旺文社文庫）〈『日本の剣豪』改題書〉　720円　Ⓘ4-01-061681-4

◇茨城県大百科事典　茨城新聞社編　水戸　茨城新聞社　1981.11　1099,138p　図版16枚　27cm　（発売：茨城県教科書販売，茨城県書店組合）　23000円

◇郷土歴史人物事典茨城　佐久間好雄編著　第一法規出版　1978.10　215p　19cm　1300円

◇体育人名辞典　東京体育科学研究会編　逍遙書院　1970　304p　22cm　（新体育学講座　第54巻　竹内虎士，大石三四郎編）　1300円

北条　氏康
ほうじょう　うじやす

永正12年(1515年)～元亀2年(1571年)10月3日　武将。相模国（神奈川県）の人。通称は新九郎。北条氏綱の子。天文10年(1541年)家督をつぎ、武蔵・相模一帯の検地を実施して領国支配の基礎を固める。上杉憲政を越後に追い、足利晴氏を相模に移して、関東の覇権をほぼ掌握。また武田氏、今川氏と結んで関東進出を図る上杉謙信に対抗するなど、後北条氏の3代として領域拡大と保持に努めた。内政面でも、租税や通貨の見直しなど諸制度の整備を進めた。永禄3年(1560年)家督を氏政に譲り、これを後見して北条氏の全盛期を築いた。

＊　　＊　　＊

◇図解　ふるさとの戦国武将　河合敦著　学習研究社　2007.11　95p　26cm　933円　Ⓘ978-4-05-403558-4

◇北条早雲とその一族　黒田基樹著　新人物往来社　2007.7　246p　20cm　2800円　Ⓘ978-4-404-03458-8

◇「戦国武将」名将の頭の中―「勝負所」で勝つ法　菊池道人著　三笠書房　2007.6　219p　15cm　（知的生きかた文庫）　533円　Ⓘ978-4-8379-7636-3

◇室町和歌への招待　林達也，広木一人，鈴木健一著　笠間書院　2007.6　311p　19cm　2200円　Ⓘ978-4-305-70336-1

◇戦国大名の危機管理　黒田基樹著　吉川弘文館　2005.10　198p　19cm　（歴史文化ライブラリー 200）　1700円　Ⓘ4-642-05600-9

◇戦国　北条一族　黒田基樹著　新人物往来社　2005.9　249p　19cm　2800円　Ⓘ4-404-03251-X

◇検証　もうひとつの武将列伝　井沢元彦著　有楽出版社，実業之日本社〔発売〕　2005.6　253p　19cm　1600円　Ⓘ4-408-59250-1

◇定本・北条氏康　藤木久志，黒田基樹編　高志書院　2004.11　339p　22cm　6700円　Ⓘ4-906641-91-1

◇北条氏康と東国の戦国世界　山口博著　秦野　夢工房　2004.11　139p　19cm　（小田原ライブラリー 13）〈文献あり〉　1200円　Ⓘ4-946513-97-3

◇役に立つ戦国武将―厳選50人　時代劇雑学研究会編　リイド社　2004.4　223p　15cm　（リイド文庫）　562円　Ⓘ4-8458-2758-1

◇指揮―原本現代語新訳「甲陽軍鑑」　2　腰原哲朗現代語新訳・解説　ニュートンプレス　2003.4　315p　19cm　1800円　Ⓘ4-315-51681-3

◇向う疵　北条氏康　二階堂玲太著　叢文社　2003.3　245p　19cm　1600円　Ⓘ4-7947-0445-3

◇北条氏康―信玄・謙信と覇を競った関東の雄　菊池道人著　PHP研究所　2002.12　398p　15cm　（PHP文庫）　686円　Ⓘ4-569-57858-6

◇発掘！意外日本史―三択クイズで読み解く歴史の裏側　河合敦監修　成美堂出版　2002.7　252p　15cm　（成美文庫）　524円　Ⓘ4-415-06984-3

◇戦国のコミュニケーション―情報と通信　山田邦明著　吉川弘文館　2002.1　276p　19cm　3200円　Ⓘ4-642-07782-0

◇戦国 城と合戦―知れば知るほど　二木謙一監修　実業之日本社　2001.5　269p　19cm　1400円　①4-408-39473-4

◇戦国武将　別冊宝島編集部編　宝島社　2000.1　317p　15cm　(宝島社文庫)〈別冊宝島『よみがえる戦国武将伝説』改訂・改題書〉　600円　①4-7966-1681-0

◇新人物日本史・光芒の生涯　上　畑山博著　学陽書房　1999.10　370p　15cm　(人物文庫)　700円　①4-313-75090-8

◇埼玉人物事典　埼玉県教育委員会編　〔浦和〕埼玉県　1998.2　863, 69p　22cm

◇北条氏康　青木重数著　新人物往来社　1994.1　309p　19cm　1300円　①4-404-02079-1

◇角川日本姓氏歴史人物大辞典　14　神奈川県姓氏家系大辞典　竹内理三ほか編纂　神奈川県姓氏家系大辞典編纂委員会編著　角川書店　1993.4　981p　23cm　〈神奈川県参考文献一覧・略年表：p959〜979〉　14000円　①4-04-002140-1

◇山梨百科事典　山梨日日新聞社編　増補改訂版　甲府　山梨日日新聞社　1992.7　1068, 198p　27cm　〈創刊120周年記念版〉

◇鎌倉事典　白井永二編　東京堂出版　1992.5　366p　21cm　〈新装普及版〉　2800円　①4-490-10303-4

◇戦国乱世の群像　笠原一男編　木耳社　1992.1　215p　20cm　(物語 日本の歴史 15)　1500円　①4-8393-7567-4

◇北条早雲とその子孫―知られざる北条五代の実像　小和田哲男著　聖文社　1990.6　249p　20cm　1700円　①4-7922-0132-2

◇北条五代に学ぶ―世代交替の力学　小山竜太郎著　六興出版　1988.7　251p　19cm　1200円　①4-8453-8089-7

◇後北条氏　鈴木良一著　横浜　有隣堂　1988.6　187p　18cm　(有隣新書 34)　880円　①4-89660-082-7

◇戦国武将名言集　桑田忠親著　広済堂出版　1987.11　250p　15cm　(広済堂文庫)　400円　①4-331-65026-X

◇小田原の歴史　戦国時代篇　坂本恵子作　名著出版　1987.4　168p　21cm　(ジュニアコミックシリーズ 1)　1200円　①4-626-01294-9

◇岩屋天狗と千年王国　下巻　窪田志一著, 岩屋梓梁顕彰会編　川口　岩屋梓梁顕彰会, 八幡書店〔発売〕　1987.3　346p　19cm　2800円　①4-89350-304-9

◇名将ちょっといい言葉―武将に学ぶビジネス訓　宝井琴鶴著　商業界　1986.8　261p　19cm　(まあきゅりい・ぶっくす)　1200円

◇戦国大名系譜人名事典　東国編　山本大, 小和田哲男編　新人物往来社　1985.11　555p　22cm　〈付：参考文献〉　7500円　①4-404-01293-4

◇神奈川県百科事典　神奈川県百科事典刊行会編　大和書房　1983.7　2冊(別巻とも)　29cm　〈発売：神奈川県書店商業組合(横浜), 大和書房　別巻(352p)：概説篇・資料篇・分野別索引〉　全28000円

◇神奈川県史　別編 1　人物―神奈川県歴史人名事典　神奈川県県民部県史編集室編　横浜　神奈川県　1983.3　816, 58p　23cm　非売品

◇郷土歴史人物事典神奈川　神奈川県史研究会編集　第一法規出版　1980.6　220p　19cm　〈監修：沢寿郎〉　1400円

◇多摩の人物史―古代より現代まで800人　武蔵野　武蔵野郷土史刊行会　1977.6　471p　図　19cm　〈倉間勝義, 岩淵久編　多摩の史家33名執筆　事典方式　発売：日新堂書店(武蔵野)〉1300円

◇埼玉大百科事典　1　あーか　浦和　埼玉新聞社　1974　497p(図共)　27cm　10000円

◇埼玉大百科事典　2　きーしゃ　浦和　埼玉新聞社　1974　502p(図共)　27cm　10000円

◇埼玉大百科事典　3　しゃーとた　浦和　埼玉新聞社　1974　487p(図共)　27cm

上泉 伊勢守
こういずみ いせのかみ

永正5年(1508年)?～天正元年(1573年)?
剣術家。上野勢多郡上泉(群馬県)の人。名は上泉秀綱。武蔵守信綱とも名乗る。上泉家は、最初上杉の配下にあったが、北条、上杉、武田とその支配が変転。永禄6年(1563年)武田家を辞し、新陰流の修行弘流のため兵法修行者として出郷。秀綱は愛洲移香の陰流を学び、さらに鹿島、香取の神道流も修め新陰流兵法を確立した。同時に上泉流兵法学の祖でもある。柳生宗厳、疋田文五郎、宝蔵院胤栄らに技を伝授。また将軍足利義輝にも兵法を講じ、正親町天皇にも剣技を披露して従四位下に叙せられた。

＊　＊　＊

◇戦国の兵法者―剣豪たちの源流とその系譜　牧秀彦著　学習研究社　2007.7　261p　18cm　〈学研新書〉　780円　①978-4-05-403463-1
◇新陰流 上泉信綱　中村晃著　勉誠出版　2004.11　294p　19cm　1600円　①4-585-05319-0
◇真剣―新陰流を創った男、上泉伊勢守信綱　海道竜一朗著　実業之日本社　2003.10　445p　19cm　1900円　①4-408-53447-1
◇二十五人の剣豪―宮本武蔵から近藤勇まで　戸部新十郎著　PHP研究所　2002.10　245p　15cm　〈PHP文庫〉〈『剣は語る』改題書〉　571円　①4-569-57822-5
◇日本剣豪列伝　江崎俊平, 志茂田誠諦著　学習研究社　2001.12　348p　15cm　〈学研M文庫〉　700円　①4-05-901094-4
◇武道の謎を科学する　高橋華王著　砂書房　1999.10　173p　21cm　1500円　①4-915818-70-5
◇日本剣豪列伝　直木三十五著　新版　大東出版社　1999.9　286p　19cm　1800円　①4-500-00655-9
◇剣豪―剣一筋に生きたアウトローたち　草野巧著　新紀元社　1999.3　216p　21cm　〈Truth In Fantasy 45〉　1800円

①4-88317-325-9
◇全国諸藩剣豪人名事典　間島勲著　新人物往来社　1996.3　393p　22cm　〈主要参考文献：p388～391〉　13000円　①4-404-02318-9
◇日本剣豪伝　鷲尾雨工著　富士見書房　1992.11　376p　15cm　〈時代小説文庫〉　560円　①4-8291-1241-7
◇日本剣豪譚　戦国編　戸部新十郎著　光文社　1989.8　354p　15cm　〈光文社時代小説文庫〉　480円　①4-334-70993-1
◇正伝新陰流　柳生厳長著　島津書房　1989.2　328p　21cm　5800円　①4-88218-012-X
◇剣士の名言　戸部新十郎著　政界往来社　1988.6　235p　19cm　〈歴史ビジネス選書〉　1300円　①4-915303-29-2
◇秘伝兵法二十七番　戸部新十郎著　読売新聞社　1988.3　250p　19cm　1200円　①4-643-88017-1
◇日本剣豪列伝　直木三十五著　河出書房新社　1986.7　271p　15cm　〈河出文庫〉　460円　①4-309-40156-2
◇上毛剣術史　中　剣聖上泉信綱詳伝　諸田政治著　前橋　煥乎堂　1984.12　640p　図版12枚　22cm　3500円
◇郷土歴史人物事典群馬　萩原進著　第一法規出版　1978.10　266p　19cm　1300円

北条 氏照
ほうじょう うじてる

天文9年(1540年)?～天正18年(1590年)
武将。相模国(神奈川県)の人。通称は陸奥守、別名は由井源三、大石源三。北条氏康の二男。武蔵の土豪由井氏を継いで由井源三と称し、その後山内上杉氏の旧臣大石定久の娘を娶って養子となり、大石源三と称した。武蔵滝山城主、のち八王子城主となり、下総栗橋、下野小山なども併有して後北条氏の領国経営の一翼を担い、上野、信濃方面への勢力を拡大。天正18年(1590年)豊臣秀吉の小田原征伐では、八王子城を家臣に任せたのち小田原城に籠城するが、6月八王子城が

陥落。7月小田原城を開城して降服し、秀吉の命で兄氏政と共に切腹した。

　　　　＊　　　＊　　　＊

◇埼玉人物事典　埼玉県教育委員会編　〔浦和〕　埼玉県　1998.2　863, 69p　22cm
◇栃木県歴史人物事典　栃木県歴史人物事典編纂委員会編　宇都宮　下野新聞社　1995.7　726p　27cm　18000円
◇八王子城主・北条氏照―氏照文書からみた関東の戦国　下山治久著　国立　たましん地域文化財団　1994.12　348p　21cm　（多摩歴史叢書3）　2000円　①4-924972-06-1
◇北条氏照とその周辺　北島藤次郎著　八王子　鉄生堂書店　1991.5　405p　22cm　〈北条氏照の肖像あり〉　4200円
◇北条氏照と八王子城―特別展図録　八王子市郷土資料館編　〔八王子〕　八王子市教育委員会　1990.7　155, 8p　26cm　〈会期：平成2年7月22日～9月5日〉
◇戦国大名系譜人名事典　東国編　山本大,小和田哲男編　新人物往来社　1985.11　555p　22cm　〈付：参考文献〉　7500円　①4-404-01293-4
◇神奈川県百科事典　神奈川県百科事典刊行会編　大和書房　1983.7　2冊（別巻とも）　29cm　〈発売：神奈川県書店商業組合(横浜), 大和書房　別巻(352p)：概説篇・資料篇・分野別索引〉　全28000円
◇神奈川県史　別編1　人物―神奈川県歴史人名事典　神奈川県県民部県史編集室編　横浜　神奈川県　1983.3　816, 58p　23cm　非売品
◇群馬県人名大事典　前橋　上毛新聞社　1982.11　926p　27cm　20000円
◇戦国大名家臣団事典　東国編　山本大,小和田哲男編　新人物往来社　1981.8　427p　22cm　6800円
◇多摩の人物史―古代より現代まで800人　武蔵野　武蔵野郷土史刊行会　1977.6　471p 図　19cm　〈倉間勝義, 岩淵久編　多摩の史家33名執筆　事典方式　発売：日新堂書店(武蔵野)〉1300円
◇北条氏照の大石入嗣の時期についての研究　須崎完彦著　〔須崎完彦〕　1975.11　100p 図　21cm　〈限定版〉　非売品
◇埼玉大百科事典　4　とちーま　浦和　埼玉新聞社　1975　472p(図共)　27cm
◇北条氏照文書集―武州滝山・八王子城主　後北条氏研究会編　近藤出版社　1970　107p　21cm　（研究史料 第1輯）　600円

北条　氏政
ほうじょう　うじまさ

天文7年(1538年)～天正18年(1590年)7月11日　武将。相模国(神奈川県)の人。北条氏康の子で、母は今川氏親の娘。永禄2年(1559年)家督をついで相模小田原城主。武田晴信(信玄)の娘を正室として迎え、甲斐・相模の連携を結ぶ一方、父氏康の後見を得て上杉謙信、里見義弘と対戦し、北関東に勢力を伸ばす。その後、信玄と不和になり、永禄12年(1569年)謙信と結び、駿河国に侵攻した武田信玄を破る。氏康没後、武田氏との関係を一時回復するが、天正6年(1578年)以後再び敵対したため織田信長と連携し、武田勝頼と駿河国黄瀬川で対陣。天正8年(1580年)子の氏直に家督を譲る。天正18年(1590年)豊臣秀吉の小田原征伐を受けて籠城したが、降伏して切腹を命ぜられた。

　　　　＊　　　＊　　　＊

◇戦国 北条一族　黒田基樹著　新人物往来社　2005.9　249p　19cm　2800円　①4-404-03251-X
◇戦国時代の終焉―「北条の夢」と秀吉の天下統一　斎藤慎一著　中央公論新社　2005.8　234p　19cm　（中公新書）　760円　①4-12-101809-5
◇国府台合戦を点検する　千野原靖方著　流山　崙書房出版　1999.7　147p　18cm　1500円　①4-8455-1060-X
◇埼玉人物事典　埼玉県教育委員会編　〔浦和〕　埼玉県　1998.2　863, 69p　22cm
◇角川日本姓氏歴史人物大辞典　22　静岡県姓氏家系大辞典　竹内理三ほか編纂　静岡県姓氏家系大辞典編纂委員会編著　角川書店　1995.12　731p　23cm

16000円

◇角川日本姓氏歴史人物大辞典　14　神奈川県姓氏家系大辞典　竹内理三ほか編纂　神奈川県姓氏家系大辞典編纂委員会編著　角川書店　1993.4　981p　23cm　〈神奈川県参考文献一覧・略年表：p959〜979〉　14000円　⑭4-04-002140-1

◇山梨百科事典　山梨日日新聞社編　増補改訂版　甲府　山梨日日新聞社　1992.7　1068, 198p　27cm　〈創刊120周年記念版〉

◇鎌倉事典　白井永二編　東京堂出版　1992.5　366p　21cm　〈新装普及版〉　2800円　⑭4-490-10303-4

◇戦国武将に学ぶ決断の時　玉木重輝著　鈴木出版　1988.7　252p　19cm　1400円　⑭4-7902-9010-7

◇戦国武将の遺書　桑田忠親著　広済堂出版　1988.7　246p　15cm　〈広済堂文庫〉　420円　⑭4-331-65035-9

◇後北条氏　鈴木良一著　横浜　有隣堂　1988.6　187p　18cm　〈有隣新書 34〉　880円　⑭4-89660-082-7

◇戦国大名系譜人名事典　東国編　山本大, 小和田哲男編　新人物往来社　1985.11　555p　22cm　〈付：参考文献〉　7500円　⑭4-404-01293-4

◇神奈川県百科事典　神奈川県百科事典刊行会編　大和書房　1983.7　2冊(別巻とも)　29cm　〈発売：神奈川県書店商業組合(横浜), 大和書房　別巻(352p)：概説篇・資料篇・分野別索引〉　全28000円

◇神奈川県史　別編 1　人物—神奈川県歴史人名事典　神奈川県県民部県史編集室編　横浜　神奈川県　1983.3　816, 58p　23cm　非売品

◇群馬県人名大事典　前橋　上毛新聞社　1982.11　926p　27cm　20000円

◇郷土歴史人物事典神奈川　神奈川県史研究会編集　第一法規出版　1980.6　220p　19cm　〈監修：沢寿郎〉　1400円

北条 氏直
ほうじょう うじなお

永禄5年(1562年)〜天正19年(1591年)11月4日　武将。相模国(神奈川県)の人。幼名は国王丸、通称は新九郎、左京大夫。北条氏政の子で、母は武田信玄の娘。相模国小田原城主。天正10年(1582年)本能寺の変の後、上野、信濃、甲斐の旧織田氏領国に侵攻、徳川家康とは和睦し、天正11年(1583年)家康の娘督姫を娶る。翌年には下野国宇都宮国綱を降し、軍備増強に努めていたところ豊臣秀吉から求められた臣従の礼に応じなかったため、天正18年(1590年)秀吉に小田原城を攻められ降伏(小田原征伐)。和議は成立したが高野山に追放となった。その後、河内国天野に移され、天正19年(1591年)秀吉より1万石を給わったが、まもなく病死した。

＊　　　＊　　　＊

◇北条早雲とその一族　黒田基樹著　新人物往来社　2007.7　246p　20cm　2800円　⑭978-4-404-03458-8

◇戦国 北条一族　黒田基樹著　新人物往来社　2005.9　249p　19cm　2800円　⑭4-404-03251-X

◇戦国時代の終焉—「北条の夢」と秀吉の天下統一　斎藤慎一著　中央公論新社　2005.8　234p　19cm　〈中公新書〉　760円　⑭4-12-101809-5

◇埼玉人物事典　埼玉県教育委員会編　〔浦和〕　埼玉県　1998.2　863, 69p　22cm

◇角川日本姓氏歴史人物大辞典　22　静岡県姓氏家系大辞典　竹内理三ほか編纂　静岡県姓氏家系大辞典編纂委員会編著　角川書店　1995.12　731p　23cm　16000円

◇角川日本姓氏歴史人物大辞典　14　神奈川県姓氏家系大辞典　竹内理三ほか編纂　神奈川県姓氏家系大辞典編纂委員会編著　角川書店　1993.4　981p　23cm　〈神奈川県参考文献一覧・略年表：p959〜979〉　14000円　⑭4-04-002140-1

◇山梨百科事典　山梨日日新聞社編　増補改訂版　甲府　山梨日日新聞社　1992.7

◇鎌倉事典　白井永二編　東京堂出版　1992.5　366p　21cm　〈新装普及版〉　2800円　①4-490-10303-4
◇北条早雲とその子孫―知られざる北条五代の実像　小和田哲男著　聖文社　1990.6　249p　20cm　1700円　①4-7922-0132-2
◇東西決戦編　桑田忠親著　秋田書店　1989.10　238p　19cm　(新編 日本武将列伝 5)　1500円　①4-253-00366-4
◇長野県歴史人物大事典　赤羽篤ほか編　松本　郷土出版社　1989.7　841p　27cm　〈参考文献一覧：p820〜821〉　20000円　①4-87663-126-3
◇後北条氏　鈴木良一著　横浜　有隣堂　1988.6　187p　18cm　(有隣新書 34)　880円　①4-89660-082-7
◇戦国大名系譜人名事典　東国編　山本大,小和田哲男編　新人物往来社　1985.11　555p　22cm　〈付：参考文献〉　7500円　①4-404-01293-4
◇神奈川県百科事典　神奈川県百科事典刊行会編　大和書房　1983.7　2冊(別巻とも)　29cm　〈発売：神奈川県書店商業組合(横浜),大和書房　別巻(352p)：概説篇・資料篇・分野別索引〉　全28000円
◇神奈川県史　別編1　人物―神奈川県歴史人名事典　神奈川県県民部県史編集室編　横浜　神奈川県　1983.3　816,58p　23cm　非売品
◇群馬県人名大事典　前橋　上毛新聞社　1982.11　926p　27cm　20000円
◇郷土歴史人物事典神奈川　神奈川県史研究会編集　第一法規出版　1980.6　220p　19cm　〈監修：沢寿郎〉　1400円

宇都宮 国綱
うつのみや くにつな

永禄11年(1568年)〜慶長12年(1607年)
武将。下野国(栃木県)の人。通称は弥三郎、下野守。宇都宮広綱の子。佐竹義重と結び後北条氏に抗戦。下野宇都宮城に先祖代々居城していたが、天正18年(1590年)秀吉の小田原征伐に参戦し、改めて所領を安堵された。のち、継嗣問題で秀吉が子のいない国綱に浅野長政の三男を養子にするよう勧めたが、これを断り長政と対立。宇都宮藩を検地され、石高に偽りありという理由で慶長2年(1597年)領地没収、改易となり備前宇喜多秀家に預けられた。その後、所領回復を期すも果たせず、流浪のすえ江戸浅草で没した。

＊　　＊　　＊

◇栃木県歴史人物事典　栃木県歴史人物事典編纂委員会編　宇都宮　下野新聞社　1995.7　726p　27cm　18000円
◇戦国大名系譜人名事典　東国編　山本大,小和田哲男編　新人物往来社　1985.11　555p　22cm　〈付：参考文献〉　7500円　①4-404-01293-4
◇栃木県大百科事典　栃木県大百科事典刊行会編　宇都宮　栃木県大百科事典刊行会　1980.6　1029p　図版32枚　28cm　〈発売：下野新聞社　折り込図1枚 付(地図1枚)：栃木県全図〉　20000円

小野 忠明
おの ただあき

永禄8年(1565年)〜寛永5年(1628年)
剣術家。小野派一刀流の創始者。上総国(千葉県)の人。初名は御子神典膳(みこがみてんぜん)、通称は小野次郎右衛門。郷士の神子上重の子。典膳と称して安房里見家に仕えた。伊藤一刀斎に剣を学び一刀流の極意をきわめる。文禄2年(1593年)徳川家康に仕え、小野と改姓し、柳生宗矩と共に秀忠の剣術師範となる。慶長5年(1600年)関ヶ原の戦いで信州上田攻めに戦功があり、上田七本槍と称せられた。小野派一刀流創始者として武勇伝も多い。嫡男忠也に一刀流の道統をつがせ、二男忠常には小野の家名と将軍師範職を譲った。以後、小野家は代々将軍家剣術師範として続いた。

＊　　＊　　＊

◇一刀流皆伝史　千野原靖方著　流山　崙書房出版　2007.6　139p　18cm　(ふる

さと文庫 188)〈文献あり〉 1200円 ⓘ978-4-8455-0188-5

◇小説・剣豪もし戦わば!? 巨椋修編 セントラルSOG, コアラブックス〔発売〕 2004.12 218p 19cm 1300円 ⓘ4-86097-076-4

◇成田ゆかりの人物伝 小川国彦著 平原社 2002.10 766p 19cm 3500円 ⓘ4-938391-30-9

◇日本剣豪列伝 江崎俊平, 志茂田誠諦著 学習研究社 2001.12 348p 15cm (学研M文庫) 700円 ⓘ4-05-901094-4

◇日本剣豪列伝 直木三十五著 新版 大東出版社 1999.9 286p 19cm 1800円 ⓘ4-500-00655-9

◇全国諸藩剣豪人名事典 間島勲著 新人物往来社 1996.3 393p 22cm 〈主要参考文献：p388〜391〉 13000円 ⓘ4-404-02318-9

◇石火の一刀―御子神典膳 松永義弘著 第一法規出版 1990.7 299p 19cm 1500円 ⓘ4-474-07091-7

◇日本剣豪列伝 直木三十五著 鱒書房 1990.6 230p 19cm (歴史ノベルズ) 1200円 ⓘ4-89598-000-6

◇日本剣豪譚 戦国編 戸部新十郎著 光文社 1989.8 354p 15cm (光文社時代小説文庫) 480円 ⓘ4-334-70993-1

◇郷土歴史人物事典千葉 高橋在久編著 第一法規出版 1980.1 218p 19cm 〈人物年表：p199〜208 参考文献：p209〜211〉 1300円

お万の方
おまんのかた

天正8年(1580年)〜承応2年(1653年)
徳川家康の側室。上総国(千葉県)の人。別名蔭山殿。法号は養珠院。上総国勝浦の里見氏家老正木邦時(頼忠)の娘。母の再婚により小田原北条氏の家臣蔭山氏広の養女となる。天正18年(1590年)徳川家康の側室となり、蔭山殿と称す。慶長7年(1602年)徳川頼宣(紀伊徳川家の祖)を出産し、翌慶長8年(1603年)には徳川頼房(水戸徳川家の祖)を出産。家康の没後は出家して養珠院と称した。

＊　＊　＊

◇富士川舟運遺聞―養珠院お万の方をめぐる人びと 望月誠一著 文芸社 2007.2 214p 19cm 〈年譜あり 文献あり〉 1238円 ⓘ978-4-286-02580-3

◇角川日本姓氏歴史人物大辞典 22 静岡県姓氏家系大辞典 竹内理三ほか編纂 静岡県姓氏家系大辞典編纂委員会編 角川書店 1995.12 731p 23cm 16000円

◇女心仏心―養珠院お万の方の生涯 戸田七郎著, 日蓮宗新聞社出版部編 日蓮宗新聞社 1993.9 235p 20cm 〈養珠院の肖像あり〉 1800円 ⓘ4-89045-119-6

◇日本女性人名辞典 日本図書センター 1993.6 1274p 27cm 〈監修：芳賀登ほか〉 26780円 ⓘ4-8205-7128-1

◇山梨百科事典 山梨日日新聞社編 増補改訂版 甲府 山梨日日新聞社 1992.7 1068, 198p 27cm 〈創刊120周年記念版〉

◇生きる力―法華信仰の群像 小島五十人編著 鈴木出版 1992.3 229p B8 2000円 ⓘ4-7902-1045-6

◇静岡県歴史人物事典 静岡新聞社出版局編 静岡 静岡新聞社 1991.12 608p 27cm 11000円 ⓘ4-7838-0424-9

◇角川日本姓氏歴史人物大辞典 23 愛知県 竹内理三ほか編纂 愛知県姓氏歴史人物大辞典編纂委員会編著 角川書店 1991.10 1052p 23cm 〈愛知県略年表：p944〜958 愛知県参考文献一覧・主要文献解題：p1044〜1051〉 16000円 ⓘ4-04-002230-0

◇和歌山県史 人物 和歌山県史編さん委員会編 和歌山 和歌山県 1989.3 539, 64p 22cm 非売品

◇人物事典 江戸城大奥の女たち 卜部典子著 新人物往来社 1988.12 207p 19cm 2000円 ⓘ4-404-01577-1

◇郷土歴史人物事典千葉 高橋在久編著 第一法規出版 1980.1 218p 19cm

〈人物年表：p199〜208 参考文献：p209
〜211〉 1300円
◇江戸東京市井人物事典　北村一夫著　新
　人物往来社　1976　354p　20cm
　2000円
◇徳川養珠夫人伝　中村利枝著　勝浦　中
　村亥一　1971.5　149p　19cm

小笠原 忠真
おがさわら ただざね

　慶長元年(1596年)〜寛文7年(1667年)10月18日
大名。豊前小倉藩主。下総国古河(茨城県)の
人。幼名は春松丸、初名は忠政。小笠原秀政の
二男。母は徳川信康の娘で徳川家康の外孫にあ
たる。元和元年(1615年)大坂夏の陣に父秀政、兄
忠脩とともに徳川秀忠に従軍。父と忠脩が戦死
した軍功により、父の遺領信濃松本城8万石を領
し、のちに播磨国明石藩10万石に移封、さらに
寛永9年(1632年)豊前小倉城15万石に加封され豊
前小倉藩主。寛永15年(1638年)島原の乱に出兵、
以後長崎警備の任にあたり西国の重鎮としての
地位を固めた。

　　　　　　＊　　＊　　＊

◇茶道人物辞典　原田伴彦編　柏書房
　1991.1　290, 22p　22cm　〈新装版〉
　4944円　①4-7601-0620-0
◇長野県歴史人物大事典　赤羽篤ほか編
　松本　郷土出版社　1989.7　841p
　27cm　〈参考文献一覧：p820〜821〉
　20000円　①4-87663-126-3
◇黄檗文化人名辞典　大槻幹郎ほか編著
　京都　思文閣出版　1988.12　580, 141p
　23cm　15000円　①4-7842-0538-1
◇兵庫県大百科事典　神戸　神戸新聞出版
　センター　1983.10　2冊　30cm　〈企
　画：神戸新聞創刊85周年記念兵庫県大百
　科事典刊行委員会〉　全49000円
◇福岡県百科事典　西日本新聞社福岡県百
　科事典刊行本部編　福岡　西日本新聞社
　1982.11　2冊　27cm　全42000円　①4-
　8167-0029-3

甲信越

武田 信玄　たけだ しんげん

　大永元年(1521年)～天正元年(1573年)4月12日　武将。甲斐国(山梨県)の人。幼名は太郎、勝千代。名は晴信、号は徳栄軒。永禄2(1559年)出家して信玄と号し、法性院ともいう。武田信虎の長男、母は大井信達の娘。天文10年(1541年)父を駿河の今川家に追放して家督を継ぎ、甲斐国守護17代目となる。その直後から信濃への侵攻を開始し、諏訪氏、小笠原氏、村上氏等を攻略して天文22年(1553年)ほぼ信濃を制圧した。同年、敗走した村上義清の救援要請を受けた越後の上杉謙信が信濃に出兵し、川中島で対戦。以来、永禄7年(1564年)まで5回に渡って激戦を展開。その後、北関東にも進出して永禄9年(1566年)には西上野を領有し、同時に飛騨へも侵入。この間、駿河の今川氏、相模の後北条氏とは同盟関係にあったが、永禄11年(1568年)駿河侵攻の兵を挙げ、永禄12年(1569年)4月今川氏真を追って駿河を領有。同時に徳川家康が遠江を侵攻し今川氏が滅亡。これを契機に後北条氏と対立し、度々交戦。元亀2年(1571年)北条氏康が没し、その遺言で後北条氏と和議を結んだ後は上洛を目指して遠江、三河に出兵。遠江三方ヶ原で徳川・織田連合軍に大勝し(三方ヶ原の戦)、さらに三河へ侵攻するが翌年陣中で病床に伏し、信濃駒場で病没。死後3年間喪は隠された。戦略家として優れ、また「信玄家法」の制定、信玄堤で有名な治水事業、甲州金で知られる金山開発など領国経営にも優れていた。山梨県塩山市に信玄公宝物館がある。

◇戦国武将の通知表　八幡和郎監修　改訂版　宝島社　2008.7　267p　15cm　(宝島社文庫)　457円　①978-4-7966-6499-8

◇新編　武田信玄のすべて　柴辻俊六編　新人物往来社　2008.6　407p　19cm　3800円　①978-4-404-03514-1

◇戦国武将・人気のウラ事情　鈴木真哉著　PHP研究所　2008.6　237p　18cm　(PHP新書)　720円　①978-4-569-69940-0

◇戦国名物家臣列伝　川口素生著　学習研究社　2008.6　321p　15cm　(学研M文庫)　667円　①978-4-05-901223-8

◇戦国武将からの手紙―乱世に生きた男たちの素顔　吉本健二著　学習研究社　2008.5　300p　15cm　(学研M文庫)　〈『手紙から読み解く戦国武将意外な真実』改稿・改題書〉　667円　①978-4-05-901220-7

◇戦国時代の諏訪信仰―失われた感性・習俗　笹本正治著　新典社　2008.4　157p　18cm　(新典社新書)　1000円　①978-4-7879-6102-0

◇戦国武将「まさか」の凄い戦略―知将はいかにして生き残ったか？　楠戸義昭著　三笠書房　2008.4　270p　15cm　(知的生きかた文庫)　533円　①978-4-8379-7703-2

◇戦国人物伝 武田信玄と上杉謙信　加来耕三企画・構成・監修, すぎたとおる原作, 中島健志作画　ポプラ社　2008.1　125p　21cm　(コミック版日本の歴史 4)　1000円　①978-4-591-09793-9

◇戦国最大のライバル対決―信玄と謙信、

川中島に激突　小西聖一著, 高田勲絵　理論社　2007.12　140p　21cm　(新・ものがたり日本 歴史の事件簿)　1200円　①978-4-652-01643-5

◇戦国武将を育てた禅僧たち　小和田哲男著　新潮社　2007.12　221p　19cm　(新潮選書)　1100円　①978-4-10-603594-4

◇その「手紙」が変えた日本の歴史　日本の歴史研究班編　リイド社　2007.12　239p　15cm　(リイド文庫)　524円　①978-4-8458-3232-3

◇図解 ふるさとの戦国武将　河合敦著　学習研究社　2007.11　95p　26cm　933円　①978-4-05-403558-4

◇「あの人」の言葉―人生の指針を残した偉人たち　武光誠著　リイド社　2007.10　254p　15cm　(リイド文庫)　476円　①978-4-8458-3229-3

◇信玄と信長―戦国武将に学ぶリーダーの条件　百瀬明治著　有楽出版社　2007.10　181p　19cm　1400円　①978-4-408-59298-5

◇武田信玄―風林火山の帝王学　新田次郎、堺屋太一、上野晴朗ほか著　新版　プレジデント社　2007.10　364p　20cm　(プレジデント・クラシックス)　〈年譜あり〉　1429円　①978-4-8334-1859-1

◇英傑の日本史 風林火山編　井沢元彦著　角川学芸出版, 角川グループパブリッシング〔発売〕　2007.9　262p　19cm　1500円　①978-4-04-621108-8

◇「戦国武将」名将のすごい手の内―頭一つ抜け出す生き方　小和田哲男著　三笠書房　2007.9　238p　15cm　(知的生きかた文庫)　533円　①978-4-8379-7656-1

◇男たちの戦国―戦国武将友情始末　夏野清三郎著　ぶんか社　2007.6　205p　15cm　(ぶんか社文庫)　600円　①978-4-8211-5101-1

◇「戦国武将」名将の頭の中―「勝負所」で勝つ法　菊池道人著　三笠書房　2007.6　219p　15cm　(知的生きかた文庫)　533円　①978-4-8379-7636-3

◇上司の心得―名将名君に学ぶ　童門冬二著　PHP研究所　2007.5　238p　19cm　1500円　①978-4-569-69069-8

◇武将が信じた神々と仏　八幡和郎監修　青春出版社　2007.5　188p　18cm　(青春新書INTELLIGENCE)　730円　①978-4-413-04173-7

◇風林火山―信玄・謙信、そして伝説の軍師 大河ドラマ特別展　NHK, NHKプロモーション編　NHK　2007.4　239p　30cm　〈会期・会場：平成19年4月6日―5月20日 山梨県立博物館ほか　共同刊行：NHKプロモーション　折り込1枚　年表あり　文献あり〉

◇異説もうひとつの川中島合戦―紀州本「川中島合戦図屏風」の発見　高橋修著　洋泉社　2007.3　197p　18cm　(新書y)　780円　①978-4-86248-126-9

◇実録 風林火山―『甲陽軍鑑』の正しい読み方　北影雄幸著　光人社　2007.3　333p　19cm　1900円　①978-4-7698-1332-3

◇武田信玄―風林火山の旗がゆく　田代脩監修, 本山一城漫画　新装版　学習研究社　2007.3　128p　21cm　(学研まんが伝記シリーズ)　700円　①978-4-05-202780-2

◇武田信玄からの手紙　山梨県立博物館監修 甲府　山梨日日新聞社　2007.3　64p　21cm　(かいじあむブックレット)　476円　①978-4-89710-111-8

◇武田信玄と勝頼―文書にみる戦国大名の実像　鴨川達夫著　岩波書店　2007.3　216, 4p　18cm　(岩波新書)　〈年譜あり〉　740円　①978-4-00-431065-5

◇風林火山の旗 海を渡る―武田紀行　保坂嘉郷著　新風舎　2007.3　255p　19cm　1700円　①978-4-289-01720-1

◇戦国期武田氏領の形成　柴辻俊六著　校倉書房　2007.2　294p　21cm　(歴史科学叢書)　7000円　①978-4-7517-3820-7

◇武田信玄―天才軍師・山本勘助と戦国最強軍団のすべて　改訂新版　世界文化社　2007.2　168p　26cm　(Bigmanスペシャル)　〈年譜あり〉　1400円　①978-4-418-07100-5

◇「風林火山」の謎―山本勘助と武田信玄

歴史真相研究会編著　シーエイチシー　2007.2　183p　19cm　〈年表あり〉　1400円　Ⓘ978-4-86097-225-7

◇戦国の猛虎武田信玄　UTYテレビ山梨監修, 萩原三雄, 秋山敬編　新人物往来社　2007.1　254p　22cm　〈肖像あり　年表あり〉　1500円　Ⓘ978-4-404-03445-8

◇武田信玄と二十四将　さいとう・プロダクション監修, すぎたとおる著　リイド社　2007.1　223p　15cm　(リイド文庫)　476円　Ⓘ978-4-8458-3218-7

◇後継学—戦国父子に学ぶ　加来耕三著　時事通信出版局, 時事通信社〔発売〕　2006.12　301p　19cm　1800円　Ⓘ4-7887-0673-3

◇甲陽軍鑑　佐藤正英校訂・訳　筑摩書房　2006.12　401p　15cm　(ちくま学芸文庫)　1200円　Ⓘ4-480-09040-1

◇信濃路の風林火山—山本勘助とその舞台　信濃毎日新聞社編　長野　信濃毎日新聞社　2006.12　153p　21cm　1200円　Ⓘ4-7840-7039-7

◇「図解」山本勘助と武田一族の興亡—常勝軍団と謎の名参謀の実像に迫る　童門冬二監修　PHP研究所　2006.12　95p　26cm　〈年譜あり〉　952円　Ⓘ4-569-65862-8

◇戦国武将 勝利の実学　火坂雅志著　勉誠出版　2006.12　266p　19cm　1400円　Ⓘ4-585-05344-1

◇武田信玄　平山優著　吉川弘文館　2006.12　225p　19cm　(歴史文化ライブラリー 221)　1700円　Ⓘ4-642-05621-1

◇たっぷり風林火山歴史ウォーキング—信玄ゆかりの甲斐・信濃を行く　池上真由美, 清水克悦, 津波克明著・写真　水曜社　2006.12　126p　21cm　1500円　Ⓘ4-88065-181-8

◇風林火山ゆかりの地を歩く　小和田哲男監修　エクスメディア　2006.12　145p　21cm　1480円　Ⓘ4-87283-682-0

◇山本七平の武田信玄論—乱世の帝王学　山本七平著　角川書店　2006.12　200p　18cm　(角川oneテーマ21 A-57)　686円　Ⓘ4-04-710072-2

◇家康の父親は武田信玄だった！　武山憲明, 杉山光男著　ぶんか社　2006.11　270p　15cm　(ぶんか社文庫)　〈文献あり〉　657円　Ⓘ4-8211-5076-X

◇甲陽軍艦入門—武田軍団強さの秘密　小和田哲男著　角川学芸出版, 角川書店〔発売〕　2006.11　286p　15cm　(角川文庫)　629円　Ⓘ4-04-406601-9

◇勝利への方程式—「風林火山」武田兵法に学ぶ　加来耕三著　講談社　2006.11　238p　19cm　1400円　Ⓘ4-06-213798-4

◇信玄と勘助111の謎　楠木誠一郎著　成美堂出版　2006.11　271p　16cm　(成美文庫)　〈年譜あり〉　524円　Ⓘ4-415-40010-8

◇信玄の戦争—戦略論『孫子』の功罪　海上知明著　ベストセラーズ　2006.11　230p　18cm　(ベスト新書)　780円　Ⓘ4-584-12124-9

◇信玄の戦略—組織、合戦、領国経営　柴辻俊六著　中央公論新社　2006.11　250p　18cm　(中公新書)　〈年譜あり〉　760円　Ⓘ4-12-101872-9

◇図解武田信玄と山本勘助のことが面白いほどわかる本—2時間でわかる　中見利男著　中経出版　2006.11　255p　21cm　〈他言語標題：An easy guide to Shingen Takeda and Kansuke Yamamoto　標題紙のタイトル：図解武田信玄と軍師山本勘助のことが面白いほどわかる本　折り込1枚　年表あり〉　1400円　Ⓘ4-8061-2563-6

◇組織が100%機能する風林火山の人材活用術　小山竜太郎著　ぶんか社　2006.11　217p　15cm　(ぶんか社文庫)　619円　Ⓘ4-8211-5072-7

◇武田信玄　土橋治重著　成美堂出版　2006.11　310p　16cm　(成美文庫)〈「武田信玄—物語と史蹟をたずねて」の改訂〉　552円　Ⓘ4-415-40008-6

◇武田信玄の古戦場をゆく—なぜ武田軍団は北へ向かったのか？　安部竜太郎著　集英社　2006.11　189p　18cm　(集英社新書)　660円　Ⓘ4-08-720365-4

◇闘神武田信玄—戦国最強・甲州軍団の激

◇闘　学習研究社　2006.11　171p　26cm　(歴史群像シリーズ)〈年表あり〉　1500円　①4-05-604397-3

◇「風林火山」の古道をゆく　高橋義夫, 桐野作人ほか著　集英社　2006.11　125p　21cm　1600円　①4-08-781357-6

◇山本勘助とは何者か—信玄に重用された理由　江宮隆之著　祥伝社　2006.11　256p　18cm　(祥伝社新書)〈年譜あり　文献あり〉　780円　①4-396-11054-5

◇山本勘助はいなかった—「風林火山」の真実　山本七平著　ビジネス社　2006.11　226p　20cm　1500円　①4-8284-1316-2

◇オール図解30分でわかる武田信玄の兵法—風林火山　戦国最強の名将・信玄の生涯と戦い　武光誠監修　日本文芸社　2006.10　95p　26cm〈肖像あり　年表あり〉　952円　①4-537-25429-7

◇武田信玄合戦録　柴辻俊六著　角川学芸出版　2006.10　222p　19cm　(角川選書403)〈年譜あり　文献あり〉　1400円　①4-04-703403-7

◇日本史　宿命のライバル達の決断と苦悩—教科書には載っていない好敵手たちの本音　土橋治重著　日本文芸社　2006.10　199p　18cm　648円　①4-537-25438-6

◇「風林火山」武田信玄の謎—徹底検証　加来耕三著　講談社　2006.10　589p　15cm　(講談社文庫)〈文献あり〉　838円　①4-06-275528-9

◇風林火山のことがマンガで3時間でわかる本—へぇーそうなんだ！　津田太愚著, つだゆみ漫画　明日香出版社　2006.10　219p　21cm　(アスカビジネス)　1300円　①4-7569-1023-8

◇武田信玄その死因と卒去地を探る　高野賢彦著〔出版地不明〕〔高野賢彦〕2006.9　122p　21cm　800円

◇戦国武将「凄い生き方」　小和田哲男著　三笠書房　2006.8　301p　15cm　(知的生きかた文庫)『日本の歴史・合戦おもしろ話』再編集・改題書〉　552円　①4-8379-7573-9

◇名将の法則—戦国乱世を生き抜いた12人の知られざる決断とは　安部竜太郎著　日本実業出版社　2006.8　254p　19cm　1600円　①4-534-04106-3

◇武田家滅亡に学ぶ事業承継　北見昌朗著　幻冬舎　2006.6　270p　19cm　1500円　①4-344-01188-0

◇戦国の影法師—もうひとつの意外人物列伝　武田鏡村著　三修社　2006.4　207p　19cm　1600円　①4-384-03809-7

◇よみがえる武田信玄の世界—山梨県立博物館開館記念特別展　山梨県立博物館編　笛吹　山梨県立博物館　2006.3　151p　30cm〈会期：平成18年3月28日—5月14日　折り込1枚　年譜あり〉

◇図説　戦乱日本合戦地図—血湧き肉踊る絢爛歴史図誌！　本郷陽二著　日本文芸社　2006.2　95p　26cm　952円　①4-537-25361-4

◇名将の陰に名僧あり—戦国時代を生き抜いた知恵と戦略　百瀬明治著　祥伝社　2006.2　243p　15cm　(祥伝社黄金文庫)　571円　①4-396-31398-5

◇健康力—戦国武将たちに学ぶ　植田美津江著　名古屋　ゆいぽおと, KTC中央出版〔発売〕　2006.1　190p　18cm　1000円　①4-87758-403-X

◇武田信玄像の謎　藤本正行著　吉川弘文館　2006.1　215p　19cm　(歴史文化ライブラリー206)〈肖像あり　文献あり〉　1700円　①4-642-05606-8

◇戦国の雄と末裔たち　中嶋繁雄著　平凡社　2005.12　243p　18cm　(平凡社新書)　780円　①4-582-85301-3

◇戦国武将の宣伝術—隠された名将のコミュニケーション戦略　童門冬二著　講談社　2005.12　311p　15cm　(講談社文庫)　571円　①4-06-275281-6

◇武田信玄—芳声天下に伝わり仁道寰中に鳴る　笹本正治著　京都　ミネルヴァ書房　2005.11　316, 10p　20cm　(ミネルヴァ日本評伝選)〈肖像あり　文献あり　著作目録あり　年譜あり〉　2200円　①4-623-04500-5

◇武田信玄—武田三代興亡記　吉田竜司著　新紀元社　2005.11　282p　21cm

(Truth in history 8)〈年表あり 文献あり〉 1900円 ①4-7753-0416-X

◇戦国武将の危機突破学 童門冬二著 日本経済新聞社 2005.8 309p 15cm（日経ビジネス人文庫） 667円 ①4-532-19305-2

◇骨肉 父と息子の日本史 森下賢一著 文芸春秋 2005.7 262p 18cm（文春新書） 750円 ①4-16-660453-8

◇戦国武将の遺言36選 歴史探訪研究の会編 リイド社 2005.6 254p 15cm（リイド文庫） 476円 ①4-8458-2779-4

◇名将名城伝 津本陽著 PHP研究所 2005.6 280p 19cm 1500円 ①4-569-64187-3

◇迷宮の日本史 あの人の「足どり」 歴史の謎研究会編 青春出版社 2005.2 237p 15cm（青春文庫） 552円 ①4-413-09310-0

◇武田信玄夫人 皇女・三条華子 高野賢彦著 日貿出版社 2004.11 287p 19cm 1400円 ①4-8170-8081-7

◇武将を支えた禅の教え 童門冬二著 青春出版社 2004.10 270p 19cm 1500円 ①4-413-02170-3

◇戦国武将 あの人の顛末 中江克己著 青春文庫 2004.9 253p 15cm（青春文庫） 571円 ①4-413-09301-1

◇武田三代軍記 普及版・復刻版 千秋社 2004.9 1340p 19cm 27000円 ①4-88477-308-X

◇徹底検証・徹底分析 川中島合戦―戦国期の源平合戦 竜虎俊輔著 文芸社 2004.9 125p 19cm 1200円 ①4-8355-7941-0

◇戦国武将のこころ―近江浅井氏と軍書の世界 笹川祥生著 吉川弘文館 2004.8 210p 19cm 2400円 ①4-642-07931-9

◇川を治め水と戦った武将たち―武田信玄・豊臣秀吉・加藤清正 かこさとし作 瑞雲舎 2004.7 31p 26×21cm（土木の歴史絵本 第2巻） 1200円 ①4-916016-45-9

◇後継道―歴史の30父子にみる承継学 加来耕三著 日経BP社,日経BP出版センター〔発売〕 2004.6 350p 19cm（日本人のDNA 1） 1600円 ①4-8222-2935-1

◇戦国武将の意外なウラ事情―英雄たちの「秘められた事実」 日本博学倶楽部著 PHP研究所 2004.6 276p 15cm（PHP文庫） 571円 ①4-569-66199-8

◇教科書から消された偉人・隠された賢人―いま明かされる日本史の真実 濤川栄太著 イーグルパブリシング 2004.5 249p 19cm 1400円 ①4-86146-008-5

◇甲斐の虎信玄と武田一族―乱世を駆け抜けた"風林火山" 新人物往来社 2004.2 171p 26cm（別冊歴史読本 第29巻5号）〈年表あり〉 2000円 ①4-404-03073-8

◇室町戦国史紀行 宮脇俊三著 講談社 2003.12 405p 15cm（講談社文庫） 695円 ①4-06-273918-6

◇真説・川中島合戦―封印された戦国最大の白兵戦 三池純正著 洋泉社 2003.8 227p 18cm（新書y） 740円 ①4-89691-752-9

◇戦国15大合戦の真相―武将たちはどう戦ったか 鈴木真哉著 平凡社 2003.8 252p 18cm（平凡社新書） 760円 ①4-582-85193-2

◇武田信玄を歩く―歴史の旅 秋山敬著 吉川弘文館 2003.8 212p 19cm（歴史文化ライブラリー 160）〈肖像あり〉 1700円 ①4-642-05560-6

◇その時歴史が動いた 20 NHK取材班編 名古屋 KTC中央出版 2003.7 253p 19cm 1600円 ①4-87758-278-9

◇残照―原本現代語新訳「甲陽軍鑑」 3 腰原哲朗現代語新訳・解説 ニュートンプレス 2003.5 333p 19cm 1800円 ①4-315-51688-0

◇教科書が教えない歴史有名人の死の瞬間 新人物往来社編 新人物往来社 2003.4 337p 19cm〈『臨終の日本史』改題書〉 1600円 ①4-404-03120-3

◇指揮―原本現代語新訳「甲陽軍鑑」 2 腰原哲朗現代語新訳・解説 ニュートンプレス 2003.4 315p 19cm 1800円 ①4-315-51681-3

◇名将—原本現代語新訳「甲陽軍鑑」1 腰原哲朗現代語新訳・解説 ニュートンプレス 2003.4 333p 19cm 1800円 ④4-315-51680-5

◇エピソードで読む武田信玄—リーダーの統率力 楠木誠一郎著 PHP研究所 2003.3 286p 15cm (PHP文庫)〈肖像あり 年譜あり〉 571円 ④4-569-57881-0

◇甲州・武田一族衰亡史 高野賢彦著 人物往来社 2003.1 260p 19cm 2800円 ④4-404-03103-3

◇甲州武士を憧憬した家康の炯眼 久木住人著 小学館スクウェア 2002.12 130p 19cm 952円 ④4-7979-8021-4

◇信玄堤—千二百年の系譜と大陸からの潮流 和田一範著 甲府 山梨日日新聞社 2002.12 307p 19cm 1800円 ④4-89710-607-9

◇街道で読み解く日本史 宮田太郎監修 青春出版社 2002.9 204p 18cm (プレイブックス・インテリジェンス) 667円 ④4-413-04034-1

◇戦史ドキュメント 川中島の戦い—戦雲の予兆 関東擾乱 平山優著 学習研究社 2002.6 302p 15cm (学研M文庫) 620円 ④4-05-901126-6

◇戦史ドキュメント 川中島の戦い—死闘の果て 竜虎激突 平山優著 学習研究社 2002.6 358p 15cm (学研M文庫) 650円 ④4-05-901134-7

◇定本・武田信玄—21世紀の戦国大名論 萩原三雄, 笹本正治編 高志書院 2002.6 356p 22cm 6700円 ④4-906641-54-7

◇徹底分析川中島合戦 半藤一利著 PHP研究所 2002.5 282p 15cm (PHP文庫) 552円 ④4-569-57746-6

◇ほんとうの智恵を学ぶ—人生の手本にしたい名君の真骨頂 童門冬二編著 新装版 碧天舎 2002.5 259p 19cm 1359円 ④4-88346-082-7

◇歴史絵本 武田信玄 上野晴朗監修, 武田和子文, 村上正師画 善本社 2002.4 1冊 17×17cm 1000円 ④4-7939-0415-7

◇甲斐源氏と武田信玄 磯貝正義著 岩田書院 2002.3 227p 21cm 2800円 ④4-87294-234-5

◇歴史に学ぶ後継者育成の経営術—身を切らずして後継者の育成なし 童門冬二著 広済堂出版 2002.3 290p 15cm (広済堂文庫) 600円 ④4-331-65314-5

◇戦国武将に学ぶ経営戦略 高木健次著 新評論 2001.12 225p 19cm 2200円 ④4-7948-0534-9

◇戦国期武田氏領の展開 柴辻俊六著 岩田書院 2001.11 442p 21cm (中世史研究叢書) 8900円 ④4-87294-227-2

◇戦国武将にみる混迷変革期突破—人間の行動原理は昔も今も欲 米田一雄著 福岡 西日本新聞社 2001.11 254p 19cm 1524円 ④4-8167-0539-2

◇信長と信玄 津本陽著 角川書店 2001.11 270p 15cm (角川文庫) 533円 ④4-04-171321-8

◇戦国武将に学ぶ逆境の勝ち方—7つの成功法則 植西聰著 広済堂出版 2001.7 204p 19cm 1200円 ④4-331-50784-X

◇状況判断—まず計算し, しかる後これを超越せよ 大橋武夫著 復刻版 マネジメント伸社 2001.6 244p 19cm 1600円 ④4-8378-0401-2

◇戦国武将 勝ち残りの戦略—状況を読みいかに闘うか 風巻絃一著 日本文芸社 2001.6 237p 18cm (日文新書)〈『戦国名将に学ぶ勝ち残りの戦略』再編集・改題書〉 686円 ④4-537-25057-7

◇戦国武将に学ぶ生活術 童門冬二著 産能大学出版部 2001.6 369p 19cm 1800円 ④4-382-05505-9

◇戦国 城と合戦—知れば知るほど 二木謙一監修 実業之日本社 2001.5 269p 19cm 1400円 ④4-408-39473-4

◇史伝武田信玄 小和田哲男著 学習研究社 2001.2 333p 15cm (学研M文庫)〈『武田信玄知られざる実像』(講談社1987年刊)の改題〉 630円 ④4-05-901035-9

甲信越

◇甲斐と甲州道中　飯田文弥編　吉川弘文館　2000.12　254p　19cm　(街道の日本史 23)　2300円　①4-642-06223-8

◇目からウロコの戦国時代―史料から読み解く、武将たちの本当の舞台裏　谷口克広著　PHPエディターズ・グループ, PHP研究所〔発売〕　2000.12　237p　19cm　1350円　①4-569-61335-7

◇三方ヶ原の戦い―戦史ドキュメント　小和田哲男著　学習研究社　2000.11　270p　15cm　(学研M文庫)　570円　①4-05-901016-2

◇この一冊で「戦国武将」101人がわかる！―ひとり3分！すぐ読める「エピソード」集　小和田哲男著　三笠書房　2000.10　278p　15cm　(知的生きかた文庫)〈『戦国武将ものしり事典』改訂・改題書〉552円　①4-8379-7132-6

◇戦国興亡　武将たちの進退　戸部新十郎著　PHP研究所　2000.10　249p　15cm　(PHP文庫)〈『男の点描』改題書〉　514円　①4-569-57460-2

◇武田信玄大事典　柴辻俊六編　新人物往来社　2000.10　336p　22cm　9800円　①4-404-02874-1

◇徹底分析 川中島合戦　半藤一利著　PHP研究所　2000.6　275p　19cm　1300円　①4-569-61157-5

◇戦国大名の日常生活―信虎・信玄・勝頼　笹本正治著　講談社　2000.5　268p　19cm　(講談社選書メチエ)　1700円　①4-06-258184-1

◇武将たちの足跡をたどる―戦乱の世を生き、夢に散った男たち　マガジントップ編　山海堂　2000.4　159p　21cm　(私の創る旅 7)　1600円　①4-381-10369-6

◇戦国武将の宣伝術―隠された名将のコミュニケーション戦略　童門冬二著　宣伝会議　2000.2　332p　19cm　1400円　①4-88335-026-6

◇戦国武将　別冊宝島編集部編　宝島社　2000.1　317p　15cm　(宝島社文庫)〈別冊宝島『よみがえる戦国武将伝説』改訂・改題書〉　600円　①4-7966-1681-0

◇戦国武将の人間学　童門冬二著　小学館　1999.12　267p　15cm　(小学館文庫)　514円　①4-09-403532-X

◇戦国武将まんだら―秘本三十六人伝　大栗丹後著　春陽堂書店　1999.8　244p　15cm　(春陽文庫)　486円　①4-394-16136-3

◇信長と信玄　津本陽著　東洋経済新報社　1999.7　261p　19cm　1500円　①4-492-06112-6

◇戦国合戦の常識が変わる本　藤本正行著　洋泉社　1999.3　190p　21cm　1700円　①4-89691-369-8

◇天下人の条件　鈴木真哉著　洋泉社　1998.9　333p　19cm　2000円　①4-89691-331-0

◇機山武田信玄公の漢詩―解説　荻原留則著　甲府　荻原留則　1998.4　18p　21cm

◇戦国大名の戦い―室町時代3・戦国時代　池上裕子監修　集英社　1998.3　163p　21cm　(集英社版・学習漫画 日本の歴史 10)　850円　①4-08-239010-3

◇武田信玄の野望―覇王編　霧島那智著　青樹社　1997.12　237p　18cm　(BIG BOOKS)　781円　①4-7913-1062-4

◇武田信玄―伝説的英雄像からの脱却　笹本正治著　中央公論社　1997.9　206p　18cm　(中公新書)　660円　①4-12-101380-8

◇戦国合戦・本当はこうだった―逆転の日本史　藤本正行著　洋泉社　1997.8　191p　21cm　(洋泉社MOOK)　1400円　①4-89691-273-X

◇組織の成功哲学―歴史に見る11のケーススタディ　百瀬明治著　PHP研究所　1997.5　249p　19cm　1476円　①4-569-55665-5

◇激突―ライバル日本史　7　NHK取材班編　角川書店　1996.12　294p　15cm　(角川文庫)　520円　①4-04-195424-X

◇武田信玄　上　津本陽著　講談社　1996.9　276p　15cm　(講談社文庫)　500円　①4-06-263328-0

◇武田信玄 中 津本陽著 講談社 1996.9 285p 15cm (講談社文庫) 500円 ⓘ4-06-263329-9

◇武田信玄 下 津本陽著 講談社 1996.9 309p 15cm (講談社文庫) 500円 ⓘ4-06-263330-2

◇武田信玄はどこから来たか―武田騎馬隊の謎を追う 岩崎正吾編 甲府 山梨ふるさと文庫 1996.9 236p 19cm 〈発売：雲星社(東京)〉 1500円 ⓘ4-7952-0745-3

◇ライバル日本史 1 宿敵 NHK取材班編 角川書店 1996.9 304p 15cm (角川文庫) 520円 ⓘ4-04-195418-5

◇戦国の武将三十人 桑田忠親著 新人物往来社 1996.8 254p 19cm 《『武将伝戦国の史話』改題書》 2500円 ⓘ4-404-02364-2

◇長野県の武田信玄伝説 笹本正治編 岩田書院 1996.8 322p 21cm 8137円 ⓘ4-900697-56-7

◇川とたたかう 二木紘三文 ポプラ社 1996.4 47p 30cm (きょう土につくした人びと ふるさと歴史新聞 3) 2800円 ⓘ4-591-05036-X

◇武将と名僧 百瀬明治著 清流出版 1996.3 222p 19cm 1600円 ⓘ4-916028-17-1

◇群雄創世紀―信玄・氏綱・元就・家康 山室恭子著 朝日新聞社 1995.4 285p 19cm 2200円 ⓘ4-02-256843-7

◇武田信玄―物語と史蹟をたずねて 土橋治重著 成美堂出版 1995.4 311p 16cm (成美文庫) 〈1976年刊の増訂〉 560円 ⓘ4-415-06418-3

◇信玄女地獄 峰隆一郎著 青樹社 1994.10 347P 15cm (青樹社文庫) 560円 ⓘ4-7913-0849-2

◇宿敵たちの激闘・日本史―覇権に隠された英雄たちの決断と苦悩 土橋治重著 日本文芸社 1994.9 231p 15cm (にちぶん文庫) 480円 ⓘ4-537-06258-4

◇武田信玄―戦国最強武田軍団の全貌 世界文化社 1994.8 162p 26cm (ビッグマン・スペシャル) 1300円

◇愛憎親子列伝 日本テレビ放送網 1994.4 247p 19cm (知ってるつもり?! 16) 1100円 ⓘ4-8203-9405-3

◇戦国の異能人 戸部新十郎著 PHP研究所 1994.4 221p 15cm (PHP文庫) 440円 ⓘ4-569-56625-1

◇図説武田信玄公―一族興亡の軌跡 甲府 武田神社 1994.1 292p 38cm 〈皇太子殿下御成婚記念刊行 武田信玄の肖像あり〉 17000円

◇危機を乗り切るここ一番の決断力 百瀬明治著 ベストセラーズ 1993.12 271p 18cm (ベストセラーシリーズ・ワニの本 880) 820円 ⓘ4-584-00880-9

◇城塞―その攻防秘史 新宮正春著 講談社 1993.11 336p 19cm 1800円 ⓘ4-06-206625-4

◇信長の野望合戦事典 〔2〕 信玄vs謙信 福田誠ほか執筆 横浜 光栄 1993.10 189p 21cm 〈監修：シブサワ・コウ〉 1800円 ⓘ4-87719-031-7

◇武田信玄 下 津本陽著 講談社 1993.9 288p 19cm 1400円 ⓘ4-06-206388-3

◇武田信玄 中 津本陽著 講談社 1993.8 286p 19cm 1400円 ⓘ4-06-206676-9

◇武田信玄 上 津本陽著 講談社 1993.7 277p 19cm 1400円 ⓘ4-06-206387-5

◇現代語訳 名将言行録 智将編 加来耕三編訳 新人物往来社 1993.6 283p 19cm 2900円 ⓘ4-404-02021-X

◇日本史ものしり英雄伝―とっておきの戦略・戦術 加来耕三著 広済堂出版 1993.3 253p 15cm (広済堂文庫) 480円 ⓘ4-331-65170-3

◇疾きこと風の如く武田信玄 土橋治重著 広済堂出版 1993.1 287p 19cm 1500円 ⓘ4-331-05547-7

◇信玄と信長天下への戦略 百瀬明治著 PHP研究所 1992.11 226p 15cm (PHP文庫) 480円 ⓘ4-569-56504-2

◇武将に学ぶ苦境からの脱出 松本幸夫著 総合ライフ出版 1992.11 227p 19cm

甲信越

1500円　①4-88311-029-X

◇戦国合戦かくれ話―野望に燃えた武将たち！　土橋治重著　大陸書房　1992.9　246p　15cm　（大陸文庫）　470円　①4-8033-4279-2

◇日本の歴史・合戦おもしろ話　小和田哲男著　三笠書房　1992.8　269p　15cm　（知的生きかた文庫）　480円　①4-8379-0523-4

◇武田信玄　佐竹申伍著　PHP研究所　1992.7　301p　15cm　（PHP文庫）　560円　①4-569-56483-6

◇信玄狙撃　新宮正春著　徳間書店　1992.6　254p　15cm　（徳間文庫）　460円　①4-19-597202-7

◇戦国武将伝―リーダーたちの戦略と決断　白石一郎著　文芸春秋　1992.3　290p　15cm　（文春文庫）　420円　①4-16-737009-3

◇戦国乱世の群像　笠原一男編　木耳社　1992.1　215p　20cm　（物語 日本の歴史 15）　1500円　①4-8393-7567-4

◇真相なるほど戦国史―謎の事件と人物　桑田忠親著　大陸書房　1991.12　239p　15cm　（大陸文庫）　530円　①4-8033-3804-3

◇謎の日本史秘話―奇説・珍説からさぐる歴史の真相　桑田忠親著　広済堂出版　1991.11　249p　18cm　（広済堂ブックス）　780円　①4-331-00543-7

◇非情の戦国史―勝利と挫折の人間模様　南条範夫著　大陸書房　1991.11　247p　15cm　（大陸文庫）　530円　①4-8033-3774-8

◇戦国武将 誰も知らない苦労話　桑田忠親著　三笠書房　1991.9　248p　15cm　（知的生きかた文庫）　450円　①4-8379-0466-1

◇武田信玄この強さはどこから生まれるのか　風巻絃一著　三笠書房　1991.8　260p　19cm　〈奥付の書名：武田信玄この強さはどうして生まれるのか〉　1100円　①4-8379-1455-1

◇間違いだらけの戦国史―歴史群像の虚実　桑田忠親編　大陸書房　1991.5　221p　15cm　（大陸文庫）　470円　①4-8033-3324-6

◇乱世の英雄　海音寺潮五郎著　文芸春秋　1991.2　250p　15cm　（文春文庫）　380円　①4-16-713526-4

◇信玄、謙信と信濃　小林計一郎著　長野信濃毎日新聞社　1991.1　217p　19cm　1400円　①4-7840-9102-5

◇武田信玄―物語と史蹟をたずねて　土橋治重著　成美堂出版　1991.1　224p　19cm　〈第36刷(第1刷：76.5.1)〉　1000円　①4-415-06510-4

◇信玄の妻―円光院三条夫人　上野晴朗著　新人物往来社　1990.12　238p　20cm　2500円　①4-404-01791-X

◇戦国期東国社会論　戦国史研究会編　吉川弘文館　1990.12　367p　21cm　6800円　①4-642-02633-9

◇戦国大名 武田氏の信濃支配　笹本正治著　名著出版　1990.11　260p　21cm　4800円　①4-626-01392-9

◇武田信玄ブレーンと人材の活用―戦国武将の経営戦略　今川徳三著　立風書房　1990.11　237p　20cm　1400円　①4-651-75113-X

◇魅力あるリーダーとは―歴史の中の肖像　加来耕三著　日本経済新聞社　1990.9　241p　19cm　1300円　①4-532-09614-6

◇歴史随筆 男の流儀　津本陽著　PHP研究所　1990.8　224p　19cm　1300円　①4-569-52830-9

◇「逆転」日本史　土橋治重著　天山出版, 大陸書房〔発売〕　1990.6　255p　15cm　（天山文庫）　440円　①4-8033-2281-3

◇名将の社長学―信長はランチェスター法則を活かした　武田鏡村著　ビジネス社　1990.5　207p　19cm　1300円　①4-8284-0421-X

◇戦国武将の食生活―勝ち残るための秘伝　永山久夫著　河出書房新社　1990.3　268p　15cm　（河出文庫）　500円　①4-309-47189-7

◇名将信玄と武田軍団　土橋治重著　天山出版　1990.2　287p　16cm　（天山文庫）

◇〈発売：大陸書房〉 440円 ⓘ4-8033-2242-2
◇武田信玄おもしろ読本 河野亮著 広済堂出版 1990.1 226p 15cm （広済堂文庫） 430円 ⓘ4-331-65055-3
◇成長する企業―企業家精神と人間的魅力 平敷慶宏著 那覇 ニライ社, 新日本教育図書 1989.12 271p 21cm 2500円 ⓘ4-88024-128-8
◇社長は自分の息子を後継者としてどう育てるか 童門冬二著 三笠書房 1989.11 232p 19cm 1300円 ⓘ4-8379-1408-X
◇信玄戦旗 松本清張著 角川書店 1989.11 308p 15cm （角川文庫） 430円 ⓘ4-04-122750-X
◇大器の片鱗―実力者はどこが違うのか 邑井操著 PHP研究所 1989.10 242p 19cm 1050円 ⓘ4-569-52602-0
◇信玄・謙信の決断と戦法―われは兵をもって勝敗を決せん。塩をもって屈服させることはせじ。 千坂精一著 ダイヤモンド社 1989.8 223p 19cm 1300円 ⓘ4-478-92018-4
◇山梨県 ぎょうせい 1989.4 71p 30cm （ビジュアルワイド 新日本風土記 19） 2060円 ⓘ4-324-01090-0
◇武田信玄と周辺の人々―武田氏の夫人たち 佐久 伴野氏館跡保存会 1989.3 20p 22cm （資料 第15）
◇松本城 武蔵野次郎著 成美堂出版 1989.3 222p 19cm （物語・日本の名城） 1000円 ⓘ4-415-08107-X
◇勝つためのリーダー学―5人の男が教える組織を動かし自己を変革する50のヒント 安島新著 こう書房 1989.2 222p 19cm （KOU BUSINESS） 1100円 ⓘ4-7696-0326-6
◇武田物語と信玄かくし湯 中沢正著 名古屋 海越出版社 1988.11 214p 19cm 1200円 ⓘ4-906203-64-7
◇ブレーンの力―武将の戦略を支えた名僧たち 百瀬明治著 佼成出版社 1988.11 213p 19cm 1200円 ⓘ4-333-01372-0
◇戦国武将伝―リーダーたちの戦略と決断 白石一郎著 文芸春秋 1988.10 246p

19cm 1200円 ⓘ4-16-310600-6
◇信玄と謙信―その人間像と経営 安藤英男著 鈴木出版 1988.9 253p 20cm 〈武田信玄および上杉謙信の肖像あり 折り込図1枚〉 1400円 ⓘ4-7902-9012-3
◇信玄とヒトラー―歴史に学ぶ東西「生きざま」比較 金森誠也著 日本経済通信社 1988.9 222p 19cm 1200円 ⓘ4-8187-0099-1
◇闘魂の経営者 三鬼陽之助著 第一企画出版 1988.9 296p 19cm 1500円 ⓘ4-924719-55-2
◇劇画 武田信玄 田辺節雄作画 秋田書店 1988.8 1冊 19cm （劇画日本史 4） 980円 ⓘ4-253-10211-5
◇戦国大名 脇田晴子著 小学館 1988.8 374p 21cm （大系 日本の歴史 7） 1800円 ⓘ4-09-622007-8
◇信玄と信長「天下」への戦略―戦国を駆けた両雄の軌跡 百瀬明治著 PHP研究所 1988.7 210p 20cm 1200円 ⓘ4-569-22191-2
◇戦国武将に学ぶ決断の時 玉木重輝著 鈴木出版 1988.7 252p 19cm 1400円 ⓘ4-7902-9010-7
◇戦国武将の遺書 桑田忠親著 広済堂出版 1988.7 246p 15cm （広済堂文庫） 420円 ⓘ4-331-65035-9
◇武田信玄 奈良本辰也著 角川書店 1988.7 254p 15cm （角川文庫）〈『武田信玄はジンギスカンだった』(昭和62年刊)の改題〉 380円 ⓘ4-04-321606-8
◇決戦川中島―風雲の武将・武田信玄 松本清張著, 矢田貝寿広絵 講談社 1988.6 299p 18cm （講談社 青い鳥文庫 127・1） 490円 ⓘ4-06-147244-5
◇信玄の巻 上 高野楽山著 新人物往来社 1988.6 294p 19cm （武田三代記 3） 1300円 ⓘ4-404-01510-0
◇信玄の巻 下 高野楽山著 新人物往来社 1988.6 291p 19cm （武田三代記 4） 1300円 ⓘ4-404-01518-6
◇武田信玄に学ぶ経営戦略―風林火山のリーダー学 鈴木久尋著 広済堂出版

1988.6 252p 18cm （広済堂ブックス）720円 ④4-331-00437-6

◇日本の組織図事典　新人物往来社編　新人物往来社　1988.6　432p　21cm　7500円　④4-404-01507-0

◇「風林火山」の帝王学―武田信玄　上野晴朗ほか著　プレジデント社　1988.6　382p　20cm （人間学読本）〈武田信玄の肖像あり〉　1500円　④4-8334-1306-X

◇NHK歴史への招待　第6巻　信玄と謙信　日本放送協会編　日本放送出版協会　1988.5　239p　18cm　680円　④4-14-018001-3

◇信濃戦雲録　第1巻　井沢元彦著　集英社　1988.5　293p　19cm　980円　④4-08-772651-7

◇信濃戦雲録　第2巻　井沢元彦著　集英社　1988.5　284p　19cm　980円　④4-08-772652-5

◇信玄と信長「天下」への戦略―戦国を駆けた両雄の軌跡　百瀬明治著　PHP研究所　1988.5　210p　19cm　1200円　④4-569-22191-2

◇真説　武田信玄　月宮美兎画　立風書房　1988.5　323p　19cm　1200円　④4-651-22501-2

◇戦国名将伝　檀一雄著　徳間書店　1988.5　315p　15cm （徳間文庫）　440円　④4-19-598525-0

◇武田信玄と戦国武将　クイズ222　淡野史良著　学習研究社　1988.5　254p　18cm　750円　④4-05-102851-8

◇甲斐みほとけの国　矢野建彦著, 清雲俊元, 辰繁存文　佼成出版社　1988.4　151p　21cm （フォト・マンダラ）　1600円　④4-333-01326-7

◇驍将武田信玄　細島喜美著　春陽堂書店　1988.4　259p　15cm （春陽文庫）　480円　④4-394-16501-9

◇甲州路ロマン紀行　文芸ペングループ海編　麻布出版　1988.4　240p　19cm （名作のふるさと・文学ロマン紀行1）　1300円　④4-931040-18-7

◇疾風武田軍団―佐久から川中島へ　中村勝実著　佐久樅　1988.4　258p　19cm （千曲川文庫 12）　1600円　④4-900408-21-2

◇信玄と謙信　小学館　1988.4　270p　15cm （戦国・覇者の戦略 2）　580円　④4-09-401002-5

◇戦国異聞　善光寺仏を盗れ―秘仏をめぐる天下人四人の宗教心　寺林峻著　ハート出版　1988.4　249p　19cm　1200円　④4-938564-12-2

◇戦国武田の城―武田戦略と城塞群の全貌　中田正光著　有峰書店新社　1988.4　415p　19cm　1800円　④4-87045-174-3

◇戦国と現代 成功の原則―作家や学者が書かなかった真の勝者　新井喜美夫著　プレジデント社　1988.4　270p　19cm　1300円　④4-8334-1305-1

◇戦国のえいゆう 武田信玄ものがたり　桜井信夫文, 竹村よしひこ絵　金の星社　1988.4　79p　21cm （せかいの伝記ぶんこ 8）　680円　④4-323-01438-4

◇戦国武将武田信玄　萩原三雄編　新人物往来社　1988.4　224p　20cm　1800円　④4-404-01504-6

◇武田信玄―戦国の雄・その生涯と史跡をたどる　野沢公次郎ほか執筆　長野 信濃毎日新聞社　1988.4　143p　26cm〈武田信玄の肖像あり〉　1900円

◇武田信玄―戦国の雄・その生涯と史跡をたどる　甲府　山梨日日新聞社　1988.4　143p　26cm

◇武田信玄―愛と戦いの生涯　佐々木守文, 安井庸浩絵　小学館　1988.4　222p　18cm （てんとう虫ブックス）　450円　④4-09-230506-0

◇武田信玄 その華麗なる系譜　坂本徳一著　秋田書店　1988.4　254p　19cm　1500円　④4-253-00294-3

◇風林火山―信玄の戦いと武田二十四将　学習研究社　1988.4　227p　26cm （歴史群像シリーズ 6）〈付属資料：図1枚〉　981円

◇風林火山の武田信玄　浜野卓也作, 広岡球志絵　偕成社　1988.4　175p　19cm　580円　④4-03-690210-5

◇まんが人物伝 武田信玄 土橋治重原案, 小井土繁漫画 小学館 1988.4 193p 21cm (小学館版学習まんがスペシャル) 750円 ⓣ4-09-296501-X

◇カフェテラスで読む武田信玄 竹内勇太郎著 東急エージェンシー出版事業部 1988.3 257p 19cm 1000円 ⓣ4-924664-38-3

◇信玄・唯一の失敗―会社はなぜ潰れるか 上之郷利昭著 祥伝社 1988.3 266p 16cm (ノン・ポシェット) 420円 ⓣ4-396-31016-1

◇武田信玄なんでも大全集 秋田書店 1988.3 169p 21cm 590円 ⓣ4-253-00777-5

◇武田信玄に学ぶ「悪の統率力」 後藤寿一著 泰流社 1988.3 198p 19cm 980円 ⓣ4-88470-623-4

◇武田信玄のキーワード 布施哲也著 有峰書店新社 1988.3 186p 18cm 800円 ⓣ4-87045-177-8

◇武田信玄の戦略―三方原の戦 高柳光寿著 春秋社 1988.3 239p 19cm 1400円 ⓣ4-393-48209-3

◇乱世の帝王学―山本七平の武田信玄 山本七平著 徳間書店 1988.3 221p 16cm (徳間文庫) 340円 ⓣ4-19-598483-1

◇一冊まるごと武田信玄の本 二木謙一著 ロングセラーズ 1988.2 239p 18cm (ムックの本) 730円 ⓣ4-8454-0244-0

◇イラスト再現武田信玄その軍団と戦い 世界文化社 1988.2 127p 28cm (Bigmanスペシャル) 1800円

◇信玄魔縁塚 阿見宏介著 東京文芸社 1988.2 354p 19cm 1000円 ⓣ4-8088-3199-6

◇図説武田信玄―戦国の巨星の生涯 小和田哲男編 立風書房 1988.2 190p 21cm 1500円

◇武田信玄 野村敏雄作, 梶鮎太画 金の星社 1988.2 278p 19cm 980円 ⓣ4-323-01225-X

◇武田信玄おもしろ読本―謎と真相に迫る 河野亮著 広済堂出版 1988.2 228p 18cm (Kosaido books) 〈監修:南条範夫〉 720円 ⓣ4-331-00427-9

◇風林火山―書で綴る武田信玄 広論社出版局編 広論社 1988.2 235p 27cm 〈折り込図1枚〉 3800円

◇甲陽軍鑑を読む―武田信玄はどんな経営者だったのか? 鈴村進著 オーエス出版 1988.1 245p 19cm (TODAY BUSINESS) 1200円 ⓣ4-87190-176-9

◇小説に書かなかった話―武田信玄ほか 新田次郎著 光文社 1988.1 241p 15cm (光文社文庫)〈『続 白い花が好きだ』改題書〉 380円 ⓣ4-334-70683-5

◇住友が生かした信玄の家訓 加来耕三著 二見書房 1988.1 292p 20cm 1200円 ⓣ4-576-88005-5

◇戦国の英雄 武田信玄 浜野卓也著, 鴇田幹絵 偕成社 1988.1 222p 21cm 880円 ⓣ4-03-634220-7

◇武田軍記 小林計一郎著 朝日新聞社 1988.1 290p 15cm (朝日文庫) 420円 ⓣ4-02-260477-8

◇武田信玄―風林火山の大戦略 学習研究社 1988.1 203p 26cm (歴史群像シリーズ5)〈付属資料:図1枚〉 981円

◇武田信玄と曹操―蓋世の英雄、乱世の覇者 松本一男著 新人物往来社 1988.1 208p 20cm 1800円 ⓣ4-404-01480-5

◇風林火山の戦略戦術―武田軍団―強さの解明 渡辺硯水著 産業能率大学出版部 1988.1 200p 19cm 1300円 ⓣ4-382-04961-X

◇甲斐の武田氏―統率者としての武田信玄 佐久 伴野氏館跡保存会 1987.12 23p 22cm (資料 第14)

◇死闘川中島―武田信玄伝 木屋進著 泰流社 1987.12 243p 19cm 980円 ⓣ4-88470-616-1

◇信玄戦旗 松本清張著 角川書店 1987.12 294p 19cm 1200円 ⓣ4-04-872469-X

◇信玄の「人は城」経営学―最強・武田軍団を育てた経営戦略に学ぶ 童門冬二著 日本文芸社 1987.12 220p 19cm 1000円 ⓣ4-537-02092-X

◇図説武田信玄　信玄公宝物館編　河出書房新社　1987.12　128p　22cm　〈監修：磯貝正義　執筆：磯貝正義ほか〉　1000円　①4-309-22140-8

◇戦国の虎武田信玄　邦光史郎著　世界文化社　1987.12　220p　19cm（Bigmanビジネス・ブックス）　1300円　①4-418-87614-6

◇孫子の旗　武田信玄　第3巻　今川徳三著　叢文社　1987.12　316p　19cm（現代を拓く歴史名作シリーズ）　1200円　①4-7947-0152-7

◇孫子の旗　武田信玄　第4巻　今川徳三著　叢文社　1987.12　379p　19cm（現代を拓く歴史名作シリーズ）　1200円　①4-7947-0153-5

◇武田信玄―その生涯と領国経営　柴辻俊六著　文献出版　1987.12　281p　19cm　〈武田信玄の肖像あり〉　1900円

◇武田信玄―知られざる実像　小和田哲男著　講談社　1987.12　277p　20cm　1200円　①4-06-203595-2

◇武田信玄―風林火山の名武将　柳川創造シナリオ, 古城武司漫画　集英社　1987.12　141p　21cm（学習漫画　日本の伝記）　680円　①4-08-241001-5

◇武田信玄―歴史紀行 はためく風林火山　原書房　1987.12　168p　30cm　〈編集・製作：歴史春秋社〉　1800円　①4-562-01912-3

◇武田信玄―勇将の情報と戦略　野村敏雄著　茜新社　1987.12　261p　19cm　880円　①4-87182-024-6

◇武田信玄　今道英治漫画　くもん出版　1987.12　123p　20×15cm（くもんのまんがおもしろ大研究）　580円　①4-87576-394-8

◇武田信玄　尾崎秀樹ほか著　ぱる出版　1987.12　226p　19cm　1000円　①4-938238-25-X

◇武田信玄おもしろ事典　長谷川達緒著　紀行社　1987.12　292p　19cm（歴史おもしろシリーズ）〈発売：新人物往来社〉　1300円　①4-404-01477-5

◇武田信玄の研究―その人望と強さの秘密　土橋治重著　PHP研究所　1987.12　235p　20cm　1200円　①4-569-22163-7

◇武田信玄のビジネス成功学―現代に活かす88の法則　松本幸夫著　ウィーグル, 星雲社〔発売〕　1987.12　191p　19cm（ウィーグルブックス）　980円　①4-7952-7028-7

◇武田信玄はジンギスカンだった―不敗の男『信玄』形成の条件　奈良本辰也著　角川書店　1987.12　249p　18cm（Kadokawa books）　680円　①4-04-706044-5

◇テレビじゃ見れない武田信玄―日曜日の夜が10倍楽しめる　後藤寿一著　ベストセラーズ　1987.12　236p　18cm（ワニの本）　690円　①4-584-00658-X

◇家訓で活かす経営戦略　童門冬二著　六興出版　1987.11　202p　19cm　980円　①4-8453-8082-X

◇激戦川中島―武田信玄最大の戦闘　一ノ瀬義法著　教育書籍　1987.11　249p　19cm　1200円　①4-317-60015-3

◇ザ・山梨―武田信玄と甲斐路　読売新聞社　1987.11　176p　30cm　2000円　①4-643-87087-7

◇信玄の経営戦略　長谷川つとむ著　高文堂出版社　1987.11　140p　19cm（人間活性化双書）　980円　①4-7707-0223-X

◇戦国の虎　武田信玄〔カラー保存版〕　学習研究社　1987.11　114p　26cm　800円　①4-05-102690-6

◇戦国武将名言集　桑田忠親著　広済堂出版　1987.11　250p　15cm（広済堂文庫）　400円　①4-331-65026-X

◇武田信玄―風林火山の旗がゆく　本山一城漫画　学習研究社　1987.11　128p　21cm（学研まんが 伝記シリーズ）　680円　①4-05-102699-X

◇武田信玄　佐竹申伍著　光風社出版　1987.11　281p　19cm　1000円　①4-87519-154-5

◇武田信玄―学習マンガ物語　斎藤雅子シナリオ, 正岡たけし画　光書房　1987.11　122p　21cm　650円　①4-89322-214-1

◇武田信玄 下巻 「母と子」の巻 上野晴朗著 潮出版社 1987.11 310p 19cm 1000円 ①4-267-01163-X

◇武田信玄終焉地考 一ノ瀬義法著 教育書籍 1987.11 178p 20cm 1200円

◇武田信玄終焉地説―根羽村信玄塚考証〔根羽村(長野県)〕〔根羽史学会〕 1987.11 60p 26cm 〈武田信玄の肖像あり〉

◇武田信玄と無敵軍団―必勝不敗のメカニズム 加来耕三著 講談社 1987.11 304p 20cm 1200円 ①4-06-203496-4

◇武田信玄の知恵袋 講談社 1987.11 238p 20cm 〈監修:鈴木健二〉 1000円 ①4-06-203645-2

◇武田信玄の人間学 童門冬二著 講談社 1987.11 247p 15cm (講談社文庫) 360円 ①4-06-184102-5

◇歴史探訪武田信玄 吉川弘文館編 吉川弘文館 1987.11 159p 26cm 〈製作:歴史春秋社〉 1800円 ①4-642-07270-5

◇一冊まるごと武田信玄の本 二木謙一著 ロングセラーズ 1987.10 239p 18cm (ムックセレクト 287) 730円 ①4-8454-0244-0

◇信玄 武田八州満著 光文社 1987.10 294p 15cm (光文社時代小説文庫) 440円 ①4-334-70621-5

◇戦国武将を支えた信仰―生死を超越した不退転の決意 風巻絃一著 日本文芸社 1987.10 241p 19cm 980円 ①4-537-02076-8

◇孫子の旗 武田信玄 第2巻 今川徳三著 叢文社 1987.10 328p 19cm (現代を拓く歴史名作シリーズ) 1200円 ①4-7947-0151-9

◇武田信玄 童門冬二著,成瀬数富絵 あかね書房 1987.10 249p 18cm (あかね文庫 C001) 450円 ①4-251-10016-6

◇武田信玄 西本鶏介著,鴇田幹画 ポプラ社 1987.10 198p 18cm (ポプラ社文庫 A213) 450円 ①4-591-02598-5

◇武田信玄孫子の戦法 坂本徳一著 新人物往来社 1987.10 223p 20cm 2000円 ①4-404-01454-6

◇武田信玄100話 坂本徳一編 立風書房 1987.10 266p 20cm 1300円 ①4-651-75015-X

◇武田の軍略―信玄とブレーンたち 今川徳三著 教育社 1987.10 296p 19cm 1500円 ①4-315-50604-4

◇風林火山 武田信玄 木暮正夫著,伊東章夫画 ポプラ社 1987.10 158p 21cm (テレビドラマシリーズ 2) 780円 ①4-591-02593-4

◇名将信玄に学ぶ―人を生かす行動学 小山竜太郎著 六興出版 1987.10 238p 19cm 1000円 ①4-8453-8081-1

◇乱世の知謀と決断 堺屋太一編 集英社 1987.10 269p 19cm (日本を創った戦略集団 1) 1400円 ①4-08-194001-0

◇戦国武将おもしろ大百科 山梨輝雄著 広済堂出版 1987.9 263p 13cm (豆たぬきの本 208) 380円 ①4-331-20108-2

◇戦国武将の食生活―勝ち残るための秘伝 永山久夫著 ジャパンポスト出版部 1987.9 238p 19cm (ポスト・ブック) 1200円 ①4-915230-04-X

◇武田三代 新田次郎著 毎日新聞社 1987.9 252p 18cm (ミューノベルズ) 680円 ①4-620-71014-8

◇武田信玄―アルバム&エッセイ 新田次郎著 新人物往来社 1987.9 205p 22cm 〈著者の肖像あり〉 1500円 ①4-404-01453-8

◇武田信玄 上巻 「親と子」の巻 上野晴朗著 潮出版社 1987.9 299p 19cm 1000円 ①4-267-01162-1

◇武田信玄の名言名訓 土橋治重著 三笠書房 1987.9 254p 15cm (知的生きかた文庫) 400円 ①4-8379-0191-3

◇孫子の旗 武田信玄 第1巻 今川徳三著 叢文社 1987.8 365p 19cm (現代を拓く歴史的名作シリーズ) 1200円 ①4-7947-0150-0

◇武田信玄 火の巻 新田次郎著 文芸春秋 1987.8 406p 19cm 1400円 ①4-16-363760-5

甲信越

◇武田信玄　山の巻　新田次郎著　文芸春秋　1987.8　521p　19cm　1400円　①4-16-363770-2
◇武田信玄　風の巻　新田次郎著〔上装版〕文芸春秋　1987.8　518p　21cm　1400円　①4-16-363740-0
◇武田信玄　林の巻　新田次郎著〔上装版〕文芸春秋　1987.8　442p　21cm　1400円　①4-16-363750-8
◇武田信玄の経営術―甲斐軍団不敗の構図　武田八洲満著　政界往来社　1987.8　238p　19cm　1000円　①4-915303-22-5
◇日本型リーダーの魅力　百瀬明治著　三笠書房　1987.8　268p　15cm　(知的生きかた文庫)　440円　①4-8379-0183-2
◇『甲陽軍鑑』を読む―武田信玄・戦いの行動学　土橋治重著　三笠書房　1987.7　253p　15cm　(知的生きかた文庫)　420円　①4-8379-0177-8
◇戦史に見るリーダーシップの条件　上　山梨勝之進著　毎日新聞社　1987.7　251p　18cm　(ミューブックス)　680円　①4-620-72003-8
◇武田信玄　土橋治重著　富士見書房　1987.6　270p　15cm　(時代小説文庫130)　420円　①4-8291-1130-5
◇武田信玄　下　戦国篇　土橋治重著　三笠書房　1987.6　270p　15cm　(知的生きかた文庫)　400円　①4-8379-0169-7
◇武田信玄　上　春秋篇　土橋治重著　三笠書房　1987.6　253p　15cm　(知的生きかた文庫)　400円　①4-8379-0168-9
◇武田信玄を歩く　土橋治重著　新人物往来社　1987.6　223p　19cm　1600円　①4-404-01422-8
◇武田信玄に学ぶ経営戦略―風林火山のリーダー学　鈴木久尋著　広済堂出版　1987.6　252p　18cm　(Kosaido books)　720円　①4-331-00437-6
◇戦国おもしろ読本―武将の謎・逸話・真実　桑田忠親著　広済堂出版　1987.5　265p　15cm　(広済堂文庫)　400円　①4-331-65020-0
◇戦国武将ビジネス読本―統率力と戦略　南条範夫著　広済堂出版　1987.5　239p　15cm　(広済堂文庫)　400円　①4-331-65019-7
◇戦国名将　生き方の極意　西東玄著　PHP研究所　1987.5　245p　15cm　(PHP文庫)　450円　①4-569-26110-8
◇武田信玄―物語と史蹟をたずねて　土橋治重著　成美堂出版　1987.5　224p　19cm　900円　①4-415-06510-4
◇武田信玄・機と智の人間学　土橋治重著　三笠書房　1987.5　243p　15cm　(知的生きかた文庫)　400円　①4-8379-0165-4
◇戦国余情　福島忠利著　古川書房　1987.4　280p　19cm　1800円　①4-89236-258-1
◇武田信玄写真集　坂本徳一編　新人物往来社　1987.4　209p　27cm　7000円　①4-404-01413-9
◇戦いにおける「勢い」の研究―何が組織に勝利をもたらしたか　百瀬明治著　PHP研究所　1987.4　238p　18cm　(PHPビジネスライブラリー A‐20)　680円　①4-569-21976-4
◇闘えば勝つ　男の執念―我に備えあり　邦光史郎ほか著　三笠書房　1987.2　265p　19cm　1000円　①4-8379-1319-9
◇戦国名将に学ぶ勝ち残りの戦略―状況の読み方・生かし方　風巻絃一著　三笠書房　1986.12　300p　15cm　(知的生き方文庫)　440円　①4-8379-0135-2
◇武田信玄・城と兵法　上野晴朗著　新人物往来社　1986.11　248p　20cm　2000円　①4-404-01359-0
◇名将ちょっといい言葉―武将に学ぶビジネス訓　宝井琴鶴著　商業界　1986.8　261p　19cm　(まあきゅりい・ぶっくす)　1200円
◇戦国帝王学・決断・先見・調整　佐々克明著　三笠書房　1986.5　242p　19cm　1000円　①4-8379-1296-6
◇強い指導者―戦国武将新研究　会田雄次, 百瀬明治著　力富書房　1986.4　270p　19cm　(リキトミブックス 19)　1000円　①4-89776-019-4
◇甲斐の夕映え―武田晴信釈信玄　定月儀太郎著　西田書店　1986.3　461p

20cm 〈武田信玄の肖像あり〉 2300円
◇戦国武将人使い名人伝 矢田挿雲著〔新装版〕 原書房 1986.2 226p 20×14cm 1200円 ①4-562-01704-X
◇武田信玄 奥野高広著 吉川弘文館 1985.12 305p 19cm (人物叢書 新装版) 〈新装版 武田信玄の肖像あり 叢書の編者：日本歴史学会 略年譜・主要参考文献：p291〜305〉 1600円 ①4-642-05021-3
◇武田信玄に学ぶ—人は城・人は石垣 上野晴朗著 新人物往来社 1984.8 259p 20cm 2000円
◇武田信玄 福武書店 1984.2 188p 26cm (歴史ライブ) 1400円 ①4-8288-0307-6, 4-8288-0300-9
◇武田信玄 旺文社編 旺文社 1983.10 192p 26cm (現代視点) 〈武田信玄の肖像あり〉 1900円 ①4-01-070560-4
◇武田信玄事蹟考 内藤慶助著 聚海書林 1982.1 354p 22cm 〈明治37年刊の複製〉 5500円 ①4-915521-05-2
◇武田信玄終焉地考 一ノ瀬義法著 松本たつのこ出版 1981.2 154p 21cm 800円
◇遙かなる武田信玄の国 新田次郎著 新人物往来社 1980.5 190p 22cm 〈著者の肖像あり〉 1800円
◇武田信玄のすべて 磯貝正義編 新人物往来社 1978.2 305p 20cm 1500円
◇定本武田信玄 磯貝正義著 新人物往来社 1977 382p 20cm 1500円
◇戦国武将の用兵と軍略—信玄にみる人間活用の秘訣 藤公房著 産業能率短期大学出版部 1976 227p 19cm 950円
◇武田信玄—物語と史蹟をたずねて 土橋治重著 成美堂出版 1976 224p 19cm 700円
◇武田信玄合戦記 坂本徳一著 新人物往来社 1975 239p 20cm 1200円
◇武田信玄の人間管理 藤公房著 カルチャー出版社 1974 208p 19cm 700円

◇和漢詩歌作家辞典 森忠重著 みづほ出版 1972 952p 図 19cm 〈日中対照文化・文学史年表：p.921-952〉 3500円
◇武田信玄の経綸と修養 渡辺世祐著 新人物往来社 1971 262p 図 20cm 850円
◇信玄遺骨物語 林貞夫著 新人物往来社 1970 174p 図版 20cm 500円
◇武田信玄 磯貝正義著 新人物往来社 1970 380p 図版 20cm 880円
◇信州駒場で死んだ武田信玄公 山本慈昭著 阿智村(長野県下伊那郡) 山本文庫 1969 90p 図 19cm (山本文庫 1) 250円
◇武田軍記—古戦場 歴史図書社編 歴史図書社 1969 190p(おもに図版) 19cm 〈カラー版〉 590円
◇武田信玄伝 広瀬広一著 歴史図書社 1968 420p 図版 22cm 〈紙硯社昭和19年刊の複製〉 2000円
◇武田軍記 小林計一郎著 人物往来社 1967 259p 図版 19cm (歴史選書 2) 390円
◇武田信玄終焉地考 一ノ瀬義法著 根羽村(長野県下伊那郡) 根羽史学会 1967 154p(図版共) 22cm 300円
◇武田信玄 土橋治重著 三一書房 1966 232p 18cm (三一新書) 250円
◇武田軍記 小林計一郎著 人物往来社 1965 259p 図版 20cm
◇武田信玄と治水 中村正賢著 甲府 山梨県林業研究会 1965 146p 図版 19cm 450円
◇武田三代秘話—恵林寺史料を中心として 加藤会元述 甲府 山梨県民会館倶楽部五日会 1965 100p 図版 18cm 250円
◇謙信と信玄 井上鋭夫著 至文堂 1964 292p 図版 19cm (日本歴史新書)
◇武田信玄 奥野高広著 吉川弘文館 1959 304p 図版 表 地図 18cm (人物叢書)

甲信越

武田 信虎
たけだ のぶとら

明応3年(1494年)～天正2年(1574年)
　武将。甲斐国(山梨県)の人。幼名は五郎、初名は信直、通称は左京大夫、陸奥守を称した。甲斐国守護武田信縄の長男で、武田信玄の父。永正4年(1507年)家督を相続。永正5年(1508年)叔父油川信恵を破って甲斐を統一。永正13年(1516年)大井信達を破り、その娘を妻に迎え、永正16年(1519年)石和から躑躅ヶ崎に本拠を移す。今川義元や諏訪頼重に娘を嫁がせて同盟を結ぶなど勢力拡大に努めたが、独断専行が目立つようになり、天文10年(1541年)信玄によって駿河に追放され、今川家に身を寄せる。永禄6年(1563年)今川氏真に追われ、諸国を放浪。信玄の死の翌年に信濃高遠で没した。

　　　　　＊　　＊　　＊

◇武田信虎のすべて　柴辻俊六編　新人物往来社　2007.1　241p　20cm　〈年譜あり　文献あり〉　2800円　⑪978-4-404-03423-6
◇武田家滅亡に学ぶ事業承継　北見昌朗著　幻冬舎　2006.6　270p　19cm　1500円　⑪4-344-01188-0
◇武田信玄―武田三代興亡記　吉田竜司著　新紀元社　2005.11　282p　21cm　(Truth in history 8)　〈年表あり　文献あり〉　1900円　⑪4-7753-0416-X
◇武田三代軍記　普及版・復刻版　千秋社　2004.9　1340p　19cm　27000円　⑪4-88477-308-X
◇戦国大名の日常生活―信虎・信玄・勝頼　笹本正治著　講談社　2000.5　268p　19cm　〈講談社選書メチエ〉　1700円　⑪4-06-258184-1
◇角川日本姓氏歴史人物大辞典　20　長野県姓氏歴史人物大辞典　竹内理三ほか編纂　長野県姓氏歴史人物大辞典編纂委員会編著　角川書店　1996.11　1059p　23cm　17000円　⑪4-04-002200-9
◇山梨百科事典　山梨日日新聞社編　増補改訂版　甲府　山梨日日新聞社　1992.7　1068, 198p　27cm　〈創刊120周年記念版〉
◇長野県歴史人物大事典　赤羽篤ほか編　松本　郷土出版社　1989.7　841p　27cm　〈参考文献一覧：p820～821〉　20000円　⑪4-87663-126-3
◇信虎の巻　上　高野楽山著　新人物往来社　1988.3　279p　19cm　(武田三代記1)　1300円　⑪4-404-01492-9
◇信虎の巻　下　高野楽山著　新人物往来社　1988.3　273p　19cm　(武田三代記2)　1300円　⑪4-404-01493-7
◇武田三代　新田次郎著　毎日新聞社　1987.9　252p　18cm　(ミューノベルズ)　680円　⑪4-620-71014-8
◇信虎　武田八洲満著　光文社　1987.8　309p　15cm　(光文社時代小説文庫)　440円　⑪4-334-70595-2
◇戦国大系譜人名事典　東国編　山本大, 小和田哲男編　新人物往来社　1985.11　555p　22cm　〈付：参考文献〉　7500円　⑪4-404-01293-4

上杉 謙信
うえすぎ けんしん

　享禄3年(1530年)～天正6年(1578年)3月13日　武将、関東管領。越後国(新潟県)の人。幼名は虎千代、初名は景虎、のち政虎・輝虎。謙信は法号。越後守護代長尾為景の子。天文17年(1548年)兄晴景に代わり越後守護代、春日山城主となる。武田信玄に追われた北信濃の村上氏等から救援要請を受け、天文22年(1553年)信玄と川中島で最初の合戦。以後5回に渡って交戦するが、中でも4回目の戦いが有名。また、天文21年(1552年)北条氏康に追われた関東管領上杉憲政が越後に逃れてきた後は関東方面にも兵を送り、永禄4年(1561年)小田原に北条氏康を攻囲するが、事態に変化のないまま鎌倉にひき返し、鶴岡八幡宮で憲政から上杉姓と

関東管領職を継承。以後関東の経営に乗り出し、後北条、武田両氏と連年交戦を続けるが、関東管領の威信を示せず後北条氏の勢力拡大を許す結果となった。のち、元亀元年(1570年)信玄の攻撃をうけた北条氏康の要請で越相同盟を締結するが、2年後氏康の死により破棄。この頃から越中への出陣が増えるが、天正元年(1573年)信玄の死により戦局を打開し、越中や能登、加賀に進出。毛利氏と結んで織田信長と対立するようになり、天正5年(1577年)加賀で織田軍を破るが、翌天正6年(1578年)関東出陣を目前に春日山城内で急死。道義を重んじ、清廉潔白な人柄で知られる。山形県米沢市に上杉神社稽照殿がある。

◇戦国武将の通知表　八幡和郎監修　改訂版　宝島社　2008.7　267p　15cm　(宝島社文庫)　457円　①978-4-7966-6499-8

◇戦国武将・人気のウラ事情　鈴木真哉著　PHP研究所　2008.6　237p　18cm　(PHP新書)　720円　①978-4-569-69940-0

◇最期の言葉――一〇一人の男たちの辞世　柘植久慶著　太陽出版　2008.5　223p　19cm　1300円　①978-4-88469-569-9

◇新編上杉謙信のすべて　花ヶ前盛明編　新人物往来社　2008.5　360p　20cm　〈年譜あり　文献あり〉　3200円　①978-4-404-03511-0

◇戦国武将からの手紙――乱世に生きた男たちの素顔　吉本健二著　学習研究社　2008.5　300p　15cm　(学研M文庫)　〈『手紙から読み解く戦国武将意外な真実』改稿・改題書〉　667円　①978-4-05-901220-7

◇戦国武将「まさか」の凄い戦略――知将はいかにして生き残ったか？　楠戸義昭著　三笠書房　2008.4　270p　15cm　(知的生きかた文庫)　533円　①978-4-8379-7703-2

◇渡部昇一の戦国史入門――頼山陽「日本楽府」を読む　渡部昇一著　PHP研究所　2008.4　359p　18cm　(『甦る日本史3』改訂・改題書)　950円　①978-4-569-69832-8

◇戦国人物伝　武田信玄と上杉謙信　加来耕三企画・構成・監修, すぎたとおる原作, 中島健志作画　ポプラ社　2008.1　125p　21cm　(コミック版日本の歴史 4)　1000円　①978-4-591-09793-5

◇上杉謙信の謎――戦国正義英雄伝　武山憲明著　ぶんか社　2007.12　239p　15cm　(ぶんか社文庫)　638円　①978-4-8211-5131-8

◇戦国最大のライバル対決――信玄と謙信、川中島に激突　小西聖一著, 高田勲絵　理論社　2007.12　140p　21cm　(新・ものがたり日本 歴史の事件簿)　1200円　①978-4-652-01643-5

◇戦国武将の生命懸け損益計算書――人生の岐路に彼らはどう対処したか　加来耕三著　土屋書店　2007.11　203p　18cm　(知の雑学新書)　800円　①978-4-8069-0946-0

◇上杉謙信　花ヶ前盛明著　新装版　新人物往来社　2007.10　423p　20cm　〈年譜あり　著作目録あり〉　2800円　①978-4-404-03500-4

◇竜虎盛衰――川中島合戦再考　和千坂涼次著　文芸社　2007.9　494p　19cm　1600円　①978-4-286-02618-3

◇上杉謙信に学ぶ事業承継　北見昌朗著　幻冬舎　2007.6　222p　20cm　〈年表あり　文献あり〉　1500円　①978-4-344-01335-3

◇桶狭間の戦い――景虎の画策と信長の策略　浜田昭生著　東洋出版　2007.6　176p　19cm　1429円　①978-4-8096-7542-3

◇男たちの戦国――戦国武将友情始末　夏野清三郎著　ぶんか社　2007.6　205p　15cm　(ぶんか社文庫)　600円　①978-4-8211-5101-1

◇「戦国武将」名将の頭の中――「勝負所」で勝つ法　菊池道人著　三笠書房　2007.6　219p　15cm　(知的生きかた文庫)　533円　①978-4-8379-7636-3

◇武将が信じた神々と仏　八幡和郎監修

青春出版社　2007.5　188p　18cm　（青春新書INTELLIGENCE）　730円　①978-4-413-04173-7

◇風林火山―信玄・謙信、そして伝説の軍師　大河ドラマ特別展　NHK, NHKプロモーション編　NHK　2007.4　239p　30cm　〈会期・会場：平成19年4月6日―5月20日　山梨県立博物館ほか　共同刊行：NHKプロモーション　折り込1枚　年表あり　文献あり〉

◇異説もうひとつの川中島合戦―紀州本「川中島合戦図屏風」の発見　高橋修著　洋泉社　2007.3　197p　18cm　（新書y）　780円　①978-4-86248-126-9

◇上杉氏年表―為景・謙信・景勝　池享, 矢田俊文編　増補改訂版　高志書院　2007.3　247, 30p　21cm　2500円　①978-4-86215-019-6

◇上杉謙信―信長も畏怖した戦国最強の義将　相川司著　新紀元社　2007.1　254p　21cm　(Truth in history 10)　〈年表あり〉　1800円　①978-4-7753-0524-9

◇時代考証おもしろ事典―TV時代劇を100倍楽しく観る方法　山田順子著　実業之日本社　2006.12　253p　19cm　1300円　①4-408-32327-6

◇戦国武将 勝利の実学　火坂雅志著　勉誠出版　2006.12　266p　19cm　1400円　①4-585-05344-1

◇戦国武将の謎―教科書ではわからない戦国時代の裏のウラ　桑田忠親著　日本文芸社　2006.10　199p　18cm　648円　①4-537-25437-8

◇戦国興亡 名将たちの決断　戸部新十郎著　PHP研究所　2006.9　221p　19cm　〈『戦国興亡 武将たちの進退』再編集・改題書〉　476円　①4-569-65544-0

◇百姓から見た戦国大名　黒田基樹著　筑摩書房　2006.9　222p　18cm　（ちくま新書）　700円　①4-480-06313-7

◇戦国武将「凄い生き方」　小和田哲男著　三笠書房　2006.8　301p　15cm　（知的生きかた文庫）〈『日本の歴史・合戦おもしろ話』再編集・改題書〉　552円　①4-8379-7573-9

◇名将の法則―戦国乱世を生き抜いた12人の知られざる決断とは　安部竜太郎著　日本実業出版社　2006.8　254p　19cm　1600円　①4-534-04106-3

◇戦国武将名言録　楠戸義昭著　PHP研究所　2006.7　434, 2p　15cm　（PHP文庫）　686円　①4-569-66651-5

◇戦国の影法師―もうひとつの意外人物列伝　武田鏡村著　三修社　2006.4　207p　19cm　1600円　①4-384-03809-7

◇健康力―戦国武将たちに学ぶ　植田美津江著　名古屋　ゆいぽおと, KTC中央出版〔発売〕　2006.1　190p　18cm　1000円　①4-87758-403-X

◇上杉謙信―政虎一世中忘失すべからず候　矢田俊文著　京都　ミネルヴァ書房　2005.12　183, 10p　20cm　（ミネルヴァ日本評伝選）〈肖像あり　文献あり　年譜あり〉　2200円　①4-623-04486-6

◇越後 上杉一族　花ヶ前盛明著　新人物往来社　2005.9　257p　19cm　2800円　①4-404-03265-X

◇日本の名匠　海音寺潮五郎著　改版　中央公論新社　2005.7　332p　15cm　（中公文庫）　819円　①4-12-204558-4

◇検証 もうひとつの武将列伝　井沢元彦著　有楽出版社, 実業之日本社〔発売〕　2005.6　253p　19cm　1600円　①4-408-59250-1

◇戦国武将・闇に消されたミステリー―いまだ解けない80の謎　三浦竜著　PHP研究所　2005.5　300p　15cm　（PHP文庫）　533円　①4-569-66407-5

◇上杉謙信―特別展　米沢　米沢市上杉博物館　2005.4　120p　30cm　〈会期・会場：2005年4月23日―6月13日　米沢市上杉博物館　年表あり〉

◇日本の歴史 11　戦国大名　杉山博著　改版　中央公論新社　2005.3　577p　15cm　（中公文庫）　1238円　①4-12-204508-8

◇上杉軍記　千秋社　2004.9　927p　19cm　〈付属資料：16p：解題　「春日山日記」（1980年刊）の復刻版〉　20000円　①4-88477-309-8

◇戦国武将のこころ—近江浅井氏と軍書の世界　笹川祥生著　吉川弘文館　2004.8　210p　19cm　2400円　⑨4-642-07931-9
◇戦国武将の意外なウラ事情—英雄たちの「秘められた事実」　日本博学倶楽部著　PHP研究所　2004.6　276p　15cm（PHP文庫）　571円　⑨4-569-66199-8
◇名将がいて、愚者がいた　中村彰彦著　講談社　2004.3　316p　19cm　1800円　⑨4-06-212281-2
◇上杉謙信　花ヶ前盛明著　新人物往来社　2003.12(8刷)　421p　20cm　〈年譜あり　著作目録あり〉　2000円　⑨4-404-01865-7
◇図説 戦国武将のあの人の「その後」—「関ヶ原」「本能寺」…事件が変えた男たちの運命　日本博学倶楽部著　PHP研究所　2003.11　95p　26cm　952円　⑨4-569-63217-3
◇真説・川中島合戦—封印された戦国最大の白兵戦　三池純正著　洋泉社　2003.8　227p　18cm（新書y）　740円　⑨4-89691-752-9
◇戦国15大合戦の真相—武将たちはどう戦ったか　鈴木真哉著　平凡社　2003.8　252p　18cm（平凡社新書）　760円　⑨4-582-85193-2
◇戦国越中を行く　北日本新聞社編　富山　北日本新聞社　2003.7　253p　19cm　1714円　⑨4-906678-72-6
◇関東管領・上杉一族　七宮涬三編　新人物往来社　2002.6　307p　19cm　2800円　⑨4-404-02973-X
◇戦史ドキュメント 川中島の戦い—戦雲の予兆 関東擾乱　平山優著　学習研究社　2002.6　302p　15cm（学研M文庫）　620円　⑨4-05-901126-6
◇戦史ドキュメント 川中島の戦い—死闘の果て 竜虎激突　平山優著　学習研究社　2002.6　358p　15cm（学研M文庫）　650円　⑨4-05-901134-7
◇戦争で読む日本の歴史地図—壬申の乱から太平洋戦争まで　平川陽一著　ベストセラーズ　2002.5　222p　15cm（ワニ文庫）　524円　⑨4-584-30747-4

◇徹底分析川中島合戦　半藤一利著　PHP研究所　2002.5　282p　15cm（PHP文庫）　552円　⑨4-569-57746-6
◇上杉謙信大事典　花ヶ前盛明編　コンパクト版　新人物往来社　2002.4　236p　20cm　〈文献あり〉　4300円　⑨4-404-02959-4
◇戦国のコミュニケーション—情報と通信　山田邦明著　吉川弘文館　2002.1　276p　19cm　3200円　⑨4-642-07782-0
◇戦国武将に学ぶ経営戦略　髙木健次著　新評論　2001.12　225p　19cm　2200円　⑨4-7948-0534-9
◇戦国武将にみる混迷変革期突破—人間の行動原理は昔も今も欲　米田一雄著　福岡　西日本新聞社　2001.11　254p　19cm　1524円　⑨4-8167-0539-2
◇上杉謙信　花ヶ前盛明著　新人物往来社　2001.6(7刷)　419p　20cm　2000円　⑨4-404-01865-7
◇戦国武将 勝ち残りの戦略—状況を読みいかに闘うか　風巻絃一著　日本文芸社　2001.6　237p　18cm（日文新書）〈『戦国名将に学ぶ勝ち残りの戦略』再編集・改題書〉　686円　⑨4-537-25057-7
◇疾風上杉謙信—破竹の懸り乱れ竜　学習研究社　2001.4　195p　26cm（歴史群像シリーズ）　1600円　⑨4-05-602501-0
◇戦国期東国の大名と国衆　黒田基樹著　岩田書院　2001.3　453p　21cm　9900円　⑨4-87294-194-2
◇日本の名城・古城もの知り事典　小和田哲男監修　主婦と生活社　2000.11　625p　21cm　2100円　⑨4-391-12464-5
◇この一冊で「戦国武将」101人がわかる！—ひとり3分！すぐ読める「エピソード」集　小和田哲男著　三笠書房　2000.10　278p　15cm（知的生きかた文庫）〈『戦国武将ものしり事典』改訂・改題書〉　552円　⑨4-8379-7132-6
◇戦国興亡 武将たちの進退　戸部新十郎著　PHP研究所　2000.10　249p　15cm（PHP文庫）〈『男の点描』改題書〉　514円　⑨4-569-57460-2

◇歴史に学ぶ「乱世」の守りと攻め　小和田哲男著　集英社　2000.7　252p　15cm（集英社文庫）　457円　①4-08-747170-5
◇徹底分析 川中島合戦　半藤一利著　PHP研究所　2000.6　275p　19cm　1300円　①4-569-61157-5
◇定本上杉謙信　池享, 矢田俊文編　高志書院　2000.5　427p　22cm〈付属資料：図1枚〉　7300円　①4-906641-36-9
◇戦国武将　別冊宝島編集部編　宝島社　2000.1　317p　15cm（宝島社文庫）〈別冊宝島『よみがえる戦国武将伝説』改訂・改題書〉　600円　①4-7966-1681-0
◇歴史小説を斬る 戦国武将編　外川淳著　ミオシン出版　2000.1　237p　19cm　1300円　①4-88701-852-5
◇図説上杉謙信と上杉鷹山　花ケ前盛明, 横山昭男著　河出書房新社　1999.11　111p　22cm（ふくろうの本）　1800円　①4-309-72625-9
◇夏戸城のロマン—現代へのメッセージ 上杉謙信のつわものたちの城と歴史　吉原賢二, 花ケ前盛明著　真菜書房　1999.10　297p　19cm　2400円　①4-916074-36-X
◇迷走大将 上杉謙信　小松重男著　小学館　1999.10　471p　15cm（小学館文庫）〈『聖将 上杉謙信』改題書〉　733円　①4-09-403641-5
◇戦国武将まんだら—秘本三十六人伝　大栗丹後著　春陽堂書店　1999.8　244p　15cm（春陽文庫）　486円　①4-394-16136-3
◇謙信公御書集—東京大学文学部蔵　上杉謙信著　京都　臨川書店　1999.5　564p　27cm〈東京大学文学部蔵の複製〉　①4-653-03545-8, 4-653-03544-X
◇謙信公御書集・覚上公御書集　東京大学文学部蔵, 山田邦明解説　京都　臨川書店　1999.5　3冊（セット）　26cm　60000円　①4-653-03544-X
◇戦国古戦場の旅　野口冬人著　山海堂　1999.4　191p　21cm　1500円　①4-381-10341-6
◇よみがえる戦国武将伝説—男たちの生き様を感じとれ！　宝島社　1999.4　254p　21cm（別冊宝島 433）　933円　①4-7966-9433-1
◇上杉謙信　筑波常治作, 坂本玄絵　国土社　1999.3　206p　21cm（堂々日本人物史 3）　1200円　①4-337-21003-2
◇上杉謙信　松永義弘著　学陽書房　1998.9　339p　15cm（人物文庫）　660円　①4-313-75056-8
◇戦国大名の戦い—室町時代3・戦国時代　池上裕子監修　集英社　1998.3　163p　21cm（集英社版・学習漫画 日本の歴史 10）　850円　①4-08-239010-3
◇上杉謙信上洛の謎　馬場範明著　日本図書刊行会, 近代文芸社〔発売〕　1997.12　63p　19cm　1000円　①4-89039-782-5
◇上杉謙信大事典　花ケ前盛明編　新人物往来社　1997.5　236p　22cm　9800円　①4-404-02462-2
◇ライバル日本史　1　宿敵　NHK取材班編　角川書店　1996.9　304p　15cm（角川文庫）　520円　①4-04-195418-5
◇戦国の武将三十人　桑田忠親著　新人物往来社　1996.8　254p　19cm〈『武将伝 戦国の史記』改題書〉　2500円　①4-404-02364-2
◇日本人の生き方　童門冬二著　学陽書房　1996.6　295p　19cm（陽セレクション）　1800円　①4-313-47001-8
◇上杉謙信—物語と史蹟をたずねて　八尋舜右著　成美堂出版　1995.6　314p　15cm（成美文庫）　560円　①4-415-06421-3
◇男の点描—戦国武将生死の一瞬　戸部新十郎著　毎日新聞社　1995.5　246p　19cm　1300円　①4-620-10518-X
◇上杉謙信　中沢圭夫著　新装版　ぎょうせい　1995.2　296p　19cm（世界の伝記 5）　1600円　①4-324-04382-5
◇北の謀将　山田文夫著　日本図書刊行会, 近代文芸社〔発売〕　1994.9　182p　19cm　1300円　①4-7733-3267-0
◇宿敵たちの激闘・日本史—覇権に隠された英雄たちの決断と苦悩　土橋治重著　日本文芸社　1994.9　231p　15cm（にちぶん文庫）　480円　①4-537-06258-4

◇謙信軍記・上杉二十五将　中村晃著　勉誠社　1994.6　209p　20cm　(日本合戦騒動叢書 3)　2060円　①4-585-05103-1

◇戦国の異能人　戸部新十郎著　PHP研究所　1994.4　221p　15cm　(PHP文庫)　440円　①4-569-56625-1

◇捨てて勝つ──この時を超えた男の魅力を見よ　河野守宏著　大和出版　1994.2　188p　19cm　1350円　①4-8047-1294-1

◇危機を乗り切るここ一番の決断力　百瀬明治著　ベストセラーズ　1993.12　271p　18cm　(ベストセラーシリーズ・ワニの本 880)　820円　①4-584-00880-9

◇城塞──その攻防秘史　新宮正春著　講談社　1993.11　336p　19cm　1800円　①4-06-206625-4

◇信長の野望合戦事典〔2〕信玄vs謙信　福田誠ほか執筆　横浜　光栄　1993.10　189p　21cm　〈監修：シブサワ・コウ〉　1800円　①4-87719-031-7

◇戦国時代の謎と怪異──戦国群雄に隠された謎を解く！　桑田忠親著　日本文芸社　1993.7　237p　15cm　(にちぶん文庫)　480円　①4-537-06228-2

◇上杉謙信　南条範夫著　光文社　1993.4　228p　15cm　(光文社時代小説文庫)　440円　①4-334-71690-3

◇日本史ものしり英雄伝──とっておきの戦略・戦術　加来耕三著　広済堂出版　1993.3　253p　15cm　(広済堂文庫)　480円　①4-331-65170-3

◇武将に学ぶ苦境からの脱出　松本幸夫著　総合ライフ出版　1992.11　227p　19cm　1500円　①4-88311-029-X

◇日本の歴史・合戦おもしろ話　小和田哲男著　三笠書房　1992.8　269p　15cm　(知的生きかた文庫)　480円　①4-8379-0523-4

◇戦国武将伝──リーダーたちの戦略と決断　白石一郎著　文芸春秋　1992.3　290p　15cm　(文春文庫)　420円　①4-16-737009-3

◇戦国乱世の群像　笠原一男編　木耳社　1992.1　215p　20cm　(物語 日本の歴史 15)　1500円　①4-8393-7567-4

◇真相なるほど戦国史──謎の事件と人物　桑田忠親著　大陸書房　1991.12　239p　15cm　(大陸文庫)　530円　①4-8033-3804-3

◇上杉謙信　花ケ前盛明著　新人物往来社　1991.11　409p　20cm　2000円　①4-404-01865-7

◇修羅を生きる　神坂次郎著　中央公論社　1991.11　249p　19cm　1350円　①4-12-002067-3

◇武神の階　津本陽著　角川書店　1991.11　474p　19cm　1600円　①4-04-872668-4

◇戦国武将 誰も知らない苦労話　桑田忠親著　三笠書房　1991.9　248p　15cm　(知的生きかた文庫)　450円　①4-8379-0466-1

◇間違いだらけの戦国史──歴史群像の虚実　桑田忠親編　大陸書房　1991.5　221p　15cm　(大陸文庫)　470円　①4-8033-3324-6

◇上杉謙信と春日山城　花ケ前盛明著　第7版　新人物往来社　1991.4　252p　20cm　1800円　①4-404-01217-9

◇信玄、謙信と信濃　小林計一郎著　長野　信濃毎日新聞社　1991.1　217p　19cm　1400円　①4-7840-9102-5

◇戦国英雄伝　新田次郎ほか著　新潮社　1990.12　426p　19cm　(時代小説の楽しみ 8)　1600円　①4-10-602808-5

◇戦国武将の管理学──歴史に基づく人事管理法　鈴木芳正著　産心社　1990.10　239p　19cm　(産心ビジネス S‐122)　1200円　①4-87920-122-7

◇魅力あるリーダーとは──歴史の中の肖像　加来耕三著　日本経済新聞社　1990.9　241p　19cm　1300円　①4-532-09614-6

◇名将の社長学──信長はランチェスター法則を活かした　武田鏡村著　ビジネス社　1990.5　207p　19cm　1300円　①4-8284-0421-X

◇上杉謙信──信と義に生き孤高を貫いた戦の天才　新田次郎他著　プレジデント社　1990.4　319p　20cm　1400円　①4-8334-1373-6

◇戦国武将の食生活―勝ち残るための秘伝　永山久夫著　河出書房新社　1990.3　268p　15cm　(河出文庫)　500円　①4-309-47189-7

◇上杉謙信　吉川英治著　講談社　1989.10　335p　15cm　(吉川英治歴史時代文庫 43)　560円　①4-06-196543-3

◇信玄・謙信の決断と戦法―われは兵をもって勝敗を決せん。塩をもって屈服させることはせじ。　千坂精一著　ダイヤモンド社　1989.8　223p　19cm　1300円　①4-478-92018-4

◇上杉謙信とその一族　村上元三著　世界文化社　1989.5　204p　19cm　1360円　①4-418-89505-1

◇上杉謙信ものしり史伝―孤高の戦国武将の謎と実像　桑田忠親著　広済堂出版　1988.11　273p　18cm　(Kosaido books)　720円　①4-331-00448-1

◇上杉謙信―カラーガイド　花ヶ前盛明著, 鋪屋耕吉撮影　新潟　新潟日報事業社出版部　1988.10　108p　21cm　1500円　①4-88862-359-7

◇戦国武将伝―リーダーたちの戦略と決断　白石一郎著　文芸春秋　1988.10　246p　19cm　1200円　①4-16-310600-6

◇米沢藩祖上杉謙信―武田信玄との対決　田宮友亀雄著　米沢　不忘出版　1988.10　235p　19cm　〈発売：遠藤書店　上杉謙信の肖像あり〉　1000円

◇上杉謙信―戦国最強武将破竹の戦略　学習研究社　1988.9　175p　26cm　(歴史群像シリーズ 8)〈付属資料：図1枚〉　981円　①4-05-105145-5

◇信玄と謙信―その人間像と経営　安藤英男著　鈴木出版　1988.9　253p　20cm〈武田信玄および上杉謙信の肖像あり　折り込図1枚〉　1400円　①4-7902-9012-3

◇新潟県　ぎょうせい　1988.9　71p　30cm　(ビジュアルワイド新日本風土記 15)　2000円　①4-324-01086-2

◇戦国大名　脇田晴子著　小学館　1988.8　374p　21cm　(大系 日本の歴史 7)　1800円　①4-09-622007-8

◇名将を支えた運気の秘密―九星術から見た武将たちのサバイバル戦略　片岡紀明著　日本文芸社　1988.8　229p　18cm　(舵輪ブックス)　730円　①4-537-02117-9

◇戦国武将に学ぶ決断の時　玉木重輝著　鈴木出版　1988.7　252p　19cm　1400円　①4-7902-9010-7

◇戦国武将の遺書　桑田忠親著　広済堂出版　1988.7　246p　15cm　(広済堂文庫)　420円　①4-331-65035-9

◇決戦川中島―風雲の武将・武田信玄　松本清張著, 矢田貝寿広絵　講談社　1988.6　299p　18cm　(講談社 青い鳥文庫 127・1)　490円　①4-06-147244-5

◇NHK歴史への招待　第6巻　信玄と謙信　日本放送協会編　日本放送出版協会　1988.5　239p　18cm　680円　①4-14-018001-3

◇戦国名将伝　檀一雄著　徳間書店　1988.5　315p　15cm　(徳間文庫)　440円　①4-19-598525-0

◇信玄と謙信　小学館　1988.4　270p　15cm　(戦国・覇者の戦略 2)　580円　①4-09-401002-5

◇戦国と現代 成功の原則―作家や学者が書かなかった真の勝者　新井喜美夫著　プレジデント社　1988.4　270p　19cm　1300円　①4-8334-1305-1

◇上杉謙信のすべて　渡辺慶一編　新人物往来社　1987.12　253p　20cm　2000円　①4-404-01463-5

◇定本 名将の演出　大橋武夫著　マネジメント社　1987.12　3冊　19cm　10000円　①4-8378-0211-7

◇上杉謙信　砂田弘著, 鍋田幹画　ポプラ社　1987.11　190p　18cm　(ポプラ社文庫 A214)　450円　①4-591-02075-4

◇激戦川中島―武田信玄最大の戦闘　一ノ瀬義法著　教育書籍　1987.11　249p　19cm　1200円　①4-317-60015-3

◇戦国武将名言集　桑田忠親著　広済堂出版　1987.11　250p　15cm　(広済堂文庫)　400円　①4-331-65026-X

◇上杉謙信　松永義弘著, 成瀬数富絵　あかね書房　1987.10　253p　18cm　(あかね文庫 C002)　450円　①4-251-10017-4
◇歴史学と病跡学閑話　王丸勇著　近代文芸社　1987.10　189p　19cm　1500円　①4-89607-735-0
◇戦国武将おもしろ大百科　山梨輝雄著　広済堂出版　1987.9　263p　13cm　(豆たぬきの本 208)　380円　①4-331-20108-2
◇戦国武将の食生活―勝ち残るための秘伝　永山久夫著　ジャパンポスト出版部　1987.9　238p　19cm　(ポスト・ブック)　1200円　①4-915230-04-X
◇戦史に見るリーダーシップの条件　上　山梨勝之進著　毎日新聞社　1987.7　251p　18cm　(ミューブックス)　680円　①4-620-72003-8
◇戦国おもしろ読本―武将の謎・逸話・真実　桑田忠親著　広済堂出版　1987.5　265p　15cm　(広済堂文庫)　400円　①4-331-65020-0
◇戦国武将ビジネス読本―統率力と戦略　南条範夫著　広済堂出版　1987.5　239p　15cm　(広済堂文庫)　400円　①4-331-65019-7
◇戦国名将 生き方の極意　西東玄著　PHP研究所　1987.5　245p　15cm　(PHP文庫)　450円　①4-569-26110-8
◇戦国大名の権力構造　藤木久志著　吉川弘文館　1987.2　370, 6p　21cm　6500円　①4-642-02616-9
◇戦国名将に学ぶ勝ち残りの戦略―状況の読み方・生かし方　風巻絃一著　三笠書房　1986.12　300p　15cm　(知的生き方文庫)　440円　①4-8379-0135-2
◇天と地と　1　海音寺潮五郎著　角川書店　1986.9　306p　15cm　(角川文庫)　380円　①4-04-127310-3
◇天と地と　2　海音寺潮五郎著　角川書店　1986.9　318p　15cm　(角川文庫)　380円　①4-04-127311-0
◇天と地と　3　海音寺潮五郎著　角川書店　1986.9　307p　15cm　(角川文庫)　380円　①4-04-127312-9
◇天と地と　4　海音寺潮五郎著　角川書店　1986.9　315p　15cm　(角川文庫)　380円　①4-04-127313-7
◇天と地と　5　海音寺潮五郎著　角川書店　1986.9　323p　15cm　(角川文庫)　380円　①4-04-127314-5
◇名将ちょっといい言葉―武将に学ぶビジネス訓　宝井琴鶴著　商業界　1986.8　261p　19cm　(まあきゅりい・ぶっくす)　1200円
◇上杉謙信　鈴木俊平著　講談社　1986.6　205p　18×12cm　(講談社 火の鳥伝記文庫)　420円　①4-06-147562-2
◇上杉謙信の生涯　貝川正治, 鈴木利夫著　新潟　新潟日報事業社　1986.5　337p　21cm　〈上杉謙信の肖像あり〉　1500円
◇乱世に生きる　南条範夫著　六興出版　1986.5　262p　19cm　(勝者は歴史を読む 1)　1200円
◇上杉謙信　地の巻　咲村観著　講談社　1986.3　293p　15cm　(講談社文庫)　400円　①4-06-183703-6
◇上杉謙信　人の巻　咲村観著　講談社　1986.3　275p　15cm　(講談社文庫)　380円　①4-06-183704-4
◇戦国に生きる―武将の名言　綱淵謙錠著　講談社　1986.3　222p　19cm　(もんじゅ選書 20)　1000円　①4-06-192277-7
◇日本武将譚　菊池寛著　文芸春秋　1986.3　265p　15cm　(文春文庫)　360円　①4-16-741001-X
◇上杉謙信　天の巻　咲村観著　講談社　1986.2　355p　15cm　(講談社文庫)　460円　①4-06-183702-8
◇上杉謙信と春日山城　花ケ前盛明著　新人物往来社　1984.8　247p　20cm　1800円
◇上杉謙信とその風土　室岡博著　新潟　考古堂書店　1983.9　211p　21cm　(考古堂ブックス 3)　〈上杉謙信の肖像あり〉　1500円
◇上杉謙信　井上鋭夫著　新人物往来社　1983.7　341p　20cm　1800円

◇春日山日記―上杉軍記　千秋社　1980.6　9冊　19cm　〈上杉謙信没後400年記念　明治15年刊の複製　限定版　和装〉全51000円

◇春日山城と上杉謙信　花ケ前盛明著　上越　越後城郭研究会　1980.5　60p　21cm　（越後城郭研究　第4号）

◇炎の女北条政子　八切止夫著　ダイヤモンド社　1979.1　206p　19cm　〈八切止夫の日本意外史〉　980円

◇上杉謙信―物語と史蹟をたずねて　八尋舜右著　成美堂出版　1976　223p　肖像　19cm　700円

◇和漢詩歌作家辞典　森忠重著　みづほ出版　1972　952p　図　19cm　〈日中対照文化・文学史年表：p.921-952〉　3500円

◇上杉軍記―古戦場　歴史図書社編　歴史図書社　1969　185p（図版共）　19cm　〈カラー版〉　590円

◇上杉謙信の足跡―春日山城と周辺の城　上越城郭研究会編　日本城郭資料館出版会　1969　278p　19cm　〈監修者：鳥羽正雄〉　490円

◇上杉謙信の手紙　花ケ前盛明著　直江津居多神社　1969　35p　21cm　非売

◇上杉史料集　井上鋭夫校注　新人物往来社　1969　3冊　20cm　各1500円

◇飛将謙信　栗岩英治著　改訂新版　長野信濃毎日新聞社　1969　320p（図版共）　19cm　〈改訂新版の編者：田中武夫　初版：昭和18年版〉　500円

◇上杉謙信伝　布施秀治著　歴史図書社　1968　618, 22p 図版　地図　22cm　〈謙信文庫大正6年刊の複製〉　2800円

◇ふるさとの歴史と人物を語る―上杉謙信,直江兼続,雲井竜雄　木村武雄述　土屋書店　1968　304p　図版　19cm　550円

◇上杉謙信　井上鋭夫著　人物往来社　1966　341p　図版　19cm　（日本の武将35）　480円

◇謙信と信玄　井上鋭夫著　至文堂　1964　292p　図版　19cm　（日本歴史新書）

武田 勝頼
たけだ かつより

天文15年(1546年)～天正10年(1582年)3月11日　武将。甲斐国(山梨県)、信濃国諏訪(長野県)の人。幼名は諏訪四郎。武田信玄の四男、母は諏訪頼重の娘。信濃高遠城に居たが、天正元年(1573年)父の死により家督をつぐ。東の北条氏と結び、美濃、遠江、三河などに出兵したが、天正3年(1575年)長篠の合戦で織田・徳川連合軍に大敗。上杉景勝と結んで遠江、三河を攻めて勢力挽回を図ったが、天正10年(1582年)織田信長に攻められ、新府城(韮崎市)に火をかけて岩殿城に向かうも、小山田信茂の裏切りにあい甲斐天目山麓で自害。これにより武田氏は滅亡した。

＊　　＊　　＊

◇戦国武将からの手紙―乱世に生きた男たちの素顔　吉本健二著　学習研究社　2008.5　300p　15cm　（学研M文庫）〈『手紙から読み解く戦国武将意外な真実』改稿・改題書〉　667円　①978-4-05-901220-7

◇武将列伝 戦国爛熟篇　海音寺潮五郎著　新装版　文芸春秋　2008.5　403p　15cm　（文春文庫）　686円　①978-4-16-713555-3

◇武田勝頼と新府韮崎城―築城に尽くした真田昌幸信昌兄弟　高添藤政著　甲府山梨ふるさと文庫　2007.12　201p　19cm　〈文献あり〉　1500円　①978-4-903680-12-5

◇「諏訪の八重姫」登場―「風林火山」はもう古い　松本憲和著　A・S・Nニルの学舎出版部　2007.10　228p　19cm　1800円

◇英傑の日本史 風林火山編　井沢元彦著　角川学芸出版, 角川グループパブリッシング〔発売〕　2007.9　262p　19cm　1500円　①978-4-04-621108-8

◇武田信玄と勝頼―文書にみる戦国大名の実像　鴨川達夫著　岩波書店　2007.3　216, 4p　18cm　（岩波新書）〈年譜あり〉　740円　①978-4-00-431065-5

甲信越

◇戦国期武田氏領の形成　柴辻俊六著　校倉書房　2007.2　294p　21cm　(歴史科学叢書)　7000円　①978-4-7517-3820-7

◇敗者の条件　会田雄次著　改版　中央公論新社　2007.2　222p　15cm　(中公文庫)　590円　①978-4-12-204818-8

◇武田勝頼のすべて　柴辻俊六,平山優編　新人物往来社　2007.1　274p　20cm　〈年譜あり　文献あり〉　2800円　①978-4-404-03424-3

◇後継学—戦国父子に学ぶ　加来耕三著　時事通信出版局,時事通信社〔発売〕　2006.12　301p　19cm　1800円　①4-7887-0673-3

◇甲陽軍鑑　佐藤正英校訂・訳　筑摩書房　2006.12　401p　15cm　(ちくま学芸文庫)　1200円　①4-480-09040-1

◇たっぷり風林火山歴史ウォーキング—信玄ゆかりの甲斐・信濃を行く　池上真由美,清水克悦,津波克明著・写真　水曜社　2006.12　126p　21cm　1500円　①4-88065-181-8

◇「風林火山」の古道をゆく　高橋義夫,桐野作人ほか著　集英社　2006.11　125p　21cm　1600円　①4-08-781357-6

◇武田家滅亡に学ぶ事業承継　北見昌朗著　幻冬舎　2006.6　270p　19cm　1500円　①4-344-01188-0

◇化天の墓誌　糸井秀夫著　杉並けやき出版,星雲社〔発売〕　2005.11　202p　19cm　1200円　①4-434-07051-7

◇歴史ifに学ぶ経営の神秘　腰越勉著　丸善プラネット,丸善〔発売〕　2005.11　199p　19cm　1800円　①4-901689-44-4

◇日本史「敗者」たちの言い分—負けた側にも正義あり　岳真也著　PHP研究所〔2005.9〕　300p　15cm　(PHP文庫)　590円　①4-569-66459-8

◇骨肉　父と息子の日本史　森下賢一著　文芸春秋　2005.7　262p　18cm　(文春新書)　750円　①4-16-660453-8

◇武田三代軍記　普及版・復刻版　千秋社　2004.9　1340p　19cm　27000円　①4-88477-308-X

◇後継道—歴史の30父子にみる承継学　加来耕三著　日経BP社,日経BP出版センター〔発売〕　2004.6　350p　19cm　(日本人のDNA 1)　1600円　①4-8222-2935-1

◇武田勝頼　柴辻俊六著　新人物往来社　2003.12　256p　20cm　〈肖像あり　年譜あり　文献あり〉　2800円　①4-404-03171-8

◇無念の思い—歴史に紛れた人たち　杉本景史著　健友館　2003.9　139p　19cm　1100円　①4-7737-0821-2

◇歴史に消された「18人のミステリー」　中津文彦著　PHP研究所　2003.6　215p　15cm　(PHP文庫)〈『歴史に残る18人のミステリー』再編集・改題書〉　552円　①4-569-57968-X

◇残照—原本現代語新訳「甲陽軍鑑」3　腰原哲朗現代語新訳・解説　ニュートンプレス　2003.5　333p　19cm　1800円　①4-315-51688-0

◇戦国なるほど人物事典—100人のエピソードで歴史の流れがよくわかる　泉秀樹著　PHP研究所　2003.5　502p　15cm　(PHP文庫)〈『戦国乱世百傑百話』修正・改題書〉　819円　①4-569-57945-0

◇指揮—原本現代語新訳「甲陽軍鑑」2　腰原哲朗現代語新訳・解説　ニュートンプレス　2003.4　315p　19cm　1800円　①4-315-51681-3

◇名将—原本現代語新訳「甲陽軍鑑」1　腰原哲朗現代語新訳・解説　ニュートンプレス　2003.4　333p　19cm　1800円　①4-315-51680-5

◇武田勝頼—花の歳月　江宮隆之著　河出書房新社　2003.3　349p　19cm　1600円　①4-309-01531-X

◇勝頼と信長—後継者のリーダーシップ　童門冬二著　学陽書房　2003.1　270p　20cm　1600円　①4-313-15050-1

◇甲州・武田一族衰亡史　高野賢彦著　新人物往来社　2003.1　260p　19cm　2800円　①4-404-03103-3

◇新府城と武田勝頼　網野善彦監修,山梨県韮崎市教育委員会編　新人物往来社

◇歴史上の人物に学ぶリーダーの条件—おごるなトップ　吉田進著　文芸社　2000.12　135p　19cm　1600円　①4-8355-1050-X

◇戦史ドキュメント 長篠の戦い　二木謙一著　学習研究社　2000.9　278p　15cm　(学研M文庫)〈『長篠の戦い』改題書〉　570円　①4-05-901002-2

◇歴史に学ぶ組織活用 生き残りの戦略　田原総一朗, 井沢元彦, 小和田哲男, 新宮正春, 高野澄, 多岐川恭, 百瀬明治著　学習研究社　2000.9　317p　15cm　(学研M文庫)〈『歴史の教訓 生き残りの戦略』第1巻「組織活用力が勝敗を決める」改訂・改題書〉　570円　①4-05-901012-X

◇戦国大名の日常生活—信虎・信玄・勝頼　笹本正治著　講談社　2000.5　268p　19cm　(講談社選書メチエ)　1700円　①4-06-258184-1

◇武将たちの足跡をたどる—戦乱の世を生き、夢に散った男たち　マガジントップ編　山海堂　2000.4　159p　21cm　(私の創る旅 7)　1600円　①4-381-10369-6

◇戦国武将　別冊宝島編集部編　宝島社　2000.1　317p　15cm　(宝島社文庫)〈別冊宝島『よみがえる戦国武将伝説』改訂・改題書〉　600円　①4-7966-1681-0

◇武田勝頼　筑波常治作, 坂本玄絵　国土社　1999.3　237p　21cm　(堂々日本人物史 5)　1200円　①4-337-21005-9

◇堂々日本史　第12巻　NHK取材班編　名古屋　KTC中央出版　1998.2　249p　19cm　1600円　①4-87758-059-X

◇二人の武将—歴史エッセイ　新田次郎著　小学館　1997.7　205p　18cm　(新田次郎エッセイ 3)　1200円　①4-09-840046-4

◇角川日本姓氏歴史人物大辞典　20　長野県姓氏歴史人物大辞典　竹内理三ほか編纂　長野県姓氏歴史人物大辞典編纂委員会編著　角川書店　1996.11　1059p　23cm　17000円　①4-04-002200-9

◇戦国の武将三十人　桑田忠親著　新人物往来社　1996.8　254p　19cm〈『武将伝 戦国の史話』改題書〉　2500円　①4-404-02364-2

◇角川日本姓氏歴史人物大辞典　22　静岡県姓氏家系大辞典　竹内理三ほか編纂　静岡県姓氏家系大辞典編纂委員会編著　角川書店　1995.12　731p　23cm　16000円

◇色と欲の異色人物日本史—怪奇と謎に満ち満ちた英雄たちの意外な素顔　風早恵介著　日本文芸社　1994.2　253p　15cm　(にちぶん文庫)〈『怪奇と謎の人物日本史』改題書〉　480円　①4-537-06244-4

◇組織活用力が勝敗を決める　井沢元彦, 百瀬明治, 小和田哲男, 新宮正春, 多岐川恭, 高野澄著　学習研究社　1994.2　268p　19cm　(生き残りの戦略 第1巻)　1800円　①4-05-400178-5

◇こんな男が乱世に勝つ—戦国武将に学ぶ　早乙女貢著　広済堂出版　1993.3　251p　18cm　(広済堂ブックス)　780円　①4-331-00599-2

◇武将に学ぶ苦境からの脱出　松本幸夫著　総合ライフ出版　1992.11　227p　19cm　1500円　①4-88311-029-X

◇山梨百科事典　山梨日日新聞社編　増補改訂版　甲府　山梨日日新聞社　1992.7　1068, 198p　27cm〈創刊120周年記念版〉

◇戦国 名将の条件・参謀の条件　百瀬明治著　PHP研究所　1992.2　251p　15cm　(PHP文庫)　480円　①4-569-56442-9

◇静岡県歴史人物事典　静岡新聞社出版局編　静岡　静岡新聞社　1991.12　608p　27cm　11000円　①4-7838-0424-9

◇英雄・女人に学ぶ人間学　高橋英司著　時事通信社　1991.4　249p　19cm　1400円　①4-7887-9110-2

◇戦国大名 武田氏の信濃支配　笹本正治著　名著出版　1990.11　260p　21cm　4800円　①4-626-01392-9

◇戦国武将に学ぶ 勝敗の分岐点—勝機をつかむ武将、つかめない武将　吉岡行雄著　産能大学出版部　1989.12　198p　19cm　1500円　①4-382-05028-6

◇在野史論―歴史研究会創立30周年記念論文集　新人物往来社　1989.11　416p　21cm〈「歴史研究」臨時増刊号〉　2000円　①4-404-01658-1, ISSN0287-5403
◇戦国武将国盗り秘話　早乙女貢著　PHP研究所　1989.10　217p　15cm（PHP文庫）　420円　①4-569-56226-4
◇乱世統一編　桑田忠親著　秋田書店　1989.10　238p　19cm（新編　日本武将列伝　4）　1500円　①4-253-00365-6
◇戦国武将の危機管理―生死を賭けた戦乱の行動原理とは　新宮正春著　PHP研究所　1989.8　229p　19cm　1050円　①4-569-52568-7
◇長野県歴史人物大事典　赤羽篤ほか編　松本　郷土出版社　1989.7　841p　27cm〈参考文献一覧：p820～821〉　20000円　①4-87663-126-3
◇勝頼の巻　上　高野楽山著　新人物往来社　1988.11　290p　19cm（武田三代記　5）　1300円　①4-404-01568-2
◇勝頼の巻　下　高野楽山著　新人物往来社　1988.11　302p　19cm（武田三代記　6）　1300円　①4-404-01569-0
◇戦国武将に学ぶ決断の時　玉木重輝著　鈴木出版　1988.7　252p　19cm　1400円　①4-7902-9010-7
◇戦国武将の遺書　桑田忠親著　広済堂出版　1988.7　246p　15cm（広済堂文庫）　420円　①4-331-65035-9
◇小説に書かなかった話―武田信玄ほか　新田次郎著　光文社　1988.1　241p　15cm（光文社文庫）〈『続　白い花が好きだ』改題書〉　380円　①4-334-70683-5
◇武田勝頼　1　陽の巻　新田次郎著　講談社　1987.12　264p　19cm　1000円　①4-06-203781-5
◇武田勝頼　2　水の巻　新田次郎著　講談社　1987.12　253p　19cm　1000円　①4-06-203782-3
◇武田勝頼　3　空の巻　新田次郎著　講談社　1987.12　243p　19cm　1000円　①4-06-203783-1
◇武田信玄―歴史紀行　はためく風林火山　原書房　1987.12　168p　30cm〈編集・製作：歴史春秋社〉　1800円　①4-562-01912-3
◇人を見ぬき人を活かす―戦国名将の戦略と決断　藤公房著　ダイヤモンド社　1987.12　195p　19cm　1200円　①4-478-92016-8
◇勝頼　武田八洲満著　光文社　1987.11　305p　15cm（光文社時代小説文庫）　440円　①4-334-70646-0
◇武田勝頼　新田次郎著　講談社　1986.6　774p　19cm（日本歴史文学館　10）　2300円　①4-06-193010-9
◇戦国大名系譜人名事典　東国編　山本大, 小和田哲男編　新人物往来社　1985.11　555p　22cm〈付：参考文献〉　7500円　①4-404-01293-4
◇群馬県人名大事典　前橋　上毛新聞社　1982.11　926p　27cm　20000円
◇落日の武将武田勝頼　上野晴朗著　甲府　山梨日日新聞社　1982.3　248p　19cm　1400円
◇遙かなる武田信玄の国　新田次郎著　新人物往来社　1980.5　190p　22cm〈著者の肖像あり〉　1800円
◇群馬県百科事典　前橋　上毛新聞社　1979.2　980, 60, 52p 図版16枚　27cm　20000円
◇静岡大百科事典　静岡新聞社出版局編　静岡　静岡新聞社　1978.3　969p 図版17枚　30cm〈特装本〉　30000円
◇定本武田勝頼　上野晴朗著　新人物往来社　1978.3　367p　20cm　2500円
◇愛知百科事典　中日新聞社開発局編　名古屋　中日新聞本社　1977.12　977p　27cm　15000円

小笠原　長時
おがさわら　ながとき

永正11年(1514年)～天正11年(1583年)2月25日　武将。信濃国(長野県)の人。通称は又三郎、豊松丸、左馬助。信濃守を称した。小笠原長棟の長男。信濃国林城の城主で信濃の安曇、筑摩二郡を領していたが、甲斐の武田信玄の侵略を受け、天文17年(1548年)塩尻峠で敗北。林城を放棄、そ

の後三好長慶を頼って上京し、摂津芥川城に入る。永禄11年(1568年)織田信長に芥川城を攻められ、越後の長尾景虎(上杉謙信)を頼る。謙信の死後は会津の蘆名盛氏を頼ったが、会津若松で家臣に殺された。「小笠原家礼書」を著した。

＊　＊　＊

◇角川日本姓氏歴史人物大辞典　20　長野県姓氏歴史人物大辞典　竹内理三ほか編纂　長野県姓氏歴史人物大辞典編纂委員会編著　角川書店　1996.11　1059p　23cm　17000円　①4-04-002200-9

◇山梨百科事典　山梨日日新聞社編　増補改訂版　甲府　山梨日日新聞社　1992.7　1068,198p　27cm　〈創刊120周年記念版〉

◇長野県歴史人物大事典　赤羽篤ほか編　松本　郷土出版社　1989.7　841p　27cm　〈参考文献一覧：p820～821〉　20000円　①4-87663-126-3

◇松本城　武蔵野次郎著　成美堂出版　1989.3　222p　19cm　〈物語・日本の名城〉　1000円　①4-415-08107-X

◇会津大事典　会津事典編纂会編纂　国書刊行会　1985.12　697,77p　図版12枚　31cm　〈発売：文栄堂書店(会津若松)〉　20000円

◇戦国大名系譜人名事典　東国編　山本大、小和田哲男編　新人物往来社　1985.11　555p　22cm　〈付：参考文献〉　7500円　①4-404-01293-4

◇長野県百科事典　信濃毎日新聞社開発局出版部編　補訂版　長野　信濃毎日新聞社　1981.3　918p　22cm　3200円

◇教育人名辞典　教育人名辞典刊行会編　理想社　1962　927p　22cm　〈稲富栄次郎監修〉

真田 昌幸
さなだ まさゆき

天文16年(1547年)～慶長16年(1611年)6月4日　武将。信濃国(長野県)の人。真田幸隆の三男。武田信玄に仕え勇武で知られ、武田勝頼より上野国沼田城一円を与えられる。武田氏滅亡のの ちは徳川家康に属したが、家康が上野沼田を後北条氏に与えようとしたため家康と対立、豊臣秀吉に属して信濃上田城を領した。秀吉の小田原征伐で軍功をあげて沼田城を回復し、長男信之を在城させた。慶長5年(1600年)関ヶ原の戦いでは二男村村と共に西軍に属し、西上する徳川秀忠軍を上田で阻止した。戦後は所領を没収され九度山に蟄居となった。

＊　＊　＊

◇戦国武将からの手紙―乱世に生きた男たちの素顔　吉本健二著　学習研究社　2008.5　300p　15cm　〈学研M文庫〉〈『手紙から読み解く戦国武将意外な真実』改稿・改題書〉　667円　①978-4-05-901220-7

◇器量人の研究　童門冬二著　PHP研究所　2007.9　256p　15cm　(PHP文庫)〈『男子豹変のすすめ』改題書〉　552円　①978-4-569-66928-1

◇「戦国武将」名将の頭の中―「勝負所」で勝つ法　菊池道人著　三笠書房　2007.6　219p　15cm　〈知的生きかた文庫〉　533円　①978-4-8379-7636-3

◇後継学―戦国父子に学ぶ　加来耕三著　時事通信出版局、時事通信社〔発売〕　2006.12　301p　19cm　1800円　①4-7887-0673-3

◇信州上田軍記―迫り来る徳川の大軍を上田城に迎え、これを二度にわたって撃退した真田昌幸父子の物語　堀内泰訳　長野　ほおずき書籍, 星雲社〔発売〕　2006.12　138p　19cm　1200円　①4-434-08657-X

◇真説・智謀の一族 真田三代　三池純正著　洋泉社　2006.6　279p　18cm　(新書y)　820円　①4-86248-039-X

◇真田一族―家康が恐れた最強軍団　相川司著　新紀元社　2005.7　271p　21cm　(Truth In History 5)　1800円　①4-7753-0406-2

◇真田昌幸のすべて　小林計一郎編　新人物往来社　1999.10　226p　20cm　2800円　①4-404-02832-6

◇男子豹変のすすめ―歴史に学ぶ現状突破のヒント　童門冬二著　PHP研究所

◇1999.9 252p 18cm (PHPビジネスライブラリー) 1143円 ⓘ4-569-60785-3
◇歴史に学ぶ「生き残り」の奇襲戦略 童門冬二著 集英社 1999.9 269p 15cm (集英社文庫) 476円 ⓘ4-08-747086-5
◇真田昌幸―家康が怖れた機略縦横の智将 竜崎攻著 PHP研究所 1999.1 570p 15cm (PHP文庫) 857円 ⓘ4-569-57232-4
◇謀将真田昌幸 上 南原幹雄著 角川書店 1998.11 429p 15cm (角川文庫) 724円 ⓘ4-04-163333-8
◇謀将真田昌幸 下 南原幹雄著 角川書店 1998.11 431p 15cm (角川文庫) 724円 ⓘ4-04-163334-6
◇角川日本姓氏歴史人物大辞典 20 長野県姓氏歴史人物大辞典 竹内理三ほか編纂 長野県姓氏歴史人物大辞典編纂委員会編著 角川書店 1996.11 1059p 23cm 17000円 ⓘ4-04-002200-9
◇真田昌幸 柴辻俊六著 吉川弘文館 1996.8 247p 19cm (人物叢書 新装版)〈真田昌幸の肖像あり 叢書の編者：日本歴史学会〉 1803円 ⓘ4-642-05202-X
◇角川日本姓氏歴史人物大辞典 10 群馬県姓氏家系大辞典 竹内理三ほか編纂 群馬県姓氏家系大辞典編纂委員会編著 角川書店 1994.12 773p 23cm 14800円 ⓘ4-04-002100-2
◇危機突破の発想―戦国武将は知恵で勝つ 小和田哲男著 日本経済新聞社 1992.9 212p 19cm 1500円 ⓘ4-532-16072-3
◇山梨百科事典 山梨日日新聞社編 増補改訂版 甲府 山梨日日新聞社 1992.7 1068,198p 27cm〈創刊120周年記念版〉
◇長野県歴史人物大事典 赤羽篤ほか編 松本 郷土出版社 1989.7 841p

27cm〈参考文献一覧：p820～821〉 20000円 ⓘ4-87663-126-3
◇角川日本姓氏歴史人物大辞典 19 山梨県姓氏歴史人物大辞典 竹内理三ほか編纂 山梨県姓氏歴史人物大辞典編纂委員会編著 角川書店 1989.6 637p 23cm〈山梨県略年表：p607～612 山梨県主要文献解題：p633～635〉 12000円 ⓘ4-04-002190-8
◇戦国武将に学ぶ決断の時 玉木重輝著 鈴木出版 1988.7 252p 19cm 1400円 ⓘ4-7902-9010-7
◇長野県 ぎょうせい 1988.3 71p 29×22cm (ビジュアルワイド 新日本風土記 20) 2000円 ⓘ4-324-01091-9
◇浪人物語―逼塞の時代に人生を切り拓く男たちの実像 野村敏雄著 政界往来社 1987.11 229p 19cm (歴史ビジネス選書) 1300円 ⓘ4-915303-25-X
◇戦国名将に学ぶ勝ち残りの戦略―状況の読み方・生かし方 風巻絃一著 三笠書房 1986.12 300p 15cm (知的生き方文庫) 440円 ⓘ4-8379-0135-2
◇真田三代軍記 小林計一郎著 新人物往来社 1986.6 220p 19cm 2000円 ⓘ4-404-01346-9
◇戦国大名系譜人名事典 東国編 山本大,小和田哲男著 新人物往来社 1985.11 555p 22cm〈付：参考文献〉 7500円 ⓘ4-404-01293-4
◇群馬県人名大事典 前橋 上毛新聞社 1982.11 926p 27cm 20000円
◇戦国大名家臣団事典 東国編 山本大,小和田哲男著 新人物往来社 1981.8 427p 22cm 6800円
◇長野県百科事典 信濃毎日新聞社開発局出版部編 補訂版 長野 信濃毎日新聞社 1981.3 918p 22cm 3200円
◇郷土歴史人物事典長野 古川貞雄編著 第一法規出版 1978.2 242p 19cm 1200円

真田 幸村　さなだ ゆきむら

永禄10年(1567年)～元和元年(1615年)5月7日　武将。信濃国(長野県)の人。幼名は源次郎。名は信繁。真田昌幸の二男。初め人質として上杉景勝のもとに送ら

れた。天正15年(1587年)父が豊臣秀吉に属したため、大坂城に出仕。また秀吉の仲介により大谷吉継の娘を妻とする。天正18年(1590年)の小田原征伐に参陣。文禄元年(1592年)の文禄の役では名護屋に出陣。慶長5年(1600年)関ヶ原の戦いでは西軍に属し、父と共に居城の信濃上田城に籠城して、西上する徳川秀忠軍を阻止。戦後、東軍に与した兄信之の取りなしで死罪を免れ、高野山麓九度山に蟄居。大坂の陣が起こると豊臣方に招かれて大坂城に入る。慶長19年(1614年)大坂冬の陣では、城の東南の隅に真田丸という三日月形の出城を造って、徳川軍を苦しめた。大坂夏の陣では、河内国の片山道明寺口で伊達政宗の大軍と戦ってこれを破り、翌日茶臼山に向かい家康の本陣へ突撃して家康を危機に陥れたが、松平忠直の軍勢と激戦の末戦死した。大正時代の「立川文庫」の真田十勇士の話などによって有名になった。なお確実な史料では幸村と称してはいない。

◇十文字槍の天才軍師 真田幸村 戦国歴史研究会著 PHP研究所 2008.6 223p 19cm〈戦国闘将伝〉 476円 ⓘ978-4-569-69986-8

◇「戦国武将」名将の頭の中―「勝負所」で勝つ法 菊池道人著 三笠書房 2007.6 219p 15cm〈知的生きかた文庫〉 533円 ⓘ978-4-8379-7636-3

◇戦国最強軍団真田六文銭合戦記―小説よりも面白い真田一族の真実 武山憲明著 ぶんか社 2007.3 230p 15cm〈ぶんか社文庫〉 629円 ⓘ978-4-8211-5094-6

◇後継学―戦国父子に学ぶ 加来耕三著 時事通信出版局, 時事通信社〔発売〕 2006.12 301p 19cm 1800円 ⓘ4-7887-0673-3

◇真田幸村と大坂の陣―大阪城・上田城友好築城郭締結記念 特別展 大阪城天守閣編 大阪 大阪城天守閣特別事業委員会 2006.10 167p 26cm〈他言語標題: Yukimura Sanada and the two wars of Osaka 会期・会場：平成18年10月1日―11月12日 大阪城天守閣〉

◇日本史 宿命のライバル達の決断と苦悩―教科書には載っていない好敵手たちの本音 土橋治重著 日本文芸社 2006.10 199p 18cm 648円 ⓘ4-537-25438-6

◇戦国武将「凄い生き方」 小和田哲男著 三笠書房 2006.8 301p 15cm〈知的生きかた文庫〉〈『日本の歴史・合戦おもしろ話』再編集・改題書〉 552円 ⓘ4-8379-7573-9

◇真説・智謀の一族 真田三代 三池純正著 洋泉社 2006.6 279p 18cm〈新書y〉 820円 ⓘ4-86248-039-X

◇真田幸村と大坂の陣―家康を震撼させた猛将の戦い 学習研究社 2006.4 147p 26cm〈歴史群像シリーズ〉〈年表あり〉 1500円 ⓘ4-05-604247-0

◇日本史「敗者」たちの言い分―負けた側にも正義あり 岳真也著 PHP研究所〔2005.9〕 300p 15cm〈PHP文庫〉 590円 ⓘ4-569-66459-8

◇真田幸村―伝説になった英雄の実像 山村竜也著 PHP研究所 2005.8 209p 18cm〈PHP新書〉〈肖像あり 年譜あり〉 720円 ⓘ4-569-64326-4

◇真田幸村―知れば知るほど面白い・人物歴史丸ごとガイド 橋場日月著 学習研究社 2004.5 316p 19cm 1350円 ⓘ4-05-401950-1

◇武士道 サムライ精神の言葉 笠谷和比古監修 青春出版社 2004.4 184p 18cm〈プレイブックス・インテリジェンス〉 700円 ⓘ4-413-04090-2

◇その時歴史が動いた 21 NHK取材班編 名古屋 KTC中央出版 2003.11 253p 19cm 1600円 ⓘ4-87758-279-7

◇歴史人物 あの人のその後 インターナショナル・ワークス編著 幻冬舎 2003.7 277p 15cm〈幻冬舎文庫〉 533円 ⓘ4-344-40388-6

◇発掘！意外日本史―三択クイズで読み解く歴史の裏側 河合敦監修 成美堂出版 2002.7 252p 15cm〈成美文庫〉 524

◇戦国武将にみる混迷変革期突破―人間の行動原理は昔も今も欲　米田一雄著　福岡　西日本新聞社　2001.11　254p　19cm　1524円　①4-8167-0539-2

◇日本史50の大逆転―塗り替えられた歴史の下に、もう一つの歴史がある　小和田哲男著　三笠書房　2001.2　282p　15cm　(知的生きかた文庫)〈『歴史おもしろかくれ話』再編集・改題書〉　552円　①4-8379-7156-3

◇大阪人物辞典　三善貞司編　大阪　清文堂出版　2000.11　1304, 70p　23cm　16000円　①4-7924-0499-1

◇大坂の陣名将列伝　永岡慶之助著　学習研究社　2000.9　286p　15cm　(学研M文庫)　560円　①4-05-901004-9

◇奮迅真田幸村―戦国でもっとも強い漢　学習研究社　2000.9　195p　26cm　(歴史群像シリーズ)　1600円　①4-05-602356-5

◇真田幸村　畑山博著　学陽書房　2000.2　302p　19cm　1600円　①4-313-85135-6

◇戦国武将まんだら―秘本三十六人伝　大栗丹後著　春陽堂書店　1999.8　244p　15cm　(春陽文庫)　486円　①4-394-16136-3

◇堂々日本史　第22巻　NHK取材班編　名古屋　KTC中央出版　1999.5　247p　19cm　1600円　①4-87758-115-4

◇よみがえる戦国武将伝説―男たちの生き様を感じとれ！　宝島社　1999.4　254p　21cm　(別冊宝島 433)　933円　①4-7966-9433-1

◇真田幸村風雲録　渡辺一雄著　広済堂出版　1997.9　259p　15cm　(広済堂文庫)　543円　①4-331-60604-X

◇角川日本姓氏歴史人物大辞典　20　長野県姓氏歴史人物大辞典　竹内理三ほか編纂　長野県姓氏歴史人物大辞典編纂委員会編著　角川書店　1996.11　1059p　23cm　17000円　①4-04-002200-9

◇日本を創った10人の名参謀―歴史を動かした頭脳と人間力　邦光史郎著　広済堂出版　1996.10　308p　18cm　(広済堂ブックス)　880円　①4-331-00749-9

◇真田幸村―物語と史蹟をたずねて　松永義弘著　成美堂出版　1995.10　317p　15cm　(成美文庫)　560円　①4-415-06430-2

◇戦国の名脇役たち―乱世に輝いた九つの才能　武光誠著　PHP研究所　1995.6　251p　15cm　(PHP文庫)　460円　①4-569-56770-3

◇智将真田幸村―大坂の陣に本懐を遂ぐ　阿見宏介著　PHP研究所　1995.4　352p　15cm　(PHP文庫)〈『家康と幸村』改題書〉　620円　①4-569-56746-0

◇愛憎親子列伝　日本テレビ放送網　1994.4　247p　19cm　(知ってるつもり?! 16)　1100円　①4-8203-9405-3

◇現代語訳　名将言行録　軍師編　加来耕三訳　新人物往来社　1993.11　235p　19cm　2900円　①4-404-02064-3

◇逆襲！真田幸村　典厩五郎著　横浜　光栄　1993.8　316p　19cm　(歴史ifノベルズ)　1500円　①4-87719-005-8

◇真田幸村―大阪の陣 悲運の武将　砂田弘著　講談社　1992.11　189p　18cm　(講談社 火の鳥伝記文庫 82)　490円　①4-06-147582-7

◇武将に学ぶ苦境からの脱出　松本幸夫著　総合ライフ出版　1992.11　227p　19cm　1500円　①4-88311-029-X

◇山梨百科事典　山梨日日新聞社編　増補改訂版　甲府　山梨日日新聞社　1992.7　1068, 198p　27cm〈創刊120周年記念版〉

◇戦国武将伝―リーダーたちの戦略と決断　白石一郎著　文芸春秋　1992.3　290p　15cm　(文春文庫)　420円　①4-16-737009-3

◇真田幸村　尾崎士郎著　広済堂出版　1992.2　332p　19cm　1100円　①4-331-05500-0

◇真田幸村―家康が怖れた男の生涯　佐竹申伍著　PHP研究所　1992.2　516p　15cm　(PHP文庫)　780円　①4-569-56451-8

◇怪の日本史―不死伝説の謎を解く　三谷茉沙夫著　評伝社　1991.10　267p　19cm　1600円　Ⓣ4-89371-823-1

◇戦国武将の本領　戸部新十郎著　読売新聞社　1991.1　268p　19cm　1300円　ⓉH4-643-90116-0

◇乱世を罷り通る―チャンスの機微　百瀬明治著　ダイヤモンド社　1990.12　276p　19cm　1500円　ⓉH4-478-92019-2

◇戦国の軍師たち　堀和久著　文芸春秋　1990.10　278p　15cm　(文春文庫)〈『軍師の時代』改題書〉　400円　ⓉH4-16-749502-3

◇戦国武将の管理学―歴史に基づく人事管理法　鈴木芳正著　産心社　1990.10　239p　19cm　(産心ビジネスS‐122)　1200円　ⓉH4-87920-122-7

◇真田幸村　尾崎士郎著　鱒書房　1990.9　327p　19cm　(歴史ノベルズ)　1350円　ⓉH4-89598-004-9

◇時代小説大全集　4　人物日本史　江戸新潮社編　新潮社　1990.9　600p　15cm　(新潮文庫)　600円　ⓉH4-10-120813-1

◇軍師・参謀―戦国時代の演出者たち　小和田哲男著　中央公論社　1990.6　242p　18cm　(中公新書　977)　620円　ⓉH4-12-100977-0

◇名将の社長学―信長はランチェスター法則を活かした　武田鏡村著　ビジネス社　1990.5　207p　19cm　1300円　ⓉH4-8284-0421-X

◇真田幸村―「日本一のつわもの」の光芒一閃　早乙女貢他著　プレジデント社　1990.4　330p　20cm　1400円　ⓉH4-8334-1372-8

◇家康と幸村　阿見宏介著　光風社出版　1990.2　324p　19cm　1200円　ⓉH4-87519-174-X

◇真田幸村―知将と十勇士　鈴木裕、はしもとのりお、北砂うだ絵　学習研究社　1989.12　173p　18cm　(シミュレーション歴史ブックス)　520円　ⓉH4-05-103583-2

◇真田幸村　上　海音寺潮五郎著　角川書店　1989.11　341p　15cm　(角川文庫)　470円　ⓉH4-04-127324-2

◇真田幸村　下　海音寺潮五郎著　角川書店　1989.11　343p　15cm　(角川文庫)　470円　ⓉH4-04-127325-0

◇天下平定編　桑田忠親著　秋田書店　1989.10　249p　19cm　(新編日本武将列伝　6)　1500円　ⓉH4-253-00367-2

◇真田三代記　土橋治重著　PHP研究所　1989.7　297p　15cm　(PHP文庫)　520円　ⓉH4-569-56208-6

◇長野県歴史人物大事典　赤羽篤ほか編　松本　郷土出版社　1989.7　841p　27cm　〈参考文献一覧：p820～821〉　20000円　ⓉH4-87663-126-3

◇真田幸村のすべて　小林計一郎著　新人物往来社　1989.5　268p　20cm　2300円　ⓉH4-404-01614-X

◇和歌山県史　人物　和歌山県史編さん委員会編　和歌山　和歌山県　1989.3　539,64p　22cm　非売品

◇真田幸村　上　井口朝生著　富士見書房　1989.2　267p　15cm　(時代小説文庫)　420円　ⓉH4-8291-1163-1

◇真田幸村　下　井口朝生著　富士見書房　1989.2　283p　15cm　(時代小説文庫)　420円　ⓉH4-8291-1164-X

◇戦国武将伝―リーダーたちの戦略と決断　白石一郎著　文芸春秋　1988.10　246p　19cm　1200円　ⓉH4-16-310600-6

◇紀州史散策―トンガ丸の冒険ほか　神坂次郎著　朝日新聞社　1988.9　259p　15cm　(朝日文庫)　460円　ⓉH4-02-260517-0

◇真田幸村―物語と史蹟をたずねて　松永義弘著　成美堂出版　1988.6　232p　19cm　900円　ⓉH4-415-06567-8

◇戦国武将名言集　桑田忠親著　広済堂出版　1987.11　250p　15cm　(広済堂文庫)　400円　ⓉH4-331-65026-X

◇浪人物語―逼塞の時代に人生を切り拓く男たちの実像　野村敏雄著　政界往来社　1987.11　229p　19cm　(歴史ビジネス選書)　1300円　ⓉH4-915303-25-X

◇戦国武将おもしろ大百科　山梨輝雄著　広済堂出版　1987.9　263p　13cm　(豆

たぬきの本 208)　380円　Ⓘ4-331-20108-2
◇参謀と演出―組織を活かす補佐役の智恵　佐々克明ほか著　三笠書房　1986.10　277p　19cm　(歴史に学ぶ生きかた学)　1200円　Ⓘ4-8379-1307-5
◇名将ちょっといい言葉―武将に学ぶビジネス訓　宝井琴鶴著　商業界　1986.8　261p　19cm　(まあきゅりい・ぶっくす)　1200円
◇真田三代軍記　小林計一郎著　新人物往来社　1986.6　220p　19cm　2000円　Ⓘ4-404-01346-9
◇「軍師」の研究―将を支え、組織を活かす　百瀬明治著　PHP研究所　1986.5　236p　15cm　(PHP文庫)　400円　Ⓘ4-569-26076-4
◇戦国大名系譜人名事典　東国編　山本大、小和田哲男編　新人物往来社　1985.11　555p　22cm　〈付：参考文献〉　7500円　Ⓘ4-404-01293-4
◇軍師真田幸村　近藤精一郎著　新人物往来社　1985.2　237p　20cm　〈新装版〉　1500円　Ⓘ4-404-01254-3
◇群馬県人名大事典　前橋　上毛新聞社　1982.11　926p　27cm　20000円
◇長野県百科事典　信濃毎日新聞社開発局出版部編　補訂版　長野　信濃毎日新聞社　1981.3　918p　22cm　3200円
◇郷土歴史人物事典和歌山　阪上義和著　第一法規出版　1979.10　229p　19cm　1300円
◇真田幸村　小林計一郎著　新人物往来社　1979.9　253p　20cm　〈真田幸村の肖像あり〉　1200円
◇郷土歴史人物事典長野　古川貞雄編著　第一法規出版　1978.2　242p　19cm　1200円
◇軍師真田幸村　近藤精一郎著　新人物往来社　1974　229p　20cm　980円
◇真田幸村　小林計一郎著　人物往来社　1966　253p　図版　19cm　(日本の武将 64)　480円

直江 兼続
なおえ かねつぐ

永禄3年(1560年)～元和5年(1619年)
　武将、上杉景勝の執政。越後国(新潟県)の人。幼名は与六、別名は重光、山城守を称した。樋口兼豊の長男。幼少より上杉謙信・景勝に仕え、天正10年(1582年)越後与板城主直江家をつぎ上杉家家老となる。天正16年(1588年)景勝に従って上洛し、山城守に叙任される。景勝の執政として家中を支え、関ヶ原の戦いの敗戦後は米沢藩上杉家の存続に尽力するなど内政外交の手腕にすぐれた。また、京都五山の僧らと交友したり、文禄の役で朝鮮より漢籍を持ち帰って禅林文庫を創設し、直江版として知られる「文選」61巻を刊行するなど、文化面の業績でも知られた。

　　　　＊　　　＊　　　＊

◇戦国軍師の知略―将を動かし勝機を掴む　中江克己著　青春出版社　2008.6　188p　18×11cm　(青春新書インテリジェンス)　730円　Ⓘ978-4-413-04205-5
◇戦国名物家臣列伝　川口素生著　学習研究社　2008.6　321p　15cm　(学研M文庫)　667円　Ⓘ978-4-05-901223-8
◇智勇兼備の愛武将 直江兼続　戦国歴史研究会著　PHP研究所　2008.6　223p　19cm　(戦国闘将伝)　476円　Ⓘ978-4-569-69983-7
◇直江兼続―新潟県人物小伝　花ヶ前盛明著　新潟　新潟日報事業社　2008.4　115p　21cm　〈年譜あり〉　1000円　Ⓘ978-4-86132-266-2
◇直江兼続のすべて　花ヶ前盛明編　新装版　新人物往来社　2008.4　284p　20cm　〈年譜あり　文献あり〉　2800円　Ⓘ978-4-404-03547-9
◇図解 ふるさとの戦国武将　河合敦著　学習研究社　2007.11　95p　26cm　933円　Ⓘ978-4-05-403558-7
◇「戦国武将」名将のすごい手の内―頭一つ抜け出す生き方　小和田哲男著　三笠書房　2007.9　238p　15cm　(知的生きかた文庫)　533円　Ⓘ978-4-8379-7656-1

◇直江兼続公小伝　井形朝良著　米沢　米沢御堀端史蹟保存会　2007.7　59p　19cm　500円

◇直江兼続―家康に対峙した戦国の宰相　上田史談会文, 樋口峰夫画　新潟　考古堂書店　2007.6　45p　26cm（ビジュアルふるさと風土記6）　1200円　ⓘ978-4-87499-682-9

◇直江兼続―特別展　米沢　米沢市上杉博物館　2007.4　127p　30cm〈会期・会場：2007年4月14日―6月3日　米沢市上杉博物館　肖像あり〉

◇日本史「補佐役」たちの言い分―ナンバー2こそ本当の主役　岳真也著　PHP研究所　2006.4　316p　15cm（PHP文庫）　619円　ⓘ4-569-66573-X

◇戦国武将の宣伝術―隠された名将のコミュニケーション戦略　童門冬二著　講談社　2005.12　311p　15cm（講談社文庫）　571円　ⓘ4-06-275281-6

◇名将名城伝　津本陽著　PHP研究所　2005.6　280p　19cm　1500円　ⓘ4-569-64187-3

◇戦国武将―勝者の死にざま・敗者の生きざま　岳勇士著　健友館　2002.3　170p　19cm　1600円　ⓘ4-7737-0614-7

◇直江兼続―家康に喧嘩を売った反骨の名軍師　羽生道英著　幻冬舎　2001.3　342p　15cm（幻冬舎文庫）　571円　ⓘ4-344-40087-9

◇生涯ただ一度の激怒―上杉家宰相直江兼続略伝　福米沢悟著　新風舎　2000.2　193p　16×12cm（新風選書）　1200円　ⓘ4-7974-1175-9

◇全一冊　小説直江兼続―北の王国　童門冬二著　集英社　1999.8　676p　15cm（集英社文庫）　952円　ⓘ4-08-747087-3

◇直江山城守―愛と鬼謀の軍師　井口朝生著　新装版　春陽堂書店　1999.7　326p　15cm（春陽文庫）〔『青雲乱雲』改題書〕　581円　ⓘ4-394-12910-9

◇正伝直江兼続　関ヶ原戦縦横　渡辺三省著, 渡辺三省著　恒文社　1999.6　444p　22cm　5800円　ⓘ4-7704-0994-X

◇軍師と家老―ナンバー2の研究　鈴木亨著　中央公論新社　1999.2　307p　15cm（中公文庫）　667円　ⓘ4-12-203354-3

◇直江兼続―宿敵・家康も惚れた名軍師　中村晃著　PHP研究所　1995.5　314p　15cm（PHP文庫）〔『大軍師直江山城守』改題書〕　540円　ⓘ4-569-56758-4

◇歴史に学ぶ危機管理　童門冬二著　丸善　1994.10　242p　18cm（丸善ライブラリー　138）　680円　ⓘ4-621-05138-5

◇北の謀将　山田文夫著　日本図書刊行会, 近代文芸社〔発売〕　1994.9　182p　19cm　1300円　ⓘ4-7733-3267-0

◇現代語訳　名将言行録　軍師編　加来耕三訳　新人物往来社　1993.11　235p　19cm　2900円　ⓘ4-404-02064-3

◇謀将　直江兼続　上　南原幹雄著　角川書店　1993.11　394p　19cm　1500円　ⓘ4-04-872779-6

◇謀将　直江兼続　下　南原幹雄著　角川書店　1993.11　402p　19cm　1500円　ⓘ4-04-872780-X

◇安吾史譚―七つの人生について　坂口安吾著　PHP研究所　1993.9　204p　15cm（PHP文庫）　460円　ⓘ4-569-56577-8

◇才幹の人間学―智謀の群像たち　士は己を知る者の為に死す　南条範夫著　ベストセラーズ　1993.5　255p　15cm（ワニ文庫）　530円　ⓘ4-584-37004-4

◇直江兼続のすべて　花ケ前盛明編　新人物往来社　1993.5　284p　20cm　2800円　ⓘ4-404-02009-0

◇勝者に論理あり　敗者に美学あり―歴史を駆けぬけた十二人の生きざま　青木茂著　中央経済社　1992.10　264p　19cm　1800円　ⓘ4-502-52061-6

◇茶道人物辞典　原田伴彦編　柏書房　1991.1　290, 22p　22cm〈新装版〉　4944円　ⓘ4-7601-0620-0

◇魅力あるリーダーとは―歴史の中の肖像　加来耕三著　日本経済新聞社　1990.9　241p　19cm　1300円　ⓘ4-532-09614-6

◇歴史の仕掛人―日本黒幕列伝　童門冬二著　読売新聞社　1990.9　296p　19cm

◇直江兼続伝　渡部恵吉ほか著　米沢　米沢信用金庫　1989.12　449p　18cm　(米沢信用金庫叢書 3)〈米沢市制100周年記念　直江兼続の肖像あり〉　1300円　①4-643-90073-3

◇戦国のブレーン学―トップを支える知恵と心　大和勇三著　世界文化社　1988.4　220p　19cm　(BIGMANビジネスブックス)　1300円　①4-418-88605-2

◇武将の階段―謙信と直江山城守　永岡慶之助著〔新装版〕春陽堂書店　1988.3　245p　15cm　(春陽文庫)　440円　①4-394-14502-3

◇事例研究　補佐役　下村彰義著　日本能率協会　1987.11　194p　19cm　1200円　①4-8207-0445-1

◇新編庄内人名辞典　庄内人名辞典刊行会編　鶴岡　庄内人名辞典刊行会　1986.11　781p　19cm　〈監修：大瀬欽哉　参考資料目録：p669～690〉　3500円

◇大軍師直江山城守　中村晃著　叢文社　1986.6　234p　19cm　(現代を拓く歴史名作シリーズ)　1500円　①4-7947-0139-X

◇「軍師」の研究―将を支え、組織を活かす　百瀬明治著　PHP研究所　1986.5　236p　15cm　(PHP文庫)　400円　①4-569-26076-4

◇会津大事典　会津事典編纂会編纂　国書刊行会　1985.12　697, 77p　図版12枚　31cm　〈発売：文栄堂書店(会津若松)〉　20000円

◇山形県大百科事典　山形放送株式会社, 山形県大百科事典事務局編　山形　山形放送　1983.6　2冊(別冊とも)　31cm　〈別冊(308p 30cm)：資料編〉　25000円

◇群馬県人名大事典　前橋　上毛新聞社　1982.11　926p　27cm　20000円

◇直江兼続とその時代　渡辺三省著　三条　野島出版　1980.10　265p　22cm　〈直江兼続の肖像あり〉　5800円

◇直江山城守　福本日南著　歴史図書社　1980.3　270p　22cm　〈明治43年刊の複製　限定版〉　4500円

◇新潟県大百科事典　新潟日報事業社編　新潟　新潟日報事業社　1977.1～9　3冊(別巻とも)　27cm　全32000円

◇和漢詩歌作家辞典　森忠重著　みづほ出版　1972　952p　図　19cm　〈日中対照文化・文学史年表：p.921-952〉　3500円

◇直江兼続伝　木村徳衛著　熱海　木村益子　1969　924, 24p　図版12枚　22cm　〈昭和19年刊(私家版)の複製〉　非売

◇ふるさとの歴史と人物を語る―上杉謙信, 直江兼続, 雲井竜雄　木村武雄述　土屋書店　1968　304p　図版　19cm　550円

上杉 景勝
うえすぎ かげかつ

弘治元年(1555年)～元和9年(1623年)

出羽米沢藩主。越後国(新潟県)の人。幼名は卯松、初名は顕景、通称は喜平次。出羽米沢藩主長尾政景の二男で、叔父上杉謙信の養子となる。天正6年(1578年)謙信の死後、もう一人の養子上杉景虎と家督を争い(御館(おたて)の乱)、翌年景虎を倒して謙信の遺領を継承。越後春日山城を本拠とし、越後、佐渡、越中、能登を支配。本能寺の変後は豊臣秀吉に仕え、小田原征伐や朝鮮の役などに出陣。豊臣五大老の一人となり、慶長3年(1598年)会津若松に120万石を領したが、慶長5年(1600年)関ヶ原の戦いでは、石田三成に呼応して徳川家康討伐の兵を挙げて敗北。翌年出羽米沢藩30万石に減封となり、徳川支配下の大名となった。大坂の陣では徳川方として参陣した。

　　　　　＊　　＊　　＊

◇戦国武将からの手紙―乱世に生きた男たちの素顔　吉本健二著　学習研究社　2008.5　300p　15cm　(学研M文庫)〈『手紙から読み解く戦国武将意外な真実』改稿・改題書〉　667円　①978-4-05-901220-7

◇図解　ふるさとの戦国武将　河合敦著　学習研究社　2007.11　95p　26cm　933円　①978-4-05-403558-4

◇上杉謙信に学ぶ事業承継　北見昌朗著　幻冬舎　2007.6　222p　20cm　〈年表あ

◇上杉氏年表—為景・謙信・景勝　池享，矢田俊文編　増補改訂版　高志書院　2007.3　247, 30p　21cm　2500円　⓪978-4-86215-019-6

◇上杉謙信—信長も畏怖した戦国最強の義将　相川司著　新紀元社　2007.1　254p　21cm　(Truth in history 10)　〈年表あり〉　1800円　⓪978-4-7753-0524-9

◇上杉景勝—転換の時代を生き抜いた人生　開館五周年記念特別展　米沢　米沢市上杉博物館　2006.4　160p　30cm　〈会期・会場：2006年4月22日—6月11日　米沢市上杉博物館　肖像あり　年譜あり　年表あり　文献あり〉

◇図解 関ヶ原に学ぶ勝負の法則—天下を分けた戦国最大の合戦　『歴史街道』編集部編　PHP研究所　2006.4　107p　26cm　800円　⓪4-569-64957-2

◇米沢藩—伊達から上杉。大削封の中で艱難辛苦。矜持を保ち、鷹山の改革思想は脈々と続く。　小野栄著　現代書館　2006.2　206p　21×14cm　(シリーズ藩物語)　1600円　⓪4-7684-7104-8

◇越後 上杉一族　花ケ前盛明著　新人物往来社　2005.9　257p　19cm　2800円　⓪4-404-03265-X

◇上杉景勝—越後の雄としての誇りに生きた名将　星亮一著　PHP研究所　2003.1　299p　15cm　(PHP文庫)　533円　⓪4-569-57875-6

◇戦国のコミュニケーション—情報と通信　山田邦明著　吉川弘文館　2002.1　276p　19cm　3200円　⓪4-642-07782-0

◇上杉景勝伝—上杉氏入部400年・上杉鷹山公生誕250年記念　小野栄著　米沢　米沢信用金庫　2001.9　225p　図版12枚　18cm　(米沢信用金庫叢書 4)　〈年表あり〉

◇大坂の陣名将列伝　永岡慶之助著　学習研究社　2000.9　286p　15cm　(学研M文庫)　560円　⓪4-05-901004-9

◇仮説・関ケ原合戦　村田一司著　文芸社　2000.4　189p　19cm　1200円　⓪4-88737-959-5

◇関ヶ原から大坂の陣へ　小和田哲男著　新人物往来社　1999.12　247p　19cm　2800円　⓪4-404-02844-X

◇戦国武将まんだら—秘本三十六人伝　大栗丹後著　春陽堂書店　1999.8　244p　15cm　(春陽文庫)　486円　⓪4-394-16136-3

◇歴史に学ぶ「勝者」の組織革命　堺屋太一著　集英社　1999.7　265p　15cm　(集英社文庫)　476円　⓪4-08-747084-9

◇会津陣物語　松田稔著　勉誠出版　1999.5　233p　19cm　(日本合戦騒動叢書 16)　2500円　⓪4-585-05116-3

◇覚上公御書集　上　上杉景勝著　京都　臨川書店　1999.5　437p　27cm　〈東京大学文学部蔵の複製〉　⓪4-653-03546-6, 4-653-03544-X

◇覚上公御書集—東京大学文学部蔵　下　上杉景勝著　京都　臨川書店　1999.5　430p　27cm　〈東京大学文学部蔵の複製〉　⓪4-653-03547-4, 4-653-03544-X

◇謙信公御書集・覚上公御書集　東京大学文学部蔵，山田邦明解説　京都　臨川書店　1999.5　3冊(セット)　26cm　60000円　⓪4-653-03544-X

◇角川日本姓氏歴史人物大辞典　20　長野県姓氏歴史人物大辞典　竹内理三ほか編纂　長野県姓氏歴史人物大辞典編纂委員会編著　角川書店　1996.11　1059p　23cm　17000円　⓪4-04-002200-9

◇上杉景勝のすべて　花ケ前盛明編　新人物往来社　1995.2　347p　20cm　3000円　⓪4-404-02180-1

◇富山大百科事典　富山大百科事典編集事務局編　富山　北日本新聞社　1994.8　2冊　27cm　全45000円

◇山梨百科事典　山梨日日新聞社編　増補改訂版　甲府　山梨日日新聞社　1992.7　1068, 198p　27cm　〈創刊120周年記念版〉

◇戦国 名将の条件・参謀の条件　百瀬明治著　PHP研究所　1992.2　251p　15cm　(PHP文庫)　480円　⓪4-569-56442-9

◇上杉謙信　花ケ前盛明著　新人物往来社　1991.11　409p　20cm　2000円　①4-404-01865-7

◇中世をひろげる―新しい史料論をもとめて　石井進編　吉川弘文館　1991.11　406p　21cm　5800円　①4-642-02638-X

◇茶道人物辞典　原田伴彦編　柏書房　1991.1　290, 22p　22cm　〈新装版〉　4944円　①4-7601-0620-0

◇東西決戦編　桑田忠親著　秋田書店　1989.10　238p　19cm　(新編 日本武将列伝 5)　1500円　①4-253-00366-4

◇戦国武将の危機管理―生死を賭けた戦乱の行動原理とは　新宮正春著　PHP研究所　1989.8　229p　19cm　1050円　①4-569-52568-7

◇長野県歴史人物大事典　赤羽篤ほか編　松本　郷土出版社　1989.7　841p　27cm　〈参考文献一覧：p820～821〉　20000円　①4-87663-126-3

◇覇者の条件　大石慎三郎編　第一法規出版　1988.6　158p　30cm　(戦乱の日本史 第11巻)　3500円　①4-474-10141-3

◇関ケ原合戦写真集　安藤英男著　新人物往来社　1988.3　243p　26cm　7800円　①4-404-01481-3

◇関ケ原の戦い―運命を決する頭脳戦略　二木謙一, 古川薫, 津本陽, 光瀬竜, 大和勇三著　世界文化社　1987.10　220p　19cm　1300円　①4-418-87607-3

◇新編庄内人名辞典　庄内人名辞典刊行会編　鶴岡　庄内人名辞典刊行会　1986.11　781p　19cm　〈監修：大瀬欽哉　参考資料目録：p669～690〉　3500円

◇中世越後の歴史―武将と古城をさぐる　花ケ前盛明著　新人物往来社　1986.10　406p　19cm　2000円　①4-404-01388-4

◇戦国大名系譜人名事典　西国編　山本大, 小和田哲男編　新人物往来社　1986.1　563p　22cm　7500円　①4-404-01316-7

◇会津大事典　会津事典編纂会編纂　国書刊行会　1985.12　697, 77p　図版12枚　31cm　〈発売：文栄堂書店(会津若松)〉　20000円

◇山形県大百科事典　山形放送株式会社, 山形県大百科事典事務局編　山形　山形放送　1983.6　2冊(別冊とも)　31cm　〈別冊(308p 30cm)：資料編〉　25000円

◇群馬県人名大事典　前橋　上毛新聞社　1982.11　926p　27cm　20000円

◇戦国大名家臣団事典　東国編　山本大, 小和田哲男編　新人物往来社　1981.8　427p　22cm　6800円

◇福島大百科事典　福島民報社福島大百科事典発行本部編　福島　福島民報社　1980.11　1206p 図版16枚　31cm　〈折り込図1枚 付(別冊 61p 30cm)：追録版〉　20000円

◇新潟県大百科事典　新潟日報事業社編　新潟　新潟日報事業社　1977.1～9　3冊(別巻とも)　27cm　全32000円

阿茶局
あちゃのつぼね

弘治元年(1555年)～寛永14年(1637年)1月22日

徳川家康の側室。本姓は飯田。名は須和。号は雲光院。武田信玄の家臣飯田直政の娘で、今川氏の家臣神尾弥兵衛忠重の妻となる。天正5年(1577年)忠重の没後、徳川家康に側室として仕え、その才知によって寵愛を受ける。大坂冬の陣では徳川方の使者として和議の交渉にあたったほか、徳川秀忠の娘、和子の入内の際には母代わりとして上洛した。元和9年(1623年)皇女(明正天皇)誕生の際に、後水尾天皇より従一位に叙され、神尾一位の局といわれた。秀忠没後は仏門に入った。

　　　　　＊　　　＊　　　＊

◇時代を変えた女たち　童門冬二著　潮出版社　2004.7　280p　19cm　1700円　①4-267-01705-0

◇日本女性人名辞典　日本図書センター　1993.6　1274p　27cm　〈監修：芳賀登ほか〉　26780円　①4-8205-7128-1

真田 信之
さなだ のぶゆき

永禄9年(1566年)～万治元年(1658年)10月17日 武将。真田昌幸の長男。甲斐国甲府(山梨県)の人。初名は信幸。通称源三郎、伊豆守。初め人質として徳川家康のもとに送られた。その後、本多忠勝の娘を妻とし、文禄2年(1593年)伊豆守に叙任され上野沼田城主となる。慶長5年(1600年)関ヶ原の戦いでは東軍に属し、戦後、西軍に属した父や弟の助命に尽くす。その後、信濃上田藩9万5000石に入封、大坂の陣で軍功をあげ、元和8年(1622年)信濃松代藩10万5000石に移封。新田開発や城下町の整備など藩政に尽力して松代藩の基礎を固めた。

　　　　＊　　＊　　＊

◇戦国武将からの手紙―乱世に生きた男たちの素顔　吉本健二著　学習研究社　2008.5　300p　15cm　(学研M文庫)〈『手紙から読み解く戦国武将意外な真実』改稿・改題書〉　667円　①978-4-05-901220-7

◇古人往来　森銑三著, 小出昌洋編　中央公論新社　2007.9　307p　15cm　(中公文庫)　857円　①978-4-12-204914-7

◇真説・智謀の一族 真田三代　三池純正著　洋泉社　2006.6　279p　18cm　(新書y)　820円　①4-86248-039-X

◇真田一族―家康が恐れた最強軍団　相川司著　新紀元社　2005.7　271p　21cm　(Truth In History 5)　1800円　①4-7753-0406-2

◇しぶとい戦国武将伝　外川淳著　河出書房新社　2004.1　237p　19cm　1600円　①4-309-22409-1

◇角川日本姓氏歴史人物大辞典　20　長野県姓氏歴史人物大辞典　竹内理三ほか編纂　長野県姓氏歴史人物大辞典編纂委員会編著　角川書店　1996.11　1059p　23cm　17000円　①4-04-002200-9

◇角川日本姓氏歴史人物大辞典　10　群馬県姓氏家系大辞典　竹内理三ほか編纂　群馬県姓氏家系大辞典編纂委員会編著　角川書店　1994.12　773p　23cm　14800円　①4-04-002100-2

◇戦国武将伝―リーダーたちの戦略と決断　白石一郎著　文芸春秋　1992.3　290p　15cm　(文春文庫)　420円　①4-16-737009-3

◇長野県歴史人物大事典　赤羽篤ほか編　松本　郷土出版社　1989.7　841p　27cm　〈参考文献一覧：p820～821〉　20000円　①4-87663-126-3

◇名将ちょっといい言葉―武将に学ぶビジネス訓　宝井琴鶴著　商業界　1986.8　261p　19cm　(まあきゅりい・ぶっくす)　1200円

◇真田三代軍記　小林計一郎著　新人物往来社　1986.6　220p　19cm　2000円　①4-404-01346-9

◇戦国大名系譜人名事典　東国編　山本大, 小和田哲男編　新人物往来社　1985.11　555p　22cm　〈付：参考文献〉　7500円　①4-404-01293-4

◇群馬県人名大事典　前橋　上毛新聞社　1982.11　926p　27cm　20000円

◇長野県百科事典　信濃毎日新聞社開発局出版部編　補訂版　長野　信濃毎日新聞社　1981.3　918p　22cm　3200円

◇郷土歴史人物事典群馬　萩原進著　第一法規出版　1978.10　266p　19cm　1300円

◇郷土歴史人物事典長野　古川貞雄編著　第一法規出版　1978.2　242p　19cm　1200円

北　陸

朝倉 孝景
あさくら たかかげ

正長元年(1428年)～文明13年(1481年)

武将。越前国の大名。朝倉家景の嫡男。幼名は小太郎。法名英林宗雄。教景・敏景とも称した。斯波家の三老臣の一人。応仁の乱では西軍に属したが、細川勝元から越前守護職の約束を得て東軍に寝返り、応仁3年(1471年)斯波氏に代わって守護職となって一乗谷に築城、そこを本拠地として越前を治めた。永正10年(1513年)六角氏を破り、将軍足利義稙の還京に成功。大永7年(1527年)三好氏と争い勝利を得、のち相伴衆となる。晩年、家訓「朝倉孝景条々」を制定し、下克上時代の大名にふさわしい人材登用法や迷信打破の意向を示した。

　　　　＊　　　＊　　　＊

◇人事の日本史　遠山美都男, 関幸彦, 山本博文著　新潮社　2008.4　390p　15cm（新潮文庫）　552円　①978-4-10-116443-4
◇武将を支えた禅の教え　童門冬二著　青春出版社　2004.10　270p　19cm　1500円　①4-413-02170-3
◇乱世を生きぬいた漢たち 戦国武将55の名言　秋庭道博著　学習研究社　2001.12　230p　15cm（学研M文庫）　530円　①4-05-901098-7
◇角川日本姓氏歴史人物大辞典　17　石川県姓氏歴史人物大辞典　竹内理三ほか編纂　石川県姓氏歴史人物大辞典編纂委員会編著　角川書店　1998.12　633p　23cm　18000円　①4-04-002170-3
◇越前 朝倉一族　松原信之著　新人物往来社　1996.11　255p　19cm　2800円　①4-404-02412-6
◇歴史を変えた野望の戦国史―国盗りに賭けた勇将たちの決断　寺林峻著　日本文芸社　1993.5　251p　15cm（にちぶん文庫）　480円　①4-537-06223-1
◇福井県大百科事典　福井新聞社百科事典刊行委員会編　福井　福井新聞社　1991.6　1167p 図版16枚　27cm〈付(地図1枚袋入)：福井県全図〉　30000円
◇茶道人物辞典　原田伴彦編　柏書房　1991.1　290, 22p　22cm〈新装版〉　4944円　①4-7601-0620-0
◇群雄割拠編　桑田忠親著　秋田書店　1989.10　254p　19cm（新編 日本武将列伝 3）　1500円　①4-253-00364-8
◇家訓で活かす経営戦略　童門冬二著　六興出版　1987.11　202p　19cm　980円　①4-8453-8082-X
◇戦国武将名言集　桑田忠親著　広済堂出版　1987.11　250p　15cm（広済堂文庫）　400円　①4-331-65026-X
◇戦国武将の家訓　佐藤和夫著　新人物往来社　1986.9　300p　19cm　2300円　①4-404-01382-5
◇戦国大名系譜人名事典　西国編　山本大, 小和田哲男編　新人物往来社　1986.1　563p　22cm　7500円　①4-404-01316-7
◇郷土歴史人物事典福井　中川平常ほか編　第一法規出版　1985.6　345p　19cm〈監修：印牧邦雄　人物年表・参考文献：p325～336〉　2400円

朝倉 義景
あさくら よしかげ

天文2年(1533年)～天正元年(1573年)8月20日　武将。越前国(福井県)の人。別

名は朝倉延景、通称は孫次郎。朝倉孝景の子。天文17年(1548年)父孝景の死により16歳で領国支配を受け継ぐ。天文21年(1552年)将軍足利義輝から義の字を与えられ義景を名乗る。加賀の一向一揆との争いにおいて、越後の上杉謙信と攻守同盟を結んで、挟撃をもくろみ何度も加賀に出陣。弘治元年(1555年)朝倉教景に加賀を攻撃させて半国を押さえる。永禄11年(1568年)管領代となる。永禄8年(1565年)将軍義輝が松永久秀に殺されると、弟の義昭を一乗谷に迎え入れたが、奉じて上洛する意志がなかったため、義昭は織田信長とともに上洛。織田信長と対立し、本願寺教如に娘を嫁してこれと結び、浅井長政、武田信玄らと反信長勢力を形成。越前金崎要害を落とされたところを浅井長政の挙兵に助けられたが、浅井・朝倉連合軍は姉川の戦いで敗れて信長と和睦。さらに、天正元年(1573年)信長の越前侵攻(刀衝坂の合戦)で敗れて居城一乗谷で自害し、これにより朝倉氏は滅亡した。城下一乗谷は特別史跡として史跡公園になっている。

◇戦国城塞伝――十二の城の物語　津本陽著　PHP研究所　2005.4　297p　15cm（PHP文庫）　552円　④4-569-66372-9

◇朝倉義景のすべて　松原信之編　新人物往来社　2003.8　295p　20cm〈年譜あり　文献あり〉　2800円　④4-404-03133-5

◇戦国武将・あの人の「その後」――「関ヶ原」「本能寺」…事件が変えた男たちの運命　日本博学倶楽部著　PHP研究所　2002.9　244p　15cm（PHP文庫）　552円　④4-569-57777-6

◇戦国のコミュニケーション――情報と通信　山田邦明著　吉川弘文館　2002.1　276p　19cm　3200円　④4-642-07782-0

◇「もしも…」の日本戦国史　高野澄著　ベストセラーズ　2001.10　262p　18cm（ベスト新書）　680円　④4-584-12019-6

◇角川日本姓氏歴史人物大辞典　17　石川県姓氏歴史人物大辞典　竹内理三ほか編纂　石川県姓氏歴史人物大辞典編纂委員会編　角川書店　1998.12　633p　23cm　18000円　④4-04-002170-3

◇戦国の武将三十人　桑田忠親著　新人物往来社　1996.8　254p　19cm〈『武将伝戦国の史話』改題書〉　2500円　④4-404-02364-2

◇朝倉始末記　藤居正規著　勉誠社　1994.6　266p　20cm（日本合戦騒動叢書 4）　2660円　④4-585-05104-X

◇危機を乗り切るここ一番の決断力　百瀬明治著　ベストセラーズ　1993.12　271p　18cm（ベストセラーシリーズ・ワニの本　880）　820円　④4-584-00880-9

◇謎の人物日本史――謀略・事件・騒動の驚くべき舞台裏　桑田忠親著　広済堂出版　1992.2　249p　18cm（広済堂ブックス）　780円　④4-331-00555-0

◇福井県大百科事典　福井新聞社百科事典刊行委員会編　福井　福井新聞社　1991.6　1167p　図版16枚　27cm〈付(地図1枚袋入)：福井県全図〉　30000円

◇茶道人物辞典　原田伴彦編　柏書房　1991.1　290, 22p　22cm〈新装版〉　4944円　④4-7601-0620-0

◇織田信長と越前一向一揆　辻川達雄著　誠文堂新光社　1989.5　267p　19cm　2100円　④4-416-88906-2

◇戦国武将に学ぶ決断の時　玉木重輝著　鈴木出版　1988.7　252p　19cm　1400円　④4-7902-9010-7

◇朝倉義景　水藤真著　吉川弘文館　1986.12　235p　19cm（人物叢書）〈朝倉義景の肖像あり　新装版　叢書の編者：日本歴史学会〉　1500円　④4-642-05060-4

◇戦国武将の謎――日本史の旅　駒敏郎著　祥伝社　1986.9　221p　15cm（ノン・ポシェット）　380円　④4-396-31009-9

◇戦国帝王学・決断・先見・調整　佐々克明著　三笠書房　1986.5　242p　19cm　1000円　④4-8379-1296-6

◇戦国大名系譜人名事典　西国編　山本大、小和田哲男編　新人物往来社　1986.1

563p 22cm 7500円 ④4-404-01316-7
◇郷土歴史人物事典福井 中川平常ほか編 第一法規出版 1985.6 345p 19cm 〈監修:印牧邦雄 人物年表・参考文献:p325～336〉 2400円
◇朝倉義景 水藤真著 吉川弘文館 1981.10 235p 18cm（人物叢書 182）〈朝倉義景の肖像あり 叢書の編者:日本歴史学会〉 1100円

佐々木 小次郎
ささき こじろう

文禄4年(1595年)?～慶長17年(1612年)
剣術家。越前国(福井県)の人。幼名は久三郎、通称は巌流、岸柳、岸流。越前国浄教寺(一説に周防国岩田)の生れで、中条流の名人富田勢源の高弟というのが通説。勢源は1尺5寸の小太刀を使ったが、小次郎は3尺余りの大太刀で訓練したため、長剣"物干ざお"を使うようになったという。のち一流を立てて巌流と号し、諸国を武者修行して"燕返し"の剣法を案出。慶長17年(1612年)宮本武蔵と巌流島で決闘して敗れたと伝えられる。小倉細川家、或は安芸毛利家の兵法師範を務めたとされるが、武蔵の「五輪書」に小次郎は登場せず、武蔵の弟子がまとめた「二天記」に登場することから、実在を疑問視する説もある。

＊　＊　＊

◇ライバル対決で読む日本史—古代から近代まで、歴史を作った名勝負 菊池道人著 PHP研究所 2006.8 95p 26cm 952円 ④4-569-65501-7
◇日本の歴史ライバル人物伝—科学・歴史人物伝 2 ながいのりあき漫画、川口素生構成・解説 小学館 2004.10 191p 19cm（小学館学習まんがシリーズ）743円 ④4-09-296302-5
◇剣豪伝 天の巻 歴史を旅する会著 講談社 2003.8 314p 15cm（講談社文庫）533円 ④4-06-273830-9
◇発掘!武蔵&小次郎—歴史小事典 小和田哲男監修 日本放送出版協会 2002.12 223p 18cm 〈構成:久保田英一 折り込1枚 年表あり〉 1000円 ④4-14-080738-5
◇剣の達人111人データファイル 新人物往来社編 新人物往来社 2002.11 342p 21cm 1600円 ④4-404-02993-4
◇佐々木小次郎—出自・つばめ返し・巌流島の真実 川口素生著 アーツアンドクラフツ 2002.10 269p 19cm 1700円 ④4-901592-14-9
◇日本剣豪列伝 江崎俊平, 志茂田誠諦著 学習研究社 2001.12 348p 15cm（学研M文庫）700円 ④4-05-901094-4
◇佐々木小次郎 高橋義夫著 集英社 1999.7 275p 21cm 1700円 ④4-08-774415-9
◇自説岩流佐々木小次郎 上村道子著 日本図書刊行会 1994.8 77p 19cm 〈発売:近代文芸社〉 1000円 ④4-7733-3224-7
◇江戸人物伝 白石一郎著 文芸春秋 1993.1 206p 19cm 1200円 ④4-16-347130-8
◇柳生但馬守 柴田錬三郎著 文芸春秋 1992.8 270p 15cm（文春文庫）400円 ④4-16-714313-5
◇「巌流島の決闘」その虚実—武蔵は公儀隠密であった 沢忠宏著 近代文芸社 1991.8 222p 20cm 1800円 ④4-7733-1165-7
◇秘伝兵法二十七番 戸部新十郎著 読売新聞社 1988.3 250p 19cm 1200円 ④4-643-88017-1
◇成功とツキを招く大脳5段活用 井口正彦著 産心社 1986.6 223p 19cm（産心ビジネス）980円 ④4-87920-101-4

前田 利長
まえだ としなが

永禄5年(1562年)～慶長19年(1614年)5月20日
武将。加賀藩第2代藩主。加賀国(石川県)の人。幼名は犬千代、初名利勝。通称は孫四郎。前田利家の長男。父と共に織田信長、のち豊臣秀吉に仕える。秀吉の九州征伐、小田原征伐に従軍し、文禄の役では豊臣秀次に属して京都を守護した。慶長4年(1599年)父の遺領をついで加賀藩

主となり、父に代わって豊臣五大老に列する。謀反の風評が広まったため、母の芳春院を徳川家康に人質として差し出し、誓書を書いた。慶長5年(1600年)関ヶ原の戦いでは東軍に属して功をあげ、戦後、加賀・能登・越中3ヵ国119万石の大大名となった。慶長14年(1609年)高岡城を築いた。茶人としては千利休の弟子。

　　　　　＊　　＊　　＊

◇歴史に魅せられて―異能集団のエッセイ集　史遊会編　彩流社　2005.2　413p　19cm　2800円　①4-88202-975-8

◇書府太郎―石川県大百科事典「改訂版」上巻〈人物/歴史/文化財/宗教/民俗・生活/医療・福祉〉　金沢　北国新聞社　2004.11　878p　27cm　19000円　①4-8330-1382-7

◇利家・利長・利常―前田三代の人と政治　見瀬和雄著　金沢　北国新聞社　2002.3　226p　19cm　1800円　①4-8330-1204-9

◇加賀繁盛記―史料で読む藩主たちの攻防　山本博文著　日本放送出版協会　2001.12　247p　19cm　1500円　①4-14-080643-5

◇歴史よもやま話 加賀藩百万石の智恵　中村彰彦著　日本放送出版協会　2001.12　220p　19cm　1300円　①4-14-080644-3

◇加賀百万石物語　酒井美意子著　角川書店　2001.10　283p　15cm（角川ソフィア文庫）　619円　①4-04-360901-9

◇加賀百万石　津本陽著　講談社　1999.9　467p　15cm（講談社文庫）　695円　①4-06-264661-7

◇歴史に学ぶ「生き残り」の奇襲戦略　童門冬二著　集英社　1999.9　269p　15cm（集英社文庫）　476円　①4-08-747086-5

◇前田利家・利長軍記　青山克弥著　勉誠出版　1999.5　242p　19cm（日本合戦騒動叢書 14）　2500円　①4-585-05114-7

◇角川日本姓氏歴史人物大辞典　17　石川県姓氏歴史人物大辞典　竹内理三ほか編纂　石川県姓氏歴史人物大辞典編纂委員会編著　角川書店　1998.12　633p　23cm　18000円　①4-04-002170-3

◇富山大百科事典　富山大百科事典編集事務局編　富山　北日本新聞社　1994.8　2冊　27cm　全45000円

◇角川日本姓氏歴史人物大辞典　16　富山県姓氏家系大辞典　竹内理三ほか編纂　富山県姓氏家系大辞典編纂委員会編著　角川書店　1992.7　749p　23cm　〈富山県略年表・参考文献一覧：p685～715〉　14000円　①4-04-002160-6

◇茶道人物辞典　原田伴彦編　柏書房　1991.1　290,22p　22cm　〈新装版〉　4944円　①4-7601-0620-0

◇戦国大名系譜人名事典　西国編　山本大,小和田哲男編　新人物往来社　1986.1　563p　22cm　7500円　①4-404-01316-7

東　海

東 常縁
とう つねより

応永8年(1401年)～明応3年(1494年)4月18日
武将、歌人、歌学者、美濃郡上郡篠脇城主。本姓は平、別称は東野州、法号は素伝。下野守益之の子。美濃郡上郡篠脇を支配し、康正元年(1455年)下総千葉氏の分裂紛争の際には幕命により千葉康胤を討ち、文明元年(1469年)美濃に帰国。代々二条派の歌人であった東家に伝わる歌学を学び、清巌正徹・堯孝に師事して二条派歌学を集成。文明3年(1471年)宗祇に「古今和歌集」を講釈し秘事を口伝、これが"古今伝授"の初めとされる。歌学書に「東野州聞書」「東野州消息」、家集に「常縁集」「東縁詠草」など。

＊　　＊　　＊

◇東常縁　井上宗雄, 島津忠夫編　大阪　和泉書院　1994.11　185p　22cm　〈東常縁の肖像あり〉　3605円　①4-87088-696-0
◇千葉大百科事典　千葉日報社編　千葉　千葉日報社　1982.3　1070p 図版102枚　31cm　〈折り込図1枚　付(別冊 152p 30cm)〉　23000円
◇郷土歴史人物事典岐阜　吉岡勲編著　第一法規出版　1980.12　245p　19cm　1400円
◇郷土歴史人物事典千葉　高橋在久編著　第一法規出版　1980.1　218p　19cm　〈人物年表：p199〜208　参考文献：p209〜211〉　1300円
◇和漢詩歌作家辞典　森忠重著　みづほ出版　1972　952p 図　19cm　〈日中対照文化・文学史年表：p.921-952〉　3500円
◇岐阜県百科事典　岐阜県百科事典制作委員会著　岐阜　岐阜日日新聞社　1968　2冊　27cm　11500円

◇東常縁　河村定芳著　八幡町(岐阜県上郡)　東常縁顕彰会　1957　201p　18cm

足利 義澄
あしかが よしずみ

文明12年(1480年)～永正8年(1511年)8月14日
室町幕府第11代将軍。伊豆国に生まれる。初名は義遐(よしとお)、のち義高。法名は清晃。法号は法住院。堀越公方足利政知の二男、母は武者小路隆光の娘。延徳3年(1491年)京都天竜寺塔頭香厳院の喝食(かっしき)となり、清晃と称した。明応2年(1493年)細川政元に擁立され、還俗して義澄と改名し、翌年将軍に就任。しかし政元の傀儡であったため、政元が暗殺されると幕政は混乱。永正5年(1508年)大内義興に奉ぜられた前将軍義稙の再上洛により近江に逃亡し、大友氏の協力を得て京都を回復しようとしたが、果せぬまま没した。

＊　　＊　　＊

◇角川日本姓氏歴史人物大辞典　26　京都市姓氏歴史人物大辞典　竹内理三ほか編纂　京都市姓氏歴史人物大辞典編纂委員会編著　角川書店　1997.9　909p　23cm　①4-04-002260-2
◇中世の旅人たち　丸茂武重著　六興出版　1987.5　237p　19cm　1800円　①4-8453-8075-7
◇京都大事典　佐和隆研ほか編集　京都　淡交社　1984.11　1083, 91p　27cm　12000円　①4-473-00885-1

今川 氏親
いまがわ うじちか

文明5年(1473年)～大永6年(1526年)
武将。駿河国(静岡県)の人。駿河守護職今川義忠の子、母は北条早雲の妹北川殿。今川義元の

父。幼名は龍王丸。通称は彦五郎、修理大夫、上総介。文明8年(1476年)父の戦死により家督をめぐる内紛が生じたが、伯父北条早雲の斡旋で内乱をおさめ、文明11年(1479年)家督を相続。駿河守護を経て、永正5年(1508年)遠江守護となり、永正14年(1517年)引馬城に斯波義達を破って遠江の守護大名となる。内政面では、大永4年(1524年)遠江で検地を実施し、大永6年(1526年)分国法「今川仮名目録」を制定するなど、領国支配の安定化に努め、駿遠両国の戦国大名へと今川氏が発展する基礎を築いた。

＊　　＊　　＊

◇戦国大名今川氏と領国支配　久保田昌希著　吉川弘文館　2005.2　398, 12p　21cm　11000円　①4-642-02839-0

◇戦国幻野―新・今川記　皆川博子著　講談社　1998.9　685p　15cm　(講談社文庫)　952円　①4-06-263879-7

◇角川日本姓氏歴史人物大辞典　22　静岡県姓氏家系大辞典　竹内理三ほか編纂　静岡県姓氏家系大辞典編纂委員会編著　角川書店　1995.12　731p　23cm　16000円

◇静岡県歴史人物事典　静岡新聞社出版局編　静岡　静岡新聞社　1991.12　608p　27cm　11000円　①4-7838-0424-9

◇駿河の戦国時代　黒沢脩著　静岡　明文出版社　1986.5　249p　19cm　(駿遠豆・ブックス 5)　1500円　①4-943976-03-4

◇戦国大名系譜人名事典　東国編　山本大, 小和田哲男編　新人物往来社　1985.11　555p　22cm　〈付：参考文献〉　7500円　①4-404-01293-4

◇神奈川県史　別編1　人物―神奈川県歴史人名事典　神奈川県県民部県史編集室編　横浜　神奈川県　1983.3　816, 58p　23cm　非売品

◇静岡大百科事典　静岡新聞社出版局編　静岡　静岡新聞社　1978.3　969p　図版17枚　30cm　〈特装本〉　30000円

松平 広忠
まつだいら ひろただ

大永6年(1526年)～天文18年(1549年)

武将。三河国(愛知県)の人。幼名は仙千代、通称は次郎三郎、法名は道幹。松平清康の子で徳川家康の父。天文4年(1535年)"守山崩れ"で父清康が横死後、父の叔父松平信定に岡崎城を追放され、伊勢神戸に身を寄せる。のち今川義元の援助で天文6年(1537年)岡崎に帰城。天文10年(1541年)水野忠政の娘於大(伝通院)を娶り、翌年嫡子竹千代(家康)が誕生するが、天文13年(1544年)離別。織田信秀の三河進出に苦しみ、天文16年(1547年)今川義元に援軍を請うが、謀略にかかり義元への人質竹千代を信秀側に奪われる。その後も三河平定を目指し信秀との抗争を続けたが、天文18年(1549年)病没(近臣による暗殺説もあり)。

＊　　＊　　＊

◇三河松平一族　平野明夫著　新人物往来社　2002.5　334p　19cm　2800円　①4-404-02961-6

◇角川日本姓氏歴史人物大辞典　23　愛知県　竹内理三ほか編纂　愛知県姓氏歴史人物大辞典編纂委員会編著　角川書店　1991.10　1052p　23cm　〈愛知県略年表：p944～958 愛知県参考文献一覧・主要文献解題：p1044～1051〉　16000円　①4-04-002230-0

◇戦国大名系譜人名事典　東国編　山本大, 小和田哲男編　新人物往来社　1985.11　555p　22cm　〈付：参考文献〉　7500円　①4-404-01293-4

◇愛知百科事典　中日新聞社開発局編　名古屋　中日新聞本社　1977.1　977p　27cm　15000円

織田 信秀
おだ のぶひで

永正7年(1510年)～天文20年(1551年)

武将。尾張国(愛知県)の人。通称は三郎、弾正忠、三河守、晩年は備後守を称する。織田信定

の子、織田信長の父。尾張清須に居した織田大和守家の庶流で、三奉行の一員。織田一族の内部分裂を機に勢力拡大を図る。天文7年(1538年)今川氏の尾張那古野城を奪い、天文9年(1540年)三河安祥城も攻略、天文11年(1542年)岡崎の小豆坂で今川氏を破るなど勢力を伸ばしたが、天文16年(1547年)美濃の斎藤道三を稲葉城に攻めた際に敗れ、翌年道三の娘濃姫を織田信長に嫁がすことで和議を結んだ。天文18年(1549年)安祥城が今川義元に奪回されるなど抗争が続く中、末森城で没した。没年には天文18年、21年説もある。

＊　＊　＊

◇織田信長の系譜―信秀の生涯を追って　横山住雄著　岐阜　教育出版文化協会　1993.6　235p　21cm　2800円
◇織田軍・全合戦記―歴史ドキュメント　和巻耿介著　光文社　1992.1　261p　16cm　（光文社文庫）　440円　①4-334-71463-3
◇織田家の人びと　小和田哲男著　河出書房新社　1991.10　202p　19cm　1500円　①4-309-22207-2
◇角川日本姓氏歴史人物大辞典　23　愛知県　竹内理三ほか編纂　愛知県姓氏歴史人物大辞典編纂委員会編著　角川書店　1991.10　1052p　23cm　〈愛知県略年表：p944～958　愛知県参考文献一覧・主要文献解題：p1044～1051〉　16000円　①4-04-002230-0
◇「裏切り」の研究―謀略のバランスシート　新井英生著　政界往来社　1988.3　244p　19cm　1300円　①4-915303-28-4
◇神道人名辞典　神社新報社　1986.7　629, 46p　27cm　10000円　①4-915265-56-0
◇戦国大名系譜人名事典　東国編　山本大, 小和田哲男編　新人物往来社　1985.11　555p　22cm　〈付：参考文献〉　7500円　①4-404-01293-4
◇愛知百科事典　中日新聞社開発局編　名古屋　中日新聞本社　1977.1　977p　27cm　15000円

今川 義元　いまがわ よしもと

永正16年(1519年)～永禄3年(1560年)5月19日　武将。駿河国(静岡県)の人。幼名は芳菊丸、通称は五郎、法名は承芳。今川氏親の子、母は中御門宣胤の娘。駿河善徳寺の僧になっていたが、天文5年(1536年)兄氏輝の死により、還俗して家督をつぐ。太原崇孚(たいげんすうふ)(雪斎)を登用して駿河・遠江両国の経営にとりくむ。武田信虎の娘を妻としたため、相模の後北条氏との関係が悪化、一方で織田氏が三河に進出すると松平氏の求めに応じて出兵、天文17年(1548年)小豆坂で織田氏を破り、翌年安祥城を攻略して人質竹千代(徳川家康)を奪い返し、本格的に三河の経営に着手する。天文23年(1554年)相模の北条氏康、甲斐の武田信玄と同盟を結び、東海地方をほぼ安定させる。京都進出を目指し、永禄3年(1560年)大軍を率いて尾張に攻め入ったが、桶狭間の陣中で織田信長に急襲され討死した(桶狭間の戦い)。領国内では、父氏親の政策を発展させ、繰り返し検地を実施するとともに、法度「仮名目録追加」21ヵ条(今川仮名目録)を制定するなど内治に努め、戦国大名今川氏の最盛期を築いた。

◇桶狭間の合戦―歴史を変えた日本の合戦　加来耕三企画・構成・監修, すぎたとおる原作, やまざきまこと作画　ポプラ社　2008.1　125p　21cm　（コミック版日本の歴史 7）　1000円　①978-4-591-09796-0
◇今川義元　杉村佳晃著　日本文学館　2007.10　89p　19cm　900円　①978-4-7765-1512-8
◇戦国時代は裏から読むとおもしろい！―

◇「敗者」から見たもうひとつの戦国合戦史　小和田哲男著　青春出版社　2007.5　235p　15cm　(青春文庫)　552円　①978-4-413-09367-5

◇名将の陰に名僧あり―戦国時代を生き抜いた知恵と戦略　百瀬明治著　祥伝社　2006.2　243p　15cm　(祥伝社黄金文庫)　571円　①4-396-31398-5

◇戦国の雄と末裔たち　中嶋繁雄著　平凡社　2005.12　243p　18cm　(平凡社新書)　780円　①4-582-85301-3

◇日本史「敗者」たちの言い分―負けた側にも正義あり　岳真也著　PHP研究所〔2005.9〕　300p　15cm　(PHP文庫)　590円　①4-569-66459-8

◇戦国大名今川氏と領国支配　久保田昌希著　吉川弘文館　2005.2　398, 12p　21cm　11000円　①4-642-02839-0

◇今川義元―自分の力量を以て国の法度を申付く　小和田哲男著　京都　ミネルヴァ書房　2004.9　283, 13p　20cm　(ミネルヴァ日本評伝選)〈肖像あり　折り込1枚　文献あり　年譜あり〉　2400円　①4-623-04114-X

◇役に立つ戦国武将―厳選50人　時代劇雑学研究会編　リイド社　2004.4　223p　15cm　(リイド文庫)　562円　①4-8458-2758-1

◇桶狭間―信長の深謀・義元の誤算　柘植久慶著　PHP研究所　2004.2　232p　19cm　1300円　①4-569-63338-2

◇戦国15大合戦の真相―武将たちはどう戦ったか　鈴木真哉著　平凡社　2003.8　252p　18cm　(平凡社新書)　760円　①4-582-85193-2

◇乱世を生きぬいた漢たち　戦国武将55の名言　秋庭道博著　学習研究社　2001.12　230p　15cm　(学研M文庫)　530円　①4-05-901098-7

◇前田利家と戦国四十人　小和田哲男, 池田こういち文, 日并貞夫写真　学習研究社　2001.11　128p　24cm　(Gakken graphic books deluxe 20)　1800円　①4-05-401499-2

◇戦史ドキュメント桶狭間の戦い　小和田哲男著　学習研究社　2000.9　254p　15cm　(学研M文庫)〈『桶狭間の戦い』改題書〉　540円　①4-05-901001-4

◇義元謀殺　上　鈴木英治著　角川春樹事務所　2000.3　423p　19cm　(角川時代小説倶楽部)　1900円　①4-89456-175-1

◇義元謀殺　下　鈴木英治著　角川春樹事務所　2000.3　427p　19cm　(角川時代小説倶楽部)　1900円　①4-89456-176-X

◇角川日本姓氏歴史人物大辞典　22　静岡県姓氏家系大辞典　竹内理三ほか編纂　静岡県姓氏家系大辞典編纂委員会編著　角川書店　1995.12　731p　23cm　16000円

◇今川義元のすべて　小和田哲男編　新人物往来社　1994.4　250p　20cm　2800円　①4-404-02097-X

◇危機を乗り切るここ一番の決断力　百瀬明治著　ベストセラーズ　1993.12　271p　18cm　(ベストセラーシリーズ・ワニの本　880)　820円　①4-584-00880-9

◇山梨百科事典　山梨日日新聞社編　増補改訂版　甲府　山梨日日新聞社　1992.7　1068, 198p　27cm　〈創刊120周年記念版〉

◇静岡県歴史人物事典　静岡新聞社出版局編　静岡　静岡新聞社　1991.12　608p　27cm　11000円　①4-7838-0424-9

◇今川義元―桶狭間の戦い　浜野卓也著　講談社　1991.11　205p　18cm　(講談社火の鳥伝記文庫　79)　460円　①4-06-147579-7

◇戦国武将に学ぶ勝敗の分岐点―勝機をつかむ武将、つかめない武将　吉岡行雄著　産能大学出版部　1989.12　198p　19cm　1500円　①4-382-05028-6

◇群雄割拠編　桑田忠親著　秋田書店　1989.10　254p　19cm　(新編　日本武将列伝　3)　1500円　①4-253-00364-8

◇異議あり日本史　永井路子著　文芸春秋　1989.6　213p　19cm　1000円　①4-16-343330-9

◇戦国武将おもしろ大百科　山梨輝雄著　広済堂出版　1987.9　263p　13cm　(豆

たぬきの本 208) 380円 ⓘ4-331-20108-2
◇戦国おもしろ読本―武将の謎・逸話・真実 桑田忠親著 広済堂出版 1987.5 265p 15cm （広済堂文庫） 400円 ⓘ4-331-65020-0
◇戦国武将ビジネス読本―統率力と戦略 南条範夫著 広済堂出版 1987.5 239p 15cm （広済堂文庫） 400円 ⓘ4-331-65019-7
◇戦国大名系譜人名事典 東国編 山本大, 小和田哲男編 新人物往来社 1985.11 555p 22cm 〈付：参考文献〉 7500円 ⓘ4-404-01293-4
◇静岡大百科事典 静岡新聞社出版局編 静岡 静岡新聞社 1978.3 969p 図版17枚 30cm 〈特装本〉 30000円
◇愛知百科事典 中日新聞社開発局編 名古屋 中日新聞本社 1977.1 977p 27cm 15000円
◇今川義元 小島広次著 人物往来社 1966 269p 19cm （日本の武将 31） 480円

山本 勘助
やまもと かんすけ

明応2年(1493年)～永禄4年(1561年)9月10日 武将。駿河国(静岡県)の人。名は晴幸。号は道鬼斎。駿河で生まれたのち三河で育ち、天文12年(1543年)板垣信方に招かれて甲斐の大名・武田信玄に仕えた。兵法に通じ、希代の戦略家といわれるが詳細は不明。架空の人物ともいわれたが、昭和44年に発見された「市河家文書」に山本菅助として記述され、同文書は同時代のものとして唯一その実在を証明する史料とされる。川中島の合戦で上杉軍に討ち取られたといわれる。「甲陽軍鑑」や講談などで知将としてよく登場し、知られるようになった。甲州流軍学の祖とされる。

＊　　＊　　＊

◇戦国軍師の知略―将を動かし勝機を掴む 中江克己著 青春出版社 2008.6 188p 18×11cm （青春新書インテリジェンス） 730円 ⓘ978-4-413-04205-5

◇図解 ふるさとの戦国武将 河合敦著 学習研究社 2007.11 95p 26cm 933円 ⓘ978-4-05-403558-4
◇英傑の日本史 風林火山編 井沢元彦著 角川学芸出版, 角川グループパブリッシング〔発売〕 2007.9 262p 19cm 1500円 ⓘ978-4-04-621108-8
◇戦国の兵法者―剣豪たちの源流とその系譜 牧秀彦著 学習研究社 2007.7 261p 18cm （学研新書） 780円 ⓘ978-4-05-403463-1
◇山本勘助「兵法秘伝書」 山本勘助著, 慧文社史料室編 慧文社 2007.6 123p 22cm 5000円 ⓘ978-4-905849-75-9
◇風林火山―信玄・謙信、そして伝説の軍師 大河ドラマ特別展 NHK, NHKプロモーション編 NHK 2007.4 239p 30cm 〈会期・会場：平成19年4月6日―5月20日 山梨県立博物館ほか 共同刊行：NHKプロモーション 折り込1枚 年表あり 文献あり〉
◇これは使える！図解 名軍師の戦略がよくわかる本 ビジネス兵法研究会著 PHP研究所 2007.3 95p 26cm 952円 ⓘ978-4-569-65973-2
◇実録 風林火山―『甲陽軍鑑』の正しい読み方 北影雄幸著 光人社 2007.3 333p 19cm 1900円 ⓘ978-4-7698-1332-3
◇戦国軍師入門 榎本秋著 幻冬舎 2007.3 203p 18cm （幻冬舎新書） 720円 ⓘ978-4-344-98026-6
◇「風林火山」の謎―山本勘助と武田信玄 歴史真相研究会編著 シーエイチシー 2007.2 183p 19cm 〈年表あり〉 1400円 ⓘ978-4-86097-225-7
◇山本勘介の謎を解く 渡辺勝正著 大正出版 2007.2 257p 20cm 〈「武田軍師・山本勘介の謎」の改訂〉 2000円 ⓘ4-8117-0401-0
◇軍師山本勘助―語られた英雄像 笹本正治著 新人物往来社 2006.12 319p 20cm 〈肖像あり 文献あり 年譜あり〉 2000円 ⓘ4-404-03440-7
◇信濃路の風林火山―山本勘助とその舞台

信濃毎日新聞社編　長野　信濃毎日新聞社　2006.12　153p　21cm　1200円　⑭4-7840-7039-7

◇「図解」山本勘助と武田一族の興亡—常勝軍団と謎の名参謀の実像に迫る　童門冬二監修　PHP研究所　2006.12　95p　26cm　〈年譜あり〉　952円　⑭4-569-65862-8

◇山本勘助　平山優著　講談社　2006.12　221p　18cm　（講談社現代新書）〈年表あり〉　720円　⑭4-06-149872-X

◇山本勘助　山梨日日新聞社編　甲府　山梨日日新聞社　2006.12　222p　21cm　〈年譜あり〉　1333円　⑭4-89710-551-X

◇山本勘助の時代―○○人—「風林火山」と戦国時代　外川淳著　河出書房新社　2006.12　230p　15cm　（河出文庫）　720円　⑭4-309-40826-5

◇山本勘助のすべて　上野晴朗, 萩原三雄編　新人物往来社　2006.12　265p　20cm　〈年譜あり　文献あり〉　2800円　⑭4-404-03432-6

◇甲陽軍鑑入門—武田軍団強さの秘密　小和田哲男著　角川学芸出版, 角川書店〔発売〕　2006.11　286p　15cm　（角川文庫）　629円　⑭4-04-406601-9

◇信玄と勘助111の謎　楠木誠一郎著　成美堂出版　2006.11　271p　16cm　（成美文庫）〈年譜あり〉　524円　⑭4-415-40010-8

◇図解武田信玄と山本勘助のことが面白いほどわかる本—2時間でわかる　中見利男著　中経出版　2006.11　255p　21cm　〈他言語標題：An easy guide to Shingen Takeda and Kansuke Yamamoto　標題紙のタイトル：図解武田信玄と軍師山本勘助のことが面白いほどわかる本　折り込1枚　年表あり〉　1400円　⑭4-8061-2563-6

◇山本勘助と戦国24人の名軍師—主家存亡を賭けて戦った智謀の将たち　新人物往来社　2006.11　205p　26cm　（別冊歴史読本　第31巻23号）〈年譜あり〉　1800円　⑭4-404-03349-4

◇山本勘助とは何者か—信玄に重用された理由　江宮隆之著　祥伝社　2006.11　256p　18cm　（祥伝社新書）〈年譜あり　文献あり〉　780円　⑭4-396-11054-5

◇山本勘助はいなかった—「風林火山」の真実　山本七平著　ビジネス社　2006.11　226p　20cm　1500円　⑭4-8284-1316-2

◇実録・山本勘助　今川徳三著　河出書房新社　2006.10　183p　15cm　（河出文庫）〈「真説山本勘介」（鷹書房1988年刊）の増訂〉　550円　⑭4-309-40816-8

◇日本史「わき役」たちの言い分—われらが歴史を盛り上げた！　岳真也著　PHP研究所　2006.10　338p　15cm　（PHP文庫）　590円　⑭4-569-66715-5

◇謀将山本勘助と武田軍団　新人物往来社　2006.10　191p　26cm　（別冊歴史読本第31巻21号）〈年譜あり〉　1800円　⑭4-404-03347-8

◇山本勘助101の謎—その実像から「川中島の戦い」の内幕まで　川口素生著　PHP研究所　2006.10　314p　15cm　（PHP文庫）〈年譜あり　文献あり〉　571円　⑭4-569-66705-8

◇武田二十四将—信玄を名将にした男たち　武光誠著　PHP研究所　2006.9　301p　15cm　（PHP文庫）　571円　⑭4-569-66684-1

◇山本勘助　上野晴朗著　新装版　新人物往来社　2006.7　244p　20cm　2300円　⑭4-404-03295-1

◇山本勘助—物語と史蹟をたずねて　土橋治重著　改訂版　成美堂出版　2000.6　300p　15cm　（成美文庫）　543円　⑭4-415-06831-6

◇謀将　山本勘助　下　南原幹雄著　新人物往来社　1998.3　340p　19cm　1800円　⑭4-404-02588-2

◇謀将　山本勘助　上　南原幹雄著　新人物往来社　1998.3　341p　19cm　1800円　⑭4-404-02587-4

◇日本を創った10人の名参謀—歴史を動かした頭脳と人間力　邦光史郎著　広済堂出版　1996.10　308p　18cm　（広済堂ブックス）　880円　⑭4-331-00749-9

◇角川日本姓氏歴史人物大辞典　22　静岡県姓氏家系大辞典　竹内理三ほか編纂　静岡県姓氏家系大辞典編纂委員会編著　角川書店　1995.12　731p　23cm　16000円
◇青の月―土佐から来た山本勘介　富士秋平著　木耳社　1995.5　324p　19cm　2000円　⓪4-8393-9640-X
◇現代語訳 名将言行録　軍師編　加来耕三訳　新人物往来社　1993.11　235p　19cm　2900円　⓪4-404-02064-3
◇参謀たちの戦略と経営―時代をささえた影のヒーローたち　中村整史朗著　ベストセラーズ　1993.1　250p　15cm（ワニ文庫）　500円　⓪4-584-30363-0
◇山梨百科事典　山梨日日新聞社編　増補改訂版　甲府　山梨日日新聞社　1992.7　1068, 198p　27cm〈創刊120周年記念版〉
◇戦国 名将の条件・参謀の条件　百瀬明治著　PHP研究所　1992.2　251p　15cm（PHP文庫）　480円　⓪4-569-56442-9
◇静岡県歴史人物事典　静岡新聞社出版局編　静岡　静岡新聞社　1991.12　608p　27cm　11000円　⓪4-7838-0424-9
◇戦国の軍師たち　堀和久著　文芸春秋　1990.10　278p　15cm（文春文庫）〈『軍師の時代』改題書〉　400円　⓪4-16-749502-3
◇長野県歴史人物大事典　赤羽篤ほか編　松本　郷土出版社　1989.7　841p　27cm〈参考文献一覧：p820〜821〉　20000円　⓪4-87663-126-3
◇角川日本姓氏歴史人物大辞典　19　山梨県　竹内理三ほか編纂　山梨県姓氏歴史人物大辞典編纂委員会編著　角川書店　1989.6　637p　23cm〈山梨県略年表：p607〜612 山梨県主要文献解題：p633〜635〉　12000円　⓪4-04-002190-8
◇真説山本勘介―勘介実在論争に決着!!　今川徳三著　鷹書房　1988.11　205p　20cm　1300円　⓪4-8034-0343-0
◇山本勘助・必勝の兵法―ビジネスに活かす77のノウハウ　加来耕三著　PHP研究所　1988.7　234p　19cm　1200円　⓪4-569-22261-7
◇武田軍師・山本勘介の謎　渡辺勝正著　新人物往来社　1988.6　292p　20cm　1800円　⓪4-404-01513-5
◇戦国のブレーン学―トップを支える知恵と心　大和勇三著　世界文化社　1988.4　220p　19cm（BIGMANビジネスブックス）　1300円　⓪4-418-88605-2
◇自分らしく生きるための名「脇役」事典―戦国武将〜現代経営者に学ぶ　百々由紀男著　公人の友社　1987.11　299p　19cm　1500円　⓪4-87555-141-X
◇武田の軍略―信玄とブレーンたち　今川徳三著　教育社　1987.10　296p　19cm　1500円　⓪4-315-50604-4
◇謀将 山本勘介―決戦川中島史談　秋永芳郎著　春陽堂書店　1987.10　270p　15cm（春陽文庫）　480円　⓪4-394-12002-0
◇山本勘助　上野晴朗著　新人物往来社　1985.3　250p　20cm　2000円　⓪4-404-01256-X
◇戦国大名家臣団事典　東国編　山本大, 小和田哲男編　新人物往来社　1981.8　427p　22cm　6800円
◇静岡大百科事典　静岡新聞社出版局編　静岡　静岡新聞社　1978.3　969p 図版17枚　30cm〈特装本〉　30000円

竹中 半兵衛
たけなか はんべえ

天文13年(1544年)〜天正7年(1579年)6月13日　武将。美濃国(岐阜県)の人。初名は重虎、名は重治。美濃菩提山城主竹中重元の嫡子。美濃三人衆の一人安藤守就の女婿で、初め斎藤龍興に仕える。永禄7年(1564年)岳父の安藤守就、弟の竹中重矩らと謀り、龍興の稲葉山城を奪うが、のちに返還し、近江浅井長政に仕えた。織田信長の美濃進出以後は信長に仕え、その後、豊臣秀吉の智将として重んじられた。黒田孝高と共に秀吉の中国攻略に軍師として活躍したが、天正7年(1579年)播磨国三木城の攻略中に病死した。講談などで軍師として知られた。岐阜県不破郡

東海

垂井町に菁莪記念館がある。

　　　　＊　　　＊　　　＊

◇戦国軍師の知略―将を動かし勝機を掴む　中江克己著　青春出版社　2008.6　188p　18×11cm　（青春新書インテリジェンス）　730円　①978-4-413-04205-5

◇武将列伝 戦国爛熟篇　海音寺潮五郎著　新装版　文芸春秋　2008.5　403p　15cm　（文春文庫）　686円　①978-4-16-713555-3

◇戦国名軍師列伝　川口素生著　PHP研究所　2006.5　301p　15cm　（PHP文庫）　571円　①4-569-66625-6

◇戦国武将 あの人の顛末　中江克己著　青春出版社　2004.9　253p　15cm　（青春文庫）　571円　①4-413-09301-1

◇歴史にひそみしもの―歴史エッセイ　東郷隆著　河出書房新社　2003.2　199p　19cm　1600円　①4-309-01528-X

◇竹中半兵衛―秀吉の天下奪りを熱望した名補佐役　三宅孝太郎著　幻冬舎　2001.3　458p　15cm　（幻冬舎文庫）　648円　①4-344-40088-7

◇戦国武将まんだら―秘本三十六人伝　大栗丹後著　春陽堂書店　1999.8　244p　15cm　（春陽文庫）　486円　①4-394-16136-3

◇軍師と家老―ナンバー2の研究　鈴木亨著　中央公論新社　1999.2　307p　15cm　（中公文庫）　667円　①4-12-203354-3

◇乱世を勝ち抜く参謀学―秀吉を天下人にした半兵衛と官兵衛　加来耕三著　二見書房　1999.2　364p　20cm　1700円　①4-576-98182-X

◇二人の軍師・竹中半兵衛と黒田官兵衛―特別陳列　名古屋市秀吉清正記念館編　名古屋　名古屋市秀吉清正記念館　1997.10　20p　30cm

◇日本を創った10人の名参謀―歴史を動かした頭脳と人間力　邦光史郎著　広済堂出版　1996.10　308p　18cm　（広済堂ブックス）　880円　①4-331-00749-9

◇竹中半兵衛―秀吉を天下人にした軍師　八尋舜右著　PHP研究所　1996.4　456p　15cm　（PHP文庫）〈『軍師 竹中半兵衛』改題書〉　680円　①4-569-56890-4

◇竹中半兵衛のすべて　池内昭一編　新人物往来社　1996.2　231p　20cm　2800円　①4-404-02322-7

◇織田信長家臣人名辞典　谷口克広著　吉川弘文館　1995.1　495, 7p　23cm　〈監修：高木昭作　参考文献：p483～495〉　7210円　①4-642-02743-2

◇現代語訳 名将言行録　軍師編　加来耕三訳　新人物往来社　1993.11　235p　19cm　2900円　①4-404-02064-3

◇才幹の人間学―智謀の群像たち 士はこれを知る者の為に死す　南条範夫著　ベストセラーズ　1993.5　255p　15cm　（ワニ文庫）　530円　①4-584-37004-4

◇戦国武将伝―リーダーたちの戦略と決断　白石一郎著　文芸春秋　1992.3　290p　15cm　（文春文庫）　420円　①4-16-737009-3

◇戦国の軍師たち　堀和久著　文芸春秋　1990.10　278p　15cm　（文春文庫）〈『軍師の時代』改題書〉　400円　①4-16-749502-3

◇軍師・参謀―戦国時代の演出者たち　小和田哲男著　中央公論社　1990.6　242p　18cm　（中公新書 977）　620円　①4-12-100977-0

◇人心掌握の天才たち―戦国武将に学ぶリーダーの条件　童門冬二著　PHP研究所　1990.2　251p　15cm　（PHP文庫）〈『戦国武将 人心掌握の極意』改題書〉　460円　①4-569-56244-2

◇乱世統一編　桑田忠親著　秋田書店　1989.10　238p　19cm　（新編 日本武将列伝 4）　1500円　①4-253-00365-6

◇戦国武将伝―リーダーたちの戦略と決断　白石一郎著　文芸春秋　1988.10　246p　19cm　1200円　①4-16-310600-6

◇軍師竹中半兵衛　笹沢左保著　角川書店　1988.9　529p　15cm　（角川文庫）　660円　①4-04-130646-9

◇竹中半兵衛と黒田官兵衛―実録　本山一城著　村田書店　1988.5　382p　19cm　2800円

◇戦国のブレーン学―トップを支える知恵と心　大和勇三著　世界文化社　1988.4　220p　19cm　（BIGMANビジネスブックス）　1300円　ⓘ4-418-88605-2
◇竹中半兵衛　池内昭一著　新人物往来社　1988.4　248p　20cm　2000円　ⓘ4-404-01491-0
◇戦国の名軍師竹中半兵衛―その虚実　征矢実編　調布　征矢実　1988.3　392p　19cm　〈折り込図1枚〉
◇名将ちょっといい言葉―武将に学ぶビジネス訓　宝井琴鶴著　商業界　1986.8　261p　19cm　（まあきゅりい・ぶっくす）　1200円
◇「軍師」の研究―将を支え、組織を活かす　百瀬明治著　PHP研究所　1986.5　236p　15cm　（PHP文庫）　400円　ⓘ4-569-26076-4
◇戦国大名家臣団事典　西国編　山本大,小和田哲男編　新人物往来社　1981.8　414p　22cm　6800円
◇岐阜県百科事典　岐阜県百科事典制作委員会著　岐阜　岐阜日日新聞社　1968　2冊　27cm　11500円

築山殿
つきやまどの

　天文11年(1542年)～天正7年(1579年)8月29日　徳川家康の正室。今川義元の重臣関口親永の娘。弘治2年(1556年)今川義元の養女となり、弘治3年(1557年)義元の人質となっていた徳川家康と結婚し、長男信康、長女亀姫を生む。永禄5年(1562年)家康の独立により岡崎に移る。駿河御前とも、居住地築山にちなみ築山殿とも称された。のち家康と不和となり、家康が浜松に移転した後も岡崎に留まった。信康の妻(織田信長の娘)の訴えにより武田勝頼との内通の嫌疑を受け、家康は信長の圧力に抗しきれず、天正7年(1579年)家康の討手により遠江富塚で殺害された。

＊　　＊　　＊

◇日本史を変えた夫の戦い妻の戦い　中江克己著　青春出版社　2008.1　220p　18×11cm　（青春新書INTELLIGENCE）　730円　ⓘ978-4-413-04191-1

◇戦国の妻たち　山村竜也著　リイド社　2005.12　239p　15cm　（リイド文庫）　476円　ⓘ4-8458-2638-0
◇戦国の女性たち―16人の波乱の人生　小和田哲男編著　河出書房新社　2005.9　253p　19cm　1500円　ⓘ4-309-22435-0
◇戦国おんな絵巻―歴史よもやま話　永井路子著　光文社　2004.11　230p　15cm　（光文社文庫）〈『葵を咲かせた女たち』加筆・修正・改題書〉　476円　ⓘ4-334-73783-8
◇徳川三代と女房たち　中島道子著　立風書房　1999.10　252p　19cm　1600円　ⓘ4-651-75118-0
◇歴史よもやま話　葵を咲かせた女たち　永井路子著　日本放送出版協会　1999.10　213p　19cm　1300円　ⓘ4-14-080460-2
◇家康、封印された過去―なぜ、長男と正妻を抹殺したのか　典厩五郎著　PHP研究所　1998.12　228p　18cm　（PHP business library History）〈『消された後継者』(世界文化社1994年刊)の増補〉　857円　ⓘ4-569-60406-4
◇角川日本姓氏歴史人物大辞典　22　静岡県姓氏家系大辞典　竹内理三ほか編纂　静岡県姓氏家系大辞典編纂委員会編著　角川書店　1995.12　731p　23cm　16000円
◇日本史・乱世に生きた悲運の女たち―苦難に彩られた戦国の女系図　村松駿吉著　日本文芸社　1994.2　237p　15cm　（にちぶん文庫）〈『話のタネ本戦国女性史』改題書〉　480円　ⓘ4-537-06245-2
◇戦国武将の妻たち　百瀬明治著　PHP研究所　1993.11　235p　19cm　1350円　ⓘ4-569-54165-8
◇日本女性人名辞典　日本図書センター　1993.6　1274p　27cm　〈監修：芳賀登ほか〉　26780円　ⓘ4-8205-7128-1
◇聞き語り　にっぽん女性「愛」史　杉本苑子著　講談社　1992.4　263p　15cm　（講談社文庫）　420円　ⓘ4-06-185121-7
◇静岡県歴史人物事典　静岡新聞社出版局編　静岡　静岡新聞社　1991.12　608p　27cm　11000円　ⓘ4-7838-0424-9

東海

◇NHK歴史への招待　第11巻　徳川家康　日本放送協会編　日本放送出版協会　1989.1　238p　18cm　680円　Ⓘ4-14-018031-5
◇聞き語り にっぽん女性「愛」史　杉本苑子著　講談社　1988.8　253p　19cm　1200円　Ⓘ4-06-203821-8
◇春日局と徳川の女たち―時代の波にゆれた女の生涯　早乙女貢、邦光史郎、安西篤子、杣田浩一、円地文子、杉本苑子、島津隆子著　三笠書房　1988.4　246p　15cm　(知的生きかた文庫)　400円　Ⓘ4-8379-0232-4
◇歴史のなかの愛―万葉・戦国の女たち　田中澄江著　文芸春秋　1987.9　254p　15cm　(文春文庫)　340円　Ⓘ4-16-731303-0
◇戦国無情―築山殿行状　榊山潤著　富士見書房　1987.2　350p　15cm　(時代小説文庫)　490円　Ⓘ4-8291-1120-8
◇築山殿(つきやまどの)無残　阿井景子著　講談社　1986.11　243p　15cm　(講談社文庫)　340円　Ⓘ4-06-183863-6
◇夕顔記―関口正八遺稿　関口正八著　関口伊織　1979.10　196p　22cm　〈制作：新人物往来社　著者の肖像あり〉　非売品
◇静岡大百科事典　静岡新聞社出版局編　静岡　静岡新聞社　1978.3　969p　図版17枚　30cm　〈特装本〉　30000円
◇築山御前考―徳川家康正室　関口正八、柳史朗共著　西尾　東海古城研究会　1970　46p　図　肖像　25cm
◇築山御前―戦国哀史　小山正著　浜松　木村光三　1958　83p　図版　18cm

松平 信康
まつだいら のぶやす

永禄2年(1559年)～天正7年(1579年)

武将。駿河国府中(静岡県)の人。幼名は竹千代、別名は徳川信康、岡崎信康。徳川家康の長男。母は家康の正妻築山殿。家康が人質となっていた今川氏の駿府城で生まれ、家康の独立後、人質交換で永禄5年(1562年)岡崎城に戻る。織田信長の娘徳姫を妻とし、元亀元年(1570年)家康が浜松城に移ると岡崎城主となり、元服して岡崎次郎三郎信康と名のる。天正3年(1575年)武田勝頼の駿河進出に対抗して武功をあげるが、父と不和になった母が武田氏と結んで信康を立てようと画策。天正7年(1579年)徳姫から信長に武田氏との通謀を暴露する訴状が出され、家康の命により遠江二俣城で自刃した。

　　　＊　　　＊　　　＊

◇信康謀反　早乙女貢著　文芸春秋　2000.5　340p　19cm　1905円　Ⓘ4-16-319220-4
◇角川日本姓氏歴史人物大辞典　22　静岡県姓氏家系大辞典　竹内理三ほか編纂　静岡県姓氏家系大辞典編纂委員会編著　角川書店　1995.12　731p　23cm　16000円
◇静岡県歴史人物事典　静岡新聞社出版局編　静岡　静岡新聞社　1991.12　608p　27cm　11000円　Ⓘ4-7838-0424-9
◇角川日本姓氏歴史人物大辞典　23　愛知県　竹内理三ほか編纂　愛知県姓氏歴史人物大辞典編纂委員会編著　角川書店　1991.10　1052p　23cm　〈愛知県略年表：p944～958　愛知県参考文献一覧・主要文献解題：p1044～1051〉　16000円　Ⓘ4-04-002230-0
◇静岡大百科事典　静岡新聞社出版局編　静岡　静岡新聞社　1978.3　969p　図版17枚　30cm　〈特装本〉　30000円
◇愛知百科事典　中日新聞社開発局編　名古屋　中日新聞本社　1977.1　977p　27cm　15000円

明智 光秀
あけち みつひで

享禄元年(1528年)～天正10年(1582年)6月13日　武将。美濃国(岐阜県)の人。美濃の守護土岐氏の支族とされ、美濃明智庄で明智を名乗る。通称は十兵衛。美濃国主斎藤氏の内紛により一族が離散し、諸国を流浪したといわれるが前半生は

不詳。はじめ越前の朝倉義景に仕え、義景を頼った足利義昭に仕える。義昭とともに織田信長のもとに赴き、信長の家臣となる。永禄11年(1568年)義昭を擁しての信長の上洛に尽力した。その後の義昭と信長の対立でも仲介にあたっている。故実・典礼に通じ、寺社・公家との交渉役を務め、永禄12年(1569年)には京都の施政に携わり行政能力を発揮した。信長に重用され次第に頭角を現し、元亀2年(1571年)近江坂本城を与えられ、石山本願寺攻撃、甲斐武田氏討伐などに戦功があり、天正8年(1580年)丹波亀山城主となる。天正10年(1582年)羽柴(豊臣)秀吉の備中高松城包囲への救援を命じられ、6月1日亀山城を出発するが、翌2日に本能寺を急襲し信長を自刃させ、さらに二条城の織田信忠を包囲して敗死させた(本能寺の変)。しかし備中から反転してきた秀吉の軍に13日、山崎の戦いで敗れ、再起を期して坂本に向かう途中、小栗栖で土民に殺された。天下をとった期間がわずかであったことから三日天下と呼ばれた。信長に叛いた原因として、東奔西走の働きに対し冷遇する信長への怨恨、自身の政権欲などが指摘され、江戸時代の浄瑠璃や歌舞伎を通じて忠誠から叛逆に揺れる悲劇的な人物像が定着した。子は2男3女があり、細川忠興の妻となった玉(細川ガラシャ)が有名である。

◇暗殺の世界史―シーザー、坂本竜馬からケネディ、朴正煕まで　大沢正道著　PHP研究所　2008.6　315p　15cm　(PHP文庫)〈『大物は殺される』再編集・改題書〉　619円　①978-4-569-67044-7

◇武将列伝 戦国爛熟篇　海音寺潮五郎著　新装版　文芸春秋　2008.5　403p　15cm　(文春文庫)　686円　①978-4-16-713555-3

◇「戦国合戦」意外・驚きエピソード―信長・秀吉・家康と、武将たちのちょっと珍しい話　加賀康之著　PHP研究所　2008.1　387p　15cm　(PHP文庫)　648円　①978-4-569-66966-3

◇「本能寺の変」はなぜ起こったか―信長暗殺の真実　津本陽著　角川書店, 角川グループパブリッシング〔発売〕　2007.12　209p　18cm　(角川oneテーマ21)　705円　①978-4-04-710119-7

◇「あの人」の言葉―人生の指針を残した偉人たち　武光誠著　リイド社　2007.10　254p　15cm　(リイド文庫)　476円　①978-4-8458-3229-3

◇「戦国武将」名将の頭の中―「勝負所」で勝つ法　菊池道人著　三笠書房　2007.6　219p　15cm　(知的生きかた文庫)　533円　①978-4-8379-7636-3

◇検証 本能寺の変　谷口克広著　吉川弘文館　2007.5　263p　19cm　(歴史文化ライブラリー)　1800円　①978-4-642-05632-8

◇だれが信長を殺したのか―本能寺の変・新たな視点　桐野作人著　PHP研究所　2007.3　292p　18cm　(PHP新書)　760円　①978-4-569-69073-5

◇図解 日本史「悪役」たちの言い分―視点を変えればワルも善玉　岳真也著　PHP研究所　2006.12　119p　26cm　952円　①4-569-65715-X

◇戦国武将の謎―教科書ではわからない戦国時代の裏のウラ　桑田忠親著　日本文芸社　2006.10　199p　18cm　648円　①4-537-25437-8

◇戦国興亡 名将たちの決断　戸部新十郎著　PHP研究所　2006.9　221p　19cm　〈『戦国興亡 武将たちの進退』再編集・改題書〉　476円　①4-569-65544-0

◇桔梗の花さく城―光秀はなぜ、本能寺をめざしたのか　斎藤秀夫著　鳥影社　2006.7　184p　19cm　1300円　①4-86265-006-6

◇信長殺しの犯人は秀吉だった！　杉山光男著　ぶんか社　2006.3　278p　15cm　(ぶんか社文庫)　619円　①4-8211-5034-4

◇信長は謀略で殺されたのか―本能寺の変・謀略説を嗤う　鈴木真哉, 藤本正行著　洋泉社　2006.2　229p　18cm　(新

◇健康力―戦国武将たちに学ぶ　植田美津江著　名古屋　ゆいぽおと，KTC中央出版〔発売〕　2006.1　190p　18cm　1000円　①4-87758-403-X

◇「名君」「暴君」大逆転の戦国史　新井喜美夫著　講談社　2005.12　201p　18cm　（講談社プラスアルファ新書）　800円　①4-06-272351-4

◇明智光秀と旅―資料で再現する武人の劇的な人生　信原克哉著　ブックハウス・エイチディ　2005.9　327p　27cm　〈文献あり〉　2500円　①4-938335-20-4

◇信長の家臣団―「天下布武」を支えた武将34人の記録　樋口晴彦著　学習研究社　2005.9　362p　15cm　（学研M文庫）　648円　①4-05-901174-6

◇光秀の誤算―その時、歴史は動くハズだった。　富田源太郎著　府中　三九出版，扶桑社〔発売〕　2005.7　247p　19cm　1238円　①4-594-04971-0

◇明智光秀冤罪論―信長謀殺、光秀でない　井上慶雪著　叢文社　2005.2　350p　19cm　1500円　①4-7947-0514-X

◇信長軍の司令官―部将たちの出世競争　谷口克広著　中央公論新社　2005.1　268p　18cm　（中公新書）　780円　①4-12-101782-X

◇日本の歴史ライバル人物伝―科学・歴史人物伝　2　ながいのりあき漫画，川口素生構成・解説　小学館　2004.10　191p　19cm　（小学館学習まんがシリーズ）　743円　①4-09-296302-5

◇日本史「悪役」たちの言い分―視点を変えればワルも善玉　岳真也著　PHP研究所　2003.12　275p　15cm　（PHP文庫）〈『言い分の日本史』改題書〉　619円　①4-569-66088-6

◇謎とき本能寺の変　藤田達生著　講談社　2003.10　200p　18cm　（講談社現代新書）　700円　①4-06-149685-9

◇目からウロコの戦国時代―史料から読み解く武将たちの真相　谷口克広著　PHP研究所　2003.9　278p　15cm　（PHP文庫）　619円　①4-569-66033-9

◇戦国15大合戦の真相―武将たちはどう戦ったか　鈴木真哉著　平凡社　2003.8　252p　18cm　（平凡社新書）　760円　①4-582-85193-2

◇時代別・京都を歩く―歴史を彩った24人の群像　蔵田敏明文，土村清治写真　改訂第3版　山と渓谷社　2003.2　175p　21cm　（歩く旅シリーズ　歴史・文学）　1400円　①4-635-01104-6

◇天海・光秀の謎―会計と文化　岩辺晃三著　改訂版　税務経理協会　2002.10　352p　21cm　3200円　①4-419-04110-2

◇街道で読み解く日本史　宮田太郎監修　青春出版社　2002.9　204p　18cm　（プレイブックス・インテリジェンス）　667円　①4-413-04034-1

◇戦国武将・あの人の「その後」―「関ヶ原」「本能寺」…事件が変えた男たちの運命　日本博学倶楽部著　PHP研究所　2002.9　244p　15cm　（PHP文庫）　552円　①4-569-57777-6

◇俊英明智光秀―才気迸る霹靂の智将　学習研究社　2002.8　187p　26cm　（歴史群像シリーズ）　1600円　①4-05-602839-7

◇真説 本能寺の変　安部竜太郎，立花京子，桐野作人，和田裕弘，大牟田太朗ほか著　集英社　2002.6　196p　21cm　1700円　①4-08-781260-X

◇日本暗殺総覧―この国を動かしたテロルの系譜　泉秀樹著　ベストセラーズ　2002.5　302p　18cm　（ベスト新書）　680円　①4-584-12042-0

◇信長殺し、光秀ではない　八切止夫著，縄田一男監修・解説，末国善己監修　作品社　2002.5　364p　18cm　（八切意外史　1）　950円　①4-87893-479-4

◇戦国武将―勝者の死にざま・敗者の生きざま　岳勇士著　健友館　2002.3　170p　19cm　1600円　①4-7737-0614-7

◇明智光秀転生―逆賊から江戸幕府黒幕へ　伊牟田比呂多著　福岡　海鳥社　2001.12　250p　19cm　1500円　①4-87415-370-4

◇乱世を生きぬいた漢たち　戦国武将55の名言　秋庭道博著　学習研究社　2001.12

東海

　230p　15cm　(学研M文庫)　530円　①4-05-901098-7

◇戦国武将にみる混迷変革期突破―人間の行動原理は昔も今も欲　米田一雄著　福岡　西日本新聞社　2001.11　254p　19cm　1524円　①4-8167-0539-2

◇明智光秀―叛逆者にあらずその真意は！本能寺の変より四二〇年　明智光秀研究会編　瑞浪　明智光秀研究会　2001.10　159p　22cm

◇織田信長と明智光秀　加来耕三著　学習研究社　2001.7　453p　15cm　(学研M文庫)〈『織田信長果断と独創』(立風書房1988年刊)の増補〉　780円　①4-05-901065-0

◇戦国武将　勝ち残りの戦略―状況を読みいかに闘うか　風巻絃一著　日本文芸社　2001.6　237p　18cm　(日文新書)〈『戦国名将に学ぶ勝ち残りの戦略』再編集・改題書〉　686円　①4-537-25057-7

◇人間臨終図巻　2　山田風太郎著　徳間書店　2001.4　533p　15cm　(徳間文庫)　724円　①4-19-891491-5

◇真説 本能寺　桐野作人著　学習研究社　2001.3　365p　15cm　(学研M文庫)　690円　①4-05-901042-1

◇信長の合戦―八つの戦いで読む知謀と戦略　戸部新十郎著　PHP研究所　2001.3　525p　15cm　(PHP文庫)　800円　①4-569-57531-5

◇本能寺の変の群像―中世と近世の相剋　藤田達生著　雄山閣出版　2001.3　296p　20cm〈年譜あり〉　2500円　①4-639-01730-8

◇本能寺の変―戦史ドキュメント　高柳光寿著　学習研究社　2000.11　199p　15cm　(学研M文庫)　500円　①4-05-901003-0

◇戦国興亡 武将たちの進退　戸部新十郎著　PHP研究所　2000.10　249p　15cm　(PHP文庫)〈『男の点描』改題書〉　514円　①4-569-57460-2

◇本能寺　上　池宮彰一郎著　毎日新聞社　2000.5　307p　19cm　1600円　①4-620-10613-5

◇本能寺　下　池宮彰一郎著　毎日新聞社　2000.5　307p　19cm　1600円　①4-620-10614-3

◇日本史「謎の人物」の意外な正体　中江克己著　PHP研究所　1999.11　268p　15cm　(PHP文庫)　495円　①4-569-57335-5

◇織田信長総合事典　岡田正人編著　雄山閣出版　1999.9　474p　22cm　4300円　①4-639-01632-8

◇明智光秀―鬼退治の深層を読む　永井寛著　三一書房　1999.5　356p　20cm　3800円　①4-380-99202-0

◇明智城(長山城)と明智光秀―市立図書館の資料に見る　可児市, 可児市観光協会編　可児　可児市　1999.3　162p　30cm〈共同刊行：可児市観光協会〉

◇明智光秀　上　桜田晋也著　学陽書房　1998.11　514p　15cm　(人物文庫)〈『叛将 明智光秀』改題書〉　800円　①4-313-75064-9

◇明智光秀　中　桜田晋也著　学陽書房　1998.11　479p　15cm　(人物文庫)〈『叛将 明智光秀』改題書〉　800円　①4-313-75065-7

◇明智光秀　下　桜田晋也著　学陽書房　1998.11　540p　15cm　(人物文庫)〈『叛将 明智光秀』改題書〉　800円　①4-313-75066-5

◇本能寺殺人事件の真相―信長殺しの犯人は秀吉だった！　杉山光男著　同文書院　1998.11　206p　19cm〈『信長殺しの犯人は秀吉だった！』(徳間書店 1991年刊)の増訂〉　1000円　①4-8103-7553-6

◇「歴史」の意外な結末―事件・人物の隠された「その後」　日本博学倶楽部著　PHP研究所　1998.11　253p　15cm　(PHP文庫)　476円　①4-569-57215-4

◇明智光秀　三浦登登郎著　2版　瑞浪　瑞浪市文芸友の会　1998.10　61p　22cm

◇本能寺の変捜査報告書―検証・織田信長殺人事件　小林久三著　PHP研究所　1998.10　225p　18cm　(PHP business library History)　857円　①4-569-60283-5

◇逆臣・光秀の本懐　笹沢左保著　双葉社　1998.8　236p　18cm　〈双葉ノベルズ〉　800円　ⓒ4-575-00636-X

◇明智光秀—つくられた「謀反人」　小和田哲男著　PHP研究所　1998.5　238p　18cm　（PHP新書）　657円　ⓒ4-569-60109-X

◇歴史に学ぶライバルの研究　会田雄次，谷沢永一著　PHP研究所　1997.8　261p　15cm　（PHP文庫）　533円　ⓒ4-569-57040-2

◇明智光秀ゆかりの地を訪ねて　塩見弥一著　日本図書刊行会　1997.2　128p　20cm　〈発売：近代文芸社〉　1500円　ⓒ4-89039-246-7

◇戦国の武将三十人　桑田忠親著　新人物往来社　1996.8　254p　19cm〈『武将伝戦国の史話』改題書〉　2500円　ⓒ4-404-02364-2

◇明智光秀の生涯—歴史随想　二階堂省著　近代文芸社　1996.6　322p　20cm　3000円　ⓒ4-7733-4914-X

◇反・太閤記　2　光秀覇王伝　桐野作人著　学習研究社　1996.5　220p　18cm　（歴史群像新書）　780円　ⓒ4-05-400673-6

◇天正十二年のクローディアス　井沢元彦著　京都　有学書林　1996.4　227p　19cm　1500円　ⓒ4-946477-21-7

◇本能寺の首謀者は秀吉である—光秀謀反は濡れ衣だった　今木健之著　第一企画出版　1995.10　339p　19cm　（シリーズ・歴史の嘘を見抜く）　1800円　ⓒ4-88719-029-8

◇明智光秀周山城物語　城山放談会編　京北町(京都府)　京都ゼミナールハウス　1995.9　53p　26cm

◇男の点描—戦国武将生死の一瞬　戸部新十郎著　毎日新聞社　1995.5　246p　19cm　1300円　ⓒ4-620-10518-X

◇明智軍記　二木謙一校注　新人物往来社　1995.2　404p　22cm　13000円　ⓒ4-404-02183-6

◇明智光秀のすべて　二木謙一編　新人物往来社　1994.12　266p　20cm　2800円　ⓒ4-404-02139-9

◇のるかそるか　津本陽著　文芸春秋　1994.4　294p　15cm　（文春文庫）　450円　ⓒ4-16-731430-4

◇決断のとき—歴史にみる男の岐路　杉本苑子著　文芸春秋　1993.10　333p　15cm　（文春文庫）　450円　ⓒ4-16-722418-0

◇本能寺の変—光秀と信長・秀吉の悲劇　上田滋著　PHP研究所　1993.9　413p　15cm　（PHP文庫）〈年表・主要参考文献：p400～413〉　660円　ⓒ4-569-56580-8

◇日本史を揺るがした反逆者の野望—野望を貫く男たちの闘いと決断！　寺林峻著　日本文芸社　1993.8　237p　15cm　（にちぶん文庫）　480円　ⓒ4-537-06229-0

◇戦国時代の謎と怪異—戦国群雄に隠された謎を解く！　桑田忠親著　日本文芸社　1993.7　237p　15cm　（にちぶん文庫）　480円　ⓒ4-537-06228-2

◇信長死す—＜歴史裁判＞本能寺殺人事件の黒幕　井沢元彦ほか著　ベストセラーズ　1993.6　263p　15cm　（ワニ文庫）　580円　ⓒ4-584-37005-2

◇光秀の十二日　羽山信樹著　新人物往来社　1993.6　264p　19cm　1500円　ⓒ4-404-02042-2

◇歴史を変えた野望の戦国史—国盗りに賭けた勇将たちの決断　寺林峻著　日本文芸社　1993.5　251p　15cm　（にちぶん文庫）　480円　ⓒ4-537-06223-1

◇天海・光秀の謎—会計と文化　岩辺晃三著　税務経理協会　1993.2　338p　21cm　3900円　ⓒ4-419-01801-1

◇戦国シミュレーション　激闘五大合戦　桐野作人著　勁文社　1993.1　233p　18cm　（ケイブンシャブックス　K‐76）　780円　ⓒ4-7669-1728-6

◇武将に学ぶ苦境からの脱出　松本幸夫著　総合ライフ出版　1992.11　227p　19cm　1500円　ⓒ4-88311-029-X

◇戦国合戦かくれ話—野望に燃えた武将たち！　土橋治重著　大陸書房　1992.9　246p　15cm　（大陸文庫）　470円　ⓒ4-8033-4279-2

◇信長に「反逆」した男たち　萩尾農編　教育書籍　1992.7　271p　19cm　1700円　①4-317-60066-7

◇明智光秀　早乙女貢著　広済堂出版　1992.4　390p　19cm　1100円　①4-331-05511-6

◇Nobunaga—信長は誰れか　細川広次著　新人物往来社　1992.4　259p　19cm　1400円　①4-404-01902-5

◇若き日の明智光秀　土橋治重著　PHP研究所　1992.1　286p　15cm　(PHP文庫)　520円　①4-569-56446-1

◇明智光秀—本能寺の変　浜野卓也著　講談社　1991.11　205p　18cm　(講談社火の鳥伝記文庫 78)　460円　①4-06-147578-9

◇今よみがえる明智光秀とその妻熙子　中島道子述，亀岡市，亀岡市教育委員会編　亀岡　亀岡市　1991.10　47p　19cm　(亀岡生涯学習市民大学 平成2年度)〈共同刊行：亀岡市教育委員会〉

◇織田信長かくれ話—天下布武への魔王の素顔　大陸書房　1991.10　238p　15cm　(大陸文庫)　520円　①4-8033-3727-6

◇信長殺しの犯人は秀吉だった！—"戦国法廷"が解明した「本能寺殺人事件」の真相　杉山光男著　徳間書店　1991.10　227p　18cm　(Tokuma books)　760円　①4-19-504675-0

◇明智光秀　早乙女貢著　文芸春秋　1991.8　392p　15cm　(文春文庫)　480円　①4-16-723024-0

◇明智光秀　徳永真一郎著　改訂新版　青樹社　1991.2　301p　19cm　1400円　①4-7913-0644-9

◇茶道人物辞典　原田伴彦編　柏書房　1991.1　290, 22p　22cm　〈新装版〉　4944円　①4-7601-0620-0

◇明智光秀と丹波・亀岡　亀岡市文化資料館編　亀岡　亀岡市文化資料館　1990.11　40p　26cm　(開館5周年記念特別展明智光秀の肖像あり　会期：平成2年11月3日～12月2日)

◇裏切りの系譜—信長・光秀・秀吉の最期　中島道子著　紀尾井書房　1990.10　278p　19cm　1400円　①4-7656-1058-6

◇決断のとき—歴史にみる男の岐路　杉本苑子著　文芸春秋　1990.10　278p　19cm　1300円　①4-16-344700-8

◇逆軍の旗　藤沢周平著　青樹社　1990.6　257p　19cm　〈第5刷(第1刷：76.6.30)〉　1300円　①4-7913-0103-X

◇織田信長の人間関係—しごとに活かす　小島鋼平著　白馬出版　1990.1　243p　20cm　(ハクバヒューマンビジネス)　1500円　①4-8266-0210-3

◇鬼と人と—信長と光秀　上巻　堺屋太一著　PHP研究所　1989.12　233p　19cm　1300円　①4-569-52661-6

◇鬼と人と—信長と光秀　下巻　堺屋太一著　PHP研究所　1989.12　228p　19cm　1300円　①4-569-52662-4

◇明智光秀　上　桜田晋也著　角川書店　1989.10　512p　15cm　(角川文庫)〈『叛将明智光秀』改題書〉　680円　①4-04-172903-3

◇明智光秀　中　桜田晋也著　角川書店　1989.10　468p　15cm　(角川文庫)〈『叛将明智光秀』改題書〉　640円　①4-04-172904-1

◇明智光秀　下　桜田晋也著　角川書店　1989.10　520p　15cm　(角川文庫)〈『叛将明智光秀』改題書〉　680円　①4-04-172905-X

◇織田信長七つの謎　新人物往来社編　新人物往来社　1989.9　249p　20cm　1800円　①4-404-01635-2

◇花落ちる—智将明智光秀　笹沢左保著　新潮社　1989.9　283p　15cm　(新潮文庫)　360円　①4-10-132904-4

◇はじめは駄馬のごとく—ナンバー2の人間学　永井路子著　文芸春秋　1989.4　242p　15cm　(文春文庫)　380円　①4-16-720018-X

◇寝返りの戦国史—「裏切り」に生死を賭けた男たちの光と影　寺林峻著　日本文芸社　1988.10　237p　19cm　(舵輪ブックス)　730円　①4-537-02119-5

◇明智光秀　徳永真一郎著　PHP研究所　1988.8　391p　15cm　(PHP文庫)　550

◇戦国武将に学ぶ決断の時　玉木重輝著　鈴木出版　1988.7　252p　19cm　1400円　①4-7902-9010-7
◇明智光秀の妻 熙子　中島道子著　紀尾井書房　1988.5　269p　19cm　1300円　①4-7656-1053-5
◇戦国名将伝　檀一雄著　徳間書店　1988.5　315p　15cm（徳間文庫）440円　①4-19-598525-0
◇「裏切り」の研究―謀略のバランスシート　新井英生著　政界往来社　1988.3　244p　19cm　1300円　①4-915303-28-4
◇戦国武将名言集　桑田忠親著　広済堂出版　1987.11　250p　15cm（広済堂文庫）400円　①4-331-65026-X
◇戦国武将おもしろ大百科　山梨輝雄著　広済堂出版　1987.9　263p　13cm（豆たぬきの本 208）380円　①4-331-20108-2
◇反逆の系譜　桑田忠親著　講談社　1987.6　319p　15cm（講談社文庫）420円　①4-06-183999-3
◇戦国武将ビジネス読本―統率力と戦略　南条範夫著　広済堂出版　1987.5　239p　15cm（広済堂文庫）400円　①4-331-65019-7
◇戦いにおける「勢い」の研究―何が組織に勝利をもたらしたか　百瀬明治著　PHP研究所　1987.4　238p　18cm（PHPビジネスライブラリー A-20）680円　①4-569-21976-4
◇戦国名将に学ぶ勝ち残りの戦略―状況の読み方・生かし方　風巻絃一著　三笠書房　1986.12　300p　15cm（知的生き方文庫）440円　①4-8379-0135-2
◇智者韜晦―歴史・裏と表　山田恒雄著　丸井図書出版　1986.11　344p　19cm　1400円
◇叛将 明智光秀　雄略の巻　桜田晋也著　読売新聞社　1986.8　531p　19cm　1400円　①4-643-74490-1
◇叛将 明智光秀　青雲の巻　桜田晋也著　読売新聞社　1986.7　398p　19cm　1300円　①4-643-74480-1

◇男の値打ちは「度量」で決まる―修羅場に強い知将・闘将のケンカと迫力の方法　童門冬二著　大和出版　1986.6　219p　19cm　1000円　①4-8047-1084-1
◇乱世に生きる　南条範夫著　六興出版　1986.5　262p　19cm（勝者は歴史を読む 1）1200円
◇明智光秀　榊山潤著　富士見書房　1986.4　342p　15cm（時代小説文庫）490円　①4-8291-1116-X
◇強い指導者―戦国武将新研究　会田雄次, 百瀬明治著　力富書房　1986.4　270p　19cm（リキトミブックス 19）1000円　①4-89776-019-4
◇日本武将譚　菊池寛著　文芸春秋　1986.3　265p　15cm（文春文庫）360円　①4-16-741001-X
◇明智光秀　高柳光寿著　吉川弘文館　1986.2　299p　19cm（人物叢書 新装版）〈新装版 叢書の編者：日本歴史学会〉1600円　①4-642-05027-2
◇明智光秀　桑田忠親著　講談社　1983.6　254p　15cm（講談社文庫）340円　①4-06-183053-8
◇明智光秀　桑田忠親著　新人物往来社　1973　234p　19cm　890円
◇和漢詩歌作家辞典　森忠重著　みづほ出版　1972　952p 図　19cm〈日中対照文化・文学史年表：p.921-952〉3500円
◇光秀行状記　明智滝朗著　名古屋　中部経済新聞社　1966　292p　19cm　600円
◇明智光秀　高柳光寿著　吉川弘文館　1958　299p 図版 地図　18cm（人物叢書 日本歴史学会編）

織田 信忠
おだ のぶただ

弘治3年(1557年)～天正10年(1582年)6月2日　武将。尾張国（愛知県）の人。織田信長の長男。幼名は奇妙、初名は信重。父に従い長島の一向一揆の攻撃、長篠の戦などに転戦。天正4年(1576年)信長が安土城に移ると濃尾二国を与えられ岐阜城を本拠とする。松永久秀を滅ぼして大和を平定し、石山本願寺を攻略して畿内を平定。天

正10年(1582年)武田勝頼攻めの先鋒大将として勝頼を討ち、快川紹喜ら寺僧のこもる恵林寺を焼き打ちした。多くの軍功をあげて将来を嘱望されたが、同年本能寺の変が起こり、父の救援をはたせず、二条城で明智光秀方に囲まれて自害した。

　　　　　　　＊　　＊　　＊

◇信長の家臣団―「天下布武」を支えた武将34人の記録　樋口晴彦著　学習研究社　2005.9　362p　15cm　（学研M文庫）　648円　①4-05-901174-6
◇歴史に学ぶ組織管理のノウハウ―信長の洞察力秀吉の速断力　久本之夫著　PHP研究所　1998.10　212p　19cm　1429円　①4-569-60342-4
◇織田武神伝　9　内憂外患篇　桐野作人著　ベストセラーズ　1998.7　190p　18cm　（ワニ・ノベルス）　800円　①4-584-17819-4
◇角川日本姓氏歴史人物大辞典　26　京都市姓氏歴史人物大辞典　竹内理三ほか編纂　京都市姓氏歴史人物大辞典編纂委員会編著　角川書店　1997.9　909p　23cm　①4-04-002260-2
◇大阪墓碑人物事典　近松誉文著　大阪東方出版　1995.11　310p　20cm　2900円　①4-88591-458-2
◇織田信長家臣人名辞典　谷口克広著　吉川弘文館　1995.1　495,7p　23cm　〈監修：高木昭作　参考文献：p483～495〉　7210円　①4-642-02743-2
◇山梨百科事典　山梨日日新聞社編　増補改訂版　甲府　山梨日日新聞社　1992.7　1068,198p　27cm　〈創刊120周年記念版〉
◇織田家の人びと　小和田哲男著　河出書房新社　1991.10　202p　19cm　1500円　①4-309-22207-2
◇角川日本姓氏歴史人物大辞典　23　愛知県　竹内理三ほか編纂　愛知県姓氏歴史人物大辞典編纂委員会編著　角川書店　1991.10　1052p　23cm　〈愛知県略年表：p944～958　愛知県参考文献一覧・主要文献解題：p1044～1051〉　16000円　①4-04-002230-0
◇戦国大名系譜人名事典　東国編　山本大,小和田哲男編　新人物往来社　1985.11　555p　22cm　〈付：参考文献〉　7500円　①4-404-01293-4
◇京都大事典　佐和隆研ほか編集　京都淡交社　1984.11　1083,91p　27cm　12000円　①4-473-00885-1
◇岐阜県百科事典　岐阜県百科事典制作委員会著　岐阜　岐阜日日新聞社　1968　2冊　27cm　11500円

織田 信長　おだ のぶなが

　天文3年(1534年)～天正10年(1582年)6月2日　武将。尾張国那古野(愛知県名古屋市)の人。幼名は吉法師。官名は上総介。織田信秀の子。斎藤道三の娘濃姫と結婚し、天文20年(1551年)父の死により家督を継承。奇行が多く大うつけと呼ばれたが、次第に頭角をあらわし、弘治元年(1555年)清洲城を奪い、永禄2年(1559年)岩倉城を攻撃して尾張をほぼ統一。翌永禄3年(1560年)桶狭間の戦いで今川義元を倒し、その後、徳川家康・浅井長政と同盟を結ぶ。禅僧の沢彦の進言により"天下布武"の印章を用いて天下統一を志し、永禄11年(1568年)足利義昭を擁して上洛し、義昭を将軍に立てたが、やがて義昭と対立する。元亀元年(1540)姉川の戦いで浅井・朝倉両氏を破り、元亀2年(1571年)の比叡山焼討ち、天正元年(1573年)の義昭追放、天正3年(1575年)越前・加賀の一向一揆平定、同年長篠の戦いで武田勝頼を破るなどにより、関東から中国までの勢力圏をほぼ確立。翌天正4年(1576年)近江に安土城を築き、さらに天正8年(1580年)に石山本願寺を制圧し、武田氏を滅ぼすなど覇権を進めた。しかし天正10年(1582年)中国攻めに指示を与えるために上洛して本能寺に宿した際、明智光秀の急襲を受けて自刃した。

政策面では、関所を廃して楽市楽座を進め、堺の豪商らと結ぶなど商工業の発展に寄与した。また寺社勢力への対抗目的もあってキリスト教に好意的で、布教をゆるし教会堂の建設などを認めた。軍事面では、兵農分離を進めて常備軍を整え、鉄砲を組織的に活用する新しい戦術を切りひらいた。「人間五十年、下天の内をくらぶれば、夢幻のごとくなり」の一節は、信長が好んだ幸若舞「敦盛」に由来する。

◇戦国武将の通知表　八幡和郎監修　改訂版　宝島社　2008.7　267p　15cm　(宝島社文庫)　457円　①978-4-7966-6499-8

◇赤と黒の軍旗が暴く、信長の秘密—色で読み解く日本の歴史　木下代理子著　ヴィレッジブックス　2008.6　179p　18cm　(ヴィレッジブックス新書)　740円　①978-4-86332-048-2

◇暗殺の世界史—シーザー、坂本竜馬からケネディ、朴正煕まで　大沢正道著　PHP研究所　2008.6　315p　15cm　(PHP文庫)〈『大物は殺される』再編集・改題書〉　619円　①978-4-569-67044-7

◇戦国武将・人気のウラ事情　鈴木真哉著　PHP研究所　2008.6　237p　18cm　(PHP新書)　720円　①978-4-569-69940-0

◇男の「行き方」男の「磨き方」—歴史人物に学ぶ　童門冬二著　PHP研究所　2008.5　244p　15cm　(PHP文庫)〈『男の磨き方』加筆・修正・改題書〉　514円　①978-4-569-67046-1

◇最期の言葉——一〇一人の男たちの辞世　柘植久慶著　太陽出版　2008.5　223p　19cm　1300円　①978-4-88469-569-9

◇戦国武将からの手紙—乱世に生きた男たちの素顔　吉本健二著　学習研究社　2008.5　300p　15cm　(学研M文庫)〈『手紙から読み解く戦国武将意外な真実』改稿・改題書〉　667円　①978-4-05-901220-7

◇信長と石山合戦—中世の信仰と一揆　神田千里著　復刊　吉川弘文館　2008.5　253p　19cm　(歴史文化セレクション)　2000円　①978-4-642-06347-0

◇戦国武将「まさか」の凄い戦略—知将はいかにして生き残ったか？　楠戸義昭著　三笠書房　2008.4　270p　15cm　(知的生きかた文庫)　533円　①978-4-8379-7703-2

◇信長と織田軍団—戦国を席捲した天下布武の軍容　学習研究社　2008.3　171p　26cm　(新・歴史群像シリーズ11)〈年表あり〉　1500円　①978-4-05-604833-9

◇司馬遼太郎を読んで「歴史」につよくなる　石原靖久著　新講社　2008.2　237p　19cm　1300円　①978-4-86081-188-4

◇戦国武将100選　川口素生著　リイド社　2008.2　277p　15cm　(リイド文庫)　524円　①978-4-8458-3734-2

◇信長とまぼろしの安土城　国松俊英著　文渓堂　2008.2　140p　21cm　1500円　①978-4-89423-570-0

◇豪快茶人伝　火坂雅志著　角川学芸出版,角川グループパブリッシング〔発売〕　2008.1　313p　15cm　(角川文庫)〈『茶の湯事件簿』加筆・修正・改題書〉　667円　①978-4-04-407801-0

◇「戦国合戦」意外・驚きエピソード—信長・秀吉・家康と、武将たちのちょっと珍しい話　加賀康之著　PHP研究所　2008.1　387p　15cm　(PHP文庫)　648円　①978-4-569-66966-3

◇東西古今人間学—成功と失敗の戦略と戦術　城野宏著　不昧堂出版　2008.1　237p　19cm　1600円　①978-4-8293-0461-7

◇信長と安土城—収蔵品で語る戦国の歴史　開館15周年記念第35回企画展　安土町(滋賀県)　滋賀県立安土城考古博物館　2008.1　95p　30cm　〈会期：平成20年1月19日—3月30日〉

◇戦国最大のライバル対決—信玄と謙信、川中島に激突　小西聖一著, 高田勲絵　理論社　2007.12　140p　21cm　(新・も

のがたり日本 歴史の事件簿） 1200円 ①978-4-652-01643-5

◇戦国武将を育てた禅僧たち 小和田哲男著 新潮社 2007.12 221p 19cm （新潮選書） 1100円 ①978-4-10-603594-4

◇戦国武将 この「すごい眼力」に学べ 小和田哲男著 三笠書房 2007.12 220p 15cm （知的生きかた文庫） 533円 ①978-4-8379-7677-6

◇「本能寺の変」はなぜ起こったか―信長暗殺の真実 津本陽著 角川書店, 角川グループパブリッシング〔発売〕 2007.12 209p 18cm （角川oneテーマ21） 705円 ①978-4-04-710119-7

◇桶狭間の真実 太田満明著 ベストセラーズ 2007.11 198p 18×11cm （ベスト新書） 686円 ①978-4-584-12167-2

◇織田信長と戦国武将天下取りの極意 泉秀樹著 講談社 2007.11 315p 16cm （講談社+α文庫）〈年譜あり〉 724円 ①978-4-06-281157-6

◇戦国人物伝 織田信長 加来耕三企画・構成・監修, すぎたとおる原作, 早川大介作画 ポプラ社 2007.11 118p 21cm （コミック版日本の歴史 1） 1000円 ①978-4-591-09790-8

◇戦国武将の生命懸け損益計算書―人生の岐路に彼らはどう対処したか 加来耕三著 土屋書店 2007.11 203p 18cm （知の雑学新書） 800円 ①978-4-8069-0946-0

◇長篠・設楽原の合戦―歴史を変えた日本の合戦 加来耕三企画・構成, すぎたおる原作, 中島健志作画, 馬場高夫監修 ポプラ社 2007.11 126p 21cm （コミック版日本の歴史 8） 1000円 ①978-4-591-09797-7

◇信長―「天下一統」の前に「悪」などなし 堺屋太一, 山崎正和, 石原慎太郎, 塩野七生, 隆慶一郎ほか著 新版 プレジデント社 2007.11 291p 20cm （プレジデント・クラシックス）〈年譜あり〉 1429円 ①978-4-8334-1860-7

◇「あの人」の言葉―人生の指針を残した偉人たち 武光誠著 リイド社 2007.10 254p 15cm （リイド文庫） 476円 ①978-4-8458-3229-3

◇一向一揆と石山合戦 神田千里著 吉川弘文館 2007.10 272, 4p 19cm （戦争の日本史 14） 2500円 ①978-4-642-06324-1

◇織田信長の経営塾 北見昌朗著 幻冬舎 2007.10 250p 16cm （幻冬舎文庫）〈年表あり 文献あり〉 533円 ①978-4-344-41022-0

◇信玄と信長―戦国武将に学ぶリーダーの条件 百瀬明治著 有楽出版社 2007.10 181p 19cm 1400円 ①978-4-408-59298-5

◇信長のおもてなし―中世食べもの百科 江後迪子著 吉川弘文館 2007.10 193p 19cm 1700円 ①978-4-642-05640-3

◇古人往来 森銑三著, 小出昌洋編 中央公論新社 2007.9 307p 15cm （中公文庫） 857円 ①978-4-12-204914-7

◇「戦国武将」名将のすごい手の内―頭一つ抜け出す生き方 小和田哲男著 三笠書房 2007.9 238p 15cm （知的生きかた文庫） 533円 ①978-4-8379-7656-1

◇三好長慶の時代―「織田信長芥川入城」の以前以後 高槻市立しろあと歴史館秋季特別展 高槻市立しろあと歴史館編 高槻 高槻市立しろあと歴史館 2007.9 79p 30cm〈他言語標題：The time of Miyoshi Nagayoshi 会期・会場：平成19年9月29日―11月25日 高槻市立しろあと歴史館企画展示室 肖像あり 年表あり〉

◇信長は本当に天才だったのか 工藤健策著 草思社 2007.8 251p 20cm〈年譜あり 文献あり〉 1600円 ①978-4-7942-1626-7

◇信長と消えた家臣たち―失脚・粛清・謀反 谷口克広著 中央公論新社 2007.7 270p 18cm （中公新書） 800円 ①978-4-12-101907-3

◇桶狭間の戦い―景虎の画策と信長の策略 浜田昭生著 東洋出版 2007.6 176p 19cm 1429円 ①978-4-8096-7542-3

◇男たちの戦国—戦国武将友情始末　夏野清三郎著　ぶんか社　2007.6　205p　15cm　（ぶんか社文庫）　600円　①978-4-8211-5101-1

◇「戦国武将」名将の頭の中—「勝負所」で勝つ法　菊池道人著　三笠書房　2007.6　219p　15cm　（知的生きかた文庫）　533円　①978-4-8379-7636-3

◇検証 本能寺の変　谷口克広著　吉川弘文館　2007.5　263p　19cm　（歴史文化ライブラリー）　1800円　①978-4-642-05632-8

◇図説 相関図と合戦地図で読み解く戦国武将あの人の顛末　中江克己著　青春出版社　2007.5　95p　26cm　1000円　①978-4-413-00889-1

◇信長戦国城盗り物語　外川淳著　大和書房　2007.5　333p　16cm　（だいわ文庫）　743円　①978-4-479-30100-4

◇織田信長事典　岡本良一, 奥野高広, 松田毅一, 小和田哲男編　コンパクト版　新人物往来社　2007.4　414p　20cm　〈文献あり　年譜あり〉　4800円　①978-4-404-03460-1

◇男の禅—信長を支えた心の指針とは　童門冬二著　青春出版社　2007.4　269p　15cm　（青春文庫）〈『武将を支えた禅の教え』改筆・再編集・改題書〉　600円　①978-4-413-09363-7

◇古戦場 敗者の道を歩く　下川裕治著・編,『週刊ビジュアル日本の合戦』編集部編　講談社　2007.4　199p　18cm　（講談社プラスアルファ新書）　800円　①978-4-06-272434-0

◇織田信長—戦国の覇王　桑田忠親監修, 藤木てるみ漫画　新装版　学習研究社　2007.3　128p　21cm　（学研まんが伝記シリーズ）　700円　①978-4-05-202778-9

◇京都・戦国武将の寺をゆく　津田三郎著　彦根　サンライズ出版　2007.3　237p　21cm　1600円　①978-4-88325-320-3

◇だれが信長を殺したのか—本能寺の変・新たな視点　桐野作人著　PHP研究所　2007.3　292p　18cm　（PHP新書）　760円　①978-4-569-69073-5

◇織田信長の国盗りものがたり—ナラシノ女子士官学校時空演習レポート　おおつやすたか著　横浜　光栄　2007.2　175p　21cm　1600円　①978-4-7758-0566-4

◇逆境を生き抜く男の人間学—歴史上の人物に学ぶ　山下康博著　中経出版　2007.2　191p　19cm　1300円　①978-4-8061-2644-7

◇死生の哲学—織田信長とM.ハイデガー　竜宝省己著　新生出版, ディーディーエヌ〔発売〕　2007.2　143p　19cm　1000円　①978-4-86128-187-7

◇信長歴史を動かした「ただひとり」の男　加来耕三著　大和書房　2007.2　348p　16cm　（だいわ文庫）〈年表あり〉　762円　①978-4-479-30081-6

◇上杉謙信—信長も畏怖した戦国最強の義将　相川司著　新紀元社　2007.1　254p　21cm　（Truth in history 10）〈年表あり〉　1800円　①978-4-7753-0524-9

◇小学校の「歴史」を26場面で完全理解　向山洋一編, 谷和樹著　PHP研究所　2007.1　190p　21cm　（新「勉強のコツ」シリーズ）　1200円　①4-569-65763-X

◇瀬戸内海地域社会と織田権力　橋詰茂著　京都　思文閣出版　2007.1　375, 18p　22cm　（思文閣史学叢書）　7200円　①978-4-7842-1333-7

◇時代考証おもしろ事典—TV時代劇を100倍楽しく観る方法　山田順子著　実業之日本社　2006.12　253p　19cm　1300円　①4-408-32327-6

◇信長の天下布武への道　谷口克広著　吉川弘文館　2006.12　286, 3p　20cm　（戦争の日本史 13）〈肖像あり　文献あり　年表あり〉　2500円　①4-642-06323-4

◇文珍の歴史人物おもしろ噺—ご教訓付　桂文珍著　PHP研究所　2006.12　313p　15cm　（PHP文庫）〈『痛快！歴史人物』改題書〉　629円　①4-569-66708-2

◇戦国時代の舞台裏—ここが一番おもしろい！　歴史の謎研究会編　青春出版社　2006.11　232p　19cm　476円　①4-413-00859-6

◇信長・秀吉・家康の研究―乱世を制した人づくり、組織づくり　童門冬二著　PHP研究所　2006.11　221p　15cm　（PHP文庫）　495円　⑪4-569-66721-X

◇織田信長―その独創と奇行の謎　改訂新版　世界文化社　2006.10　155p　26cm　（Bigmanスペシャル）〈年表あり〉　1400円　⑪4-418-06136-3

◇指導者の精神構造―時代を動かすリーダーたちの内面をさぐる　小田晋著　生産性出版　2006.10　226p　19cm　2000円　⑪4-8201-1846-3

◇戦国武将の謎―教科書ではわからない戦国時代の裏のウラ　桑田忠親著　日本文芸社　2006.10　199p　18cm　648円　⑪4-537-25437-8

◇信長街道　安部竜太郎著　新潮社　2006.10　242p　16cm　（新潮文庫）〈「天才信長を探しに、旅に出た」（日本経済新聞社平成14年刊）の改題〉　400円　⑪4-10-130518-8

◇織豊期の茶会と政治　竹本千鶴著　京都思文閣出版　2006.9　444,16p　22cm　7500円　⑪4-7842-1318-X

◇戦国興亡　名将たちの決断　戸部新十郎著　PHP研究所　2006.9　221p　19cm〈『戦国興亡　武将たちの進退』再編集・改題書〉　476円　⑪4-569-65544-0

◇英傑の日本史　信長・秀吉・家康編　井沢元彦著　角川学芸出版　2006.8　287p　20cm　〈年表あり〉　1500円　⑪4-04-621083-4

◇戦国武将「凄い生き方」　小和田哲男著　三笠書房　2006.8　301p　15cm　（知的生きかた文庫）〈『日本の歴史・合戦おもしろ話』再編集・改題書〉　552円　⑪4-8379-7573-9

◇『織田信長文書の研究』語彙索引　水上昌美, 中村子, 大山由美子編　立正大学十六世紀史研究会　2006.7　174p　30cm　（16世紀史索引シリーズ 3）

◇戦国武将の能　曽我孝司著　雄山閣　2006.7　177p　19cm　2600円　⑪4-639-01939-4

◇集中講義織田信長　小和田哲男著　新潮社　2006.6　263p　16cm　（新潮文庫）〈「信長」（KTC中央出版平成15年刊)の改題〉　438円　⑪4-10-128851-8

◇信長軍団に学ぶ処世の法則　加藤広著　PHP研究所　2006.6　236p　20cm　1400円　⑪4-569-64983-1

◇信長公記―現代語訳　上　太田牛一著, 中川太古訳　新訂版　新人物往来社　2006.5　248p　20cm　2800円　⑪4-404-03299-4

◇信長公記―現代語訳　下　太田牛一著, 中川太古訳　新訂版　新人物往来社　2006.5　271p　20cm　〈年表あり〉　2800円　⑪4-404-03300-1

◇人物を読む日本中世史―頼朝から信長へ　本郷和人著　講談社　2006.5　250p　19cm　（講談社選書メチエ）　1600円　⑪4-06-258361-5

◇信長の洞察力 秀吉の速断力―歴史に学ぶ組織管理　樋口晴彦著　学習研究社　2006.5　247p　15cm　（学研M文庫）　590円　⑪4-05-901183-5

◇信長・秀吉・家康―天下統一と戦国の三英傑　学習研究社　2006.5　163p　26cm　（歴史群像シリーズ）〈年表あり〉　1500円　⑪4-05-604248-9

◇信長流逆転の急所―四面楚歌、窮した時どうする　若山三郎著　日新報道　2006.5　194p　19cm　1400円　⑪4-8174-0626-7

◇歴史を動かす力―司馬遼太郎対話選集 3　司馬遼太郎著　文芸春秋　2006.5　380p　15cm　（文春文庫）　543円　⑪4-16-766323-6

◇異能の勝者―歴史に見る「非常の才」　中村彰彦著　集英社　2006.4　286p　19cm　1900円　⑪4-08-781342-8

◇織田信長民姓国家実現への道　浜田昭生著　東洋出版　2006.4　358p　21cm　〈年譜あり　文献あり〉　1619円　⑪4-8096-7513-0

◇戦国武将 男の値打ち―知られざる値千金の逸話 この人間的魅力を見よ！　田中春泥著　三笠書房　2006.3　253p　15cm

（知的生きかた文庫）　533円　①4-8379-7548-8
◇信長殺しの犯人は秀吉だった！　杉山光男著　ぶんか社　2006.3　278p　15cm（ぶんか社文庫）　619円　①4-8211-5034-4
◇信長とは何か　小島道裕著　講談社　2006.3　238p　19cm　（講談社選書メチエ 356）〈肖像あり　年表あり　文献あり〉1500円　①4-06-258356-9
◇織田信長─戦国武将伝　泉秀樹著　愛蔵版　PHP研究所　2006.2　223p　19cm　476円　①4-569-64763-4
◇日本を創った12人　堺屋太一著　PHP研究所　2006.2　413p　15cm（PHP文庫）　724円　①4-569-66560-8
◇信長は謀略で殺されたのか─本能寺の変・謀略説を嗤う　鈴木真哉、藤本正行著　洋泉社　2006.2　229p　18cm（新書y）　780円　①4-89691-995-5
◇フロイスの見た戦国日本　川崎桃太著　中央公論新社　2006.2　309p　15cm（中公文庫）　800円　①4-12-204655-6
◇もう一度学びたい戦国史　菊地正憲著　西東社　2006.2　279p　21cm　1500円　①4-7916-1359-7
◇健康力─戦国武将たちに学ぶ　植田美津江著　名古屋　ゆいぽおと、KTC中央出版〔発売〕　2006.1　190p　18cm　1000円　①4-87758-403-X
◇図解　信長軍団なるほど人物事典　『歴史街道』編集部編　PHP研究所　2005.12　94p　26cm　800円　①4-569-64599-2
◇戦国大名と賤民─信長・秀吉・家康と部落形成　本田豊著　現代書館　2005.12　206p　19cm　2000円　①4-7684-6917-5
◇戦国の雄と末裔たち　中嶋繁雄著　平凡社　2005.12　243p　18cm（平凡社新書）　780円　①4-582-85301-3
◇戦国武将の宣伝術─隠された名将のコミュニケーション戦略　童門冬二著　講談社　2005.12　311p　15cm（講談社文庫）　571円　①4-06-275281-6
◇織田信長101の謎─知られざる私生活から、「本能寺の変」の真実まで　川口素生著　PHP研究所　2005.8　317p　15cm（PHP文庫）〈年譜あり　文献あり〉　533円　①4-569-66431-8
◇戦国武将の危機突破学　童門冬二著　日本経済新聞社　2005.8　309p　15cm（日経ビジネス人文庫）　667円　①4-532-19305-2
◇NHKその時歴史が動いたコミック版　信長・秀吉・家康編　NHK取材班編　ホーム社、集英社〔発売〕　2005.7　500p　15cm（ホーム社漫画文庫）　876円　①4-8342-7338-5
◇戦国なるほど人物事典─100人のエピソードで戦国史がよくわかる！　泉秀樹著　愛蔵版　PHP研究所　2005.6　235p　19cm　476円　①4-569-64332-9
◇戦国武将の遺言36選　歴史探訪研究の会編　リイド社　2005.6　254p　15cm（リイド文庫）　476円　①4-8458-2779-4
◇名将名城伝　津本陽著　PHP研究所　2005.6　280p　19cm　1500円　①4-569-64187-3
◇戦国武将・闇に消されたミステリー─いまだ解けない80の謎　三浦竜著　PHP研究所　2005.5　300p　15cm（PHP文庫）　533円　①4-569-66407-5
◇日本史勝ち組の法則500 徹底検証　加来耕三著　講談社　2005.5　339p　15cm（講談社文庫）〈『「ニッポン人」の法則500』再編集・改題書〉　590円　①4-06-275071-6
◇日本食文化人物事典─人物で読む日本食文化史　西東秋男編　筑波書房　2005.4　384p　21cm　5000円　①4-8119-0278-5
◇戦国武将人を動かす天才に学ぶ─トップで成功するか、仕えて成功するか　鈴木亨著　三笠書房　2005.3　285p　15cm（知的生きかた文庫）　533円　①4-8379-7472-4
◇明智光秀冤罪論─信長謀殺、光秀でない　井上慶雪著　叢文社　2005.2　350p　19cm　1500円　①4-7947-0514-X
◇図説　戦国武将おもしろ事典─乱世の殿様たちの「その時」「その後」　奈良本辰也監修　三笠書房　2005.2　285p　15cm

（知的生きかた文庫）　533円　①4-8379-7468-6

◇図説 日本人が知らなかった戦国地図　歴史の謎研究会編　青春出版社　2005.2　95p　26cm　1000円　①4-413-00764-6

◇戦国史　源城政好編　ナツメ社　2005.2　287p　19cm　（図解雑学）　1400円　①4-8163-3810-1

◇信長軍の司令官―部将たちの出世競争　谷口克広著　中央公論新社　2005.1　268p　18cm　（中公新書）　780円　①4-12-101782-X

◇織田信長―天下一統にかけた信長の野望　草野巧著　新紀元社　2004.12　283p　21cm　（Truth in history 4）〈年譜あり 文献あり〉　1900円　①4-7753-0328-7

◇信長は生きていた―God Kazukiが伝える"本当の歴史"　Kazuki著　ジーオー企画出版　2004.10　222p　19cm　1200円　①4-921165-21-1

◇織田信長―「完全保存版」戦国武将伝 戦国の世を駆け抜けた「日本史上最強の男」　泉秀樹著　PHP研究所　2004.9　111p　26cm　952円　①4-569-63821-X

◇戦国武将 あの人の顛末　中江克己著　青春出版社　2004.9　253p　15cm　（青春文庫）　571円　①4-413-09301-1

◇信長と日本人―魂の言葉で語れ！　秋山駿著　飛鳥新社　2004.8　211p　19cm　1600円　①4-87031-624-2

◇理想的日本人―「日本文明」の礎を築いた12人　渡部昇一著　PHP研究所　2004.8　222p　19cm　1400円　①4-569-63645-4

◇図説 歴史の「決定的瞬間」―図と漫画で歴史の「その時」を表現！　日本博学倶楽部著　PHP研究所　2004.6　95p　26cm　952円　①4-569-63632-2

◇戦国武将の意外なウラ事情―英雄たちの「秘められた事実」　日本博学倶楽部著　PHP研究所　2004.6　276p　15cm　（PHP文庫）　571円　①4-569-66199-8

◇織田信長全仕事　加来耕三編、岸祐二著　扶桑社　2004.5　190p　21cm　1400円　①4-594-04659-2

◇戦国茶闘伝―天下を制したのは、名物茶道具だった　三宅孝太郎著　洋泉社　2004.5　215p　18cm　（新書y）　720円　①4-89691-817-7

◇歴史を変えた決断の瞬間　会田雄次著　PHP研究所　2004.5　330p　15cm　（PHP文庫）　619円　①4-569-66193-9

◇戦国の山城をゆく―信長や秀吉に滅ぼされた世界　安部竜太郎著　集英社　2004.4　234p　18cm　（集英社新書）　680円　①4-08-720237-2

◇名古屋・岐阜と中山道　松田之利編　吉川弘文館　2004.4　266,21p　19cm　（街道の日本史 29）　2500円　①4-642-06229-7

◇役に立つ戦国武将―厳選50人　時代劇雑学研究会編　リイド社　2004.4　223p　15cm　（リイド文庫）　562円　①4-8458-2758-1

◇織田信長の経営塾　北見昌朗著　講談社　2004.3　209p　20cm　〈年譜あり 文献あり〉　1500円　①4-06-212306-1

◇起死回生の日本史―逆境に負けなかった男たち　歴史人物発掘会編　竹書房　2004.3　237p　15cm　（竹書房文庫）　524円　①4-8124-1536-5

◇名将がいて、愚者がいた　中村彰彦著　講談社　2004.3　316p　19cm　1800円　①4-06-212281-2

◇桶狭間―信長の深謀・義元の誤算　柘植久慶著　PHP研究所　2004.2　232p　19cm　1300円　①4-569-63338-2

◇完全保存版 戦国なるほど人物事典―100人のエピソードで戦国史がよくわかる！　泉秀樹著　PHP研究所　2004.2　111p　26cm　952円　①4-569-63328-5

◇天下布武の城・安土城　木戸雅寿著　新泉社　2004.2　93p　21cm　（シリーズ「遺跡を学ぶ」002）　1500円　①4-7877-0432-X

◇信長と十字架―「天下布武」の真実を追う　立花京子著　集英社　2004.1　269p　18cm　（集英社新書）〈文献あり〉　740円　①4-08-720225-9

◇武士の家訓　桑田忠親著　講談社　2003.12　324p　15cm　(講談社学術文庫)　1000円　①4-06-159630-6

◇よみがえる安土城　木戸雅寿著　吉川弘文館　2003.12　201p　19cm　(歴史文化ライブラリー 167)〈文献あり〉　1700円　①4-642-05567-3

◇歴史に学ぶ　津本陽著　講談社　2003.12　298p　15cm　(講談社文庫)　571円　①4-06-273915-1

◇図説 戦国武将のあの人の「その後」─「関ヶ原」「本能寺」…事件が変えた男たちの運命　日本博学倶楽部著　PHP研究所　2003.11　95p　26cm　952円　①4-569-63217-3

◇対訳・日本を創った12人　堺屋太一著,ジャイルズ・マリー訳　講談社インターナショナル　2003.11　287p　21cm〈本文：日英両文〉　1800円　①4-7700-4002-4

◇天下人の自由時間　荒井魏著　文芸春秋　2003.11　248p　18cm　(文春新書)　720円　①4-16-660351-5

◇名将たちの戦場　柘植久慶著　中央公論新社　2003.11　407p　15cm　(中公文庫)　952円　①4-12-204288-7

◇謎とき本能寺の変　藤田達生著　講談社　2003.10　200p　18cm　(講談社現代新書)　700円　①4-06-149685-9

◇信長と宗教勢力─保護・弾圧そして支配へ 平成15年度秋季特別展　滋賀県立安土城考古博物館編　安土町(滋賀県)　滋賀県立安土城考古博物館　2003.10　111p　30cm〈会期：平成15年10月11日─11月9日〉

◇勇者の魅力─人を動かし、組織を動かす　童門冬二著　大阪　清文社　2003.10　198p　19cm　1400円　①4-433-27553-0

◇目からウロコの戦国時代─史料から読み解く武将たちの真相　谷口克広著　PHP研究所　2003.9　278p　15cm　(PHP文庫)　619円　①4-569-66033-9

◇NHKにんげん日本史 織田信長　酒寄雅志監修,小西聖一著　理論社　2003.9　113p　25×19cm　1800円　①4-652-01463-5

◇戦国15大合戦の真相─武将たちはどう戦ったか　鈴木真哉著　平凡社　2003.8　252p　18cm　(平凡社新書)　760円　①4-582-85193-2

◇織田信長─知れば知るほど面白い・人物歴史丸ごとガイド　大野信長著　学習研究社　2003.7　307p　19cm〈年譜あり 文献あり〉　1400円　①4-05-401949-8

◇昇竜の影─信長、秀吉、家康と伊勢平野　衣斐賢譲著　鈴鹿　竜光寺微笑会,中央公論事業出版〔発売〕　2003.7　403p　21cm　2000円　①4-89514-207-8

◇天才の食卓─プラトン、ダ・ヴィンチ、織田信長、ショパン…　話題の達人倶楽部編　青春出版社　2003.6　205p　15cm　(青春文庫)　524円　①4-413-09269-4

◇信長発見　秋山駿著　朝日新聞社　2003.6　272p　15cm　(朝日文庫)〈小沢書店1997年刊の増補〉　600円　①4-02-264308-0

◇戦国なるほど人物事典─100人のエピソードで歴史の流れがよくわかる　泉秀樹著　PHP研究所　2003.5　502p　15cm　(PHP文庫)〈『戦国乱世百傑百話』修正・改題書〉　819円　①4-569-57945-0

◇信長─徹底分析十七章　小和田哲男著　名古屋　KTC中央出版　2003.5　245p　20cm　1400円　①4-87758-310-6

◇徹底大研究 日本の歴史人物シリーズ　5 織田信長　谷口克広監修　ポプラ社　2003.4　79p　26cm　2850円　①4-591-07554-0

◇信長─破壊と創造　童門冬二著　日経BP社,日経BP出版センター〔発売〕　2003.3　419p　19cm　1600円　①4-8222-4327-3

◇信長戦記─信長公記の世界　志村有弘著　改訂新版　ニュートンプレス　2003.3　287p　20cm〈初版：教育社1992年刊 年譜あり〉　1800円　①4-315-51678-3

◇信長　上　佐藤雅美著　日本放送出版協会　2003.2　358p　19cm　1800円　①4-14-005404-2

◇信長　下　佐藤雅美著　日本放送出版協会　2003.2　320p　19cm　1800円　ⓘ4-14-005405-0

◇フロイスの見た戦国日本　川崎桃太著　中央公論新社　2003.2　254p　19cm　2000円　ⓘ4-12-003356-2

◇織田信長石山本願寺合戦全史―顕如との十年戦争の真実　武田鏡村著　ベストセラーズ　2003.1　253p　18cm　(ベスト新書)　〈年表あり〉　780円　ⓘ4-584-12052-8

◇勝頼と信長―後継者のリーダーシップ　童門冬二著　学陽書房　2003.1　270p　20cm　1600円　ⓘ4-313-15050-1

◇信長の戦争―『信長公記』に見る戦国軍事学　藤本正行著　講談社　2003.1　316p　15cm　(講談社学術文庫)〈「信長の戦国軍事学」(JICC出版局1993年刊)の改題〉　1000円　ⓘ4-06-159578-4

◇武将意外史　10　八切止夫著、縄田一男、末国善己監修、矢留楯夫随想　作品社　2003.1　225p　18cm　(八切意外史 10)　850円　ⓘ4-87893-544-8

◇本能寺と信長　藤井学著　京都　思文閣出版　2003.1　264p　19cm　2200円　ⓘ4-7842-1134-9

◇逆説の日本史　10(戦国覇王編)　天下布武と信長の謎　井沢元彦著　小学館　2002.11　401p　20cm　〈年表あり〉　1550円　ⓘ4-09-379660-2

◇城が見た合戦史―天下統一の野望をかけた城をめぐる攻防　二木謙一監修　青春出版社　2002.11　204p　18cm　(プレイブックス・インテリジェンス)　667円　ⓘ4-413-04043-0

◇父親像の歴史　堀口尚夫著　叢文社　2002.11　204p　19cm　1600円　ⓘ4-7947-0431-3

◇謀殺―続・信長殺し、光秀ではない　八切止夫著、縄田一男、末国善己監修　作品社　2002.11　289p　18cm　(八切意外史 7)　850円　ⓘ4-87893-515-4

◇蓮如と信長　山折哲雄著　PHP研究所　2002.10　289p　15cm　(PHP文庫)　533円　ⓘ4-569-57815-2

◇大いなる謎・織田信長　武田鏡村著　PHP研究所　2002.9　397p　15cm　(PHP文庫)　743円　ⓘ4-569-57807-1

◇改革の日本史　河合敦著　学習研究社　2002.9　253p　21cm　(Rekishi Gunzou Book)　1400円　ⓘ4-05-401813-0

◇戦国武将・あの人の「その後」―「関ヶ原」「本能寺」…事件が変えた男たちの運命　日本博学倶楽部著　PHP研究所　2002.9　244p　15cm　(PHP文庫)　552円　ⓘ4-569-57777-6

◇日本史にみる経済改革―歴史教科書には載らない日本人の知恵　童門冬二著　角川書店　2002.9　212p　18cm　(角川oneテーマ21)　667円　ⓘ4-04-704102-5

◇信長と天皇―中世的権威に挑む覇王　今谷明著　講談社　2002.9　220p　15cm　(講談社学術文庫)　〈文献あり〉　900円　ⓘ4-06-159561-X

◇信長の朝ごはん　竜馬のお弁当　俎倶楽部編　毎日新聞社　2002.9　222p　19cm　1333円　ⓘ4-620-31583-4

◇万能感とは何か―「自由な自分」を取りもどす心理学　和田迪子著　新潮社　2002.7　315p　15cm　(新潮文庫)〈『万能感―奢りと泣き寝入りのメカニズム』改題書〉　476円　ⓘ4-10-129131-4

◇名場面でわかる日本の歴史―1時間で読める　小和田哲男著　三笠書房　2002.7　294p　15cm　(知的生きかた文庫)　562円　ⓘ4-8379-7260-8

◇織田信長―天下統一を推し進めた戦国武将　すぎたとおる作, 中島健志画, 手塚プロダクション著, 加来耕三監修　コミックス, 講談社〔発売〕　2002.6　143p　19cm　(講談社学習コミック)　700円　ⓘ4-06-271811-1

◇織田信長のすべてがわかる本　新人物往来社　2002.6　212p　21cm　(別冊歴史読本 13号)　〈年表あり〉　1600円　ⓘ4-404-03013-4

◇真説　本能寺の変　安部竜太郎, 立花京子, 桐野作人, 和田裕弘, 大牟田太朗ほか著　集英社　2002.6　196p　21cm　1700円　ⓘ4-08-781260-X

◇その時歴史が動いた　14　NHK取材班編　名古屋　KTC中央出版　2002.6　253p　19cm　1600円　①4-87758-222-3

◇天才信長を探しに、旅に出た　安部竜太郎著　日本経済新聞社　2002.6　216p　20cm　1500円　①4-532-16422-2

◇風雲児信長と悲運の女たち　楠戸義昭著　学習研究社　2002.6　318p　15cm　(学研M文庫)〈「信長と女たち」(毎日新聞社1991年刊)の改訂〉　680円　①4-05-901138-X

◇日本暗殺総覧―この国を動かしたテロルの系譜　泉秀樹著　ベストセラーズ　2002.5　302p　18cm　(ベスト新書)　680円　①4-584-12042-0

◇信長殺し、光秀ではない　八切止夫著, 縄田一男監修・解説, 末国善己監修　作品社　2002.5　364p　18cm　(八切意外史 1)　950円　①4-87893-479-4

◇史談・信長に仕える苦労―歴史の交差点　中村彰彦著　ダイヤモンド社　2002.4　261p　19cm　1600円　①4-478-92037-0

◇名将言行録 乱世を生き抜く智恵　谷沢永一, 渡部昇一著　PHP研究所　2002.4　196p　19cm　1300円　①4-569-62018-3

◇織田信長と謎の清水山城―シンポジウム近江・高嶋郡をめぐる攻防 記録集　新旭町教育委員会編　彦根　サンライズ出版　2002.3　189p　19cm　〈清水山城郭群滋賀県史跡指定記念〉　1600円　①4-88325-097-0

◇「仕事の場で認められる人」はここが違う　中川昌彦著　新講社　2002.3　229p　19cm　1300円　①4-915872-79-3

◇歴史に学ぶ後継者育成の経営術―身を切らずして後継者の育成なし　童門冬二著　広済堂出版　2002.3　290p　15cm　(広済堂文庫)　600円　①4-331-65314-5

◇人物日本の歴史・日本を変えた53人　4　高野尚好監修　学習研究社　2002.2　63p　27×22cm　2800円　①4-05-201568-1

◇図説織田信長　小和田哲男, 宮上茂隆編　新装版　河出書房新社　2002.2　133p　22cm　(ふくろうの本)〈年表あり〉　1800円　①4-309-76008-2

◇織田信長合戦全録―桶狭間から本能寺まで　谷口克広著　中央公論新社　2002.1　301p　18cm　(中公新書)〈年表あり〉　840円　①4-12-101625-4

◇織豊政権と江戸幕府　池上裕子著　講談社　2002.1　390p　19cm　(日本の歴史 15)　2200円　①4-06-268915-4

◇図解雑学織田信長　西ヶ谷恭弘著　ナツメ社　2002.1　245p　19cm　〈奥付のタイトル：織田信長〉　1300円　①4-8163-3147-6

◇天下人史観を疑う―英雄神話と日本人　鈴木真哉著　洋泉社　2002.1　250p　18cm　(新書y)　720円　①4-89691-602-6

◇日本人が知らなかった歴史の顛末―その人物はどこへ消えたか？　歴史の謎研究会編　青春出版社　2002.1　231p　15cm　(青春文庫)　514円　①4-413-09225-2

◇日本戦史 戦国編　2　学研編集部編　学習研究社　2002.1　282p　15cm　(学研M文庫)　580円　①4-05-901099-5

◇信長権力と朝廷　立花京子著　第2版　岩田書院　2002.1　345, 12p　22cm　7200円　①4-87294-228-0

◇激震織田信長―破壊と創造の戦国覇王　学習研究社　2001.12　227p　26cm　(歴史群像シリーズ)　1600円　①4-05-602638-6

◇将帥学―信長・秀吉・家康に学ぶ人を使う極意　加来耕三著　時事通信社　2001.12　304p　20cm　1700円　①4-7887-0174-X

◇スピード危機管理―ピンチに強くなる52の具体例　中谷彰宏著　ダイヤモンド社　2001.12　181p　19cm　1400円　①4-478-70238-1

◇戦国武将に学ぶ経営戦略　高木健次著　新評論　2001.12　225p　19cm　2200円　①4-7948-0534-9

◇勝者の極意　津本陽著　朝日新聞社　2001.11　258p　19cm　1400円　①4-02-257687-1

◇戦国武将にみる混迷変革期突破―人間の行動原理は昔も今も欲　米田一雄著　福岡　西日本新聞社　2001.11　254p　19cm　1524円　①4-8167-0539-2

◇戦争と平和の中近世史　歴史学研究会編　青木書店　2001.11　396p　19cm　（シリーズ歴史学の現在 7）　3600円　①4-250-20151-1

◇信長と信玄　津本陽著　角川書店　2001.11　270p　15cm　（角川文庫）　533円　①4-04-171321-8

◇「もしも…」の日本戦国史　高野澄著　ベストセラーズ　2001.10　262p　18cm　（ベスト新書）　680円　①4-584-12019-6

◇信長・秀吉・家康―勝者の条件敗者の条件　津本陽,江坂彰著　講談社　2001.9　235p　15cm　（講談社文庫）　495円　①4-06-273249-1

◇笑っちゃう日本史―本当はこんなに面白い日本の歴史　えっ,秀吉はY談が気にいられて,信長に登用されたって?!　鈴木亨著　河出書房新社　2001.8　222p　15cm　（KAWADE夢文庫）　476円　①4-309-49400-5

◇織田信長と明智光秀　加来耕三著　学習研究社　2001.7　453p　15cm　（学研M文庫）〈「織田信長果断と独創」（立風書房1988年刊）の増補〉　780円　①4-05-901065-0

◇織豊興亡史―三英傑家系譜考　早瀬晴夫著　今日の話題社　2001.7　439p　21cm　2800円　①4-87565-508-8

◇戦国武将に学ぶ逆境の勝ち方―7つの成功法則　植西聰著　広済堂出版　2001.7　204p　19cm　1200円　①4-331-50784-X

◇信長の夢「安土城」発掘　NHKスペシャル「安土城」プロジェクト,辻泰明著　日本放送出版協会　2001.7　253p　19cm　（NHKスペシャルセレクション）　1500円　①4-14-080618-4

◇状況判断―まず計算し,しかる後これを超越せよ　大橋武夫著　復刻版　マネジメント伸社　2001.6　244p　19cm　1600円　①4-8378-0401-2

◇戦国武将 勝ち残りの戦略―状況を読みいかに闘うか　風巻絃一著　日本文芸社　2001.6　237p　18cm　（日文新書）〈『戦国名将に学ぶ勝ち残りの戦略』再編集・改題書〉　686円　①4-537-25057-7

◇戦国武将に学ぶ生活術　童門冬二著　産能大学出版部　2001.6　369p　19cm　1800円　①4-382-05505-9

◇戦国 城と合戦―知れば知るほど　二木謙一監修　実業之日本社　2001.5　269p　19cm　1400円　①4-408-39473-4

◇その時歴史が動いた　6　NHK取材班編　名古屋　KTC中央出版　2001.5　253p　19cm　1600円　①4-87758-192-8

◇天下統一への野望―戦国時代の三英傑 信長・秀吉・家康　恩田耕治著　勁文社　2001.5　301p　15cm　（勁文社「大文字」文庫）　838円　①4-7669-3814-3

◇歴史に学ぶリーダーシップ　渡部昇一著　致知出版社　2001.5　278p　19cm　1600円　①4-88474-603-1

◇元亀信長戦記―戦史ドキュメント　学習研究社編集部編　学習研究社　2001.4　318p　15cm　（学研M文庫）　620円　①4-05-902040-0

◇その「一言」で歴史が動いた―日本史大論戦　歴史の謎研究会編　青春出版社　2001.4　220p　15cm　（青春文庫）　505円　①4-413-09190-6

◇真説 本能寺　桐野作人著　学習研究社　2001.3　365p　15cm　（学研M文庫）　690円　①4-05-901042-1

◇第六天魔王信長　藤巻一保著　学習研究社　2001.3　349p　15cm　（学研M文庫）〈「第六天魔王と信長」（悠飛社1991年刊）の増補〉　620円　①4-05-901043-X

◇信長の合戦―八つの戦いで読む知謀と戦略　戸部新十郎著　PHP研究所　2001.3　525p　15cm　（PHP文庫）　800円　①4-569-57531-5

◇本能寺の変の群像―中世と近世の相剋　藤田達生著　雄山閣出版　2001.3　296p　20cm　〈年譜あり〉　2500円　①4-639-01730-8

◇歴史家の心眼　会田雄次著　PHP研究所　2001.3　315p　15cm　（PHP文庫）　552

円　①4-569-57526-9
◇織豊政権と東国大名　粟野俊之著　吉川弘文館　2001.2　230, 13p　21cm　6600円　①4-642-02801-3
◇真説 謎解き日本史　明石散人著　講談社　2001.1　307p　15cm　(講談社文庫)　552円　①4-06-273060-X
◇戦国大名と天皇―室町幕府の解体と王権の逆襲　今谷明著　講談社　2001.1　259p　15cm　(講談社学術文庫)　960円　①4-06-159471-0
◇「戦国史」謎解き読本―信長・秀吉・家康の野望を暴く！　小林久三著　青春出版社　2000.12　267p　15cm　(青春文庫)〈『天下統一の闇史』改題書〉　533円　①4-413-09168-X
◇旋風陣信長―変革者の戦略　津本陽著　講談社　2000.12　235p　20cm　(講談社文庫)　552円　①4-06-273002-2
◇手紙のなかの日本人　半藤一利著　文芸春秋　2000.11　245p　18cm　(文春新書)　710円　①4-16-660138-5
◇信長権力と朝廷　立花京子著　岩田書院　2000.11　340p　22cm　6900円　①4-87294-187-X
◇信長秀吉家康　秋山駿述、岳真也聞き手　学習研究社　2000.11　244p　15cm　(学研M文庫)　540円　①4-05-901015-4
◇本能寺の変―戦史ドキュメント　高柳光寿著　学習研究社　2000.11　199p　15cm　(学研M文庫)　500円　①4-05-901003-0
◇この一冊で「戦国武将」101人がわかる！―ひとり3分！すぐ読める「エピソード」集　小和田哲男著　三笠書房　2000.10　278p　15cm　(知的生きかた文庫)〈『戦国武将ものしり事典』改訂・改題書〉　552円　①4-8379-7132-6
◇戦国興亡 武将たちの進退　戸部新十郎著　PHP研究所　2000.10　249p　15cm　(PHP文庫)〈『男の点描』改題書〉　514円　①4-569-57460-2
◇信長文書の世界―平成12年度秋季特別展　滋賀県立安土城考古博物館編　安土町(滋賀)　滋賀県立安土城考古博物館　2000.10　116p　30cm　〈会期：平成12年10月7日―11月5日〉
◇考証織田信長事典　西ヶ谷恭弘著　東京堂出版　2000.9　306p　22cm　2800円　①4-490-10550-9
◇戦史ドキュメント 桶狭間の戦い　小和田哲男著　学習研究社　2000.9　254p　15cm　(学研M文庫)〈『桶狭間の戦い』改題書〉　540円　①4-05-901001-4
◇戦史ドキュメント 長篠の戦い　二木謙一著　学習研究社　2000.9　278p　15cm　(学研M文庫)〈『長篠の戦い』改題書〉　570円　①4-05-901002-2
◇歴史「謎」物語―隠された真相を推理する　井沢元彦著　広済堂出版　2000.9　261p　15cm　(広済堂文庫)　552円　①4-331-65281-5
◇歴史に学ぶ組織活用 生き残りの戦略　田原総一朗、井沢元彦、小和田哲男、新宮正春、高野澄、多岐川恭、百瀬明治著　学研究社　2000.9　317p　15cm　(学研M文庫)〈『歴史の教訓 生き残りの戦略』第1巻「組織活用力が勝敗を決める」改訂・改題書〉　570円　①4-05-901012-X
◇地理から見た信長・秀吉・家康の戦略　足利健亮著　大阪　創元社　2000.8　235p　19cm　1600円　①4-422-20140-9
◇信長の謎―徹底検証　加来耕三著　講談社　2000.8　472p　15cm　(講談社文庫)　762円　①4-06-264917-9
◇武将の運命　津本陽著　朝日新聞社　2000.8　307p　15cm　(朝日文庫)　560円　①4-02-264237-8
◇熱血！日本偉人伝―歴史に虹をかけた人たち　三波春夫著　集英社インターナショナル、集英社〔発売〕　2000.7　285p　19cm　1400円　①4-7976-7012-6
◇織豊期の政治構造　三鬼清一郎編　吉川弘文館　2000.6　379p　21cm　8000円　①4-642-02795-5
◇参謀は名を秘す―歴史に隠れた名補佐役たち　童門冬二著　中央公論新社　2000.5　258p　15cm　(中公文庫)　571円　①4-12-203653-4

◇天下取りの経済学―信長・秀吉・家康のビジネス感覚に学べ！　楠戸義昭著　第二海援隊　2000.5　260p　19cm　1800円　Ⓣ4-925041-52-5

◇歴史へのいざない　小谷野修著　近代文芸社　2000.5　193p　19cm　1600円　Ⓣ4-7733-6624-9

◇人物・資料でよくわかる日本の歴史　7　安土桃山・江戸時代　小和田哲男監修　岩崎書店　2000.4　47p　30cm　3000円　Ⓣ4-265-04847-1

◇楽しく調べる人物図解日本の歴史―戦国・安土桃山時代　知っててほしい天下統一に活躍した人びと　佐藤和彦監修　あかね書房　2000.4　47p　30cm　3200円　Ⓣ4-251-07934-5

◇武将たちの足跡をたどる―戦乱の世を生き、夢に散った男たち　マガジントップ編　山海堂　2000.4　159p　21cm　（私の創る旅　7）　1600円　Ⓣ4-381-10369-6

◇家康・秀吉・信長 乱世の統率力　童門冬二著　PHP研究所　2000.3　202p　19cm　1200円　Ⓣ4-569-61016-1

◇完訳フロイス日本史―織田信長篇　安土城と本能寺の変　ルイス・フロイス著, 松田毅一, 川崎桃太訳　中央公論新社　2000.3　321p　15cm　（中公文庫）　1143円　Ⓣ4-12-203582-1

◇完訳フロイス日本史―織田信長篇　信長とフロイス　ルイス・フロイス著, 松田毅一, 川崎桃太訳　中央公論新社　2000.2　325p　15cm　（中公文庫）　1143円　Ⓣ4-12-203581-3

◇戦国武将の宣伝術―隠された名将のコミュニケーション戦略　童門冬二著　宣伝会議　2000.2　332p　19cm　1400円　Ⓣ4-88335-026-6

◇完訳フロイス日本史―織田信長篇　将軍義輝の最期および自由都市堺　ルイス・フロイス著, 松田毅一, 川崎桃太訳　中央公論新社　2000.1　382p　15cm　（中公文庫）　1143円　Ⓣ4-12-203578-3

◇「時代」を旅する　杉本苑子, 永井路子著　文芸春秋　2000.1　237p　15cm　（文春文庫）　476円　Ⓣ4-16-722425-9

◇聖書武将の生々流転―豊臣秀吉の朝鮮出兵と内藤如安　楠戸義昭著　講談社　2000.1　318p　20cm　1800円　Ⓣ4-06-209882-2

◇戦国武将　別冊宝島編集部編　宝島社　2000.1　317p　15cm　（宝島社文庫）〈別冊宝島『よみがえる戦国武将伝説』改訂・改題書〉　600円　Ⓣ4-7966-1681-0

◇もう一つの桶狭間―偉大なる従軍記者が語る織田信長の戦略と行動　井上力著　講談社出版サービスセンター　2000.1　242p　19cm　1200円　Ⓣ4-87601-495-7

◇歴史小説を斬る 戦国武将編　外川淳著　ミオシン出版　2000.1　237p　19cm　1300円　Ⓣ4-88701-852-5

◇戦国武将の人間学　童門冬二著　小学館　1999.12　267p　15cm　（小学館文庫）　514円　Ⓣ4-09-403532-X

◇茶の湯の文化史―近世の茶人たち　谷端昭夫著　吉川弘文館　1999.12　201p　19cm　（歴史文化ライブラリー）　1700円　Ⓣ4-642-05482-0

◇信長　秋山駿著　新潮社　1999.12　567p　16cm　（新潮文庫）　743円　Ⓣ4-10-148212-8

◇織田信長総合事典　岡田正人編著　雄山閣出版　1999.9　474p　22cm　4300円　Ⓣ4-639-01632-8

◇夢幻の如く　内山田厚生著　東洋出版　1999.9　205p　19cm　1400円　Ⓣ4-8096-7297-2

◇戦国武将まんだら―秘本三十六人伝　大栗丹後著　春陽堂書店　1999.8　244p　15cm　（春陽文庫）　486円　Ⓣ4-394-16136-3

◇信長と信玄　津本陽著　東洋経済新報社　1999.7　261p　19cm　1500円　Ⓣ4-492-06112-6

◇信長 船づくりの誤算―湖上交通史の再検討　用田政晴著　彦根　サンライズ出版　1999.7　180p　19cm　（淡海文庫）　1200円　Ⓣ4-88325-123-3

◇歴史に学ぶ「勝者」の組織革命　堺屋太一著　集英社　1999.7　265p　15cm　（集英社文庫）　476円　Ⓣ4-08-747084-9

◇司馬遼太郎の日本史探訪　司馬遼太郎著　角川書店　1999.6　318p　15cm　（角川文庫）　590円　①4-04-129005-8

◇人類にとって戦いとは　2　戦いのシステムと対外戦略　国立歴史民俗博物館監修, 松木武彦, 宇田川武久編　東洋書林　1999.6　304p　21cm　3000円　①4-88721-333-6

◇戦国古戦場の旅　野口冬人著　山海堂　1999.4　191p　21cm　1500円　①4-381-10341-6

◇早わかり歴史クイズ織田信長　グループ歴史舎編　角川書店　1999.4　127p　12cm　（角川mini文庫）　200円　①4-04-700268-2

◇よみがえる戦国武将伝説―男たちの生き様を感じとれ！　宝島社　1999.4　254p　21cm　（別冊宝島 433）　933円　①4-7966-9433-1

◇織田信長　筑波常治作, 坂本玄絵　国土社　1999.3　206p　21cm　（堂々日本人物史 4）　1200円　①4-337-21004-0

◇丹羽長秀―信長と秀吉を補佐した「信義」の武将　菊池道人著　PHP研究所　1999.3　386p　15cm　（PHP文庫）　686円　①4-569-57250-2

◇一冊で読む織田信長のすべて　風巻絃一著　三笠書房　1999.2　253p　15cm　（知的生きかた文庫）　495円　①4-8379-7011-7

◇織田信長　吉本直志郎文　ポプラ社　1999.2　174p　21cm　（おもしろくてやくにたつ子どもの伝記 20）　880円　①4-591-05880-8

◇サムライたちの自由時間　神坂次郎著　中央公論社　1999.1　275p　18cm　（中公文庫）　724円　①4-12-203327-6

◇下天は夢か　上　津本陽著　角川書店　1998.12　421p　21cm　（津本陽歴史長篇全集 第22巻）　5500円　①4-04-574522-X

◇下天は夢か　下　津本陽著　角川書店　1998.12　469p　21cm　（津本陽歴史長篇全集 第23巻）　5500円　①4-04-574523-8

◇信長解体新書　歴史ファンワールド編集部編　横浜　光栄　1998.12　189p　21cm　1700円　①4-87719-636-6

◇信長の親衛隊―戦国覇者の多彩な人材　谷口克広著　中央公論社　1998.12　250p　18cm　（中公新書）　740円　①4-12-101453-7

◇本能寺殺人事件の真相―信長殺しの犯人は秀吉だった！　杉山光男著　同文書院　1998.11　206p　19cm　〈『信長殺しの犯人は秀吉だった！』（徳間書店 1991年刊）の増訂〉　1000円　①4-8103-7553-6

◇本能寺の変捜査報告書―検証・織田信長殺人事件　小林久三著　PHP研究所　1998.10　225p　18cm　（PHP business library History）　857円　①4-569-60283-5

◇歴史に学ぶ組織管理のノウハウ―信長の洞察力秀吉の速断力　久本之夫著　PHP研究所　1998.10　212p　19cm　1429円　①4-569-60342-4

◇狐狸庵閑談　遠藤周作著　PHP研究所　1998.9　220p　15cm　（PHP文庫）　476円　①4-569-57193-X

◇天下人の条件　鈴木真哉著　洋泉社　1998.9　333p　19cm　2000円　①4-89691-331-0

◇織田信長　上　畑山博著　学陽書房　1998.6　313p　19cm　1600円　①4-313-85077-5

◇織田信長　下　畑山博著　学陽書房　1998.6　310p　19cm　1600円　①4-313-85078-3

◇歴史を語る手紙たち　杉本苑子著　文芸春秋　1998.6　263p　15cm　（文春文庫）〈『夢まぼろしの如くなり―書簡にみる歴史群像』改題書〉　438円　①4-16-722424-0

◇元亀信長戦記―織田包囲網撃滅の真相　学習研究社　1998.4　187p　26cm　（歴史群像シリーズ 54号）〈付属資料：64p （18cm）：元亀人物列伝　大野信長編著〉　1300円　①4-05-601815-4

◇信長・秀吉・家康の戦略戦術―活路を見出す決断の法則　佐々克明著　三笠書房　1998.4　243p　15cm　（知的生きかた文庫）　495円　①4-8379-0948-5

◇革命児・信長　上　谷恒生著　河出書房新社　1998.3　436p　15cm　(河出文庫)〈『信長 大志を生きる』改題書〉　880円　①4-309-40528-2

◇革命児・信長　下　谷恒生著　河出書房新社　1998.3　415p　15cm　(河出文庫)〈『信長 華か、覇道か』改題書〉　880円　①4-309-40529-0

◇戦国武将に学ぶ情報戦略　津本陽著　角川書店　1998.3　220p　15cm　(角川文庫)〈『戦国武将に学ぶ処世術』改題書〉　438円　①4-04-171314-5

◇歴史家の心眼　会田雄次著　PHP研究所　1998.3　300p　19cm　1524円　①4-569-60011-5

◇織田信長伝—覇望の日本編　井沢元彦著　横浜　光栄　1998.2　269p　19cm　1600円　①4-87719-555-6

◇堂々日本史　第12巻　NHK取材班編　名古屋　KTC中央出版　1998.2　249p　19cm　1600円　①4-87758-059-X

◇堂々日本史　第11巻　NHK取材班編　名古屋　KTC中央出版　1998.1　250p　19cm　1600円　①4-87758-058-1

◇信長の戦国軍事学　藤本正行著　新装版　洋泉社　1997.12　302p　20cm〈JICC出版局1993年刊の改訂〉　2000円　①4-89691-294-2

◇蓮如と信長　山折哲雄著　PHP研究所　1997.12　277p　20cm　1429円　①4-569-55897-6

◇歴史不思議物語—日本史の闇を照射する　井沢元彦著　広済堂出版　1997.11　238p　19cm　1190円　①4-331-50609-6

◇母の慟哭—信長・秀吉・家康の母　中島道子著　夏目書房　1997.10　228p　19cm　1500円　①4-931391-34-6

◇天下統一の闇史—秀吉・信長・家康 戦国「炎の巻」　小林久三著　青春出版社　1997.9　228p　18cm　(プレイブックス)　810円　①4-413-01692-0

◇信長公記　下　太田牛一著、榊山潤訳　新装　ニュートンプレス　1997.8(第19刷)　313p　18cm　(原本現代訳 20)　1000円　①4-315-40101-3

◇信長 秀吉 家康　秋山駿, 岳真也聞き手　広済堂出版　1997.8　217p　20×14cm　1600円　①4-331-50595-2

◇Tenka fubu信長公式ガイドブックキミは信長になれるか!?　ながてゆか, 週刊少年マガジン編集部監修, 公式ガイドブック制作スタッフ責任編集　講談社　1997.7　234p　19cm　(KCデラックス)　752円　①4-06-319830-8

◇旋風陣信長—変革者の戦略　津本陽著　歴思書院　1997.6　222p　20cm〈東京かんき出版(発売)〉　1400円　①4-7612-5645-1

◇信長公記　太田牛一著, 桑田忠親校注　新訂　新人物往来社　1997.5　396p　20cm　3800円＋税　①4-404-02493-2

◇信長発見　秋山駿ほか著　小沢書店　1997.1　202p　20cm　1648円　①4-7551-0330-4

◇挑戦—ライバル日本史　5　NHK取材班編　角川書店　1996.11　294p　15cm　(角川文庫)　520円　①4-04-195422-3

◇日本を創った12人　前編　堺屋太一著　PHP研究所　1996.11　204p　18cm　(PHP新書)　680円　①4-569-55341-9

◇織田信長常識のウソ　和田惟一郎著　PHP研究所　1996.10　218p　19cm　1300円　①4-569-55361-3

◇抗争—ライバル日本史　4　NHK取材班編　角川書店　1996.10　304p　15cm　(角川文庫)　500円　①4-04-195421-5

◇男の磨き方—歴史人物にみる人生の極意　童門冬二著　PHP研究所　1996.9　237p　18cm　1200円　①4-569-55313-3

◇戦国の武将三十人　桑田忠親著　新人物往来社　1996.8　254p　19cm〈『武将伝戦国の史話』改題書〉　2500円　①4-404-02364-2

◇戦国夜話—こころの風景　遠藤周作著　小学館　1996.6　157p　18cm　1000円　①4-09-840040-5

◇信長 秀吉 家康—勝者の条件敗者の条件　津本陽, 江坂彰著　講談社　1996.6　245p　19cm　1500円　①4-06-208156-3

◇男の真剣勝負　津本陽著　角川書店　1996.4　363p　15cm　〈角川文庫〉　640円　⊕4-04-171312-9

◇信長秘記　3　髑髏　峰隆一郎著　徳間書店　1996.4　317p　15cm　〈徳間文庫〉　540円　⊕4-19-890495-2

◇炎の人信長　6　炎上篇　桑原譲太郎著　徳間書店　1996.4　338p　19cm　1800円　⊕4-19-860473-8

◇織田信長と岐阜　岐阜県歴史資料館編　岐阜　岐阜県歴史資料館　1996.3　84p　26cm

◇信長　秋山駿著　新潮社　1996.3　473p　20cm　2400円　⊕4-10-375702-7

◇勝者の戦略―秀吉vs信長―天下統一の相違　バーチャル戦史　井沢元彦ほか著　ベストセラーズ　1996.2　255p　15cm　〈ワニ文庫〉　600円　⊕4-584-37027-3

◇戦国武将に学ぶ処世術―信長・秀吉・家康　津本陽著　角川書店　1995.12　238p　19cm　1200円　⊕4-04-884101-7

◇殿様と家臣―信長に仕えた男たちの幸運と不運　谷口克広著　イースト・プレス　1995.12　254p　20cm　1600円　⊕4-87257-067-7

◇創神　織田信長　津本陽著　角川書店　1995.11　223p　15cm　〈角川文庫〉　520円　⊕4-04-171311-0

◇「信長伝説」の真実　武田鏡村著　講談社　1995.11　347p　20cm　1800円　⊕4-06-207947-X

◇織田軍団―覇業を支えた常勝集団のすべて　世界文化社　1995.10　178p　26cm　〈ビッグマンスペシャル〉　1400円

◇たかが信長されど信長　遠藤周作著　文芸春秋　1995.9　233p　16cm　〈文春文庫〉　420円　⊕4-16-712017-8

◇二人の天魔王―「信長」の真実　明石散人著　講談社　1995.9　271p　15cm　〈講談社文庫〉　560円　⊕4-06-263049-4

◇人を動かす―経営学からみた信長、秀吉、そして松下幸之助　坂下昭宣著　PHP研究所　1995.7　202p　20cm　〈参考文献：p200～202〉　1400円　⊕4-569-54821-0

◇この人を見よ！―不思議の国ニッポンを作ったキーパーソン　月本裕著　大和書房　1995.6　220p　19cm　1500円　⊕4-479-39037-5

◇信長・秀吉・家康の戦略戦術―何が明暗を分けたか？　佐々克明著　三笠書房　1995.4　243p　15cm　〈知的生きかた文庫〉　500円　⊕4-8379-0733-4

◇信長の野望　新・名将録　稲葉義明著　横浜　光栄　1995.3　174p　21cm　1700円　⊕4-87719-196-8

◇織田信長家臣人名辞典　谷口克広著　吉川弘文館　1995.1　495, 7p　23cm　〈監修：高木昭作　参考文献：p483～495〉　7210円　⊕4-642-02743-2

◇天魔鬼神　織田信長　山城和人著　近代文芸社　1995.1　313p　19cm　1500円　⊕4-7733-2950-5

◇小説　下天信長記　宅間克著　総合法令　1994.10　355p　19cm　1500円　⊕4-89346-402-7

◇覇王への挑戦　バーチャル戦史―逆説の戦国乱世　KING OF ZIPANGU　井沢元彦, 鈴木輝一郎, えとう乱星, 小林久三, 佐藤大輔ほか著　ベストセラーズ　1994.10　263p　15cm　〈ワニ歴史マガジン文庫〉　600円　⊕4-584-37021-4

◇信長は生きていた―推理で挑む日本史の大ドンデン返し　小林久三著　PHP研究所　1994.9　254p　18cm　〈PHPビジネスライブラリー　H‐002〉　900円　⊕4-569-54463-0

◇織田信長文書の研究　上巻　奥野高広著　増訂版　吉川弘文館　1994.7　814p　21cm　〈第2刷（第1刷：88.9.1）〉　15450円　⊕4-642-02576-6

◇織田信長文書の研究　下巻　奥野高広著　増訂版　吉川弘文館　1994.7　858p　21cm　〈第2刷（第1刷：88.9.1）〉　15450円　⊕4-642-02577-4

◇織田信長文書の研究　補遺・索引　奥野高広著　増訂版　吉川弘文館　1994.7　283, 40p　21cm　〈第2刷（第1刷：88.9.1）〉　7210円　⊕4-642-02578-2

◇勝ち抜く戦略生き残る知恵―武将に学ぶ

◇不況時代を乗り切る生き方のヒント　祖田浩一著　日本文芸社　1994.7　238p　19cm　1200円　①4-537-02420-8

◇この一冊で「戦国武将」101人がわかる！　小和田哲男著　三笠書房　1994.6　270p　15cm　（知的生きかた文庫）　500円　①4-8379-0658-3

◇復元 安土城―信長の理想と黄金の天主　内藤昌著　講談社　1994.5　318p　19cm　（講談社選書メチエ 17）　1700円　①4-06-258017-9

◇大物は殺される―歴史を変えた「暗殺」の世界史　大沢正道著　日本文芸社　1994.4　238p　18cm　（ラクダブックス）　880円　①4-537-02410-0

◇戦国の異能人　戸部新十郎著　PHP研究所　1994.4　221p　15cm　（PHP文庫）　440円　①4-569-56625-1

◇開館記念シンポジウム「織田信長と安土城」報告書　滋賀県立安土城考古博物館編　安土町(滋賀県)　滋賀県立安土城考古博物館　1994.3　63,8p　26cm　〈書名は奥付による　背・表紙の書名：織田信長と安土城　期日：平成4年11月15日〉

◇異形者の力　松田修著　青玄社　1994.2　252p　19cm　2575円　①4-915614-17-4

◇捨てて勝つ―この時を超えた男の魅力を見よ　河野守宏著　大和出版　1994.2　188p　19cm　1350円　①4-8047-1294-1

◇織田信長と乱世の群像―戦国百人一話　勁文社　1994.1　253p　15cm　（勁文社文庫21）〈監修：会田雄次　『戦国百人一話 1』(青人社1991年刊)の改題〉　620円　①4-7669-1934-3

◇戦国武将なるほど事典　実業之日本社　1994.1　269p　19cm　1200円　①4-408-39414-9

◇永遠の不良少年たち　日本テレビ放送網　1993.12　247p　19cm　（知ってるつもり?! 14）　1100円　①4-8203-9335-9

◇危機を乗り切るここ一番の決断力　百瀬明治著　ベストセラーズ　1993.12　271p　18cm　（ベストセラーシリーズ・ワニの本 880）　820円　①4-584-00880-9

◇大ナルシスト論―自己愛の帝国　中西信男著　三一書房　1993.12　248p　19cm　1900円　①4-380-93281-8

◇天皇と天下人　今谷明著　新人物往来社　1993.12　234p　19cm　1350円　①4-404-02073-2

◇信長・秀吉・家康に学ぶ成功哲学　二木謙一著　三笠書房　1993.12　253p　15cm　（知的生きかた文庫）〈『戦国リーダーの頭脳と計略』加筆・改題書〉　500円　①4-8379-0622-2

◇覇王信長伝―戦国シミュレーション 異聞戦国記　天下一統篇　佐藤大輔著　ベストセラーズ　1993.11　243p　18cm　（ベストセラーシリーズ・ワニの本 877）　780円　①4-584-00877-9

◇信長の野望合戦事典〔2〕　信玄vs謙信　福田誠ほか執筆　横浜　光栄　1993.10　189p　21cm　〈監修：シブサワ・コウ〉　1800円　①4-87719-031-7

◇藤本ひとみのラディカル英雄伝　藤本ひとみ著　角川書店　1993.10　313p　15cm　（角川文庫）〈『藤本ひとみのミーハ英雄伝』加筆・改題書〉　520円　①4-04-414403-6

◇武将大名たちのリストラ戦略　加来耕三著　実業之日本社　1993.10　238p　19cm　1600円　①4-408-21007-2

◇織田信長―戦国最大の謎「本能寺の変」を解明する　ザ・ビッグマン編集部編　世界文化社　1993.9　178p　26cm　（ビッグマンスペシャル）　1400円

◇原本「信長記」の世界　小林千草, 千草子著　新人物往来社　1993.9　237p　20cm　2800円　①4-404-02059-7

◇本能寺の変―光秀と信長・秀吉の悲劇　上田滋著　PHP研究所　1993.9　413p　15cm　（PHP文庫）〈年表・主要参考文献：p400～413〉　660円　①4-569-56580-8

◇戦国大逆転戦記　桐野作人著　勁文社　1993.8　213p　18cm　（ケイブンシャブックス K - 82）　780円　①4-7669-1834-7

◇戦国夢幻織田信長　戸部新十郎著　経営

書院　1993.6　268p　20cm　1600円　①4-87913-450-3
◇信長死す─＜歴史裁判＞本能寺殺人事件の黒幕　井沢元彦ほか著　ベストセラーズ　1993.6　263p　15cm　（ワニ文庫）　580円　①4-584-37005-2
◇男の真剣勝負　津本陽著　日本経済新聞社　1993.4　337p　19cm　1400円　①4-532-16091-X
◇日本史ものしり英雄伝─とっておきの戦略・戦術　加来耕三著　広済堂出版　1993.3　253p　15cm　（広済堂文庫）　480円　①4-331-65170-3
◇信長の野望合戦事典　有坂純他著　横浜　光栄　1993.3　183p　21cm　〈監修：シブサワ・コウ〉　1800円　①4-906300-91-X
◇織田軍団ものしり帖　杉山幸三著　広済堂出版　1993.2　266p　16cm　（広済堂文庫）〈付：織田信長略年譜、参考文献〉　480円　①4-331-65167-3
◇信長の戦国軍事学─戦術家・織田信長の実像　歴史の想像力　藤本正行著　JICC出版局　1993.2　302p　19cm　1400円　①4-7966-0555-X
◇NHK歴史発見　3　NHK歴史発見取材班編〔カラー版〕角川書店　1993.2　217p　19cm　1600円　①4-04-522203-0
◇洛陽城の栄光─信長秘録　井沢元彦著　世界文化社　1993.1　334p　19cm　1500円　①4-418-92528-7
◇NHK歴史発見　2　NHK歴史発見取材班編〔カラー版〕角川書店　1993.1　217p　19cm　1600円　①4-04-522202-2
◇神になった織田信長　秋田裕毅著　小学館　1992.12　222p　19cm　1300円　①4-09-387095-0
◇徹底検証　信長殺しの真相　大浦章郎著　新人物往来社　1992.12　228p　19cm　2000円　①4-404-01977-7
◇信長謀殺の謎─織田信長謀殺の朝廷疑惑　人脈を追う　桐野作人著　ファラオ企画　1992.12　222p　19cm　1500円　①4-89409-048-1

◇イラスト・ガイド　青春の信長を歩く　宇佐美イワオ著　名古屋　風媒社　1992.11　63p　21cm　〈遊歩図鑑　パート5〉　1030円　①4-8331-0020-7
◇織田信長と安土城─信長の世界　開館記念特別展　滋賀県立安土城考古博物館編　安土町（滋賀県）　滋賀県立安土城考古博物館　1992.11　71p　26cm　〈奥付の著者（誤植）：滋賀県立安土考古博物館　織田信長の肖像あり　会期：平成4年11月1日～23日〉
◇信玄と信長天下への戦略　百瀬明治著　PHP研究所　1992.11　226p　15cm　（PHP文庫）　480円　①4-569-56504-2
◇武将に学ぶ苦境からの脱出　松本幸夫著　総合ライフ出版　1992.11　227p　19cm　1500円　①4-88311-029-X
◇勝負強さを持つ人間の研究　田原八郎著　PHP研究所　1992.10　237p　19cm　1550円　①4-569-53781-2
◇天下統一への道　信長・秀吉・家康　小井土繁漫画, 小和田哲男脚本　小学館　1992.10　383p　19cm　（まんが　人物日本の歴史　1）　1600円　①4-09-624011-7
◇「もしも…」の日本史─大胆な仮説で「もしも」を探れば歴史はこう変わる!?　鈴木旭著　日本文芸社　1992.10　261p　18cm　（ラクダブックス）　780円　①4-537-02314-7
◇危機突破の発想─戦国武将は知恵で勝つ　小和田哲男著　日本経済新聞社　1992.9　212p　19cm　1500円　①4-532-16072-3
◇信長の野望戦国タイムス─戦国時代に新聞やTVがあったら!?　シブサワ・コウ編　横浜　光栄　1992.9　145p　19cm　（歴史おもしろタイムス　2）　980円　①4-906300-58-8
◇二人の天魔王─「信長」の真実　明石散人, 小机種彦著　講談社　1992.9　245p　20cm　1400円　①4-06-206086-8
◇群れず、敢えて一人で立つ─混迷の時代を生き抜く人生の流儀　童門冬二著　PHP研究所　1992.9　254p　19cm　1300円　①4-569-53740-5
◇信長　童門冬二著　ぎょうせい　1992.8

392p 20cm 〈織田信長の肖像あり〉 2000円 ①4-324-03383-8

◇信長と秀吉と家康 池波正太郎著 PHP研究所 1992.8 301p 15cm (PHP文庫) 560円 ①4-569-56488-7

◇「信長」の魅力―解説&ビジュアル 『歴史街道』編集部編 PHP研究所 1992.8 201p 15cm (PHP文庫) 〈織田信長の肖像あり〉 580円 ①4-569-56479-8

◇織田信長49の謎―乱世の覇者の知られざる真実 河野亮著 広済堂出版 1992.7 235p 18cm (Kosaido books) 760円 ①4-331-00559-3

◇下天は夢か 3 津本陽著 講談社 1992.7 406p 15cm (講談社文庫) 580円 ①4-06-185060-1

◇下天は夢か 4 津本陽著 講談社 1992.7 439p 15cm (講談社文庫) 620円 ①4-06-185061-X

◇「創神」信長 津本陽著 プレジデント社 1992.7 295p 19cm (カミユ文庫) 〈付属資料：ビデオテープ1〉 4500円 ①4-8334-8002-6

◇続・織田信長 第3巻 鷲尾雨工著 富士見書房 1992.7 295p 15cm (時代小説文庫) 560円 ①4-8291-1238-7

◇200兆埋蔵金の謎を解く―信長・秀吉・家康の軍資金の行方 小林久三著 コスモの本 1992.7 252p 19cm 1600円 ①4-906380-31-X

◇信長・秀吉・家康の戦略―乱世を彩る英傑の生きざま! 百瀬明治著 大陸書房 1992.7 255p 15cm (大陸文庫) 480円 ①4-8033-4145-1

◇幻の安土城天守復元―信長天下統一の象徴 日本経済新聞社 1992.7 117p 30cm 2800円 ①4-532-12214-7

◇男の肖像 塩野七生著 文芸春秋 1992.6 206p 15cm (文春文庫) 550円 ①4-16-733702-9

◇下天は夢か 1 津本陽著 講談社 1992.6 399p 15cm (講談社文庫) 580円 ①4-06-185058-X

◇下天は夢か 2 津本陽著 講談社 1992.6 366p 15cm (講談社文庫)
540円 ①4-06-185059-8

◇社長「織田信長」人を動かす実用スピーチ―すぐに使える短いスピーチ99 坂元宇一郎著 東急エージェンシー出版事業部 1992.6 223p 19cm 1200円 ①4-88497-006-3

◇続・織田信長 第2巻 鷲尾雨工著 富士見書房 1992.6 297p 15cm (時代小説文庫) 560円 ①4-8291-1237-9

◇たかが信長されど信長―対論 遠藤周作ほか著 文芸春秋 1992.6 251p 18cm 1100円 ①4-16-346520-0

◇信長一〇一話―切れる男をつくる 泉秀樹著 有楽出版社 1992.6 259p 19cm 〈発売：実業之日本社〉 1300円 ①4-408-59049-5

◇大阪歴史懇談会発足五周年記念講演録 第1輯 織田信長と大坂 大阪歴史懇談会編 小和田哲男述 大阪 大阪歴史懇談会 1992.5 18, 6p 26cm

◇戦国の参謀たち―信長・秀吉・家康を支えた「副」の生き方 小和田哲男著 実業之日本社 1992.5 252p 19cm 1500円 ①4-408-34029-4

◇続・織田信長 第1巻 鷲尾雨工著 富士見書房 1992.5 329p 15cm (時代小説文庫) 560円 ①4-8291-1236-0

◇信長と京都ガイド 京美観光出版社編 京都 京美観光出版社，ふたば書房〔発売〕 1992.5 161p 19cm (京のみどころ味どころ No.54) 520円 ①4-89320-138-7

◇信長公記―現代語訳 上 太田牛一著, 中川太古訳 新人物往来社 1992.4 244p 20cm 2800円 ①4-404-01908-4

◇信長公記―現代語訳 下 太田牛一著, 中川太古訳 新人物往来社 1992.4 270p 20cm〈『信長公記』記事年表：p262～270〉 2800円 ①4-404-01909-2

◇死んでもともと―この男の魅力を見よ！最後の最後まで諦めなかった男たち 河野守宏著 三笠書房 1992.4 210p 19cm 1000円 ①4-8379-1480-2

◇Nobunaga―信長は誰れか 細川広次著 新人物往来社 1992.4 259p 19cm

1400円 Ⓘ4-404-01902-5

◇信長を歩く 宇田川武久著 プレジデント社 1992.4 148p 19cm 1300円 Ⓘ4-8334-1444-9

◇信長と伊勢・伊賀—三重戦国物語 横山高治著 大阪 創元社 1992.4 210p 19cm 1600円 Ⓘ4-422-20462-9

◇信長と天皇—中世的権威に挑む覇王 今谷明著 講談社 1992.4 219p 18cm (講談社現代新書) 600円 Ⓘ4-06-149096-6

◇織田信長と高山右近—フロイスが見た日本 津山千恵著 三一書房 1992.3 243p 20cm 1500円 Ⓘ4-380-92209-X

◇織田信長の悲劇 笠原一男編 木耳社 1992.3 217p 19cm (物語 日本の歴史 17) 1500円 Ⓘ4-8393-7569-0

◇織田信長ものしり読本 桑田忠親著 広済堂出版 1992.3 273p 16cm (広済堂文庫)〈『信長をめぐる七人の武将』(エルム昭和48年刊)の改題〉 450円 Ⓘ4-331-65109-6

◇織田信長49の謎—乱世の覇者の知られざる真実 河野亮著 広済堂出版 1992.3 235p 18cm (広済堂ブックス) 760円 Ⓘ4-331-00559-3

◇戦国大名と天皇—室町幕府の解体と王権の逆襲 今谷明著 福武書店 1992.3 261p 19cm (Fukutake Books 28) 1240円 Ⓘ4-8288-3327-7

◇戦国武将伝—リーダーたちの戦略と決断 白石一郎著 文芸春秋 1992.3 290p 15cm (文春文庫) 420円 Ⓘ4-16-737009-3

◇信長の実像—時代が求めたもの、時代に求めたもの 50のエピソードで読む 坂本徳一ほか著 PHP研究所 1992.3 212p 19cm 〈監修：小和田哲男〉 1250円 Ⓘ4-569-53561-5

◇爆笑信長の野望 シブサワコウ編 横浜 光栄 1992.3 167p 19cm (歴史人物笑史) 1000円 Ⓘ4-906300-53-7

◇織田信長 今川徳三ほか著 教育書籍 1992.2 277p 20cm (英雄の時代 2) 1700円 Ⓘ4-317-60061-7

◇織田信長 第6巻 鷲尾雨工著 富士見書房 1992.2 386p 15cm (時代小説文庫) 560円 Ⓘ4-8291-1229-8

◇軍議など無用—有楽斎覚え書き“真説”織田信長 生駒忠一郎著 名古屋 エフエー出版 1992.2 227p 20cm 1500円 Ⓘ4-87208-020-3

◇写真でみる織田信長の生涯 源城政好著 新人物往来社 1992.2 227p 22cm 4000円 Ⓘ4-404-01881-9

◇信長記・太閤記 案田順子編著 有精堂出版 1992.2 207p 19cm (長編ダイジェスト 1) 1200円 Ⓘ4-640-30640-7

◇戦国 名将の条件・参謀の条件 百瀬明治著 PHP研究所 1992.2 251p 15cm (PHP文庫) 480円 Ⓘ4-569-56442-9

◇誰も知らなかった織田信長 後藤寿一著 勁文社 1992.2 228p 18cm (ケイブンシャブックス) 780円 Ⓘ4-7669-1563-1

◇謎の人物日本史—謀略・事件・騒動の驚くべき舞台裏 桑田忠親著 広済堂出版 1992.2 249p 18cm (広済堂ブックス) 780円 Ⓘ4-331-00555-0

◇信長の野望 加来耕三著 プレジデント社 1992.2 261p 20cm 1300円 Ⓘ4-8334-1437-6

◇織田軍・全合戦記—歴史ドキュメント 和巻耿介著 光文社 1992.1 261p 16cm (光文社文庫) 440円 Ⓘ4-334-71463-3

◇織田信長—その求めた世界 岐阜新聞社出版局企画・編集 岐阜 岐阜新聞社 1992.1 130p 26cm 〈監修：船戸政一〉 2200円 Ⓘ4-905958-02-4

◇織田信長 第5巻 鷲尾雨工著 富士見書房 1992.1 346p 15cm (時代小説文庫) 560円 Ⓘ4-8291-1228-X

◇織田信長に学ぶ「狂気」の経営学—管理者たるもの愛されるよりも恐れられよ 後藤寿一著 現代書林 1992.1 218p 19cm 1200円 Ⓘ4-87620-537-X

◇織田信長の経済学 一峰大二画 勁文社 1992.1 223p 19cm (コミック戦国大名) 1200円 Ⓘ4-7669-1535-6

◇ジュニア版 織田信長 近藤竜太郎著 吟遊社, 星雲社〔発売〕 1992.1 121p 21cm （少年・少女伝記ノンフィクション） 1200円 ①4-7952-9403-8

◇図説織田信長—疾風怒濤"天下布武"への道 NHK新大河ドラマ「信長—King of Zipangu」の世界 毎日新聞社 1992.1 161p 30cm （毎日グラフ別冊） 1800円

◇宣教師が見た織田信長 高野澄著 徳間書店 1992.1 251p 16cm （徳間文庫） 460円 ①4-19-599446-2

◇日本仏教人名辞典 日本仏教人名辞典編纂委員会編 京都 法蔵館 1992.1 887, 117p 26cm 〈法蔵館140年(丁字屋370年)創業記念出版〉 25000円 ①4-8318-7007-2

◇信長戦記—信長公記の世界 志村有弘著 教育社 1992.1 273p 20cm 〈織田信長の肖像あり 織田信長年表：p263～273〉 1600円 ①4-315-51245-1

◇信長と梁山泊の強者たち 桑原恭子著, 平松礼二画 名古屋 風媒社 1992.1 251p 19cm 1700円

◇信長の挑戦 邦光史郎著 徳間書店 1992.1 222p 16cm （徳間文庫） 440円 ①4-19-569442-6

◇信長の呪い—かくて、近代日本は生まれた 小室直樹著 光文社 1992.1 229p 18cm （カッパ・ブックス） 790円 ①4-334-00517-9

◇「信長・秀吉・家康」覇者の人間学—英雄の真価を探る 安藤英男著 PHP研究所 1992.1 350p 19cm 1800円 ①4-569-53449-X

◇風雲信長記—激情と烈日の四十九年 学習研究社 1992.1 212p 26cm （歴史群像シリーズ 27）〈付属資料：96p：信長家臣事典 年譜あり〉 ①4-05-105138-2

◇乱の英雄織田信長 実業之日本社ヤングセレクション編集部編 実業之日本社 1992.1 175p 21cm （ヤングセレクション） 710円

◇お市御寮人—信長兄妹・波瀾の生涯 舟橋聖一著 祥伝社 1991.12 413p 15cm （ノン・ポシェット） 520円 ①4-396-32240-2

◇於大と信長—忍ぶは一定 忍び草 千草子著 福武書店 1991.12 200p 19cm 1200円 ①4-8288-2408-1

◇織田信長—その独創と奇行の謎 世界文化社 1991.12 165p 26cm （ビッグマン・スペシャル） 1200円

◇織田信長 小和田哲男作, 小井土繁絵 小学館 1991.12 222p 18cm （てんとう虫ブックス） 550円 ①4-09-230547-8

◇織田信長 司馬遼太郎著 新潮社 1991.12 542p 21cm （国盗り物語 後編） 2800円 ①4-10-309734-5

◇織田信長 南条範夫他著 河出書房新社 1991.12 272p 15cm （河出文庫） 580円 ①4-309-47229-X

◇織田信長 永岡慶之助著 青樹社 1991.12 268p 19cm 1400円 ①4-7913-0680-5

◇織田信長 竹内勇太郎著 光風社出版 1991.12 321p 19cm 1300円 ①4-87519-186-3

◇織田信長—スーパー情報ガイドブック 京都信長研究会執筆 データハウス 1991.12 153p 21cm 1200円 ①4-88718-110-8

◇織田信長かくれ話—天下布武への魔王の素顔 大陸書房 1991.12 238p 16cm （大陸文庫）〈監修：桑田忠親〉 520円 ①4-8033-3727-6

◇織田信長斬り捨てる男の決断！—中途半端な妥協を嫌った戦国の近代人 百々由紀男著 日本経済通信社 1991.12 238p 19cm （NKビジネス） 1350円 ①4-8187-0116-5

◇織田信長読本 新人物往来社編 新人物往来社 1991.12 250p 20cm 2500円 ①4-404-01868-1

◇図説織田信長 小和田哲男, 宮上茂隆編 河出書房新社 1991.12 133p 22cm 1600円 ①4-309-72479-5

◇姓名学で観る織田信長の謎 大森英幸著 六興出版 1991.12 226p 19cm 1300円 ①4-8453-6057-8

◇是非に及ばず―異聞信長記　羽山信樹著　新人物往来社　1991.12　369p　19cm　1500円　④4-404-01878-9

◇戦国の武将おもしろ人物事典　保永貞夫,小林隆文,講談社編　講談社　1991.12　143p　18cm　(講談社KK文庫 B19‐1)　680円　④4-06-199532-4

◇第六天魔王と信長　藤巻一保著　悠飛社　1991.12　295p　20cm　2000円　④4-946448-20-9

◇日本史おもしろウラ話―伝説・評伝・逸話で描く　土橋治重著　大陸書房　1991.12　231p　15cm　(大陸文庫)　470円　④4-8033-3805-1

◇「信長」をたっぷり楽しむ法―ユートピアは安土にあり　高野冬彦著　五月書房　1991.12　286p　19cm　1380円　④4-7727-0163-X

◇信長と女たち―激動・流転の一族　楠戸義昭著　毎日新聞社　1991.12　222p　20cm　1300円　④4-620-30833-1

◇信長の安土維新―世界を見据え、日本を制した風雲児　武田鏡村著　日本文芸社　1991.12　252p　18cm　(Rakuda books)　780円　④4-537-02269-8

◇信長の戦略―戦国の英雄たち　小学館　1991.12　259p　16cm　(小学館ライブラリー 16)　740円　④4-09-460016-7

◇ピンチに強い信長的生き方　近藤精一郎著　新人物往来社　1991.12　202p　20cm　2300円　④4-404-01876-2

◇武功夜話―前野家文書 現代語訳　信長編　吉田雄翟著,加来耕三編　新人物往来社　1991.12　254p　20cm　2800円　④4-404-01877-0

◇織田信長―歴史おもしろゼミナール　中西立太文・絵　講談社　1991.11　143p　18cm　(講談社KK文庫 B7‐2)　680円　④4-06-199530-8

◇織田信長―危機から野望へ　横浜　光栄　1991.11　141p　21cm　(英雄パラダイムシリーズ)　1480円　④4-906300-42-1

◇織田信長　第3巻　鷲尾雨工著　富士見書房　1991.11　360p　15cm　(時代小説文庫)　560円　④4-8291-1226-3

◇織田信長事典―なぜ？なに？日本史雑学　おもしろ不思議な歴史の謎　成美堂出版編　成美堂出版　1991.11　238p　19cm　1000円　④4-415-07678-5

◇織田信長の天下布武　石ノ森章太郎著　中央公論社　1991.11　237p　19cm　(マンガ 日本の歴史 25)　1000円　④4-12-402825-3

◇織田信長の秘密―神になろうとした男　二木謙一著　ベストセラーズ　1991.11　265p　15cm　(ワニ文庫)　500円　④4-584-30286-3

◇織田信長101の常識―戦国の世を駆け抜けた名将・信長のすべて　サンマーク出版　1991.11　237p　19cm　〈監修：奈良本辰也　織田信長の肖像あり〉　1200円　④4-7631-9021-0

◇国際情報人信長　小和田哲男著　集英社　1991.11　235p　20cm　〈織田信長の肖像あり〉　1200円　④4-08-783050-0

◇十四人の信長　講談社編　講談社　1991.11　453p　19cm　1800円　④4-06-205590-2

◇戦国おもしろ意外史―織田信長99の謎　加来耕三著　二見書房　1991.11　289p　15cm　(二見wai wai文庫)　460円　④4-576-91137-6

◇天下―信長の生涯　米原正義著　京都淡交社　1991.11　95p　26cm　(淡交ムック)　1500円

◇日本外史に見る右大臣信長　桃井松籟著　仙台　桃井松籟　1991.11　208p　19cm　〈織田信長の肖像あり〉　900円

◇信長 大志を生きる　谷恒生著　ベストセラーズ　1991.11　430p　19cm　1650円　④4-584-18407-4

◇覇星―信長の生涯　萩尾農著　教育書籍　1991.11　300p　19cm　1700円　④4-317-60060-9

◇非情の戦国史―勝利と挫折の人間模様　南条範夫著　大陸書房　1991.11　247p　15cm　(大陸文庫)　530円　④4-8033-3774-8

◇英雄伝説が彩る夢の跡地　清水春一、横浜雄幸、山上笙介、永岡慶之助、足利健亮、

鶴田文史, 半藤一利　ぎょうせい　1991.
10　231p　19cm　(ふるさと歴史舞台 5)
2000円　①4-324-02513-4
◇織田軍団ものしり帖―天下を目指した猛
者たちの真実　杉田幸三著　広済堂出版
1991.10　279p　18cm　(Kosaido
books)〈織田信長略年譜：p264～267
付：参考文献〉　760円　①4-331-00538-0
◇織田家の人びと　小和田哲男著　河出書
房新社　1991.10　202p　19cm　1500円
①4-309-22207-2
◇織田信長―戦国グラフィティ　日本城郭
協会編　講談社　1991.10　103p　26cm
〈付・安土城鳥瞰復元図(折り込)　監修：
井上宗和　織田信長の肖像あり〉　1500円
①4-06-205553-8
◇織田信長　土橋治重著　成美堂出版
1991.10　240p　19cm　(物語と史蹟をた
ずねて)〈第35刷(第1刷：73.5.25)〉
1000円　①4-415-06512-0
◇織田信長―果断と独創　加来耕三著　立
風書房　1991.10　259p　20cm　1400円
①4-651-75114-8
◇織田信長かくれ話―天下布武への魔王の
素顔　大陸書房　1991.10　238p　15cm
(大陸文庫)　520円　①4-8033-3727-6
◇学習漫画　織田信長なんでも事典　小和田
哲男編　集英社　1991.10　173p　21cm
980円　①4-08-288016-X
◇事典 信長をめぐる50人　祖田浩一著　東
京堂出版　1991.10　367p　19cm　1700
円　①4-490-10302-6
◇天下の風雲児 織田信長　海城文也著, 鍋
田幹絵　ポプラ社　1991.10　175p
21cm　(テレビドラマシリーズ 9)　980
円　①4-591-03937-4
◇日本史夜話―事件・人物・エピソード
邦光史郎著　広済堂出版　1991.10
230p　15cm　(広済堂文庫)　450円
①4-331-65113-4
◇信長殺しの犯人は秀吉だった！―"戦国法
廷"が解明した「本能寺殺人事件」の真
相　杉山光男著　徳間書店　1991.10
227p　18cm　(Tokuma books)　760円
①4-19-504675-0

◇信長・七つの先見力―今も生きるリー
ダーの条件　上之郷利昭著　祥伝社
1991.10　268p　16cm　(ノン・ポシェッ
ト)　460円　①4-396-31042-0
◇物語 信長をめぐる七人の女　新人物往来
社編　新人物往来社　1991.10　236p
19cm　2400円　①4-404-01855-X
◇英雄の心理学―時代が求める新しいヒー
ロー・ヒロインたち　小此木啓吾著
PHP研究所　1991.9　212p　15cm
(PHP文庫)　460円　①4-569-56416-X
◇織田信長　童門冬二著, 成瀬数富絵　あ
かね書房　1991.9　253p　18cm　(あか
ね文庫 C005)　680円　①4-251-10047-6
◇織田信長　会田雄次ほか著　思索社
1991.9　320p　20cm〈新装版　織田信
長の肖像あり〉　1600円　①4-7835-1169-
1
◇織田信長　上　南条範夫著　徳間書店
1991.9　283p　15cm　(徳間文庫)　460
円　①4-19-599384-9
◇織田信長　第1巻　鷲尾雨工著　富士見
書房　1991.9　349p　15cm　(時代小説
文庫)　560円　①4-8291-1224-7
◇織田信長　下　南条範夫著　徳間書店
1991.9　283p　15cm　(徳間文庫)　460
円　①4-19-599385-7
◇織田信長ものしり読本　桑田忠親著　広
済堂出版　1991.9　273p　15cm　(広済
堂文庫)〈『信長をめぐる七人の武将』改
題書〉　450円　①4-331-65109-6
◇信長私記―下天は夢か　津本陽著　日本
経済新聞社　1991.9　268p　19cm
1300円　①4-532-16027-8
◇夢幻の疾走者 織田信長　南条範夫著　広
済堂出版　1991.9　271p　19cm　1500
円　①4-331-50340-2
◇織田信長　今井林太郎著　朝日新聞社
1991.7　204p　15cm　(朝日文庫)　420
円　①4-02-260653-3
◇面白すぎる謎解き日本史　中ノ巻　ここ
までわかった戦国日本 平安時代から信長
統一まで　歴史の謎を探る会編　青春出
版社　1991.7　246p　15cm　(青春
BEST文庫)　460円　①4-413-08055-6

◇信長公記　太田牛一著, 榊山潤訳　富士出版　1991.7　3冊(別冊とも)　19cm〈豪華・愛蔵版 別冊(78p)：『信長公記』の世界 志村有弘編 帙入(20cm)限定版〉全36000円　①4-938607-18-2

◇図説織田信長・男の魅力　小和田哲男著　三笠書房　1991.7　245p　19cm　1100円　①4-8379-1453-5

◇天下布武─通史・織田信長　小山内新著　新紀元社　1991.7　277p　21cm　(Adventure world 2)　1800円　①4-88317-203-1

◇信長─「天下一統」の前に「悪」などなし　堺屋太一ほか著　プレジデント社　1991.7　276p　20cm　1350円　①4-8334-1415-5

◇織田信長男の凄さ・男の値打ち　桑田忠親著　三笠書房　1991.5　236p　15cm　(知的生きかた文庫)　450円　①4-8379-0454-8

◇決戦の時　上　遠藤周作著　講談社　1991.5　293p　19cm　1300円　①4-06-205038-2

◇決戦の時　下　遠藤周作著　講談社　1991.5　313p　19cm　1300円　①4-06-205039-0

◇織田信長の生涯　風巻紘一著　三笠書房　1991.4　245p　19cm　1100円　①4-8379-1447-0

◇外国人の見た信長・秀吉・家康─日本にはいってきた南蛮文化　谷真介著　ポプラ社　1991.4　188p　19cm　(ポプラ社教養文庫 15)　1500円　①4-591-03845-9

◇戦国百人一話　1　織田信長をめぐる群像─創造性と行動力で勝利する　会田雄次ほか著　青人社　1991.4　203p　21cm　1500円　①4-88296-102-4

◇人物まんが日本歴史事典　てのり文庫編集委員会編　学習研究社　1991.3　424p　18cm　(てのり文庫 C032)　660円　①4-05-103171-3

◇戦国武将の野望─乱世に命を賭けた男たち　早乙女貢著　大陸書房　1991.3　262p　15cm　(大陸文庫)　540円　①4-8033-3236-3

◇安土城再見─天守閣の復原考証　兵頭与一郎著　西田書店　1991.2　218p　21cm　2300円　①4-88866-130-8

◇織田信長　角田光男文, 狩野富貴子絵　舞阪町　ひくまの出版　1991.2　77p　22×19cm　(ひくまの出版 "新しい日本の伝記"シリーズ 4)　1300円　①4-89317-153-4

◇戦国武将の本領　戸部新十郎著　読売新聞社　1991.1　268p　19cm　1300円　①4-643-90116-0

◇茶道人物辞典　原田伴彦編　柏書房　1991.1　290, 22p　22cm　〈新装版〉4944円　①4-7601-0620-0

◇戦国英雄伝　新田次郎ほか著　新潮社　1990.12　426p　19cm　(時代小説の楽しみ 8)　1600円　①4-10-602808-5

◇図説 戦国武将おもしろ事典─楽しみながら歴史がわかる！時代が見える！　三笠書房　1990.11　281p　19cm　1100円　①4-8379-1427-6

◇裏切りの系譜─信長・光秀・秀吉の最期　中島道子著　紀尾井書房　1990.10　278p　19cm　1400円　①4-7656-1058-6

◇戦国武将の管理学─歴史に基づく人事管理法　鈴木芳正著　産心社　1990.10　239p　19cm　(産心ビジネス S-122)　1200円　①4-87920-122-7

◇織田信長と安土城　秋田裕毅著　大阪創元社　1990.9　291p　22cm　〈引用及び参考文献：p283〜287〉　3200円　①4-422-20104-2

◇城─戦略と築城　佐々木信四郎著　原書房　1990.9　264p　21cm　2800円　①4-562-02132-2

◇魅力あるリーダーとは─歴史の中の肖像　加来耕三著　日本経済新聞社　1990.9　241p　19cm　1300円　①4-532-09614-6

◇激闘織田軍団─「天下布武」への新戦略　学習研究社　1990.8　205p　26cm　(歴史群像シリーズ 20)　〈付属資料：図1枚〉1165円　①4-05-105231-1

◇歴史随筆 男の流儀　津本陽著　PHP研究所　1990.8　224p　19cm　1300円　①4-569-52830-9

東海

◇茶の湯の歴史―千利休まで　熊倉功夫著　朝日新聞社　1990.6　261p　19cm　（朝日選書 404）　1050円　①4-02-259504-3

◇人は何故「この人」についていくのか！　大橋武夫著　三笠書房　1990.5　281p　15cm　（知的生きかた文庫）〈『統率力と指導力』改題書〉　450円　①4-8379-0384-3

◇名将の社長学―信長はランチェスター法則を活かした　武田鏡村著　ビジネス社　1990.5　207p　19cm　1300円　①4-8284-0421-X

◇織田信長の生涯　風巻絃一著　三笠書房　1990.4　249p　15cm　（知的生きかた文庫）　450円　①4-8379-0376-2

◇交渉力研究　2　藤田忠著　プレジデント社　1990.3　273p　19cm　1700円　①4-8334-1366-3

◇戦国武将の食生活―勝ち残るための秘伝　永山久夫著　河出書房新社　1990.3　268p　15cm　（河出文庫）　500円　①4-309-47189-7

◇織田信長の人間関係―しごとに活かす　小島鋼平著　白馬出版　1990.1　243p　20cm　（ハクバヒューマンビジネス）　1500円　①4-8266-0210-3

◇鬼と人と―信長と光秀　上巻　堺屋太一著　PHP研究所　1989.12　233p　19cm　1300円　①4-569-52661-6

◇鬼と人と―信長と光秀　下巻　堺屋太一著　PHP研究所　1989.12　228p　19cm　1300円　①4-569-52662-4

◇織豊政権と東アジア　張玉祥著　六興出版　1989.12　347, 13p　21cm　（東アジアのなかの日本歴史 3）　3090円　①4-8453-8093-5

◇戦国武将に学ぶ　勝敗の分岐点―勝機をつかむ武将、つかめない武将　吉岡行雄著　産能大学出版部　1989.12　198p　19cm　1500円　①4-382-05028-6

◇織田信長の人間学　童門冬二著　講談社　1989.11　276p　15cm　（講談社文庫）〈『織田信長に学ぶ』（新人物往来社1984年刊）の改題〉　400円　①4-06-184565-9

◇群雄割拠編　桑田忠親著　秋田書店　1989.10　254p　19cm　（新編 日本武将列伝 3）　1500円　①4-253-00364-8

◇堤清二と織田信長―天下を支配する企業戦略と発想　上之郷利昭著　史輝出版　1989.10　230p　20cm　1300円　①4-915731-02-2

◇信長, イノチガケ　坂口安吾著　講談社　1989.10　517p　15cm　（講談社文芸文庫）　900円　①4-06-196057-1

◇織田信長七つの謎　新人物往来社編　新人物往来社　1989.9　249p　20cm　1800円　①4-404-01635-2

◇歴史エッセイ　人間紀行　杉本苑子著　文芸春秋　1989.9　259p　15cm　（文春文庫）　380円　①4-16-722413-5

◇戦国武将の危機管理―生死を賭けた戦乱の行動原理とは　新宮正春著　PHP研究所　1989.8　229p　19cm　1050円　①4-569-52568-7

◇戦国乱世の民俗誌　赤松啓介著　明石書店　1989.8　261p　19cm　2060円

◇信長・秀吉・家康に学ぶ人を動かす方法　佐々克明著　三笠書房　1989.8　233p　15cm　（知的生きかた文庫）〈『信長・秀吉・家康の人間管理』改題書〉　450円　①4-8379-0331-2

◇戦国武将に学ぶ英雄待望論　福島崇行著　日本ブックマネジメント　1989.6　233p　19cm　1500円　①4-89056-013-0

◇織田信長と越前一向一揆　辻川達雄著　誠文堂新光社　1989.5　267p　19cm　2100円　①4-416-88906-2

◇戦国・織豊　峰岸純夫編　筑摩書房　1989.5　518, 17p　19cm　（古文書の語る日本史 5）　3300円　①4-480-35435-2

◇歴史を変えた決断　会田雄次著　角川書店　1989.5　296p　15cm　（角川文庫）　430円　①4-04-132906-X

◇織田信長事典　岡本良一ほか編　新人物往来社　1989.4　414p　22cm　〈織田信長関係文献目録・年譜: p374～407〉　4800円　①4-404-01586-0

◇決断―信長・秀吉・家康の先見性と統率力　国富強著　経営実務出版　1989.3　255p　19cm　1500円　①4-87585-087-5

139

◇織田信長おもしろ事典　高野澄著　紀行社　1988.12　294p　19cm　(歴史おもしろシリーズ)　〈発売：新人物往来社〉　1300円　④4-404-01578-X

◇織田信長果断と独創―戦国武将の経営戦略　加来耕三著　立風書房　1988.12　239p　20cm　〈織田信長の肖像あり〉　1300円　④4-651-75112-1

◇必勝の戦理学 正攻と奇襲　武岡淳彦著　PHP研究所　1988.12　218p　15cm　(PHP文庫)　400円　④4-569-26178-7

◇桶狭間・長篠の合戦　大倉元則漫画　学習研究社　1988.10　130p　23×16cm　(学研まんが 合戦日本史)　680円　④4-05-102897-6

◇戦国武将伝―リーダーたちの戦略と決断　白石一郎著　文芸春秋　1988.10　246p　19cm　1200円　④4-16-310600-6

◇織田信長文書の研究　奥野高広著　増訂　吉川弘文館　1988.9　3冊　23cm〈「上巻」「下巻」「補遺・索引」に分冊刊行〉　6000～10000円　④4-642-02576-6

◇織田信長文書の研究　上巻　奥野高広著　増訂版　吉川弘文館　1988.9　814p　21cm　10000円　④4-642-02576-6

◇織田信長文書の研究　下巻　奥野高広著　増訂版　吉川弘文館　1988.9　852p　21cm　10000円　④4-642-02577-4

◇織田信長文書の研究　補遺・索引　奥野高広著　増訂版　吉川弘文館　1988.9　281,40p　21cm　6000円　④4-642-02578-2

◇日本史 人物列伝　奈良本辰也著　徳間書店　1988.9　285p　15cm　(徳間文庫)〈『人物を語る』改題書〉　420円　④4-19-598598-6

◇戦国大名　脇田晴子著　小学館　1988.8　374p　21cm　(大系 日本の歴史 7)　1800円　④4-09-622007-8

◇戦国・天下取りの時代　早乙女貢ほか著　経済界　1988.8　253p　19cm　(転換期の戦略 3)　1300円　④4-7667-8052-3

◇名将を支えた運気の秘密―九星術から見た武将たちのサバイバル戦略　片岡紀明著　日本文芸社　1988.8　229p　18cm　(舵輪ブックス)　730円　④4-537-02117-9

◇信玄と信長「天下」への戦略―戦国を駆けた両雄の軌跡　百瀬明治著　PHP研究所　1988.7　210p　20cm　1200円　④4-569-22191-2

◇戦国武将に学ぶ決断の時　玉木重輝著　鈴木出版　1988.7　252p　19cm　1400円　④4-7902-9010-7

◇日本の組織図事典　新人物往来社編　新人物往来社　1988.6　432p　21cm　7500円　④4-404-01507-0

◇NHK歴史への招待　第7巻　風雲児織田信長　日本放送協会編　日本放送出版協会　1988.5　236p　18cm　680円　④4-14-018002-1

◇信玄と信長「天下」への戦略―戦国を駆けた両雄の軌跡　百瀬明治著　PHP研究所　1988.5　210p　19cm　1200円　④4-569-22191-2

◇戦国と現代 成功の原則―作家や学者が書かなかった真の勝者　新井喜美夫著　プレジデント社　1988.4　270p　19cm　1300円　④4-8334-1305-1

◇信長と天下布武　小学館　1988.4　254p　15cm　(戦国・覇者の戦略 3)　580円　④4-09-401003-3

◇「裏切り」の研究―謀略のバランスシート　新井英生著　政界往来社　1988.3　244p　19cm　1300円　④4-915303-28-4

◇織田信長―戦乱の世の風雲児　柳川創造シナリオ, かたおか徹治漫画　集英社　1988.1　141p　21cm　(学習漫画 日本の伝記)　680円　④4-08-241002-3

◇第六天魔王信長　下　織田信長　羽山信樹著　角川書店　1987.12　266p　15cm　(角川文庫)　380円　④4-04-162109-7

◇定本 名将の演出　大橋武夫著　マネジメント社　1987.12　3冊　19cm　10000円　④4-8378-0211-7

◇人を見ぬく人を活かす―戦国名将の戦略と決断　藤公房著　ダイヤモンド社　1987.12　195p　19cm　1200円　④4-478-92016-8

◇織田信長—血みどろの妖怪武将　山中恒著, 堀田あきお絵　ブロンズ新社　1987.11　219p　21cm　(にんげんの物語)　1300円

◇織田信長　森藤よしひろ漫画　くもん出版　1987.11　120p　20×15cm　(くもんのまんがおもしろ大研究)　580円　①4-87576-380-8

◇家訓で活かす経営戦略　童門冬二著　六興出版　1987.11　202p　19cm　980円　①4-8453-8082-X

◇図説 滋賀県の歴史　木村至宏編　河出書房新社　1987.11　299, 42p　26cm　(図説 日本の歴史 25)　4500円　①4-309-61125-7

◇戦国武将名言集　桑田忠親著　広済堂出版　1987.11　250p　15cm　(広済堂文庫)　400円　①4-331-65026-X

◇織田信長　5 本能寺の巻　山岡荘八著　講談社　1987.10　444p　15cm　(山岡荘八歴史文庫 14)　560円　①4-06-195014-2

◇織田信長　4 天下布武の巻　山岡荘八著　講談社　1987.10　446p　15cm　(山岡荘八歴史文庫 13)　560円　①4-06-195013-4

◇史談 信長　小野稔著　講談社　1987.10　279p　19cm　1300円　①4-06-203598-7

◇戦国武将を支えた信仰—生死を超越した不退転の決意　風巻絋一著　日本文芸社　1987.10　241p　19cm　980円　①4-537-02076-8

◇織田信長　2 桶狭間の巻　山岡荘八著　講談社　1987.9　438p　15cm　(山岡荘八歴史文庫 11)　560円　①4-06-195011-8

◇織田信長　3 侵略怒濤の巻　山岡荘八著　講談社　1987.9　446p　15cm　(山岡荘八歴史文庫 12)　560円　①4-06-195012-6

◇織田信長　1 無門三略の巻　山岡荘八著　講談社　1987.9　446p　15cm　(山岡荘八歴史文庫 10)　560円　①4-06-195010-X

◇戦国武将おもしろ大百科　山梨輝雄著　広済堂出版　1987.9　263p　13cm　(豆たぬきの本 208)　380円　①4-331-20108-2

◇戦国武将の食生活—勝ち残るための秘伝　永山久夫著　ジャパンポスト出版部　1987.9　238p　19cm　(ポスト・ブック)　1200円　①4-915230-04-X

◇第六天魔王信長　上　織田信長　羽山信樹著　角川書店　1987.9　262p　15cm　(角川文庫)　380円　①4-04-162108-9

◇炎の柱 織田信長　上　大仏次郎著　徳間書店　1987.9　342p　15cm　(徳間文庫)　460円　①4-19-598361-4

◇炎の柱 織田信長　下　大仏次郎著　徳間書店　1987.9　347p　15cm　(徳間文庫)　460円　①4-19-598362-2

◇日本型リーダーの魅力　百瀬明治著　三笠書房　1987.8　268p　15cm　(知的生きかた文庫)　440円　①4-8379-0183-2

◇織田信長—中世最後の覇者　脇田修著　中央公論社　1987.6　179p　18cm　(中公新書)　〈織田信長略年譜: p172〜173〉　520円　①4-12-100843-X

◇堤義明は織田信長になる—共通する危険因子は何を暗示するか　永川幸樹著　第一企画出版　1987.6　249p　19cm　1200円　①4-924719-43-9

◇織田信長　坂口安吾著　富士見書房　1987.5　379p　15cm　(時代小説文庫)　490円　①4-8291-1128-3

◇戦国おもしろ読本—武将の謎・逸話・真実　桑田忠親著　広済堂出版　1987.5　265p　15cm　(広済堂文庫)　400円　①4-331-65020-0

◇戦国武将ビジネス読本—統率力と戦略　南条範夫著　広済堂出版　1987.5　239p　15cm　(広済堂文庫)　400円　①4-331-65019-7

◇戦国名将 生き方の極意　西東玄著　PHP研究所　1987.5　245p　15cm　(PHP文庫)　450円　①4-569-26110-8

◇戦国余情　福島忠利著　古川書房　1987.4　280p　19cm　1800円　①4-89236-258-1

◇戦いにおける「勢い」の研究—何が組織に勝利をもたらしたか　百瀬明治著

PHP研究所　1987.4　238p　18cm
（PHPビジネスライブラリー A‐20）
680円　ⓘ4-569-21976-4
◇家康・秀吉・信長の経営戦略　佐々克明著　潮出版社　1987.3　221p　15cm
（潮文庫）　380円　ⓘ4-267-01126-5
◇織田信長―「天下一統」の謎　学習研究社　1987.2　170p　26cm（ムー歴史別冊シリーズ 1）〈詳細図解&イラスト復元付き〉　890円
◇織田信長―「天下一統」の謎　学習研究社　1987.2　170p　26cm（歴史群像シリーズ 1）〈付属資料：図1枚〉　893円　ⓘ4-05-105138-2
◇戦国大名の権力構造　藤木久志著　吉川弘文館　1987.2　370,6p　21cm　6500円　ⓘ4-642-02616-9
◇信長恋す　4 首級大事の章　小野稔著　講談社　1987.2　254p　19cm　1100円　ⓘ4-06-202749-6
◇織田信長　上　山岡荘八著　講談社　1986.12　598p　19cm（日本歴史文学館 11）　2300円　ⓘ4-06-193011-7
◇男の肖像　塩野七生著　文芸春秋　1986.12　209p　21cm　1500円　ⓘ4-16-341140-2
◇戦国名将に学ぶ勝ち残りの戦略―状況の読み方・生かし方　風巻絃一著　三笠書房　1986.12　300p　15cm（知的生き方文庫）　440円　ⓘ4-8379-0135-2
◇歴史からの発想―停滞と拘束からいかに脱するか　堺屋太一著　新潮社　1986.11　243p　15cm（新潮文庫）　320円　ⓘ4-10-149101-1
◇歴史のなかの下剋上　嶋岡晨著　名著刊行会　1986.11　304p　19cm　1500円　ⓘ4-8390-0228-0
◇信長恋す　3　権謀術策の章　小野稔著　講談社　1986.10　224p　19cm　1100円　ⓘ4-06-202748-8
◇戦国武将の謎―日本史の旅　駒敏郎著　祥伝社　1986.9　221p　15cm（ノン・ポシェット）　380円　ⓘ4-396-31009-9
◇信長恋す　2 戦国無情の章　小野稔著　講談社　1986.9　218p　19cm　1100円　ⓘ4-06-202747-X
◇組織を動かす―統率者の論理　童門冬二著　三笠書房　1986.8　280p　15cm（知的生きかた文庫）　420円　ⓘ4-8379-0122-0
◇信長恋す　天衣無縫の章　小野稔著　講談社　1986.8　228p　19cm　1100円　ⓘ4-06-202746-1
◇乱世に生きる　南条範夫著　六興出版　1986.5　262p　19cm（勝者は歴史を読む 1）　1200円
◇強い指導者―戦国武将新研究　会田雄次,百瀬明治著　力富書房　1986.4　270p　19cm（リキトミブックス 19）　1000円　ⓘ4-89776-019-4
◇まんがでべんきょう　織田信長　森田拳次作・絵　ポプラ社　1986.4　127p　18cm（ポプラ社・コミック・スペシャル 15）　450円　ⓘ4-591-02269-2
◇信長・秀吉・家康の戦略戦術　佐々克明著　三笠書房　1986.3　259p　15cm（知的生きかた文庫）　400円　ⓘ4-8379-0094-1
◇キリスト教人名辞典　日本基督教団出版局　1986.2　2094p　27cm〈主要参考文献：p2091〜2093〉　43000円
◇戦国武将人使い名人伝　矢田挿雲著〔新装版〕　原書房　1986.2　226p　20×14cm　1200円　ⓘ4-562-01704-X
◇戦国大名論集　17　織田政権の研究　秋沢繁ほか編　藤木久志編　吉川弘文館　1985.11　487p　22cm〈監修：永原慶二〉　5900円　ⓘ4-642-02597-9
◇織田信長　桑田忠親著　角川書店　1984.12　201p　15cm（角川文庫）　300円　ⓘ4-04-309706-9
◇織田信長の研究―歴史に学ぶリーダーの条件　石原慎太郎ほか著　プレジデント社　1984.12　202p　18cm（イルカの本）　720円　ⓘ4-8334-4018-0
◇織田信長に学ぶ　童門冬二著　新人物往来社　1984.4　233p　20cm　1500円
◇織田信長　福武書店　1983.11　188p　26cm（歴史ライブ）　1400円　ⓘ4-8288-0302-5, 4-8288-0300-9

◇裏ばなし織田信長　コンパニオン出版　1983.7　205p　19cm　〈監修：桑田忠親〉　1200円　①4-906121-28-4

◇織田信長―決断と行動の武将　江崎俊平著　社会思想社　1983.6　278p　15cm　(現代教養文庫 1086)　〈関係年表：p271～275〉　480円

◇織田信長　旺文社編　旺文社　1983.2　192p　26cm　(現代視点)　1900円　①4-01-070552-3

◇信長・秀吉・家康の人間関係学　関崎一,中西信男著　新人物往来社　1981.11　241p　20cm　2000円

◇信長記　小瀬甫庵撰,神郡周校注　現代思潮社　1981.9～10　2冊　20cm　(古典文庫 58, 59)　各1600円

◇近世日本国民史織田信長　3　織田氏時代　後篇　徳富蘇峰著,平泉澄校訂　講談社　1981.1　433p　15cm　(講談社学術文庫)　780円

◇近世日本国民史織田信長　2　織田氏時代　中篇　徳富蘇峰著,平泉澄校訂　講談社　1980.12　410p　15cm　(講談社学術文庫)　780円

◇織田信長　プレジデント社　1980.11　256p　26cm　("ザ・マン"シリーズ)　1200円

◇織田信長のすべて　岡本良一編　新人物往来社　1980.11　287p　20cm　2000円

◇近世日本国民史織田信長　1　織田氏時代　前篇　徳富蘇峰著,平泉澄校訂　講談社　1980.11　414p　15cm　(講談社学術文庫)　780円

◇信長公記　川角太閤記　清正朝鮮記　太田和泉守著,川角三郎右衛門著　千秋社　1980.11　6冊　23cm　〈我自刊我書版の複製　箱入(28cm) 限定版　和装〉　全46000円

◇信長公記　太田牛一原著,榊山潤訳　〔東村山〕　教育社　1980.5　2冊　18cm　(教育社新書)　各700円

◇織田時代史　田中義成著　講談社　1980.3　266p　15cm　(講談社学術文庫)　〈「織田時代史」関係略年表：p260～266〉　480円

◇信長"破壊"の演出　藤公房著　ダイヤモンド社　1979.12　210p　19cm　980円

◇桑田忠親著作集　第4巻　織田信長　秋田書店　1979.7　350p　20cm　1900円

◇日本の合戦　5　織田信長　桑田忠親編集　新人物往来社　1978.4　414p　20cm　〈監修：桑田忠親　織田信長の肖像あり　新装版〉　1500円

◇日本を創った人びと　14　織田信長―天下布武への苛烈な生涯　日本文化の会編集　岡本良一著　平凡社　1978.3　82p　29cm　〈織田信長年表：p78～79〉　1600円

◇信長の美濃攻略史研究　松田亮著　岐阜新美濃史学会　1976　134p　22cm　1700円

◇織田信長―物語と史蹟をたずねて　土橋治重著　成美堂出版　1973　240p　肖像　19cm　600円

◇織田信長　佐々克明著　新人物往来社　1973　269p　20cm　850円

◇回想の織田信長―フロイス「日本史」より　フロイス著,松田毅一,川崎桃太編訳　中央公論社　1973　201p　18cm　(中公新書)

◇戦国織田戦記　佐脇翁介著　大陸書房　1973　254p　19cm　750円

◇信長記―甫庵本　小瀬甫庵著,松沢智里編　古典文庫　1972　2冊　17cm　(古典文庫 第296, 298冊)　〈底本：松沢智里所蔵寛永頃写本〉　非売

◇批評日本史―政治的人間の系譜　4　織田信長　会田雄次,原田伴彦,杉山二郎著　思索社　1972　320p　図　20cm　〈織田信長年譜：p.305-320〉　980円

◇織田信長入岐年代考批判　郷浩著　〔岐阜〕　郷浩　〔1971〕　8p　25cm

◇織田信長文書の研究　下巻　奥野高広著　吉川弘文館　1970　890, 28p　図版　22cm　4800円

◇織田信長文書の研究　上巻　奥野高広著　吉川弘文館　1969　803p　図版　22cm　4000円

◇織田信長　鈴木良一著　岩波書店　1967　189p 図版 地図　18cm　（岩波新書）　150円

◇プレジデント信長　小島鋼平, 清水定吉著　日本ソノサービスセンター　1967　333p　20cm　750円

◇織田信長　今井林太郎著　筑摩書房　1966　210p 図版 地図　18cm　（グリーンベルト・シリーズ）　230円

◇織田信長の手紙　桑田忠親著　角川書店　1966　252p 図版　15cm　（角川文庫）　120円

◇織田信長　桑田忠親著　角川書店　1964　200p　18cm　（角川新書）

◇織田信長　尾崎士郎著　河出書房新社　1960　270p 図版　20cm　（現代人の日本史　第13巻）

◇信長の手紙　桑田忠親著　文芸春秋新社　1960　276p 図版　20cm

◇織田信長とキリスト教　ヨハネス・ラウレス著, 松田毅一訳　中央出版社　1947　123p　19cm

森　蘭丸
もり　らんまる

永禄8年(1565年)〜天正10年(1582年)

武将。織田信長の近習。美濃国(岐阜県)の人。名は森長定、成利。森可成の三男。天正7年(1579年)小姓として織田信長に仕え、名の一字を与えられて長定と称す。容姿・才能に優れ、信長に寵愛され、次第に累進して奏者や奉行を歴任した。天正10年(1582年)信長の天目山の戦い(武田勝頼討伐)に従い、戦後美濃国金山5万石・余名田島1万石を与えられた。同年本能寺の変では、明智光秀の来襲に信長を守って奮戦したが、安田作兵衛に討たれて弟の坊丸(17歳)・力丸(16歳)と共に戦死した。18歳だった。

＊　　＊　　＊

◇教科書から消された偉人・隠された賢人　巻の2　神話から読み取る日本人の心　濤川栄太著　イーグルパブリッシング　2004.8　207p　19cm〈『戦後教科書から消された人々1・2』再編集・改題書〉　1400円　①4-86146-025-5

◇美少年日本史　須永朝彦著　国書刊行会　2002.2　323, 8p　19cm　2400円　①4-336-04398-1

◇漫画版　戦後教科書から消された人々　濤川栄太原作, 石ノ森章太郎監修　扶桑社　1999.2　200p　21cm　952円　①4-594-02659-1

◇信長の親衛隊―戦国覇者の多彩な人材　谷口克広著　中央公論社　1998.12　250p　18cm　（中公新書）　740円　①4-12-101453-7

◇森蘭丸―乱世を駆け抜けた青春　八尋舜右著　PHP研究所　1998.12　525p　15cm　（PHP文庫）〈『森乱丸』改題書〉　838円　①4-569-57221-9

◇森蘭丸の母とその流れ―妙願寺史に沿って　森嵩正著　近代文芸社　1996.10　325p　19cm　2500円　①4-7733-5724-X

◇蘭丸、夢の途中―真相・本能寺の変　角田茉瑳子作, 鴇田幹画　岩崎書店　1996.10　223p　21cm　（創作児童文学館 25）　1500円　①4-265-06025-0

◇森一族のすべて　新人物往来社　1996.9　274p　21cm　（一族叢書）　4800円　①4-404-02399-5

◇織田信長家臣人名辞典　谷口克広著　吉川弘文館　1995.1　495, 7p　23cm　〈監修：高木昭作　参考文献：p483〜495〉　7210円　①4-642-02743-2

◇本朝美少年録　実吉達郎著　光風社出版　1993.10　352p　19cm　1400円　①4-87519-915-5

◇森蘭丸　沢田ふじ子著　徳間書店　1990.9　381p　15cm　（徳間文庫）　520円　①4-19-599167-6

◇森蘭丸　下　小野稔著　大陸書房　1989.1　583p　15cm　（大陸文庫）　680円　①4-8033-1870-0

◇森蘭丸　上　小野稔著　大陸書房　1988.11　605p　15cm　（大陸文庫）　680円　①4-8033-1651-1

◇森蘭丸　沢田ふじ子著　講談社　1986.7　307p　19cm　1300円　①4-06-202292-3

小谷の方
おだにのかた

　天文16年(1547年)〜天正11年(1583年)4月24日　織田信長の妹。尾張国(愛知県)の人。別名お市の方。兄・織田信長の命により、永禄10年(1567年)近江小谷城主浅井長政に嫁ぎ、3女を産む。姉川の戦で浅井氏が信長に滅ぼされると織田氏にひきとられ、天正10年(1582年)信長の死後、越前の柴田勝家と再婚。翌年の賤ヶ岳の戦で勝家が敗れると、3人の娘を脱出させ北庄城で勝家と共に自害した。美貌の誉れ高かった。長女は豊臣秀吉の側室淀殿、次女は京極高次の室常高院、三女は徳川秀忠の室崇源院となる。

　　　　＊　　　＊　　　＊

◇超歴史ミステリーロマン　vol.1　女たちの戦国　超歴史ミステリーロマン取材班編・著,宮本義己監修　マイクロマガジン社　2007.12　142p　26cm　1300円　①978-4-89637-275-5

◇戦国の女たち―乱世に咲いた名花23人　森実与子著　学習研究社　2006.2　311p　15cm　(学研M文庫)　667円　①4-05-901180-0

◇戦国の妻たち　山村竜也著　リイド社　2005.12　239p　15cm　(リイド文庫)　476円　①4-8458-2638-0

◇戦国の女性たち―16人の波乱の人生　小和田哲男編著　河出書房新社　2005.9　253p　19cm　1500円　①4-309-22435-0

◇美女たちの日本史　永井路子著　中央公論新社　2005.7　277p　15cm　(中公文庫)　667円　①4-12-204551-7

◇戦国の女たちを歩く　田端泰子著　山と渓谷社　2004.7　143p　21cm　(歩く旅シリーズ　歴史・文学)　1500円　①4-635-60064-5

◇京に燃えたおんな―愛のかたち　京都新聞出版センター編　京都　京都新聞出版センター　2004.4　219p　21cm　1400円　①4-7638-0533-9

◇美女たちの日本史　永井路子著　中央公論新社　2002.7　218p　19cm　1500円　①4-12-003291-4

◇風雲児信長と悲運の女たち　楠戸義昭著　学習研究社　2002.6　318p　15cm　(学研M文庫)〈「信長と女たち」(毎日新聞社1991年刊)の改訂〉　680円　①4-05-901138-X

◇風の俤―福井の客人たち　足立尚計著　金沢　能登印刷出版部　2001.8　213p　19cm　1500円　①4-89010-385-6

◇歴史よもやま話　葵を咲かせた女たち　永井路子著　日本放送出版協会　1999.10　213p　19cm　1300円　①4-14-080460-2

◇永井路子の日本史探訪　永井路子著　角川書店　1999.8　205p　15cm　(角川文庫)　533円　①4-04-137206-2

◇歴史を動かした女たち　高橋千劒破著　中央公論社　1997.2　391p　15cm　(中公文庫)　780円　①4-12-202800-0

◇戦国夜話―こころの風景　遠藤周作著　小学館　1996.6　157p　18cm　1000円　①4-09-840040-5

◇戦国武将の妻たち　百瀬明治著　PHP研究所　1993.11　235p　19cm　1350円　①4-569-54165-8

◇日本女性人名辞典　日本図書センター　1993.6　1274p　27cm　〈監修：芳賀登ほか〉　26780円　①4-8205-7128-1

◇歴史に舞った女たち　沢田ふじ子著　広済堂出版　1993.2　289p　15cm　(広済堂文庫)〈『火宅往来』改題書〉　480円　①4-331-60348-2

◇日本史に光る女性22話―その虚像と実像と　田郷利雄著　近代文芸社　1993.1　197p　19cm　1500円　①4-7733-1756-6

◇お市御寮人―信長兄妹・波瀾の生涯　舟橋聖一著　祥伝社　1991.12　413p　15cm　(ノン・ポシェット)　520円　①4-396-32240-2

◇織田家の人びと　小和田哲男著　河出書房新社　1991.10　202p　19cm　1500円　①4-309-22207-2

◇物語　信長をめぐる七人の女　新人物往来社編　新人物往来社　1991.10　236p　19cm　2400円　①4-404-01855-X

東海

◇福井県大百科事典　福井新聞社百科事典刊行委員会編　福井　福井新聞社　1991.6　1167p　図版16枚　27cm〈付(地図1枚袋入)：福井県全図〉　30000円

◇歴史のヒロインたち　永井路子著　文芸春秋　1990.9　269p　15cm（文春文庫）　380円　④4-16-720022-8

◇歴史ロマン　火宅往来─日本史のなかの女たち　沢田ふじ子著　広済堂出版　1990.8　284p　19cm　1400円　④4-331-50294-5

◇歴史を生きた女たち　吉見周子著　同成社　1988.10　252p　19cm　1700円　④4-88621-056-2

◇聞き語り　にっぽん女性「愛」史　杉本苑子著　講談社　1988.8　253p　19cm　1200円　④4-06-203821-8

◇歴史のなかの愛─万葉・戦国の女たち　田中澄江著　文芸春秋　1987.9　254p　15cm（文春文庫）　340円　④4-16-731303-0

◇戦国おんな史談　桑田忠親著　潮出版社　1986.10　226p　15cm（潮文庫）　360円　④4-267-01103-6

◇愛知百科事典　中日新聞社開発局編　名古屋　中日新聞本社　1977.1　977p　27cm　15000円

織田 信孝
おだ のぶたか

永禄元年(1558年)～天正11年(1583年)5月2日　武将。幼名は三七(郎)。織田信長の三男で、伊勢神戸城主神戸具盛の養子となる。各地の一向一揆平定などで活躍。天正10年(1582年)四国攻めの総大将として摂津住吉浦に滞陣中、本能寺の変が起こり、豊臣秀吉と合流して明智光秀を討つ。清洲会議後、美濃を領して岐阜城を本拠とした。のち兄・織田信雄および信雄と結んだ秀吉と反目するようになり、柴田勝家について挙兵したが、天正11年(1583年)賤ヶ岳の戦いで敗れ岐阜を開城し、自害した。

＊　　＊　　＊

◇角川日本姓氏歴史人物大辞典　26　京都市姓氏歴史人物大辞典　竹内理三ほか編纂　京都市姓氏歴史人物大辞典編纂委員会著編　角川書店　1997.9　909p　23cm　④4-04-002260-2

◇織田信長家臣人名辞典　谷口克広著　吉川弘文館　1995.1　495,7p　23cm〈監修：高木昭作　参考文献：p483～495〉　7210円　④4-642-02743-2

◇織田家の人びと　小和田哲男著　河出書房新社　1991.10　202p　19cm　1500円　④4-309-22207-2

◇戦国大名系譜人名事典　東国編　山本大,小和田哲男編　新人物往来社　1985.11　555p　22cm〈付：参考文献〉　7500円　④4-404-01293-4

◇京都大事典　佐和隆研ほか編集　京都　淡交社　1984.11　1083,91p　27cm　12000円　④4-473-00885-1

◇愛知百科事典　中日新聞社開発局編　名古屋　中日新聞本社　1977.1　977p　27cm　15000円

◇岐阜県百科事典　岐阜県百科事典制作委員会著　岐阜　岐阜日日新聞社　1968　2冊　27cm　11500円

柴田 勝家
しばた かついえ

大永2年(1522年)～天正11年(1583年)4月24日　武将。尾張国(愛知県)の人。初名は権六。初め織田信長の弟信行に仕えたのち、信長の家臣となり、美濃・近江・伊勢の征服戦に参加、奈良・京都の軍政にも当たり、家臣団の筆頭になる。越前北庄城主となって北陸経営を進め、加賀一向一揆の平定などに尽くす。天正10年(1582年)本能寺の変後、信長の後嗣問題で豊臣秀吉と対立。賤ヶ岳の戦いに敗れ、夫人小谷の方(お市方、信長の妹)と共に北ノ庄で自刃した。武将であるとともにすぐれた民政家であった。

＊　　＊　　＊

◇知識ゼロからの戦国武将入門　小和田哲男著　幻冬舎　2007.12　190p　21cm　1300円　④978-4-344-90114-8

◇男たちの戦国─戦国武将友情始末　夏野

清三郎著　ぶんか社　2007.6　205p　15cm　（ぶんか社文庫）　600円　①978-4-8211-5101-1

◇日本史 宿命のライバル達の決断と苦悩―教科書には載っていない好敵手たちの本音　土橋治重著　日本文芸社　2006.10　199p　18cm　648円　①4-537-25438-6

◇戦国歴史力―あなたのサムライ度をチェック！　橋場日月著　学習研究社　2006.9　127p　15cm　400円　①4-05-904021-5

◇信長軍団に学ぶ処世の法則　加藤広著　PHP研究所　2006.6　236p　20cm　1400円　①4-569-64983-1

◇柴田勝家―北庄に掛けた夢とプライド 平成18年春季特別展　福井市立郷土歴史博物館企画・制作・編集　福井　福井市立郷土歴史博物館　2006.3　111p　30cm　〈会期・会場：平成18年3月25日―5月7日 福井市立郷土歴史博物館　年表あり　文献あり〉

◇戦国武将 男の値打ち―知られざる値千金の逸話 この人間的魅力を見よ！　田中春泥著　三笠書房　2006.3　253p　15cm　（知的生きかた文庫）　533円　①4-8379-7548-8

◇日本史「敗者」たちの言い分―負けた側にも正義あり　岳真也著　PHP研究所〔2005.9〕　300p　15cm　（PHP文庫）　590円　①4-569-66459-8

◇信長の家臣団―「天下布武」を支えた武将34人の記録　樋口晴彦著　学習研究社　2005.9　362p　15cm　（学研M文庫）　648円　①4-05-901174-6

◇検証 もうひとつの武将列伝　井沢元彦著　有楽出版社, 実業之日本社〔発売〕　2005.6　253p　19cm　1600円　①4-408-59250-1

◇信長軍の司令官―部将たちの出世競争　谷口克広著　中央公論新社　2005.1　268p　18cm　（中公新書）　780円　①4-12-101782-X

◇書府太郎―石川県大百科事典「改訂版」上巻〈人物／歴史／文化財／宗教／民俗・生活／医療・福祉〉　金沢　北国新聞社　2004.11　878p　27cm　19000円　①4-8330-1382-7

◇教科書から消された偉人・隠された賢人―いま明かされる日本史の真実　濤川栄太著　イーグルパブリシング　2004.5　249p　19cm　1400円　①4-86146-008-5

◇役に立つ戦国武将―厳選50人　時代劇雑学研究会編　リイド社　2004.4　223p　15cm　（リイド文庫）　562円　①4-8458-2758-1

◇歴史人物列伝 心に残る日本人　岡田良平著　文芸社　2004.3　266p　19cm　1700円　①4-8355-7066-9

◇名将言行録 乱世を生き抜く智恵　谷沢永一, 渡部昇一著　PHP研究所　2002.4　196p　19cm　1300円　①4-569-62018-3

◇日本戦史 戦国編　2　学研編集部編　学習研究社　2002.1　282p　15cm　（学研M文庫）　580円　①4-05-901099-5

◇風の俤―福井の客人たち　足立尚計著　金沢　能登印刷出版部　2001.8　213p　19cm　1500円　①4-89010-385-6

◇その「一言」で歴史が動いた―日本史大論戦　歴史の謎研究会編　青春出版社　2001.4　220p　15cm　（青春文庫）　505円　①4-413-09190-6

◇戦史ドキュメント 賤ヶ岳の戦い　高柳光寿著　学習研究社　2001.1　269p　15cm　（学研M文庫）　570円　①4-05-901025-1

◇大日本史料　第10編之18　東京大学史料編纂所編　覆刻版　東京大学出版会　2000.4　396, 9p　21cm　12000円　①4-13-090468-X

◇賤ヶ岳合戦記　志村有弘著　勉誠出版　1999.5　210p　19cm　（日本合戦騒動叢書 12）　2500円　①4-585-05112-0

◇角川日本姓氏歴史人物大辞典　17　石川県姓氏歴史人物大辞典　竹内理三ほか編纂　石川県姓氏歴史人物大辞典編纂委員会編著　角川書店　1998.12　633p　23cm　18000円　①4-04-002170-3

◇柴田勝家―「鬼」と呼ばれた猛将　長尾誠夫著　PHP研究所　1997.10　440p　15cm　（PHP文庫）　667円　①4-569-57062-3

◇抗争─ライバル日本史　4　NHK取材班編　角川書店　1996.10　304p　15cm（角川文庫）　500円　①4-04-195421-5

◇3分間で読む　生きる姿勢　花岡大学著　同朋舎出版　1996.10　234p　19cm　1200円　①4-8104-2360-3

◇織田信長家臣人名辞典　谷口克広著　吉川弘文館　1995.1　495, 7p　23cm　〈監修：高木昭作　参考文献：p483～495〉　7210円　①4-642-02743-2

◇危機を乗り切るここ一番の決断力　百瀬明治著　ベストセラーズ　1993.12　271p　18cm（ベストセラーシリーズ・ワニの本　880）　820円　①4-584-00880-9

◇波乱の戦国史　秀吉と家康の陰謀─天下統一に隠された野望と苦悩　塩田道夫著　日本文芸社　1993.6　254p　15cm（にちぶん文庫）〈『太閤秀吉と淀君』改題書〉　480円　①4-537-06225-8

◇天下掌中にあり─豊臣秀吉　戸部新十郎著　広済堂出版　1992.10　287p　20cm　〈豊臣秀吉の肖像あり　豊臣秀吉略年譜：p285～287〉　1500円　①4-331-05537-X

◇戦国武将伝─リーダーたちの戦略と決断　白石一郎著　文芸春秋　1992.3　290p　15cm（文春文庫）　420円　①4-16-737009-3

◇日本史18の謎を解く　能坂利雄著　新人物往来社　1991.11　222p　19cm　2200円　①4-404-01863-0

◇角川日本姓氏歴史人物大辞典　23　愛知県　竹内理三ほか編纂　愛知県姓氏歴史人物大辞典編纂委員会編著　角川書店　1991.10　1052p　23cm　〈愛知県略年表：p944～958　愛知県参考文献一覧・主要文献解題：p1044～1051〉　16000円　①4-04-002230-0

◇名城の謎と怪奇─不思議・伝説の城めぐり　早乙女貢ほか著　大陸書房　1991.7　287p　15cm（大陸文庫）　560円　①4-8033-3420-X

◇福井県大百科事典　福井新聞社百科事典刊行委員会編　福井　福井新聞社　1991.6　1167p　図版16枚　27cm　〈付（地図1枚袋入）：福井県全図〉　30000円

◇茶道人物辞典　原田伴彦編　柏書房　1991.1　290, 22p　22cm　〈新装版〉　4944円　①4-7601-0620-0

◇戦国武将の食生活─勝ち残るための秘伝　永山久夫著　河出書房新社　1990.3　268p　15cm（河出文庫）　500円　①4-309-47189-7

◇乱世統一編　桑田忠親著　秋田書店　1989.10　238p　19cm（新編　日本武将列伝　4）　1500円　①4-253-00365-6

◇戦国武将伝─リーダーたちの戦略と決断　白石一郎著　文芸春秋　1988.10　246p　19cm　1200円　①4-16-310600-6

◇北陸合戦考　能坂利雄著　新人物往来社　1988.9　250p　19cm　1800円　①4-404-01530-5

◇戦国武将の遺書　桑田忠親著　広済堂出版　1988.7　246p　15cm（広済堂文庫）　420円　①4-331-65035-9

◇血と血糊のあいだ　綱淵謙錠著　文芸春秋　1988.4　341p　15cm（文春文庫）　400円　①4-16-715709-8

◇福井県　ぎょうせい　1988.4　70p　30cm（ビジュアルワイド　新日本風土記　18）　2000円　①4-324-01089-7

◇戦国武将の食生活─勝ち残るための秘伝　永山久夫著　ジャパンポスト出版部　1987.9　238p　19cm（ポスト・ブック）　1200円　①4-915230-04-X

◇男の値打ちは「度量」で決まる─修羅場に強い知将・闘将のケンカと迫力の方法　童門冬二著　大和出版　1986.6　219p　19cm　1000円　①4-8047-1084-1

◇戦国帝王学・決断・先見・調整　佐々克明著　三笠書房　1986.5　242p　19cm　1000円　①4-8379-1296-6

◇戦国大名系譜人名事典　西国編　山本大, 小和田哲男編　新人物往来社　1986.1　563p　22cm　7500円　①4-404-01316-X

◇郷土歴史人物事典福井　中川平常ほか編　第一法規出版　1985.6　345p　19cm　〈監修：印牧邦雄　人物年表・参考文献：p325～336〉　2400円

◇愛知百科事典　中日新聞社開発局編　名古屋　中日新聞社　1977.1　977p

27cm　15000円

丹羽 長秀
にわ ながひで

天文4年(1535年)～天正13年(1585年)4月16日　武将。尾張国(愛知県)の人。丹羽長政の二男。幼名は万千代。織田信長に仕え、近江佐和山城主となる。柴田勝家と並び称される勲功の臣で、姉川の戦、一向一揆の鎮圧などで活躍し、近江国佐和山5万石を拝領して居城とした。長篠の戦には一翼の大将として軍功をあげた。本能寺の変後、羽柴(豊臣)秀吉とともに山崎合戦で明智光秀を討ち、清洲会議では秀吉を支持。ついで柴田勝家、佐久間盛政と戦った。賤ヶ岳の戦功で越前、若狭両国と加賀半国が与えられ、越前北庄城主となった。

　　　　*　　　*　　　*

◇信長の家臣団―「天下布武」を支えた武将34人の記録　樋口晴彦著　学習研究社　2005.9　362p　15cm　(学研M文庫)　648円　①4-05-901174-6
◇図説 戦国武将のあの人の「その後」―「関ヶ原」「本能寺」…事件が変えた男たちの運命　日本博学倶楽部著　PHP研究所　2003.11　95p　26cm　952円　①4-569-63217-3
◇風の俤―福井の客人たち　足立尚計著　金沢　能登印刷出版部　2001.8　213p　19cm　1500円　①4-89010-385-6
◇歴史に学ぶ大江戸株式会社の危機管理術　童門冬二著　東京書籍　2000.9　316p　19cm　1600円　①4-487-79586-9
◇丹羽長秀―信長と秀吉を補佐した「信義」の武将　菊池道人著　PHP研究所　1999.3　386p　15cm　(PHP文庫)　686円　①4-569-57250-2
◇角川日本姓氏歴史人物大辞典　17　石川県姓氏歴史人物大辞典　竹内理三ほか編纂　石川県姓氏歴史人物大辞典編纂委員会編著　角川書店　1998.12　633p　23cm　18000円　①4-04-002170-3
◇角川日本姓氏歴史人物大辞典　26　京都市姓氏歴史人物大辞典　竹内理三ほか編纂　京都市姓氏歴史人物大辞典編纂委員会編著　角川書店　1997.9　909p　23cm　①4-04-002260-2
◇織田信長家臣人名辞典　谷口克広著　吉川弘文館　1995.1　495,7p　23cm　〈監修：高木昭作　参考文献：p483～495〉　7210円　①4-642-02743-2
◇福井県大百科事典　福井新聞社百科事典刊行委員会編　福井　福井新聞社　1991.6　1167p 図版16枚　27cm　〈付(地図1枚袋入)：福井県全図〉　30000円
◇茶道人物辞典　原田伴彦編　柏書房　1991.1　290,22p　22cm　〈新装版〉　4944円　①4-7601-0620-0
◇乱世統一編　桑田忠親著　秋田書店　1989.10　238p　19cm　(新編 日本武将列伝 4)　1500円　①4-253-00365-6
◇戦国武将の遺書　桑田忠親著　広済堂出版　1988.7　246p　15cm　(広済堂文庫)　420円　①4-331-65035-9
◇歴史の中の名総務部長―実務と人間経営の名人たち　童門冬二著　三笠書房　1987.12　268p　19cm　1100円　①4-8379-1352-0
◇戦国大系譜人名事典　東国編　山本大,小和田哲男編　新人物往来社　1985.11　555p　22cm　〈付：参考文献〉　7500円　①4-404-01293-4
◇郷土歴史人物事典福井　中川平常ほか編　第一法規出版　1985.6　345p　19cm　〈監修：印牧邦雄　人物年表・参考文献：p325～336〉　2400円
◇京都大事典　佐和隆研ほか編集　京都　淡交社　1984.11　1083,91p　27cm　12000円　①4-473-00885-1

蜂須賀 正勝
はちすか まさかつ

大永6年(1526年)～天正14年(1586年)5月22日　武将。徳島藩主蜂須賀家の祖。尾張国(愛知県)の人。通称は小六、彦右衛門尉。尾張蜂須賀村(愛知県海部郡美和町)の土豪の子といわれる。。初め美濃の斎藤道三に仕え、ついで織田信長、豊臣秀吉に仕えて各地を転戦。天正元年(1573年)秀吉

から近江長浜で所領を与えられ、天正9年(1581年)播磨竜野5万3000石。山崎の戦、賤ヶ岳の戦、小牧・長久手の戦、四国征伐に従軍し、毛利氏との講和に活躍。天正13年(1585年)阿波一国を与えられるが、阿波国は嫡子家政が領し、自身は隠退して摂津国5000石を領した。

＊　　＊　　＊

◇戦国興亡 名将たちの決断　戸部新十郎著　PHP研究所　2006.9　221p　19cm〈『戦国興亡 武将たちの進退』再編集・改題書〉　476円　⓵4-569-65544-0

◇稲本墨俣一夜城―秀吉出世城の虚実と蜂須賀小六　牛田義文著　歴研　2005.8　336p　22cm　3400円　⓵4-947769-59-9

◇戦国なるほど人物事典―100人のエピソードで戦国史がよくわかる！　泉秀樹著　愛蔵版　PHP研究所　2005.6　235p　19cm　476円　⓵4-569-64332-9

◇蜂須賀小六―秀吉の天下取りを支えた男　浜野卓也著　PHP研究所　2001.8　284p　15cm　(PHP文庫)　533円　⓵4-569-57529-3

◇大阪人物辞典　三善貞司編　大阪　清文堂出版　2000.11　1304, 70p　23cm　16000円　⓵4-7924-0499-1

◇戦国武将まんだら―秘本三十六人伝　大栗丹後著　春陽堂書店　1999.8　244p　15cm　(春陽文庫)　486円　⓵4-394-16136-3

◇楼岸夢一定―蜂須賀小六　佐藤雅美著　実業之日本社　1998.2　512p　19cm　1900円　⓵4-408-53328-9

◇男の点描―戦国武将生死の一瞬　戸部新十郎著　毎日新聞社　1995.5　246p　19cm　1300円　⓵4-620-10518-X

◇織田信長家臣人名辞典　谷口克広著　吉川弘文館　1995.1　495, 7p　23cm〈監修：高木昭作　参考文献：p483～495〉　7210円　⓵4-642-02743-2

◇徳島県人名事典　徳島　徳島新聞社　1994.6　2冊(別冊とも)　27cm〈別冊(384p)：徳島県歴史人物鑑〉　32000円　⓵4-88606-022-5

◇のるかそるか　津本陽著　文芸春秋　1994.4　294p　15cm　(文春文庫)　450円　⓵4-16-731430-4

◇蜂須賀小六　上　戸部新十郎著　毎日新聞社　1992.7　342p　19cm　1500円　⓵4-620-10455-8

◇蜂須賀小六　下　戸部新十郎著　毎日新聞社　1992.7　350p　19cm　1500円　⓵4-620-10456-6

◇蜂須賀小六伝―中年から人生を開いた男の物語　戸部新十郎著　PHP研究所　1992.1　267p　15cm　(PHP文庫)〈『小六伝』(1987年刊)の改題　参考文献：p261〉　540円　⓵4-569-56447-X

◇角川日本姓氏歴史人物大辞典　23　愛知県　竹内理三ほか編纂　愛知県姓氏歴史人物大辞典編纂委員会編著　角川書店　1991.10　1052p　23cm〈愛知県略年表：p944～958 愛知県参考文献一覧・主要文献解題：p1044～1051〉　16000円　⓵4-04-002230-0

◇名将を支えた戦国の異能群団―雑賀衆から柳生一族まで覇権に隠された群雄の知略　桐野作人著　日本文芸社　1991.7　238p　18cm　(ラクダブックス)　780円　⓵4-537-02245-0

◇のるかそるか　津本陽著　文芸春秋　1991.4　277p　19cm　1200円　⓵4-16-345170-6

◇戦国武将の本領　戸部新十郎著　読売新聞社　1991.1　268p　19cm　1300円　⓵4-643-90116-0

◇歴史の中の名総務部長―実務と人間経営の名人たち　童門冬二著　三笠書房　1987.12　268p　19cm　1100円　⓵4-8379-1352-0

◇小六伝―中年から人生を開いた男の物語　戸部新十郎著　PHP研究所　1987.8　258p　20cm〈付：参考文献〉　1200円　⓵4-569-21969-1

◇蜂須賀小六　2 卍旗の章　戸部新十郎著　光文社　1987.5　414p　15cm　(光文社時代小説文庫)　520円　⓵4-334-70548-0

◇忍者と盗賊―日本史・陰の人物誌　戸部新十郎著　河出書房新社　1986.11

241p　15cm　〈河出文庫〉　450円　①4-309-40170-8
◇情報　戸田新十郎、南原幹雄、米原正義、津本陽、栗原隆一、出井孫六著　旺文社　1986.2　281p　19cm　〈ブレーン 歴史にみる群像 2〉　1300円　①4-01-071412-3
◇戦国大名系譜人名事典　西国編　山本大、小和田哲男編　新人物往来社　1986.1　563p　22cm　7500円　①4-404-01316-7
◇兵庫県大百科事典　神戸　神戸新聞出版センター　1983.10　2冊　30cm　〈企画：神戸新聞創刊85周年記念兵庫県大百科事典刊行委員会〉　全49000円
◇戦国大名家臣団事典　西国編　山本大、小和田哲男編　新人物往来社　1981.8　414p　22cm　6800円
◇徳島県百科事典　徳島新聞社調査事業局編　徳島　徳島新聞社　1981.1　1051p　27cm　20000円
◇愛知百科事典　中日新聞社開発局編　名古屋　中日新聞本社　1977.1　977p　27cm　15000円

佐々成政
さっさ なりまさ

天文8年(1539年)？～天正16年(1588年)
武将。越中富山城主。尾張国春日井郡比良村(愛知県)の人。初名内蔵助。佐々盛政の二男。織田信長に仕え、天正元年(1573年)朝倉義景を攻略。のち本願寺一揆の鎮定にも功をあげて、天正9年(1581年)越中一国を与えられ富山城に在城。天正12年(1584年)小牧・長久手の戦に挙兵し、徳川家康・織田信雄陣営に投じたが、翌年豊臣秀吉に攻められて降伏、越中新川郡に移された。天正15年(1587年)秀吉の九州攻略後に肥後領主に任ぜられたが、領内の国人一揆の鎮定に失敗して所領を没収され、摂津尼崎で切腹させられた。

　　　　＊　　　＊　　　＊

◇敗者の条件　会田雄次著　改版　中央公論新社　2007.2　222p　15cm　〈中公文庫〉　590円　①978-4-12-204818-8
◇信長の家臣団―「天下布武」を支えた武将34人の記録　樋口晴彦著　学習研究社　2005.9　362p　15cm　〈学研M文庫〉　648円　①4-05-901174-6
◇佐々成政資料の誤記・疑義―戦国武将研究の盲点　浅野清著　歴研　2005.8　46p　21cm　〈歴研「戦国史」ブックレット〉　800円　①4-947769-50-5
◇史伝佐々成政　遠藤和子著　学習研究社　2002.5　361p　15cm　〈学研M文庫〉〈学陽書房1999年刊に加筆したもの〉　680円　①4-05-901137-1
◇佐々成政のすべて　花ヶ前盛明編　新人物往来社　2002.3　291p　20cm　〈年譜あり　文献あり〉　2800円　①4-404-02954-3
◇佐々成政―悲運の知将　遠藤和子著　学陽書房　1999.2　372p　15cm　〈人物文庫〉　700円　①4-313-75073-8
◇福光町と佐々成政の関係調査報告書　〔福光町(富山県)〕　福光町文化財保護委員会　〔1999〕　34p　30cm　〈平成9年度調査　共同刊行：福光町郷土文化調査委員会〉
◇角川日本姓氏歴史人物大辞典　17　石川県姓氏歴史人物大辞典　竹内理三ほか編纂　石川県姓氏歴史人物大辞典編纂委員会編著　角川書店　1998.12　633p　23cm　18000円　①4-04-002170-3
◇黒ゆりの武将・佐々成政　伊藤静著　諏訪　鳥影社、星雲社〔発売〕　1997.6　229p　19cm　1500円　①4-7952-9434-8
◇佐々成政関係影印文書　浅野清編著　佐々成政研究会　〔1997〕　214p　21cm　(佐々成政史料大成　第4輯)〈東京　新人物往来社(発売)〉6000円　①4-404-02575-0
◇幻の埋蔵金―佐々成政の生涯　生駒忠一郎著　名古屋　KTC中央出版　1996.10　255p　19cm　1500円　①4-924814-83-0
◇佐々成政の娘たち　佐々洋著　佐々成政研究会　1996.9　101p　22cm　(佐々成政研究会研究紀要 1)
◇織田信長家臣人名辞典　谷口克広著　吉川弘文館　1995.1　495, 7p　23cm　〈監修：高木昭作　参考文献：p483～495〉　7210円　①4-642-02743-2
◇佐々成政関係文書　浅野清編著　新人物往来社　1994.12　241p　21cm　(佐々成

◇政史料大成　第3輯）　4800円　①4-404-02159-3
◇富山大百科事典　富山大百科事典編集事務局編　富山　北日本新聞社　1994.8　2冊　27cm　全45000円
◇富山県文学事典　富山県文学事典編集委員会編　富山　桂書房　1992.9　519, 16p　22cm　9270円
◇佐々成政関係資料集成　浅野清編著　佐々成政研究会　1990.7　430p　27cm　〈発売：新人物往来社　佐々成政の肖像あり〉　9800円　①4-404-01731-6
◇乱世統一編　桑田忠親著　秋田書店　1989.10　238p　19cm　（新編　日本武将列伝 4）　1500円　①4-253-00365-6
◇御旗本物語―日本史の意外な証言者たち　谷有二著　未来社　1989.1　261p　19cm　1800円　①4-624-11110-9
◇戦国武将に学ぶ決断の時　玉木重輝著　鈴木出版　1988.7　252p　19cm　1400円　①4-7902-9010-7
◇佐々成政―＜悲運の知将＞の実像　遠藤和子著　サイマル出版会　1986.12　320p　19cm　〈著者及び佐々成政の肖像あり〉　1600円　①4-377-20725-3
◇佐々成政　奥田淳爾著　富山　桂書房　1983.8　213p　19cm　（歴史双書 1）　〈佐々成政の肖像あり〉　1400円

朝日方
あさひのかた

天文12年(1543年)～天正18年(1590年)
　徳川家康の正室。尾張(愛知県)の人。豊臣秀吉の異父妹、父は竹阿弥。名は旭姫、通称は駿河御前、号は南明院。佐治日向守の妻であったが、小牧・長久手の戦いの講和後、上洛を拒む徳川家康の懐柔策を図る秀吉の命で、天正14年(1586年)離縁させられ、家康の正室となる。日向守は自殺したとも、出家隠遁したともいわれる。駿河府中に住んだため駿河御前と呼ばれた。母の大政所の病気見舞いのため家康と共に上洛し、そのまま京都に留まり、聚楽第で死去、東福寺に葬られた。

＊　　　＊　　　＊

◇戦国の女たち―乱世に咲いた名花23人　森実与子著　学習研究社　2006.2　311p　15cm　（学研M文庫）　667円　①4-05-901180-0
◇戦国おんな絵巻―歴史よもやま話　永井路子著　光文社　2004.11　230p　15cm　（光文社文庫）〈『葵を咲かせた女たち』加筆・修正・改題書〉　476円　①4-334-73783-8
◇大阪人物辞典　三善貞司編　大阪　清文堂出版　2000.11　1304, 70p　23cm　16000円　①4-7924-0499-1
◇角川日本姓氏歴史人物大辞典　22　静岡県姓氏家系大辞典　竹内理三ほか編纂　静岡県姓氏家系大辞典編纂委員会編著　角川書店　1995.12　731p　23cm　16000円
◇日本史・乱世に生きた悲運の女たち―苦難に彩られた戦国の女系図　村松駿吉著　日本文芸社　1994.2　237p　15cm　（にちぶん文庫）〈『話のタネ本戦国女性史』改題書〉　480円　①4-537-06245-2
◇日本女性人名辞典　日本図書センター　1993.6　1274p　27cm　〈監修：芳賀登ほか〉　26780円　①4-8205-7128-1
◇静岡県歴史人物事典　静岡新聞社出版局編　静岡　静岡新聞社　1991.12　608p　27cm　11000円　①4-7838-0424-9

堀 秀政
ほり ひでまさ

天文22年(1553年)～天正18年(1590年)5月27日
　武将。美濃国茜部(岐阜県)の人。通称は久太郎、左衛門督。堀秀重の長男。美濃斎藤氏に仕えたのち織田信長に従い、一向一揆鎮圧などで活躍後、信長より近江坂田郡2万5000石を賜り長浜城主となる。天正9年(1581年)本能寺の変後は山崎の戦いで明智光秀を破り、天正11年(1583年)賤ヶ岳の戦いで功をあげて近江佐和山城9万石を領す。また豊臣秀吉の信を受けて昵懇衆となり、羽柴姓を賜る。天正13年(1585年)軍功により越前北庄18万石に封ぜられた。天正18年(1590年)小田原征伐で先鋒として出陣し、早川口の陣中で病没。

◇信長の家臣団―「天下布武」を支えた武将34人の記録　樋口晴彦著　学習研究社　2005.9　362p　15cm　〈学研M文庫〉　648円　①4-05-901174-6

◇風の俤―福井の客人たち　足立尚計著　金沢　能登印刷出版部　2001.8　213p　19cm　1500円　①4-89010-385-6

◇織田信長家臣人名辞典　谷口克広著　吉川弘文館　1995.1　495,7p　23cm　〈監修：高木昭作　参考文献：p483～495〉　7210円　①4-642-02743-2

◇組織変革事始め―さむらい達のリストラ苦心談　童門冬二著　実業之日本社　1993.11　239p　19cm　1300円　①4-408-21009-9

◇福井県大百科事典　福井新聞社百科事典刊行委員会編　福井　福井新聞社　1991.6　1167p　図版16枚　27cm　〈付(地図1枚袋入)：福井県全図〉　30000円

◇茶道人物辞典　原田伴彦編　柏書房　1991.1　290,22p　22cm　〈新装版〉　4944円　①4-7601-0620-0

◇人心掌握の天才たち―戦国武将に学ぶリーダーの条件　童門冬二著　PHP研究所　1990.2　251p　15cm　(PHP文庫)　〈『戦国武将　人心掌握の極意』改題書〉　460円　①4-569-56244-2

◇戦国大名家臣団事典　西国編　山本大,小和田哲男編　新人物往来社　1981.8　414p　22cm　6800円

◇岐阜県百科事典　岐阜県百科事典制作委員会著　岐阜　岐阜日日新聞社　1968　2冊　27cm　11500円

羽柴　秀長
はしば　ひでなが

天文10年(1541年)～天正19年(1591年)1月22日　武将。尾張国(愛知県)の人。幼名は小竹、通称は大和大納言。秀吉の異父弟、母は天瑞院。秀吉の片腕的存在として活躍し、紀伊平定、四国平定などで功をあげ、大和、紀伊、和泉、伊賀などに合わせて百万石余を領し、大和郡山を居城としていたことから大和大納言と称される。温厚な性格で、兄の補佐役として統一事業を助け、豊臣政権下で「内々の儀は千利休、公儀は秀長」といわれるほど重きをなしたが、島津制圧を成した頃より発病し、郡山城で病死した。

＊　　＊　　＊

◇京都・戦国武将の寺をゆく　津田三郎著　彦根　サンライズ出版　2007.3　237p　21cm　1600円　①978-4-88325-320-3

◇逆境を生き抜く男の人間学―歴史上の人物に学ぶ　山下博康著　中経出版　2007.2　191p　19cm　1300円　①978-4-8061-2644-7

◇歴史からの発想―停滞と拘束からいかに脱するか　堺屋太一著　日本経済新聞社　2004.3　247p　15cm　(日経ビジネス人文庫)　571円　①4-532-19216-1

◇家康・秀吉・信長　乱世の統率力　童門冬二著　PHP研究所　2000.3　202p　19cm　1200円　①4-569-61016-1

◇角川日本姓氏歴史人物大辞典　26　京都市姓氏歴史人物大辞典　竹内理三ほか編纂　京都市姓氏歴史人物大辞典編纂委員会編著　角川書店　1997.9　909p　23cm　①4-04-002260-2

◇人物日本歴史館　戦国篇―天に選ばれた歴史の主人公たち　児玉幸多監修　三笠書房　1996.11　510p　15cm　(知的生きかた文庫)　980円　①4-8379-0843-8

◇豊臣秀長とその時代―城・瓦・やきもの　第2回こおりやま歴史フォーラム資料　大和郡山市教育委員会編　大和郡山　大和郡山市教育委員会　1996.9　42p　30cm

◇豊臣秀長のすべて　新人物往来社編　新人物往来社　1996.7　267p　20cm　2800円　①4-404-02334-0

◇豊臣秀長　大和郡山市教育委員会編　大和郡山　大和郡山市教育委員会　1996.3　24p　30cm　(郡山の歴史 1)　〈豊臣秀長の肖像あり〉

◇織田信長家臣人名辞典　谷口克広著　吉川弘文館　1995.1　495,7p　23cm　〈監修：高木昭作　参考文献：p483～495〉　7210円　①4-642-02743-2

東海

◇京都事典　村井康彦編　東京堂出版
1993.10　495p　21cm　〈新装版〉　2900
円　Ⓘ4-490-10355-7

◇才幹の人間学―智謀の群像たち　士は己れ
を知る者の為に死す　南条範夫著　ベス
トセラーズ　1993.5　255p　15cm　(ワ
ニ文庫)　530円　Ⓘ4-584-37004-4

◇豊臣秀長―ある補佐役の生涯　上　堺屋
太一著　文芸春秋　1993.4　341p　15cm
(文春文庫)　480円　Ⓘ4-16-719314-0

◇豊臣秀長―ある補佐役の生涯　下　堺屋
太一著　文芸春秋　1993.4　343p　15cm
(文春文庫)　480円　Ⓘ4-16-719315-9

◇参謀たちの戦略と経営―時代をささえた
影のヒーローたち　中村整史朗著　ベス
トセラーズ　1993.1　250p　15cm　(ワ
ニ文庫)　500円　Ⓘ4-584-30363-0

◇戦国の参謀たち―信長・秀吉・家康を支
えた「副」の生き方　小和田哲男著　実
業之日本社　1992.5　252p　19cm
1500円　Ⓘ4-408-34029-4

◇城下町にねむる群像の野望　戸部新十郎、
小林久三、篠田達明、田中誠三郎、安西篤
子、釟川兼光、片岡文雄著　ぎょうせい
1991.5　223p　19cm　(ふるさと歴史舞
台2)　2000円　Ⓘ4-324-02510-X

◇茶道人物辞典　原田伴彦編　柏書房
1991.1　290, 22p　22cm　〈新装版〉
4944円　Ⓘ4-7601-0620-0

◇和歌山県史　人物　和歌山県史編さん委
員会編　和歌山　和歌山県　1989.3
539, 64p　22cm　非売品

◇豊臣秀長―ある補佐役の生涯　上巻　堺
屋太一著　PHP研究所　1988.4　256p
15cm　(PHP文庫)　450円　Ⓘ4-569-
26143-4

◇豊臣秀長―ある補佐役の生涯　下巻　堺
屋太一著　PHP研究所　1988.4　345p
15cm　(PHP文庫)　500円　Ⓘ4-569-
26144-2

◇自分らしく生きるための名「脇役」事典
―戦国武将〜現代経営者に学ぶ　百々由
紀男著　公人の友社　1987.11　299p
19cm　1500円　Ⓘ4-87555-141-X

◇歴史からの発想―停滞と拘束からいかに
脱するか　堺屋太一著　新潮社　1986.
11　243p　15cm　(新潮文庫)　320円
Ⓘ4-10-149101-1

◇戦国帝王学・決断・先見・調整　佐々克
明著　三笠書房　1986.5　242p　19cm
1000円　Ⓘ4-8379-1296-6

◇京都大事典　佐和隆研ほか編集　京都
淡交社　1984.11　1083, 91p　27cm
12000円　Ⓘ4-473-00885-1

◇鳥取県大百科事典　新日本海新聞社鳥取
県大百科事典編集委員会編　鳥取　新日
本海新聞社　1984.11　1101, 74p　図版16
枚　27cm　〈折り込み図1枚〉　30000円

◇郷土歴史人物事典奈良　乾健治著　第一
法規出版　1981.10　246p　19cm
1500円

◇戦国大名家臣団事典　西国編　山本大,
小和田哲男編　新人物往来社　1981.8
414p　22cm　6800円

◇郷土歴史人物事典和歌山　阪上義和著
第一法規出版　1979.10　229p　19cm
1300円

天瑞院
てんずいいん

永正10年(1513年)〜文禄元年(1592年)
　豊臣秀吉の母。尾張国愛知郡御器所村(愛知県)の人。俗名は仲(なか)、姓氏は不詳。大政所と呼ばれた。織田家の足軽木下弥右衛門と結婚して瑞竜院日秀と秀吉を生み、のち織田家の同朋衆竹阿弥と再婚して秀長と朝日姫(徳川家康の妻)を生む。天正13年(1585年)秀吉の関白就任により大政所と称された。天正14年(1586年)徳川家康との和議のため、人質として三河(愛知県)岡崎城に赴き人質となった。晩年は聚楽第に住した。文禄の役では秀吉の朝鮮渡海を諫止した。

＊　　　＊　　　＊

◇母の慟哭―信長・秀吉・家康の母　中島
道子著　夏目書房　1997.10　228p
19cm　1500円　Ⓘ4-931391-34-6

◇角川日本姓氏歴史人物大辞典　26　京都
市姓氏歴史人物大辞典　竹内理三ほか編

纂　京都市姓氏歴史人物大辞典編纂委員会編著　角川書店　1997.9　909p　23cm　⑪4-04-002260-2

◇京都事典　村井康彦編　東京堂出版　1993.10　495p　21cm　〈新装版〉　2900円　⑪4-490-10355-7

◇日本女性人名辞典　日本図書センター　1993.6　1274p　27cm　〈監修:芳賀登ほか〉　26780円　⑪4-8205-7128-1

◇京都大事典　佐和隆研ほか編集　京都淡交社　1984.11　1083, 91p　27cm　12000円　⑪4-473-00885-1

石川 数正
いしかわ かずまさ

天文4年(1535年)～文禄2年(1593年)

武将。三河国(愛知県)の人。通称は与七郎、別名は康昌、康正、吉輝。伯耆守を称した。石川康正の子。祖父の代から松平家の側近という家柄で、天文18年(1549年)今川氏の人質として駿府へ赴く家康の随従となる。家督をついで徳川家に仕え、姉川、三方原、長篠、小牧などの合戦に従軍。家康の嫡子信康付きの家老となり、信康死後に岡崎城代となるが、天正13年(1585年)出奔して秀吉に仕える。和泉一国を与えられ、九州征伐後、天正18年(1590年)信濃松本8万石を与えられ、松本城主となった。

*　　　*　　　*

◇松本藩　田中薫著　現代書館　2007.5　206p　21cm　(シリーズ藩物語)　1600円　⑪978-4-7684-7108-1

◇城下町まつもと・昔がたり　中川治雄著　松本　郷土出版社　2007.3　223p　19cm　1600円　⑪978-4-87663-888-8

◇角川日本姓氏歴史人物大辞典　20　長野県姓氏歴史人物大辞典　竹内理三ほか編纂　長野県姓氏歴史人物大辞典編纂委員会編著　角川書店　1996.11　1059p　23cm　17000円　⑪4-04-002200-9

◇角川日本姓氏歴史人物大辞典　22　静岡県姓氏家系大辞典　竹内理三ほか編纂　静岡県姓氏家系大辞典編纂委員会編著　角川書店　1995.12　731p　23cm　16000円

◇家康を支えた頭脳集団―天下統一を成し遂げた最強・徳川軍団の英傑たち　萩原裕雄著　日本文芸社　1993.2　251p　15cm　(にちぶん文庫)〈『家康を天下人にした二十人』改題書〉　480円　⑪4-537-06216-9

◇角川日本姓氏歴史人物大辞典　23　愛知県　竹内理三ほか編纂　愛知県姓氏歴史人物大辞典編纂委員会編著　角川書店　1991.10　1052p　23cm　〈愛知県略年表:p944～958 愛知県参考文献一覧・主要文献解題:p1044～1051〉　16000円　⑪4-04-002230-0

◇茶道人物辞典　原田伴彦編　柏書房　1991.1　290, 22p　22cm　〈新装版〉　4944円　⑪4-7601-0620-0

◇決断のとき―歴史にみる男の岐路　杉本苑子著　文芸春秋　1990.10　278p　19cm　1300円　⑪4-16-344700-8

◇長野県歴史人物大事典　赤羽篤ほか編　松本　郷土出版社　1989.7　841p　27cm　〈参考文献一覧:p820～821〉　20000円　⑪4-87663-126-3

◇家康・十六武将　徳永真一郎著　PHP研究所　1987.12　330p　15cm　(PHP文庫)　500円　⑪4-569-26131-0

◇徳川家臣団―組織を支えたブレーンたち　綱淵謙錠著　講談社　1986.12　254p　15cm　(講談社文庫)　380円　⑪4-06-183872-5

◇戦国大名家臣団事典　東国編　山本大, 小和田哲男編　新人物往来社　1981.8　427p　22cm　6800円

◇長野県百科事典　信濃毎日新聞社開発局出版部編　補訂版　長野　信濃毎日新聞社　1981.3　918p　22cm　3200円

◇郷土歴史人物事典長野　古川貞雄編著　第一法規出版　1978.2　242p　19cm　1200円

◇愛知百科事典　中日新聞社開発局編　名古屋　中日新聞本社　1977.1　977p　27cm　15000円

豊臣 秀次
とよとみ ひでつぐ

永禄11年(1568年)～文禄4年(1595年)7月15日
武将。名は次兵衛、初名は信吉、通称は孫七郎。豊臣秀吉の家臣三好吉房の子、母は秀吉の姉瑞龍院日秀。三好康長の養子となり、のち秀吉に仕える。賤ヶ岳の戦い、四国攻めなどの功により天正13年(1585年)羽柴姓を名のり、近江八幡城主43万石となる。秀吉の小田原征伐後、尾張・北伊勢へ移封。秀吉の長男・鶴松の早世により秀吉の養子となり、天正19年(1591年)関白左大臣となる。文禄2年(1593年)秀吉の実子・秀頼の誕生後は秀吉と不仲になり、文禄4年(1595年)謀反を企てたとして官位を剥奪、高野山に追放され自刃。妻子ら30余名も三条河原で処刑され、近臣の多くが粛清された。

＊　　＊　　＊

◇京都・近江 戦国時代をゆく　津田三郎著　京都　淡交社　2008.3　167p　21cm　1600円　①978-4-473-03450-2
◇愛される人 嫌われる人―その「ちがい」がわかる43の言葉・103の知恵　山内一豊の妻・千代が残した贈りもの　髙垣尚平著　泉書房　2006.7　183p　19cm　1200円　①4-900138-96-7
◇信長の洞察力 秀吉の速断力―歴史に学ぶ組織管理　樋口晴彦著　学習研究社　2006.5　247p　15cm　(学研M文庫)　590円　①4-05-901183-5
◇豊臣秀次の研究　藤田恒春著　文献出版　2003.7　505p　22cm　〈年表あり〉　13000円　①4-8305-1233-4
◇豊臣秀次―「殺生関白」の悲劇　小和田哲男著　PHP研究所　2002.3　249p　18cm　(PHP新書)　680円　①4-569-62104-X
◇聚楽第・梅雨の井物語　中西宏次著　京都　阿吽社　1999.12　229p　19cm　2095円　①4-900590-62-2
◇封印された名君―豊臣秀次　渡辺一雄著　広済堂出版　1999.6　253p　15cm　(広済堂文庫)　543円　①4-331-60753-4
◇日本における書籍蒐蔵の歴史　川瀬一馬著　ぺりかん社　1999.2　263,11p　19cm　2800円　①4-8315-0863-2
◇歴史に学ぶ組織管理のノウハウ―信長の洞察力秀吉の速断力　久本之夫著　PHP研究所　1998.10　212p　19cm　1429円　①4-569-60342-4
◇角川日本姓氏歴史人物大辞典　26　京都市姓氏歴史人物大辞典　竹内理三ほか編纂　京都市姓氏歴史人物大辞典編纂委員会編著　角川書店　1997.9　909p　23cm　①4-04-002260-2
◇人物日本歴史館 戦国篇―天に選ばれた歴史の主人公たち　児玉幸多監修　三笠書房　1996.11　510p　15cm　(知的生きかた文庫)　980円　①4-8379-0843-8
◇太閤秀吉と秀次謀反　小林千草著　筑摩書房　1996.10　254p　15cm　(ちくま学芸文庫)　950円　①4-480-08299-9
◇戦国の武将三十人　桑田忠親著　新人物往来社　1996.8　254p　19cm　〈『武将伝戦国の史話』改題書〉　2500円　①4-404-02364-2
◇日本芸能人名事典　倉田喜弘, 藤波隆之編　三省堂　1995.7　1040,55p　22cm　9800円　①4-385-15447-3
◇京都大事典　府域編　京都　淡交社　1994.3　696,39p　27cm　〈監修：上田正昭, 吉田光邦〉　12000円　①4-473-01327-8
◇京都事典　村井康彦編　東京堂出版　1993.10　495p　21cm　〈新装版〉　2900円　①4-490-10355-7
◇波乱の戦国史 秀吉と家康の陰謀―天下統一に隠された野望と苦悩　塩田道夫著　日本文芸社　1993.6　254p　15cm　(にちぶん文庫)　〈『太閤秀吉と淀君』改題書〉　480円　①4-537-06225-8
◇有明の月―豊臣秀次の生涯　沢田ふじ子著　広済堂出版　1993.1　307p　19cm　1100円　①4-331-05546-9
◇角川日本姓氏歴史人物大辞典　23　愛知県　竹内理三ほか編纂　愛知県姓氏歴史人物大辞典編纂委員会編著　角川書店　1991.10　1052p　23cm　〈愛知県略年

表：p944～958 愛知県参考文献一覧・主要文献解題：p1044～1051〉 16000円 ①4-04-002230-0

◇日本史夜話―事件・人物・エピソード 邦光史郎著 広済堂出版 1991.10 230p 15cm （広済堂文庫） 450円 ①4-331-65113-4

◇戦国武将 誰も知らない苦労話 桑田忠親著 三笠書房 1991.9 248p 15cm （知的生きかた文庫） 450円 ①4-8379-0466-1

◇茶道人物辞典 原田伴彦編 柏書房 1991.1 290, 22p 22cm 〈新装版〉 4944円 ①4-7601-0620-0

◇古記録の研究 下 斎木一馬著 吉川弘文館 1989.3 316p 21cm （斎木一馬著作集 2） 4800円 ①4-642-01292-3

◇和歌山県史 人物 和歌山県史編さん委員会編 和歌山 和歌山県 1989.3 539, 64p 22cm 非売品

◇戦国武将の遺書 桑田忠親著 広済堂出版 1988.7 246p 15cm （広済堂文庫） 420円 ①4-331-65035-9

◇京都大事典 佐和隆研ほか編集 京都 淡交社 1984.11 1083, 91p 27cm 12000円 ①4-473-00885-1

◇戦国大名家臣事典 西国編 山本大, 小和田哲男編 新人物往来社 1981.8 414p 22cm 6800円

◇関白秀次評伝 荒木六之助著 名古屋 荒木六之助 1981.7 382p 22cm 〈制作：丸善名古屋出版サービスセンター（名古屋） 秀次の肖像あり〉 非売品

◇郷土歴史人物事典滋賀 渡辺守順著 第一法規出版 1979.7 219p 19cm 1300円

◇愛知百科事典 中日新聞社開発局編 名古屋 中日新聞本社 1977.1 977p 27cm 15000円

酒井 忠次
さかい ただつぐ

大永7年(1527年)～慶長元年(1596年)

武将。三河国(愛知県)の人。幼名は小平次、小五郎。号は一智。酒井忠親の二男。父忠親の死後は松平広忠に仕えたが、広忠の没後はその嫡子である徳川家康に仕えた。三河国内を平定した功により吉田城主となり東三河を支配。以後、姉川の戦、三方ヶ原の戦、長篠の戦、小牧・長久手の戦などに活躍して功をあげて、井伊直政、榊原康政、本多忠勝と共に"徳川四天王"と称された。また政治的手腕も優れ、石川数正と並んで"両家老"と称され、家康による徳川体制の基盤づくりに貢献した。天正14年(1586年)従四位下左衛門督に叙任、天正16年(1588年)致仕して隠居した。

＊　＊　＊

◇戦国軍師の知略―将を動かし勝機を掴む 中江克己著 青春出版社 2008.6 188p 18×11cm （青春新書インテリジェンス） 730円 ①978-4-413-04205-5

◇家康名臣伝 童門冬二著 東洋経済新報社 2002.10 326p 19cm 1600円 ①4-492-06131-2

◇角川日本姓氏歴史人物大辞典 22 静岡県姓氏家系大辞典 竹内理三ほか編纂 静岡県姓氏家系大辞典編纂委員会編著 角川書店 1995.12 731p 23cm 16000円

◇家康を支えた頭脳集団―天下統一を成し遂げた最強・徳川軍団の英傑たち 萩原裕雄著 日本文芸社 1993.2 251p 15cm （にちぶん文庫）〈『家康を天下人にした二十人』改題書〉 480円 ①4-537-06216-9

◇戦国の参謀たち―信長・秀吉・家康を支えた「副」の生き方 小和田哲男著 実業之日本社 1992.5 252p 19cm 1500円 ①4-408-34029-4

◇角川日本姓氏歴史人物大辞典 23 愛知県 竹内理三ほか編纂 愛知県姓氏歴史人物大辞典編纂委員会編著 角川書店 1991.10 1052p 23cm 〈愛知県略年表：p944～958 愛知県参考文献一覧・主要文献解題：p1044～1051〉 16000円 ①4-04-002230-0

◇天下平定編 桑田忠親著 秋田書店 1989.10 249p 19cm （新編 日本武将

列伝6)　1500円　①4-253-00367-2
◇家康・十六武将　徳永真一郎著　PHP研究所　1987.12　330p　15cm　(PHP文庫)　500円　①4-569-26131-0
◇事例研究　補佐役　下村彰義著　日本能率協会　1987.11　194p　19cm　1200円　①4-8207-0445-1
◇徳川家臣団―組織を支えたブレーンたち　綱淵謙錠著　講談社　1986.12　254p　15cm　(講談社文庫)　380円　①4-06-183872-5
◇新編庄内人名辞典　庄内人名辞典刊行会編　鶴岡　庄内人名辞典刊行会　1986.11　781p　19cm　〈監修：大瀬欽哉　参考資料目録：p669～690〉　3500円
◇山形県大百科事典　山形放送株式会社，山形県大百科事典事務局編　山形　山形放送　1983.6　2冊(別冊とも)　31cm　〈別冊(308p 30cm)：資料編〉　25000円
◇戦国大名家臣団事典　東国編　山本大，小和田哲男編　新人物往来社　1981.8　427p　22cm　6800円
◇愛知百科事典　中日新聞社開発局編　名古屋　中日新聞本社　1977.1　977p　27cm　15000円

豊臣 秀吉　とよとみ ひでよし

　天文5年(1536年)～慶長3年(1598年)8月18日　武将。関白・太政大臣。尾張国(愛知県)の人。幼名は日吉丸、旧名は木下籐吉郎、羽柴秀吉。筑前守を称した。百姓弥右衛門の子に生まれる。母はなか(大瑞院)。はじめ松下之綱に仕えたが、のち織田信長に仕える。永禄9年(1566年)墨股城を預けられたのをきっかけに、岐阜城攻めなどの軍功で信長に重用され、累進して羽柴姓を名乗る。姉川の戦いや比叡山焼き討ちなどで活躍し、天正元年(1573)年浅井の旧領を与えられ長浜に築城。信長から中国攻めを命ぜられて各地を転戦し、天正10年(1582年)備中高松城を水攻めしていたところで本能寺の変が起こる。急遽毛利側と和睦して兵を返し、山崎合戦で明智光秀を討つ。信長の後継者を決める清洲会議で、織田信忠の子三法師を織田家の家督に推したため、織田信孝、柴田勝家と対立。賤ヶ岳の戦いで柴田勝家を破って北陸を平定し、次いで小牧・長久手の戦いで徳川家康と和睦。天正13年(1585年)に紀伊・四国を平定して関白となり、朝廷から豊臣姓を賜る。翌年には太政大臣となる。天正15年(1587年)九州征伐で島津氏を制服。天正18年(1590年)小田原征伐、奥州平定により天下統一をはたした。この間、刀狩や検地を実施して兵農分離を進め、主要鉱山を直轄とするなどにより支配体制を強化。天正19年(1591年)関白を甥の豊臣秀次に譲り太閤と称したが、文禄4年(1595)年に秀次を自害させる。文禄元年(1592年)・慶長2年(1597年)に朝鮮と明の征服を策して出兵する(文禄・慶長の役)が、成果を得られぬまま、幼い嫡子秀頼の将来だけを案じつつ伏見城で病没した。小瀬甫庵(おせほあん)による伝記「太閤記」などにより、百姓から天下人に出世した豊太閤として広く親しまれている。

◇戦国武将の通知表　八幡和郎監修　改訂版　宝島社　2008.7　267p　15cm　(宝島社文庫)　457円　①978-4-7966-6499-8
◇図説よみがえる名城漆黒の要塞豊臣の城―決定版　加藤理文、橋場日月、多田暢久、松岡利郎、森島康雄、大島慎一、菅井靖雄執筆　学習研究社　2008.6　143p　26cm　(歴史群像シリーズ 特別編集)　1500円　①978-4-05-605146-9
◇戦国武将・人気のウラ事情　鈴木真哉著　PHP研究所　2008.6　237p　18cm　(PHP新書)　720円　①978-4-569-69940-0
◇戦国名物家臣列伝　川口素生著　学習研

究社　2008.6　321p　15cm　（学研M文庫）　667円　①978-4-05-901223-8
◇根まわし仕事術―デキるやつほどやっている　門昌央著　すばる舎　2008.6　207p　19cm　1400円　①978-4-88399-726-8
◇井沢元彦の英雄の世界史　井沢元彦著　広済堂出版　2008.5　203p　15cm　（広済堂文庫）　571円　①978-4-331-65428-6
◇戦国武将からの手紙―乱世に生きた男たちの素顔　吉本健二著　学習研究社　2008.5　300p　15cm　（学研M文庫）〈『手紙から読み解く戦国武将意外な真実』改稿・改題書〉　667円　①978-4-05-901220-7
◇戦国武将「まさか」の凄い戦略―知将はいかにして生き残ったか？　楠戸義昭著　三笠書房　2008.4　270p　15cm　（知的生きかた文庫）　533円　①978-4-8379-7703-2
◇渡部昇一の戦国史入門―頼山陽「日本楽府」を読む　渡部昇一著　PHP研究所　2008.4　359p　18cm〈『甦る日本史3』改訂・改題書〉　950円　①978-4-569-69832-8
◇嫉妬する人、される人　谷沢永一著　幻冬舎　2008.2　211p　15cm　（幻冬舎文庫）　457円　①978-4-344-41085-5
◇戦国時代の「裏」を読む―通説に埋もれた史実に迫る　中村彰彦著　PHP研究所　2008.2　335p　15cm　（PHP文庫）〈『史談・信長に仕える苦労』増補・改題書〉　724円　①978-4-569-66971-7
◇戦国武将100選　川口素生著　リイド社　2008.2　277p　15cm　（リイド文庫）　524円　①978-4-8458-3734-2
◇秀吉の接待―毛利輝元上洛日記を読み解く　二木謙一著　学習研究社　2008.2　318p　18cm　（学研新書）　840円　①978-4-05-403468-6
◇文禄・慶長の役　中野等著　吉川弘文館　2008.2　310,12p　19cm　（戦争の日本史 16）　2500円　①978-4-642-06326-5
◇豪快茶人伝　火坂雅志著　角川学芸出版、角川グループパブリッシング〔発売〕　2008.1　313p　15cm　（角川文庫）〈『茶の湯事件簿』加筆・修正・改題書〉　667円　①978-4-04-407801-0
◇「戦国合戦」意外・驚きエピソード―信長・秀吉・家康と、武将たちのちょっと珍しい話　加賀康之著　PHP研究所　2008.1　387p　15cm　（PHP文庫）　648円　①978-4-569-66966-3
◇東西古今人間学―成功と失敗の戦略と戦術　城野宏著　不昧堂出版　2008.1　237p　19cm　1600円　①978-4-8293-0461-7
◇戦国武将 この「すごい眼力」に学べ　小和田哲男著　三笠書房　2007.12　220p　15cm　（知的生きかた文庫）　533円　①978-4-8379-7677-6
◇その「手紙」が変えた日本の歴史　日本の歴史研究班編　リイド社　2007.12　239p　15cm　（リイド文庫）　524円　①978-4-8458-3232-3
◇戦国人物伝 豊臣秀吉　加来耕三企画・構成・監修, すぎたとおる原作, 滝玲子作画　ポプラ社　2007.11　118p　21cm　（コミック版日本の歴史 2）　1000円　①978-4-591-09791-5
◇戦国武将の生命懸け損益計算書―人生の岐路に彼らはどう対処したか　加来耕三著　土屋書店　2007.11　203p　18cm　（知の雑学新書）　800円　①978-4-8069-0946-0
◇相続プロデューサーが教える戦国武将に学んだ社長が成功する！―事業承継 成功と失敗の分岐点　藤永悟志著　文芸社　2007.11　167p　19cm　1200円　①978-4-286-03804-9
◇秀吉お伽衆―天下人をとりまく達人たち 特別展　大阪城天守閣編　大阪 大阪城天守閣特別事業委員会　2007.10　164p　26cm〈会期・会場：平成19年10月6日―11月11日 大阪城天守閣　文献あり〉
◇秀吉と真田―大阪城・上田城友好城郭提携記念特別展　上田市立博物館編　上田 上田市立博物館　2007.10　97p　30cm〈会期：平成19年10月6日―11月11日〉
◇古人往来　森銑三著, 小出昌洋編　中央公論新社　2007.9　307p　15cm　（中公

◇「戦国武将」名将のすごい手の内―頭一つ抜け出す生き方　小和田哲男著　三笠書房　2007.9　238p　15cm　(知的生きかた文庫)　533円　①978-4-8379-7656-1

◇秀吉神話をくつがえす　藤田達生著　講談社　2007.9　276p　18cm　(講談社現代新書)〈文献あり　年表あり〉740円　①978-4-06-287907-1

◇北政所おね―大坂の事は、ことの葉もなし　田端泰子著　京都　ミネルヴァ書房　2007.8　264, 8p　20cm　(ミネルヴァ日本評伝選)〈肖像あり　文献あり　年譜あり〉2600円　①978-4-623-04954-7

◇男たちの戦国―戦国武将友情始末　夏野清三郎著　ぶんか社　2007.6　205p　15cm　(ぶんか社文庫)　600円　①978-4-8211-5101-1

◇「戦国武将」名将の頭の中―「勝負所」で勝つ法　菊池道人著　三笠書房　2007.6　219p　15cm　(知的生きかた文庫)　533円　①978-4-8379-7636-3

◇豊臣秀吉事典　杉山博、渡辺武、二木謙一、小和田哲男編　コンパクト版　新人物往来社　2007.6　435p　20cm〈文献あり　年譜あり〉4800円　①978-4-404-03468-7

◇秀吉戦国城盗り物語　外川淳著　大和書房　2007.6　347p　16cm　(だいわ文庫)　762円　①978-4-479-30107-3

◇名城と合戦の日本史　小和田哲男著　新潮社　2007.5　217p　19cm　(新潮選書)　1100円　①978-4-10-603580-7

◇京都・戦国武将の寺をゆく　津田三郎著　彦根　サンライズ出版　2007.3　237p　21cm　1600円　①978-4-88325-320-3

◇児童生徒に聞かせたい日本の偉人伝3分話　中嶋郁雄著　学陽書房　2007.3　135p　19cm　1700円　①978-4-313-65155-5

◇だれが信長を殺したのか―本能寺の変・新たな視点　桐野作人著　PHP研究所　2007.3　292p　18cm　(PHP新書)　760円　①978-4-569-69073-5

◇豊臣秀吉―天下を統一した風雲児　桑田忠親監修, 斉藤あきら漫画　新装版　学習研究社　2007.3　144p　21cm　(学研まんが伝記シリーズ)　700円　①978-4-05-202779-6

◇封印された戦国名城史―知られざる城盗り物語　井沢元彦著　ベストセラーズ　2007.2　300p　15cm　(ワニ文庫)　676円　①978-4-584-39240-9

◇時代考証おもしろ事典―TV時代劇を100倍楽しく観る方法　山田順子著　実業之日本社　2006.12　253p　19cm　1300円　①4-408-32327-6

◇秀吉の軍令と大陸侵攻　中野等著　吉川弘文館　2006.12　389, 7p　21cm　9500円　①4-642-02859-5

◇戦国合戦100選　川口素生著　リイド社　2006.11　285p　15cm　(リイド文庫)　476円　①4-8458-3217-8

◇豊臣秀吉―その傑出した奇略と研究　改訂新版　世界文化社　2006.11　153p　26cm　(Bigmanスペシャル)〈折り込1枚　年譜あり〉1400円　①4-418-06146-0

◇信長・秀吉・家康の研究―乱世を制した人づくり、組織づくり　童門冬二著　PHP研究所　2006.11　221p　15cm　(PHP文庫)　495円　①4-569-66721-X

◇戦国武将の謎―教科書ではわからない戦国時代の裏のウラ　桑田忠親著　日本文芸社　2006.10　199p　18cm　648円　①4-537-25437-8

◇日本史　宿命のライバル達の決断と苦悩―教科書には載っていない好敵手たちの本音　土橋治重著　日本文芸社　2006.10　199p　18cm　648円　①4-537-25438-6

◇秀吉の天下統一戦争　小和田哲男著　吉川弘文館　2006.10　273, 3p　20cm　(戦争の日本史 15)〈肖像あり　文献あり　年表あり〉2500円　①4-642-06325-0

◇織豊期の茶会と政治　竹本千鶴著　京都　思文閣出版　2006.9　444, 16p　22cm　7500円　①4-7842-1318-X

◇英傑の日本史　信長・秀吉・家康編　井沢元彦著　角川学芸出版　2006.8　287p

◇20cm 〈年表あり〉 1500円 ①4-04-621083-4
◇図解 指導力の研究―人を動かす情報力・根回し・統率力はこうして磨け！ 渡部昇一著 PHP研究所 2006.8 103p 26cm 800円 ①4-569-65477-0
◇戦国武将「凄い生き方」 小和田哲男著 三笠書房 2006.8 301p 15cm （知的生きかた文庫）〈『日本の歴史・合戦おもしろ話』再編集・改題書〉 552円 ①4-8379-7573-9
◇戦と乱から日本史を読むと面白い 歴史の謎を探る会編 河出書房新社 2006.8 222p 15cm （KAWADE夢文庫） 514円 ①4-309-49621-0
◇太閤の手紙 桑田忠親著 講談社 2006.8 298p 15cm （講談社学術文庫） 1000円 ①4-06-159775-2
◇名将の法則―戦国乱世を生き抜いた12人の知られざる決断とは 安部竜太郎著 日本実業出版社 2006.8 254p 19cm 1600円 ①4-534-04106-3
◇愛される人 嫌われる人―その「ちがい」がわかる43の言葉・103の知恵 山内一豊の妻・千代が残した贈りもの 高垣尚平著 泉書房 2006.7 183p 19cm 1200円 ①4-900138-96-7
◇戦国武将の能 曽我孝司著 雄山閣 2006.7 177p 19cm 2600円 ①4-639-01939-4
◇京都時代MAP 安土桃山編 新創社編 京都 光村推古書院 2006.6 83p 26×21cm （Time Trip Map） 1800円 ①4-8381-0369-7
◇歴史を探る・人生を探る 池波正太郎著 河出書房新社 2006.6 250p 19cm 1800円 ①4-309-01762-2
◇信長の洞察力 秀吉の速断力―歴史に学ぶ組織管理 樋口晴彦著 学習研究社 2006.5 247p 15cm （学研M文庫） 590円 ①4-05-901183-5
◇信長・秀吉・家康―天下統一と戦国の三英傑 学習研究社 2006.5 163p 26cm （歴史群像シリーズ）〈年表あり〉 1500円 ①4-05-604248-9

◇群雄割拠と天下統一 小和田哲男監修・年表解説, 井沢元彦巻頭総覧 世界文化社 2006.4 199p 24×19cm （ビジュアル版 日本の歴史を見る 5） 2400円 ①4-418-06212-2
◇戦国の影法師―もうひとつの意外人物列伝 武田鏡村著 三修社 2006.4 207p 19cm 1600円 ①4-384-03809-7
◇戦国武将 男の値打ち―知られざる値千金の逸話 この人間的魅力を見よ！ 田中春泥著 三笠書房 2006.3 253p 15cm （知的生きかた文庫） 533円 ①4-8379-7548-8
◇太閤道伝説を歩く 牛嶋英俊著 福岡 弦書房 2006.3 281p 21cm 〈文献あり〉 2400円 ①4-902116-50-2
◇信長殺しの犯人は秀吉だった！ 杉山光男著 ぶんか社 2006.3 278p 15cm （ぶんか社文庫） 619円 ①4-8211-5034-4
◇フロイスの見た戦国日本 川崎桃太著 中央公論新社 2006.2 309p 15cm （中公文庫） 800円 ①4-12-204655-6
◇健康力―戦国武将たちに学ぶ 植田美津江著 名古屋 ゆいぽおと, KTC中央出版〔発売〕 2006.1 190p 18cm 1000円 ①4-87758-403-X
◇戦国武将おどろきの真実―乱世の英雄にまつわるウソのようなホントの話 歴史雑学探究倶楽部編 学習研究社 2006.1 95p 26cm 905円 ①4-05-402999-X
◇秀吉と一豊―山内一豊の功名軍記と秀吉軍団の天下獲り大作戦 世界文化社 2006.1 207p 26cm （ビッグマンスペシャル）〈年譜あり〉 1600円 ①4-418-05148-1
◇戦国大名と賤民―信長・秀吉・家康と部落形成 本田豊著 現代書館 2005.12 206p 19cm 2000円 ①4-7684-6917-5
◇戦国武将の宣伝術―隠された名将のコミュニケーション戦略 童門冬二著 講談社 2005.12 311p 15cm （講談社文庫） 571円 ①4-06-275281-6
◇歴史ifに学ぶ経営の神秘 腰越勉著 丸善プラネット, 丸善〔発売〕 2005.11

199p　19cm　1800円　④4-901689-44-4

◇「秀吉と城」展示図録―2005年度特別企画展　佐賀県立名護屋城博物館編　唐津　佐賀県立名護屋城博物館　2005.10　130p　30cm　〈会期・会場：2005年10月14日―11月20日 佐賀県立名護屋城博物館企画展示室　年表あり　文献あり〉

◇日本史・ライバルたちの「意外な結末」―宿敵・政敵・好敵手たちの知られざる「その後」　日本博学倶楽部著　PHP研究所　2005.9　275p　15cm　（PHP文庫）　533円　④4-569-66442-3

◇信長の家臣団―「天下布武」を支えた武将34人の記録　樋口晴彦著　学習研究社　2005.9　362p　15cm　（学研M文庫）　648円　④4-05-901174-6

◇稲本墨俣一夜城―秀吉出世城の虚実と蜂須賀小六　牛田義文著　歴研　2005.8　336p　22cm　3400円　④4-947769-59-9

◇戦国武将の危機突破学　童門冬二著　日本経済新聞社　2005.8　309p　15cm　（日経ビジネス人文庫）　667円　④4-532-19305-2

◇戦国なるほど人物事典―100人のエピソードで戦国史がよくわかる！　泉秀樹著　愛蔵版 PHP研究所　2005.6　235p　19cm　476円　④4-569-64332-9

◇戦国武将の遺言36選　歴史探訪研究の会編　リイド社　2005.6　254p　15cm　（リイド文庫）　476円　④4-8458-2779-4

◇京都の歴史がわかる事典―読む・知る・愉しむ　五島邦治編著　日本実業出版社　2005.5　300p　19cm　1500円　④4-534-03907-7

◇美男の立身、ブ男の逆襲　大塚ひかり著　文芸春秋　2005.5　254p　18cm　720円　④4-16-660440-6

◇日本食文化人物事典―人物で読む日本食文化史　西東秋男編　筑波書房　2005.4　384p　21cm　5000円　④4-8119-0278-5

◇NHKその時歴史が動いた　戦国挽歌編　NHK取材班編　ホーム社，集英社〔発売〕　2005.4　500p　15cm　（ホーム社漫画文庫）　876円　④4-8342-7332-6

◇戦国武将人を動かす天才に学ぶ―トップで成功するか、仕えて成功するか　鈴木亨著　三笠書房　2005.3　285p　15cm　（知的生きかた文庫）　533円　④4-8379-7472-4

◇豊臣秀吉の経営塾　北見昌朗著　幻冬舎　2005.3　221p　20cm　〈年譜あり　文献あり〉　1500円　④4-344-00754-9

◇秀吉の貌―変遷するイメージ テーマ展　大阪城天守閣編　大阪　大阪城天守閣特別事業委員会　2005.3　47p　26cm　〈会期：平成17年3月19日―5月8日〉

◇図説 戦国武将おもしろ事典―乱世の殿様たちの「その時」「その後」　奈良本辰也監修　三笠書房　2005.2　285p　15cm　（知的生きかた文庫）　533円　④4-8379-7468-6

◇図説 日本人が知らなかった戦国地図　歴史の謎研究会編　青春出版社　2005.2　95p　26cm　1000円　④4-413-00764-6

◇知られざる日本史 あの人の「過去」―歴史に刻まれなかった彼らの意外なルーツとは　歴史の謎研究会編　青春出版社　2005.1　249p　15cm　（青春文庫）　571円　④4-413-09308-9

◇信長軍の司令官―部将たちの出世競争　谷口克広著　中央公論新社　2005.1　268p　18cm　（中公新書）　780円　④4-12-101782-X

◇病気が変えた日本の歴史　篠田達明著　日本放送出版協会　2004.12　216p　19cm　（生活人新書）　680円　④4-14-088128-3

◇サムライたちの遺した言葉　秋庭道博著　PHP研究所　2004.9　213p　18cm　（PHPエル新書）　760円　④4-569-63833-3

◇戦国武将 あの人の顛末　中江克己著　青春出版社　2004.9　253p　15cm　（青春文庫）　571円　④4-413-09301-1

◇豊臣秀吉―なにわの夢 天下統一　酒寄雅志監修, 小西聖一著　理論社　2004.8　113p　25×19cm　（NHKにんげん日本史）　1800円　④4-652-01473-2

◇川を治め水と戦った武将たち―武田信

玄・豊臣秀吉・加藤清正　かこさとし作　瑞雲舎　2004.7　31p　26×21cm　（土木の歴史絵本　第2巻）　1200円　①4-916016-45-9

◇図説 歴史の「決定的瞬間」─図と漫画で歴史の「その時」を表現！　日本博学倶楽部著　PHP研究所　2004.6　95p　26cm　952円　①4-569-63632-2

◇日本史の舞台裏─ここが一番おもしろい！　歴史の謎研究会編　青春出版社　2004.6　253p　19cm　476円　①4-413-00677-1

◇戦国茶闘伝─天下を制したのは、名物茶道具だった　三宅孝太郎著　洋泉社　2004.5　215p　18cm　（新書y）　720円　①4-89691-817-7

◇戦国の山城をゆく─信長や秀吉に滅ぼされた世界　安部竜太郎著　集英社　2004.4　234p　18cm　（集英社新書）　680円　①4-08-720237-2

◇徹底大研究 日本の歴史人物シリーズ　11　豊臣秀吉　谷口克広監修　ポプラ社　2004.4　77p　27×19cm　2850円　①4-591-07996-1

◇役に立つ戦国武将─厳選50人　時代劇雑学研究会編　リイド社　2004.4　223p　15cm　（リイド文庫）　562円　①4-8458-2758-1

◇逆説の日本史　11（戦国乱世編）　朝鮮出兵と秀吉の謎　井沢元彦著　小学館　2004.3　449p　20cm　〈年表あり〉　1600円　①4-09-379681-5

◇完全保存版 戦国なるほど人物事典─100人のエピソードで戦国史がよくわかる！　泉秀樹著　PHP研究所　2004.2　111p　26cm　952円　①4-569-63328-5

◇歴史をつくった自由人　青丹社歴史編集部編著　ソフトマジック　2004.2　191p　19cm　1400円　①4-86122-028-9

◇神になった秀吉─秀吉人気の秘密を探る　市立長浜城歴史博物館企画・編集　長浜市立長浜城歴史博物館　2004.1　159p　22cm　〈年譜あり〉

◇神になった秀吉─秀吉人気の秘密を探る　市立長浜城歴史博物館企画・編集　長浜市立長浜城歴史博物館　2004.1　159p　22cm　〈彦根 サンライズ出版（発売）　年譜あり〉　1800円　①4-88325-247-7

◇司馬遼太郎全講演　5　1992-1995　司馬遼太郎著　朝日新聞社　2004.1　356,38p　15cm　（朝日文庫）　660円　①4-02-264323-4

◇歴史に学ぶ　津本陽著　講談社　2003.12　298p　15cm　（講談社文庫）　571円　①4-06-273915-1

◇図説 戦国武将のあの人の「その後」─「関ヶ原」「本能寺」…事件が変えた男たちの運命　日本博学倶楽部著　PHP研究所　2003.11　95p　26cm　952円　①4-569-63217-3

◇天下人の自由時間　荒井魏著　文芸春秋　2003.11　248p　18cm　（文春新書）　720円　①4-16-660351-5

◇幹になる男、幹を支える男─この「絆」が歴史を動かした　童門冬二著　青春出版社　2003.11　253p　15cm　（青春文庫）〈『人間の絆』改題書〉　571円　①4-413-09279-1

◇世界遺産・秘められた英雄伝説─遺跡・建造物が語りかける「壮大なドラマ」　平川陽一著　PHP研究所　2003.10　330p　15cm　（PHP文庫）　619円　①4-569-66041-X

◇謎とき本能寺の変　藤田達生著　講談社　2003.10　200p　18cm　（講談社現代新書）　700円　①4-06-149685-9

◇奥羽仕置と豊臣政権　小林清治著　吉川弘文館　2003.9　433,7p　21cm　10000円　①4-642-02828-5

◇目からウロコの戦国時代─史料から読み解く武将たちの真相　谷口克広著　PHP研究所　2003.9　278p　15cm　（PHP文庫）　619円　①4-569-66033-9

◇豊臣の城・徳川の城─戦争・政治と城郭　白峰旬著　校倉書房　2003.8　346p　21cm　7000円　①4-7517-3460-1

◇昇竜の影─信長、秀吉、家康と伊勢平野　衣斐賢讓著　鈴鹿　竜光寺微笑会, 中央公論事業出版〔発売〕　2003.7　403p　21cm　2000円　①4-89514-207-8

◇その時歴史が動いた　20　NHK取材班編　名古屋　KTC中央出版　2003.7　253p　19cm　1600円　ⓣ4-87758-278-9

◇天下統一と朝鮮侵略　池享編　吉川弘文館　2003.6　327,12p　21cm　(日本の時代史 13)　3200円　ⓣ4-642-00813-6

◇将軍権力と天皇―秀吉・家康の神国観　高木昭作著　青木書店　2003.5　238p　19cm　(シリーズ民族を問う 2)　2800円　ⓣ4-250-20313-1

◇戦国城塞伝―十二の城の物語　津本陽著　PHP研究所　2003.5　284p　19cm　1500円　ⓣ4-569-62756-0

◇戦国なるほど人物事典―100人のエピソードで歴史の流れがよくわかる　泉秀樹著　PHP研究所　2003.5　502p　15cm　(PHP文庫)〈『戦国乱世百傑百話』修正・改題書〉　819円　ⓣ4-569-57945-0

◇李舜臣と秀吉―文禄・慶長の海戦　片野次雄著　誠文堂新光社　2003.5　259p　19cm　(Ondemand collection)〈1996年刊を原本としたオンデマンド版〉　2700円　ⓣ4-416-90321-9

◇信長殺しは、秀吉か　八切止夫著　作品社　2003.3　331p　18cm　(八切意外史 12)　950円　ⓣ4-87893-549-9

◇フロイスの見た戦国日本　川崎桃太著　中央公論新社　2003.2　254p　19cm　2000円　ⓣ4-12-003356-2

◇歴史にひそみしもの―歴史エッセイ　東郷隆著　河出書房新社　2003.2　199p　19cm　1600円　ⓣ4-309-01528-X

◇信長の戦争―『信長公記』に見る戦国軍事学　藤本正行著　講談社　2003.1　316p　15cm　(講談社学術文庫)〈『信長の戦国軍事学』(JICC出版局1993年刊)の改題〉　1000円　ⓣ4-06-159578-4

◇秀吉と肥後国衆一揆　小山竜種著　福岡海鳥社　2003.1　189p　19cm　1500円　ⓣ4-87415-395-X

◇城が見た合戦史―天下統一の野望をかけた城をめぐる攻防　二木謙一監修　青春出版社　2002.11　204p　18cm　(プレイブックス・インテリジェンス)　667円　ⓣ4-413-04043-0

◇松下加兵衛と豊臣秀吉―戦国・松下氏の系譜　冨永公文著　東京図書出版会,星雲社〔発売〕　2002.11　231p　21cm　1429円　ⓣ4-434-02339-X

◇茶人豊臣秀吉　矢部良明著　角川書店　2002.10　270p　19cm　(角川選書 347)　1600円　ⓣ4-04-703347-2

◇歴史に学ぶ人間学　童門冬二著　潮出版社　2002.10　284p　19cm　1600円　ⓣ4-267-01652-6

◇戦国武将・あの人の「その後」―「関ヶ原」「本能寺」…事件が変えた男たちの運命　日本博学倶楽部著　PHP研究所　2002.9　244p　15cm　(PHP文庫)　552円　ⓣ4-569-57777-6

◇壬辰倭乱と秀吉・島津・李舜臣　北島万次著　校倉書房　2002.7　312p　21cm　7000円　ⓣ4-7517-3330-3

◇秀吉の朝鮮侵略　北島万次著　山川出版社　2002.7　101p　21cm　(日本史リブレット 34)　800円　ⓣ4-634-54340-0

◇名場面でわかる日本の歴史―1時間で読める　小和田哲男著　三笠書房　2002.7　294p　15cm　(知的生きかた文庫)　562円　ⓣ4-8379-7260-8

◇真説 本能寺の変　安部竜太郎,立花京子,桐野作人,和田裕弘,大牟田太朗ほか著　集英社　2002.6　196p　21cm　1700円　ⓣ4-08-781260-X

◇大坂城の謎　村川行弘著　改訂版　学生社　2002.5　218p　19cm　2200円　ⓣ4-311-20256-3

◇参謀は秀吉―勝者たちに学ぶビジネス戦略　河合敦著　河出書房新社　2002.5　222p　19cm　1400円　ⓣ4-309-22384-2

◇秀吉・家康に学ぶ乱世のリーダー論―潮時をつかむ本当の眼力とは　早乙女貢著　青春出版社　2002.5　234p　15cm　(青春文庫)　514円　ⓣ4-413-09236-8

◇ほんとうの智恵を学ぶ―人生の手本にしたい名君の真骨頂　童門冬二編著　新装版　碧天舎　2002.5　259p　19cm　1359円　ⓣ4-88346-082-7

◇図解雑学豊臣秀吉　志村有弘著　ナツメ社　2002.4　220p　19cm　〈奥付のタイ

◇トル：豊臣秀吉　年譜あり〉　1300円　①4-8163-3214-6

◇驀進豊臣秀吉―日本一の出世人　学習研究社　2002.4　203p　26cm　(歴史群像シリーズ)　1600円　①4-05-602640-8

◇文禄・慶長の役―空虚なる御陣　上垣外憲一著　講談社　2002.4　221p　15cm　(講談社学術文庫)〈『空虚なる出兵―秀吉の文禄・慶長の役』改題書〉　920円　①4-06-159541-5

◇名将言行録 乱世を生き抜く智恵　谷沢永一, 渡部昇一著　PHP研究所　2002.4　196p　19cm　1300円　①4-569-62018-3

◇人物日本の歴史・日本を変えた53人　4　高野尚好監修　学習研究社　2002.2　63p　27×22cm　2800円　①4-05-201568-1

◇織田信長合戦全録―桶狭間から本能寺まで　谷口克広著　中央公論新社　2002.1　301p　18cm　(中公新書)〈年表あり〉　840円　①4-12-101625-4

◇織豊政権と江戸幕府　池上裕子著　講談社　2002.1　390p　19cm　(日本の歴史 15)　2200円　①4-06-268915-4

◇秀吉と家康―関ヶ原と戦国武将の興亡　小和田哲男監修　主婦と生活社〔2002.1〕237p　21cm〈『関ヶ原と戦国武将の攻防』補筆訂正・改版・改題書〉　1500円　①4-391-12601-X

◇将帥学―信長・秀吉・家康に学ぶ人を使う極意　加来耕三著　時事通信社　2001.12　304p　20cm　1700円　①4-7887-0174-X

◇戦国武将に学ぶ経営戦略　高木健次著　新評論　2001.12　225p　19cm　2200円　①4-7948-0534-9

◇豊臣秀吉と京都―聚楽第・御土居と伏見城　日本史研究会編　京都　文理閣　2001.12　249p　27cm〈折り込2枚〉　5200円　①4-89259-391-5

◇豊臣秀吉と南蛮人　松田毅一著　新装版　朝文社　2001.12　314p　20cm　(松田毅一著作選集)〈年譜あり〉　3142円　①4-88695-158-9

◇戦国武将にみる混迷変革期突破―人間の行動原理は昔も今も欲　米田一雄著　福岡　西日本新聞社　2001.11　254p　19cm　1524円　①4-8167-0539-2

◇日本補佐役列伝―興亡を分ける組織人間学　加来耕三著　学陽書房　2001.11　420p　15cm　(人物文庫)　850円　①4-313-75151-3

◇神になった人びと　小松和彦著　京都　淡交社　2001.10　239p　19cm　1800円　①4-473-01837-7

◇信長・秀吉・家康―勝者の条件敗者の条件　津本陽, 江坂彰著　講談社　2001.9　235p　15cm　(講談社文庫)　495円　①4-06-273249-1

◇秀吉の京をゆく　津田三郎文, 創作工房写真編集　京都　淡交社　2001.9　125p　21cm　(新撰京の魅力)　1500円　①4-473-01843-1

◇歴史の京 洛東を歩く　高野澄文, 永野一晃写真　京都　淡交社　2001.9　127p　21cm　(新撰 京の魅力)　1500円　①4-473-01840-7

◇織豊興亡史―三英傑家系譜考　早瀬晴夫著　今日の話題社　2001.7　439p　21cm　2800円　①4-87565-508-8

◇戦国武将に学ぶ逆境の勝ち方―7つの成功法則　植西聡著　広済堂出版　2001.7　204p　19cm　1200円　①4-331-50784-X

◇光をかかげた人たち　2　西本鶏介・著, 狩野富貴子絵　ポプラ社　2001.7　198p　21cm　(ひとり読みと読みきかせのための心を育てる偉人のお話)　980円　①4-591-06823-4

◇戦国武将 勝ち残りの戦略―状況を読みいかに闘うか　風巻絃一著　日本文芸社　2001.6　237p　18cm　(日文新書)〈『戦国名将に学ぶ勝ち残りの戦略』再編集・改題書〉　686円　①4-537-25057-7

◇戦国武将に学ぶ生活術　童門冬二著　産能大学出版部　2001.6　369p　19cm　1800円　①4-382-05505-9

◇戦国 城と合戦―知れば知るほど　二木謙一監修　実業之日本社　2001.5　269p　19cm　1400円　①4-408-39473-4

◇痛快！歴史人物―彼らは天使か、悪魔か　桂文珍著　PHP研究所　2001.5　346p　18cm　1200円　④4-569-61490-6

◇天下統一への野望―戦国時代の三英傑　信長・秀吉・家康　恩田耕治著　勁文社　2001.5　301p　15cm　（勁文社「大文字」文庫）　838円　④4-7669-3814-3

◇歴史に学ぶリーダーシップ　渡部昇一著　致知出版社　2001.5　278p　19cm　1600円　④4-88474-603-1

◇その「一言」で歴史が動いた―日本史大論戦　歴史の謎研究会編　青春出版社　2001.4　220p　15cm　（青春文庫）　505円　④4-413-09190-6

◇名古屋市秀吉清正記念館館蔵品目録　名古屋　名古屋市秀吉清正記念館　2001.3　55p　30cm

◇秀吉戦記―戦史ドキュメント　谷口克広著　学習研究社　2001.3　334p　15cm　（学研M文庫）　620円　④4-05-901044-8

◇本能寺の変の群像―中世と近世の相剋　藤田達生著　雄山閣出版　2001.3　296p　20cm　〈年譜あり〉　2500円　④4-639-01730-8

◇織豊政権と東国大名　粟野俊之著　吉川弘文館　2001.2　230,13p　21cm　6600円　④4-642-02801-3

◇名将たちの戦場　柘植久慶著　中央公論新社　2001.1　336,6p　19cm　1950円　④4-12-003102-0

◇「戦国史」謎解き読本―信長・秀吉・家康の野望を暴く！　小林久三著　青春出版社　2000.12　267p　15cm　（青春文庫）〈「天下統一の闇史」改題書〉　533円　④4-413-09168-X

◇姫路城を彩る人たち　播磨学研究所編　神戸　神戸新聞総合出版センター　2000.12　249p　19cm　（姫路文庫 7）　1300円　④4-343-00081-8

◇一竜斎貞水の歴史講談　3　秀吉の天下取り　一竜斎貞水編、岡本和明企画・構成・文、小山豊企画・構成　フレーベル館　2000.11　253p　21cm　1500円　④4-577-02100-5

◇建築家秀吉―遺構から推理する戦術と建築・都市プラン　宮元健次著　京都　人文書院　2000.11　239p　19cm　2200円　④4-409-52033-4

◇信長秀吉家康　秋山駿述, 岳真也聞き手　学習研究社　2000.11　244p　15cm　（学研M文庫）　540円　④4-05-901015-4

◇本能寺の変―戦史ドキュメント　高柳光寿著　学習研究社　2000.11　199p　15cm　（学研M文庫）　500円　④4-05-901003-0

◇この一冊で「戦国武将」101人がわかる！―ひとり3分！すぐ読める「エピソード」集　小和田哲男著　三笠書房　2000.10　278p　15cm　（知的生きかた文庫）〈『戦国武将ものしり事典』改訂・改題書〉　552円　④4-8379-7132-6

◇秀吉家臣団　大阪城天守閣編　大阪　大阪城天守閣特別事業委員会　2000.10　139p　26cm　〈他言語標題：Hideyoshi Toyotomi's retainers　特別展：平成12年10月7日―11月12日〉

◇地理から見た信長・秀吉・家康の戦略　足利健亮著　大阪　創元社　2000.8　235p　19cm　1600円　④4-422-20140-9

◇熱血！日本偉人伝―歴史に虹をかけた人たち　三波春夫著　集英社インターナショナル, 集英社〔発売〕　2000.7　285p　19cm　1400円　④4-7976-7012-6

◇織豊期の政治構造　三鬼清一郎編　吉川弘文館　2000.6　379p　21cm　8000円　④4-642-02795-5

◇秀吉私記　津本陽著　講談社　2000.6　185p　15cm　（講談社文庫）　448円　④4-06-264835-0

◇秀吉の野望と誤算―文禄・慶長の役と関ケ原合戦　笠谷和比古, 黒田慶一共著　文英堂　2000.6　287p　21cm　1800円　④4-578-12961-6

◇完訳フロイス日本史―豊臣秀吉篇　「暴君」秀吉の野望　ルイス・フロイス著, 松田毅一, 川崎桃太訳　中央公論新社　2000.5　308p　15cm　（中公文庫）　1143円　④4-12-203584-8

◇戦国武将夫妻のパートナーシップ—山内一豊と千代夫人にみる　小和田哲男, 榛村純一編　清文社　2000.5　201p　19cm　1400円　ⓘ4-433-27250-7

◇天下取りの経済学—信長・秀吉・家康のビジネス感覚に学べ！　楠戸義昭著　第二海援隊　2000.5　260p　19cm　1800円　ⓘ4-925041-52-5

◇天狗藤吉郎　上　山田智彦著　講談社　2000.5　503p　15cm　（講談社文庫）　743円　ⓘ4-06-264864-4

◇天狗藤吉郎　下　山田智彦著　講談社　2000.5　525p　15cm　（講談社文庫）　743円　ⓘ4-06-264865-2

◇大坂城—天下人二人の武略燦然　学習研究社　2000.4　143p　26cm　（歴史群像・名城シリーズ）　2300円　ⓘ4-05-401197-7

◇完訳フロイス日本史—豊臣秀吉編　秀吉の天下統一と高山右近の追放　ルイス・フロイス著, 松田毅一, 川崎桃太訳　中央公論新社　2000.4　278p　15cm　（中公文庫）　1048円　ⓘ4-12-203583-X

◇人物・資料でよくわかる日本の歴史　7　安土桃山・江戸時代　小和田哲男監修　岩崎書店　2000.4　47p　30cm　3000円　ⓘ4-265-04847-1

◇天下は天下の天下なり—徳川五代と水戸黄門　山下昌也著　展望社　2000.4　254p　19cm　1800円　ⓘ4-88546-029-8

◇武将たちの足跡をたどる—戦乱の世を生き、夢に散った男たち　マガジントップ編　山海堂　2000.4　159p　21cm　（私の創る旅　7）　1600円　ⓘ4-381-10369-6

◇歴史人物意外なウラ話—笑える話・恥かしい話・驚きのエピソード　高野澄著　PHP研究所　2000.4　267p　15cm　（PHP文庫）〈『歴史人物ここだけの話』加筆・改題書〉　514円　ⓘ4-569-57393-2

◇家康・秀吉・信長　乱世の統率力　童門冬二著　PHP研究所　2000.3　202p　19cm　1200円　ⓘ4-569-61016-1

◇怨念—おんな太閤記　東めぐみ著　叢文社　2000.2　275p　19cm　1800円　ⓘ4-7947-0328-7

◇戦国武将の宣伝術—隠された名将のコミュニケーション戦略　童門冬二著　宣伝会議　2000.2　332p　19cm　1400円　ⓘ4-88335-026-6

◇聖書武将の生々流転—豊臣秀吉の朝鮮出兵と内藤如安　楠戸義昭著　講談社　2000.1　318p　20cm　1800円　ⓘ4-06-209882-2

◇戦国武将　別冊宝島編集部編　宝島社　2000.1　317p　15cm　（宝島社文庫）〈別冊宝島『よみがえる戦国武将伝説』改訂・改題書〉　600円　ⓘ4-7966-1681-0

◇聚楽第・梅雨の井物語　中西宏次著　京都　阿吽社　1999.12　229p　19cm　2095円　ⓘ4-900590-62-2

◇戦国武将の人間学　童門冬二著　小学館　1999.12　267p　15cm　（小学館文庫）　514円　ⓘ4-09-403532-X

◇大坂時代と秀吉　脇田修著　小学館　1999.10　260p　15cm　（小学館ライブラリー）　830円　ⓘ4-09-460127-9

◇新人物日本史・光芒の生涯　下　畑山博著　学陽書房　1999.10　364p　15cm　（人物文庫）　700円　ⓘ4-313-75091-6

◇将の器参謀の器—あなたはどちらの"才覚"を持っているか　童門冬二著　青春出版社　1999.9　221p　19cm　1400円　ⓘ4-413-03149-0

◇戦国武将まんだら—秘本三十六人伝　大栗丹後著　春陽堂書店　1999.8　244p　15cm　（春陽文庫）　486円　ⓘ4-394-16136-3

◇松本清張の日本史探訪　松本清張著　角川書店　1999.7　234p　15cm　（角川文庫）　667円　ⓘ4-04-122756-9

◇歴史に学ぶ「勝者」の組織革命　堺屋太一著　集英社　1999.7　265p　15cm　（集英社文庫）　476円　ⓘ4-08-747084-9

◇賤ケ岳合戦記　志村有弘著　勉誠出版　1999.5　210p　19cm　（日本合戦騒動叢書　12）　2500円　ⓘ4-585-05112-0

◇戦国古戦場の旅　野口冬人著　山海堂　1999.4　191p　21cm　1500円　ⓘ4-381-10341-6

◇よみがえる戦国武将伝説―男たちの生き様を感じとれ！　宝島社　1999.4　254p　21cm　(別冊宝島 433)　933円　①4-7966-9433-1

◇早わかり戦国史　外川淳編著　日本実業出版社　1999.3　263, 8p　19cm　1400円　①4-534-02906-3

◇秀吉と土木―神話に思いを馳せ、中世・秀吉の偉業を振り返り、そして現在の土木を考える　土木学会関西支部編　大阪土木学会関西支部　1999.3　75p　26cm　(Forum civil cosmosブックレット)

◇一冊で読む豊臣秀吉のすべて　小和田哲男著　三笠書房　1999.2　238p　15cm　(知的生きかた文庫)　495円　①4-8379-7010-9

◇学習に役立つものしり事典365日 1月　谷川健一, 根本順吉監修　新版　小峰書店　1999.2　65p　26cm　2500円　①4-338-15601-5

◇完全制覇 戦国合戦史―この一冊で歴史に強くなる！　外川淳著　立風書房　1999.2　254p　19cm　1333円　①4-651-75206-3

◇秀吉―夢を超えた男　3　堺屋太一著　文芸春秋　1998.12　379p　15cm　(文春文庫)　590円　①4-16-719318-3

◇秀吉―夢を超えた男　4　堺屋太一著　文芸春秋　1998.12　406p　15cm　(文春文庫)　590円　①4-16-719319-1

◇通勤電車で楽しむ日本史の本―読みはじめたらアッという間の1時間　小和田哲男著　三笠書房　1998.11　294p　15cm　(知的生きかた文庫)　552円　①4-8379-0990-6

◇秀吉―夢を超えた男　1　堺屋太一著　文芸春秋　1998.11　386p　15cm　(文春文庫)　590円　①4-16-719316-7

◇秀吉―夢を超えた男　2　堺屋太一著　文芸春秋　1998.11　360p　15cm　(文春文庫)　590円　①4-16-719317-5

◇本能寺殺人事件の真相―信長殺しの犯人は秀吉だった！　杉山光男著　同文書院　1998.11　206p　19cm　｢｢信長殺しの犯人は秀吉だった！」(徳間書店 1991年刊)の増訂〉　1000円　①4-8103-7553-6

◇太閤さんに会えるまち　長浜　豊太閤四百年祭奉賛会　1998.10　77p　21cm　762円　①4-88325-054-7

◇歴史に学ぶ組織管理のノウハウ―信長の洞察力秀吉の速断力　久本之夫著　PHP研究所　1998.10　212p　19cm　1429円　①4-569-60342-4

◇天下人の条件　鈴木真哉著　洋泉社　1998.9　333p　19cm　2000円　①4-89691-331-0

◇秀吉・耳塚・四百年―豊臣政権の朝鮮侵略と朝鮮人民の闘い　金洪圭編著　雄山閣出版　1998.9　217p　21cm　2700円　①4-639-01555-0

◇歴史の舞台を旅する―戦国の覇者、天下取りの足跡をたどる　豊臣秀吉　近畿日本ツーリスト　1998.8　191p　22×17cm　1800円　①4-87638-658-7

◇秀吉―夢を超えた男　下　堺屋太一著　日本放送出版協会　1998.6　530p　15cm　(NHKライブラリー)　1000円　①4-14-085009-4

◇天下統一への道―戦国・安土桃山時代　古川清行著　小峰書店　1998.4　119p　26cm　(人物・遺産でさぐる日本の歴史 8)　2500円　①4-338-15108-0

◇信長・秀吉・家康の戦略戦術―活路を見出す決断の法則　佐々克明著　三笠書房　1998.4　243p　15cm　(知的生きかた文庫)　495円　①4-8379-0948-5

◇秀吉の城と戦略―築城と攻城戦の天才　成美堂出版　1998.4　143p　26cm　(Seibido mook)　1300円　①4-415-09302-7

◇とよとみ・ひでよし　西本鶏介文, 村上豊絵　チャイルド本社　1998.3　30p　25×21cm　(絵本版 こども伝記ものがたり 12)　581円　①4-8054-2091-X

◇豊太閤　前編　山路愛山著　復刻版　日本図書センター　1998.1　296p　22cm　(山路愛山伝記選集 第3巻)〈原本：文泉堂書房ほか明治41年刊〉　①4-8205-8240-2, 4-8205-8237-2

◇豊太閤　後編　山路愛山著　復刻版　日本図書センター　1998.1　298p　22cm　(山路愛山伝記選集 第4巻)〈原本：文泉堂書店ほか明治42年刊〉　①4-8205-8241-0, 4-8205-8237-2

◇仮説太閤への陰謀　pt.1　ハンシャン・コロンブス, リー・コロンブス著〔鳴沢村(山梨県)〕DT出版　1997.12　1冊　26cm

◇秀吉と博多の豪商—『宗湛日記』にみる茶湯と政治　工藤滋也著　福岡　海鳥社　1997.11　224p　19cm　(海鳥ブックス20)　1800円　①4-87415-188-4

◇能に憑かれた権力者—秀吉能楽愛好記　天野文雄著　講談社　1997.10　286p　19cm　(講談社選書メチエ 116)　1553円　①4-06-258116-7

◇母の慟哭—信長・秀吉・家康の母　中島道子著　夏目書房　1997.10　228p　19cm　1500円　①4-931391-34-6

◇老雄・名将　直伝の指導力—夢を託した者にだけ伝えたリーダー論　早乙女貢著　青春出版社　1997.10　238p　19cm　1400円　①4-413-03082-6

◇天下統一の闇史—秀吉・信長・家康　戦国「炎の巻」　小林久三著　青春出版社　1997.9　228p　18cm　(プレイブックス)　810円　①4-413-01692-0

◇島津義弘の賭け—秀吉と薩摩武士の格闘　山本博文著　読売新聞社　1997.8　294p　20cm　1800円　①4-643-97074-X

◇信長 秀吉 家康　秋山駿著, 岳真也聞き手　広済堂出版　1997.8　217p　20×14cm　1600円　①4-331-50595-2

◇歴史に学ぶライバルの研究　会田雄次, 谷沢永一著　PHP研究所　1997.8　261p　15cm　(PHP文庫)　533円　①4-569-57040-2

◇城と城下—近江戦国誌　小島道裕著　新人物往来社　1997.5　246p　19cm　3000円　①4-404-02489-4

◇秀吉英雄伝説の謎—日吉丸から豊太閤へ　津田三郎著　中央公論社　1997.4　367p　16cm　(中公文庫)　800円　①4-12-202842-6

◇『太閤記』とその周辺　阿部一彦著　大阪　和泉書院　1997.3　506p　21cm　(研究叢書)　11000円　①4-87088-843-2

◇つくられた「秀吉神話」—逆転の日本史　洋泉社　1997.3　223p　21cm　(洋泉社MOOK)　1600円　①4-89691-249-7

◇大阪学　大谷晃一著　新潮社　1997.1　228p　15cm　(新潮文庫)　400円　①4-10-138221-2

◇歴史探偵団がゆく 日本史が楽しい　半藤一利編著　文芸春秋　1997.1　359p　19cm　2000円　①4-16-352510-6

◇小田原合戦—豊臣秀吉の天下統一　下山治久著　角川書店　1996.12　210p　19cm　(角川選書)　1300円　①4-04-703279-4

◇危機—ライバル日本史　8　NHK取材班編　角川書店　1996.12　316p　15cm　(角川文庫)　520円　①4-04-195425-8

◇堂々日本史　第2巻　NHK取材班編　名古屋　KTC中央出版　1996.12　254p　20cm　1600円　①4-924814-87-3

◇NHK大河ドラマ「秀吉」解説テキスト「秀吉」研究会著　飯倉書房　1996.11　257p　19cm〈東京 有朋堂(発売)〉1262円　①4-8422-0301-3

◇太閤秀吉と秀次謀反　小林千草著　筑摩書房　1996.10　254p　15cm　(ちくま学芸文庫)　950円　①4-480-08299-9

◇秀吉私記　津本陽著　角川書店　1996.10　202p　20cm　1200円　①4-04-883459-2

◇秀吉を拒んだ女たち　楠戸義昭著　角川書店　1996.9　281p　19cm　1400円　①4-04-883458-4

◇人を活かせ、自分を活かせ—秀吉の人間関係の技術100　桜井秀勲著　ベストセラーズ　1996.9　221p　19cm　1200円　①4-584-15857-6

◇黄金と禅—秀吉と利休の悲劇　上巻　中田善明著　三一書房　1996.8　231p　19cm　2300円　①4-380-96270-9

◇黄金と禅—秀吉と利休の悲劇　下巻　中田善明著　三一書房　1996.8　252p　19cm　2300円　①4-380-96271-7

◇城と秀吉―戦う城から見せる城へ　小和田哲男著　角川書店　1996.8　206p　20cm　1500円　Ⓣ4-04-821051-3

◇戦国の武将三十人　桑田忠親著　新人物往来社　1996.8　254p　19cm〈『武将伝戦国の史話』改題書〉　2500円　Ⓣ4-404-02364-2

◇天下を盗んだ忍者 秀吉　2　時代戦記シリーズ　霧島那智著　スコラ　1996.8　238p　18cm　（SCHOLAR NOVELS）　880円　Ⓣ4-7962-0403-2

◇豊臣秀吉を再発掘する　渡辺武著　新人物往来社　1996.7　222p　20cm　2600円　Ⓣ4-404-02342-1

◇秀吉の城―戦国を制した太閤の城郭その築城と戦略　西ケ谷恭弘責任編集, 日本城郭史学会文・イラストレーション　世界文化社　1996.7　169p　28cm（ビッグマンスペシャル）〈豊臣秀吉の肖像あり〉　2300円　Ⓣ4-418-96118-6

◇利休と秀吉　邦光史郎著　集英社　1996.7　378p　15cm（集英社文庫）　700円　Ⓣ4-08-748505-6

◇李舜臣と秀吉―文禄・慶長の海戦　片野次雄著　改訂　誠文堂新光社　1996.7　259p　20cm　1800円　Ⓣ4-416-99600-4

◇清助草莽夜話―太閤秀吉の実像　森本繁著　学習研究社　1996.6　300p　19cm　1800円　Ⓣ4-05-400690-6

◇戦国夜話―こころの風景　遠藤周作著　小学館　1996.6　157p　18cm　1000円　Ⓣ4-09-840040-5

◇豊臣秀吉大事典　新人物往来社編　新人物往来社　1996.6　227p　22cm　9800円　Ⓣ4-404-02332-4

◇信長 秀吉 家康―勝者の条件敗者の条件　津本陽, 江坂彰著　講談社　1996.6　245p　19cm　1500円　Ⓣ4-06-208156-3

◇太閤秀吉　轟竜造文, 中間嘉通絵　勉誠社　1996.5　110p　21cm（親子で楽しむ歴史と古典 8）　1236円　Ⓣ4-585-09009-6

◇真説・豊臣秀吉　池波正太郎他著　中央公論社　1996.4　322p　16cm（中公文庫）　680円　Ⓣ4-12-202581-8

◇秀吉―夢を超えた男　中 堺屋太一著　日本放送出版協会　1996.4　469p　19cm　1600円　Ⓣ4-14-005226-0

◇秀吉の謎―新史観で解く「天下人」の正体!!　丸田淳一著　学習研究社　1996.4　222p　18cm（歴史群像新書）　780円　Ⓣ4-05-400609-4

◇秀吉・見果てぬ夢　戸部新十郎著　広済堂出版　1996.4　333p　15cm（広済堂文庫）　550円　Ⓣ4-331-60517-5

◇異人・秀吉　渡辺豊和著　新泉社　1996.3　259p　19cm　1700円　Ⓣ4-7877-9608-9

◇新日本古典文学大系　60　太閤記　佐竹昭広ほか編　小瀬甫庵著, 桧谷昭彦, 江本裕校注　岩波書店　1996.3　671, 71p　22cm　4800円　Ⓣ4-00-240060-3

◇豊臣秀吉　下　山路愛山著　岩波書店　1996.3　491p　15cm（岩波文庫）　770円　Ⓣ4-00-331206-6

◇心に生きる日本人―歴史を彩る人物列伝　杉田幸三著　展転社　1996.2　294p　19cm　1800円　Ⓣ4-88656-122-5

◇勝者の戦略―秀吉vs信長―天下統一の相違 バーチャル戦史　井沢元彦ほか著　ベストセラーズ　1996.2　255p　15cm（ワニ文庫）　600円　Ⓣ4-584-37027-3

◇豊臣秀吉　上　山路愛山著　岩波書店　1996.2　437p　15cm（岩波文庫）　720円　Ⓣ4-00-331205-8

◇秀吉戦記―天下取りの軌跡　谷口克広著　集英社　1996.2　251p　20cm　1800円　Ⓣ4-08-781127-1

◇川角太閤記　志村有弘著　勉誠社　1996.1　302p　20cm（日本合戦騒動叢書 9）　2575円　Ⓣ4-585-05109-0

◇誰も知らなかった豊臣秀吉　後藤寿一著　勁文社　1996.1　210p　18cm（ケイブンシャブックス）　850円　Ⓣ4-7669-2410-X

◇豊臣秀吉99の謎　楠戸義昭著　PHP研究所　1996.1　295p　15cm（PHP文庫）　560円　Ⓣ4-569-56856-4

◇豊臣秀吉天下人への道　歴史と文学の会編　勉誠社　1996.1　283p　21cm

◇〈付・秀吉関係人物事典〉 1800円 ①4-585-05019-1
◇秀吉をめぐる女たち 中江克己著 河出書房新社 1996.1 216p 15cm （河出文庫） 560円 ①4-309-47290-7
◇秀吉軍団―戦国を駆け抜けた夢の軍兵たち 世界文化社 1996.1 162p 26cm （ビッグマンスペシャル） 1400円
◇秀吉側近99人の謎―戦国おもしろ意外史 楠木誠一郎著 二見書房 1996.1 253p 15cm （二見wai wai文庫） 500円 ①4-576-95206-4
◇戦国武将に学ぶ処世術―信長・秀吉・家康 津本陽著 角川書店 1995.12 238p 19cm 1200円 ①4-04-884101-7
◇豊臣秀吉―戦乱が生んだ天下人 NHK大河ドラマ「秀吉」の歴史・文化ガイド 日本放送出版協会 1995.12 158p 24cm （NHKシリーズ）〈監修：小和田哲男〉 1300円
◇豊臣秀吉 西沢正太郎著 新装版 ぎょうせい 1995.12 338p 19cm （世界の伝記 28） 1600円 ①4-324-04471-6
◇豊臣秀吉写真集 石田多加幸著 新人物往来社 1995.12 198p 20cm 2800円 ①4-404-02305-7
◇豊臣秀吉の謎と真実―やっと見えてきた英雄の実像 ベストセラーズ 1995.12 237p 15cm （ワニ文庫）〈監修：小和田哲男〉 490円 ①4-584-30471-8
◇豊臣秀吉101の謎 中江克己著 新人物往来社 1995.12 247p 20cm 2800円 ①4-404-02307-3
◇「秀吉」をたっぷり楽しむ法 高野冬彦著 五月書房 1995.12 206p 19cm 1400円 ①4-7727-0243-1
◇秀吉、奇跡の天下取り―無敵羽柴軍を支えた影のネットワーク 小林久三著 PHP研究所 1995.12 206p 18cm （PHP business library） 850円 ①4-569-54978-0
◇秀吉の正体―希代の呪術師 月海黄樹著 徳間書店 1995.12 217p 18cm （Tokuma books） 880円 ①4-19-850285-4

◇新編・絵本太閤記―木版画でみる秀吉の生涯 江戸時代の超ベストセラーを再編集 歴史絵本研究会編 主婦と生活社 1995.11 303p 21cm 1800円 ①4-391-11828-9
◇秀吉の大いなる疑問 高野澄著 毎日新聞社 1995.10 210p 19cm 1300円 ①4-620-31085-9
◇本能寺の首謀者は秀吉である―光秀謀反は濡れ衣だった 今木健之著 第一企画出版 1995.10 339p 19cm （シリーズ・歴史の嘘を見抜く） 1800円 ①4-88719-029-8
◇わが千年の男たち 永井路子著 文芸春秋 1995.10 276p 18cm 1300円 ①4-16-350790-6
◇豊臣秀吉―「太閤記」の人間学 津本陽ほか著 プレジデント社 1995.9 325p 20cm 1600円 ①4-8334-1584-4
◇豊臣秀吉 河出書房新社 1995.8 268p 21cm （河出人物読本）〈新装版〉 980円 ①4-309-22281-1
◇人を動かす―経営学からみた信長、秀吉、そして松下幸之助 坂下昭宣著 PHP研究所 1995.7 202p 20cm 〈参考文献：p200～202〉 1400円 ①4-569-54821-0
◇秀吉 童門冬二著 三笠書房 1995.6 266p 15cm （知的生きかた文庫） 500円 ①4-8379-0740-7
◇太閤秀吉―足軽から天下人へ 世紀の大戦略「大返し」の秘密を解く 世界文化社 1995.5 168p 26cm （ビッグマン・スペシャル）〈折り込1枚〉 1400円
◇秀吉のすべてがわかる本 小和田哲男著 三笠書房 1995.5 232p 19cm 1100円 ①4-8379-1601-5
◇信長・秀吉・家康の戦略戦術―何が明暗を分けたか？ 佐々克明著 三笠書房 1995.4 243p 15cm （知的生きかた文庫） 500円 ①4-8379-0733-4
◇豊臣秀吉―物語と史蹟をたずねて 嶋岡晨著 成美堂出版 1995.2 286p 16cm （成美文庫）〈1973年刊の増訂 豊臣秀吉の肖像あり〉 560円 ①4-415-06417-5

東海

◇ライバル日本史　2　NHK取材班編　角川書店　1994.12　216p　19cm　1500円　ⓈISBN4-04-522502-1

◇秀吉権力の形成―書札礼・禁制・城郭政策　小林清治著　東京大学出版会　1994.11　356, 6p　22cm　7004円　ⓈISBN4-13-026059-6

◇宿敵たちの激闘・日本史―覇権に隠された英雄たちの決断と苦悩　土橋治重著　日本文芸社　1994.9　231p　15cm（にちぶん文庫）　480円　ⓈISBN4-537-06258-4

◇武功夜話紀行「東海の合戦」　舟橋武志著　名古屋　ブックショップマイタウン　1994.8　231p　21cm　2400円

◇耳塚―秀吉の鼻斬り・耳斬りをめぐって　琴秉洞著　増補改訂版　総和社　1994.8　272p　19cm　2000円　ⓈISBN4-915486-47-8

◇歴史に学ぶ人間学―「逆風の時代」を生き抜く知恵とは　江坂彰著　PHP研究所　1994.7　217p　19cm　1400円　ⓈISBN4-569-54391-X

◇絢―天下人の登場　村井康彦編　講談社　1994.6　293p　21cm（京の歴史と文化 4　戦国・安土桃山時代）　2600円　ⓈISBN4-06-251954-2

◇この一冊で「戦国武将」101人がわかる！　小和田哲男著　三笠書房　1994.6　270p　15cm（知的生きかた文庫）　500円　ⓈISBN4-8379-0658-3

◇キリシタン拷問史―鎖国への道　津山千恵著　三一書房　1994.5　262p　18cm（三一新書 1083）　850円　ⓈISBN4-380-94012-8

◇戦国の異能人　戸部新十郎著　PHP研究所　1994.4　221p　15cm（PHP文庫）　440円　ⓈISBN4-569-56625-1

◇捨てて勝つ―この時を超えた男の魅力を見よ　河野守宏著　大和出版　1994.2　188p　19cm　1350円　ⓈISBN4-8047-1294-1

◇大阪学　大谷晃一著　経営書院　1994.1　245p　19cm　1200円　ⓈISBN4-87913-481-3

◇戦国武将なるほど事典　実業之日本社　1994.1　269p　19cm　1200円　ⓈISBN4-408-39414-9

◇危機を乗り切るここ一番の決断力　百瀬明治著　ベストセラーズ　1993.12　271p　18cm（ベストセラーシリーズ・ワニの本 880）　820円　ⓈISBN4-584-00880-9

◇信長・秀吉・家康に学ぶ成功哲学　二木謙一著　三笠書房　1993.12　253p　15cm（知的生きかた文庫）〈『戦国リーダーの頭脳と計略』加筆・改題書〉　500円　ⓈISBN4-8379-0622-2

◇秀吉vs家康―信長の野望合戦事典　稲葉義明、犬童逸軌執筆　横浜　光栄　1993.12　189p　21cm〈監修：シブサワ・コウ〉　1800円　ⓈISBN4-87719-063-5

◇史跡太閤記　藤本光著　新人物往来社　1993.11　482p　22cm　9800円　ⓈISBN4-404-02060-0

◇武将大名たちのリストラ戦略　加来耕三著　実業之日本社　1993.10　238p　19cm　1600円　ⓈISBN4-408-21007-2

◇夢のまた夢　第1巻　津本陽著　文芸春秋　1993.10　344p　19cm　1500円　ⓈISBN4-16-505310-4

◇夢のまた夢　第2巻　津本陽著　文芸春秋　1993.10　351p　19cm　1500円　ⓈISBN4-16-505320-1

◇豊臣秀吉―その傑出した奇略の研究　世界文化社　1993.9　166p　26cm（ビッグマン・スペシャル）　1300円

◇本能寺の変―光秀と信長・秀吉の悲劇　上田滋著　PHP研究所　1993.9　413p　15cm（PHP文庫）〈年表・主要参考文献：p400〜413〉　660円　ⓈISBN4-569-56580-8

◇現代語訳 名将言行録　智将編　加来耕三編訳　新人物往来社　1993.6　283p　19cm　2900円　ⓈISBN4-404-02021-X

◇波乱の戦国史 秀吉と家康の陰謀―天下統一に隠された野望と苦悩　塩田道夫著　日本文芸社　1993.6　254p　15cm（にちぶん文庫）〈『太閤秀吉と淀君』改題書〉　480円　ⓈISBN4-537-06225-8

◇才幹の人間学―智謀の群像たち 士はこれを知る者の為に死す　南条範夫著　ベストセラーズ　1993.5　255p　15cm（ワニ文庫）　530円　ⓈISBN4-584-37004-4

◇艶本・太閤記―秀吉をめぐる女たちの愛欲絵巻　風早恵介著　日本文芸社　1993.5　235p　15cm　(にちぶん文庫)　480円　⓵4-537-06222-3

◇歴史を変えた野望の戦国史―国盗りに賭けた勇将たちの決断　寺林峻著　日本文芸社　1993.5　251p　15cm　(にちぶん文庫)　480円　⓵4-537-06223-1

◇歴史のねむる里へ　永井路子著　PHP研究所　1993.3　236p　15cm　(PHP文庫)　480円　⓵4-569-56536-0

◇人望力―人を引きつける力とは何か　邑井操著　PHP研究所　1993.2　238p　15cm　(PHP文庫)　500円　⓵4-569-56530-1

◇太閤立志伝黄金タイムス　シブサワ・コウ, 光栄出版部企画編集　横浜　光栄　1992.11　145p　19cm　(歴史おもしろタイムス 3)〈書名は背による　標題紙等の書名：太閤立志伝黄金times〉　980円　⓵4-906300-79-0

◇武将に学ぶ苦境からの脱出　松本幸夫著　総合ライフ出版　1992.11　227p　19cm　1500円　⓵4-88311-029-X

◇天下掌中にあり―豊臣秀吉　戸部新十郎著　広済堂出版　1992.10　287p　20cm〈豊臣秀吉の肖像あり　豊臣秀吉略年譜：p285～287〉　1500円　⓵4-331-05537-X

◇天下統一への道 信長・秀吉・家康　小井土繁画, 小和田哲男脚本　小学館　1992.10　383p　19cm　(まんが 人物日本の歴史 1)　1600円　⓵4-09-624011-7

◇豊臣秀吉―歴史おもしろゼミナール　中西立太文・絵　講談社　1992.8　143p　18cm　(講談社KK文庫 B7‐3)　680円　⓵4-06-199542-1

◇豊臣秀吉・乱世の魔術師　横浜　光栄　1992.8　141p　21cm　(英雄パラダイムシリーズ)〈監修：シブサワ・コウ〉　1480円　⓵4-906300-66-3

◇日本の歴史・合戦おもしろ話　小和田哲男著　三笠書房　1992.8　269p　15cm　(知的生きかた文庫)　480円　⓵4-8379-0523-4

◇信長と秀吉と家康　池波正太郎著　PHP研究所　1992.8　301p　15cm　(PHP文庫)　560円　⓵4-569-56488-7

◇戦国の智将・謀将の秘密　井沢元彦ほか著　ベストセラーズ　1992.7　255p　15cm　(ワニ文庫)　580円　⓵4-584-30323-1

◇信長・秀吉・家康の戦略―乱世を彩る英傑の生きざま！　百瀬明治著　大陸書房　1992.7　255p　15cm　(大陸文庫)　480円　⓵4-8033-4145-1

◇武功夜話―前野家文書 現代語訳　秀吉編　吉田雄翟著, 加来耕三編　新人物往来社　1992.6　256p　20cm　2800円　⓵4-404-01917-3

◇「武功夜話」のすべて　滝喜義著　新人物往来社　1992.6　250p　19cm　2800円　⓵4-404-01914-9

◇戦国の参謀たち―信長・秀吉・家康を支えた「副」の生き方　小和田哲男著　実業之日本社　1992.5　252p　19cm　1500円　⓵4-408-34029-4

◇豊臣秀吉　南条範夫著　徳間書店　1992.5　318p　15cm　(徳間文庫)〈『秀吉覇権への道』改題書〉　500円　⓵4-19-567163-9

◇豊臣秀吉と南蛮人　松田毅一著　朝文社　1992.5　314p　20cm　2700円　⓵4-88695-063-9

◇死んでもともと―この男の魅力を見よ！最後の最後まで諦めなかった男たち　河野守宏著　三笠書房　1992.4　210p　19cm　1000円　⓵4-8379-1480-2

◇戦国武将列伝 2　秀吉　縄田一男編　徳間書店　1992.4　349p　15cm　(徳間文庫)　520円　⓵4-19-599495-0

◇天下統一　熱田公著　集英社　1992.4　358p　21cm　(日本の歴史 11)　2400円　⓵4-08-195011-3

◇豊臣秀吉と天下統一　笠原一男編　木耳社　1992.4　230p　19cm　(物語 日本の歴史 18)　1500円　⓵4-8393-7570-4

◇秀吉・利家・家康　石川県立歴史博物館編　金沢　石川県立歴史博物館　1992.4　84p　26cm

◇秀吉と戦った朝鮮武将　貫井正之著　六興出版　1992.4　191p　19cm（ロッコウブックス）　1400円　ⓒ4-8453-5081-5

◇戦国武将伝—リーダーたちの戦略と決断　白石一郎著　文芸春秋　1992.3　290p　15cm（文春文庫）　420円　ⓒ4-16-737009-3

◇天下統一と江戸幕府　あおむら純漫画,小和田哲男,藤井譲治脚本　小学館　1992.3　295p　19cm（まんが日本の歴史 5）　1400円　ⓒ4-09-624005-2

◇豊臣秀吉読本　新人物往来社編　新人物往来社　1992.3　265p　20cm　2600円　ⓒ4-404-01895-9

◇信長記・太閤記　案田順子編著　有精堂出版　1992.2　207p　19cm（長編ダイジェスト 1）　1200円　ⓒ4-640-30640-7

◇天下びとの時代　笠原一男編　木耳社　1992.2　205p　20cm（物語 日本の歴史 16）　1500円　ⓒ4-8393-7568-2

◇秀吉の戦略—戦国の英雄たち　小学館　1992.2　267p　16cm（小学館ライブラリー）　760円　ⓒ4-09-460019-1

◇日本仏教人名辞典　日本仏教人名辞典編纂委員会編　京都　法藏館　1992.1　887, 117p　26cm〈法藏館140年(丁字屋370年)創業記念出版〉　25000円　ⓒ4-8318-7007-2

◇「信長・秀吉・家康」覇者の人間学—英雄の真価を探る　安藤英男著　PHP研究所　1992.1　350p　19cm　1800円　ⓒ4-569-53449-X

◇桃山文化と朝鮮侵略　石ノ森章太郎著　中央公論社　1992.1　235p　19cm（マンガ 日本の歴史 27）　1000円　ⓒ4-12-402827-X

◇関白秀吉の検地と刀狩　石ノ森章太郎著　中央公論社　1991.12　237p　19cm（マンガ 日本の歴史 26）　1000円　ⓒ4-12-402826-1

◇真相なるほど戦国史—謎の事件と人物　桑田忠親著　大陸書房　1991.12　239p　15cm（大陸文庫）　530円　ⓒ4-8033-3804-3

◇戦国の武将おもしろ人物事典　保永貞夫,小林隆文,講談社編　講談社　1991.12　143p　18cm（講談社KK文庫 B19‐1）　680円　ⓒ4-06-199532-4

◇豊臣秀吉の秘密—日本で一番出世した男　米原正義著　ベストセラーズ　1991.12　271p　15cm（ワニ文庫）　500円　ⓒ4-584-30290-1

◇『武功夜話』の世界　新人物往来社編　新人物往来社　1991.12　242p　19cm　2500円　ⓒ4-404-01882-7

◇伝説が生まれるとき—死者の語る物語　波平恵美子編　福武書店　1991.11　241p　20cm（Fukutake Books 27）　1200円　ⓒ4-8288-3326-9

◇豊臣秀吉展—天守閣復興60周年記念特別展　大阪城天守閣編　大阪　大阪城天守閣特別事業委員会　1991.10　138p　26cm〈付(26p)〉

◇信長殺しの犯人は秀吉だった！—"戦国法廷"が解明した「本能寺殺人事件」の真相　杉山光男著　徳間書店　1991.10　227p　18cm（Tokuma books）　760円　ⓒ4-19-504675-0

◇戦国武将 誰も知らない苦労話　桑田忠親著　三笠書房　1991.9　248p　15cm（知的生きかた文庫）　450円　ⓒ4-8379-0466-1

◇写真でみる豊臣秀吉の生涯　石田多加幸著　新人物往来社　1991.8　211p　22cm〈豊臣秀吉の肖像あり〉　4000円　ⓒ4-404-01850-9

◇戦国百人一話　2　豊臣秀吉をめぐる群像—出世欲と気くばりで勝利する　尾崎秀樹ほか著　青人社　1991.7　203p　21cm　1500円　ⓒ4-88296-103-2

◇戦国百人一話　2　豊臣秀吉をめぐる群像 出世欲と気くばりで勝利する　尾崎秀樹ほか著　青人社〔1991.6〕203p　21cm（百人一話シリーズ）　1500円　ⓒ4-88296-103-2

◇秀吉・英雄伝説の軌跡—知られざる裏面史　津田三郎著　六興出版　1991.6　234p　19cm（ロッコウブックス）　1400円　ⓒ4-8453-5070-X

◇風と雲の伝説―私説太閤記　小林久三著　光風社出版　1991.5　402p　26cm　1350円　④4-87519-183-9

◇間違いだらけの戦国史―歴史群像の虚実　桑田忠親編　大陸書房　1991.5　221p　15cm　（大陸文庫）　470円　④4-8033-3324-6

◇外国人の見た信長・秀吉・家康―日本にはいってきた南蛮文化　谷真介著　ポプラ社　1991.4　188p　19cm　（ポプラ社教養文庫 15）　1500円　④4-591-03845-9

◇木下藤吉郎墨俣築城への道　墨俣町郷土史研究会編　〔墨俣町(岐阜県)〕　墨俣町　1991.4　65p　26cm

◇戦国武将の野望―乱世に命を賭けた男たち　早乙女貢著　大陸書房　1991.3　262p　15cm　（大陸文庫）　540円　④4-8033-3236-3

◇秀吉の経済感覚―経済を武器とした天下人　脇田修著　中央公論社　1991.3　177p　18cm　（中公新書）〈奥付の書名：豊臣秀吉の経済感覚〉　560円　④4-12-101015-9

◇豊臣秀吉物語　古田足日作, 田島征三画　童心社　1991.2　196p　18cm　（フォア文庫 C099）　550円　④4-494-02681-6

◇乱世の英雄　海音寺潮五郎著　文芸春秋　1991.2　250p　15cm　（文春文庫）　380円　④4-16-713526-4

◇戦国武将の本領　戸部新十郎著　読売新聞社　1991.1　268p　19cm　1300円　④4-643-90116-0

◇茶道人物辞典　原田伴彦編　柏書房　1991.1　290, 22p　22cm　〈新装版〉　4944円　④4-7601-0620-0

◇豊臣秀吉―人心収攬の極意　渡部昇一ほか著　プレジデント社　1991.1　307p　20cm　（『豊臣秀吉の研究』(1984年刊)の増補改訂版）　1500円　④4-8334-1402-3

◇英雄たちの秘密―歴史の中の虚と実　尾崎秀樹著　文芸春秋　1990.12　302p　15cm　（文春文庫）〈『私説・史誌考 歴史のなかの虚と実』加筆改題書〉　400円　④4-16-752602-6

◇秀吉と武吉―目を上げれば海　城山三郎著　新潮社　1990.12　411p　15cm　（新潮文庫）　520円　④4-10-113322-0

◇図説 戦国武将おもしろ事典―楽しみながら歴史がわかる！時代が見える！　三笠書房　1990.11　281p　19cm　1100円　④4-8379-1427-6

◇裏切りの系譜―信長・光秀・秀吉の最期　中島道子著　紀尾井書房　1990.10　278p　19cm　1400円　④4-7656-1058-6

◇秀吉と女たち　楠戸義昭著　祥伝社　1990.10　291p　16cm　（ノン・ポシェット）　460円　④4-396-31032-3

◇戦国武将に学ぶ大開運吉方位―栄光を導く方位パワー　小林祥晃著　広済堂出版　1990.9　279p　18cm　（広済堂ブックス）　760円　④4-331-00496-1

◇豊臣政権の対外認識と朝鮮侵略　北島万次著　校倉書房　1990.9　438p　21cm　（歴史科学叢書）　8240円　④4-7517-2030-9

◇豊臣秀吉事典　杉山博ほか編　新人物往来社　1990.9　435p　22cm　9800円　④4-404-01735-9

◇魅力あるリーダーとは―歴史の中の肖像　加来耕三著　日本経済新聞社　1990.9　241p　19cm　1300円　④4-532-09614-6

◇戦国乱世おもしろ読本　桑田忠親著　広済堂出版　1990.7　303p　15cm　（広済堂文庫）　470円　④4-331-65070-7

◇日本の歴史をつくった人びと　7　天下統一に向けて　学校図書　1990.5　127p　21cm　（学図の伝記シリーズ）　1000円　④4-7625-0871-3

◇人は何故「この人」についていくのか！　大橋武夫著　三笠書房　1990.5　281p　15cm　（知的生きかた文庫）〈『統率力と指導力』改題書〉　450円　④4-8379-0384-3

◇名将の社長学―信長はランチェスター法則を活かした　武田鏡村著　ビジネス社　1990.5　207p　19cm　1300円　④4-8284-0421-X

◇豊臣秀吉の発想力と知謀　桑田忠親著　広済堂出版　1990.4　259p　16cm　（広

済堂文庫) 440円 ①4-331-65065-0
◇戦国武将の食生活―勝ち残るための秘伝 永山久夫著 河出書房新社 1990.3 268p 15cm (河出文庫) 500円 ①4-309-47189-7
◇人心掌握の天才たち―戦国武将に学ぶリーダーの条件 童門冬二著 PHP研究所 1990.2 251p 15cm (PHP文庫)〈『戦国武将 人心掌握の極意』改題書〉 460円 ①4-569-56244-2
◇豊臣秀吉七つの謎 新人物往来社編 新人物往来社 1990.2 261p 20cm 1800円 ①4-404-01694-8
◇歴史にみるビジネス・人・発想 童門冬二著 日本経済通信社 1990.2 207p 19cm 1100円 ①4-8187-1112-8
◇岡本良一史論集 上巻 秀吉と大阪城 岡本良一史論集編集委員会編 大阪 清文堂出版 1990.1 461p 22cm〈著者の肖像あり〉 5150円 ①4-7924-0291-3
◇豊臣秀吉の人間関係―しごとに活かす 小島鋼平著 白馬出版 1990.1 246p 20cm (ハクバヒューマンビジネス) 1500円 ①4-8266-0211-1
◇利休と秀吉―小説 戦国数寄者伝 邦光史郎著 京都 淡交社 1990.1 277p 19cm 1750円 ①4-473-01178-X
◇空虚なる出兵―秀吉の文禄・慶長の役 上垣外憲一著 福武書店 1989.12 228p 19cm (Fukutake Books 15) 1130円 ①4-8288-3314-5
◇大器の片鱗―実力者はどこが違うのか 邑井操著 PHP研究所 1989.10 242p 19cm 1050円 ①4-569-52602-0
◇乱世統一編 桑田忠親著 秋田書店 1989.10 238p 19cm (新編 日本武将列伝 4) 1500円 ①4-253-00365-6
◇戦国武将の危機管理―生死を賭けた戦乱の行動原理とは 新宮正春著 PHP研究所 1989.8 229p 19cm 1050円 ①4-569-52568-7
◇信長・秀吉・家康に学ぶ人を動かす方法 佐々克明著 三笠書房 1989.8 233p 15cm (知的生きかた文庫)〈『信長・秀吉・家康の人間管理』改題書〉 450円 ①4-8379-0331-2
◇秀吉の悲劇―抹殺された豊臣家の栄華 津田三郎著 PHP研究所 1989.8 221p 15cm (PHP文庫) 420円 ①4-569-56217-5
◇真説・太閤記 下 制覇の巻 森本繁著 新人物往来社 1989.7 237p 20cm 2300円 ①4-404-01636-0
◇戦国武将に学ぶ英雄待望論 福島崇行著 日本ブックマネジメント 1989.6 233p 19cm 1500円 ①4-89056-013-0
◇男は勝たねば面白くない―必勝不敗の人間学 邑井操著 新潮社 1989.5 235p 15cm (新潮文庫) 320円 ①4-10-137705-7
◇真説・太閤記 上 登竜の巻 森本繁著 新人物往来社 1989.4 235p 20cm 2300円 ①4-404-01612-3
◇NHK歴史への招待 第9巻 太閤秀吉海外への夢 日本放送協会編 日本放送出版協会 1989.3 237p 18cm 680円 ①4-14-018037-4
◇決断―信長・秀吉・家康の先見性と統率力 国富強著 経営実務出版 1989.3 255p 19cm 1500円 ①4-87585-087-5
◇豊臣秀吉文書目録 三鬼清一郎編 〔名古屋〕 名古屋大学文学部国史学研究室 1989.3 170p 26cm
◇少年太閤記 上 吉川英治著, 木俣清史絵 講談社 1989.1 270p 18cm (講談社 青い鳥文庫 132‐1) 450円 ①4-06-147255-0
◇少年太閤記 下 吉川英治著, 木俣清史編 講談社 1989.1 235p 18cm (講談社 青い鳥文庫 132‐2) 450円 ①4-06-147256-9
◇三和銀行が活かした秀吉の着想力 加来耕三著 二見書房 1988.12 252p 19cm 1200円 ①4-576-88154-X
◇秀吉に学ぶ決断と実行の人間学 藤公房著 三笠書房 1988.12 275p 15cm (知的生きかた文庫)〈『戦国を生きる』(ダイヤモンド社1974年刊)の改題増補〉 440円 ①4-8379-0285-5

◇歴史に学ぶライバルの研究　会田雄次, 谷沢永一著　PHP研究所　1988.12　227p　19cm　1200円　⑪4-569-22399-0

◇天下一統　朝尾直弘著　小学館　1988.11　350p　21cm　（大系 日本の歴史 8）　1800円　⑪4-09-622008-6

◇戦国武将伝―リーダーたちの戦略と決断　白石一郎著　文芸春秋　1988.10　246p　19cm　1200円　⑪4-16-310600-6

◇羽柴秀吉と湖北・長浜―開館五周年記念特別展　市立長浜城歴史博物館編　長浜市立長浜城歴史博物館　1988.10　123p　20×22cm　〈羽柴秀吉の肖像あり　会期：1988年10月21日〜11月23日〉

◇NHK歴史への招待　第8巻　太閤秀吉天下取り　日本放送協会編　日本放送出版協会　1988.9　229p　18cm　680円　⑪4-14-018018-8

◇名将を支えた運気の秘密―九星術から見た武将たちのサバイバル戦略　片岡紀明著　日本文芸社　1988.8　229p　18cm　（舵輪ブックス）　730円　⑪4-537-02117-9

◇大坂城の歴史と構造　松岡利郎著　名著出版　1988.7　236p　21cm　3800円　⑪4-626-01312-0

◇戦国を駆ける　神坂次郎著　中央公論社　1988.7　320p　19cm　1250円　⑪4-12-001703-6

◇戦国武将に学ぶ決断の時　玉木重輝著　鈴木出版　1988.7　252p　19cm　1400円　⑪4-7902-9010-7

◇戦国武将の遺書　桑田忠親著　広済堂出版　1988.7　246p　15cm　（広済堂文庫）　420円　⑪4-331-65035-9

◇名将とその師―トップ・リーダーを支えた心の教え　武田鏡村著　PHP研究所　1988.7　210p　19cm　1200円　⑪4-569-22276-5

◇日本の組織図事典　新人物往来社編　新人物往来社　1988.6　432p　21cm　7500円　⑪4-404-01507-0

◇日本歴史を散歩する　海音寺潮五郎著　PHP研究所　1988.6　227p　15cm　(PHP文庫)〈『随筆 日本歴史を散歩する』改題書〉　400円　⑪4-569-26153-1

◇戦国名将伝　檀一雄著　徳間書店　1988.5　315p　15cm　（徳間文庫）　440円　⑪4-19-598525-0

◇戦国と現代 成功の原則―作家や学者が書かなかった真の勝者　新井喜美夫著　プレジデント社　1988.4　270p　19cm　1300円　⑪4-8334-1305-1

◇豊臣秀吉　豊田穣著, 松室加世子画　講談社　1988.4　333p　21cm　（少年少女伝記文学館 8）　1400円　⑪4-06-194608-0

◇秀吉の知略　小学館　1988.4　254p　15cm　（戦国・覇者の戦略 4）　580円　⑪4-09-401004-1

◇豊臣秀吉―戦国の世を統一した天下人　柳川創造シナリオ, 久松文雄漫画　集英社　1988.2　141p　21cm　（学集漫画 日本の伝記）　680円　⑪4-08-241003-1

◇戦国の組織と人脈　堺屋太一, 田原総一朗, 三浦朱門, 百瀬明治, 童門冬二, 小和田哲男著　集英社　1987.12　269p　19cm　（日本を創った戦略集団 2）　1400円　⑪4-08-194002-9

◇定本 名将の演出　大橋武夫著　マネジメント社　1987.12　3冊　19cm　10000円　⑪4-8378-0211-7

◇戦国武将名言集　桑田忠親　広済堂出版　1987.11　250p　15cm　（広済堂文庫）　400円　⑪4-331-65026-X

◇日本歴史の精神分析　中野久夫著　時事通信社　1987.11　241p　19cm　1500円　⑪4-7887-8736-9

◇腹心―秀吉と清正　寺林峻著　講談社　1987.11　298p　19cm　1400円　⑪4-06-203465-4

◇文禄慶長の役　池内宏著　〔復刻版〕　吉川弘文館　1987.11　3冊（別編、別冊共）　21cm　25000円　⑪4-642-02620-7

◇乱世の知謀と決断　堺屋太一編　集英社　1987.10　269p　19cm　（日本を創った戦略集団 1）　1400円　⑪4-08-194001-0

◇戦国武将おもしろ大百科　山梨輝雄著　広済堂出版　1987.9　263p　13cm　（豆

たぬきの本 208）380円　①4-331-20108-2
◇戦国武将の食生活―勝ち残るための秘伝　永山久夫著　ジャパンポスト出版部　1987.9　238p　19cm（ポスト・ブック）1200円　①4-915230-04-X
◇人望力―人をひきつける力とは何か　邑井操著　PHP研究所　1987.8　236p　19cm　980円　①4-569-22074-6
◇羽柴秀吉―怒濤の天下取り　学習研究社　1987.7　171p　26cm（歴史群像シリーズ 3）〈付属資料：図1枚〉　893円　①4-05-105140-4
◇サラリーマン日本史―山上憶良から夏目漱石まで　福田紀一著　旺文社　1987.5　253p　15cm（旺文社文庫）400円　①4-01-061691-1
◇戦国おもしろ読本―武将の謎・逸話・真実　桑田忠親著　広済堂出版　1987.5　265p　15cm（広済堂文庫）400円　①4-331-65020-0
◇戦国武将ビジネス読本―統率力と戦略　南条範夫著　広済堂出版　1987.5　239p　15cm（広済堂文庫）400円　①4-331-65019-7
◇戦国名将 生き方の極意　西東玄著　PHP研究所　1987.5　245p　15cm（PHP文庫）450円　①4-569-26110-8
◇戦いにおける「勢い」の研究―何が組織に勝利をもたらしたか　百瀬明治著　PHP研究所　1987.4　238p　18cm（PHPビジネスライブラリー A - 20）680円　①4-569-21976-4
◇家康・秀吉・信長の経営戦略　佐々克明著　潮出版社　1987.3　221p　15cm（潮文庫）380円　①4-267-01126-5
◇戦国名将に学ぶ勝ち残りの戦略―状況の読み方・生かし方　風巻絃一著　三笠書房　1986.12　300p　15cm（知的生き方文庫）440円　①4-8379-0135-2
◇歴史のなかの下剋上　嶋岡晨著　名著刊行会　1986.11　304p　19cm　1500円　①4-8390-0228-0
◇戦国おんな史談　桑田忠親著　潮出版社　1986.10　226p　15cm（潮文庫）360円　①4-267-01103-6
◇選択と経略―大局を読み事を成す条件　山本七平ほか著　三笠書房　1986.10　284p　19cm（歴史に学ぶ生きかた学）1200円　①4-8379-1308-3
◇戦国武将の謎―日本史の旅　駒敏郎著　祥伝社　1986.9　221p　15cm（ノン・ポシェット）380円　①4-396-31009-9
◇太閤豊臣秀吉　桑田忠親著　講談社　1986.9　200p　15cm（講談社文庫）320円　①4-06-183831-8
◇豊臣秀吉の幼少年時代　寺尾大蔵著　六興出版　1986.9　198p　19cm　980円
◇組織を動かす―統率者の論理　童門冬二著　三笠書房　1986.8　280p　15cm（知的生きかた文庫）420円　①4-8379-0122-0
◇太閤展　MOA美術館編　〔熱海〕　エムオーエー商事　1986.8　121p　23×24cm〈豊臣秀吉年譜：p119～121〉
◇名将ちょっといい言葉―武将に学ぶビジネス訓　宝井琴鶴著　商業界　1986.8　261p　19cm（まあきゅりい・ぶっくす）1200円
◇男の値打ちは「度量」で決まる―修羅場に強い知将・闘将のケンカと迫力の方法　童門冬二著　大和出版　1986.6　219p　19cm　1000円　①4-8047-1084-1
◇統率　大橋武夫著　三笠書房　1986.6　302p　15cm（知的生きかた文庫）440円　①4-8379-0107-7
◇戦国帝王学・決断・先見・調整　佐々克明著　三笠書房　1986.5　242p　19cm　1000円　①4-8379-1296-6
◇強い指導者―戦国武将新研究　会田雄次, 百瀬明治著　力富書房　1986.4　270p　19cm（リキトミブックス 19）1000円　①4-89776-019-4
◇豊臣秀吉　松永義弘著, 成瀬数富絵　あかね書房　1986.4　205p　19cm（嵐の中の日本人シリーズ 7）880円　①4-251-08180-3
◇日本武将譚　菊池寛著　文芸春秋　1986.3　265p　15cm（文春文庫）360円　①4-16-741001-X

◇信長・秀吉・家康の戦略戦術　佐々克明著　三笠書房　1986.3　259p　15cm　（知的生きかた文庫）　400円　Ⓡ4-8379-0094-1
◇キリスト教人名辞典　日本基督教団出版局　1986.2　2094p　27cm　〈主要参考文献：p2091～2093〉　43000円
◇戦国日本と世界　大石慎三郎編　ぎょうせい　1986.2　173p　26cm　（海外視点・日本の歴史 8）　2800円　Ⓡ4-324-00262-2
◇戦国武将人使い名人伝　矢田挿雲著〔新装版〕原書房　1986.2　226p　20×14cm　1200円　Ⓡ4-562-01704-X
◇豊臣秀吉　小和田哲男著　中央公論社　1985.11　200p　18cm　（中公新書）　500円　Ⓡ4-12-100784-0
◇太閤の手紙　桑田忠親著　文芸春秋　1985.4　252p　16cm　（文春文庫）　300円　Ⓡ4-16-730302-7
◇豊臣秀吉の研究―歴史に学ぶリーダーの条件　渡部昇一ほか著　プレジデント社　1984.12　244p　18cm　（イルカの本）　720円　Ⓡ4-8334-4020-2
◇豊臣秀吉　桑田忠親著　角川書店　1984.8　244p　15cm　（角川文庫）〈豊臣秀吉の肖像あり〉　340円　Ⓡ4-04-309705-0
◇豊臣秀吉　福武書店　1984.7　176p　26cm　（歴史ライブ）　1400円　Ⓡ4-8288-0310-6, 4-8288-0300-9
◇豊臣秀吉　河出書房新社　1983.10　268p　21cm　（河出人物読本）〈執筆：林屋辰三郎ほか〉　980円
◇豊臣秀吉　旺文社編　旺文社　1983.8　192p　26cm　（現代視点 戦国・幕末の群像）〈豊臣秀吉の肖像あり〉　1900円　Ⓡ4-01-070558-2
◇豊臣秀吉―天下取りの機智と戦略　江崎俊平著　社会思想社　1983.7　276p　15cm　（現代教養文庫 1087）〈関係年表：p266～271〉　480円
◇秀吉の経営手腕―戦国参謀part6　佐々克明著　産業能率大学出版部　1983.7　212p　19cm　1200円
◇写真太閤記　渡辺武ほか共著　大阪保育社　1983.5　149p　15cm　（カラーブックス 606）〈豊臣秀吉の肖像あり〉　500円　Ⓡ4-586-50606-7
◇見た聞いた考えた豊臣秀吉大研究―地元にいるから秀吉が見えてきた!!　舟橋武志著　名古屋　マイタウン　1983.3　267p　22cm　〈豊臣秀吉の肖像あり〉　2900円
◇豊臣秀吉の発想力と知謀　桑田忠親著　広済堂出版　1982.4　266p　18cm　(Kosaido books)〈背の書名：発想力と知謀〉　680円
◇近世日本国民史豊臣秀吉　4　豊臣氏時代　庚篇　徳富蘇峰著, 平泉澄校訂　講談社　1981.11　488p　15cm　（講談社学術文庫）　880円　Ⓡ4-06-158554-1
◇信長・秀吉・家康の人間関係学　関崎一, 中西信男著　新人物往来社　1981.11　241p　20cm　2000円
◇近世日本国民史豊臣秀吉　3　豊臣氏時代　丙篇　徳富蘇峰著, 平泉澄校訂　講談社　1981.10　435p　15cm　（講談社学術文庫）　840円
◇日本史　1　豊臣秀吉篇　1　フロイス著, 松田毅一, 川崎桃太訳　中央公論社　1981.10　397p　20cm　〈普及版〉　1200円
◇日本史　2　豊臣秀吉篇　2　フロイス著, 松田毅一, 川崎桃太訳　中央公論社　1981.10　365p　20cm　〈普及版〉　1200円
◇豊太閤真蹟集　豊臣秀吉書　東京大学出版会　1981.10　3冊(解説共)　41cm　〈解説：東京大学史料編纂所著　昭和13年刊の複製　和装〉　200000円
◇近世日本国民史豊臣秀吉　2　豊臣氏時代　乙篇　徳富蘇峰著, 平泉澄校訂　講談社　1981.9　420p　15cm　（講談社学術文庫）　840円
◇豊臣秀吉のすべて　桑田忠親編　新人物往来社　1981.9　331p　20cm　2200円
◇近世日本国民史豊臣秀吉　1　豊臣氏時代　甲篇　徳富蘇峰著, 平泉澄校訂　講談社　1981.8　427p　15cm　（講談社学術文庫）　840円

◇歴史への招待　13　日本放送出版協会　1981.3　241p　26cm　1300円

◇信長公記　川角太閤記　清正朝鮮記　太田和泉守著, 川角三郎右衛門著　千秋社　1980.11　6冊　23cm　〈我自刊我書版の複製　箱入(28cm) 限定版　和装〉全46000円

◇豊太閤の私的生活　渡辺世祐著, 桑田忠親校訂　講談社　1980.6　345p　15cm　(講談社学術文庫)　600円

◇太閤記　小瀬甫庵原著, 吉田豊訳　〔東村山〕教育社　1979.12　4冊　18cm　(教育社新書)　各700円

◇桑田忠親著作集　第5巻　豊臣秀吉　秋田書店　1979.8　350p　20cm　1900円

◇日本の合戦　6　豊臣秀吉　桑田忠親編集　新人物往来社　1978.5　464p　20cm　〈監修：桑田忠親　豊臣秀吉ほかの肖像あり　新装版〉1500円

◇日本史　2　豊臣秀吉篇　2　フロイス著, 松田毅一, 川崎桃太訳　中央公論社　1977.12　365p　図　20cm　1700円

◇日本史　1　豊臣秀吉篇　1　フロイス著, 松田毅一, 川崎桃太訳　中央公論社　1977.10　397p　図　20cm　1800円

◇下剋上の王者―豊臣秀吉　佐々克明著　思索社　1977.9　233p　20cm　1400円

◇日本史の人物像　4　豊臣秀吉　高柳光寿編集解説　筑摩書房　1977.7　278p　19cm　〈新装版〉1300円

◇大かうさまくんきのうち　太田牛一著, 慶応義塾大学附属研究所斯道文庫編　汲古書院　1975　2冊(翻字篇共)　22cm　(斯道文庫古典叢刊 3)　〈翻字篇：解題翻字(大沼晴暉)〉全4000円

◇豊臣秀吉研究　桑田忠親著　角川書店　1975　682p　22cm　6800円

◇秀吉と文禄の役―フロイス「日本史」より　フロイス著, 松田毅一, 川崎桃太編訳　中央公論社　1974　191p　18cm　(中公新書)　380円

◇秀吉に学ぶ統率力　長沼博明著　カルチャー出版社　1974　226p　19cm　700円

◇豊臣秀吉―物語と史蹟をたずねて　嶋岡晨著　成美堂出版　1973　215p　図　19cm　600円

◇豊臣秀吉の成功法　長沼博明著　カルチャー出版社　1973　231p　19cm　680円

◇絵伝太閤物語　原田種純著　雄山閣出版　1972　180p　肖像　19cm　(物語歴史文庫 22)　680円

◇日本の歴史を横断した豊臣秀吉　白石一郎著　社町(兵庫県)　賀毛郷土研究会　1972　48p　26cm　(小・中・高校社会科資料 第6集)　〈豊臣秀吉年譜・参考文献：p.43-46〉

◇太閤記　小瀬甫庵著, 桑田忠親校訂　新人物往来社　1971　643p　20cm　3000円

◇秀吉の生涯　渡辺世祐著　新人物往来社　1971　267p　20cm　〈『豊太閤の私的生活』(創元社昭和14)の改題〉850円

◇豊太閤とその家臣の出自―その真相を追求する　森脇宏之著　神戸　森脇宏之　1967　56p　21cm　〈明治百年記念〉

◇太閤と外交―秀吉晩年の風貌　松田毅一著　桃源社　1966　281p　20cm　(桃源選書)　450円

◇史料からみた秀吉の正体　田村栄太郎著　雄山閣　1965　2冊　22cm

◇太閤記―豊臣秀吉風雲録　邑井操著　大和書房　1965　221p　18cm　(ペンギン・ブックス)

◇太閤記の研究　桑田忠親著　徳間書店　1965　238p　図版　22cm　1500円

◇太閤軍記　松好貞夫著　人物往来社　1965　257p　19cm

◇太閤秀吉の手紙　桑田忠親著　角川書店　1965　250p　図版　15cm　(角川文庫)　120円

◇豊臣秀吉　桑田忠親著　角川書店　1965　247p　18cm　(角川新書)

◇秀吉と家康―乱世を生きた二つの個性　邑井操著　大和書房　1965　211p　表　18cm　(ペンギンブックス)

◇秀吉の人間関係　清水定吉, 小島鋼平共著　名古屋　中部財界社　1965　247p　18cm　（中部財界マネージメント読本）300円

◇桃山文化太閤記　岡本吉二郎著　京都　桃山観光開発出版部　1965　263p　図版　19cm　330円

◇豊臣秀吉―南蛮人の記録による　岡本良知著　中央公論社　1963　190p（図版共）18cm　（中公新書）

◇豊臣秀吉　尾崎士郎著　河出書房新社　1961　248p　図版　19cm　（現代人の日本史 第14）

◇はだか太閤記―豊臣秀吉の人間像　桑田忠親著　講談社　1961　225p　18cm　（ミリオン・ブックス）

◇太閤の手紙　桑田忠親著　文芸春秋新社　1959　276p　図版　20cm

◇豊臣秀吉　鈴木良一著　岩波書店　1954　220p　地図　18cm　（岩波新書）

前田 利家　まえだ としいえ

　天文7年(1538年)～慶長4年(1599年)閏3月3日　武将。加賀金沢藩主。尾張国（愛知県）の人。幼名は犬千代。通称は孫四郎、又左衛門尉。前田利昌の四男。織田信長に仕え、永禄2年(1559年)信長の勘気を受けて蟄居したが、永禄12年(1569年)許されて兄利久に代わって前田家をつぐ。桶狭間、姉川、長篠の戦いなどの功により、天正3年(1575年)越前府中、天正9年(1581年)能登七尾城主となる。豊臣秀吉と柴田勝家が対立すると、初め勝家側にあったが、賤ヶ岳の戦で勝家側の敗退をみて秀吉に従う。秀吉より加賀半国を与えられ尾山城（金沢城）に移り、加賀藩主前田家の祖となる。天正14年(1586年)筑前守の受領を許され、翌年の九州征伐では京都・大坂の守護、天正18年(1590年)の小田原征伐には北関東から進撃して奥羽征伐にも従い、文禄元年(1592年)の文禄の役では名護屋に駐留して徳川家康とともに秀吉の朝鮮渡海を諫止。慶長2年(1597年)大納言となり、五大老に列す。慶長3年(1598年)秀吉が死亡すると、秀頼の後見役となって豊臣政権の建て直しに努めたが、翌年病死した。なお子の利長は関ヶ原の戦で東軍に属し、所領を安堵された。秀吉の妻北政所（高台院）と利家の妻芳春院とは幼なじみ、三女まあは秀吉の妾、四女豪と六女菊は秀吉の養女という親族同様の関係にあった。

◇戦国武将からの手紙―乱世に生きた男たちの素顔　吉本健二著　学習研究社　2008.5　300p　15cm　（学研M文庫）〈『手紙から読み解く戦国武将意外な真実』改稿・改題書〉　667円　①978-4-05-901220-7

◇武将列伝 戦国爛熟篇　海音寺潮五郎著　新装版　文芸春秋　2008.5　403p　15cm　（文春文庫）　686円　①978-4-16-713555-3

◇歴史人物ウラの素顔　歴史の謎プロジェクト編　ベストセラーズ　2007.12　239p　15cm　（ワニ文庫）　619円　①978-4-584-39253-9

◇「戦国武将」名将のすごい手の内―頭一つ抜け出す生き方　小和田哲男著　三笠書房　2007.9　238p　15cm　（知的生きかた文庫）　533円　①978-4-8379-7656-1

◇男たちの戦国―戦国武将友情始末　夏野清三郎著　ぶんか社　2007.6　205p　15cm　（ぶんか社文庫）　600円　①978-4-8211-5101-1

◇前田利家公初陣の像建立記念誌　〔名古屋〕　前田利家公顕彰会　2007.4　76p　30cm　〈共同刊行：名古屋クオリティライオンズクラブ　年譜あり〉

◇逆境を生き抜く男の人間学―歴史上の人物に学ぶ　山下康博著　中経出版　2007.2　191p　19cm　1300円　①978-4-8061-2644-7

◇前田利家　童門冬二著　小学館　2006.11　316p　15cm　（小学館文庫）　552円　①4-09-408127-5

◇名将の法則―戦国乱世を生き抜いた12人の知られざる決断とは　安部竜太郎著　日本実業出版社　2006.8　254p　19cm　1600円　①4-534-04106-3

◇殿様の通信簿　磯田道史著　朝日新聞社　2006.6　253p　21cm　1300円　①4-02-250189-8

◇戦国武将 男の値打ち―知られざる値千金の逸話 この人間的魅力を見よ！　田中春泥著　三笠書房　2006.3　253p　15cm　（知的生きかた文庫）　533円　①4-8379-7548-8

◇戦国武将の危機突破学　童門冬二著　日本経済新聞社　2005.8　309p　15cm　（日経ビジネス人文庫）　667円　①4-532-19305-2

◇サムライたちの遺した言葉　秋庭道博著　PHP研究所　2004.9　213p　18cm　（PHPエル新書）　760円　①4-569-63833-3

◇役に立つ戦国武将―厳選50人　時代劇雑学研究会編　リイド社　2004.4　223p　15cm　（リイド文庫）　562円　①4-8458-2758-1

◇幹になる男、幹を支える男―この「絆」が歴史を動かした　童門冬二著　青春出版社　2003.11　253p　15cm　（青春文庫）〈『人間の絆』改題書〉　571円　①4-413-09279-1

◇利家とまつ　上　竹山洋著　新潮社　2003.10　422p　15cm　（新潮文庫）　590円　①4-10-119321-5

◇利家とまつ　下　竹山洋著　新潮社　2003.10　446p　15cm　（新潮文庫）　590円　①4-10-119322-3

◇戦国15大合戦の真相―武将たちはどう戦ったか　鈴木真哉著　平凡社　2003.8　252p　18cm　（平凡社新書）　760円　①4-582-85193-2

◇戦国越中を行く　北日本新聞社編　富山　北日本新聞社　2003.7　253p　19cm　1714円　①4-906678-72-6

◇前田利家―図説 前田育徳会の史料にみる　菊池紳一著　新人物往来社　2002.12　395p　22cm　〈肖像あり　年表あり〉　7800円　①4-404-02974-8

◇「利家とまつ」の夫婦学―二人で築いた加賀百万石　上之郷利昭著　プレジデント社　2002.9　287p　20cm　1500円　①4-8334-1757-X

◇「利家とまつ」に学ぶビジネスマンのための49の知恵　竹山洋著　幻冬舎　2002.8　262p　19cm　1400円　①4-344-00218-0

◇前田利家と能登・七尾―七尾市・前田利家入府420年記念シンポジウム　七尾市教育委員会文化課編　七尾　七尾市　2002.8　197p　21cm　〈金沢　北国新聞社（発売）　執筆：戸部新十郎ほか　年表あり〉　1800円　①4-8330-1218-9

◇参謀は秀吉―勝者たちに学ぶビジネス戦略　河合敦著　河出書房新社　2002.5　222p　19cm　1400円　①4-309-22384-2

◇利家・利長・利常―前田三代の人と政治　見瀬和雄著　金沢　北国新聞社　2002.3　226p　19cm　1800円　①4-8330-1204-9

◇史伝前田利家　左方郁子著　学習研究社　2002.2　281p　15cm　（学研M文庫）〈年表あり〉　600円　①4-05-901113-4

◇前田利家―風雪百万石への道　新人物往来社　2002.2(第2刷)　216p　26cm　（別冊歴史読本 89）　1800円　①4-404-02789-3

◇前田利家―北陸の覇者　西ヶ谷恭弘、三木範治著　JTB　2002.2　255p　19cm　〈年譜あり〉　1600円　①4-533-04116-7

◇戦国二人三脚―まつと又左と子どもたち　杉本苑子著　日本放送出版協会　2002.1　221p　20cm　1300円　①4-14-080655-9

◇「追跡」ふるさとの前田利家　舟橋武志編　名古屋　ブックショップ「マイタウン」　2002.1　152p　26cm　〈年譜あり　文献あり〉　1600円

◇奮闘前田利家―百万石の槍働き　学習研究社　2002.1　195p　26cm　（歴史群像シリーズ）　1600円　①4-05-602639-4

◇前田利家十五ヵ条の訓え―不測の時代に加賀百万石を守り抜いた知恵の結集　戸部新十郎著　青春出版社　2002.1　207p　20cm　1400円　①4-413-03314-0

◇前田利家不倒の武将―かぶき者から偉大な創業者へ　加来耕三著　ベストセラーズ　2002.1　280p　18cm（ベスト新書）〈年表あり　文献あり〉　680円　①4-584-12034-X

◇「利家とまつ加賀百万石物語」展―前田家と加賀文化　嶋崎丞監修, NHK, NHKプロモーション, NHK中部ブレーンズ編　NHK　2002　253p　30cm〈会期・会場：平成14年4月23日―6月2日　江戸東京博物館ほか　共同刊行：NHKプロモーションほか〉

◇一冊で読む前田利家　川口素生著　成美堂出版　2001.12　251p　16cm（成美文庫）　505円　①4-415-06942-8

◇真説・前田利家とまつの時代　勝部真長監修　主婦と生活社　2001.12　221p　21cm（生活シリーズ）〈折り込1枚〉　1500円　①4-391-61350-6

◇戦国武将に学ぶ風格の研究―彼らにおける老いの品性・老いの真価とは　鈴木輝一郎著　祥伝社　2001.12　202p　18cm（ノン・ブック）　819円　①4-396-10423-5

◇戦乱北陸の覇者前田利家の武勇と戦略―槍の又左から加賀宰相へ　成美堂出版　2001.12　144p　26cm（Seibido mook）　1300円　①4-415-09685-9

◇ひげの梶さんと利家とまつを歩こう！　梶本晃司文・写真, 蒲田知美イラスト　広島　南々社　2001.12　166p　26cm（ひげの梶さん歴史文学探歩シリーズ 1）　1850円　①4-931524-06-0

◇百万石異聞・前田利家と松　野村昭子著　叢文社　2001.12　205p　19cm　1600円　①4-7947-0397-X

◇前田利家とまつ　戸部新十郎編　広済堂出版　2001.12　219p　19cm　1300円　①4-331-50856-0

◇前田利家とまつQ&A―加賀百万石の秘密　後藤寿一著　双葉社　2001.12　190p　18cm　800円　①4-575-15314-1

◇前田利家の時代―歴史・文化ガイド　三鬼清一郎監修　日本放送出版協会　2001.12　158p　24cm（NHKシリーズ）　1300円　①4-14-910442-5

◇前田利家の謎　菊池紳一編　新人物往来社　2001.12　263p　19cm　1600円　①4-404-02948-9

◇歴史よもやま話　加賀藩百万石の智恵　中村彰彦著　日本放送出版協会　2001.12　220p　19cm　1300円　①4-14-080644-3

◇加賀百万石物語―利家とまつ絢爛四百年　酒井美意子著　主婦と生活社　2001.11　253p　21cm　1000円　①4-391-12568-4

◇利家とまつ　上　竹山洋著　日本放送出版協会　2001.11　377p　19cm　1500円　①4-14-005372-0

◇利家とまつ　下　竹山洋著　日本放送出版協会　2001.11　390p　19cm　1500円　①4-14-005373-9

◇利家とまつに学ぶ―北国新聞文化センター特別講座「続金沢学」　北国新聞文化センター編　金沢　北国新聞文化センター　2001.11　330p　21cm〈金沢　北国新聞社(発売)　年表あり〉　1800円　①4-8330-1196-4

◇前田利家―知れば知るほど面白い・人物歴史丸ごとガイド　池田こういち著　学習研究社　2001.11　255p　19cm　1300円　①4-05-401524-7

◇前田利家栄光の軌跡　青山克弥編　勉誠出版　2001.11　223p　21cm〈年譜あり　文献あり〉　1800円　①4-585-05119-8

◇前田利家と戦国四十人　小和田哲男, 池田こういち文, 日斉貞夫写真　学習研究社　2001.11　128p　24cm（Gakken graphic books deluxe 20）　1800円　①4-05-401499-2

◇前田利家のすべて　花ヶ前盛明編　新装版　新人物往来社　2001.11　227p　20cm　2800円　①4-404-02947-0

◇加賀百万石物語　酒井美意子著　角川書店　2001.10　283p　15cm（角川ソフィア文庫）　619円　①4-04-360901-9

◇図解雑学前田利家　小和田哲男監修　ナツメ社　2001.10　231p　19cm〈奥付

のタイトル：前田利家〉　1300円　①4-8163-3094-1

◇前田利家小百科―華麗なる加賀百万石の世界を一望する1冊　鎌倉　かまくら春秋社　2001.10　143p　26cm　952円　①4-7740-0185-6

◇前田利家の謎―なぜ生涯ナンバー2を貫いたのか　武田鏡村著　PHP研究所　2001.10　300p　15cm　(PHP文庫)　552円　①4-569-57618-4

◇勇断―前田家三百年の経営学　童門冬二著　日本放送出版協会　2001.10　318p　19cm　1500円　①4-14-080641-9

◇おまつと利家―加賀百万石を創った人びと　前田利祐, 永井路子, 安宅夏夫, 皆森礼子, 小林千草ほか著　集英社　2001.9　227p　21cm　1700円　①4-08-781231-6

◇利家とまつ―加賀百万石への旅　金沢　北国新聞社　2001.9　112p　26×21cm　1000円

◇前田利家とまつの生涯　童門冬二著　三笠書房　2001.7　348p　19cm　1500円　①4-8379-1896-4

◇戦国武将 勝ち残りの戦略―状況を読みいかに闘うか　風巻絃一著　日本文芸社　2001.6　237p　18cm　(日文新書)〈『戦国名将に学ぶ勝ち残りの戦略』再編集・改題書〉　686円　①4-537-25057-7

◇人生を選び直した男たち―歴史に学ぶ転機の活かし方　童門冬二著　PHP研究所　2000.5　242p　15cm　(PHP文庫)　533円　①4-569-57406-8

◇評伝 戦国武将―智略と決断の人間学　童門冬二著　経済界　2000.4　217p　19cm　1333円　①4-7667-8201-1

◇戦国武将の人間学　童門冬二著　小学館　1999.12　267p　15cm　(小学館文庫)　514円　①4-09-403532-X

◇前田利家のルーツ　吉野外茂吉著　金沢　北国新聞社出版局　1999.12　139p　20cm　1200円　①4-8330-1085-2

◇前田利家のすべて　花ヶ前盛明編　新人物往来社　1999.10　227p　20cm　2800円　①4-404-02826-1

◇加賀百万石　津本陽著　講談社　1999.9　467p　15cm　(講談社文庫)　695円　①4-06-264661-7

◇戦国武将まんだら―秘本三十六人伝　大栗丹後著　春陽堂書店　1999.8　244p　15cm　(春陽文庫)　486円　①4-394-16136-3

◇「槍の又左」、前田利家―加賀百万石の胎動　池田公一著　新人物往来社　1999.7　259p　20cm　2800円　①4-404-02814-8

◇前田利家・利長軍記　青山克弥著　勉誠出版　1999.5　242p　19cm　(日本合戦騒動叢書 14)　2500円　①4-585-05114-7

◇図説 前田利家　図説前田利家編纂委員会編著　金沢　尾山神社, (金沢)北国新聞社〔発売〕　1999.4　151p　26cm　2000円　①4-8330-1055-0

◇図説前田利家　図説前田利家編纂委員会編著　金沢　尾山神社　1999.4　151p　26cm　〈金沢 北国新聞社(発売)〉2000円　①4-8330-1055-0

◇図説前田利家公―藩祖前田利家公四百年祭記念　図説前田利家公編纂委員会編著　金沢　尾山神社　1999.4　151p　26cm　〈金沢 北国新聞社(発売)〉　2000円　①4-8330-1055-0

◇前田利家関係蔵品図録　前田育徳会尊経閣文庫編　前田育徳会尊経閣文庫　1999.3　109p　26cm　〈東京 新人物往来社(製作・発売)〉2800円　①4-404-02809-1

◇前田利家 上　津本陽著　講談社　1997.9　317p　15cm　(講談社文庫)　524円　①4-06-263592-5

◇前田利家 中　津本陽著　講談社　1997.9　294p　15cm　(講談社文庫)　524円　①4-06-263593-3

◇前田利家 下　津本陽著　講談社　1997.9　317p　15cm　(講談社文庫)　524円　①4-06-263594-1

◇前田利家―物語と史蹟をたずねて　井口朝生著　成美堂出版　1995.10　274p　16cm　(成美文庫)〈前田利家の肖像あり　1986年刊の増訂〉　560円　①4-415-06429-9

◇前田利家　下　津本陽著　講談社　1994.12　286p　19cm〈『バサラ利家』改題書〉　1500円　①4-06-207428-1

◇前田利家　中　津本陽著　講談社　1994.11　286p　19cm　1500円　①4-06-207361-7

◇前田利家　上　津本陽著　講談社　1994.10　310p　19cm　1500円　①4-06-207314-5

◇歴史を変えた野望の戦国史—国盗りに賭けた勇将たちの決断　寺林峻著　日本文芸社　1993.5　251p　15cm　(にちぶん文庫)　480円　①4-537-06223-1

◇前田利家　戸部新十郎著　毎日新聞社　1993.3　331p　19cm　1500円　①4-620-10471-X

◇日本史大逆転—もしも…あの時　奈良本辰也ほか著　天山出版, 大陸書房〔発売〕　1992.5　257p　18cm　(天山ブックス)　800円　①4-8033-3510-9

◇秀吉・利家・家康　石川県立歴史博物館編　金沢　石川県立歴史博物館　1992.4　84p　26cm

◇加賀百万石物語—秘史・前田家の戦争と平和　酒井美意子著　主婦と生活社　1992.1　253p　19cm　1400円　①4-391-11419-4

◇戦国武将 誰も知らない苦労話　桑田忠親著　三笠書房　1991.9　248p　15cm　(知的生きかた文庫)　450円　①4-8379-0466-1

◇戦国武将の本領　戸部新十郎著　読売新聞社　1991.1　268p　19cm　1300円　①4-643-90116-0

◇茶道人物辞典　原田伴彦編　柏書房　1991.1　290, 22p　22cm　〈新装版〉　4944円　①4-7601-0620-0

◇人心掌握の天才たち—戦国武将に学ぶリーダーの条件　童門冬二著　PHP研究所　1990.2　251p　15cm　(PHP文庫)〈『戦国武将 人心掌握の極意』改題書〉　460円　①4-569-56244-2

◇戦国武将の危機管理—生死を賭けた戦乱の行動原理とは　新宮正春著　PHP研究所　1989.8　229p　19cm　1050円　①4-569-52568-7

◇強いリーダー生き方の秘密—こんな男に人と運はついてくる　童門冬二著　経済界　1989.8　214p　18cm　(リュウブックス 0159)　750円　①4-7667-0159-3

◇前田利家　岩沢愿彦著　吉川弘文館　1988.10　379p　19cm　(人物叢書 新装版)〈新装版 前田利家の肖像あり 折り込図1枚　叢書の編者：日本歴史学会〉　1900円　①4-642-05133-3

◇人生を選び直した男たち—歴史に学ぶ転機の哲学　童門冬二著　PHP研究所　1988.9　206p　19cm　1200円　①4-569-22305-2

◇戦国武将に学ぶ決断の時　玉木重輝著　鈴木出版　1988.7　252p　19cm　1400円　①4-7902-9010-7

◇戦国武将の遺書　桑田忠親著　広済堂出版　1988.7　246p　15cm　(広済堂文庫)　420円　①4-331-65035-9

◇事例研究 補佐役　下村彰義著　日本能率協会　1987.11　194p　19cm　1200円　①4-8207-0445-1

◇戦国武将名言集　桑田忠親著　広済堂出版　1987.11　250p　15cm　(広済堂文庫)　400円　①4-331-65026-X

◇不倒の城 前田利家　花村奨著　叢文社　1987.2　431p　19cm　(現代を拓く歴史名作シリーズ)　1600円　①4-7947-0146-2

◇戦国名将に学ぶ勝ち残りの戦略—状況の読み方・生かし方　風巻絃一著　三笠書房　1986.12　300p　15cm　(知的生き方文庫)　440円　①4-8379-0135-2

◇戦国武将の家訓　佐藤和夫著　新人物往来社　1986.9　300p　19cm　2300円　①4-404-01382-5

◇名将ちょっといい言葉—武将に学ぶビジネス訓　宝井琴鶴著　商業界　1986.8　261p　19cm　(まあきゅりい・ぶっくす)　1200円

◇男の値打ちは「度量」で決まる—修羅場に強い知将・闘将のケンカと迫力の方法

童門冬二著　大和出版　1986.6　219p　19cm　1000円　①4-8047-1084-1

◇前田利家─物語と史蹟をたずねて　井口朝生著　成美堂出版　1986.6　224p　19cm　〈前田利家の肖像あり　付(1枚)〉　900円　①4-415-06559-7

◇前田利家　上　戸部新十郎著　光文社　1986.6　316p　15cm　(光文社時代小説文庫)　420円　①4-334-70364-X

◇前田利家　下　戸部新十郎著　光文社　1986.6　277p　15cm　(光文社時代小説文庫)　420円　①4-334-70365-8

◇戦国武将人使い名人伝　矢田挿雲著〔新装版〕原書房　1986.2　226p　20×14cm　1200円　①4-562-01704-X

◇前田利家物語─加賀百万石の祖　北村魚泡洞著　金沢　北国出版社　1978.4　193p　19cm　900円

◇前田利家　岩沢愿彦著　吉川弘文館　1966　379p　図版　18cm　(人物叢書　日本歴史学会編)　450円

鳥居 元忠
とりい もとただ

天文8年(1539年)～慶長5年(1600年)8月1日

武将。三河国(愛知県)の人。通称は彦右衛門。今川氏の人質として駿府に在住中の徳川家康の側近として仕え、姉川の戦い、三方ヶ原の戦い、長篠の戦いなどの戦で軍功をあげる。天正10年(1582年)北条氏勝を甲斐で破って甲斐郡内の地を与えられ、天正18年(1590年)家康の関東入国に伴って下総矢作4万石を与えられた。豊臣秀吉の執奏による官位授与を徳川氏譜代を理由に固辞したといわれる。慶長5年(1600年)関ヶ原の戦いでは東軍に属して伏見城の留守を預かったが、西軍の包囲にあって戦死した。

＊　　＊　　＊

◇周平独言　藤沢周平著　新装改版　中央公論新社　2006.10　358p　19cm　1900円　①4-12-003776-2

◇戦国武将の遺言36選　歴史探訪研究の会編　リイド社　2005.6　254p　15cm　(リイド文庫)　476円　①4-8458-2779-4

◇家康名臣伝　童門冬二著　東洋経済新報社　2002.10　326p　19cm　1600円　①4-492-06131-2

◇鳥居元忠　和田兼三郎編著　復刻〔鈴木正夫〕1999.7　233, 23p　23cm　〈原本：大正11年刊　折り込本4枚〉

◇角川日本姓氏歴史人物大辞典　26　京都市姓氏歴史人物大辞典　竹内理三ほか編纂　京都市姓氏歴史人物大辞典編纂委員会編著　角川書店　1997.9　909p　23cm　①4-04-002260-2

◇鳥居元忠　志津三郎著　成美堂出版　1996.10　417p　19cm　1600円　①4-415-06705-0

◇戦国の軍師たち　堀和久著　文芸春秋　1990.10　278p　15cm　(文春文庫)〈『軍師の時代』改題書〉400円　①4-16-749502-3

◇家康・十六武将　徳永真一郎著　PHP研究所　1987.12　330p　15cm　(PHP文庫)　500円　①4-569-26131-0

◇徳川家臣団─組織を支えたブレーンたち　綱淵謙錠著　講談社　1986.12　254p　15cm　(講談社文庫)　380円　①4-06-183872-5

◇京都大事典　佐和隆研ほか編集　京都　淡交社　1984.11　1083, 91p　27cm　12000円　①4-473-00885-1

◇千葉大百科事典　千葉日報社編　千葉　千葉日報社　1982.3　1070p　図版102枚　31cm　〈折り込図1枚　付(別冊 152p 30cm)〉23000円

◇戦国大名家臣団事典　東国編　山本大, 小和田哲男編　新人物往来社　1981.8　427p　22cm　6800円

細川 ガラシャ
ほそかわ がらしゃ

永禄6年(1563年)～慶長5年(1600年)

キリシタン女性。名は玉。明智光秀の娘で、織田信長の媒酌により細川忠興の妻となる。天正10年(1582年)本能寺の変により一旦離縁し、丹後の味土野に幽閉されるが、豊臣秀吉の仲介によって復縁。忠興と親しかった高山右近の教え

でキリシタンに関心を持ち、忠興の九州出陣中に大坂で受洗し、熱心なキリシタンとなる。洗礼名のガラシャは"恩寵"の意。関ヶ原の戦いの際、東軍人質となることを拒否し、キリシタンは自害できないことから家老に胸を突かせて死んだ。

　　　　　　＊　　＊　　＊

◇日本史を変えた夫の戦い妻の戦い　中江克己著　青春出版社　2008.1　220p　18×11cm　（青春新書INTELLIGENCE）730円　Ⓘ978-4-413-04191-1

◇超歴史ミステリーロマン　vol.1　女たちの戦国　超歴史ミステリーロマン取材班編・著,宮本義己監修　マイクロマガジン社　2007.12　142p　26cm　1300円　Ⓘ978-4-89637-275-5

◇戦国の妻たち　山村竜也著　リイド社　2005.12　239p　15cm　（リイド文庫）476円　Ⓘ4-8458-2638-0

◇戦国の女性たち―16人の波乱の人生　小和田哲男編　河出書房新社　2005.9　253p　19cm　1500円　Ⓘ4-309-22435-0

◇戦国の女たちを歩く　田端泰子著　山と渓谷社　2004.7　143p　21cm　（歩く旅シリーズ　歴史・文学）1500円　Ⓘ4-635-60064-5

◇感謝の心を忘れずに　下川高士絵・文　新人物往来社　2003.11　77p　21cm　（シリーズ：こどもとおとなたちに贈る人物日本の歴史 2）　1000円　Ⓘ4-404-03172-6

◇武士と世間―なぜ死に急ぐのか　山本博文著　中央公論新社　2003.6　213p　18cm　（中公新書）740円　Ⓘ4-12-101703-X

◇京都の女性史　京都橘女子大学女性歴史文化研究所編　京都　思文閣出版　2002.10　241p　21cm　2400円　Ⓘ4-7842-1123-3

◇美女たちの日本史　永井路子著　中央公論新社　2002.7　218p　19cm　1500円　Ⓘ4-12-003291-4

◇ホイヴェルス神父　日本人への贈り物　ヘルマン・ホイヴェルス著,土居健郎、森田明編　新装版　春秋社　2002.6　198p　19cm　1700円　Ⓘ4-393-21616-4

◇その時歴史が動いた　13　NHK取材班編　名古屋　KTC中央出版　2002.5　253p　19cm　1600円　Ⓘ4-87758-221-5

◇大阪人物辞典　三善貞司編　大阪　清文堂出版　2000.11　1304, 70p　23cm　16000円　Ⓘ4-7924-0499-1

◇手紙のなかの日本人　半藤一利著　文芸春秋　2000.11　245p　18cm　（文春新書）710円　Ⓘ4-16-660138-5

◇角川日本姓氏歴史人物大辞典　26　京都市姓氏歴史人物大辞典　竹内理三ほか編纂　京都市姓氏歴史人物大辞典編纂委員会編著　角川書店　1997.9　909p　23cm　Ⓘ4-04-002260-2

◇日本恋愛事件史　山崎洋子著　講談社　1997.8　299p　15cm　（講談社文庫）〈『歴史を彩った恋人たち』改題書〉　486円　Ⓘ4-06-263576-3

◇人物日本歴史館　戦国篇―誰もが天下争覇の夢を見た！　児玉幸多監修　三笠書房　1996.11　526p　15cm　（知的生きかた文庫）　980円　Ⓘ4-8379-0842-X

◇戦国夜話―こころの風景　遠藤周作著　小学館　1996.6　157p　18cm　1000円　Ⓘ4-09-840040-5

◇大阪墓碑人物事典　近松誉文編　大阪　東方出版　1995.11　310p　20cm　2900円　Ⓘ4-88591-458-2

◇悪妻は六十年の不作か？　日本テレビ放送網　1994.8　247p　19cm　（知ってるつもり?! 18）　1100円　Ⓘ4-8203-9419-3

◇細川ガラシャのすべて　上総英郎編　新人物往来社　1994.6　220p　20cm　2800円　Ⓘ4-404-02110-0

◇生存の法則―細川一族の闘い　加来耕三著　毎日新聞社　1994.4　260p　19cm　1400円　Ⓘ4-620-30986-9

◇京都大事典　府域編　京都　淡交社　1994.3　696, 39p　27cm　〈監修：上田正昭,吉田光邦〉　12000円　Ⓘ4-473-01327-8

◇日本史・乱世に生きた悲運の女たち―苦難に彩られた戦国の女系図　村松駿吉著

日本文芸社　1994.2　237p　15cm　（にちぶん文庫）〈『話のタネ本戦国女性史』改題書〉　480円　Ⓘ4-537-06245-2
◇戦国武将の妻たち　百瀬明治著　PHP研究所　1993.11　235p　19cm　1350円　Ⓘ4-569-54165-8
◇日本史・激情に燃えた炎の女たち―奔放に生き抜いた女たちの色と欲　村松駿吉著　日本文芸社　1993.9　235p　15cm（にちぶん文庫）〈『日本史を揺がした女』改題書〉　480円　Ⓘ4-537-06233-9
◇日本女性人名辞典　日本図書センター　1993.6　1274p　27cm〈監修：芳賀登ほか〉　26780円　Ⓘ4-8205-7128-1
◇ウラ読みの人物・日本史―日本史を揺るがした豪傑・烈女の素顔　村松駿吉著　日本文芸社　1993.3　237p　15cm（にちぶん文庫）〈『話のタネ本人物日本史』改題書〉　480円　Ⓘ4-537-06219-3
◇歴史に舞った女たち　沢田ふじ子著　広済堂出版　1993.2　289p　15cm（広済堂文庫）〈『火宅往来』改題書〉　480円　Ⓘ4-331-60348-2
◇日本史に光る女性22話―その虚像と実像と　田郷利雄著　近代文芸社　1993.1　197p　19cm　1500円　Ⓘ4-7733-1756-4
◇女たちの本能寺　小石房子著　三交社　1992.11　253p　19cm　1600円　Ⓘ4-87919-539-1
◇狐狸庵 歴史の夜話　遠藤周作著　牧羊社　1992.11　170p　19cm　1600円　Ⓘ4-8333-1531-9
◇勝竜寺城今昔物語　五十棲辰男著　京都京都新聞社　1992.5　306p　19cm　2000円　Ⓘ4-7638-0292-5
◇聞き語り にっぽん女性「愛」史　杉本苑子著　講談社　1992.4　263p　15cm（講談社文庫）　420円　Ⓘ4-06-185121-7
◇三浦綾子全集　第6巻　三浦綾子著　主婦の友社　1992.3　585p　21cm　4500円　Ⓘ4-07-937988-9
◇切支丹時代―殉教と棄教の歴史　遠藤周作著　小学館　1992.2　200p　16cm（小学館ライブラリー 20）　740円　Ⓘ4-09-460020-5

◇歴史のヒロインたち　永井路子著　文芸春秋　1990.9　269p　15cm（文春文庫）　380円　Ⓘ4-16-720022-8
◇歴史ロマン 火宅往来―日本史のなかの女たち　沢田ふじ子著　広済堂出版　1990.8　284p　19cm　1400円　Ⓘ4-331-50294-5
◇細川ガラシャ夫人　三浦綾子著〔新装版〕　主婦の友社　1990.1　384p　19cm　1400円　Ⓘ4-07-935512-2
◇女のエピソード　渋沢竜彦著　ダイワアート　1989.3　152p　19cm　1200円　Ⓘ4-88648-020-9
◇おんなを語り政治を叱る　細川隆一郎著　IN通信社　1988.12　214p　19cm　1300円　Ⓘ4-87218-004-6
◇山河太平記, 人物・日本史記　陳舜臣著　講談社　1988.9　691p　19cm（陳舜臣全集 第27巻）　2900円　Ⓘ4-06-192627-6
◇聞き語り にっぽん女性「愛」史　杉本苑子著　講談社　1988.8　253p　19cm　1200円　Ⓘ4-06-203821-8
◇京・おんな絵物語　永井ひろし著　京都淡交社　1988.4　174p　19cm（イラストリーガイド）　880円　Ⓘ4-473-01037-6
◇キリシタン殉教史跡の旅―信仰に命を捧げた人びと、その足跡を追って　荒木誠三著　大陸書房　1988.4　237p　19cm　1300円　Ⓘ4-8033-1365-2
◇人物・日本史記　陳舜臣著　文芸春秋　1987.10　315p　15cm（文春文庫）　380円　Ⓘ4-16-715013-1
◇歴史のなかの愛―万葉・戦国の女たち　田中澄江著　文芸春秋　1987.9　254p　15cm（文春文庫）　340円　Ⓘ4-16-731303-0
◇謎の人物おもしろ日本史　風早恵介著　日本文芸社　1987.2　221p　18cm（舵輪ブックス）　730円　Ⓘ4-537-02051-2
◇細川ガラシャ夫人　上巻　三浦綾子著　新潮社　1986.3　293p　15cm（新潮文庫）　400円　Ⓘ4-10-116214-X
◇細川ガラシャ夫人　下巻　三浦綾子著　新潮社　1986.3　327p　15cm（新潮文庫）　440円　Ⓘ4-10-116215-8

◇細川ガラシヤ夫人　満江巌著　一粒社　1984.7　165p　19cm　〈聖望社昭和39年刊の新版　細川ガラシヤの肖像あり〉　1100円

◇細川ガラシア夫人―聖列への祈りをこめて　近藤マサ編　山手書房　1982.12　216p　19cm　1000円

◇細川忠興夫人　行待迪原著　増補　芦田行雄著　〔弥栄町(京都府)〕　〔芦田行雄〕　1982.12　29p　26cm

◇熊本県大百科事典　熊本日日新聞社熊本県大百科事典編集委員会編　熊本　熊本日日新聞社　1982.4　1020p　図版16枚　30cm　〈折り込図1枚〉　25000円

◇愛と信仰に生きた細川ガラシヤ展　毎日新聞社　c1982　126p　26cm　〈会期・会場：昭和57年1月4日～17日　三越美術館〉

◇ガラシャ夫人　牧村史陽著　大阪　佳陽会　1980.4　49p　19cm　(史陽選集 53)　〈著者の肖像あり〉

◇細川ガラシア夫人　ヘルマン・ホイヴェルス著　春秋社　1966　180p　図版　19cm　(Shunjû books)　390円

◇伽羅奢細川玉子夫人―貴理至端之精華　宮島真一著　中央出版社　1965　270p　図版　22cm　〈生誕四百年記念〉　700円

◇細川ガラシャ夫人　満江巌著　清水書房　1949　169p　図版　19cm　(切支丹人物叢書　第1篇)

井伊 直政
いい なおまさ

永禄4年(1561年)～慶長7年(1602年)2月1日

武将、徳川家康の重臣。遠江国(静岡県)の人。幼名は万千代。兵部少輔。井伊直親の子。今川氏真に父を殺されて本領を奪われ、諸国を流浪した後、天正3年(1575年)徳川家康に仕えて井伊谷を領有。天正15年(1582年)22歳で旗本一手役の長となる。直政の軍団は武田の遺臣を受けつぎ、浜松に常駐して家康の甲州経営に尽力。小牧・長久手、小田原征伐などで活躍して4万石を得、家康の関東入国と共に上野国箕輪城12万石を与えられる。慶長5年(1600年)関ヶ原の戦いでは本多忠勝と共に監軍で諸大名を指示して功をあげ、戦後、近江佐和山城18万石を領した。酒井忠次、本多忠勝、榊原康政と共に徳川四天王と称される。

＊　　＊　　＊

◇戦国から泰平の世へ―井伊直政から直孝の時代　百花繚乱―彦根歴史絵巻　国宝・彦根城築城400年記念特別企画展　彦根城博物館編　彦根　彦根城博物館　2007.10　88p　21cm　〈会期・会場：平成19年10月27日―11月25日　彦根城博物館〉

◇関ヶ原合戦「武将」たちの言い分―天下分け目の行動学　岳真也著　PHP研究所　2007.8　408p　15cm　(PHP文庫)　686円　①978-4-569-66851-2

◇戦国武将の宣伝術―隠された名将のコミュニケーション戦略　童門冬二著　講談社　2005.12　311p　15cm　(講談社文庫)　571円　①4-06-275281-6

◇井伊直政―家康第一の功臣　羽生道英著　光文社　2004.10　334p　15cm　(光文社時代小説文庫)　571円　①4-334-73774-9

◇家康名臣伝　童門冬二著　東洋経済新報社　2002.10　326p　19cm　1600円　①4-492-06131-2

◇井伊直政―逆境から這い上がった勇将　高野澄著　PHP研究所　1999.12　352p　15cm　(PHP文庫)　629円　①4-569-57351-7

◇戦国武将まんだら―秘本三十六人伝　大栗丹後著　春陽堂書店　1999.8　244p　15cm　(春陽文庫)　486円　①4-394-16136-3

◇江戸人物伝　白石一郎著　文芸春秋　1996.3　248p　15cm　(文春文庫)　420円　①4-16-737015-8

◇角川日本姓氏歴史人物大辞典　22　静岡県姓氏家系大辞典　竹内理三ほか編纂　静岡県姓氏家系大辞典編纂委員会編著　角川書店　1995.12　731p　23cm　16000円

◇井伊直政―天下取りの知恵袋　池内昭一著　叢文社　1995.11　262p　20cm　1500円　①4-7947-0238-8

◇角川日本姓氏歴史人物大辞典　10　群馬

県姓氏家系大辞典　竹内理三ほか編纂　群馬県姓氏家系大辞典編纂委員会編著　角川書店　1994.12　773p　23cm　14800円　Ⓘ4-04-002100-2

◇家康を支えた頭脳集団―天下統一を成し遂げた最強・徳川軍団の英傑たち　萩原裕雄著　日本文芸社　1993.2　251p　15cm　（にちぶん文庫）〈『家康を天下人にした二十人』改題書〉　480円　Ⓘ4-537-06216-9

◇静岡県歴史人物事典　静岡新聞社出版局編　静岡　静岡新聞社　1991.12　608p　27cm　11000円　Ⓘ4-7838-0424-9

◇井伊軍志―井伊直政と赤甲軍団　中村達夫著　〔京都〕　彦根藩史料研究普及会　1989.6　484p　27cm　〈発行所：彦根藩甲冑史料研究所　限定版〉　20000円

◇家康・十六武将　徳永真一郎著　PHP研究所　1987.12　330p　15cm　（PHP文庫）　500円　Ⓘ4-569-26131-0

◇徳川家臣団―組織を支えたブレーンたち　綱淵謙錠著　講談社　1986.12　254p　15cm　（講談社文庫）　380円　Ⓘ4-06-183872-5

◇群馬県人名大事典　前橋　上毛新聞社　1982.11　926p　27cm　20000円

◇郷土歴史人物事典滋賀　渡辺守順著　第一法規出版　1979.7　219p　19cm　1300円

◇群馬県百科事典　前橋　上毛新聞社　1979.2　980, 60, 52p 図版16枚　27cm　20000円

◇郷土歴史人物事典群馬　萩原進著　第一法規出版　1978.10　266p　19cm　1300円

◇静岡大百科事典　静岡新聞社出版局編　静岡　静岡新聞社　1978.3　969p 図版17枚　30cm　〈特装本〉　30000円

◇愛知百科事典　中日新聞社開発局編　名古屋　中日新聞社　1977.1　977p　27cm　15000円

◇井伊直政・直孝　中村不能斎編, 中村元麻呂訂　彦根　彦根史談会　1951　177p 図版　22cm

伝通院
でんづういん

享禄元年(1528年)～慶長7年(1602年)8月28日徳川家康の実母。於大(おだい)の方と呼ばれる。伝通院は法号。三河刈屋城主水野忠政の娘。天文10年(1541年)岡崎城主松平広忠に嫁いで家康を生むが、父忠政の死後、兄信元が織田信長に通じたため、天文13年(1544年)に離縁される。のち尾張の阿古居城主久松俊勝に再嫁し、康元、勝俊、定勝ら3男4女を生む。慶長7年(1602年)家康の招きで伏見城に入り生母として厚遇されたが、同年死去。法号伝通院光岳蓉誉智光大禅定尼。遺骸は徳川家の菩提寺芝増上寺の管する小石川の無量山寿経寺に葬られ、寺名もその法号により伝通院と改められた。

＊　＊　＊

◇徳川家康の生母於大の歴史と遺跡めぐり　村瀬正章著　名古屋　中日出版社　2007.9　257p　19cm　〈肖像あり　年譜あり〉　1500円　Ⓘ978-4-88519-298-2

◇徳川家康の生母於大―その周辺と史跡を訪ねて　村瀬正章著　名古屋　愛知県郷土資料刊行会　1998.11　258p　19cm　1500円　Ⓘ4-87161-065-9

◇戦国武将の妻たち　百瀬明治著　PHP研究所　1993.11　235p　19cm　1350円　Ⓘ4-569-54165-8

◇日本女性人名辞典　日本図書センター　1993.6　1274p　27cm　〈監修：芳賀登ほか〉　26780円　Ⓘ4-8205-7128-1

◇聞き語り にっぽん女性「愛」史　杉本苑子著　講談社　1992.4　263p　15cm　（講談社文庫）　420円　Ⓘ4-06-185121-7

◇於大と信長―忍ぶは一定 忍び草　千草子著　福武書店　1991.12　200p　19cm　1200円　Ⓘ4-8288-2408-1

◇角川日本姓氏歴史人物大辞典　23　愛知県　竹内理三ほか編纂　愛知県姓氏歴史人物大辞典編纂委員会編著　角川書店　1991.10　1052p　23cm　〈愛知県略年表：p944～958　愛知県参考文献一覧・主要文献解題：p1044～1051〉　16000円

◇家康の母　安西篤子著　集英社　1988.8　220p　15cm　（集英社文庫）　320円　①4-08-749363-6
◇愛知百科事典　中日新聞社開発局編　名古屋　中日新聞本社　1977.1　977p　27cm　15000円
◇江戸市井人物事典　北村一夫著　新人物往来社　1974　320p　20cm　1800円
◇於大の方の一生―徳川家康の生母　戸田純蔵著　東浦町（愛知県）　伝通院於大の方顕彰会　1973　53p　図　肖像　21cm　〈出版：愛知県郷土資料刊行会〉
◇於大の方の一生―徳川家康の生母　戸田純蔵著　名古屋　鬼頭印刷所（印刷）　1971　53p　図　肖像　21cm

前田 玄以
まえだ げんい

天文8年(1539年)～慶長7年(1602年)5月7日
　武将。美濃国(岐阜県)の人。号は半夢斎、徳善院。元は尾張小松原寺の住職であったといわれる。織田信忠に仕え、本能寺の変の際に三法師(織田秀信)を託されて尾張に逃れる。織田信雄のもとで京都奉行を勤め、豊臣秀吉の政権掌握後も京都の庶政を担当。天正13年(1585年)丹波亀山城5万石を受け、文禄4年(1595年)には関白豊臣秀次の問責に当たり、秀吉の晩年に五奉行の一員に加えられた。慶長5年(1600年)関ヶ原の戦いでは、西軍に属しつつ東軍に内通し、戦後所領を安堵された。「玄以法印下知状」は京都の庶政を示す史料として知られる。

　　　　＊　　　＊　　　＊

◇角川日本姓氏歴史人物大辞典　26　京都市姓氏歴史人物大辞典　竹内理三ほか編纂　京都市姓氏歴史人物大辞典編纂委員会編著　角川書店　1997.9　909p　23cm　①4-04-002260-2
◇織田信長家臣人名辞典　谷口克広著　吉川弘文館　1995.1　495,7p　23cm　〈監修：高木昭作　参考文献：p483～495〉　7210円　①4-642-02743-2
◇京都大事典　府域編　京都　淡交社　1994.3　696,39p　27cm　〈監修：上田正昭,吉田光邦〉　12000円　①4-473-01327-8
◇京都事典　村井康彦編　東京堂出版　1993.10　495p　21cm　〈新装版〉　2900円　①4-490-10355-7
◇茶道人物辞典　原田伴彦編　柏書房　1991.1　290,22p　22cm　〈新装版〉　4944円　①4-7601-0620-0
◇京都大事典　佐和隆研ほか編集　京都　淡交社　1984.11　1083,91p　27cm　12000円　①4-473-00885-1

山内 一豊
やまのうち かずとよ

　天文15年(1546年)～慶長10年(1605年)　武将。土佐高知藩主。尾張国(愛知県)の人。名は猪右衛門。黒田城主山内盛豊の二男。父の戦死後は、美濃の牧村政倫、次いで近江の山岡景隆に仕え200石。豊臣秀吉の配下となり、天正元年(1573年)越前朝倉氏と戦って近江唐国に400石。天正5年(1577年)播磨に移って2000石、柴田勝家軍の追撃、小牧・長久手の戦、紀州征伐などに従軍し近江国長浜で2万石。長篠の戦いや小田原征伐に加わり、天正18年(1590年)遠江掛川5万石となる。入部後、城下町を建設して検地を行い、兵農分離を進めた。慶長5年(1600年)関ヶ原の戦いでは東軍に属し、自城を家康側に提供した功により、戦後土佐24万石を与えられ土佐藩初代藩主となった。長宗我部遺臣の反乱(浦戸一揆)を鎮定し、高知城の築城および城下町の整備、旧長曽我部氏遺臣らの掌握など藩政に努め、近世土佐藩の基礎をすえた。妻が嫁入りの際に持参した蓄えで夫に名馬を買わせ出世の足がかりを作った"内助の功"の逸話が知られる。姓は"やまのうち"と読まれることが多いが、正しくは"やまうち"。

◇山内一豊の隠れた新事実　山内信著　新生出版　2007.7　116p　19cm　1000円　①978-4-86128-220-1

◇日本夫婦げんか考　永井路子著　中央公論新社　2006.8　276p　15cm　(中公文庫)　667円　①4-12-204724-2

◇乱世の金字塔一豊お千代　髙橋義一著〔郡上〕〔髙橋義一〕2006.8　20, 8, 2p　26cm　非売品

◇愛される人 嫌われる人―その「ちがい」がわかる43の言葉・103の知恵　山内一豊の妻・千代が残した贈りもの　高垣尚平著　泉書房　2006.7　183p　19cm　1200円　①4-900138-96-7

◇日本史の顛末 あの人の妻と愛人　歴史の謎研究会編　青春出版社　2006.5　221p　15cm　(青春文庫)　543円　①4-413-09340-2

◇「一豊の妻」が教えてくれた幸せな生き方―『功名が辻』に学ぶ"育てあう夫婦"　大原敬子著　ダイヤモンド社　2006.3　148p　19cm　1200円　①4-478-70345-0

◇戦国武将 男の値打ち―知られざる値千金の逸話 この人間的魅力を見よ！　田中春泥著　三笠書房　2006.3　253p　15cm　(知的生きかた文庫)　533円　①4-8379-7548-8

◇健康力―戦国武将たちに学ぶ　植田美津江著　名古屋 ゆいぽおと, KTC中央出版〔発売〕2006.1　190p　18cm　1000円　①4-87758-403-X

◇秀吉と一豊―山内一豊の功名軍記と秀吉軍団の天下獲り大作戦　世界文化社　2006.1　207p　26cm　(ビッグマンスペシャル)〈年譜あり〉1600円　①4-418-05148-1

◇マンガで読む山内一豊&千代　Arisawa Ken原作, 大塚洋一郎マンガ　学習研究社　2006.1　95p　26cm　(歴史群像シリーズ)〈年譜あり〉500円　①4-05-604272-1

◇山内一豊―功成り名を遂げた一国一城の主　学習研究社　2006.1　155p　26cm　(歴史群像シリーズ 82号)〈文献あり 年譜あり〉1300円　①4-05-604242-X

◇義経から一豊へ―大河ドラマを海域にひらく　小島毅編　勉誠出版　2006.1　135p　21cm　1400円　①4-585-10403-8

◇一豊と秀吉が駆けた時代―夫人が支えた戦国史　長浜城歴史博物館企画・編集　長浜　長浜城歴史博物館　2005.12　143p　22cm〈会期・会場：平成18年1月3日―11月30日 市立長浜歴史博物館 年譜あり〉

◇一豊と秀吉が駆けた時代―夫人が支えた戦国史　長浜城歴史博物館企画・編集　長浜　長浜城歴史博物館　2005.12　143p　22cm〈彦根 サンライズ出版(発売)　年譜あり〉1500円　①4-88325-290-6

◇戦国武将最強列伝　別冊宝島編集部編　宝島社　2005.12　286p　15cm　(宝島社文庫)　638円　①4-7966-5048-2

◇「名君」「暴君」大逆転の戦国史　新井喜美夫著　講談社　2005.12　201p　18cm　(講談社プラスアルファ新書)　800円　①4-06-272351-4

◇山内一豊とその妻―大河ドラマ功名が辻特別展 2005-2006　NHK, NHKプロモーション編　NHK　2005.12　209p　29cm〈会期・会場：平成17年12月23日―平成18年2月5日 江戸東京博物館ほか　共同刊行：NHKプロモーション　折り込1枚 年表あり〉

◇山内一豊と千代―歴史・文化ガイド　小和田哲男監修　日本放送出版協会　2005.12　142p　24cm　(NHKシリーズ)〈年表あり〉1300円　①4-14-910582-0

◇山内一族―一豊と妻の生涯　新人物往来社　2005.11　175p　26cm　(別冊歴史読本 第30巻第22号)〈年表あり〉1800円　①4-404-03324-9

◇山内一豊とその妻111の謎　楠木誠一郎著　成美堂出版　2005.11　271p　16cm　(成美文庫)〈年譜あり 文献あり〉524円　①4-415-07388-3

◇山内一豊の妻　楠戸義昭著　新人物往来社　2005.11　249p　20cm〈年譜あり 文献あり〉1800円　①4-404-03275-7

◇「山内一豊の妻」の会計学―お千代はな

東海

◇ぜセレブになれたのか　西沢健次著　グラフ社　2005.11　183p　19cm　1200円　①4-7662-0922-2

◇検証・山内一豊伝説―「内助の功」と「大出世」の虚実　渡部淳著　講談社　2005.10　227p　18cm　(講談社現代新書)〈年譜あり〉　720円　①4-06-149812-6

◇山内一豊のすべて　小和田哲男編　新人物往来社　2005.10　277p　20cm　〈年譜あり　文献あり〉　2800円　①4-404-03269-2

◇山内一豊―負け組からの立身出世学　小和田哲男著　PHP研究所　2005.10　262p　18cm　(PHP新書)〈肖像あり　年譜あり〉　760円　①4-569-64621-2

◇山内一豊と千代―戦国武士の家族像　田端泰子著　岩波書店　2005.10　254, 3p　18cm　(岩波新書)〈年譜あり　文献あり〉　780円　①4-00-430974-3

◇山内一豊と妻千代101の謎　川口素生著　PHP研究所　2005.10　327p　15cm　(PHP文庫)〈年譜あり　文献あり〉　571円　①4-569-66465-2

◇山内一豊のことがマンガで3時間でわかる本―へぇ～そうなのか！　津田太愚著　明日香出版社　2005.10　218p　21cm　(Asuka business & language books)〈マンガ：つだゆみ　年表あり〉　1300円　①4-7569-0927-2

◇山内一豊の妻と戦国女性の謎<徹底検証>　加来耕三著　講談社　2005.10　572p　15cm　(講談社文庫)〈年表あり〉　781円　①4-06-275203-4

◇山内一豊　山本大著　新人物往来社　2005.10　326p　20cm　〈年譜あり〉　2200円　①4-404-03274-9

◇山内一豊―土佐二十万石への道　新人物往来社　2005.10　191p　26cm　(別冊歴史読本　第30巻20号)〈年譜あり〉　1800円　①4-404-03322-2

◇近世大名の誕生―山内一豊その時代と生涯　企画展示図録　土佐山内家宝物資料館編　高知　土佐山内家宝物資料館　2001.9　95p　30cm　〈会期・会場：平成13年9月29日―11月4日　高知県立文学館〉

◇戦国武将　勝ち残りの戦略―状況を読みいかに闘うか　風巻絃一著　日本文芸社　2001.6　237p　18cm　(日文新書)〈『戦国名将に学ぶ勝ち残りの戦略』再編集・改題書〉　686円　①4-537-25057-7

◇戦国武将夫妻のパートナーシップ―山内一豊と千代夫人にみる　小和田哲男, 榛村純一編　清文社　2000.5　201p　19cm　1400円　①4-433-27250-7

◇戦国武将の人間学　童門冬二著　小学館　1999.12　267p　15cm　(小学館文庫)　514円　①4-09-403532-X

◇高知県人名事典　『高知県人名事典新版』刊行委員会編　新版〔高知〕高知新聞社　1999.9　972p　27cm　19048円　①4-87503-285-4

◇戦国武将まんだら―秘本三十六人伝　大栗丹後著　春陽堂書店　1999.8　244p　15cm　(春陽文庫)　486円　①4-394-16136-3

◇戦後教科書から消された人々　2　濤川栄太著　ごま書房　1998.9　254p　18cm　571円　①4-341-30011-3

◇角川日本姓氏歴史人物大辞典　22　静岡県姓氏家系大辞典　竹内理三ほか編纂　静岡県姓氏家系大辞典編纂委員会編著　角川書店　1995.12　731p　23cm　16000円

◇織田信長家臣人名辞典　谷口克広著　吉川弘文館　1995.1　495, 7p　23cm　〈監修：高木昭作　参考文献：p483～495〉　7210円　①4-642-02743-2

◇静岡県歴史人物事典　静岡新聞社出版局編　静岡　静岡新聞社　1991.12　608p　27cm　11000円　①4-7838-0424-9

◇角川日本姓氏歴史人物大辞典　23　愛知県　竹内理三ほか編纂　愛知県姓氏歴史人物大辞典編纂委員会編著　角川書店　1991.10　1052p　23cm　〈愛知県略年表：p944～958　愛知県参考文献一覧・主要文献解題：p1044～1051〉　16000円　①4-04-002230-0

◇城下町にねむる群像の野望　戸部新十郎, 小林久三, 篠田達明, 田中誠三郎, 安西篤子, 釼川兼光, 片岡文雄著　ぎょうせい

193

1991.5　223p　19cm　(ふるさと歴史舞台 2)　2000円　①4-324-02510-X

◇間違いだらけの戦国史—歴史群像の虚実　桑田忠親編　大陸書房　1991.5　221p　15cm　(大陸文庫)　470円　①4-8033-3324-6

◇茶道人物辞典　原田伴彦編　柏書房　1991.1　290, 22p　22cm　〈新装版〉　4944円　①4-7601-0620-0

◇天下平定編　桑田忠親著　秋田書店　1989.10　249p　19cm　(新編 日本武将列伝 6)　1500円　①4-253-00367-2

◇戦国武将の危機管理—生死を賭けた戦乱の行動原理とは　新宮正春著　PHP研究所　1989.8　229p　19cm　1050円　①4-569-52568-7

◇四国　小学館　1988.3　206p　21cm　(城郭と城下町 8)　1350円　①4-09-569008-9

◇世界金儲け談義　冨子勝久著　徳間書店　1988.3　413p　15cm　(徳間文庫)〈『古今東西かね談義』改題書〉　540円　①4-19-598482-3

◇戦国武将おもしろ大百科　山梨輝雄著　広済堂出版　1987.9　263p　13cm　(豆たぬきの本 208)　380円　①4-331-20108-2

◇歴史のなかの愛—万葉・戦国の女たち　田中澄江著　文芸春秋　1987.9　254p　15cm　(文春文庫)　340円　①4-16-731303-0

◇戦国名将に学ぶ勝ち残りの戦略—状況の読み方・生かし方　風巻絃一著　三笠書房　1986.12　300p　15cm　(知的生き方文庫)　440円　①4-8379-0135-2

◇歴史のなかの下剋上　嶋岡晨著　名著刊行会　1986.11　304p　19cm　1500円　①4-8390-0228-0

◇隣りの夫婦—ちょっといい話　斎藤茂太著　三笠書房　1986.7　248p　15cm　(知的生きかた文庫)　400円　①4-8379-0112-3

◇土佐人物ものがたり　窪田善太郎, 塩田正年, 中田正幸, 吉本青司著　高知 高知新聞社, 高新企業〔発売〕　1986.3　199p　19cm　(がいどこうち 5)　1200円

◇戦国大名家臣団事典　西国編　山本大, 小和田哲男編　新人物往来社　1981.8　414p　22cm　6800円

◇第一代一豊公紀　高知　山内神社宝物資料館　1980.6　694,〔5〕p　27cm　(山内家史料)〈天文14年〜慶長10年刊の複製　山内一豊の肖像あり　折り込図3枚限定版　付：年表, 引用文献・史料一覧表〉　8500円

◇静岡大百科事典　静岡新聞社出版局編　静岡　静岡新聞社　1978.3　969p　図版17枚　30cm　〈特装本〉　30000円

◇愛知百科事典　中日新聞社開発局編　名古屋　中日新聞本社　1977.1　977p　27cm　15000円

◇高知県百科事典　高知　高知新聞社 高新企業出版部(製作) 高新企業(発売)　1976　987p　28cm　12000円

◇山内一豊　山本大著　人物往来社　1966　317p　図版　18cm　(日本の武将 70)　480円

榊原 康政
さかきばら やすまさ

天文17年(1548年)〜慶長11年(1606年)5月14日　武将。三河国(愛知県)の人。幼名亀丸, 通称小平太。榊原長政の二男。はじめ酒井忠尚の家臣で, 1560年(永禄3)岡崎に帰城した徳川家康に属し近臣となった。三河一向一揆攻めの功によって家康の一字を与えらる。姉川, 三方ヶ原, 長久手の戦などで軍功をあげ, 酒井忠次, 井伊直政, 本多忠勝と共に徳川四天王の一人と称される。越後高田藩主榊原氏の祖。関東入国時の天正18年(1590年)上野国館林10万石を領す。

＊　　＊　　＊

◇図解 ふるさとの戦国武将　河合敦著　学習研究社　2007.11　95p　26cm　933円　①978-4-05-403558-4

◇榊原康政—家康を支えた知勇兼備の武将　菊池道人著　PHP研究所　2001.12

540p　15cm　(PHP文庫)　838円　①4-569-57662-1

◇角川日本姓氏歴史人物大辞典　22　静岡県姓氏家系大辞典　竹内理三ほか編纂　静岡県姓氏家系大辞典編纂委員会編著　角川書店　1995.12　731p　23cm　16000円

◇角川日本姓氏歴史人物大辞典　10　群馬県姓氏家系大辞典　竹内理三ほか編纂　群馬県姓氏家系大辞典編纂委員会編著　角川書店　1994.12　773p　23cm　14800円　①4-04-002100-2

◇群馬県指定史跡榊原康政の墓調査報告書—文化財総合調査　館林　館林市教育委員会文化振興課　1993.3　119p　26cm

◇家康を支えた頭脳集団—天下統一を成し遂げた最強・徳川軍団の英傑たち　萩原裕雄著　日本文芸社　1993.2　251p　15cm　(にちぶん文庫)〈『家康を天下人にした二十人』改題書〉　480円　①4-537-06216-9

◇戦国の参謀たち—信長・秀吉・家康を支えた「副」の生き方　小和田哲男著　実業之日本社　1992.5　252p　19cm　1500円　①4-408-34029-4

◇茶道人物辞典　原田伴彦編　柏書房　1991.1　290, 22p　22cm〈新装版〉　4944円　①4-7601-0620-0

◇家康・十六武将　徳永真一郎著　PHP研究所　1987.12　330p　15cm　(PHP文庫)　500円　①4-569-26131-0

◇徳川家臣団—組織を支えたブレーンたち　綱淵謙錠著　講談社　1986.12　254p　15cm　(講談社文庫)　380円　①4-06-183872-5

◇群馬県人名大事典　前橋　上毛新聞社　1982.11　926p　27cm　20000円

◇戦国大名家臣団事典　東国編　山本大, 小和田哲男編　新人物往来社　1981.8　427p　22cm　6800円

◇群馬県百科事典　前橋　上毛新聞社　1979.2　980, 60, 52p　図版16枚　27cm　20000円

◇郷土歴史人物事典群馬　萩原進著　第一法規出版　1978.10　266p　19cm

1300円

◇新潟県大百科事典　新潟日報事業社編　新潟　新潟日報事業社　1977.1～9　3冊 (別巻とも)　27cm　全32000円

結城 秀康
ゆうき ひでやす

天正2年(1574年)～慶長12年(1607年)閏4月8日　武将。徳川家康の二男、母は側室お万の方(小督局)。幼名は於義伊。本多次次に養育される。天正12年(1584年)小牧・長久手の戦後、豊臣(羽柴)秀吉の養子となって羽柴秀康と名のる。天正18年(1590年)秀吉の命で下総の結城晴朝の娘婿となり、結城城10万1000石を相続。慶長5年(1600年)関ヶ原の戦いでは宇都宮に陣して会津上杉軍の西上を抑え、戦後越前福井藩主として67万石を領した。同年松平姓に復した。

＊　　　＊　　　＊

◇福井藩祖結城秀康—平成十九年春季特別陳列　福井市立郷土歴史博物館編　福井　福井市立郷土歴史博物館　2007.5　33p　30cm〈会期・会場：平成19年5月10日—7月1日　福井市立郷土歴史博物館　没後400年記念〉

◇結城秀康の研究　小楠和正著〔出版地不明〕松平宗紀　2006.2　251p　21cm〈肖像あり　年譜あり〉　1800円

◇結城秀康　志木沢郁著　学習研究社　2005.10　457p　15cm　(学研M文庫)　760円　①4-05-901175-4

◇風の俤—福井の客人たち　足立尚計著　金沢　能登印刷出版部　2001.8　213p　19cm　1500円　①4-89010-385-6

◇結城秀康—秀吉と家康を父に持つ男　大島昌宏著　PHP研究所　1998.2　439p　15cm　(PHP文庫)　686円　①4-569-57105-0

◇栃木県歴史人物事典　栃木県歴史人物事典編纂委員会編　宇都宮　下野新聞社　1995.7　726p　27cm　18000円

◇福井県大百科事典　福井新聞社百科事典刊行委員会編　福井　福井新聞社　1991.6　1167p　図版16枚　27cm〈付(地図1枚

195

袋入)：福井県全図〉 30000円

◇歴史ウォッチング Part2 名古屋テレビ編 舞阪町 ひくまの出版 1987.11 252p 19cm 1200円 ①4-89317-103-8

◇戦国大名系譜人名事典 東国編 山本大, 小和田哲男編 新人物往来社 1985.11 555p 22cm 〈付：参考文献〉 7500円 ①4-404-01293-4

◇郷土歴史人物事典福井 中川平常ほか編 第一法規出版 1985.6 345p 19cm 〈監修：印牧邦雄 人物年表・参考文献：p325～336〉 2400円

◇茨城県大百科事典 茨城新聞社編 水戸 茨城新聞社 1981.11 1099, 138p 図版16枚 27cm 〈発売：茨城県教科書販売, 茨城県書店組合〉 23000円

◇江戸東京市井人物事典 北村一夫著 新人物往来社 1976 354p 20cm 2000円

6 1167p 図版16枚 27cm 〈付(地図1枚袋入)：福井県全図〉 30000円

◇茶道人物辞典 原田伴彦編 柏書房 1991.1 290, 22p 22cm 〈新装版〉 4944円 ①4-7601-0620-0

◇戦国大名系譜人名事典 西国編 山本大, 小和田哲男編 新人物往来社 1986.1 563p 22cm 7500円 ①4-404-01316-7

◇郷土歴史人物事典福井 中川平常ほか編 第一法規出版 1985.6 345p 19cm 〈監修：印牧邦雄 人物年表・参考文献：p325～336〉 2400円

◇郷土歴史人物事典岐阜 吉岡勲編著 第一法規出版 1980.12 245p 19cm 1400円

◇岐阜県百科事典 岐阜県百科事典制作委員会著 岐阜 岐阜日日新聞社 1968 2冊 27cm 11500円

◇美濃市と金森長近公 高林玄宝著, 後藤美彦編 美濃 清泰寺長養軒 1958 55p 図版 22cm 〈小倉山城主金森長近公三百五十年祭記念〉

金森 長近
かなもり ながちか

大永4年(1524年)～慶長13年(1608年)8月12日 武将。美濃国(岐阜県)の人。通称五郎八、法印素玄、飛騨守、兵部大輔。金森可重の父。土岐氏の支族大畑定近の子で、近江国野洲郡金森に移り、金森氏を称す。織田信長の臣として柴田勝家に属したが、賤ヶ岳の戦後、豊臣秀吉に仕え軍功をあげ、天正14年(1586年)飛騨高山3万8700石を与えられる。慶長5年(1600年)関ヶ原の戦いでは東軍に属し、戦後、美濃上有知藩2万3000石を加増。千利休の門下で、茶人としても知られ、古田織部と親交があった。

* * *

◇不殺の軍扇 金森長近 桐谷忠夫著 叢文社 1999.5 206p 19cm 1600円 ①4-7947-0312-0

◇織田信長家臣人名辞典 谷口克広著 吉川弘文館 1995.1 495, 7p 23cm 〈監修：高木昭作 参考文献：p483～495〉 7210円 ①4-642-02743-2

◇福井県大百科事典 福井新聞社百科事典刊行委員会編 福井 福井新聞社 1991.

本多 忠勝
ほんだ ただかつ

天文17年(1548年)～慶長15年(1610年)10月18日 武将。三河国(愛知県)の人。本田忠高の長男。幼名を鍋之助、通称を平八郎という。幼少より徳川家康に仕え、永禄3年(1560年)尾張大高城攻めの初陣以後、50数回の合戦で一度も傷を受けなかったといわれ、酒井忠次、榊原康政、井伊直政と共に徳川四天王と称された。天正18年(1590年)家康の関東転封時の知行割りでは、上総大多喜10万石を領した。当時すでに酒井忠次は引退していたので、井伊直政、榊原康政とともに三人衆とも呼ばれた。関ヶ原の戦いでも軍功をあげて伊勢桑名10万石に移封となる。徳川幕府の創業にあたって軍事面で多大な貢献をしたが、家康が駿府に隠退した後は幕政の中枢から遠ざけられ不遇であった。

* * *

◇無傷の大槍 本多忠勝 戦国歴史研究会著 PHP研究所 2008.6 223p 19cm (戦

◇国闘将伝）476円　①978-4-569-69982-0
◇戦国なるほど人物事典―100人のエピソードで戦国史がよくわかる！　泉秀樹著　愛蔵版　PHP研究所　2005.6　235p　19cm　476円　①4-569-64332-9
◇戦国武将 あの人の顛末　中江克己著　青春出版社　2004.9　253p　15cm　（青春文庫）　571円　①4-413-09301-1
◇武士道 サムライ精神の言葉　笠谷和比古監修　青春出版社　2004.4　184p　18cm　（プレイブックス・インテリジェンス）　700円　①4-413-04090-2
◇完全保存版 戦国なるほど人物事典―100人のエピソードで戦国史がよくわかる！　泉秀樹著　PHP研究所　2004.2　111p　26cm　952円　①4-569-63328-5
◇戦国なるほど人物事典―100人のエピソードで歴史の流れがよくわかる　泉秀樹著　PHP研究所　2003.5　502p　15cm　（PHP文庫）〈『戦国乱世百傑百話』修正・改題書〉　819円　①4-569-57945-0
◇戦国武将　別冊宝島編集部編　宝島社　2000.1　317p　15cm　（宝島社文庫）〈別冊宝島『よみがえる戦国武将伝説』改訂・改題書〉　600円　①4-7966-1681-0
◇本多平八郎忠勝―家康軍団最強の武将　加野厚志著　PHP研究所　1999.5　414p　15cm　（PHP文庫）　705円　①4-569-57274-X
◇角川日本姓氏歴史人物大辞典　22　静岡県姓氏家系大辞典　竹内理三ほか編纂　静岡県姓氏家系大辞典編纂委員会編著　角川書店　1995.12　731p　23cm　16000円

◇家康を支えた頭脳集団―天下統一を成し遂げた最強・徳川軍団の英傑たち　萩原裕雄著　日本文芸社　1993.2　251p　15cm　（にちぶん文庫）〈『家康を天下人にした二十人』改題書〉　480円　①4-537-06216-9
◇徳川家康天下人の器　芳岡堂太著　三笠書房　1993.2　349p　20cm　1400円　①4-8379-1493-4
◇人間について　司馬遼太郎，山村雄一対談　中央公論社　1989.1　341p　15cm　（中公文庫）　500円　①4-12-201577-4
◇家康・十六武将　徳永真一郎著　PHP研究所　1987.12　330p　15cm　（PHP文庫）　500円　①4-569-26131-0
◇徳川家臣団―組織を支えたブレーンたち　綱淵謙錠著　講談社　1986.12　254p　15cm　（講談社文庫）　380円　①4-06-183872-5
◇とんぼ切りの平八郎　村石利夫著　村田書店　1986.4　469p　19cm　1800円
◇千葉大百科事典　千葉日報社編　千葉　千葉日報社　1982.3　1070p　図版102枚　31cm〈折り込図1枚 付（別冊 152p 30cm）〉　23000円
◇戦国大名家臣団事典　東国編　山本大，小和田哲男編　新人物往来社　1981.8　427p　22cm　6800円
◇郷土歴史人物事典千葉　高橋在久編著　第一法規出版　1980.1　218p　19cm〈人物年表：p199～208 参考文献：p209～211〉　1300円
◇愛知百科事典　中日新聞社開発局編　名古屋　中日新聞本社　1977.1　977p　27cm　15000円

浅野 長政　あさの ながまさ

　天文16年(1547年)～慶長16年(1611年)4月7日　武将。尾張国春日井郡(愛知県)の人。本姓は安井。幼名は長吉。安井重継の子。織田信長の弓衆浅野長勝の養子となり、その後豊臣秀吉に属す。妻ややは秀吉の妻高台院の妹。秀吉の大名化とともに領地を増し、天正8年(1580年)播磨揖東郡で4600石、その後しばしば加増し、秀吉の政権獲得後の天正11年(1583年)には京都の奉行となり近江坂本で2万300石、これ以後豊臣氏蔵入地の代官を兼ねる。天正18年(1590年)小田原征伐では岩槻など後北条氏の支城を攻め、奥羽を検地、累進して、天正15年(1587年)若

狭の大名となり、小浜城主。文禄元年(1592年)には肥前名護屋の陣営で秀吉の朝鮮渡海を諫止した。文禄の役では軍監として朝鮮に渡った。文禄2年(1593年)甲斐甲府22万5000石に移封となる。慶長3年(1598年)豊臣秀頼擁護のため五奉行の一員となったが、秀吉没後徳川家康と石田三成との政争に際し、三成らに謀られて失脚、武蔵府中に蟄居。慶長5年(1600年)関ヶ原の戦いでは東軍につき、功により子の幸長に紀伊和歌山37万6500石が与えられた。慶長11年(1606年)長政に常陸国真壁5万石を与えられるなど、晩年は徳川家康に厚遇を受けた。

◇図解 関ケ原に学ぶ勝負の法則―天下を分けた戦国最大の合戦 『歴史街道』編集部編 PHP研究所 2006.4 107p 26cm 800円 ⓘ4-569-64957-2
◇ひろしま人物伝 落合功編著 広島 渓水社 2002.8 144p 19cm 1200円 ⓘ4-87440-710-2
◇浅野長政とその時代 黒田和子著 校倉書房 2000.10 427p 20cm 3500円 ⓘ4-7517-3120-3
◇角川日本姓氏歴史人物大辞典 3 岩手県姓氏歴史人物大辞典 竹内理三ほか編纂 岩手県姓氏歴史人物大辞典編纂委員会編著 角川書店 1998.5 1195p 23cm 20000円 ⓘ4-04-002030-8
◇角川日本姓氏歴史人物大辞典 26 京都市姓氏歴史人物大辞典 竹内理三ほか編纂 京都市姓氏歴史人物大辞典編纂委員会編著 角川書店 1997.9 909p 23cm ⓘ4-04-002260-2
◇織田信長家臣人名辞典 谷口克広著 吉川弘文館 1995.1 495, 7p 23cm 〈監修：高木昭作 参考文献：p483～495〉 7210円 ⓘ4-642-02743-2
◇京都事典 村井康彦編 東京堂出版 1993.10 495p 21cm 〈新装版〉 2900円 ⓘ4-490-10355-7
◇山梨百科事典 山梨日日新聞社編 増補改訂版 甲府 山梨日日新聞社 1992.7 1068, 198p 27cm 〈創刊120周年記念版〉
◇戦国の参謀たち―信長・秀吉・家康を支えた「副」の生き方 小和田哲男著 実業之日本社 1992.5 252p 19cm 1500円 ⓘ4-408-34029-4
◇角川日本姓氏歴史人物大辞典 23 愛知県 竹内理三ほか編纂 愛知県姓氏歴史人物大辞典編纂委員会編著 角川書店 1991.10 1052p 23cm 〈愛知県略年表：p944～958 愛知県参考文献一覧・主要文献解題：p1044～1051〉 16000円 ⓘ4-04-002230-0
◇福井県大百科事典 福井新聞社百科事典刊行委員会編 福井 福井新聞社 1991.6 1167p 図版16枚 27cm 〈付(地図1枚袋入)：福井県全図〉 30000円
◇茶道人物辞典 原田伴彦編 柏書房 1991.1 290, 22p 22cm 〈新装版〉 4944円 ⓘ4-7601-0620-0
◇岩手百科事典 岩手放送岩手百科事典発行本部編 新版 盛岡 岩手放送 1988.10 931p 22cm 〈折り込図2枚 付(図1枚)：岩手県全図〉 8000円
◇京都大事典 佐和隆研ほか編集 京都 淡交社 1984.11 1083, 91p 27cm 12000円 ⓘ4-473-00885-1
◇滋賀県百科事典 滋賀県百科事典刊行会編 大和書房 1984 877p 28cm 〈年表：p.〔775〕-786 主要参考図書目録：p.〔805〕-820〉 ⓘ4-479-90012-8
◇戦国大名家臣団事典 西国編 山本大, 小和田哲男編 新人物往来社 1981.8 414p 22cm 6800円
◇愛知百科事典 中日新聞社開発局編 名古屋 中日新聞社 1977.1 977p 27cm 15000円

加藤 清正　かとう きよまさ

永禄5年(1562年)～慶長16年(1611年)6月24日　武将。肥後熊本藩主。尾張国(愛

知県)の人。幼名は夜叉丸。通称は虎之助。加藤清忠の二男。幼少より豊臣秀吉に仕え、賤ヶ岳の戦いで活躍し"七本槍"の一人に数えられる。功により河内国等3000石を領す。天正13年(1585年)従五位下主計頭。天正16年(1588年)九州征伐などの功で肥後熊本19万5000石を与えられ熊本城主となる。文禄元年(1592年)文禄の役に主要員として出兵し、朝鮮2王子を捕縛。朝鮮の鬼と恐れられ、虎退治のエピソードをもつ。蔚山城を死守するなど活躍し、講和派の石田三成らと対立した。秀吉の信頼が厚かったが、秀吉の死後は三成と対立するようになり、慶長5年(1600年)関ヶ原の戦いでは東軍に加わり、戦後、熊本藩54万石に加増。堅固な熊本城を築いて城下町を整備し、領内の大河川の治水、新田造成に力をいれ、土木の神様とも称された。築城術でも知られ、名護屋城の設計は有名。また熱心な日蓮宗信者で、日蓮宗寺院の建立を進める一方キリシタンを弾圧した。愛知県名古屋市に秀吉清正記念館がある。浄瑠璃、歌舞伎では〈出世奴の世界〉(足利時代に仮託した太閤記の世界)の人物として登場、「本朝三国志」「梢園祭礼信仰記」「絵本太功記」などの作品に、正清、虎之助などの仮名で、脇役として現れた。

◇戦国武将からの手紙―乱世に生きた男たちの素顔　吉本健二著　学習研究社　2008.5　300p　15cm　(学研M文庫)〈『手紙から読み解く戦国武将意外な真実』改稿・改題書〉　667円　①978-4-05-901220-7

◇学校では教えない日本史　歴史のふしぎを探る会編　扶桑社　2008.3　261p　15cm　(扶桑社文庫)　590円　①978-4-594-05601-8

◇加藤清正「妻子」の研究　水野勝之, 福田正秀著　名古屋　ブイツーソリューション　2007.10　258p　22cm〈文献あり〉　3000円　①978-4-434-11086-3

◇男たちの戦国―戦国武将友情始末　夏野清三郎　ぶんか社　2007.6　205p　15cm　(ぶんか社文庫)　600円　①978-4-8211-5101-1

◇戦国人物伝 加藤清正　加来耕三企画・構成, すぎたとおる原作, 早川大介作画, 島田真祐監修　ポプラ社　2007.5　127p　21cm　(コミック版日本の歴史 5)　1000円　①978-4-591-09794-6

◇加藤清正―朝鮮侵略の実像　北島万次著　吉川弘文館　2007.4　228p　19cm　(歴史文化ライブラリー 230)〈文献あり〉　1700円　①978-4-642-05630-4

◇加藤清正　荒木精之著　〔出版地不明〕　荒木いおり　2007.3　171p　19cm〈熊本城築城400年荒木精之誕生100年記念出版　平成元年刊の改訂　発行所：七草社〉　1000円　①978-4-9902705-1-3

◇加藤清正―築城と治水　谷川健一編　冨山房インターナショナル　2006.5　262p　19cm〈文献あり〉　2500円　①4-902385-27-9

◇戦国武将おどろきの真実―乱世の英雄にまつわるウソのようなホントの話　歴史雑学探究倶楽部編　学習研究社　2006.1　95p　26cm　905円　①4-05-402999-X

◇日本史・ライバルたちの「意外な結末」―宿敵・政敵・好敵手たちの知られざる「その後」　日本博学倶楽部著　PHP研究所　2005.9　275p　15cm　(PHP文庫)　533円　①4-569-66442-3

◇火の国と不知火海　松本寿三郎, 吉村豊雄編　吉川弘文館　2005.6　250, 23p　19cm　(街道の日本史 51)　2600円　①4-642-06251-3

◇戦国武将 あの人の顛末　中江克己著　青春出版社　2004.9　253p　15cm　(青春文庫)　571円　①4-413-09301-1

◇川を治め水と戦った武将たち―武田信玄・豊臣秀吉・加藤清正　かこさとし作　瑞雲舎　2004.7　31p　26×21cm　(土木の歴史絵本 第2巻)　1200円　①4-916016-45-9

◇歴史人物・とっておきのウラ話―教科書が教えない「面白い話・珍しい話・ドジな話」　泉秀樹著　PHP研究所　2004.7

東海

◇338p　15cm　(PHP文庫)〈『"歴史のウラ舞台"おもしろ人物帖』改題書〉　648円　①4-569-66218-8
◇農を守って水を守る―新しい地下水の社会学　柴崎達雄編著　築地書館　2004.6　145,38p　19cm　1800円　①4-8067-1288-4
◇武士の家訓　桑田忠親著　講談社　2003.12　324p　15cm　(講談社学術文庫)　1000円　①4-06-159630-6
◇日本史 不肖の息子　森下賢一著　白水社　2003.10　244p　19cm　1900円　①4-560-04990-4
◇砲術家の生活　安斎実著　POD版　雄山閣　2003.4　328p　21cm　(生活史叢書18)　3800円　①4-639-10017-5
◇武将意外史　10　八切止夫著,縄田一男,末国善己監修,矢留楯夫随想　作品社　2003.1　225p　18cm　(八切意外史10)　850円　①4-87893-544-8
◇ほんとうの智恵を学ぶ―人生の手本にしたい名君の真骨頂　童門冬二編著　新装版　碧天舎　2002.5　259p　19cm　1359円　①4-88346-082-7
◇仰清正公―神として人として　湯田栄弘著　増補再版　熊本　加藤神社社務所　2002.4　449p　21cm　3500円
◇歴史に学ぶ不況に勝つ経営術―誤解された日本式知と和の経営　童門冬二著　広済堂出版　2001.11　260p　15cm　(広済堂文庫)〈『日本式経営の知略(上)』改題書〉　600円　①4-331-65300-5
◇戦国武将 勝ち残りの戦略―状況を読みいかに闘うか　風巻紘一著　日本文芸社　2001.6　237p　18cm　(日文新書)〈『戦国名将に学ぶ勝ち残りの戦略』再編集・改題書〉　686円　①4-537-25057-7
◇サムライの掟　山本博文著　中央公論新社　2001.5　253p　15cm　(中公文庫)　590円　①4-12-203826-X
◇名古屋市秀吉清正記念館館蔵品目録　名古屋　名古屋市秀吉清正記念館　2001.3　55p　30cm
◇伝記加藤清正　矢野四年生著　のべる出版企画　2000.7　502p　22cm　〈東京コスモヒルズ(発売)　年譜あり〉　3800円　①4-87703-108-1
◇加藤清正　7　蓮華の巻　村上元三著　学陽書房　2000.5　382p　15cm　(人物文庫)　700円　①4-313-75107-6
◇熊本城―偉容誇る大小の天守・石垣　学習研究社　2000.5　143p　26cm　(歴史群像・名城シリーズ)　2300円　①4-05-401198-5
◇加藤清正　6　鬼将軍の巻　村上元三著　学陽書房　2000.4　387p　15cm　(人物文庫)　700円　①4-313-75106-8
◇城取りの家　南原幹雄著　角川書店　2000.3　345p　15cm　(角川文庫)〈『戦国武将伝 虎之助一代』改題書〉　590円　①4-04-163336-2
◇加藤清正　3　昇竜の巻　村上元三著　学陽書房　2000.2　385p　15cm　(人物文庫)　700円　①4-313-75103-3
◇加藤清正〈4〉昇竜の巻　4　昇竜の巻　村上元三著　学陽書房　2000.2　399p　15cm　(人物文庫)　700円　①4-313-75104-1
◇加藤清正　1　母と子の巻　村上元三著　学陽書房　2000.1　313p　15cm　(人物文庫)　660円　①4-313-75101-7
◇加藤清正　2　手がら者の巻　村上元三著　学陽書房　2000.1　292p　15cm　(人物文庫)　660円　①4-313-75102-5
◇聖書武将の生々流転―豊臣秀吉の朝鮮出兵と内藤如安　楠戸義昭著　講談社　2000.1　318p　20cm　1800円　①4-06-209882-2
◇戦国武将　別冊宝島編集部編　宝島社　2000.1　317p　15cm　(宝島社文庫)〈別冊宝島『よみがえる戦国武将伝説』改訂・改題書〉　600円　①4-7966-1681-0
◇清正公信仰―神になった清正　名古屋市秀吉清正記念館編　名古屋　名古屋市秀吉清正記念館　1999.10　20p　30cm　〈特別陳列:平成11年10月5日―11月7日〉
◇戦国武将まんだら―秘本三十六人伝　大栗丹後著　春陽堂書店　1999.8　244p　15cm　(春陽文庫)　486円　①4-394-16136-3

200

◇角川日本姓氏歴史人物大辞典　26　京都市姓氏歴史人物大辞典　竹内理三ほか編纂　京都市姓氏歴史人物大辞典編纂委員会編著　角川書店　1997.9　909p　23cm　①4-04-002260-2

◇抗争―ライバル日本史　4　NHK取材班編　角川書店　1996.10　304p　15cm　（角川文庫）　500円　①4-04-195421-5

◇ほんとうの智恵を学ぶ―人生の手本にしたい名君の真骨頂　童門冬二著　三天書房　1996.9　271p　19cm　（Santen Books）　1400円　①4-88346-007-X

◇大分県歴史人物事典〔大分〕　大分合同新聞社　1996.8　581p　27cm　〈創刊一一〇周年記念〉

◇戦国の武将三十人　桑田忠親著　新人物往来社　1996.8　254p　19cm　〔『武将伝戦国の史話』改題書〕　2500円　①4-404-02364-2

◇戦国の名脇役たち―乱世に輝いた九つの才能　武光誠著　PHP研究所　1995.6　251p　15cm　（PHP文庫）　460円　①4-569-56770-3

◇ライバル日本史　4　NHK取材班編　角川書店　1995.4　216p　19cm　1500円　①4-04-522504-8

◇勝ち抜く戦略生き残る知恵―武将に学ぶ不況時代を乗り切る生き方のヒント　祖田浩一著　日本文芸社　1994.7　238p　19cm　1200円　①4-537-02420-8

◇加藤清正　3　武将編　矢野四年生著〔矢野四年生〕　1994.6　315p　20cm〈製作：熊本日日新聞情報文化センター（熊本）　参考文献・加藤清正略年譜：p291～308〉　2000円

◇キリシタン拷問史―鎖国への道　津山千恵著　三一書房　1994.5　262p　18cm（三一新書1083）　850円　①4-380-94012-8

◇加藤清正―太閤の夢に殉ず　佐竹申伍著　PHP研究所　1994.3　588p　15cm（PHP文庫）　780円　①4-569-56624-3

◇日本式経営の知略　上　童門冬二著　毎日新聞社　1993.11　220p　19cm　1400円　①4-620-50015-1

◇加藤清正のすべて　安藤英男編　新人物往来社　1993.4　286p　20cm　2800円　①4-404-01985-8

◇熊本―人とその時代　工藤敬一編著　熊本　三章文庫　1993.4　282p　19cm　1942円

◇知謀の虎―猛将加藤清正　豊田有恒著　祥伝社　1992.12　312p　15cm　（ノン・ポシェット）　500円　①4-396-32294-1

◇武将に学ぶ苦境からの脱出　松本幸夫著　総合ライフ出版　1992.11　227p　19cm　1500円　①4-88311-029-X

◇話のタネ本 日本史―英雄・烈女の意外な色と欲　村松駿吉著　日本文芸社　1992.9　248p　15cm　（にちぶん文庫）　480円　①4-537-06203-7

◇加藤清正　2　築城編・宗教編　矢野四年生著〔矢野四年生〕　1992.6　285p　20cm〈「1」の出版者：清水弘文堂　製作：熊本日日新聞情報文化センター（熊本）　参考文献：p273～278〉　2000円

◇賤ケ岳七本槍―秀吉を支えた勇将たちの生涯　徳永真一郎著　PHP研究所　1992.6　292p　15cm　（PHP文庫）　600円　①4-569-56473-9

◇秀吉と戦った朝鮮武将　貫井正之著　六興出版　1992.4　191p　19cm　（ロッコウブックス）　1400円　①4-8453-5081-5

◇生きる力―法華信仰の群像　小島五十人編著　鈴木出版　1992.3　229p　B8　2000円　①4-7902-1045-6

◇日本仏教人名辞典　日本仏教人名辞典編纂委員会編　京都　法蔵館　1992.1　887,117p　26cm　〈法蔵館140年(丁字屋370年)創業記念出版〉　25000円　①4-8318-7007-2

◇角川日本姓氏歴史人物大辞典　23　愛知県　竹内理三ほか編纂　愛知県姓氏歴史人物大辞典編纂委員会編著　角川書店　1991.10　1052p　23cm　〈愛知県略年表：p944～958　愛知県参考文献一覧・主要文献解題：p1044～1051〉　16000円　①4-04-002230-0

◇覚兵衛物語　谷崎旭寿著　新人物往来社　1991.7　179p　18cm　700円　①4-404-

01837-1
◇加藤清正　佐竹申伍著　青樹社　1991.2　396p　19cm　1700円　Ⓣ4-7913-0640-6
◇加藤清正　1　治水編　矢野四年生著　清水弘文堂　1991.1　227p　20cm　〈参考文献：p216～219〉　2000円　Ⓣ4-87950-936-1
◇茶道人物辞典　原田伴彦編　柏書房　1991.1　290, 22p　22cm　〈新装版〉　4944円　Ⓣ4-7601-0620-0
◇豊臣政権の対外認識と朝鮮侵略　北島万次著　校倉書房　1990.9　438p　21cm　(歴史科学叢書)　8240円　ⓉT4-7517-2030-9
◇肥後の清正―桐と葵のはざまを生きる　熊本出版文化会館編　熊本　熊本出版文化会館, 亜紀書房〔発売〕1990.7　219, 19p　21×14cm　(熊本ふるさと選書)　1500円
◇肥後の清正―桐と葵のはざまを生きる　熊本出版文化会館編　熊本　熊本出版文化会館　1990.7　219, 19p　21cm　〈発売：亜紀書房(東京)〉　1500円
◇戦国武将の食生活―勝ち残るための秘伝　永山久夫著　河出書房新社　1990.3　268p　15cm　(河出文庫)　500円　ⓉT4-309-47189-7
◇人心掌握の天才たち―戦国武将に学ぶリーダーの条件　童門冬二著　PHP研究所　1990.2　251p　15cm　(PHP文庫)　〈『戦国武将　人心掌握の極意』改題書〉　460円　ⓉT4-569-56244-2
◇知謀の虎―猛将加藤清正　豊田有恒著　祥伝社　1989.11　284p　19cm　1300円　ⓉT4-396-63013-1
◇東西決戦編　桑田忠親著　秋田書店　1989.10　238p　19cm　(新編　日本武将列伝 5)　1500円　ⓉT4-253-00366-4
◇戦国武将の危機管理―生死を賭けた戦乱の行動原理とは　新宮正春著　PHP研究所　1989.8　229p　19cm　1050円　ⓉT4-569-52568-7
◇加藤清正　荒木精之著　福岡　葦書房　1989.6　171p　19cm　1500円

◇加藤清正　荒木精之著　福岡　葦書房　1989.6　171p　19cm　1500円
◇加藤清正　荒木精之著　福岡　葦書房　1989.6　171p　20cm　1500円
◇賤ヶ岳七本槍　徳永真一郎著　毎日新聞社　1989.3　249p　19cm　1300円　ⓉT4-620-10385-3
◇築城秘話　土橋治重著　PHP研究所　1989.1　233p　15cm　(PHP文庫)　450円　ⓉT4-569-26185-X
◇戦国武将に学ぶ決断の時　玉木重輝著　鈴木出版　1988.7　252p　19cm　1400円　ⓉT4-7902-9010-7
◇関ヶ原合戦写真集　安藤英男著　新人物往来社　1988.3　243p　26cm　7800円　ⓉT4-404-01481-3
◇熊本城　川村晃著　成美堂出版　1987.11　240p　19cm　(物語・日本の名城)　1000円　ⓉT4-415-08105-3
◇腹心―秀吉と清正　寺林峻著　講談社　1987.11　298p　19cm　1400円　ⓉT4-06-203465-4
◇関ヶ原の戦い―運命を決する頭脳戦略　二木謙一, 古川薫, 津本陽, 光瀬竜, 大和勇三著　世界文化社　1987.10　220p　19cm　1300円　ⓉT4-418-87607-3
◇戦国武将を支えた信仰―生死を超越した不退転の決意　風巻絃一著　日本文芸社　1987.10　241p　19cm　980円　ⓉT4-537-02076-8
◇加藤清正　6　蓮華の巻　村上元三著　東京文芸社　1987.9　290p　19cm　1000円　ⓉT4-8088-3187-2
◇戦国武将おもしろ大百科　山梨輝雄著　広済堂出版　1987.9　263p　13cm　(豆たぬきの本 208)　380円　ⓉT4-331-20108-2
◇戦国武将の食生活―勝ち残るための秘伝　永山久夫著　ジャパンポスト出版部　1987.9　238p　19cm　(ポスト・ブック)　1200円　ⓉT4-915230-04-X
◇加藤清正　5　鬼将軍の巻　村上元三著　東京文芸社　1987.8　302p　19cm　1000円　ⓉT4-8088-3185-6

◇加藤清正　4 妙法の巻　村上元三著　東京文芸社　1987.7　271p　19cm　1000円　①4-8088-3180-5

◇加藤清正公天沢寺に眠る―秘史　斎藤隆参著　鶴岡　東北出版企画　1987.7　254p　22cm　2000円

◇加藤清正　3 昇竜の巻　村上元三著　東京文芸社　1987.6　498p　19cm　1000円　①4-8088-3179-1

◇加藤清正　2 手がら者の巻　村上元三著　東京文芸社　1987.5　286p　19cm　1000円　①4-8088-3176-7

◇戦国名将 生き方の極意　西東玄著　PHP研究所　1987.5　245p　15cm　(PHP文庫)　450円　①4-569-26110-8

◇加藤清正　1 母と子の巻　村上元三著　東京文芸社　1987.4　301p　19cm　1000円　①4-8088-3175-9

◇日本史おもしろ読本―歴史の謎 事件の真相　桑田忠親著　広済堂出版　1987.2　259p　15cm　(広済堂文庫)　400円　①4-331-65013-8

◇戦国名将に学ぶ勝ち残りの戦略―状況の読み方・生かし方　風巻絃一著　三笠書房　1986.12　300p　15cm　(知的生き方文庫)　440円　①4-8379-0135-2

◇日本の城の謎―日本史の旅 下 攻防編　井上宗和著　祥伝社　1986.12　217p　15cm　(ノン・ポシェット)　380円　①4-396-31011-0

◇名将ちょっといい言葉―武将に学ぶビジネス訓　宝井琴鶴著　商業界　1986.8　261p　19cm　(まあきゅりい・ぶっくす)　1200円

◇加藤清正　上　海音寺潮五郎著　文芸春秋　1986.6　373p　15cm　(文春文庫)　440円　①4-16-713519-1

◇加藤清正　下　海音寺潮五郎著　文芸春秋　1986.6　366p　15cm　(文春文庫)　440円　①4-16-713520-5

◇あの榎さんの魅力人生爽快学―損な性分のあなたに贈る100話　榎本勝起著　大和出版　1986.5　235p　19cm　1000円　①4-8047-1085-X

◇加藤清正公の墓と丸岡城跡―悲劇の大名・加藤家終焉の地―山形県櫛引町　加藤清正公・忠広公遺蹟顕彰会文, 田村茂広写真　鶴岡　東北出版企画　1986.3　28p　26cm　(とうほくカラーグラフィックス 1)〈加藤清正の肖像あり〉　700円

◇日本武将譚　菊池寛著　文芸春秋　1986.3　265p　15cm　(文春文庫)　360円　①4-16-741001-X

◇戦国武将人使い名人伝　矢田挿雲著〔新装版〕　原書房　1986.2　226p　20×14cm　1200円　①4-562-01704-X

◇京都大事典　佐和隆研ほか編集　京都　淡交社　1984.11　1083, 91p　27cm　12000円　①4-473-00885-1

◇肥後本妙寺と清正　加藤幸治著　小金井　加藤幸治　1984.7　86p　21cm　非売品

◇加藤清正史蹟　加藤幸治編　増補　小金井　加藤幸治　1983.12　56p　21cm　非売品

◇加藤清正史蹟　加藤幸治編　小金井　加藤幸治　1983.7　103p　21cm　非売品

◇加藤父子悲劇庄内館　加藤幸治編　小金井　加藤幸治　1983.3　63p　21cm

◇福岡県百科事典　西日本新聞社福岡県百科事典刊行本部編　福岡　西日本新聞社　1982.11　2冊　27cm　全42000円　①4-8167-0029-3

◇熊本県大百科事典　熊本日日新聞社熊本県大百科事典編集委員会編　熊本　熊本日日新聞社　1982.4　1020p 図版16枚　30cm〈折り込図1枚〉　25000円

◇戦国大名家臣団事典　西国編　山本大, 小和田哲男編　新人物往来社　1981.8　414p　22cm　6800円

◇信長公記　川角太閤記　清正朝鮮記　太田和泉守著, 川角三郎右衛門著　千秋社　1980.11　6冊　23cm〈我自刊我書版の複製　箱入(28cm) 限定版　和装〉　全46000円

◇山形県にある加藤清正墓―その疑点と考察　高田健一著　熊本　高田健一　1980.5　124p　19cm　非売品

◇清正勲績考　清正勲績考刊行会編　熊本　本妙寺宝館　1980.3　614, 74p　22cm

◇〈校訂：清正勲績考刊行会〉　非売品
◇加藤清正伝　中野嘉太郎著　熊本　青潮社　1979.9　1冊　22cm　〈監修・解題：松本雅明　校訂：鈴木喬　隆文館大正3年刊の複製　付（別冊21枚）：付図　付（図1枚）：加藤氏代熊本城之図　限定版〉15000円
◇愛知百科事典　中日新聞社開発局編　名古屋　中日新聞本社　1977.1　977p　27cm　15000円
◇江戸東京市井人物事典　北村一夫著　新人物往来社　1976　354p　20cm　2000円
◇加藤清正―史伝　安藤英男著　河出書房新社　1976　260p　20cm　1200円
◇清正の治政　片山丈士著　月刊ペン社　1971　311p　19cm　450円
◇戦国と清正　片山丈士著　月刊ペン社　1971　294p　図　19cm　450円
◇加藤清正　下巻　片山丈士著　河出書房新社　1966　312p　図版　20cm　500円
◇加藤清正　上巻　片山丈士著　河出書房新社　1965　294p　図版　地図　20cm

堀尾 吉晴
ほりお よしはる

天文12年（1543年）～慶長16年（1611年）6月17日　武将。松江藩主。豊臣家三中老の一人。尾張国（愛知県）の人。幼名は仁王丸、通称は小太郎、茂助。名は可晴とも書く。尾張の土豪泰晴の子。豊臣秀吉に仕え、高松城攻めや賤ヶ岳の戦いなどで功をあげ、天正18年（1590年）遠江浜松12万石の城主となる。秀吉の死後は豊臣家の中老職となり、徳川家康と石田三成の対立解消などに努めるが、のち家康に接近。慶長5年（1600年）関ヶ原の戦いでは東軍側につき、石田三成の密使加賀井秀望を討ち、これにより三成の謀略の書状が発覚。その功により出雲・隠岐24万石に加増移封。慶長4年（1599年）隠居して子の忠氏に家督を譲ったが、慶長9年（1604年）忠氏が死去。2代を継いだ孫忠晴を補佐し、松江城を築城した。

＊　　＊　　＊

◇御家騒動―大名家を揺るがした権力闘争　福田千鶴著　中央公論新社　2005.3　248p　18cm　〈中公新書〉760円　①4-12-101788-9
◇島根県歴史人物事典　山陰中央新報社島根県歴史人物事典刊行委員会企画・編集　松江　山陰中央新報社　1997.11　737，36p　27cm　22000円　①4-87903-062-7
◇角川日本姓氏歴史人物大辞典　22　静岡県姓氏家系大辞典　竹内理三ほか編纂　静岡県姓氏家系大辞典編纂委員会編著　角川書店　1995.12　731p　23cm　16000円
◇織田信長家臣人名辞典　谷口克広著　吉川弘文館　1995.1　495，7p　23cm　〈監修：高木昭作　参考文献：p483～495〉7210円　①4-642-02743-2
◇堀尾吉晴―松江城築城国主・中老　島田成矩著　松江　松江今井書店　1995.1　478p　22cm　〈年譜あり〉①4-89593-009-2
◇静岡県歴史人物事典　静岡新聞社出版局編　静岡　静岡新聞社　1991.12　608p　27cm　11000円　①4-7838-0424-9
◇松江を開いた堀尾公の彼是　小林布善編著　〔松江〕　〔小林布善〕　1991.11　284p　19cm
◇角川日本姓氏歴史人物大辞典　23　愛知県　竹内理三ほか編纂　愛知県姓氏歴史人物大辞典編纂委員会編著　角川書店　1991.10　1052p　23cm　〈愛知県略年表：p944～958　愛知県参考文献一覧・主要文献解題：p1044～1051〉16000円　①4-04-002230-0
◇茶道人物辞典　原田伴彦編　柏書房　1991.1　290，22p　22cm　〈新装版〉4944円　①4-7601-0620-0
◇島根県大百科事典　上（あ～そ），下（た～ん）　松江　山陰中央新報社　1982　2冊　27cm　〈企画・編集：島根県大百科事典編集委員会，山陰中央新報社開発局〉
◇戦国大名家臣団事典　西国編　山本大，小和田哲男編　新人物往来社　1981.8　414p　22cm　6800円
◇静岡大百科事典　静岡新聞社出版局編　静岡　静岡新聞社　1978.3　969p　図版17枚　30cm　〈特装本〉30000円

◇愛知百科事典　中日新聞社開発局編　名古屋　中日新聞本社　1977.1　977p　27cm　15000円
◇島根県人名事典　伊藤菊之輔編　松江　伊藤菊之輔　1970　326p　図　22cm　〈限定版〉　1500円

濃　姫
のうひめ

天文4年(1535年)～慶長17年(1612年)7月9日
織田信長の妻。美濃国(岐阜県)の斎藤道三の娘。母は明智光秀の伯母の小見の方。名は帰蝶(きちょう)、通称は安土殿、また鷺山殿とも。斎藤道三は尾張国の織田信秀と対立の後、天文17年(1548年)に和議を結び、娘の濃姫は15歳で信秀の長男の信長に嫁いだ。弘治2年(1556年)道三は美濃一国を信長に譲ると遺言し、信長は道三を討った龍興をやぶり美濃を制した。信長の死後、濃姫は「安土殿」とよばれ、長男の織田信雄の所領の尾張で余生を送ったとみられる。

＊　　＊　　＊

◇司馬遼太郎作品の女性たち　北影雄幸著　越谷　文芸企画, 星雲社〔発売〕　2006.2　357p　19cm　1800円　①4-434-07496-2
◇図説 歴史の意外な結末 愛蔵版　日本博学倶楽部著　PHP研究所　2004.12　222p　19cm　476円　①4-569-64061-3
◇風雲児信長と悲運の女たち　楠戸義昭著　学習研究社　2002.6　318p　15cm　(学研M文庫)〈「信長と女たち」(毎日新聞社1991年刊)の改訂〉　680円　①4-05-901138-X
◇日本史・乱世に生きた悲運の女たち―苦難に彩られた戦国の女系図　村松駿吉著　日本文芸社　1994.2　237p　15cm　(にちぶん文庫)〈『話のタネ本戦国女性史』改題書〉　480円　①4-537-06245-2
◇戦国武将の妻たち　百瀬明治著　PHP研究所　1993.11　235p　19cm　1350円　①4-569-54165-8
◇日本女性人名辞典　日本図書センター　1993.6　1274p　27cm　〈監修：芳賀登ほか〉　26780円　①4-8205-7128-1

◇歴史に舞った女たち　沢田ふじ子著　広済堂出版　1993.2　289p　15cm　(広済堂文庫)〈『火宅往来』改題書〉　480円　①4-331-60348-2
◇織田家の人びと　小和田哲男著　河出書房新社　1991.10　202p　19cm　1500円　①4-309-22207-2
◇物語 信長をめぐる七人の女　新人物往来社編　新人物往来社　1991.10　236p　19cm　2400円　①4-404-01855-X
◇歴史ロマン 火宅往来―日本史のなかの女たち　沢田ふじ子著　広済堂出版　1990.8　284p　19cm　1400円　①4-331-50294-5

池田 輝政
いけだ てるまさ

永禄7年(1564年)～慶長18年(1613年)
武将、播磨姫路藩主。尾張国清洲(愛知県)の人。初名は照政、幼名は古新、通称は三左衛門尉。池田恒興の二男。天正12年(1584年)小牧・長久手の戦いでは豊臣方につき、父と兄の戦死により大垣城主を継ぐ。天正13年(1585年)美濃岐阜城主となり、豊臣氏の有力部将として九州攻めなどに従軍。天正18年(1590年)三河国吉田城主。文禄3年(1594年)徳川家康の娘督姫を継室に迎え、慶長5年(1600年)関ヶ原の戦いでは徳川方につき、岐阜城を攻略。その功により播磨国姫路52万石を与えられ、姫路城を築く。徳川氏に厚遇されて松平姓を許され、備前28万石、淡路6万石の加増を受けて"姫路宰相百万石"と謳われた。

＊　　＊　　＊

◇乱世を生きぬいた漢たち 戦国武将55の名言　秋庭道博著　学習研究社　2001.12　230p　15cm　(学研M文庫)　530円　①4-05-901098-7
◇姫路城を彩る人たち　播磨学研究所編　神戸　神戸新聞総合出版センター　2000.12　249p　19cm　(姫路文庫 7)　1300円　①4-343-00081-8
◇戦国武将まんだら―秘本三十六人伝　大栗丹後著　春陽堂書店　1999.8　244p

15cm 〔春陽文庫〕 486円 ⓘ4-394-16136-3
◇織田信長家臣人名辞典 谷口克広著 吉川弘文館 1995.1 495,7p 23cm 〈監修：高木昭作 参考文献：p483～495〉 7210円 ⓘ4-642-02743-2
◇岡山県歴史人物事典 岡山県歴史人物事典編纂委員会編 岡山 山陽新聞社 1994.10 1254p 27cm ⓘ4-88197-509-9
◇角川日本姓氏歴史人物大辞典 23 愛知県 竹内理三ほか編纂 愛知県姓氏歴史人物大辞典編纂委員会編著 角川書店 1991.10 1052p 23cm 〈愛知県略年表：p944～958 愛知県参考文献一覧・主要文献解題：p1044～1051〉 16000円 ⓘ4-04-002230-0
◇茶道人物辞典 原田伴彦編 柏書房 1991.1 290,22p 22cm 〈新装版〉 4944円 ⓘ4-7601-0620-0
◇天下平定編 桑田忠親著 秋田書店 1989.10 249p 19cm 〔新編 日本武将列伝 6〕 1500円 ⓘ4-253-00367-2
◇歴史経営学 白鷺城の興亡―流転268年 危難からな復元 寺林峻著 佼成出版社 1989.5 243p 19cm 1300円 ⓘ4-333-01348-8
◇兵庫県 ぎょうせい 1988.5 71p 30cm 〔ビジュアルワイド 新日本風土記 28〕 2000円 ⓘ4-324-01099-4
◇兵庫県大百科事典 神戸 神戸新聞出版センター 1983.10 2冊 30cm 〈企画：神戸新聞創刊85周年記念兵庫県大百科事典刊行委員会〉 全49000円
◇岡山県大百科事典 岡山 山陽新聞社 1980.1 2冊 27cm 全40000円
◇岡山人名事典 吉岡三平監修 岡山 日本文教出版 1978.2 466p 19cm
◇愛知百科事典 中日新聞社開発局編 名古屋 中日新聞本社 1977.1 977p 27cm 15000円
◇岐阜県百科事典 岐阜県百科事典制作委員会著 岐阜 岐阜日日新聞 1968 2冊 27cm 11500円

◇兵庫県人物事典 上巻 神戸 のじぎく文庫 1966 222p 図版 19cm

仙石 秀久
せんごく ひでひさ

天文21年(1552年)～慶長19年(1614年)5月6日 武将。美濃国加茂郡(岐阜県)の人。後名は秀康、盛長。通称は権兵衛。仙石久盛の子。織田信長に仕えたのち、豊臣秀吉の家臣となる。天正2年(1574年)近江国野洲郡に1000石、天正8年(1580年)淡路国洲本城主となり5万石を領す。天正13年(1585年)四国平定の功により讃岐国高松10万石に転封。翌14年(1586年)九州征伐で島津勢に敗れて一時所領を没収され、高野山に謹慎。天正18年(1590年)徳川家康に従って小田原征伐で功を成し、信濃国小諸5万石の城主、ついで小諸藩主仙石家初代となる。慶長5年(1600年)関ヶ原の戦いでは東軍に属した。

　　　　＊　　　＊　　　＊

◇角川日本姓氏歴史人物大辞典 20 長野県姓氏歴史人物大辞典 竹内理三ほか編纂 長野県姓氏歴史人物大辞典編纂委員会編著 角川書店 1996.11 1059p 23cm 17000円 ⓘ4-04-002200-9
◇織田信長家臣人名辞典 谷口克広著 吉川弘文館 1995.1 495,7p 23cm 〈監修：高木昭作 参考文献：p483～495〉 7210円 ⓘ4-642-02743-2
◇長野県歴史人物大事典 赤羽篤ほか編 松本 郷土出版社 1989.7 841p 27cm 〈参考文献一覧：p820～821〉 20000円 ⓘ4-87663-126-3
◇香川県人物・人名事典 四国新聞社出版委員会編 高松 四国新聞社 1985.6 384p 27cm 5000円 ⓘ4-915604-07-1
◇香川県大百科事典 四国新聞社出版委員会編 高松 四国新聞社 1984.4 1216p 31cm 25000円
◇兵庫県大百科事典 神戸 神戸新聞出版センター 1983.10 2冊 30cm 〈企画：神戸新聞創刊85周年記念兵庫県大百科事典刊行委員会〉 全49000円
◇戦国大名家臣団事典 西国編 山本大，

小和田哲男編　新人物往来社　1981.8　414p　22cm　6800円
◇長野県百科事典　信濃毎日新聞社開発局出版部編　補訂版　長野　信濃毎日新聞社　1981.3　918p　22cm　3200円
◇郷土歴史人物事典香川　香川県中学校社会科研究会編著　第一法規出版　1978.6　229p　19cm　〈監修：玉村稔〉　1300円
◇岐阜県百科事典　岐阜県百科事典制作委員会著　岐阜　岐阜日日新聞社　1968　2冊　27cm　11500円

増田 長盛
ました ながもり

天文14年(1545年)～元和元年(1615年)5月27日　武将、豊臣家五奉行の一人。尾張国(愛知県)の人。仁右衛門、右衛門尉と称す。初め豊臣秀吉に仕えて禄200石、天正12年(1584年)小牧・長久手の功により2万石に加増。小田原征伐、文禄・慶長の役にも従軍。実務能力に優れ、京都賀茂川の架橋工事でも活躍。天正19年(1591年)近江を検地し、文禄3年(1594年)伏見城の工事を分担。文禄4年(1595年)大和郡山20万石に封ぜられ、豊臣政権の五奉行に列して文治派を形成。関ヶ原の戦いでは西軍に属したため、所領没収のうえ高野山に追放。のち武蔵岩槻城主高力清長に預けられたが、大坂の陣で子の盛次が豊臣方となった責めを負い、大坂城落城後自刃した。

　　　　＊　　＊　　＊

◇本願寺教団の展開─戦国期から近世へ　青木忠夫著　京都　法蔵館　2003.8

488p　21cm　10000円　①4-8318-7479-5
◇角川日本姓氏歴史人物大辞典　26　京都市姓氏歴史人物大辞典　竹内理三ほか編纂　京都市姓氏歴史人物大辞典編纂委員会編著　角川書店　1997.9　909p　23cm　①4-04-002260-2
◇茶道人物辞典　原田伴彦編　柏書房　1991.1　290, 22p　22cm　〈新装版〉　4944円　①4-7601-0620-0
◇和歌山県史　人物　和歌山県史編さん委員会編　和歌山　和歌山県　1989.3　539, 64p　22cm　非売品
◇長崎事典　歴史編1988年版　第2版　長崎　長崎文献社　1988.9　536p　21cm　〈参考文献：巻末〉　①4-88851-041-5
◇京都大事典　佐和隆研ほか編集　京都　淡交社　1984.11　1083, 91p　27cm　12000円　①4-473-00885-1
◇滋賀県百科事典　滋賀県百科事典刊行会編　大和書房　1984　877p　28cm　〈年表：p.〔775〕-786　主要参考図書目録：p.〔805〕-820〉　①4-479-90012-8
◇戦国大名家臣団事典　西国編　山本大, 小和田哲男編　新人物往来社　1981.8　414p　22cm　6800円
◇郷土歴史人物事典滋賀　渡辺守順著　第一法規出版　1979.7　219p　19cm　1300円
◇愛知百科事典　中日新聞社開発局編　名古屋　中日新聞本社　1977.1　977p　27cm　15000円

徳川 家康
とくがわ いえやす

天文11年(1542年)～元和2年(1616年)4月17日　武将。江戸幕府初代将軍。在職期間は慶長8年から慶長10年(1603～1605年)。三河国(愛知県)の人。幼名は竹千代、初名は元信、元康。法号は安国院。諡号は東照大権現。三河岡崎城主松平広忠の長男、母は水野忠政の娘於大(伝通院)。幼少時より駿河の今川義元の人質となり駿府で過ごす。永禄3年(1560年)義元が桶狭間で敗れると今川氏から自立し岡崎に戻る。織田信長と同盟を結び、三河一向一揆を鎮圧し三河を統一。永禄11年(1568)には遠江を制圧。元亀元年(1570年)浜松に居城を移す。姉川の戦いで信長を助ける。元亀3年(1572年)三方ヶ原の戦いでは武田信玄に大敗するが、天正3年(1575年)長篠の戦いで武田勝頼を破り、駿府に本拠を移す。天正10年(1582

年)本能寺の変の際は堺にあり、危険を冒して急ぎ帰国。天正12年(1582年)小牧・長久手の戦いで豊臣秀吉に大勝するがのち和睦。以後は秀吉の全国統一に従う。小田原征伐に戦功をあげ、その功で関八州を与えられて武蔵国に入り、江戸を居城に関東の経営を任され、また五大老として重きをなした。秀吉没後、慶長5年(1600年)関ヶ原の戦いで勝利して覇権を確立させ、慶長8年(1603年)征夷大将軍となって江戸幕府を開く。慶長10年(1605年)将軍職を秀忠に譲って駿府に退いたが、"大御所"として実権を保持し続けた。大坂冬の陣・夏の陣で豊臣氏を滅ぼして、天下統一を完成させた。元和2年(1616年)太政大臣となったが、まもなく駿府城で没した。久能山に葬られた後、日光山に改装、後水尾天皇から東照大権現の神号を受けた。「人の一生は重き荷を負うて遠き道をゆくがごとし。急ぐべからず」が東照宮遺訓として知られるが現在では偽作とされる。

◇教科書が教えない歴史有名人の兄弟姉妹 新人物往来社編 新人物往来社 2008.7 301p 19cm 1600円 Ⓘ978-4-404-03561-5

◇一筆啓上 家康と鬼の本多作左衛門 横山茂著 郁朋社 2008.6 334p 21cm 1500円 Ⓘ978-4-87302-414-1

◇ウラ読み「戦国合戦」 谷口研語著 PHP研究所 2008.6 358p 15cm (PHP文庫) 648円 Ⓘ978-4-569-67036-2

◇写真記録 日本人物史 日本図書センター 2008.6 297p 32×23cm 24000円 Ⓘ978-4-284-50095-1

◇神君家康の誕生―東照宮と権現様 曽根原理著 吉川弘文館 2008.6 185p 19cm (歴史文化ライブラリー 256) 〈文献あり〉 1700円 Ⓘ978-4-642-05656-4

◇根まわし仕事術―デキるやつほどやっている 門昌央著 すばる舎 2008.6 207p 19cm 1400円 Ⓘ978-4-88399-726-8

◇戦国武将からの手紙―乱世に生きた男たちの素顔 吉本健二著 学習研究社 2008.5 300p 15cm (学研M文庫) 〈『手紙から読み解く戦国武将意外な真実』改稿・改題書〉 667円 Ⓘ978-4-05-901220-7

◇徳川家康―大戦略と激闘の譜 学習研究社 2008.5 171p 26cm (新・歴史群像シリーズ 12) 〈年譜あり〉 1500円 Ⓘ978-4-05-605131-5

◇司馬遼太郎を読んで「歴史」につよくなる 石原靖久著 新講社 2008.2 237p 19cm 1300円 Ⓘ978-4-86081-188-4

◇戦国時代の「裏」を読む―通説に埋もれた史実に迫る 中村彰彦著 PHP研究所 2008.2 335p 15cm (PHP文庫) 〈『史談・信長に仕える苦労』増補・改題書〉 724円 Ⓘ978-4-569-66971-7

◇戦国武将100選 川口素生著 リイド社 2008.2 277p 15cm (リイド文庫) 524円 Ⓘ978-4-8458-3734-2

◇三方原の戦と小幡赤武者隊 岩井良平著 文芸社 2008.2 335p 19cm 1700円 Ⓘ978-4-286-03347-1

◇豪快茶人伝 火坂雅志著 角川学芸出版、角川グループパブリッシング〔発売〕 2008.1 313p 15cm (角川文庫) 〈『茶の湯事件簿』加筆・修正・改題書〉 667円 Ⓘ978-4-04-407801-0

◇関ヶ原合戦―家康の戦略と幕藩体制 笠谷和比古著 講談社 2008.1 267p 15cm (講談社学術文庫) 900円 Ⓘ978-4-06-159858-4

◇「戦国合戦」意外・驚きエピソード―信長・秀吉・家康と、武将たちのちょっと珍しい話 加賀康之著 PHP研究所 2008.1 387p 15cm (PHP文庫) 648円 Ⓘ978-4-569-66966-3

◇徳川将軍家墓碑総覧 秋元茂陽著 大阪パレード、星雲社〔発売〕 2008.1 351p 26cm 8000円 Ⓘ978-4-434-11488-5

◇日本史を変えた夫の戦い妻の戦い 中江克己著 青春出版社 2008.1 220p 18×11cm (青春新書INTELLIGENCE) 730円 Ⓘ978-4-413-04191-1

◇戦国武将を育てた禅僧たち　小和田哲男著　新潮社　2007.12　221p　19cm　（新潮選書）　1100円　①978-4-10-603594-4

◇戦国武将 この「すごい眼力」に学べ　小和田哲男著　三笠書房　2007.12　220p　15cm　（知的生きかた文庫）　533円　①978-4-8379-7677-6

◇徳川将軍家の真実　山下昌也著　学習研究社　2007.12　345p　15cm　（学研M文庫）　700円　①978-4-05-901210-8

◇徳川将軍の意外なウラ事情　中江克己著　愛蔵版　PHP研究所　2007.12　254p　19cm　476円　①978-4-569-69694-2

◇家康と茶屋四郎次郎　小和田泰経著　静岡　静岡新聞社　2007.11　197p　18×11cm　（静新新書）　933円　①978-4-7838-0341-6

◇戦国人物伝 徳川家康　加来耕三企画・構成・監修, すぎたとおる原作, 丹波鉄心作画　ポプラ社　2007.11　119p　21cm　（コミック版日本の歴史 3）　1000円　①978-4-591-09792-2

◇戦国武将の生命懸け損益計算書―人生の岐路に彼らはどう対処したか　加来耕三著　土屋書店　2007.11　203p　18cm　（知の雑学新書）　800円　①978-4-8069-0946-0

◇相続プロデューサーが教える戦国武将に学んだ社長が成功する！―事業承継 成功と失敗の分岐点　藤永悟志著　文芸社　2007.11　167p　19cm　1200円　①978-4-286-03804-9

◇「あの人」の言葉―人生の指針を残した偉人たち　武光誠著　リイド社　2007.10　254p　15cm　（リイド文庫）　476円　①978-4-8458-3229-3

◇ヒトが神になる条件　井上宏生著　リヨン社, 二見書房〔発売〕　2007.10　223p　18cm　（かに心書）　850円　①978-4-576-07173-2

◇「戦国武将」名将のすごい手の内―頭一つ抜け出す生き方　小和田哲男著　三笠書房　2007.9　238p　15cm　（知的生きかた文庫）　533円　①978-4-8379-7656-1

◇史疑―幻の家康論　磔川全次著　新装増補改訂版　批評社　2007.8　187p　21cm　1800円　①978-4-8265-0470-6

◇関ヶ原合戦「武将」たちの言い分―天下分け目の行動学　岳真也著　PHP研究所　2007.8　408p　15cm　（PHP文庫）　686円　①978-4-569-66851-2

◇徳川家康事典　藤野保, 村上直, 所理喜夫, 新行紀一, 小和田哲男編　コンパクト版　新人物往来社　2007.8　352p　20cm　〈文献あり　年譜あり〉　4800円　①978-4-404-03479-3

◇家康戦国城盗り物語　外川淳著　大和書房　2007.7　349p　16cm　（だいわ文庫）　762円　①978-4-479-30116-5

◇戦国の兵法者―剣豪たちの源流とその系譜　牧秀彦著　学習研究社　2007.7　261p　18cm　（学研新書）　780円　①978-4-05-403463-1

◇男たちの戦国―戦国武将友情始末　夏野清三郎著　ぶんか社　2007.6　205p　15cm　（ぶんか社文庫）　600円　①978-4-8211-5101-1

◇「戦国武将」名将の頭の中―「勝負所」で勝つ法　菊池道人著　三笠書房　2007.6　219p　15cm　（知的生きかた文庫）　533円　①978-4-8379-7636-3

◇司馬遼太郎 歴史のなかの邂逅　2　徳川家康～新選組　司馬遼太郎著　中央公論新社　2007.5　428p　19cm　2000円　①978-4-12-003836-5

◇上司の心得―名将名君に学ぶ　童門冬二著　PHP研究所　2007.5　238p　19cm　1500円　①978-4-569-69069-8

◇図説 相関図と合戦地図で読み解く戦国武将あの人の顛末　中江克己著　青春出版社　2007.5　95p　26cm　1000円　①978-4-413-00889-1

◇戦国時代は裏から読むとおもしろい！―「敗者」から見たもうひとつの戦国合戦史　小和田哲男著　青春出版社　2007.5　235p　15cm　（青春文庫）　552円　①978-4-413-09367-5

◇徳川家康―戦国の世を終わらせた天下人　桑田忠親監修, 藤木てるみ漫画　新装版　学習研究社　2007.5　144p　21cm　（学

研まんが伝記シリーズ）　700円　①978-4-05-202831-1
◇日本史偉人「健康長寿法」　森村宗冬著　講談社　2007.5　201p　18cm　（講談社プラスアルファ新書）　800円　①978-4-06-272436-4
◇日本史の影で動いた男たち―戦国忍者列伝　武山憲明著　ぶんか社　2007.5　237p　15cm　（ぶんか社文庫）　638円　①978-4-8211-5096-0
◇武将が信じた神々と仏　八幡和郎監修　青春出版社　2007.5　188p　18cm　（青春新書INTELLIGENCE）　730円　①978-4-413-04173-7
◇図説徳川将軍家の「お家事情」―財産から趣味、結婚、後継ぎまで　中江克己著　PHP研究所　2007.4　111p　26cm　952円　①978-4-569-69076-6
◇駿府の大御所徳川家康　小和田哲男著　静岡　静岡新聞社　2007.4　250p　18cm　（静新新書）〈年譜あり〉　1048円　①978-4-7838-0332-4
◇日本「古街道」探訪―東北から九州まで、歴史ロマン23選　泉秀樹著　PHP研究所　2007.4　322p　15cm　（PHP文庫）　619円　①978-4-569-66815-4
◇江戸の遺伝子―いまこそ見直されるべき日本人の知恵　徳川恒孝著　PHP研究所　2007.3　253p　19cm　1500円　①978-4-569-65830-8
◇大江戸おもしろ帳―大奥から庶民の日常まで！　大江戸研究会編　コスミック出版　2007.3　223p　18cm　（コスミック新書）　838円　①978-4-7747-0682-5
◇児童生徒に聞かせたい日本の偉人伝3分話　中嶋郁雄著　学陽書房　2007.3　135p　19cm　1700円　①978-4-313-65155-5
◇戦国時代の大誤解　鈴木真哉著　PHP研究所　2007.3　205p　18cm　（PHP新書）　700円　①978-4-569-65940-4
◇徳川家康は二度死ぬ　赤司典弘著　ぶんか社　2007.2　207p　15cm　（ぶんか社文庫）〈文献あり〉　600円　①978-4-8211-5089-2

◇世界に誇れる日本人　渡部昇一著　PHP研究所　2007.1　237p　15cm　（PHP文庫）〈『理想的日本人』改題書〉　533円　①978-4-569-66754-6
◇日本史の意外なウラ事情―家系図から読みとる　須藤公博著　PHP研究所　2007.1　371p　15cm　（PHP文庫）〈『家系図から読みとる日本史』加筆・修正・改題書〉　762円　①978-4-569-66756-0
◇後継学―戦国父子に学ぶ　加来耕三著　時事通信出版局，時事通信社〔発売〕　2006.12　301p　19cm　1800円　①4-7887-0673-3
◇時代考証おもしろ事典―TV時代劇を100倍楽しく観る方法　山田順子著　実業之日本社　2006.12　253p　19cm　1300円　①4-408-32327-6
◇徳川家康―天下人秀吉を圧倒した大戦略　改訂新版　世界文化社　2006.12　152p　26cm　（Bigmanスペシャル）〈「覇王家康」（1996年刊)の改訂　折り込1枚　年譜あり〉　1400円　①4-418-06149-5
◇家康の父親は武田信玄だった！　武山憲明，杉山光男著　ぶんか社　2006.11　270p　15cm　（ぶんか社文庫）〈文献あり〉　657円　①4-8211-5076-X
◇新修徳川家康文書の研究　徳川義宣著　徳川黎明会　2006.11　878, 75p　22cm〈昭和58年刊を原本としたオンデマンド版〉　25000円　①4-642-00906-X
◇新修徳川家康文書の研究　第2輯　徳川義宣著　徳川黎明会　2006.11　863, 49p　22cm　〈肖像あり　著作目録あり〉　25000円　①4-642-03418-8
◇戦国合戦100選　川口素生著　リイド社　2006.11　285p　15cm　（リイド文庫）　476円　①4-8458-3217-8
◇戦国時代の舞台裏―ここが一番おもしろい！　歴史の謎研究会編　青春出版社　2006.11　232p　19cm　476円　①4-413-00859-6
◇信長・秀吉・家康の研究―乱世を制した人づくり、組織づくり　童門冬二著　PHP研究所　2006.11　221p　15cm　（PHP文庫）　495円　①4-569-66721-X

◇戦国武将の謎―教科書ではわからない戦国時代の裏のウラ　桑田忠親著　日本文芸社　2006.10　199p　18cm　648円　①4-537-25437-8

◇日本史　宿命のライバル達の決断と苦悩―教科書には載っていない好敵手たちの本音　土橋治重著　日本文芸社　2006.10　199p　18cm　648円　①4-537-25438-6

◇英傑の日本史　信長・秀吉・家康編　井沢元彦著　角川学芸出版　2006.8　287p　20cm　〈年表あり〉　1500円　①4-04-621083-4

◇戦国武将「凄い生き方」　小和田哲男著　三笠書房　2006.8　301p　15cm　(知的生きかた文庫)〈『日本の歴史・合戦おもしろ話』再編集・改題書〉　552円　①4-8379-7573-9

◇日本の歴史を作った森　立松和平著　筑摩書房　2006.8　143p　18cm　(ちくまプリマー新書)　700円　①4-480-68742-4

◇名将の法則―戦国乱世を生き抜いた12人の知られざる決断とは　安部竜太郎著　日本実業出版社　2006.8　254p　19cm　1600円　①4-534-04106-3

◇古今料理集　小山裕久著　アシェット婦人画報社　2006.7　407p　26×19cm　26000円　①4-573-02133-7

◇偉人たちの死亡診断書　中原英臣,佐川峻著　小学館　2006.6　254p　15cm　(小学館文庫)　514円　①4-09-408084-8

◇神国論の系譜　鍛代敏雄著　京都　法蔵館　2006.5　201p　19cm　1800円　①4-8318-7470-1

◇信・秀吉・家康―天下統一と戦国の三英傑　学習研究社　2006.5　163p　26cm　(歴史群像シリーズ)〈年表あり〉　1500円　①4-05-604248-9

◇異能の勝者―歴史に見る「非常の才」　中村彰彦著　集英社　2006.4　286p　19cm　1900円　①4-08-781342-8

◇江戸時代とはなにか―日本史上の近世と近代　尾藤正英著　岩波書店　2006.4　282p　15cm　(岩波現代文庫)　1100円　①4-00-600158-2

◇図解　関ケ原に学ぶ勝負の法則―天下を分けた戦国最大の合戦　『歴史街道』編集部編　PHP研究所　2006.4　107p　26cm　800円　①4-569-64957-2

◇戦国の影法師―もうひとつの意外人物列伝　武田鏡村著　三修社　2006.4　207p　19cm　1600円　①4-384-03809-7

◇江戸時代の設計者―異能の武将・藤堂高虎　藤田達生著　講談社　2006.3　256p　18cm　(講談社現代新書)〈年譜あり　文献あり〉　740円　①4-06-149830-4

◇心を育てる偉人のお話　3　坂本竜馬、徳川家康、キリスト他　西本鶏介編・著　新装版　ポプラ社　2006.3　226p　18cm　(ポプラポケット文庫)〈『ひとり読みと読みきかせのための心を育てる偉人のお話光をかかげた人たち3』新装・改題書〉　570円　①4-591-09175-9

◇戦国武将　男の値打ち―知られざる値千金の逸話 この人間的魅力を見よ！　田中春泥著　三笠書房　2006.3　253p　15cm　(知的生きかた文庫)　533円　①4-8379-7548-8

◇按針と家康―将軍に仕えたあるイギリス人の生涯　クラウス・モンク・ブロム著,幡井勉日本語版監修,下宮忠雄訳　出帆新社　2006.2　269,7p　19cm　2500円　①4-86103-036-6

◇初期徳川氏の農村支配　本多隆成著　吉川弘文館　2006.2　309p　21cm　(静岡大学人文学部研究叢書)　8300円　①4-642-02849-8

◇知られざる「診断書」あの人の顛末　歴史の謎研究会編　青春出版社　2006.2　219p　15cm　(青春文庫)　543円　①4-413-09334-8

◇日本を創った12人　堺屋太一著　PHP研究所　2006.2　413p　15cm　(PHP文庫)　724円　①4-569-66560-8

◇健康力―戦国武将たちに学ぶ　植田美津江著　名古屋　ゆいぽおと, KTC中央出版〔発売〕　2006.1　190p　18cm　1000円　①4-87758-403-X

◇戦国大名と賤民―信長・秀吉・家康と部落形成　本田豊著　現代書館　2005.12

206p　19cm　2000円　①4-7684-6917-5
◇戦国武将の宣伝術―隠された名将のコミュニケーション戦略　童門冬二著　講談社　2005.12　311p　15cm　(講談社文庫)　571円　①4-06-275281-6
◇徳川将軍家の結婚　山本博文著　文芸春秋　2005.12　212p　18cm　(文春新書)　730円　①4-16-660480-5
◇「名君」「暴君」大逆転の戦国史　新井喜美夫著　講談社　2005.12　201p　18cm　(講談社プラスアルファ新書)　800円　①4-06-272351-4
◇大いなる謎 関ヶ原合戦―家康暗殺計画から小早川裏切りの真相まで　近衛竜春著　PHP研究所　2005.11　395p　15cm　(PHP文庫)　705円　①4-569-66485-7
◇徳川三代の情報戦略　童門冬二著　学陽書房　2005.10　293p　15cm　(人物文庫)〈『徳川三代・諜報戦』改題書〉　720円　①4-313-75204-8
◇日本史・ライバルたちの「意外な結末」―宿敵・政敵・好敵手たちの知られざる「その後」　日本博学倶楽部著　PHP研究所　2005.9　275p　15cm　(PHP文庫)　533円　①4-569-66442-3
◇戦国時代の終焉―「北条の夢」と秀吉の天下統一　斎藤慎一著　中央公論新社　2005.8　234p　19cm　(中公新書)　760円　①4-12-101809-5
◇戦国武将の危機突破学　童門冬二著　日本経済新聞社　2005.8　309p　15cm　(日経ビジネス人文庫)　667円　①4-532-19305-2
◇日本の歴史 13　江戸開府　辻達也著　改版　中央公論新社　2005.8　565p　15cm　(中公文庫)　1238円　①4-12-204574-6
◇戦国なるほど人物事典―100人のエピソードで戦国史がよくわかる！　泉秀樹著　愛蔵版　PHP研究所　2005.6　235p　19cm　476円　①4-569-64332-9
◇戦国武将の遺言36選　歴史探訪研究の会編　リイド社　2005.6　254p　15cm　(リイド文庫)　476円　①4-8458-2779-4

◇徳川家に伝わる徳川四百年の内緒話 ライバル敵将篇　徳川宗英著　文芸春秋　2005.6　206p　15cm　(文春文庫)　486円　①4-16-767944-2
◇名将名城伝　津本陽著　PHP研究所　2005.6　280p　19cm　1500円　①4-569-64187-3
◇逆説の日本史　12(近世暁光編)　天下泰平と家康の謎　井沢元彦著　小学館　2005.5　347p　20cm　〈年表あり〉　1600円　①4-09-379682-3
◇戦国武将・闇に消されたミステリー―いまだ解けない80の謎　三浦竜著　PHP研究所　2005.5　300p　15cm　(PHP文庫)　533円　①4-569-66407-5
◇徳川将軍家十五代のカルテ　篠田達明著　新潮社　2005.5　188p　18cm　(新潮新書)　680円　①4-10-610119-X
◇その時歴史が動いた　32　NHK取材班編　KTC中央出版　2005.4　253p　19cm　1600円　①4-87758-345-9
◇日本食文化人物事典―人物で読む日本食文化史　西東秋男編　筑波書房　2005.4　384p　21cm　5000円　①4-8119-0278-5
◇江戸幕府徳川歴代将軍譜　寺沢滋著　新風舎　2005.3　122p　19cm　1600円　①4-7974-5421-0
◇人事の日本史　遠山美都男, 関幸彦, 山本博文著　毎日新聞社　2005.3　329p　19cm　1600円　①4-620-31720-9
◇戦国武将人を動かす天才に学ぶ―トップで成功するか, 仕えて成功するか　鈴木亨著　三笠書房　2005.3　285p　15cm　(知的生きかた文庫)　533円　①4-8379-7472-4
◇図説 戦国武将おもしろ事典―乱世の殿様たちの「その時」「その後」　奈良本辰也監修　三笠書房　2005.2　285p　15cm　(知的生きかた文庫)　533円　①4-8379-7468-6
◇戦国史　源城政好編著　ナツメ社　2005.2　287p　19cm　(図解雑学)　1400円　①4-8163-3810-1
◇戦国史研究　第49号　戦国史研究会編　藤沢　戦国史研究会, 吉川弘文館〔発売〕

2005.2 48p 21cm 667円 ①4-642-09217-X, ISSN0287-7449

◇歴史に魅せられて―異能集団のエッセイ集 史遊会編 彩流社 2005.2 413p 19cm 2800円 ①4-88202-975-8

◇泰平国家の建設―家康の生涯 川崎記孝著 日本図書刊行会 2004.11 177p 20cm 〈東京 近代文芸社(発売) 年譜あり 文献あり〉 1800円 ①4-8231-0783-7

◇徳川将軍と天皇 山本博文著 中央公論新社 2004.11 255p 15cm (中公文庫) 724円 ①4-12-204452-9

◇今さら聞けない戦国史のツボ 鈴木旭著 日本文芸社 2004.10 219p 19cm 476円 ①4-537-25237-5

◇武将を支えた禅の教え 童門冬二著 青春出版社 2004.10 270p 19cm 1500円 ①4-413-02170-3

◇近世国家の形成と戦争体制 曽根勇二著 校倉書房 2004.9 414p 21cm (歴史科学叢書) 10000円 ①4-7517-3560-8

◇神霊の国 日本―禁断の日本史 井沢元彦著 ベストセラーズ 2004.9 254p 19cm 476円 ①4-584-16549-1

◇戦国武将 あの人の顛末 中江克己著 青春出版社 2004.9 253p 15cm (青春文庫) 571円 ①4-413-09301-1

◇江戸時代の国家・法・社会 山本博文著 校倉書房 2004.8 383p 19cm 3800円 ①4-7517-3550-0

◇江戸の殿さま全600家―創業も生き残りもたいへんだ 八幡和郎著 講談社 2004.8 363p 15cm (講談社プラスアルファ文庫) 743円 ①4-06-256869-1

◇徳川家に伝わる徳川四百年の内緒話 徳川宗英著 文芸春秋 2004.8 285p 15cm (文春文庫) 562円 ①4-16-767922-1

◇理想的日本人―「日本文明」の礎を築いた12人 渡部昇一著 PHP研究所 2004.8 222p 19cm 1400円 ①4-569-63645-4

◇江戸川柳 尾張・三河名所歩き 小野真孝著 三樹書房 2004.7 185p 19cm 1400円 ①4-89522-422-8

◇江戸の料理と食生活―ビジュアル日本生活史 原田信男編 小学館 2004.6 167p 28×21cm 2800円 ①4-09-626130-0

◇戦国武将の意外なウラ事情―英雄たちの「秘められた事実」 日本博学倶楽部著 PHP研究所 2004.6 276p 15cm (PHP文庫) 571円 ①4-569-66199-8

◇点と点が線になる日本史集中講義 井沢元彦著 祥伝社 2004.6 331p 18cm 1400円 ①4-396-50078-5

◇日本史を動かした名言―その「名場面」を読み解く 小和田哲男著 青春出版社 2004.6 269p 18cm (プレイブックス・インテリジェンス) 780円 ①4-413-04095-3

◇先知先哲に学ぶ人間学 渡部昇一著 致知出版社 2004.5 299p 19cm 1600円 ①4-88474-680-5

◇徳川将軍の意外なウラ事情―家康から慶喜まで、十五代の知られざるエピソード 中江克己著 PHP研究所 2004.5 314p 15cm (PHP文庫)〈『徳川将軍百話』再編集・改題書〉 552円 ①4-569-66182-3

◇徹底大研究 日本の歴史人物シリーズ 12 徳川家康 谷口克広監修 ポプラ社 2004.4 79p 27×19cm 2850円 ①4-591-07997-X

◇役に立つ戦国武将―厳選50人 時代劇雑学研究会編 リイド社 2004.4 223p 15cm (リイド文庫) 562円 ①4-8458-2758-1

◇面白いほどよくわかる戦国史―動乱の時代を勝ち残った戦国群雄の軌跡 鈴木旭著 日本文芸社 2004.3 305p 19cm (学校で教えない教科書) 1300円 ①4-537-25195-6

◇逆説の日本史 11(戦国乱世編) 朝鮮出兵と秀吉の謎 井沢元彦著 小学館 2004.3 449p 20cm 〈年表あり〉 1600円 ①4-09-379681-5

◇逆転日本史―仮説で読み解く歴史事件簿 加来耕三著 三修社 2004.3 246p 19cm 1900円 ①4-384-03405-9

◇徳川家康―乱世から太平の世へ　酒寄雅志監修, 小西聖一著　理論社　2004.3　113p　25×19cm　(NHKにんげん日本史)　1800円　ⓣ4-652-01469-4

◇江戸の構造改革―パックス・トクガワーナの時代　山内昌之, 中村彰彦著　集英社　2004.2　318p　19cm　1800円　ⓣ4-08-781292-8

◇戦国期の権力と文書　矢田俊文編　高志書院　2004.2　366p　21cm　7200円　ⓣ4-906641-80-6

◇しぶとい戦国武将伝　外川淳著　河出書房新社　2004.1　237p　19cm　1600円　ⓣ4-309-22409-1

◇地形で読みとく合戦史　谷口研語著　PHP研究所　2003.12　247p　18cm　(PHP新書)　760円　ⓣ4-569-63343-9

◇日本文明の謎を解く―21世紀を考えるヒント　竹村公太郎著　清流出版　2003.12　259p　19cm　1800円　ⓣ4-86029-065-8

◇武士の家訓　桑田忠親著　講談社　2003.12　324p　15cm　(講談社学術文庫)　1000円　ⓣ4-06-159630-6

◇歴史に学ぶ　津本陽著　講談社　2003.12　298p　15cm　(講談社文庫)　571円　ⓣ4-06-273915-1

◇図説 戦国武将のあの人の「その後」―「関ヶ原」「本能寺」…事件が変えた男たちの運命　日本博学倶楽部著　PHP研究所　2003.11　95p　26cm　952円　ⓣ4-569-63217-3

◇その時歴史が動いた　21　NHK取材班編　名古屋　KTC中央出版　2003.11　253p　19cm　1600円　ⓣ4-87758-279-7

◇天下人の自由時間　荒井魏著　文芸春秋　2003.11　248p　18cm　(文春新書)　720円　ⓣ4-16-660351-5

◇日本の「ち・から」―史上最強の日本人達が指南する「智・血・地から」の歴史　友常貴仁著　三五館　2003.11　206p　19cm　1400円　ⓣ4-88320-279-8

◇幹になる男、幹を支える男―この「絆」が歴史を動かした　童門冬二著　青春出版社　2003.11　253p　15cm　(青春文庫)〈『人間の絆』改題書〉　571円　ⓣ4-413-09279-1

◇勇者の魅力―人を動かし、組織を動かす　童門冬二著　大阪　清文社　2003.10　198p　19cm　1400円　ⓣ4-433-27553-0

◇老いは生のさなかにあり　津本陽著　幻冬舎　2003.9　254p　19cm　1600円　ⓣ4-344-00393-4

◇家系図から読みとる日本史　須藤公博著　駿台曜曜社　2003.9　286p　19cm　1300円　ⓣ4-89692-212-3

◇江戸・東京を造った人々　1　都市のプランナーたち　『東京人』編集室編　筑摩書房　2003.8　435p　15cm　(ちくま学芸文庫)　1400円　ⓣ4-480-08787-7

◇戦国15大合戦の真相―武将たちはどう戦ったか　鈴木真哉著　平凡社　2003.8　252p　18cm　(平凡社新書)　760円　ⓣ4-582-85193-2

◇徳川妻妾記　高柳金芳著　雄山閣　2003.8　286p　19cm　(江戸時代選書9)　2300円　ⓣ4-639-01808-8

◇「お葬式」の日本史―いまに伝わる弔いのしきたりと死生観　新谷尚紀監修　青春出版社　2003.7　187p　18cm　(プレイブックス・インテリジェンス)　700円　ⓣ4-413-04063-5

◇昇竜の影―信長、秀吉、家康と伊勢平野　衣斐賢譲著　鈴鹿　竜光寺微笑会, 中央公論事業出版〔発売〕　2003.7　403p　21cm　2000円　ⓣ4-89514-207-8

◇その時歴史が動いた　20　NHK取材班編　名古屋　KTC中央出版　2003.7　253p　19cm　1600円　ⓣ4-87758-278-9

◇江戸開府への道―家康の生涯　川崎記孝著　日本図書刊行会　2003.6　168, 6p　20cm　〈東京　近代文芸社(発売)　肖像あり　年譜あり〉　1800円　ⓣ4-8231-0760-8

◇将軍権力と天皇―秀吉・家康の神国観　高木昭作著　青木書店　2003.5　238p　19cm　(シリーズ民族を問う2)　2800円　ⓣ4-250-20313-1

◇戦国なるほど人物事典―100人のエピソードで歴史の流れがよくわかる　泉秀

◇樹著　PHP研究所　2003.5　502p　15cm　(PHP文庫)〈『戦国乱世百傑百話』修正・改題書〉　819円　Ⓣ4-569-57945-0

◇2時間でわかる図解 戦国時代が面白いほどわかる本　金谷俊一郎著　中経出版　2003.5　262p　21cm　(2時間でわかる図解シリーズ)　1600円　ⓉR4-8061-1814-1

◇閨閥の日本史　中嶋繁雄著　文芸春秋　2003.2　203p　18cm　(文春新書)　680円　ⓉR4-16-660301-9

◇甲州武士を憧憬した家康の炯眼　久木住人著　小学館スクウェア　2002.12　130p　19cm　952円　ⓉR4-7979-8021-4

◇その時歴史が動いた　17　NHK取材班編　名古屋　KTC中央出版　2002.12　253p　19cm　1600円　ⓉR4-87758-275-4

◇徳川家康の経営学―激動の時代を生き抜く　童門冬二著　学陽書房　2002.12　262p　15cm　(人物文庫)〈『徳川家康「攻め」と「守り」の経営学』(立風書房1988年刊)の改題〉　700円　ⓉR4-313-75161-0

◇家康と伊賀越えの危難　川崎記孝著　日本図書刊行会　2002.11　215p　20cm〈東京 近代文芸社(発売)　肖像あり〉　1800円　ⓉR4-8231-0819-1

◇父親像の歴史　堀口尚夫著　叢文社　2002.11　204p　19cm　1600円　ⓉR4-7947-0431-3

◇家康名臣伝　童門冬二著　東洋経済新報社　2002.10　326p　19cm　1600円　ⓉR4-492-06131-2

◇歴史に学ぶ人間学　童門冬二著　潮出版社　2002.10　284p　19cm　1600円　ⓉR4-267-01652-6

◇戦国武将・あの人の「その後」―「関ヶ原」「本能寺」…事件が変えた男たちの運命　日本博学倶楽部著　PHP研究所　2002.9　244p　15cm　(PHP文庫)　552円　ⓉR4-569-57777-6

◇日本史にみる経済改革―歴史教科書には載らない日本人の知恵　童門冬二著　角川書店　2002.9　212p　18cm　(角川oneテーマ21)　667円　ⓉR4-04-704102-5

◇事業承継・相続対策チェックポイント58　藤間公認会計士・税理士事務所編著　改訂新版　税務研究会出版局　2002.8　119p　26cm　1800円　ⓉR4-7931-1199-8

◇図解雑学徳川家康　中村晃著　ナツメ社　2002.8　231p　19cm〈奥付のタイトル：徳川家康 年譜あり〉　1300円　ⓉR4-8163-3266-9

◇図解雑学 徳川家康　中村晃著　ナツメ社　2002.7　231p　19cm　(図解雑学シリーズ)　1300円　ⓉR4-8163-3266-9

◇朝鮮義僧将・松雲大師と徳川家康　仲尾宏, 曹永祿編　明石書店　2002.7　401p　19cm　4800円　ⓉR4-7503-1587-7

◇江戸 生きかたの達人たち　楠戸義昭, 左方郁子, 祖田浩一, 高野澄, 童門冬二ほか著　河出書房新社　2002.5　234p　19cm　1500円　ⓉR4-309-22385-0

◇徳川家康は二人だった　八切止夫著, 縄田一男, 末国善己監修, 小和田哲男解説　作品社　2002.5　290p　18cm　(八切意外史 2)　850円　ⓉR4-87893-480-8

◇秀吉・家康に学ぶ乱世のリーダー論―潮時をつかむ本当の眼力とは　早乙女貢著　青春出版社　2002.5　234p　15cm　(青春文庫)　514円　ⓉR4-413-09236-8

◇三河松平一族　平野明夫著　新人物往来社　2002.5　334p　19cm　2800円　ⓉR4-404-02961-6

◇リーダーの研究　Part2　一国の興亡は指導者にあり　飯塚昭男著　ウェッジ　2002.4　350p　19cm　1800円　ⓉR4-900594-50-4

◇歴史をつくった人びとの健康法―生涯現役をつらぬく　宮本義己著　中央労働災害防止協会　2002.3　251p　18cm　(中災防新書)　900円　ⓉR4-8059-0806-8

◇歴史に学ぶ後継者育成の経営術―身を切らずして後継者の育成なし　童門冬二著　広済堂出版　2002.3　290p　15cm　(広済堂文庫)　600円　ⓉR4-331-65314-5

◇慶長遣欧使節―徳川家康と南蛮人　松田毅一著　新装版　朝文社　2002.2　323p　19cm　(松田毅一著作選集)　3142円　ⓉR4-88695-159-7

◇三百年のベール―異伝 徳川家康 南条範夫著 学習研究社 2002.2 276p 15cm （学研M文庫）〈『三百年のベール』改題書〉 580円 Ⓣ4-05-901118-5

◇人物日本の歴史・日本を変えた53人 4 高野尚好監修 学習研究社 2002.2 63p 27×22cm 2800円 ⓉA-05-201568-1

◇世界が見えてくる身近なもののはじまり 第2期 第4巻 えんぴつ 増田準一監修, 小山潤文 PHP研究所 2002.2 46p 30cm 2800円 ⓉA-569-68314-2

◇織豊政権と江戸幕府 池上裕子著 講談社 2002.1 390p 19cm （日本の歴史 15） 2200円 ⓉA-06-268915-4

◇天下人史観を疑う―英雄神話と日本人 鈴木真哉著 洋泉社 2002.1 250p 18cm （新書y） 720円 ⓉA-89691-602-6

◇童門冬二の歴史余話 童門冬二著 光人社 2002.1 251p 19cm 1700円 ⓉA-7698-1031-8

◇秀吉と家康―関ヶ原と戦国武将の興亡 小和田哲男監修 主婦と生活社 〔2002.1〕 237p 21cm〈『関ヶ原と戦国武将の攻防』補筆訂正・改版・改題書〉 1500円 ⓉA-391-12601-X

◇江戸・東京事件を歩く 山本純美, 井筒清次著 アーツアンドクラフツ 2001.12 190p 21cm 1600円 ⓉA-901592-03-3

◇将帥学―信長・秀吉・家康に学ぶ人を使う極意 加来耕三著 時事通信社 2001.12 304p 20cm 1700円 ⓉA-7887-0174-X

◇戦国武将に学ぶ経営戦略 高木健次著 新評論 2001.12 225p 19cm 2200円 ⓉA-7948-0534-9

◇戦国武将にみる混迷変革期突破―人間の行動原理は昔も今も欲 米田一雄著 福岡 西日本新聞社 2001.11 254p 19cm 1524円 ⓉA-8167-0539-2

◇将の器・参謀の器―あなたはどちらの"才覚"を持っているか 童門冬二著 青春出版社 2001.10 264p 15cm （青春文庫） 543円 ⓉA-413-09214-7

◇光をかかげた人たち 3 西本鶏介・著, 狩野富貴子絵 ポプラ社 2001.10 198p 21cm （ひとり読みと読みきかせのための心を育てる偉人のお話） 980円 ⓉA-591-06889-7

◇信長・秀吉・家康―勝者の条件敗者の条件 津本陽, 江坂彰著 講談社 2001.9 235p 15cm （講談社文庫） 495円 ⓉA-06-273249-1

◇戦国武将に学ぶ逆境の勝ち方―7つの成功法則 植西聰著 広済堂出版 2001.7 204p 19cm 1200円 ⓉA-331-50784-X

◇戦国武将 勝ち残りの戦略―状況を読みいかに闘うか 風巻絃一著 日本文芸社 2001.6 237p 18cm （日文新書）〈『戦国名将に学ぶ勝ち残りの戦略』再編集・改題書〉 686円 ⓉA-537-25057-7

◇兵法徳川家康―弱者の戦法・強者の戦法 大橋武夫著 復刻版 マネジメント社 2001.6 268p 20cm 1600円 ⓉA-8378-0403-9

◇家康くんの経済学入門―おカネと貯蓄の神秘をさぐる 内田勝晴著 筑摩書房 2001.5 217p 18cm （ちくま新書） 680円 ⓉA-480-05896-6

◇痛快！歴史人物―彼らは天使か, 悪魔か 桂文珍著 PHP研究所 2001.5 346p 18cm 1200円 ⓉA-569-61490-6

◇天下統一への野望―戦国時代の三英傑 信長・秀吉・家康 恩田耕治著 勁文社 2001.5 301p 15cm （勁文社「大文字」文庫） 838円 ⓉA-7669-3814-3

◇英雄たちの臨終カルテ 大坪雄三著 静岡 羽衣出版 2001.3 246p 19cm 952円 ⓉA-938138-34-4

◇家康, その時代と国境を超えた眼差し―17世紀の世界と大御所・家康 国際歴史フォーラムin静岡報告書 〔静岡〕 国際歴史フォーラム準備室 2001.2 65p 30cm （会期：2000年11月3-4日）

◇歴史人物アルバム 日本をつくった人たち大集合 3 江戸時代の61人 PHP研究所編 PHP研究所 2001.2 47p 30cm 2900円 ⓉA-569-68263-4

◇関ヶ原合戦と近世の国制　笠谷和比古著　京都　思文閣出版　2000.12　257p　21cm　5800円　Ⓘ4-7842-1067-9

◇「戦国史」謎解き読本―信長・秀吉・家康の野望を暴く！　小林久三著　青春出版社　2000.12　267p　15cm　（青春文庫）〈「天下統一の闇史」改題書〉　533円　Ⓘ4-413-09168-X

◇その時歴史が動いた　3　NHK取材班編　名古屋　KTC中央出版　2000.12　253p　19cm　1600円　Ⓘ4-87758-189-8

◇信長秀吉家康　秋山駿述, 岳真也聞き手　学習研究社　2000.11　244p　15cm　（学研M文庫）　540円　Ⓘ4-05-901015-4

◇三方ヶ原の戦い―戦史ドキュメント　小和田哲男著　学習研究社　2000.11　270p　15cm　（学研M文庫）　570円　Ⓘ4-05-901016-2

◇この一冊で「戦国武将」101人がわかる！―ひとり3分！すぐ読める「エピソード」集　小和田哲男著　三笠書房　2000.10　278p　15cm　（知的生きかた文庫）〈『戦国武将ものしり事典』改訂・改題書〉　552円　Ⓘ4-8379-7132-6

◇真説 関ヶ原合戦　桐野作人著　学習研究社　2000.9　278p　15cm　（学研M文庫）　570円　Ⓘ4-05-901005-7

◇戦史ドキュメント 長篠の戦い　二木謙一著　学習研究社　2000.9　278p　15cm　（学研M文庫）〈『長篠の戦い』改題書〉　570円　Ⓘ4-05-901002-2

◇フィールドワーク 関ヶ原合戦　藤井尚夫著　朝日新聞社　2000.9　90p　26cm　2000円　Ⓘ4-02-257537-9

◇地理から見た信長・秀吉・家康の戦略　足利健亮著　大阪　創元社　2000.8　235p　19cm　1600円　Ⓘ4-422-20140-9

◇歴史に学ぶ「乱世」の守りと攻め　小和田哲男著　集英社　2000.7　252p　15cm　（集英社文庫）　457円　Ⓘ4-08-747170-5

◇参謀は名を秘す―歴史に隠れた名補佐役たち　童門冬二著　中央公論新社　2000.5　258p　15cm　（中公文庫）　571円　Ⓘ4-12-203653-4

◇図説江戸　1　江戸城と将軍の暮らし　平井聖監修　学習研究社　2000.5　111p　24×19cm　（GAKKEN GRAPHIC BOOKS DELUXE 10）　1600円　Ⓘ4-05-401237-X

◇関ヶ原 家康と勝ち組の武将たち　加来耕三著　立風書房　2000.5　303p　19cm　1700円　Ⓘ4-651-75119-9

◇戦国武将夫妻のパートナーシップ―山内一豊と千代夫人にみる　小和田哲男, 榛村純一編　清文社　2000.5　201p　19cm　1400円　Ⓘ4-433-27250-7

◇天下取りの経済学―信長・秀吉・家康のビジネス感覚に学べ！　楠戸義昭著　第二海援隊　2000.5　260p　19cm　1800円　Ⓘ4-925041-52-5

◇徳川三代のトラウマ　瀬戸環, 中野元著　宝島社　2000.5　221p　18cm　（宝島社新書）　700円　Ⓘ4-7966-1819-8

◇異聞関ヶ原合戦　古川薫著　文芸春秋　2000.4　246p　19cm　1714円　Ⓘ4-16-356170-6

◇江戸城―四海をしろしめす天下の府城　学習研究社　2000.4　175p　26cm　（歴史群像・名城シリーズ）　2500円　Ⓘ4-05-401200-0

◇史疑―徳川家康事蹟　村岡素一郎著　批評社　2000.4　182, 32p　19cm　〈民友社明治35年刊の複製〉　1500円　Ⓘ4-8265-0300-8

◇史疑―徳川家康事蹟 現代語訳　村岡素一郎原著, 礫川全次現代語訳　批評社　2000.4　182p　19cm　1500円　Ⓘ4-8265-0301-6

◇人物・資料でよくわかる日本の歴史　7　安土桃山・江戸時代　小和田哲男監修　岩崎書店　2000.4　47p　30cm　3000円　Ⓘ4-265-04847-1

◇楽しく調べる人物図解日本の歴史―江戸時代 知っててほしい江戸幕府の世に活躍した人びと　佐藤和彦監修　あかね書房　2000.4　47p　30cm　3200円　Ⓘ4-251-07935-3

◇天下は天下の天下なり―徳川五代と水戸黄門　山下昌也著　展望社　2000.4　254p　19cm　1800円　Ⓘ4-88546-029-8

◇歴史人物意外なウラ話―笑える話・恥かしい話・驚きのエピソード　高野澄著　PHP研究所　2000.4　267p　15cm　(PHP文庫)〈『歴史人物ここだけの話』加筆・改題書〉　514円　①4-569-57393-2

◇葵　徳川三代　中　ジェームス三木著　日本放送出版協会　2000.3　419p　19cm　1500円　①4-14-005334-8

◇家康公死後暗殺―日光御遷葬異聞　松井雅雄著　新人物往来社　2000.3　179p　19cm　1700円　①4-404-02854-7

◇家康・秀吉・信長 乱世の統率力　童門冬二著　PHP研究所　2000.3　202p　19cm　1200円　①4-569-61016-1

◇徳川家康勝利戦略と人生訓―葵　原麻紀夫著　青年書館　2000.3　223p　19cm　1600円　①4-7918-0878-9

◇一冊でのみこむ家康・秀忠・家光 徳川三代　小和田哲男監修　東京書籍　2000.3　238p　19cm　1500円　①4-487-79516-8

◇芋汁武士道―家康と徳川家臣団　桜田晋也著　祥伝社　2000.2　252p　19cm　1700円　①4-396-63166-9

◇史疑・幻の家康論　碟川全次著　新装増補改訂版　批評社　2000.2　173p　21cm　1700円　①4-8265-0292-3

◇ジパングの王様 徳川家康―葵三代と静岡　黒沢脩著　静岡　静岡新聞社　2000.2　222p　19cm　1500円　①4-7838-1070-2

◇戦国武将の宣伝術―隠された名将のコミュニケーション戦略　童門冬二著　宣伝会議　2000.2　332p　19cm　1400円　①4-88335-026-6

◇徳川御三家の野望―秘められた徳川時代史　河合敦著　光人社　2000.2　229p　19cm　1800円　①4-7698-0951-4

◇徳川三代―家康・秀忠・家光 面白すぎる博学日本史 これが江戸260年の基礎を築いた三将軍の実像だ　鈴木亨著　河出書房新社　2000.2　222p　15cm　(KAWADE夢文庫)　476円　①4-309-49326-2

◇徳川三代と幕府成立　煎本増夫著　新人物往来社　2000.2　209p　21cm　2800円　①4-404-02851-2

◇麒麟、蹄を研ぐ―家康・秀忠・家光とその時代　高野澄著　日本放送出版協会　2000.1　275p　19cm　1500円　①4-14-080493-9

◇戦国武将　別冊宝島編集部編　宝島社　2000.1　317p　15cm　(宝島社文庫)〈別冊宝島『よみがえる戦国武将伝説』改訂・改題書〉　600円　①4-7966-1681-0

◇葵―徳川三代　上　ジェームス三木著　日本放送出版協会　1999.12　405p　19cm　1500円　①4-14-005333-X

◇家康に訊け！―人情通だからできた「非情の経営」　童門冬二著　祥伝社　1999.12　242p　16cm　(祥伝社文庫)〈「徳川家康の人間経営」(平成5年刊)の改題〉　543円　①4-396-31139-7

◇関ヶ原から大坂の陣へ　小和田哲男著　新人物往来社　1999.12　247p　19cm　2800円　①4-404-02844-X

◇戦国武将の人間学　童門冬二著　小学館　1999.12　267p　15cm　(小学館文庫)　514円　①4-09-403532-X

◇徳川三代の修羅　町田富男著　光文社　1999.12　316p　15cm　(光文社時代小説文庫)　533円　①4-334-72931-2

◇徳川300年体制 継承者の戦略―二代・秀忠と三代・家光　旺文社編　旺文社　1999.12　223p　19cm　(まんが解説 変革の日本史)　900円　①4-01-050033-6

◇凡将家康天下取りの謎―独創性のない男が、なぜ覇者になれたのか　武光誠著　祥伝社　1999.12　248p　18cm　(ノン・ブック)　848円　①4-396-10409-X

◇家康と正信―最後に笑った主役と名補佐役　童門冬二著　PHP研究所　1999.11　279p　19cm　1450円　①4-569-60865-5

◇家康・秀忠・家光 徳川三代の戦略と戦術―幕府創成への百年闘争　外川淳著　成美堂出版　1999.11　254p　15cm　(成美文庫)　505円　①4-415-06867-7

◇徳川家康　河出書房新社編集部編　新装版　河出書房新社　1999.11　275p　21cm　(河出人物読本)　1200円　①4-309-22358-3

◇徳川三代―家康・秀忠・家光　司馬遼太郎, 原田伴彦, 童門冬二, 高橋富雄, 小和田哲男ほか著　中央公論新社　1999.11　279p　15cm　（中公文庫）　629円　ⓘ4-12-203540-6

◇徳川三代・諜報戦　童門冬二著　日本放送出版協会　1999.11　266p　19cm　1500円　ⓘ4-14-080461-0

◇徳川三代なるほど事典―時代を作り上げた男たちの人物像と秘められた事件秘話　尾崎秀樹監修, 大衆文学研究会編　東京堂出版　1999.11　293p　19cm　1900円　ⓘ4-490-10536-3

◇家康・その器量―タヌキおやじで天下人になれるのか　深沢渉著　近代文芸社　1999.10　237p　20cm　1600円　ⓘ4-7733-6597-8

◇図説徳川家康　河出書房新社編集部編　河出書房新社　1999.10　127p　22cm　（ふくろうの本）　1600円　ⓘ4-309-72622-4

◇知略と忍耐徳川政権への道―石田三成と徳川家康　江戸時代黎明期　旺文社編　旺文社　1999.10　223p　19cm　（まんが解説変革の日本史）　900円　ⓘ4-01-050031-X

◇徳川家康　浜野卓也作, 金成泰三画　岩崎書店　1999.10　166p　18cm　（フォア文庫）　560円　ⓘ4-265-06329-2

◇徳川三代葵新聞―家康・秀忠・家光をスクープする！　葵新聞編集室編　アートダイジェスト　1999.10　157p　26cm　1700円　ⓘ4-900455-44-X

◇徳川三代と女房たち　中島道子著　立風書房　1999.10　252p　19cm　1600円　ⓘ4-651-75118-0

◇徳川将軍と天皇　山本博文著　中央公論新社　1999.10　254p　19cm　1600円　ⓘ4-12-002943-3

◇覇者の条件―小説 徳川家康　童門冬二著　徳間書店　1999.10　282p　15cm　（徳間文庫）〈『小説 徳川家康』改題書〉　533円　ⓘ4-19-891193-2

◇家康はなぜ江戸を選んだか　岡野友彦著　教育出版　1999.9　185p　19cm　（江戸東京ライブラリー 9）　1500円　ⓘ4-316-35750-6

◇江戸幕府の制度と伝達文書　高木昭作著　角川書店　1999.9　250p　19cm　（角川叢書）　2800円　ⓘ4-04-702109-1

◇将の器参謀の器―あなたはどちらの"才覚"を持っているか　童門冬二著　青春出版社　1999.9　221p　19cm　1400円　ⓘ4-413-03149-0

◇逃げる家康 天下を盗る　岳真也著　PHP研究所　1999.9　323p　19cm　1600円　ⓘ4-569-60795-0

◇将軍の鷹狩り　根崎光男著　同成社　1999.8　221p　19cm　（同成社江戸時代史叢書 3）　2500円　ⓘ4-88621-186-0

◇徳川三代99の謎―家康・秀忠・家光　森本繁著　PHP研究所　1999.8　379p　15cm　（PHP文庫）　629円　ⓘ4-569-57300-2

◇乱世を斬る　白石一郎著　講談社　1999.7　284p　15cm　（講談社文庫）〈『天命を知る―乱世に輝く男たち』改題書〉　495円　ⓘ4-06-264640-4

◇人物日本歴史館 江戸のすべてがわかる事典―将軍・天皇から藩主・幕末志士まで　児玉幸多監修　三笠書房　1999.6　398p　15cm　（知的生きかた文庫）　848円　ⓘ4-8379-7039-7

◇童門冬二の名将言行録　童門冬二著　日本実業出版社　1999.5　277p　19cm　1500円　ⓘ4-534-02931-4

◇早わかり「徳川三代」　鈴村進著　三笠書房　1999.5　286p　15cm　（知的生きかた文庫）　533円　ⓘ4-8379-7030-3

◇日本人は歴史から何を学ぶべきか―財産としての日本史を読み直す　小和田哲男著　三笠書房　1999.4　230p　21cm　1333円　ⓘ4-8379-1783-6

◇名君と暗君と―歴史の交差点　中村彰彦著　ダイヤモンド社　1999.4　254p　19cm　1600円　ⓘ4-478-92026-5

◇よみがえる戦国武将伝説―男たちの生き様を感じとれ！　宝島社　1999.4　254p　21cm　（別冊宝島 433）　933円　ⓘ4-7966-9433-1

◇徳川家康　筑波常治作,坂本玄絵　国土社　1999.3　228p　21cm　(堂々日本人物史 8)　1200円　①4-337-21008-3

◇早わかり戦国史　外川淳編著　日本実業出版社　1999.3　263,8p　19cm　1400円　①4-534-02906-3

◇一冊で読む徳川家康のすべて　風巻絃一著　三笠書房　1999.2　251p　15cm　(知的生きかた文庫)　495円　①4-8379-7012-5

◇徳川家康金言警句集　原麻紀夫著　新装改訂版　青年書館　1999.2　223p　19cm　1580円　①4-7918-0825-8

◇徳川家康　西本鶏介文　ポプラ社　1999.1　182p　21cm　(おもしろくてやくにたつ子どもの伝記 17)　880円　①4-591-05877-8

◇家康,封印された過去―なぜ,長男と正妻を抹殺したのか　典厩五郎著　PHP研究所　1998.12　228p　18cm　(PHP business library History)〈「消された後継者」(世界文化社1994年刊)の増補〉857円　①4-569-60406-4

◇徳川家康の生母於大―その周辺と史跡を訪ねて　村瀬正章著　名古屋　愛知県郷土資料刊行会　1998.11　258p　19cm　1500円　①4-87161-065-9

◇徳川将軍と柳生新陰流　赤羽根竜夫著　南窓社　1998.11　365p　19cm　2800円　①4-8165-0236-X

◇「歴史」の意外な結末―事件・人物の隠された「その後」　日本博学倶楽部著　PHP研究所　1998.11　253p　15cm　(PHP文庫)　476円　①4-569-57215-4

◇陰謀が歴史をつくる―日本史の闇に葬られた驚くべき真実　藤川桂介著　ロングセラーズ　1998.10　230p　18cm　(ムックセレクト)　905円　①4-8454-0595-4

◇戦国時代の徳川氏　煎本増夫著　新人物往来社　1998.10　315p　21cm　3800円　①4-404-02676-5

◇名古屋謎とき散歩―戦国の三英傑を育んだ歴史街を訪ねて　恩田耕治著　広済堂出版　1998.10　275p　19cm　1600円　①4-331-50655-X

◇戦国うら史談　山本律郎著　新人物往来社　1998.9　211p　19cm　1800円　①4-404-02660-9

◇天下人の条件　鈴木真哉著　洋泉社　1998.9　333p　19cm　2000円　①4-89691-331-0

◇歴史を語る手紙たち　杉本苑子著　文芸春秋　1998.6　263p　15cm　(文春文庫)〈『夢まぼろしの如くなり―書簡にみる歴史群像』改題書〉　438円　①4-16-722424-0

◇江戸幕府と武士の暮らし―江戸時代　1　古川清行著　小峰書店　1998.4　127p　26cm　(人物・遺産でさぐる日本の歴史 9)　2500円　①4-338-15109-9

◇三百年のベール　南条範夫著　新装版　批評社　1998.4　247p　19cm　1700円　①4-8265-0065-3

◇信長・秀吉・家康の戦略戦術―活路を見出す決断の法則　佐々克明著　三笠書房　1998.4　243p　15cm　(知的生きかた文庫)　495円　①4-8379-0948-5

◇戦国武将に学ぶ情報戦略　津本陽著　角川書店　1998.3　220p　15cm　(角川文庫)〈『戦国武将に学ぶ処世術』改題書〉　438円　①4-04-171314-5

◇徳川将軍百話　中江克己著　河出書房新社　1998.3　300p　19cm　2200円　①4-309-22324-9

◇堂々日本史　第12巻　NHK取材班編　名古屋　KTC中央出版　1998.2　249p　19cm　1600円　①4-87758-059-X

◇徳川15将軍の事件簿―家康から慶喜までビックリ面白史　山本敦司編　扶桑社　1998.2　159p　21×14cm　1143円　①4-594-02395-9

◇堂々日本史　第11巻　NHK取材班編　名古屋　KTC中央出版　1998.1　250p　19cm　1600円　①4-87758-058-1

◇徳川家康　二木謙一著　筑摩書房　1998.1　236p　18cm　(ちくま新書)　660円　①4-480-05739-0

◇徳川家康　山路愛山著　復刻版　日本図書センター　1998.1　725p　22cm　(山路愛山伝記選集 第5巻)〈原本：独立評

◇歴史を動かした男たち―近世・近現代篇　高橋千剣破著　中央公論社　1997.12　429p　15cm　（中公文庫）　819円　①4-12-203013-7

◇披沙揀金―徳川家康公逸話集　全国東照宮連合会編纂　日光　全国東照宮連合会　1997.10　630p　22cm　〈東京　続群書類従完成会（製作・発売）〉12000円　①4-7971-0264-0

◇老雄・名将 直伝の指導力―夢を託した者にだけ伝えたリーダー論　早乙女貢著　青春出版社　1997.10　238p　19cm　1400円　①4-413-03082-6

◇天下統一の闇史―秀吉・信長・家康 戦国「炎の巻」　小林久三著　青春出版社　1997.9　228p　18cm　（プレイブックス）　810円　①4-413-01692-0

◇徳川家康金言・警句集　原麻紀夫著　改訂新版　青年書館　1997.9　223p　19cm　1540円　①4-7918-0730-8

◇家康の天下取り―関ケ原勝敗の研究　加来耕三著　中央公論社　1997.8　394p　16cm　（中公文庫）〈日本経済新聞社1993年刊の増訂〉　762円　①4-12-202913-9

◇信長 秀吉 家康　秋山駿著,岳真也聞き手　広済堂出版　1997.8　217p　20×14cm　1600円　①4-331-50595-2

◇家康と徳川三百年の功罪―近代化への土壌　和田正道著　日本図書刊行会, 近代文芸社〔発売〕　1997.6　287p　19cm　1500円　①4-89039-329-3

◇徳川家康　山本七平著　文芸春秋　1997.6　493p　19cm　（山本七平ライブラリー 6）　1905円　①4-16-364660-4

◇家康の族葉　中村孝也著　碩文社　1997.4　681, 25, 6p　22cm　〈1965年刊の複製 折り込1枚 肖像あり〉　14286円　①4-88200-303-1

◇家康の臣僚―武将篇　中村孝也著　碩文社　1997.3　646p　22cm　〈昭和43年刊の複製〉　12621円　①4-88200-302-3

◇東海道駿府城下町　下　世を見た家康とその後の駿府　建設省静岡国道工事事務所監修, 中部建設協会静岡支所編　静岡　中部建設協会静岡支所　1997.3　207p　26cm　2427円

◇人物日本歴史館 戦国篇―天に選ばれた歴史の主人公たち　児玉幸多監修　三笠書房　1996.11　510p　15cm　（知的生きかた文庫）　980円　①4-8379-0843-8

◇徳川家康金言・警句集―戦国乱世の人間荒野を制覇した非凡な言行録　原麻紀夫著　新装改訂版　青年書館　1996.11　223p　19cm　1534円　①4-7918-0685-9

◇男の磨き方―歴史人物にみる人生の極意　童門冬二著　PHP研究所　1996.9　237p　18cm　1200円　①4-569-55313-3

◇家康とウィリアム・アダムス　立石優著　恒文社　1996.8　302p　19cm　1800円　①4-7704-0884-6

◇戦国の武将三十人　桑田忠親著　新人物往来社　1996.8　254p　19cm〈『武将伝 戦国の史話』改題書〉　2500円　①4-404-02364-2

◇信長 秀吉 家康―勝者の条件敗者の条件　津本陽, 江坂彰著　講談社　1996.6　245p　19cm　1500円　①4-06-208156-3

◇たべもの戦国史　永山久夫著　河出書房新社　1996.4　262p　15cm　（河出文庫）　600円　①4-309-47294-X

◇覇王家康―天下人秀吉を圧倒した大戦略　世界文化社　1996.4　162p　26cm　（ビッグマンスペシャル）　1400円

◇武将と名僧　百瀬明治著　清流出版　1996.3　222p　19cm　1600円　①4-916028-17-1

◇戦国武将に学ぶ処世術―信長・秀吉・家康　津本陽著　角川書店　1995.12　238p　19cm　1200円　①4-04-884101-7

◇徳川家康　村松定孝著　新装版　ぎょうせい　1995.12　296p　19cm　（世界の伝記 27）　1600円　①4-324-04470-8

◇徳川家康金言・警句集―戦国乱世の人間荒野を制覇した非凡な言行録　原麻紀夫著　青年書館　1995.12　223p　19cm　1580円　①4-7918-0648-4

◇徳川四天王―企画展　彦根城博物館編〔彦根〕　彦根市教育委員会　1995.10　124p　30cm　〈会期：1995年10月28日～11月27日〉

◇徳川家康の初恋―ゆめまぼろしのごとくなり　水野津よ著　草輝出版　1995.8　225p　19cm　1000円　④4-88273-017-0

◇家康・吉宗の管理術―長期政権を支えた人材活用　武光誠著　マガジンハウス　1995.7　206p　18cm　（マグ・カルチャー 13）　750円　④4-8387-0664-2

◇家康、夏の陣に死す―戦国史をくつがえす影武者たちの謎　小林久三著　PHP研究所　1995.6　214p　18cm　（PHPビジネスライブラリー）　850円　④4-569-54778-8

◇徳川家康伝―その軍略と治政　神谷昌志著　静岡　明文出版社　1995.6　294p　19cm　2700円　④4-943976-20-4

◇群雄創世紀―信玄・氏綱・元就・家康　山室恭子著　朝日新聞社　1995.4　285p　19cm　2200円　④4-02-256843-7

◇信長・秀吉・家康の戦略戦術―何が明暗を分けたか？　佐々克明著　三笠書房　1995.4　243p　15cm　（知的生きかた文庫）　500円　④4-8379-0733-4

◇家康と尾張徳川家―徳川美術館コレクション 特別展　徳川美術館編　〔安城〕安城市歴史博物館　1995.2　61p　30cm　〈会期：平成7年2月18日～3月26日〉

◇徳川家康　南条範夫著　徳間書店　1995.1　276p　15cm　（徳間文庫）　500円　④4-19-890252-6

◇消された後継者―徳川家康秘聞　典厩五郎著　世界文化社　1994.11　226p　19cm　1300円　④4-418-94511-3

◇日本の戦史 大坂の役　旧参謀本部編　徳間書店　1994.10　439p　15cm　（徳間文庫）　620円　④4-19-890201-1

◇宿敵たちの激闘・日本史―覇権に隠された英雄たちの決断と苦悩　土橋治重著　日本文芸社　1994.9　231p　15cm　（にちぶん文庫）　480円　④4-537-06258-4

◇神霊の国日本―禁断の日本史　井沢元彦著　ベストセラーズ　1994.9　206p　19cm　1200円　④4-584-19504-8

◇この一冊で「戦国武将」101人がわかる！　小和田哲男著　三笠書房　1994.6　270p　15cm　（知的生きかた文庫）　500円　④4-8379-0658-3

◇歴史人物知ってるつもり!?―歴史に名を刻む男たちの凄絶な生涯と知られざる素顔　片岡紀明, 寺戸衛好著　日本文芸社　1994.6　252p　18cm　（ラクダブックス）　800円　④4-537-02413-5

◇史疑―幻の家康論　村岡素一郎著, 礫川全次編著　批評社　1994.5　398p　21cm　〈民友社明治35年刊の複製に解説を加えたもの〉　3250円　④4-8265-0171-4

◇徳川家康と乱世の群像―戦国百人一話2　勁文社　1994.4　253p　15cm　（勁文社文庫21）　〈監修：奈良本辰也〉　620円　④4-7669-1982-3

◇捨てて勝つ―この時を超えた男の魅力を見よ　河野守宏著　大和出版　1994.2　188p　19cm　1350円　④4-8047-1294-1

◇関ケ原合戦―家康の戦略と幕藩体制　笠谷和比古著　講談社　1994.2　245p　19cm　（講談社選書メチエ 3）　1500円　④4-06-258003-9

◇組織活用力が勝敗を決める　井沢元彦, 百瀬明治, 小和田哲男, 新宮正春, 多岐川恭, 高野澄著　学習研究社　1994.2　268p　19cm　（生き残りの戦略 第1巻）　1800円　④4-05-400178-5

◇戦国武将なるほど事典　実業之日本社　1994.1　269p　19cm　1200円　④4-408-39414-9

◇江戸のリストラ仕掛人　童門冬二著　集英社　1993.12　299p　15cm　（集英社文庫）　500円　④4-08-748112-3

◇苦楽の向う側―江戸の達人に学ぶ後半生の過し方　邦光史郎著　経営書院　1993.12　270p　19cm　1400円　④4-87913-479-1

◇都市のプランナーたち―江戸・東京を造った人々　東京人編集室編　都市出版　1993.12　452p　19cm　3500円　④4-924831-06-9

◇信長・秀吉・家康に学ぶ成功哲学　二木謙一著　三笠書房　1993.12　253p　15cm　（知的生きかた文庫）〈『戦国リーダーの頭脳と計略』加筆・改題書〉　500円　①4-8379-0622-2

◇秀吉vs家康―信長の野望合戦事典　稲葉義明，犬童逸軌執筆　横浜　光栄　1993.12　189p　21cm　〈監修：シブサワ・コウ〉　1800円　①4-87719-063-5

◇日本式経営の知略　上　童門冬二著　毎日新聞社　1993.11　220p　19cm　1400円　①4-620-50015-1

◇武将大名たちのリストラ戦略　加来耕三著　実業之日本社　1993.10　238p　19cm　1600円　①4-408-21007-2

◇家康の天下取り―関ケ原・勝敗の研究　加来耕三著　日本経済新聞社　1993.9　317p　20cm　1600円　①4-532-16109-6

◇「兄弟型」で解く江戸の怪物　畑田国男，武光誠著　トクマオリオン，徳間書店〔発売〕　1993.9　308p　18cm　（トクマオーブックス）　1000円　①4-19-045275-0

◇戦国を制する方程式―家康流戦略の秘密　河野亮著　勁文社　1993.9　221p　15cm　（勁文社文庫21）　560円　①4-7669-1859-2

◇戦国時代の謎と怪異―戦国群雄に隠された謎を解く！　桑田忠親著　日本文芸社　1993.7　237p　15cm　（にちぶん文庫）　480円　①4-537-06228-2

◇徳川家康―歴史おもしろゼミナール　中西立太文・絵　講談社　1993.7　143p　18cm　（講談社KK文庫B7・4）　680円　①4-06-199550-2

◇波乱の戦国史　秀吉と家康の陰謀―天下統一に隠された野望と苦悩　塩田道夫著　日本文芸社　1993.6　254p　15cm　（にちぶん文庫）〈『太閤秀吉と淀君』改題書〉　480円　①4-537-06225-8

◇武家と天皇―王権をめぐる相剋　今谷明著　岩波書店　1993.6　249p　18cm　（岩波新書286）　580円　①4-00-430286-2

◇歴史を変えた野望の戦国史―国盗りに賭けた勇将たちの決断　寺林峻著　日本文芸社　1993.5　251p　15cm　（にちぶん文庫）　480円　①4-537-06223-1

◇知られざる「養生日記」―歴史が明かす賢人健康秘話!!　宮本義己著　ベストセラーズ　1993.3　255p　15cm　（ワニ文庫）　500円　①4-584-30371-1

◇家康を支えた頭脳集団―天下統一を成し遂げた最強・徳川軍団の英傑たち　萩原裕雄著　日本文芸社　1993.2　251p　15cm　（にちぶん文庫）〈『家康を天下人にした二十人』改題書〉　480円　①4-537-06216-9

◇徳川家康天下人の器　芳岡堂太著　三笠書房　1993.2　349p　20cm　1400円　①4-8379-1493-4

◇徳川家康の人間経営―人を動かし組織を生かす　童門冬二著　祥伝社　1993.2　236p　20cm　1500円　①4-396-61044-0

◇家康の遺産―駿府御分物　徳川美術館，徳川博物館編　再版　名古屋　徳川美術館　1993.1　265,15p　30cm　〈徳川家康生誕450年記念　共同刊行：徳川博物館(水戸)〉

◇江戸時代とはなにか―日本史上の近世と近代　尾藤正英著　岩波書店　1992.12　254p　19cm　2600円　①4-00-000207-4

◇三河物語　大久保彦左衛門著，百瀬明治編訳　徳間書店　1992.12　313p　19cm　2500円　①4-19-245050-X

◇徳川家康　山本七平著　プレジデント社　1992.11　549p　20cm　2000円　①4-8334-1466-X

◇武将に学ぶ苦境からの脱出　松本幸夫著　総合ライフ出版　1992.11　227p　19cm　1500円　①4-88311-029-X

◇家康公と全国の東照宮―泰平と激動の時代を結ぶ東照宮めぐり　高藤晴俊著　東京美術　1992.10　240p　19cm　1600円　①4-8087-0584-2

◇家康の遺産―駿府御分物　徳川美術館編　名古屋　徳川美術館　1992.10　263,15p　30cm　〈徳川家康生誕450年記念　共同刊行：徳川博物館〉

◇江戸幕閣人物100話　萩原裕雄著　立風書房　1992.10　310p　19cm　1500円

◇だから歴史は面白い―谷沢永一対談集　谷沢永一著　潮出版社　1992.10　313p　19cm　1600円　①4-267-01284-9

◇天下統一への道　信長・秀吉・家康　小井土繁漫画, 小和田哲男脚本　小学館　1992.10　383p　19cm　（まんが　人物日本の歴史　1）　1600円　①4-09-624011-7

◇謎の人物　艶本日本史―日本史を彩った痛快人間たち　風早恵介著　日本文芸社　1992.10　237p　15cm　（にちぶん文庫）〈『謎の人物おもしろ日本史』改題書〉480円　①4-537-06207-X

◇江戸時代史　上　三上参次著〔新装版〕講談社　1992.9　778p　15cm　（講談社学術文庫）　1800円　①4-06-159044-8

◇重くて遠い道―徳川家康　高野澄著　広済堂出版　1992.9　287p　20cm　1500円　①4-331-05533-7

◇危機突破の発想―戦国武将は知恵で勝つ　小和田哲男著　日本経済新聞社　1992.9　212p　19cm　1500円　①4-532-16072-3

◇日本の歴史・合戦おもしろ話　小和田哲男著　三笠書房　1992.8　269p　15cm　（知的生きかた文庫）　480円　①4-8379-0523-4

◇信長と秀吉と家康　池波正太郎著　PHP研究所　1992.8　301p　15cm　（PHP文庫）　560円　①4-569-56488-7

◇戦国の智将・謀将の秘密　井沢元彦ほか著　ベストセラーズ　1992.7　255p　15cm　（ワニ文庫）　580円　①4-584-30323-1

◇信長・秀吉・家康の戦略―乱世を彩る英傑の生きざま！　百瀬明治著　大陸書房　1992.7　255p　15cm　（大陸文庫）　480円　①4-8033-4145-1

◇家康―「欣求浄土」と「天下取り」の発想　堺屋太一ほか著　プレジデント社　1992.6　473p　20cm　1800円　①4-8334-1454-6

◇関東の覇者家康　川崎文隆著　鳥影社編集室　1992.6　198p　20cm　〈発売：星雲社　徳川家康の肖像あり〉　1800円

◇慶長遣欧使節―徳川家康と南蛮人　松田毅一著　朝文社　1992.6　323p　19cm　（松田毅一著作選集）　2700円　①4-88695-065-5

◇サイコロジー　人物日本史　中巻　鎌倉時代から江戸時代　小田晋著　ベストセラーズ　1992.6　231p　19cm　（小田晋の精神歴史学）　1100円　①4-584-15803-7

◇徳川家康読本　新人物往来社編　新人物往来社　1992.6　239p　20cm　2600円　①4-404-01913-0

◇江戸なるほど人物秘史―「志」に生きた逞しき男たち　邦光史郎著　広済堂出版　1992.5　258p　18cm　（広済堂ブックス）　780円　①4-331-00567-4

◇関ヶ原の戦い前夜　笠原一男編　木耳社　1992.5　205p　20cm　（物語　日本の歴史　19）　1500円　①4-8393-7571-2

◇戦国の参謀たち―信長・秀吉・家康を支えた「副」の生き方　小和田哲男著　実業之日本社　1992.5　252p　19cm　1500円　①4-408-34029-4

◇戦国武将列伝　3　家康　縄田一男編　徳間書店　1992.5　381p　15cm　（徳間文庫）　540円　①4-19-597165-9

◇家康入国　水江漣子著　角川書店　1992.4　246p　19cm　（角川選書　226）　1300円　①4-04-703226-3

◇家康の戦略―戦国の英雄たち　小学館　1992.4　243p　16cm　（小学館ライブラリー）　720円　①4-09-460022-1

◇天下統一　熱田公著　集英社　1992.4　358p　21cm　（日本の歴史　11）　2400円　①4-08-195011-3

◇徳川家康のかくれ話―謎と奇説の人物伝　大陸書房　1992.4　254p　16cm　（大陸文庫）〈監修：桑田忠親〉　460円　①4-8033-4003-X

◇秀吉・利家・家康　石川県立歴史博物館編　金沢　石川県立歴史博物館　1992.4　84p　26cm

◇江戸幕府と朝廷　石ノ森章太郎著　中央公論社　1992.3　237p　19cm　（マンガ

◇日本の歴史 29) 1000円 ⓘ4-12-402829-6
◇戦国武将伝—リーダーたちの戦略と決断 白石一郎著 文芸春秋 1992.3 290p 15cm (文春文庫) 420円 ⓘ4-16-737009-3
◇天下統一と江戸幕府 あおむら純漫画, 小和田哲男, 藤井讓治脚本 小学館 1992.3 295p 19cm (まんが日本の歴史 5) 1400円 ⓘ4-09-624005-2
◇天下びとの時代 笠原一男編 木耳社 1992.2 205p 20cm (物語 日本の歴史 16) 1500円 ⓘ4-8393-7568-2
◇徳川家康の天下統一 石ノ森章太郎著 中央公論社 1992.2 235p 19cm (マンガ 日本の歴史 28) 1000円 ⓘ4-12-402828-8
◇徳川家康の秘密—最高の経営・管理者と呼ばれた男 宮本義己著 ベストセラーズ 1992.1 271p 15cm (ワニ文庫) 500円 ⓘ4-584-30294-4
◇日本仏教人名辞典 日本仏教人名辞典編纂委員会編 京都 法藏館 1992.1 887, 117p 26cm 〈法藏館140年(丁字屋370年)創業記念出版〉 25000円 ⓘ4-8318-7007-2
◇「信長・秀吉・家康」覇者の人間学—英雄の真価を探る 安藤英男著 PHP研究所 1992.1 350p 19cm 1800円 ⓘ4-569-53449-X
◇戦国の武将おもしろ人物事典 保永貞夫, 小林隆文, 講談社編 講談社 1991.12 143p 18cm (講談社KK文庫 B19・1) 680円 ⓘ4-06-199532-4
◇徳川政権論 藤野保著 吉川弘文館 1991.12 203p 19cm 2300円 ⓘ4-642-07293-4
◇異説 徳川家康 榛葉英治著 日本経済新聞社 1991.11 369p 19cm 1400円 ⓘ4-532-17019-2
◇非情の戦国史—勝利と挫折の人間模様 南条範夫著 大陸書房 1991.11 247p 15cm (大陸文庫) 530円 ⓘ4-8033-3774-8
◇戦国百人一話 3 徳川家康をめぐる群像—待ちの戦略で勝利する 奈良本辰也ほか著 青人社 1991.10 203p 21cm 1500円 ⓘ4-88296-104-0
◇怒濤の自己啓発 鈴木旭著 ダイヤモンド社 1991.10 254p 19cm 1500円 ⓘ4-478-73064-4
◇英雄の心理学—時代が求める新しいヒーロー・ヒロインたち 小此木啓吾著 PHP研究所 1991.9 212p 15cm (PHP文庫) 460円 ⓘ4-569-56416-X
◇戦国武将 誰も知らない苦労話 桑田忠親著 三笠書房 1991.9 248p 15cm (知的生きかた文庫) 450円 ⓘ4-8379-0466-1
◇徳川おもしろ意外史 南条範夫著 大陸書房 1991.8 255p 15cm (大陸文庫) 460円 ⓘ4-8033-3433-1
◇日本の歴史がわかる本 室町・戦国~江戸時代篇 小和田哲男著 三笠書房 1991.7 262p 15cm (知的生きかた文庫) 450円 ⓘ4-8379-0456-4
◇間違いだらけの戦国史—歴史群像の虚実 桑田忠親編 大陸書房 1991.5 221p 15cm (大陸文庫) 470円 ⓘ4-8033-3324-6
◇外国人の見た信長・秀吉・家康—日本にはいってきた南蛮文化 谷真介著 ポプラ社 1991.4 188p 19cm (ポプラ社教養文庫 15) 1500円 ⓘ4-591-03845-9
◇史疑徳川家康 村岡素一郎原著, 榛葉英治著 雄山閣出版 1991.4 234p 20cm 〈徳川家康および著者の肖像あり〉 1980円 ⓘ4-639-01025-7
◇人物まんが日本歴史事典 てのり文庫編集委員会編 学習研究社 1991.3 424p 18cm (てのり文庫 C032) 660円 ⓘ4-05-103171-3
◇徳川家康 森銑三著 沼南町(千葉県) 森銑三記念文庫 1991.3 87p 15cm 〈発売所：個人社 発売：三樹書房(東京)〉 2000円 ⓘ4-89522-146-6
◇徳川家康ものがたり—平和をきずいた政治家 大蔵宏之文, 神谷純絵 金の星社 1991.2 79p 21cm (せかいの伝記ぶんこ 10) 780円 ⓘ4-323-01440-6

◇戦国武将の本領　戸部新十郎著　読売新聞社　1991.1　268p　19cm　1300円　Ⓘ4-643-90116-0

◇茶道人物辞典　原田伴彦編　柏書房　1991.1　290, 22p　22cm　〈新装版〉　4944円　Ⓘ4-7601-0620-0

◇徳川四天王―精強家康軍団奮闘譜　学習研究社　1991.1　207p　26cm　(歴史群像シリーズ 22)〈付属資料：80p (18cm)〉1165円　Ⓘ4-05-105367-9

◇戦国英雄伝　新田次郎ほか著　新潮社　1990.12　426p　19cm　(時代小説の楽しみ 8)　1600円　Ⓘ4-10-602808-5

◇図説 戦国武将おもしろ事典―楽しみながら歴史がわかる！時代が見える！　三笠書房　1990.11　281p　19cm　1100円　Ⓘ4-8379-1427-6

◇戦国武将の管理学―歴史に基づく人事管理法　鈴木芳正著　産心社　1990.10　239p　19cm　(産心ビジネスS‐122)　1200円　Ⓘ4-87920-122-7

◇徳川実紀　第1篇　黒板勝美編　新訂増補版　吉川弘文館　1990.10　762p　21cm　(国史大系)〈第5刷(第1刷：29.10.25)〉8000円　Ⓘ4-642-00041-0

◇魅力あるリーダーとは―歴史の中の肖像　加来耕三著　日本経済新聞社　1990.9　241p　19cm　1300円　Ⓘ4-532-09614-6

◇江戸開府　ムロタニツネ象著　少年社, 雪渓書房〔発売〕1990.8　96p　21cm　(まんが東京の歴史 3)　618円

◇歴史随筆 男の流儀　津本陽著　PHP研究所　1990.8　224p　19cm　1300円　Ⓘ4-569-52830-9

◇戦国史譚 徳川家康　戸部新十郎著　PHP研究所　1990.6　296p　15cm　(PHP文庫)〈『若き日の家康』改題書〉500円　Ⓘ4-569-56261-2

◇徳川家康事典　藤野保ほか編　新人物往来社　1990.5　353p　22cm　6800円　Ⓘ4-404-01719-7

◇徳川家康に学ぶ―頭脳集団の応用学　小山竜太郎著　六興出版　1990.5　247p　19cm　〈徳川家康関連年表：p244～247〉1300円　Ⓘ4-8453-8107-9

◇徳川家康の黒幕　武田鏡村著　史輝出版　1990.5　265p　20cm　1500円　Ⓘ4-915731-11-1

◇人は何故「この人」についていくのか！　大橋武夫著　三笠書房　1990.5　281p　15cm　(知的生きかた文庫)〈『統率力と指導力』改題書〉450円　Ⓘ4-8379-0384-3

◇名将の社長学―信長はランチェスター法則を活かした　武田鏡村著　ビジネス社　1990.5　207p　19cm　1300円　Ⓘ4-8284-0421-X

◇徳川家康七つの謎　新人物往来社編　新人物往来社　1990.4　253p　20cm　1800円　Ⓘ4-404-01705-7

◇戦国武将の食生活―勝ち残るための秘伝　永山久夫著　河出書房新社　1990.3　268p　15cm　(河出文庫)　500円　Ⓘ4-309-47189-7

◇徳川家康おもしろ事典　小山田和夫著　紀行社　1990.3　266p　19cm　(歴史おもしろシリーズ)〈発売：新人物往来社 徳川家康の肖像あり〉1350円　Ⓘ4-404-01706-5

◇家康と幸村　阿見宏介著　光風社出版　1990.2　324p　19cm　1200円　Ⓘ4-87519-174-X

◇人心掌握の天才たち―戦国武将に学ぶリーダーの条件　童門冬二著　PHP研究所　1990.2　251p　15cm　(PHP文庫)〈『戦国武将 人心掌握の極意』改題書〉460円　Ⓘ4-569-56244-2

◇東海大名家康　川崎文隆著　鳥影社　1990.2　183p　20cm　〈発売：星雲社 徳川家康の肖像あり〉1800円　Ⓘ4-7952-5144-4

◇歴史にみるビジネス・人・発想　童門冬二著　日本経済通信社　1990.2　207p　19cm　1100円　Ⓘ4-8187-1112-8

◇英雄に学ぶ自分づくりのススメ　宮原安春著　スコラ　1990.1　260p　19cm　(スコラBOOKS 7)　980円　Ⓘ4-7962-0007-X

◇徳川家康の人間関係―しごとに活かす　小島鋼平著　白馬出版　1990.1　236p

20cm （ハクバヒューマンビジネス） 1500円 ⓘ4-8266-0212-X
◇徳川将軍列伝 北島正元編 〔新装版〕 秋田書店 1989.12 461p 19cm 1980円 ⓘ4-253-00370-2
◇徳川家康―江戸に幕府を開いた将軍 三上修平シナリオ, 後藤長男漫画 第2版 集英社 1989.9 141p 21cm （学習漫画 世界の伝記） 700円 ⓘ4-08-240005-2
◇戦国武将の危機管理―生死を賭けた戦乱の行動原理とは 新宮正春著 PHP研究所 1989.8 229p 19cm 1050円 ⓘ4-569-52568-7
◇日本史探訪 戦国時代 3 天下人秀吉の夢と現実 さいとうたかを著 角川書店 1989.8 255p 19cm （角川コミックス） 1000円 ⓘ4-04-852183-7
◇信長・秀吉・家康に学ぶ人を動かす方法 佐々克明著 三笠書房 1989.8 233p 15cm （知的生きかた文庫）〈『信長・秀吉・家康の人間管理』改題書〉 450円 ⓘ4-8379-0331-2
◇江戸前期 所理喜夫編 筑摩書房 1989.7 529, 8p 19cm （古文書の語る日本史 6） 3300円 ⓘ4-480-35436-0
◇徳川家康―四海統一への大武略 学習研究社 1989.7 212p 26cm （歴史群像シリーズ 11）〈付〔地図1枚〕〉 1010円
◇徳川家康―その隠された謎の真相 上巻 木宮高彦著 学陽書房 1989.7 361p 19cm 1680円 ⓘ4-313-85056-2
◇徳川家康―その隠された謎の真相 下巻 木宮高彦著 学陽書房 1989.7 382p 19cm 1680円 ⓘ4-313-85057-0
◇歴史と人物 坂本太郎著 吉川弘文館 1989.7 408p 21cm （坂本太郎著作集 第11巻） 5600円 ⓘ4-642-02226-0
◇戦国武将に学ぶ英雄待望論 福島崇行著 日本ブックマネジメント 1989.6 233p 19cm 1500円 ⓘ4-89056-013-0
◇決断―信長・秀吉・家康の先見性と統率力 国富強著 経営実務出版 1989.3 255p 19cm 1500円 ⓘ4-87585-087-1

◇徳川家康に学ぶ人生訓 風巻絃一著 三笠書房 1989.3 263p 15cm （知的生きかた文庫） 440円 ⓘ4-8379-0299-5
◇NHK歴史への招待 第11巻 徳川家康 日本放送協会編 日本放送出版協会 1989.1 238p 18cm 680円 ⓘ4-14-018031-5
◇江戸湾物語―巨大都市東京のルーツ 三浦昇著 PHP研究所 1988.12 233p 19cm 1300円 ⓘ4-569-22361-3
◇徳川家康―江戸幕府を開いた政治家 柳川創造シナリオ, 貝塚ひろし漫画 集英社 1988.12 141p 21cm （学習漫画 日本の伝記） 680円 ⓘ4-08-241011-2
◇武将たちの関ケ原 茅原照雄著 大阪東方出版 1988.12 208p 19cm （墓碑探訪 2） 1600円 ⓘ4-88591-206-7
◇ブレーンの力―武将の戦略を支えた名僧たち 百瀬明治著 佼成出版社 1988.11 213p 19cm 1200円 ⓘ4-333-01372-0
◇戦国武将伝―リーダーたちの戦略と決断 白石一郎著 文芸春秋 1988.10 246p 19cm 1200円 ⓘ4-16-310600-6
◇徳川家康「攻め」と「守り」の経営学―戦国武将の経営戦略 童門冬二著 立風書房 1988.9 262p 20cm 〈徳川家康の肖像あり〉 1300円 ⓘ4-651-75111-3
◇日本史 人物列伝 奈良本辰也著 徳間書店 1988.9 285p 15cm （徳間文庫）〈『人物を語る』改題書〉 420円 ⓘ4-19-598598-6
◇家康の母 安西篤子著 集英社 1988.8 220p 15cm （集英社文庫） 320円 ⓘ4-08-749363-6
◇戦国・天下取りの時代 早乙女貢ほか著 経済界 1988.8 253p 19cm （転換期の戦略 3） 1300円 ⓘ4-7667-8052-3
◇名将を支えた運気の秘密―九星術から見た武将たちのサバイバル戦略 片岡紀明著 日本文芸社 1988.8 229p 18cm （舵輪ブックス） 730円 ⓘ4-537-02117-9
◇戦国を駆ける 神坂次郎著 中央公論社 1988.7 320p 19cm 1250円 ⓘ4-12-001703-6

◇戦国武将に学ぶ決断の時　玉木重輝著　鈴木出版　1988.7　252p　19cm　1400円　Ⓘ4-7902-9010-7

◇徳川家康　小杉彰漫画　くもん出版　1988.7　120p　20×15cm　〈くもんのおもしろ大研究〉　580円　Ⓘ4-87576-383-2

◇戦乱の日本史—合戦と人物　第9巻　天下布武　福田栄次郎責任編集　第一法規出版　1988.6　158p　31cm　〈監修：安田元久　編集：風土社〉　3500円　Ⓘ4-474-10139-1

◇日本の組織図事典　新人物往来社編　新人物往来社　1988.6　432p　21cm　7500円　Ⓘ4-404-01507-0

◇覇者の条件　大石慎三郎編　第一法規出版　1988.6　158p　30cm　〈戦乱の日本史　第11巻〉　3500円　Ⓘ4-474-10141-3

◇家康と天下平定　小学館　1988.4　286p　15cm　〈戦国・覇者の戦略 5〉　580円　Ⓘ4-09-401005-X

◇戦国と現代　成功の原則—作家や学者が書かなかった真の勝者　新井喜美夫著　プレジデント社　1988.4　270p　19cm　1300円　Ⓘ4-8334-1305-1

◇徳川家康　下　山路愛山著　岩波書店　1988.4　364p　15cm　〈岩波文庫〉　〈著者の肖像あり〉　550円　Ⓘ4-00-331204-X

◇徳川家康　23　蕭風城の巻　山岡荘八著　講談社　1988.4　478p　15cm　〈山岡荘八歴史文庫 45〉　580円　Ⓘ4-06-195045-2

◇徳川家康　24　戦争と平和の巻　山岡荘八著　講談社　1988.4　470p　15cm　〈山岡荘八歴史文庫 46〉　580円　Ⓘ4-06-195046-0

◇徳川家康　25　孤城落月の巻　山岡荘八著　講談社　1988.4　494p　15cm　〈山岡荘八歴史文庫 47〉　580円　Ⓘ4-06-195047-9

◇徳川家康　26　立命往生の巻　山岡荘八著　講談社　1988.4　510p　15cm　〈山岡荘八歴史文庫 48〉　580円　Ⓘ4-06-195048-7

◇徳川家康　19　泰平胎動の巻　山岡荘八著　講談社　1988.3　485p　15cm　〈山岡荘八歴史文庫 41〉　580円　Ⓘ4-06-195041-X

◇徳川家康　20　江戸・大坂の巻　山岡荘八著　講談社　1988.3　454p　15cm　〈山岡荘八歴史文庫〉　580円　Ⓘ4-06-195042-8

◇徳川家康　21　春雷遠雷の巻　山岡荘八著　講談社　1988.3　515p　15cm　〈山岡荘八歴史文庫 43〉　580円　Ⓘ4-06-195043-6

◇徳川家康　22　百雷落つるの巻　山岡荘八著　講談社　1988.3　478p　15cm　〈山岡荘八歴史文庫 44〉　580円　Ⓘ4-06-195044-4

◇家康伝　中村孝也著　国書刊行会　1988.2　1冊　22cm　〈講談社昭和40年刊の複製　徳川家康の肖像あり〉　18000円

◇家康の臣僚—武将篇　中村孝也著　国書刊行会　1988.2　646, 13p　22cm　〈人物往来社昭和43年刊の複製　徳川家康の肖像あり〉　12000円

◇家康の族葉　中村孝也著　国書刊行会　1988.2　681, 25, 6p　22cm　〈講談社昭和40年刊の複製　折り込図1枚　徳川家康の肖像あり〉　13000円

◇徳川家康　松本清張著, 稲木皓人画　講談社　1988.2　341p　21cm　〈少年少女伝記文学館 9〉　1400円　Ⓘ4-06-194609-9

◇徳川家康　15　難波の夢の巻　山岡荘八著　講談社　1988.2　478p　15cm　〈山岡荘八歴史文庫 37〉　580円　Ⓘ4-06-195037-1

◇徳川家康　16　日蝕月蝕の巻　山岡荘八著　講談社　1988.2　486p　15cm　〈山岡荘八歴史文庫 38〉　580円　Ⓘ4-06-195038-X

◇徳川家康　17　軍荼利の巻　山岡荘八著　講談社　1988.2　477p　15cm　〈山岡荘八歴史文庫 39〉　580円　Ⓘ4-06-195039-8

◇徳川家康　18　関ケ原の巻　山岡荘八著　講談社　1988.2　494p　15cm　〈山岡荘八歴史文庫 40〉　580円　Ⓘ4-06-195040-1

◇徳川家康　上　山路愛山著　岩波書店　1988.1　355p　15cm　（岩波文庫）〈著者の肖像あり〉　500円　①4-00-331203-1

◇家康・十六武将　徳永真一郎著　PHP研究所　1987.12　330p　15cm　（PHP文庫）　500円　①4-569-26131-0

◇海道一の弓取り—徳川家康の生涯　川崎文隆著　鳥影社　1987.12　199p　20cm〈発売：星雲社　徳川家康の肖像あり〉　1800円　①4-7952-5133-9

◇戦国の組織と人脈　堺屋太一, 田原総一朗, 三浦朱門, 百瀬明治, 童門冬二, 小和田哲男著　集英社　1987.12　269p　19cm（日本を創った戦略集団 2）　1400円　①4-08-194002-9

◇徳川家康と其周囲—岡崎市史別巻　柴田顕正著, 岡崎市編纂　国書刊行会　1987.12　3冊　22cm〈『岡崎市史別巻』（岡崎市昭和9～10年刊）の複製　徳川家康の肖像あり〉

◇遅咲きの人間学—大器晩成のすすめ　邑井操著　PHP研究所　1987.11　230p　15cm（PHP文庫）　400円　①4-569-26130-5

◇家訓で活かす経営戦略　童門冬二著　六興出版　1987.11　202p　19cm　980円　①4-8453-8082-X

◇戦国武将名言集　桑田忠親著　広済堂出版　1987.11　250p　15cm（広済堂文庫）　400円　①4-331-65026-X

◇徳川家康　3　朝露の巻　山岡荘八著　講談社　1987.11　510p　15cm（山岡荘八歴史文庫 25）　580円　①4-06-195025-8

◇徳川家康　4　葦かびの巻　山岡荘八著　講談社　1987.11　478p　15cm（山岡荘八歴史文庫 26）　580円　①4-06-195026-6

◇徳川家康　5　うず潮の巻　山岡荘八著　講談社　1987.11　518p　15cm（山岡荘八歴史文庫 27）　580円　①4-06-195027-4

◇一冊まるごと徳川家康の本　小和田哲男著　ロングセラーズ　1987.10　228p　18cm（ムックの本）　730円　①4-8454-0245-9

◇史談家康の周囲—歴史随想集　山岡荘八著　光文社　1987.10　292p　16cm（光文社文庫）　420円　①4-334-70622-3

◇戦国武将を支えた信仰—生死を超越した不退転の決意　風巻絃一著　日本文芸社　1987.10　241p　19cm　980円　①4-537-02076-8

◇覇者 徳川家康　松永義弘著　春陽堂書店　1987.10　213p　15cm（春陽文庫）　400円　①4-394-15103-1

◇戦国武将おもしろ大百科　山梨輝雄著　広済堂出版　1987.9　263p　13cm（豆たぬきの本 208）　380円　①4-331-20108-2

◇戦国武将の食生活—勝ち残るための秘伝　永山久夫著　ジャパンポスト出版部　1987.9　238p　19cm（ポスト・ブック）　1200円　①4-915230-04-X

◇道鏡・家康　坂口安吾著　富士見書房　1987.9　323p　15cm（時代小説文庫）　460円　①4-8291-1132-1

◇日本型リーダーの魅力　百瀬明治著　三笠書房　1987.8　268p　15cm（知的生きかた文庫）　440円　①4-8379-0183-2

◇徳川家康読本　桑田忠親著　広済堂出版　1987.7　231p　16cm（広済堂文庫）　400円　①4-331-65021-9

◇徳川家臣団の研究　中嶋次太郎著　名古屋　マイタウン　1987.7　479, 7p　22cm〈吉川弘文館昭和41年刊の複製　限定版〉　7500円

◇戦国武将ビジネス読本—統率力と戦略　南条範夫著　広済堂出版　1987.5　239p　15cm（広済堂文庫）　400円　①4-331-65019-7

◇戦国名将 生き方の極意　西東玄著　PHP研究所　1987.5　245p　15cm（PHP文庫）　450円　①4-569-26110-8

◇戦いにおける「勢い」の研究—何が組織に勝利をもたらしたか　百瀬明治著　PHP研究所　1987.4　238p　18cm（PHPビジネスライブラリー A‐20）　680円　①4-569-21976-4

◇家康・秀吉・信長の経営戦略　佐々克明著　潮出版社　1987.3　221p　15cm

◇（潮文庫）　380円　①4-267-01126-5

◇征夷大将軍―もう一つの国家主権　高橋富雄著　中央公論社　1987.3　226p　18cm　（中公新書833）　560円　①4-12-100833-2

◇徳川家康―その手紙と人間　桑田忠親著　旺文社　1987.2　268p　16cm　（旺文社文庫）　420円　①4-01-064346-3

◇謎の人物おもしろ日本史　風早恵介著　日本文芸社　1987.2　221p　18cm　（舵輪ブックス）　730円　①4-537-02051-2

◇日本史おもしろ読本―歴史の謎 事件の真相　桑田忠親著　広済堂出版　1987.2　259p　15cm　（広済堂文庫）　400円　①4-331-65013-8

◇運命を開く―人間学講話　安岡正篤著　プレジデント社　1986.12　262p　19cm　1300円　①4-8334-1279-9

◇戦国名将に学ぶ勝ち残りの戦略―状況の読み方・生かし方　風巻絃一著　三笠書房　1986.12　300p　15cm　（知的生き方文庫）　440円　①4-8379-0135-2

◇徳川家康とトヨタ商法―組織を最大に活かす驚くべき経営哲学　宮崎正弘著　第一企画出版　1986.12　229p　19cm　980円　①4-924719-35-8

◇徳川家臣団―組織を支えたブレーンたち　綱淵謙錠著　講談社　1986.12　254p　15cm　（講談社文庫）　380円　①4-06-183872-5

◇人を率いる男の器量―堂々と生きる　奈良本辰也ほか著　三笠書房　1986.12　285p　19cm　1000円　①4-8379-1310-5

◇将軍家康の生活と文化―市制七〇周年記念特別展〔岡崎〕　三河武士のやかた家康館　1986.11　55p　26cm　〈会期：昭和61年11月3日～23日〉

◇将軍の国と異邦人　大石慎三郎編　ぎょうせい　1986.11　175p　26cm　（海外視点・日本の歴史10）　2800円　①4-324-00264-9

◇徳川家康必勝言行録　原麻紀夫著　改訂版　青年書館　1986.9　223p　19cm　1100円　①4-7918-0264-0

◇組織を動かす―統率者の論理　童門冬二著　三笠書房　1986.8　280p　15cm　（知的生きかた文庫）　420円　①4-8379-0122-0

◇名将ちょっといい言葉―武将に学ぶビジネス訓　宝井琴鶴著　商業界　1986.8　261p　19cm　（まあきゅりい・ぶっくす）　1200円

◇徳川家康のブレーンたち―組織に生きる男の「悪の人間管理術」　童門冬二著　三笠書房　1986.7　273p　19cm　1100円　①4-8379-1302-4

◇男の値打ちは「度量」で決まる―修羅場に強い知将・闘将のケンカと迫力の方法　童門冬二著　大和出版　1986.6　219p　19cm　1000円　①4-8047-1084-1

◇組織力の人物学　童門冬二著　学陽書房　1986.6　276p　19cm　1400円　①4-313-15040-4

◇駿河の戦国時代　黒沢脩著　静岡　明文出版社　1986.5　249p　19cm　（駿遠豆・ブックス5）　1500円　①4-943976-03-4

◇戦国帝王学・決断・先見・調整　佐々克明著　三笠書房　1986.5　242p　19cm　1000円　①4-8379-1296-6

◇徳川家康―安土桃山時代・江戸時代初期　小井土繁と学習まんが集団まんが　小学館　1986.5　151p　21cm　（小学館版学習まんが）　580円　①4-09-299017-0

◇強い指導者―戦国武将新研究　会田雄次、百瀬明治著　力富書房　1986.4　270p　19cm　（リキトミブックス19）　1000円　①4-89776-019-4

◇まんがでべんきょう 徳川家康　伊東章夫作・絵　ポプラ社　1986.4　127p　18cm　（ポプラ社・コミック・スペシャル14）　450円　①4-591-02268-4

◇信長・秀吉・家康の戦略戦術　佐々克明著　三笠書房　1986.3　259p　15cm　（知的生きかた文庫）　400円　①4-8379-0094-1

◇戦国武将人使い名人伝　矢田挿雲著　〔新装版〕　原書房　1986.2　226p　20×14cm　1200円　①4-562-01704-X

◇若き日の家康　川崎文隆著　鳥影社　1986.1　199p　20cm　〈発売：星雲社

◇徳川家康の肖像あり〉 1800円 ①4-7952-5120-7
◇徳川家康・伊賀越えの危難 川崎文隆著 鳥影社 1985.2 190p 20cm〈『家康と伊賀越えの危難』(川崎文隆昭和58年刊)の改題増補 発売：星雲社 徳川家康の肖像あり〉 1800円
◇徳川家康の研究―歴史に学ぶリーダーの条件 堺屋太一ほか著 プレジデント社 1984.12 230p 18cm（イルカの本）720円 ①4-8334-4021-0
◇徳川家康の言葉 杉田幸三著 心交会 1984.10 292p 18cm（やまと文庫7）〈付・御三家語録 発売：三樹書房 参考文献一覧：p292〉880円 ①4-89522-107-5
◇徳川家康のリーダーシップ 藤田忠著 日本生産性本部 1984.10 333p 19cm 1500円
◇徳川家康 桑田忠親著 角川書店 1984.6 240p 15cm（角川文庫）340円 ①4-04-309704-2
◇徳川家康 福武書店 1983.12 189p 26cm（歴史ライブ）1400円 ①4-8288-0305-X, 4-8288-0300-9
◇徳川家康真蹟集 徳川義宣編著 角川書店 1983.11 2冊 37cm〈「図版編」「解説編」に分冊刊行 外箱入〉全38000円
◇徳川家康のすべて 北島正元編 新人物往来社 1983.10 324p 20cm 2300円
◇家康の舞台 矢頭純著 名古屋 中日新聞本社 1983.7 286p 19cm 1500円 ①4-8062-0144-8
◇家康と伊賀越えの危難 川崎文隆著 伊賀町(三重県) 川崎文隆 1983.4 164p 22cm〈徳川家康の肖像あり〉2000円
◇家康と駿府城 小和田哲男ほか著 静岡 静岡新聞社 1983.4 293p 20cm〈参考文献：p287～291〉1300円 ①4-7838-1022-2
◇徳川家康 旺文社編 旺文社 1983.4 192p 26cm（現代視点）〈徳川家康の肖像あり〉1900円 ①4-01-070554-X
◇評伝徳川家康 村松定孝著 ぎょうせい 1983.4 391p 20cm 1900円

◇徳川家康―乱世をいかに生きぬいたか 江崎俊平著 社会思想社 1983.3 314p 15cm（現代教養文庫1078）〈関係年表：p305～310〉480円
◇若き日の家康―三河武士団奔る 戸部新十郎著 光風社出版 1983.3 269p 19cm〈年表：p265～268〉900円 ①4-87519-116-2
◇アメリカ人のみた徳川家康―日本人の気づかない家康パワーの秘密 マイケル・アームストロング著,宮崎正弘訳 日新報道 1983.2 205p 19cm 1000円
◇家康の経営手腕―戦国参謀part5 佐々克明著 産業能率大学出版部 1983.2 220p 19cm 1200円
◇家康の手紙 桑田忠親著 文芸春秋 1983.2 301p 16cm（文春文庫）360円 ①4-16-730301-9
◇徳川家康 北島正元著 中央公論社 1983.2 240p 16cm（中公文庫）340円
◇裏ばなし徳川家康 コンパニオン出版 1983.1 221p 19cm〈監修：桑田忠親〉1200円 ①4-906121-18-7
◇口伝・家康の危機管理―トヨタ重役も学ぶ勝ち残りの鉄則 下村彰義著 中経出版 1983.1 219p 19cm〈書：二宮欣也〉980円 ①4-8061-0158-3
◇徳川家康 河出書房新社 1983.1 275p 21cm（河出人物読本）980円
◇徳川家康と戦国武将の女たち 真野恵澂著 名古屋 中日新聞本社 1983.1 254p 19cm 1400円 ①4-8062-0134-0
◇家康の書と遺品 徳川美術館,五島美術館編 名古屋 徳川美術館 〔1983〕206, 5p 27cm〈共同刊行：五島美術館(東京) 徳川家康の肖像あり 付(1枚) 会期・会場：1983年10月8日～11月6日 徳川美術館ほか〉
◇日本最初(最古)の機械時計―スペインから贈られた徳川家康愛用の時計 荒井文治著 〔横浜〕〔荒井文治〕〔1983〕13枚 図版3枚 26cm〈電子複写 折り込図4枚〉

◇実録・徳川家康―戦国覇者がたどった破乱の生涯　石川雅章企画・編集　ゆまに て出版　1982.12　255p　19cm　〈監修：桑田忠親〉　1000円

◇人間徳川家康―永久政権を築いた男の生き方　プレジデント編　プレジデント社　1982.12　271p　19cm　〈監修：山本七平〉　980円

◇徳川家康と戦国武将―"家康式"情報収集から経営管理まで　講談社　1982.11　262p　28cm〈『週刊現代』別冊〉　880円　①4-06-100201-5

◇兵法徳川家康―弱者の戦法・強者の戦法　大橋武夫著　マネジメント社　1982.11　268p　19cm　1200円

◇家康―最後の勝利者　土橋治重著　成美堂出版　1982.10　223p　19cm　1000円　①4-415-07707-2

◇徳川家康名言集―現代に生きるリーダーの哲学　桑田忠親著　広済堂出版　1982.8　252p　18cm　(Kosaido books)　680円

◇史談家康の周囲　山岡荘八著　毎日新聞社　1982.3　246p　20cm　980円

◇徳川家康関係参考文献目録　岡崎市立図書館郷土図書室編　岡崎　岡崎市立図書館　1982.3　87p　26cm

◇近世日本国民史徳川家康　3　家康時代概観　徳富蘇峰著, 平泉澄校訂　講談社　1982.1　540p　15cm　(講談社学術文庫)　880円　①4-06-158573-8

◇徳川家康の洞察力と決断　桑田忠親著　広済堂出版　1982.1　230p　18cm　(Kosaido books)〈背の書名：洞察力と決断〉　680円

◇信長・秀吉・家康の人間関係学　関崎一, 中西信男著　新人物往来社　1981.11　241p　20cm　2000円

◇近世日本国民史徳川家康　2　家康時代―大阪役　徳富蘇峰著, 平泉澄校訂　講談社　1981.10　489p　15cm　(講談社学術文庫)　880円

◇近世日本国民史徳川家康　1　家康時代―関原役　徳富蘇峰著, 平泉澄校訂　講談社　1981.9　507p　15cm　(講談社学術文庫)　880円

◇徳川家臣団の研究　中嶋次太郎著　国書刊行会　1981.7　479, 7p　22cm　〈吉川弘文館昭和41年刊の複製〉　6200円

◇徳川家康　佐々克明著　新人物往来社　1981.6　236p　20cm　2000円

◇桑田忠親著作集　第6巻　徳川家康　秋田書店　1979.9　358p　20cm　1900円

◇徳川家康―歴史対談　山岡荘八, 桑田忠親著　講談社　1979.3　233p　15cm　(講談社文庫)　280円

◇家康"忍"の経営　藤公房著　ダイヤモンド社　1978.11　217p　19cm　980円

◇日本を創った人びと　16　徳川家康―戦国乱世から三百年の泰平へ　日本文化の会編集　守屋毅著　平凡社　1978.7　82p　29cm　1600円

◇家康の政治経済臣僚　中村孝也著　雄山閣出版　1978.6　248, 11p　22cm　〈家康ほかの肖像あり〉　3000円

◇日本の合戦　7　徳川家康　桑田忠親編集　新人物往来社　1978.6　391p　20cm　〈監修：桑田忠親　徳川家康の肖像あり　新装版〉　1500円

◇日本史の人物像　5　徳川家康　岡本良一編集解説　筑摩書房　1977.7　275p　19cm　〈新装版〉　1300円

◇駿河土産　大道寺重祐著, 駿河古文書会有志編　静岡　駿河古文書会　1977.5　31p　26cm　〈電子複写〉　非売品

◇家康と女と合戦と　漆畑弥一著　静岡　静岡新聞社　1977.4　238p　17cm　(Shizushin books)　600円

◇徳川家康公御遺品・文書目録　全国東照宮連合会編　日光　全国東照宮連合会　1977.2　256p　図　26cm

◇駿河土産―望月本　大道寺重祐著, 若尾俊平編・解説　静岡　駿河古文書会　1976.7　102, 10p　26cm　〈駿河古文書会原典シリーズ　5〉　〈複製〉

◇武徳編年集成　木村高敦著　名著出版　1976　2冊　22cm　〈天明6年版(木活字

◇本)全93巻を縮刷複製したもの〉 全 18000円
◇徳川家康の人間学　長沼博明著　新人物往来社　1974　223p　20cm　950円
◇史疑徳川家康物語　榛葉英治著　雄山閣出版　1972　236p　図　19cm　880円
◇徳川家康―歴史対談　山岡荘八, 桑田忠親著　講談社　1972　245p　20cm　560円
◇徳川家康―その手紙と人間　桑田忠親著　新人物往来社　1971　286p　20cm　800円
◇家康の臣僚　武将篇　中村孝也著　人物往来社　1968　646p　図版　22cm　3500円
◇権謀―家康とスターリン　中村菊男著　人物往来社　1967　225p　19cm　480円
◇相中留恩記略　福原高峰撰, 長谷川雪堤画, 相中留恩記略刊行会編　横浜　有隣堂　1967　2冊(別冊共)　27cm　〈徳川林政史研究所蔵本の複製　限定版　別冊(179p):校注編(渡辺一郎, 石井光太郎)〉4500円
◇徳川家康名言集　山岡荘八著　講談社　1967　201p　19cm　340円
◇絵と写真でしのぶ徳川家康公　静岡　久能山東照宮社務所　1966　167p(図版共)　37cm　〈編集・製作者: 橋本基　はり込み原色図版20枚　三百五十年祭記念〉5000円
◇徳川家康　桑田忠親著　角川書店　1966　248p　18cm　(角川新書)　220円
◇徳川家臣団の研究　中嶋次太郎著　松本　嶋次太郎　1966　479p　図版　地図　19cm　1000円
◇松永道斎聞書　徳川家康述, 久能山東照宮三百五十年祭奉賛会編　静岡　久能山東照宮社務所　1965.4　121p　22cm　非売品
◇家康伝　中村孝也著　講談社　1965　719, 232, 9p　図版28枚　22cm
◇家康の族葉　中村孝也著　講談社　1965　681p　図版　22cm

◇絵と写真でしのぶ徳川家康公　「絵と写真でしのぶ徳川家康公」刊行事務局　1965　167p(おもに図)　はり込み図20枚　37cm　〈三百五十年祭記念　絵と文: 杉山良雄　編集・製作: 悠々洞　発行者: 久能山東照宮〉5000円
◇徳川家康替玉説　村本山雨楼主人著　静岡　政教社　1965　152p　図版　19cm　〈東照公三百五十年祭記念出版〉
◇徳川家康公　中村孝也著　改訂版　宇都宮　東照宮三百五十年祭奉斎会　1965　29p　図版　21cm
◇徳川家康公伝　中村孝也著　日光　東照宮社務所　1965　719, 232, 9p　図版28枚　22cm　〈内容は家康伝(講談社刊)と同じ〉
◇秀吉と家康―乱世を生きた二つの個性　邑井操著　大和書房　1965　211p　表　18cm　(ペンギンブックス)
◇徳川家康　松本清張著　角川書店　1964　202p　15cm　(角川文庫)
◇史疑徳川家康　村岡素一郎著, 榛葉英治訳編　雄山閣出版　1963　236p　図版　19cm
◇随想徳川家康　山岡荘八著　講談社　1963　241p　図版　19cm
◇徳川家康―組織者の肖像　北島正元著　中央公論社　1963　234p　図版　18cm　(中公新書)
◇徳川家康　南条範夫著　河出書房新社　1963　299p　18cm　(Kawade Paperbacks)
◇徳川家康―その手紙と人間　桑田忠親著　人物往来社　1963　286p　20cm
◇家康の手紙　桑田忠親著　文芸春秋新社　1961　332p　図版　20cm
◇徳川家康　南条範夫著　河出書房　1960　302p　図版　19cm　(現代人の日本史　第15)
◇古老物語―遠江の郷土雑筆　山下煕庵著　浜松　昭和堂書店　1955　93p　地図　17cm　〈謄写版〉

本多 正信
ほんだ まさのぶ

天文7年(1538年)～元和2年(1616年)

武将。三河国(愛知県)の人。初名は正保、正行。徳川家康に仕えたが、永禄6年(1563年)三河の一向一揆で一揆勢に加わり家康と敵対。天正10年(1582年)大久保忠世の斡旋で家康に帰参する。天正18年(1590年)家康の関東入国に伴い相模国玉縄1万石を賜り、また関東総奉行として江戸経営にあたる。政務能力を高く評価され、家康の側近としても重きをなす。慶長8年(1603年)家康が将軍になると秀忠付となり、慶長12年(1607年)家康の駿府引退後は、執政として秀忠政権を補佐しつつ民政にも敏腕をふるった。

＊　　＊　　＊

◇日本史「補佐役」たちの言い分―ナンバー2こそ本当の主役　岳真也著　PHP研究所　2006.4　316p　15cm　(PHP文庫)　619円　①4-569-66573-X

◇日本的経営の源流を尋ねて―経営思想の歴史的研究　堀出一郎著　柏　麗沢大学出版会,(柏)広池学園事業部〔発売〕2005.3　341p　21cm　(麗沢大学経済学会叢書)　2800円　①4-89205-490-9

◇後継道―歴史の30父子にみる承継学　加来耕三著　日経BP社,日経BP出版センター〔発売〕2004.6　350p　19cm　(日本人のDNA 1)　1600円　①4-8222-2935-1

◇家康名臣伝　童門冬二著　東洋経済新報社　2002.10　326p　19cm　1600円　①4-492-06131-2

◇歴史に学ぶ大江戸株式会社の危機管理術　童門冬二著　東京書籍　2000.9　316p　19cm　1600円　①4-487-79586-9

◇戦国武将の人間学　童門冬二著　小学館　1999.12　267p　15cm　(小学館文庫)　514円　①4-09-403532-X

◇家康と正信―最後に笑った主役と名補佐役　童門冬二著　PHP研究所　1999.11　279p　19cm　1450円　①4-569-60865-5

◇軍師と家老―ナンバー2の研究　鈴木亨著　中央公論新社　1999.2　307p　15cm　(中公文庫)　667円　①4-12-203354-3

◇本多正信―家康に天下をとらせた男　中村整史朗著　PHP研究所　1995.10　327p　15cm　(PHP文庫)　600円　①4-569-56814-9

◇家康を支えた頭脳集団―天下統一を成し遂げた最強・徳川軍団の英傑たち　萩原裕雄著　日本文芸社　1993.2　251p　15cm　(にちぶん文庫)〈『家康を天下人にした二十人』改題書〉　480円　①4-537-06216-9

◇参謀たちの戦略と経営―時代をささえた影のヒーローたち　中村整史朗著　ベストセラーズ　1993.1　250p　15cm　(ワニ文庫)　500円　①4-584-30363-0

◇戦国 名将の条件・参謀の条件　百瀬明治著　PHP研究所　1992.2　251p　15cm　(PHP文庫)　480円　①4-569-56442-9

◇徳川家康の黒幕　武田鏡村著　史輝出版　1990.5　265p　20cm　1500円　①4-915731-11-1

◇戦国のブレーン学―トップを支える知恵と心　大和勇三著　世界文化社　1988.4　220p　19cm　(BIGMANビジネスブックス)　1300円　①4-418-88605-2

◇家康・十六武将　徳永真一郎著　PHP研究所　1987.12　330p　15cm　(PHP文庫)　500円　①4-569-26131-0

◇徳川家臣団―組織を支えたブレーンたち　綱淵謙錠著　講談社　1986.12　254p　15cm　(講談社文庫)　380円　①4-06-183872-5

◇戦国大名家臣団事典　東国編　山本大,小和田哲男編　新人物往来社　1981.8　427p　22cm　6800円

◇愛知百科事典　中日新聞社開発局編　名古屋　中日新聞本社　1977.1　977p　27cm　15000円

芳春院
ほうしゅんいん

天文16年(1547年)～元和3年(1617年)

前田利家の妻。尾張国(愛知県)出身。名はまつ(松)。実父の没後、利家の父前田利昌に養育され、永禄元年(1558年)12歳で利家と結婚。二男九女の11人の子を産む。慶長4年(1599年)利家と死別後に落飾し、京都大徳寺内に芳春院をたてる。慶長5年(1600年)前田家に謀反の疑いがかけられ、徳川家康の人質として江戸に赴き、加賀藩を存続に尽力、15年間江戸で暮らした。慶長19年(1614)に帰国し、3年後に金沢城で没した。豊臣秀吉の妻高台院とは、利家・秀吉が信長の家臣であった頃から懇意であった。

＊　＊　＊

◇戦国の妻たち　山村竜也著　リイド社　2005.12　239p　15cm　(リイド文庫)　476円　①4-8458-2638-0
◇戦国の女性たち―16人の波乱の人生　小和田哲男編　河出書房新社　2005.9　253p　19cm　1500円　①4-309-22435-0
◇書府太郎―石川県大百科事典「改訂版」上巻(人物/歴史/文化財/宗教/民俗・生活/医療・福祉)　金沢　北国新聞社　2004.11　878p　27cm　19000円　①4-8330-1382-7
◇利家とまつ　上　竹山洋著　新潮社　2003.10　422p　15cm　(新潮文庫)　590円　①4-10-119321-5
◇利家とまつ　下　竹山洋著　新潮社　2003.10　446p　15cm　(新潮文庫)　590円　①4-10-119322-3
◇その時歴史が動いた　14　NHK取材班編　名古屋　KTC中央出版　2002.6　253p　19cm　1600円　①4-87758-222-3
◇戦国二人三脚―まつと又左と子どもたち　杉本苑子著　日本放送出版協会　2002.1　221p　20cm　1300円　①4-14-080655-9
◇ひげの梶さんと利家とまつを歩こう！　梶本晃司文・写真,蒲田知美イラスト　広島　南々社　2001.12　166p　26cm　(ひげの梶さん歴史文学探歩シリーズ 1)　1850円　①4-931524-06-0
◇前田利家とまつ　戸部新十郎編　広済堂出版　2001.12　219p　19cm　1300円　①4-331-50856-0
◇加賀百万石物語―利家とまつ絢爛四百年　酒井美意子著　主婦と生活社　2001.11　253p　21cm　1000円　①4-391-12568-4
◇利家とまつ　上　竹山洋著　日本放送出版協会　2001.11　377p　19cm　1500円　①4-14-005372-0
◇利家とまつ　下　竹山洋著　日本放送出版協会　2001.11　390p　19cm　1500円　①4-14-005373-9
◇利家とまつに学ぶ―北国新聞文化センター特別講座「続金沢学」　北国新聞文化センター編　金沢　北国新聞文化センター　2001.11　330p　21cm　〈金沢 北国新聞社(発売)　年表あり〉　1800円　①4-8330-1196-4
◇前田利家とまつの生涯　童門冬二著　三笠書房　2001.7　348p　19cm　1500円　①4-8379-1896-4
◇角川日本姓氏歴史人物大辞典　17　石川県姓氏歴史人物大辞典　竹内理三ほか編纂　石川県姓氏歴史人物大辞典編纂委員会編著　角川書店　1998.12　633p　23cm　18000円　①4-04-002170-3
◇戦国・江戸　男を育成した女の才覚―いい夫婦には理由がある　童門冬二著　光文社　1997.10　235p　18cm　(カッパ・ブックス)　1143円　①4-334-05240-1
◇富山大百科事典　富山大百科事典編集事務局編　富山　北日本新聞社　1994.8　2冊　27cm　全45000円
◇戦国武将の妻たち　百瀬明治著　PHP研究所　1993.11　235p　19cm　1350円　①4-569-54165-8
◇日本女性人名辞典　日本図書センター　1993.6　1274p　27cm　〈監修:芳賀登ほか〉　26780円　①4-8205-7128-1

板倉　勝重
いたくら　かつしげ

天文14年(1545年)～寛永元年(1624年)4月29日　武将。京都所司代。三河国(愛知県)の人。字は甚平、通称四郎左衛門、伊賀守。初め出家していたが、父好重と兄定重の戦死により還俗して家督をつぎ、徳川家康に仕えた。駿府町奉行、江戸町奉行、京都町奉行などを経て、慶長6年(1601

年)初代の京都所司代となる。以心崇伝とともに公家・寺社の統制をはかり、朝廷や西国への徳川政権の勢力浸透につとめる。慶長14年(1609年)山城・近江などに1万6000石を領した。子の板倉重宗と共に施政の要点をまとめた著書「板倉政要」がある。

　　　　　＊　　　＊　　　＊

◇家康名臣伝　童門冬二著　東洋経済新報社　2002.10　326p　19cm　1600円　①4-492-06131-2

◇角川日本姓氏歴史人物大辞典　26　京都市姓氏歴史人物大辞典　竹内理三ほか編纂　京都市姓氏歴史人物大辞典編纂委員会編著　角川書店　1997.9　909p　23cm　①4-04-002260-2

◇京都大事典　府域編　京都　淡交社　1994.3　696, 39p　27cm　〈監修：上田正昭, 吉田光邦〉　12000円　①4-473-01327-8

◇京都事典　村井康彦編　東京堂出版　1993.10　495p　21cm　〈新装版〉　2900円　①4-490-10355-7

◇家康を支えた頭脳集団―天下統一を成し遂げた最強・徳川軍団の英傑たち　萩原裕雄著　日本文芸社　1993.2　251p　15cm　（にちぶん文庫）〈『家康を天下人にした二十人』改題書〉　480円　①4-537-06216-9

◇茶道人物辞典　原田伴彦編　柏書房　1991.1　290, 22p　22cm　〈新装版〉　4944円　①4-7601-0620-0

◇家康・十六武将　徳永真一郎著　PHP研究所　1987.12　330p　15cm　（PHP文庫）　500円　①4-569-26131-0

◇徳川家臣団―組織を支えたブレーンたち　綱淵謙錠著　講談社　1986.12　254p　15cm　（講談社文庫）　380円　①4-06-183872-5

◇京都大事典　佐和隆研ほか編集　京都　淡交社　1984.11　1083, 91p　27cm　12000円　①4-473-00885-1

◇江戸東京市井人物事典　北村一夫著　新人物往来社　1976　354p　20cm　2000円

高台院　こうだいいん

　天文17年(1548年)〜寛永元年(1624年)9月6日　豊臣秀吉の正室。尾張国(愛知県)の人。名は寧でねね、またはおねとして知られる。ほかに吉子、寧子とも。秀吉在世中は北政所(きたのまんどころ)と称された。尾張の杉原定利の娘に生まれ、織田家足軽組頭の浅野長勝の養女となる。14歳で織田家小者頭の木下藤吉郎(豊臣秀吉)に嫁す。織田信長からの手紙で賞賛されたほどの才媛で秀吉の出世を支え、天正13年(1585年)秀吉が関白になると従三位に叙せられ、北政所と称された。天正16年(1588年)後陽成天皇が聚楽第に行幸した折に従一位となり、叙位記には豊臣吉子と記された。慶長3年(1898年)の秀吉没後は落飾、大坂城西の丸を徳川家康に明け渡し京都三本木に隠棲、慶長8年(1603年)高台院の号を勅賜された。慶長10年(1605年)徳川家康の援助によって東山に高台寺を建立。実子がなく豊臣秀頼の生母淀殿とは対立した。豊臣氏滅亡後も徳川家康から化粧料として河内に1万3000石を与えられ、高台寺で亡夫の菩提を弔う晩年を過ごした。

◇北政所おね―大坂の事は, ことの葉もなし　田端泰子著　京都　ミネルヴァ書房　2007.8　264, 8p　20cm　（ミネルヴァ日本評伝選）〈肖像あり　文献あり　年譜あり〉　2600円　①978-4-623-04954-7

◇豊臣家を滅ぼしたのは北政所だった！　武山憲明, 杉山光男著　ぶんか社　2007.1　255p　15cm　（ぶんか社文庫）〈文献あり〉　657円　①978-4-8211-5084-7

◇日本史「補佐役」たちの言い分―ナンバー2こそ本当の主役　岳真也著　PHP研究所　2006.4　316p　15cm　（PHP文

◇戦国の女たち―乱世に咲いた名花23人　森実与子著　学習研究社　2006.2　311p　15cm　(学研M文庫)　667円　ⓘ4-05-901180-0

◇戦国の妻たち　山村竜也著　リイド社　2005.12　239p　15cm　(リイド文庫)　476円　ⓘ4-8458-2638-0

◇戦国の女性たち―16人の波乱の人生　小和田哲男編著　河出書房新社　2005.9　253p　19cm　1500円　ⓘ4-309-22435-0

◇歴史を変えた決断の瞬間　会田雄次著　PHP研究所　2004.5　330p　15cm　(PHP文庫)　619円　ⓘ4-569-66193-9

◇京に燃えたおんな―愛のかたち　京都新聞出版センター編　京都　京都新聞出版センター　2004.4　219p　21cm　1400円　ⓘ4-7638-0533-9

◇天下人の時代―16〜17世紀の京都　朝尾直弘, 田端泰子編　平凡社　2003.3　297p　19cm　2900円　ⓘ4-582-47509-4

◇美女たちの日本史　永井路子著　中央公論新社　2002.7　218p　19cm　1500円　ⓘ4-12-003291-4

◇乱世に生きる―歴史の群像　中村彰彦著　中央公論新社　2001.3　349p　15cm　(中公文庫)　762円　ⓘ4-12-203801-4

◇大阪人物辞典　三善貞司編　大阪　清文堂出版　2000.11　1304, 70p　23cm　16000円　ⓘ4-7924-0499-1

◇戦国うら史談　山本律郎著　新人物往来社　1998.9　211p　19cm　1800円　ⓘ4-404-02660-9

◇戦国・江戸　男を育成した女の才覚―いい夫婦には理由がある　童門冬二著　光文社　1997.10　235p　18cm　(カッパ・ブックス)　1143円　ⓘ4-334-05240-1

◇角川日本姓氏歴史人物大辞典　26　京都市姓氏歴史人物大辞典　竹内理三ほか編纂　京都市姓氏歴史人物大辞典編纂委員会編著　角川書店　1997.9　909p　23cm　ⓘ4-04-002260-2

◇歴史に学ぶライバルの研究　会田雄次, 谷沢永一著　PHP研究所　1997.8　261p　15cm　(PHP文庫)　533円　ⓘ4-569-57040-2

◇愛憎―ライバル日本史　3　NHK取材班編　角川書店　1996.10　280p　15cm　(角川文庫)　500円　ⓘ4-04-195420-7

◇覆された日本史―俗説・妄説に埋もれた史実を再検証　中村彰彦著　日本文芸社　1995.2　245p　19cm　1300円　ⓘ4-537-02455-0

◇ライバル日本史　1　NHK取材班編　角川書店　1994.10　220p　19cm　1500円　ⓘ4-04-522501-3

◇北政所―秀吉歿後の波瀾の半生　津田三郎著　中央公論社　1994.7　259p　18cm　(中公新書)　740円　ⓘ4-12-101197-X

◇日本中世女性史論　田端泰子著　塙書房　1994.2　293, 19p　21cm　4738円　ⓘ4-8273-1104-8

◇戦国武将の妻たち　百瀬明治著　PHP研究所　1993.11　235p　19cm　1350円　ⓘ4-569-54165-8

◇京都事典　村井康彦編　東京堂出版　1993.10　495p　21cm　〈新装版〉　2900円　ⓘ4-490-10355-7

◇日本女性人名辞典　日本図書センター　1993.6　1274p　27cm　〈監修：芳賀登ほか〉　26780円　ⓘ4-8205-7128-1

◇ウラ読みの人物・日本史―日本史を揺るがした豪傑・烈女の素顔　村松駿吉著　日本文芸社　1993.3　237p　15cm　(にちぶん文庫)〈『話のタネ本人物日本史』改題書〉　480円　ⓘ4-537-06219-3

◇女たちの本能寺　小石房子著　三交社　1992.11　253p　19cm　1600円　ⓘ4-87919-539-1

◇物語 女たちの太閤記　新人物往来社編　新人物往来社　1992.10　234p　19cm　2500円　ⓘ4-404-01950-5

◇日本仏教人名辞典　日本仏教人名辞典編纂委員会編　京都　法蔵館　1992.1　887, 117p　26cm　〈法蔵館140年(丁字屋370年)創業記念出版〉　25000円　ⓘ4-8318-7007-2

◇物語 信長をめぐる七人の女　新人物往来社編　新人物往来社　1991.10　236p

19cm　2400円　Ⓘ4-404-01855-X
◇秀吉と女たち　楠戸義昭著　祥伝社　1990.10　291p　16cm（ノン・ポシェット）　460円　Ⓘ4-396-31032-3
◇歴史のヒロインたち　永井路子著　文芸春秋　1990.9　269p　15cm（文春文庫）　380円　Ⓘ4-16-720022-8
◇歴史を変えた決断　会田雄次著　角川書店　1989.5　296p　15cm（角川文庫）　430円　Ⓘ4-04-132906-X
◇歴史に学ぶライバルの研究　会田雄次, 谷沢永一著　PHP研究所　1988.12　227p　19cm　1200円　Ⓘ4-569-22399-0
◇戦乱を生き抜いた勝者の活力　宮本義己, 吉田豊編　第一法規出版　1988.10　325p　21cm（史伝 健康長寿の知恵 2）　2200円　Ⓘ4-474-17042-3
◇秀吉の知略　小学館　1988.4　254p　15cm（戦国・覇者の戦略 4）　580円　Ⓘ4-09-401004-1
◇史談家康の周囲―歴史随想集　山岡荘八著　光文社　1987.10　292p　16cm（光文社文庫）　420円　Ⓘ4-334-70622-3
◇歴史のなかの愛―万葉・戦国の女たち　田中澄江著　文芸春秋　1987.9　254p　15cm（文春文庫）　340円　Ⓘ4-16-731303-0
◇戦国おんな史談　桑田忠親著　潮出版社　1986.10　226p　15cm（潮文庫）　360円　Ⓘ4-267-01103-6
◇京都大事典　佐和隆研ほか編集　京都淡交社　1984.11　1083, 91p　27cm　12000円　Ⓘ4-473-00885-1

福島 正則
ふくしま まさのり

永禄4年(1561年)～寛永元年(1624年)7月13日　武将。安芸広島藩主。尾張国（愛知県）の人。幼名は市松。豊臣秀吉に仕えて各地で戦功をあげ、天正11年(1583年)賤ヶ岳の戦いでは"七本槍"の筆頭として活躍。九州攻めや小田原征伐、文禄の役などでも活躍し、伊予今治11万石から尾張清洲24万石に進む。関ヶ原の戦いでは東軍に属し、戦後安芸国広島49万8000石の城主となった

が、元和5年(1619年)広島城無断修築の罪により、信濃川中島4万5000石に減封となり、蟄居ののち病没、所領も没収となった。

＊　　　＊　　　＊

◇「戦国合戦」意外・驚きエピソード―信長・秀吉・家康と、武将たちのちょっと珍しい話　加賀康之著　PHP研究所　2008.1　387p　15cm（PHP文庫）　648円　Ⓘ978-4-569-66966-3
◇関ヶ原合戦「武将」たちの言い分―天下分け目の行動学　岳真也著　PHP研究所　2007.8　408p　15cm（PHP文庫）　686円　Ⓘ978-4-569-66851-2
◇大名廃絶録　南条範夫著　新装版　文芸春秋　2007.7　361p　15cm（文春文庫）　638円　Ⓘ978-4-16-728221-9
◇男たちの戦国―戦国武将友情始末　夏野清三郎著　ぶんか社　2007.6　205p　15cm（ぶんか社文庫）　600円　Ⓘ978-4-8211-5101-1
◇福島正則公と岩松院　渡辺小洋著　再版〔出版地不明〕　渡辺章宏　2006.6　41p　21cm　〈発行所：岩松院　肖像あり　年譜あり〉
◇歴史を探る・人生を探る　池波正太郎著　河出書房新社　2006.6　250p　19cm　1800円　Ⓘ4-309-01762-2
◇異能の勝者―歴史に見る「非常の才」　中村彰彦著　集英社　2006.4　286p　19cm　1900円　Ⓘ4-08-781342-8
◇戦国と幕末　池波正太郎著　新装版　角川書店　2006.4　358p　15cm（角川文庫）　552円　Ⓘ4-04-132333-9
◇名将がいて、愚者がいた　中村彰彦著　講談社　2004.3　316p　19cm　1800円　Ⓘ4-06-212281-2
◇武将意外史 10　八切止夫著, 縄田一男, 末国善己監修, 矢留楯夫随想　作品社　2003.1　225p　18cm（八切意外史 10）　850円　Ⓘ4-87893-544-8
◇ひろしま人物伝　落合功編著　広島渓水社　2002.8　144p　19cm　1200円　Ⓘ4-87440-710-2

◇戦国武将―勝者の死にざま・敗者の生きざま　岳勇士著　健友館　2002.3　170p　19cm　1600円　⓪4-7737-0614-7
◇大坂の陣名将列伝　永岡慶之助著　学習研究社　2000.9　286p　15cm　（学研M文庫）　560円　⓪4-05-901004-9
◇福島正則―秀吉天下取りの一番槍　高橋和島著　PHP研究所　2000.5　370p　15cm　（PHP文庫）〈『闘将 福島正則』改題書〉　590円　⓪4-569-57398-3
◇仮説・関ケ原合戦　村田一司著　文芸社　2000.4　189p　19cm　1200円　⓪4-88737-959-5
◇城取りの家　南原幹雄著　角川書店　2000.3　345p　15cm　（角川文庫）〈『戦国武将伝 虎之助一代』改題書〉　590円　⓪4-04-163336-2
◇加藤清正　3　昇竜の巻　村上元三著　学陽書房　2000.2　385p　15cm　（人物文庫）　700円　⓪4-313-75103-3
◇戦国武将　別冊宝島編集部編　宝島社　2000.1　317p　15cm　（宝島社文庫）〈別冊宝島『よみがえる戦国武将伝説』改訂・改題書〉　600円　⓪4-7966-1681-0
◇受城異聞記　池宮彰一郎著　文芸春秋　1999.9　285p　15cm　（文春文庫）　448円　⓪4-16-763201-2
◇戦国武将まんだら―秘本三十六人伝　大栗丹後著　春陽堂書店　1999.8　244p　15cm　（春陽文庫）　486円　⓪4-394-16136-3
◇福島正則―最後の戦国武将　福尾猛市郎, 藤本篤著　中央公論新社　1999.8　188p　18cm　（中公新書）　660円　⓪4-12-101491-X
◇名古屋謎とき散歩―戦国の三英傑を育んだ歴史街を訪ねて　恩田耕治著　広済堂出版　1998.10　275p　19cm　1600円　⓪4-331-50655-X
◇水の砦―福島正則最後の闘い　大久保智弘著　講談社　1998.9　377p　15cm　（講談社文庫）　705円　⓪4-06-263865-7
◇福島正則史跡道の旅―福島正則公顕彰の道　須高文化推進協議会編纂　須坂須高文化推進協議会　1998.7　30, 4p　27cm　600円
◇角川日本姓氏歴史人物大辞典　20　長野県姓氏歴史人物大辞典　竹内理三ほか編纂　長野県姓氏歴史人物大辞典編纂委員会編　角川書店　1996.11　1059p　23cm　17000円　⓪4-04-002200-9
◇水の砦―福島正則最後の闘い　大久保智弘著　講談社　1995.3　332p　19cm　1500円　⓪4-06-207498-2
◇勝ち抜く戦略生き残る知恵―武将に学ぶ不況時代を乗り切る生き方のヒント　祖田浩一著　日本文芸社　1994.7　238p　19cm　1200円　⓪4-537-02420-8
◇福島正則公書状―松江城天守閣所蔵　小林百枝解読　〔小布施町(長野県)〕　小布施町古文書の会　1994.2　57p　26×36cm　〈複製および翻刻〉
◇危機を乗り切るここ一番の決断力　百瀬明治著　ベストセラーズ　1993.12　271p　18cm　（ベストセラーシリーズ・ワニの本　880）　820円　⓪4-584-00880-9
◇大名廃絶録　南条範夫著　文芸春秋　1993.5　352, 14p　15cm　（文春文庫）　480円　⓪4-16-728216-X
◇賤ケ岳七本槍―秀吉を支えた勇将たちの生涯　徳永真一郎著　PHP研究所　1992.6　292p　15cm　（PHP文庫）　600円　⓪4-569-56473-9
◇非情の戦国史―勝利と挫折の人間模様　南条範夫著　大陸書房　1991.11　247p　15cm　（大陸文庫）　530円　⓪4-8033-3774-8
◇角川日本姓氏歴史人物大辞典　23　愛知県　竹内理三ほか編纂　愛知県姓氏歴史人物大辞典編纂委員会編著　角川書店　1991.10　1052p　23cm　〈愛知県略年表：p944～958 愛知県参考文献一覧・主要文献解題：p1044～1051〉　16000円　⓪4-04-002230-0
◇戦国武将　誰も知らない苦労話　桑田忠親著　三笠書房　1991.9　248p　15cm　（知的生きかた文庫）　450円　⓪4-8379-0466-1
◇乱世に躍る武将群像　古川薫著　PHP研

東海

◇究所　1991.9　252p　19cm　1400円　Ⓟ4-569-53259-4
◇名城の謎と怪奇──不思議・伝説の城めぐり　早乙女貢ほか著　大陸書房　1991.7　287p　15cm　(大陸文庫)　560円　Ⓟ4-8033-3420-X
◇茶道人物辞典　原田伴彦編　柏書房　1991.1　290, 22p　22cm　〈新装版〉4944円　Ⓟ4-7601-0620-0
◇人心掌握の天才たち──戦国武将に学ぶリーダーの条件　童門冬二著　PHP研究所　1990.2　251p　15cm　(PHP文庫)　〈『戦国武将 人心掌握の極意』改題書〉460円　Ⓟ4-569-56244-2
◇東西決戦編　桑田忠親著　秋田書店　1989.10　238p　19cm　(新編 日本武将列伝 5)　1500円　Ⓟ4-253-00366-4
◇長野県歴史人物大事典　赤羽篤ほか編　松本　郷土出版社　1989.7　841p　27cm　〈参考文献一覧：p820〜821〉20000円　Ⓟ4-87663-126-3
◇賤ケ岳七本槍　徳永真一郎著　毎日新聞社　1989.3　249p　19cm　1300円　Ⓟ4-620-10385-3
◇戦国武将に学ぶ決断の時　玉木重輝著　鈴木出版　1988.7　252p　19cm　1400円　Ⓟ4-7902-9010-7
◇弓は袋へ　白石一郎著　新人物往来社　1988.6　237p　19cm　1300円　Ⓟ4-404-01520-8
◇池波正太郎自選随筆集　下巻　池波正太郎著　朝日新聞社　1988.3　398p　19cm　2400円　Ⓟ4-02-255704-4
◇戦国武将おもしろ大百科　山梨輝雄著　広済堂出版　1987.9　263p　13cm　(豆たぬきの本 208)　380円　Ⓟ4-331-20108-2
◇歴史ウォッチング　Part1　名古屋テレビ編　舞阪町　ひくまの出版　1987.4　269p　19cm　1200円　Ⓟ4-89317-102-X
◇広島県大百科事典　中国新聞社編　広島　中国新聞　1982.11　2冊　30cm
◇戦国大名家臣団事典　西国編　山本大,小和田哲男編　新人物往来社　1981.8　414p　22cm　6800円

◇長野県百科事典　信濃毎日新聞社開発局出版部編　補訂版　長野　信濃毎日新聞社　1981.3　918p　22cm　3200円
◇郷土歴史人物事典長野　古川貞雄編著　第一法規出版　1978.2　242p　19cm　1200円
◇愛知百科事典　中日新聞社開発局編　名古屋　中日新聞本社　1977.1　977p　27cm　15000円
◇新潟県大百科事典　新潟日報事業社編　新潟　新潟日報事業社　1977.1〜9　3冊　(別巻とも)　27cm　全32000円
◇福島正則伝　田部井錦太郎著　美和町(愛知県)　福島正則公顕彰会　1973　82p　21cm　〈350年祭記念出版　美和村教育会　大正6年刊の複製　奥付には「出版：愛知県郷土資料刊行会」〉

大久保 忠隣
おおくぼ ただちか

天文22年(1553年)〜寛永5年(1628年)6月27日
相模小田原藩主、老中。三河国(愛知県)の人。幼名は千丸、号は道白、通称は新十郎。大久保忠世の長男。徳川氏の五ヵ国領有時代の諸合戦に軍功をあげ、家康の旗本を指揮する部将となるが、分国の国政・外交の要職にもあった。父のあとをついで相模小田原6万5000石を領す。徳川秀忠の将軍擁立に尽力したことなどから老中に任ぜられて重きをなしたが、老中本多正信と対立するようになり、慶長18年(1613年)大久保長安事件への連座などを理由に、翌年改易に処せられ、近江に配流されて同地で没した。

*　　*　　*

◇家康名臣伝　童門冬二著　東洋経済新報社　2002.10　326p　19cm　1600円　Ⓟ4-492-06131-2
◇埼玉人物事典　埼玉県教育委員会編　〔浦和〕　埼玉県　1998.2　863, 69p　22cm
◇角川日本姓氏歴史人物大辞典　14　神奈川県姓氏家系大辞典　竹内理三ほか編纂　神奈川県姓氏家系大辞典編纂委員会編著　角川書店　1993.4　981p　23cm　〈神奈川県参考文献一覧・略年表：p959〜979〉

14000円　①4-04-002140-1

◇家康を支えた頭脳集団―天下統一を成し遂げた最強・徳川軍団の英傑たち　萩原裕雄著　日本文芸社　1993.2　251p　15cm　（にちぶん文庫）〈『家康を天下人にした二十人』改題書〉　480円　①4-537-06216-9

◇茶道人物辞典　原田伴彦編　柏書房　1991.1　290,22p　22cm　〈新装版〉　4944円　①4-7601-0620-0

◇歴史の中の名総務部長―実務と人間経営の名人たち　童門冬二著　三笠書房　1987.12　268p　19cm　1100円　①4-8379-1352-0

◇徳川家臣団―組織を支えたブレーンたち　綱淵謙錠著　講談社　1986.12　254p　15cm　（講談社文庫）　380円　①4-06-183872-5

◇神奈川県百科事典　神奈川県百科事典刊行会編　大和書房　1983.7　2冊（別巻とも）　29cm　〈発売：神奈川県書店商業組合(横浜),大和書房　別巻(352p)：概説篇・資料篇・分野別索引〉　全28000円

◇神奈川県史　別編1　人物―神奈川県歴史人名事典　神奈川県県民部県史編集室編　横浜　神奈川県　1983.3　816,58p　23cm　非売品

◇郷土歴史人物事典神奈川　神奈川県史研究会編集　第一法規出版　1980.6　220p　19cm　〈監修：沢寿郎〉　1400円

◇埼玉大百科事典　4　とちーま　浦和　埼玉新聞社　1975　472p(図共)　27cm

◇埼玉大百科事典　5　みーわ　浦和　埼玉新聞社　1975　279,231,24p(図共)　27cm　〈付：埼玉県歴史年表〉

◇埼玉大百科事典　1　あーか　浦和　埼玉新聞社　1974　497p(図共)　27cm　10000円

◇埼玉大百科事典　2　きーしゃ　浦和　埼玉新聞社　1974　502p(図共)　27cm　10000円

◇埼玉大百科事典　3　しゃーとち　浦和　埼玉新聞社　1974　487p(図共)　27cm

織田 信雄
おだ のぶかつ

永禄元年(1558年)～寛永7年(1630年)4月30日　武将。大和松山藩主。尾張国(愛知県)の人。織田信長の二男で、伊勢国司北畠具房の養子となる。幼名は三介、茶筅丸。通称は三介。号は常真。名は「のぶお」ともよむ。本能寺の変後、豊臣秀吉に属し、尾張に戻って清洲城主となり100万石を領する。天正12年(1584年)徳川家康と結んで秀吉に対抗し、小牧・長久手の戦を起こすが、講和して再び秀吉に帰属。天正18年(1590年)秀吉の転封命令を拒んだため領地は没収され、下野烏山に流された。元和元年(1615年)大坂の陣後、家康から大和松山藩5万石を与えられた。

　　　　＊　　　＊　　　＊

◇敗者の条件　会田雄次著　改版　中央公論新社　2007.2　222p　15cm　（中公文庫）　590円　①978-4-12-204818-8

◇虚けの舞―織田信雄と北条氏規　伊東潤著　彩流社　2006.2　349p　19cm　1900円　①4-7791-1139-0

◇日本の歴史を騒がせたこんなに困った人たち　小和田哲男著　祥伝社　2001.2　363p　15cm　（祥伝社黄金文庫）　619円　①4-396-31243-1

◇稲葉一鉄　高橋照夫著　叢文社　1999.9　417p　20cm　2500円　①4-7947-0316-3

◇狂気の父を敬え　鈴木輝一郎著　新潮社　1998.3　349p　19cm　1900円　①4-10-425201-8

◇角川日本姓氏歴史人物大辞典　26　京都市姓氏歴史人物大辞典　竹内理三ほか編纂　京都市姓氏歴史人物大辞典編纂委員会編著　角川書店　1997.9　909p　23cm　①4-04-002260-2

◇戦国の武将三十人　桑田忠親著　新人物往来社　1996.8　254p　19cm〈『武将伝戦国の史話』改題書〉　2500円　①4-404-02364-2

◇栃木県歴史人物事典　栃木県歴史人物事典編纂委員会編　宇都宮　下野新聞社　1995.7　726p　27cm　18000円

◇織田信長家臣人名辞典　谷口克広著　吉川弘文館　1995.1　495, 7p　23cm　〈監修：高木昭作　参考文献：p483〜495〉　7210円　①4-642-02743-2

◇織田家の人びと　小和田哲男著　河出書房新社　1991.10　202p　19cm　1500円　①4-309-22207-2

◇角川日本姓氏歴史人物大辞典　23　愛知県　竹内理三ほか編纂　愛知県姓氏歴史人物大辞典編纂委員会編著　角川書店　1991.10　1052p　23cm　〈愛知県略年表：p944〜958　愛知県参考文献一覧・主要文献解題：p1044〜1051〉　16000円　①4-04-002230-0

◇茶道人物辞典　原田伴彦編　柏書房　1991.1　290, 22p　22cm　〈新装版〉　4944円　①4-7601-0620-0

◇物語 馬のいる歴史風景　山岡明著　新人物往来社　1989.12　214p　19cm　1800円　①4-404-01683-2

◇戦国大名系譜人名事典　東国編　山本大、小和田哲男編　新人物往来社　1985.11　555p　22cm　〈付：参考文献〉　7500円　①4-404-01293-4

◇京都大事典　佐和隆研ほか編集　京都淡交社　1984.11　1083, 91p　27cm　12000円　①4-473-00885-1

◇愛知百科事典　中日新聞社開発局編　名古屋　中日新聞本社　1977.1　977p　27cm　15000円

加藤 嘉明
かとう よしあき

永禄6年(1563年)〜寛永8年(1631年)9月12日
武将、陸奥会津藩主。三河国(愛知県)の人。幼名は孫六、初名は茂勝、通称は左馬助。加藤教明の子。豊臣秀吉に仕え、賤ヶ岳の戦いで活躍し"七本槍"の一人に数えられる。天正14年(1586年)淡路志智郷1万5000石を領し、文禄・慶長の役等に水軍の将として参陣。のち加増を受けて文禄4年(1595年)伊予松前城10万石。慶長5年(1600年)関ヶ原の戦いで東軍に属して軍功をあげ、伊予松山藩20万石に加増。寛永4年(1627年)秀忠の時、陸奥会津藩40万石に転じ、若松城に居城した。

　　　　＊　　　＊　　　＊

◇日本史 不肖の息子　森下賢一著　白水社　2003.10　244p　19cm　1900円　①4-560-04990-4

◇松前・松山領主加藤嘉明と松山城　日下部正盛著　増補版　〔伊予〕　〔日下部正盛〕　2002.8　216p　21cm

◇松前・松山領主加藤嘉明伝―ある戦国武将の生涯　日下部正盛著　〔伊予〕　〔日下部正盛〕　2001.4　186p　21cm

◇加藤嘉明の戦略―松山城に因んで　日下部正盛著　〔伊予〕　〔日下部正盛〕　2000.7　61p　21cm

◇戦国武将の人間学　童門冬二著　小学館　1999.12　267p　15cm　(小学館文庫)　514円　①4-09-403532-X

◇日本史 泣かせるいい話―本当にあった胸を打つ人間ドラマ　後藤寿一著　河出書房新社　1999.12　221p　15cm　(KAWADE夢文庫)　476円　①4-309-49319-X

◇おのれ筑前、我敗れたり　南条範夫著　文芸春秋　1998.11　276p　19cm　1714円　①4-16-318120-2

◇松前・松山領主加藤嘉明伝　日下部正盛著　松山　瀬戸内印刷(印刷)　1998.7　76p　21cm

◇にっかり―名刀奇談　東郷隆著　PHP研究所　1996.4　300p　19cm　1500円　①4-569-55128-9

◇賤ヶ岳七本槍―秀吉を支えた勇将たちの生涯　徳永真一郎著　PHP研究所　1992.6　292p　15cm　(PHP文庫)　600円　①4-569-56473-9

◇茶道人物辞典　原田伴彦編　柏書房　1991.1　290, 22p　22cm　〈新装版〉　4944円　①4-7601-0620-0

◇賤ヶ岳七本槍　徳永真一郎著　毎日新聞社　1989.3　249p　19cm　1300円　①4-620-10385-3

◇名将ちょっといい言葉―武将に学ぶビジネス訓　宝井琴鶴著　商業界　1986.8　261p　19cm　(まあきゅりい・ぶっくす)　1200円

◇会津大事典　会津事典編纂会編纂　国書刊行会　1985.12　697, 77p 図版12枚　31cm　〈発売：文栄堂書店(会津若松)〉　20000円

◇愛媛県百科大事典　愛媛新聞社編　松山　愛媛新聞社　1985.6　2冊　30cm　全41000円

◇兵庫県大百科事典　神戸　神戸新聞出版センター　1983.10　2冊　30cm　〈企画：神戸新聞創刊85周年記念兵庫県大百科事典刊行委員会〉　全49000円

◇戦国大名家臣団事典　西国編　山本大, 小和田哲男編　新人物往来社　1981.8　414p　22cm　6800円

◇福島大百科事典　福島民報社福島大百科事典発行本部編　福島　福島民報社　1980.11　1206p 図版16枚　31cm　〈折り込図1枚　付(別冊 61p 30cm)：追録版〉　20000円

◇郷土歴史人物事典愛媛　景浦勉編　第一法規出版　1978.7　251p　19cm　1300円

◇愛知百科事典　中日新聞社開発局編　名古屋　中日新聞本社　1977.1　977p　27cm　15000円

徳川 秀忠　とくがわ ひでただ

天正7年(1579年)4月7日〜寛永9年(1632年)1月24日　江戸幕府第2代将軍。在職期間は慶長10年〜元和9年(1605年〜1623年)。遠江国浜松(静岡県)の人。幼名は長松、竹千代、法号は台徳院。徳川家康の三男、母は西郷氏の娘お愛(宝台院)。主として江戸城にあって、家康の留守を支えた。秀吉の意志により浅井長政の三女江与(えよ)(法号崇源院)と結婚、長女千姫をもうけた。関ヶ原の戦では東山道を西上する途上、信州上田城の真田昌幸に遮られて合戦にまにあわず、家康の叱責を受けた。その後、本田正純らのとりなしにより、慶長10年(1605年)将軍職に就任するが、実権は家康が握った。大坂の陣で父と共に出陣し、豊臣氏を滅ぼして天下統一を確立。元和2年(1616年)家康が没した後はその遺訓を守り、外交権などを将軍のもとに吸収、武家諸法度や禁中並公家諸法度など法制を整備した他、諸大名を改易、対朝廷政策として五女和子(東福門院)を後水尾天皇のもとへ入内させ、キリシタン禁制の強化と貿易の統制・管理を結合させた外交政策など、幕藩体制の確立に尽力した。元和9年(1623年)将軍職を家光に譲り、江戸城西丸に隠居した。

◇写真記録 日本人物史　日本図書センター　2008.6　297p　32×23cm　24000円　①978-4-284-50095-1

◇戦国武将からの手紙―乱世に生きた男たちの素顔　吉本健二著　学習研究社　2008.5　300p　15cm　(学研M文庫)〈『手紙から読み解く戦国武将意外な真実』改稿・改題書〉　667円　①978-4-05-901220-7

◇関ヶ原合戦―家康の戦略と幕藩体制　笠谷和比古著　講談社　2008.1　267p　15cm　(講談社学術文庫)　900円　①978-4-06-159858-4

◇徳川将軍家墓碑総覧　秋元茂陽著　大阪　パレード, 星雲社〔発売〕　2008.1　351p　26cm　8000円　①978-4-434-11488-5

◇徳川将軍の意外なウラ事情　中江克己著　愛蔵版　PHP研究所　2007.12　254p　19cm　476円　①978-4-569-69694-2

◇図解 ふるさとの戦国武将　河合敦著　学習研究社　2007.11　95p　26cm　933円　①978-4-05-403558-4

◇関ヶ原合戦「武将」たちの言い分―天下分け目の行動学　岳真也著　PHP研究所　2007.8　408p　15cm　(PHP文庫)　686円　①978-4-569-66851-2

◇図説徳川将軍家の「お家事情」―財産から趣味、結婚、後継ぎまで　中江克己著　PHP研究所　2007.4　111p　26cm　952円　⑭978-4-569-69076-6

◇後継学―戦国父子に学ぶ　加来耕三著　時事通信出版局, 時事通信社〔発売〕2006.12　301p　19cm　1800円　⑭4-7887-0673-3

◇まるわかり！徳川十五代　コーエー出版部企画・編　横浜　光栄　2006.11　111p　21cm　1333円　⑭4-7758-0497-9

◇日本史「わき役」たちの言い分―われらが歴史を盛り上げた！　岳真也著　PHP研究所　2006.10　338p　15cm　（PHP文庫）　590円　⑭4-569-66715-5

◇徳川将軍家の結婚　山本博文著　文芸春秋　2005.12　212p　18cm　（文春新書）730円　⑭4-16-660480-5

◇大いなる謎 関ヶ原合戦―家康暗殺計画から小早川裏切りの真相まで　近衛竜春著　PHP研究所　2005.11　395p　15cm　（PHP文庫）　705円　⑭4-569-66485-7

◇徳川三代の情報戦略　童門冬二著　学陽書房　2005.10　293p　15cm　（人物文庫）〈『徳川三代・諜報戦』改題書〉　720円　⑭4-313-75204-8

◇徳川将軍家十五代のカルテ　篠田達明著　新潮社　2005.5　188p　18cm　（新潮新書）　680円　⑭4-10-610119-X

◇江戸幕府徳川歴代将軍譜　寺沢滋著　新風舎　2005.3　122p　19cm　1600円　⑭4-7974-5421-0

◇寂聴ほとけ径―私の好きな寺　2　瀬戸内寂聴著　光文社　2005.3　185p　15cm　（知恵の森文庫）〈『続・寂聴ほとけ径―私の好きな寺』再構成・改題書〉　686円　⑭4-334-78345-7

◇徳川将軍と天皇　山本博文著　中央公論新社　2004.11　255p　15cm　（中公文庫）　724円　⑭4-12-204452-9

◇徳川将軍の意外なウラ事情―家康から慶喜まで、十五代の知られざるエピソード　中江克己著　PHP研究所　2004.5　314p　15cm　（PHP文庫）〈『徳川将軍百話』再編集・改題書〉　552円　⑭4-569-66182-3

◇江戸の構造改革―パックス・トクガワーナの時代　山内昌之, 中村彰彦著　集英社　2004.2　318p　19cm　1800円　⑭4-08-781292-8

◇歴史に学ぶ人間学　童門冬二著　潮出版社　2002.10　284p　19cm　1600円　⑭4-267-01652-6

◇童門冬二の歴史余話　童門冬二著　光人社　2002.1　251p　19cm　1700円　⑭4-7698-1031-8

◇戦国武将に学ぶ生活術　童門冬二著　産能大学出版部　2001.6　369p　19cm　1800円　⑭4-382-05505-9

◇徳川埋蔵金検証事典　川口素生著　新人物往来社　2001.1　246p　19cm　2500円　⑭4-404-02897-0

◇真説 関ヶ原合戦　桐野作人著　学習研究社　2000.9　278p　15cm　（学研M文庫）570円　⑭4-05-901005-7

◇関ヶ原合戦四百年の謎　笠谷和比古著　新人物往来社　2000.6　219p　19cm　2200円　⑭4-404-02867-9

◇徳川三代のトラウマ　瀬戸環, 中野元著　宝島社　2000.5　221p　18cm　（宝島社新書）　700円　⑭4-7966-1819-8

◇図説 関ヶ原の合戦　白水正編　岐阜　岐阜新聞社, (岐阜)岐阜新聞情報センター〔発売〕2000.4　125p　26×21cm　1800円　⑭4-905958-85-7

◇一冊でのみこむ家康・秀忠・家光 徳川三代　小和田哲男監修　東京書籍　2000.3　238p　19cm　1500円　⑭4-487-79516-8

◇徳川御三家の野望―秘められた徳川時代史　河合敦著　光人社　2000.2　229p　19cm　1800円　⑭4-7698-0951-4

◇徳川三代―家康・秀忠・家光 面白すぎる博学日本史 これが江戸260年の基礎を築いた三将軍の実像だ　鈴木亨著　河出書房新社　2000.2　222p　15cm　（KAWADE夢文庫）　476円　⑭4-309-49326-2

◇徳川三代と幕府成立　煎本増夫著　新人物往来社　2000.2　209p　21cm　2800円　⑭4-404-02851-2

◇麒麟、蹄を研ぐ―家康・秀忠・家光とその時代　高野澄著　日本放送出版協会　2000.1　275p　19cm　1500円　ⓘ4-14-080493-9

◇徳川三代の修羅　町田富男著　光文社　1999.12　316p　15cm（光文社時代小説文庫）　533円　ⓘ4-334-72931-2

◇徳川秀忠―「凡庸な二代目」の功績　小和田哲男著　PHP研究所　1999.12　198p　18cm（PHP新書）　657円　ⓘ4-569-60859-0

◇徳川300年体制 継承者の戦略―二代・秀忠と三代・家光　旺文社編　旺文社　1999.12　223p　19cm（まんが解説 変革の日本史）　900円　ⓘ4-01-050033-6

◇家康・秀忠・家光 徳川三代の戦略と戦術―幕府創成への百年闘争　外川淳著　成美堂出版　1999.11　254p　15cm（成美文庫）　505円　ⓘ4-415-06867-7

◇小説 徳川秀忠　童門冬二著　成美堂出版　1999.11　311p　15cm（成美文庫）　552円　ⓘ4-415-06832-4

◇徳川三代―家康・秀忠・家光　司馬遼太郎, 原田伴彦, 童門冬二, 高橋富雄, 小和田哲男ほか著　中央公論新社　1999.11　279p　15cm（中公文庫）　629円　ⓘ4-12-203540-6

◇徳川三代・諜報戦　童門冬二著　日本放送出版協会　1999.11　266p　19cm　1500円　ⓘ4-14-080461-0

◇徳川三代なるほど事典―時代を作り上げた男たちの人物像と秘められた事件秘話　尾崎秀樹監修, 大衆文学研究会編　東京堂出版　1999.11　293p　19cm　1900円　ⓘ4-490-10536-3

◇徳川三代葵新聞―家康・秀忠・家光をスクープする！　葵新聞編集室編　アートダイジェスト　1999.10　157p　26cm　1700円　ⓘ4-900455-44-X

◇徳川三代と女房たち　中島道子著　立風書房　1999.10　252p　19cm　1600円　ⓘ4-651-75118-0

◇徳川将軍と天皇　山本博文著　中央公論新社　1999.10　254p　19cm　1600円　ⓘ4-12-002943-3

◇徳川秀忠―徳川政権の礎を築いた男　百瀬明治著　PHP研究所　1999.10　316p　15cm（PHP文庫）　619円　ⓘ4-569-57328-2

◇小説 徳川秀忠　童門冬二著　成美堂出版　1999.8　282p　19cm　1600円　ⓘ4-415-00827-5

◇徳川三代99の謎―家康・秀忠・家光　森本繁著　PHP研究所　1999.8　379p　15cm（PHP文庫）　629円　ⓘ4-569-57300-2

◇早わかり「徳川三代」　鈴村進著　三笠書房　1999.5　286p　15cm（知的生きかた文庫）　533円　ⓘ4-8379-7030-3

◇徳川将軍と柳生新陰流　赤羽根竜夫著　南窓社　1998.11　365p　19cm　2800円　ⓘ4-8165-0236-X

◇徳川将軍百話　中江克己著　河出書房新社　1998.3　300p　19cm　2200円　ⓘ4-309-22324-9

◇徳川15将軍の事件簿―家康から慶喜までビックリ面白史　山本敦司編　扶桑社　1998.2　159p　21×14cm　1143円　ⓘ4-594-02395-9

◇徳川秀忠　上　戸部新十郎著　毎日新聞社　1997.3　379p　19cm　1854円　ⓘ4-620-10565-1

◇徳川秀忠　下　戸部新十郎著　毎日新聞社　1997.3　377p　19cm　1854円　ⓘ4-620-10566-X

◇徳川秀忠―三百年の礎を築いた男　百瀬明治著　経営書院　1995.10　283p　20cm　1500円　ⓘ4-87913-557-7

◇徳川秀忠　下　戸部新十郎著　徳間書店　1995.3　427p　15cm（徳間文庫）　600円　ⓘ4-19-890282-7

◇徳川秀忠　中　戸部新十郎著　徳間書店　1995.2　476p　15cm（徳間文庫）　640円　ⓘ4-19-890272-0

◇徳川秀忠　上　戸部新十郎著　徳間書店　1995.1　468p　15cm（徳間文庫）　660円　ⓘ4-19-890251-8

◇江戸のリストラ仕掛人　童門冬二著　集英社　1993.12　299p　15cm（集英社文庫）　500円　ⓘ4-08-748112-3

◇徳川秀忠　3巻　戸部新十郎著　徳間書店　1992.12　275p　19cm　1500円　④4-19-125038-8
◇江戸幕閣人物100話　萩原裕雄著　立風書房　1992.10　310p　19cm　1500円　④4-651-75023-0
◇江戸幕府と朝廷　石ノ森章太郎著　中央公論社　1992.3　237p　19cm　(マンガ日本の歴史 29)　1000円　④4-12-402829-6
◇戦国 名将の条件・参謀の条件　百瀬明治著　PHP研究所　1992.2　251p　15cm　(PHP文庫)　480円　④4-569-56442-9
◇徳川秀忠　2巻　戸部新十郎著　徳間書店　1991.11　301p　19cm　1400円　④4-19-124700-X
◇徳川秀忠　1巻　戸部新十郎著　徳間書店　1991.10　298p　19cm　1400円　④4-19-124668-2
◇茶道人物辞典　原田伴彦編　柏書房　1991.1　290, 22p　22cm　〈新装版〉4944円　④4-7601-0620-0
◇徳川実紀　第2篇　黒板勝美編　新訂増補版　吉川弘文館　1990.11　702p　21cm　(国史大系)　〈第5刷(第1刷：30.4.25)〉　8000円　④4-642-00042-9
◇徳川実紀　第1篇　黒板勝美編　新訂増補版　吉川弘文館　1990.10　762p　21cm　(国史大系)　〈第5刷(第1刷：29.10.25)〉　8000円　④4-642-00041-0
◇人心掌握の天才たち―戦国武将に学ぶリーダーの条件　童門冬二著　PHP研究所　1990.2　251p　15cm　(PHP文庫)　〈『戦国武将 人心掌握の極意』改題書〉　460円　④4-569-56244-2
◇徳川将軍列伝　北島正元編　〔新装版〕秋田書店　1989.12　461p　19cm　1980円　④4-253-00370-2
◇はじめは駄馬のごとく―ナンバー2の人間学　永井路子著　文芸春秋　1989.4　242p　15cm　(文春文庫)　380円　④4-16-720018-X
◇関ヶ原合戦写真集　安藤英男著　新人物往来社　1988.3　243p　26cm　7800円　④4-404-01481-3
◇関ヶ原の戦い―運命を決する頭脳戦略　二木謙一, 古川薫, 津本陽, 光瀬竜, 大和勇三著　世界文化社　1987.10　220p　19cm　1300円　④4-418-87607-3
◇名将ちょっといい言葉―武将に学ぶビジネス訓　宝井琴鶴著　商業界　1986.8　261p　19cm　(まあきゅりい・ぶっくす)　1200円
◇戦国武将人使い名人伝　矢田挿雲著　〔新装版〕　原書房　1986.2　226p　20×14cm　1200円　④4-562-01704-X

本多 正純
ほんだ まさずみ

永禄8年(1565年)～寛永14年(1637年)3月10日
武将、下野宇都宮藩主。三河国(愛知県)の人。字は千徳丸。本多正信の長男。幼くして徳川家康に仕え、側近として重用される。関ヶ原の戦いで功をあげて下野小山藩3万3000石に入封。家康が駿府に移って大御所政治を始めると能吏としてよく働き、大坂の陣で大坂城外堀の埋立奉行、日光山東照宮造営奉行などを務め、元和5年(1619年)宇都宮藩15万石に転封。しかし、元和8年(1622年)徳川秀忠の勘気にふれて除封となり、出羽に流されて横手で病没した。

＊　　＊　　＊

◇藩主なるほど人物事典―江戸260年をしたたかに生き抜いた全国各地の名君たち　武田鏡村著　PHP研究所　2005.6　95p　26cm　952円　④4-569-64244-6
◇後継道―歴史の30父子にみる承継学　加来耕三著　日経BP社, 日経BP出版センター〔発売〕　2004.6　350p　19cm　(日本人のDNA 1)　1600円　④4-8222-2935-1
◇栃木県歴史人物事典　栃木県歴史人物事典編纂委員会編　宇都宮　下野新聞社　1995.7　726p　27cm　18000円
◇家康を支えた頭脳集団―天下統一を成し遂げた最強・徳川軍団の英傑たち　萩原裕雄著　日本文芸社　1993.2　251p　15cm　(にちぶん文庫)　〈『家康を天下人にした二十人』改題書〉　480円　④4-537-06216-9

◇戦国の参謀たち─信長・秀吉・家康を支えた「副」の生き方　小和田哲男著　実業之日本社　1992.5　252p　19cm　1500円　①4-408-34029-4

◇汚名　杉本苑子著　毎日新聞社　1992.4　286p　19cm　1300円　①4-620-10452-3

◇静岡県歴史人物事典　静岡新聞社出版局編　静岡　静岡新聞社　1991.12　608p　27cm　11000円　①4-7838-0424-9

◇家康・十六武将　徳永真一郎著　PHP研究所　1987.12　330p　15cm　(PHP文庫)　500円　①4-569-26131-0

◇徳川家臣団─組織を支えたブレーンたち　綱淵謙錠著　講談社　1986.12　254p　15cm　(講談社文庫)　380円　①4-06-183872-5

◇栃木県大百科事典　栃木県大百科事典刊行会編　宇都宮　栃木県大百科事典刊行会　1980.6　1029p　図版32枚　28cm　〈発売：下野新聞社　折り込図1枚　付(地図1枚)：栃木県全図〉　20000円

◇郷土歴史人物事典栃木　尾島利雄, 柏村祐司編著　第一法規出版　1977.2　194p　19cm　1200円

◇江戸東京市井人物事典　北村一夫著　新人物往来社　1976　354p　20cm　2000円

板倉 重昌
いたくら しげまさ

天正16年(1588年)～寛永15年(1638年)1月1日
武将。駿河国府中(静岡県)の人。通称は宇右衛門、内膳正。板倉勝重の子。徳川家康に仕え、近習筆頭人を務める。方広寺鐘銘事件では問題の鐘銘箇所をしらべて家康に報告、大坂夏の陣・冬の陣ともに従軍した。寛永元年(1624年)三河深溝藩主1万1000石、のち新墾田を加え1万5000石を領知。寛永14年(1637年)島原の乱の鎮圧指揮にあたったが成功せず、老中松平信綱派遣の知らせを受けると、これを待つのを恥じて翌年元旦に島原城に総攻撃を掛け戦死した。

　　　　＊　　　＊　　　＊

◇大江戸曲者列伝─太平の巻　野口武彦著　新潮社　2006.1　255p　18cm　(新潮新書)　720円　①4-10-610152-1

◇郷土歴史人物事典長崎　深潟久著　第一法規出版　1979.4　246p　19cm　1300円

蜂須賀 家政
はちすか いえまさ

永禄元年(1558年)～寛永15年(1638年)12月30日
江戸初期の武将。尾張国海東郡蜂須賀村(愛知県)の人。幼名小六、通称彦右衛門尉、号蓬庵。蜂須賀正勝の長男。豊臣秀吉に従い、天正13年(1585年)四国征伐の功により阿波国17万6000石を与えられる。この時に渭津(いのつ)を徳島と改名。慶長5年(1600年)関ヶ原の戦いでは阿波を豊臣家に返上し、高野山で剃髪。西軍に属して大坂久太郎橋を警固したが、病気と称して参戦せず、子の至鎮(よししげ)を東軍の徳川家康に従軍させ、蜂須賀家の安泰を図った。

　　　　＊　　　＊　　　＊

◇織田信長家臣人名辞典　谷口克広著　吉川弘文館　1995.1　495, 7p　23cm　〈監修：高木昭作　参考文献：p483～495〉　7210円　①4-642-02743-2

◇徳島県人名事典　徳島　徳島新聞社　1994.6　2冊(別冊とも)　27cm　〈別冊(384p)：徳島県歴史人物鑑〉　32000円　①4-88606-022-6

◇角川日本姓氏歴史人物大辞典　23　愛知県　竹内理三ほか編纂　愛知県姓氏歴史人物大辞典編纂委員会編著　角川書店　1991.10　1052p　23cm　〈愛知県略年表：p944～958　愛知県参考文献一覧・主要文献解題：p1044～1051〉　16000円　①4-04-002230-0

◇茶道人物辞典　原田伴彦編　柏書房　1991.1　290, 22p　22cm　〈新装版〉　4944円　①4-7601-0620-0

◇人心掌握の天才たち─戦国武将に学ぶリーダーの条件　童門冬二著　PHP研究所　1990.2　251p　15cm　(PHP文庫)　〈『戦国武将 人心掌握の極意』改題書〉

460円　Ⓘ4-569-56244-2
◇東西決戦編　桑田忠親著　秋田書店　1989.10　238p　19cm　(新編　日本武将列伝 5)　1500円　Ⓘ4-253-00366-4
◇名将ちょっといい言葉―武将に学ぶビジネス訓　宝井琴鶴著　商業界　1986.8　261p　19cm　(まあきゅりい・ぶっくす)　1200円
◇戦国大名系譜人名事典　西国編　山本大, 小和田哲男編　新人物往来社　1986.1　563p　22cm　7500円　Ⓘ4-404-01316-7
◇徳島県百科事典　徳島新聞社調査事業局編　徳島　徳島新聞社　1981.1　1051p　27cm　20000円

大久保 彦左衛門
おおくぼ ひこざえもん

永禄3年(1560年)～寛永16年(1639年)
武士。江戸幕府の旗本、旗奉行。三河国(愛知県)の人。名は忠教(ただたか)。初名は忠雄、通称は平助。徳川氏譜代として一族と共に幼少から徳川家康に仕える。天正4年(1576年)遠江乾の戦いに初陣以来、兄大久保忠世を助けて軍功をあげる。のち忠世の嫡子忠隣に仕えて武蔵埼玉郡に2000石を領す。慶長19年(1614年)忠隣失脚ののち徳川家康に召し出され、三河額田郡に新知1000石を給される。鎗奉行、旗奉行を歴任し、徳川家康・秀忠・家光の3代に仕えた。自家の経歴や功績を記した「三河物語」を著す。没後、講談などによって古きよき武士魂を持った人間として脚色され、"天下の御意見番"と呼ばれた。気骨のある言動で、その事跡や逸話が広まって人気を博した。

＊　　＊　　＊

◇『三河物語』語彙索引　古藤田純一, 水上昌美, 大山由美子編　立正大学十六世紀史研究会　2007.10　132p　30cm　(16世紀史索引シリーズ 4)
◇日本史偉人「健康長寿法」　森村宗冬著　講談社　2007.5　201p　18cm　(講談社プラスアルファ新書)　800円　Ⓘ978-4-06-272436-4
◇大久保彦左衛門一代　大久保公雄著　新風舎　2007.1　345p　19cm　2100円　Ⓘ4-289-01236-1
◇真実の江戸人物史　江崎俊平, 志茂田誠諦著　ぶんか社　2006.7　253p　15cm　(ぶんか社文庫)〈『間違いだらけの人物史』再編集・改題書〉　667円　Ⓘ4-8211-5057-3
◇家康名臣伝　童門冬二著　東洋経済新報社　2002.10　326p　19cm　1600円　Ⓘ4-492-06131-2
◇歴史に学ぶ後継者育成の経営術―身を切らずして後継者の育成なし　童門冬二著　広済堂出版　2002.3　290p　15cm　(広済堂文庫)　600円　Ⓘ4-331-65314-5
◇怪傑！大久保彦左衛門―天下の御意見番の真実　百瀬明治著　集英社　2000.12　254p　18cm　(集英社新書)　700円　Ⓘ4-08-720070-1
◇大坂の陣名将列伝　永岡慶之助著　学習研究社　2000.9　286p　15cm　(学研M文庫)　560円　Ⓘ4-05-901004-9
◇江戸管理社会反骨者列伝　童門冬二著　講談社　1998.2　259p　15cm　(講談社文庫)〈『株式会社江戸幕府 さらりーまん事情』改題書〉　495円　Ⓘ4-06-263710-3
◇小説 大久保彦左衛門　童門冬二著　集英社　1997.12　291p　15cm　(集英社文庫)　533円　Ⓘ4-08-748724-5
◇彦左、まかり通る―小説・大久保彦左衛門　大栗丹後著　春陽堂書店　1996.8　342p　15cm　(春陽文庫)　600円　Ⓘ4-394-16124-X
◇苦楽の向う側―江戸の達人に学ぶ後半生の過し方　邦光史郎著　経営書院　1993.12　270p　19cm　1400円　Ⓘ4-87913-479-1
◇『三河物語』に学ぶ―徳川三百年政権の組織基盤は、いかにして創られたのか　鈴村進著　オーエス出版　1993.8　255p　19cm　1300円　Ⓘ4-87190-637-X
◇江戸なるほど人物秘史―「志」に生きた逞しき男たち　邦光史郎著　広済堂出版　1992.5　258p　18cm　(広済堂ブックス)　780円　Ⓘ4-331-00567-4

◇間違いだらけの人物史　江崎俊平著　八重岳書房　1992.4　270p　19cm　1800円　ⓘ4-89646-144-4
◇戦乱を生き抜いた勝者の活力　宮本義己,吉田豊編　第一法規出版　1988.10　325p　21cm　(史伝 健康長寿の知恵 2)　2200円　ⓘ4-474-17042-3
◇大久保彦左衛門　土師清二著〔改装版〕春陽堂書店　1988.9　471p　15cm　(春陽文庫)　600円　ⓘ4-394-13802-7
◇大久保彦左衛門　上　大仏次郎著　徳間書店　1988.2　350p　15cm　(徳間文庫)　460円　ⓘ4-19-598462-9
◇大久保彦左衛門　下　大仏次郎著　徳間書店　1988.2　318p　15cm　(徳間文庫)　440円　ⓘ4-19-598463-7
◇戦国武将名言集　桑田忠親著　広済堂出版　1987.11　250p　15cm　(広済堂文庫)　400円　ⓘ4-331-65026-X
◇徳川家臣団―組織を支えたブレーンたち　綱淵謙錠著　講談社　1986.12　254p　15cm　(講談社文庫)　380円　ⓘ4-06-183872-5
◇名将ちょっといい言葉―武将に学ぶビジネス訓　宝井琴鶴著　商業界　1986.8　261p　19cm　(まあきゅりい・ぶっくす)　1200円
◇愛知百科事典　中日新聞社開発局編　名古屋　中日新聞本社　1977.1　977p　27cm　15000円
◇江戸市井人物事典　北村一夫著　新人物往来社　1974　320p　20cm　1800円

春日局
かすがのつぼね

天正7年(1579年)～寛永20年(1643年)9月14日　徳川家光の乳母。美濃国(岐阜県)の人。名は福。明智光秀の重臣斎藤利三の娘で、母は稲葉通明の娘。従兄稲葉重通の養女となり、その養子正成に嫁して正勝らを生む。慶長9年(1604年)徳川家光の誕生に伴い乳母として大奥に入り、家光・忠長の世嗣争いの際には駿府の家康に直訴して家光の将軍継嗣決定に尽力。元和9年(1623年)家光の将軍就任後は幕府の人事にも影響を与え、大奥を統率して諸制度を定めるなど絶大な権力をふるった。寛永6年(1629年)上洛し、後水尾天皇に拝謁して春日局の名を賜り、武家伝奏三条西実枝の猶妹として緋袴を許される。晩年従三位を与えられ、江戸湯島に天沢寺(麟祥院)を建立した。

*　　*　　*

◇戦国の女性たち―16人の波乱の人生　小和田哲男編著　河出書房新社　2005.9　253p　19cm　1500円　ⓘ4-309-22435-0
◇乳母の力―歴史を支えた女たち　田端泰子著　吉川弘文館　2005.8　216p　19cm　(歴史文化ライブラリー)　1700円　ⓘ4-642-05595-9
◇日本をつくった女たち―52人のリレー日本史　仙堂弘著　水曜社　2004.12　295p　19cm　1500円　ⓘ4-88065-135-4
◇百花繚乱 江戸を生きた女たち　石丸晶子著　清流出版　2004.12　220p　19cm　1500円　ⓘ4-86029-095-X
◇時代を変えた女たち　童門冬二著　潮出版社　2004.7　280p　19cm　1700円　ⓘ4-267-01705-0
◇戦国の女たちを歩く　田端泰子著　山と渓谷社　2004.7　143p　21cm　(歩く旅シリーズ 歴史・文学)　1500円　ⓘ4-635-60064-5
◇(株)大奥・代表取締役春日局　長谷川順音著　文芸社　1999.11　214p　20cm　1500円　ⓘ4-88737-661-8
◇徳川三代と女房たち　中島道子著　立風書房　1999.10　252p　19cm　1600円　ⓘ4-651-75118-0
◇徳川三代99の謎―家康・秀忠・家光　森本繁著　PHP研究所　1999.8　379p　15cm　(PHP文庫)　629円　ⓘ4-569-57300-2
◇角川日本姓氏歴史人物大辞典　26　京都市姓氏歴史人物大辞典　竹内理三ほか編纂　京都市姓氏歴史人物大辞典編纂委員会編著　角川書店　1997.9　909p　23cm　ⓘ4-04-002260-2
◇岡山県歴史人物事典　岡山県歴史人物事典編纂委員会編　岡山　山陽新聞社

1994.10　1254p　27cm　①4-88197-509-9

◇時代劇博物館　2　島野功緒著　社会思想社　1994.7　241p　15cm（現代教養文庫）520円　①4-390-11548-0

◇京都事典　村井康彦編　東京堂出版　1993.10　495p　21cm〈新装版〉2900円　①4-490-10355-7

◇日本女性人名辞典　日本図書センター　1993.6　1274p　27cm〈監修：芳賀登ほか〉26780円　①4-8205-7128-1

◇小説　春日局　北原亜以子著　角川書店　1993.5　246p　15cm（角川文庫）430円　①4-04-188401-2

◇角川日本姓氏歴史人物大辞典　14　神奈川県姓氏家系大辞典　竹内理三ほか編纂　神奈川県姓氏家系大辞典編纂委員会編著　角川書店　1993.4　981p　23cm〈神奈川県参考文献一覧・略年表：p959～979〉14000円　①4-04-002140-1

◇江戸の鼓―春日局の生涯　沢田ふじ子著　広済堂出版　1992.5　361p　19cm　1600円　①4-331-50364-X

◇火宅の女―春日局　平岩弓枝著　角川書店　1992.1　254p　15cm（角川文庫）430円　①4-04-163013-4

◇春日局―NHKテレビ・シナリオ　4　橋田寿賀子著　日本放送出版協会　1989.10　248p　19cm　1300円　①4-14-005145-0

◇江戸城大奥100話　立風書房　1989.9　284p　19cm　1350円　①4-651-75019-2

◇春日局―NHKテレビ・シナリオ　3　橋田寿賀子著　日本放送出版協会　1989.7　236p　19cm　1300円　①4-14-005144-2

◇異議あり日本史　永井路子著　文芸春秋　1989.6　213p　19cm　1000円　①4-16-343330-9

◇春日局―"徳川の時代"を演出した女　上之郷利昭著　PHP研究所　1989.4　273p　20cm　1200円　①4-569-22435-0

◇春日局―NHKテレビ・シナリオ　2　橋田寿賀子著　日本放送出版協会　1989.4　218p　19cm　1300円　①4-14-005143-4

◇春日局の旦那さんの場合―真岡城主稲葉正成公秘伝　田村豊幸著　健友館　1989.4　247p　19cm　1800円　①4-87461-186-9

◇春日局に学ぶ子育て革命のすすめ　加来耕三、樹林ゆう子著　世界文化社　1989.3　246p　19cm　1000円　①4-418-89502-7

◇火輪―家光の生母お江与の方と春日局　中島道子著　世界文化社　1989.3　285p　19cm　1200円　①4-418-89503-5

◇異説　春日局伝　正延哲士著　毎日新聞社　1989.2　216p　19cm　1300円　①4-620-10378-0

◇春日局―NHKテレビ・シナリオ　1　橋田寿賀子著　日本放送出版協会　1989.1　259p　19cm　1200円　①4-14-005142-6

◇春日局58話　祖田浩一著　鈴木出版　1989.1　253p　20cm　1300円　①4-7902-9013-1

◇春日局と徳川家　広論社出版局編　広論社　1989.1　227p　27cm　3800円

◇「春日局」おもしろものしり雑学事典　講談社編　講談社　1988.12　282p　18cm　750円　①4-06-204185-5

◇春日局と歴史を変えた女たち　高野澄著　祥伝社　1988.12　283p　15cm（ノン・ポシェット）〈『権力を握った女』改題書〉420円　①4-396-31021-8

◇人物事典　江戸城大奥の女たち　卜部典子著　新人物往来社　1988.12　207p　19cm　2000円　①4-404-01577-1

◇花の生涯　春日局　木屋進著　泰流社　1988.12　235p　19cm　1200円　①4-88470-671-4

◇華燃ゆ―小説・春日局　大栗丹後著　春陽堂書店　1988.12　328p　15cm（春陽文庫）520円　①4-394-16108-8

◇江戸城大奥列伝　海音寺潮五郎著　講談社　1988.11　237p　15cm（講談社文庫）360円　①4-06-184324-9

◇春日局―将軍を守り育てた女性　加藤秀著, 鴇田幹絵　偕成社　1988.11　166p　21cm　880円　①4-03-634330-0

◇春日局　西本鶏介著, 鴇田幹絵　ポプラ社　1988.11　204p　18cm（ポプラ社文庫A224）450円　①4-591-02877-1

◇春日局　佐竹申伍著　光風社出版　1988.11　285p　19cm　1000円　Ⓘ4-87519-162-6

◇春日局おもしろ事典　左方郁子著　紀行社　1988.11　258p　19cm　(歴史おもしろシリーズ)　〈発売：新人物往来社　春日局の肖像あり〉　1300円　Ⓘ4-404-01562-3

◇春日局のすべて　稲垣史生編　新人物往来社　1988.11　235p　20cm　2000円　Ⓘ4-404-01561-5

◇考証春日局　高橋富雄, 林美一著　福武書店　1988.11　281, 3p　20cm　〈春日局の肖像あり〉　1300円　Ⓘ4-8288-1179-6

◇将軍家光をささえた春日局　真鍋和子著, 伊東章夫画　ポプラ社　1988.11　158p　21cm　(テレビドラマシリーズ 4)　780円　Ⓘ4-591-02810-0

◇小説 春日局　北原亜以子著　有楽出版社, 実業之日本社〔発売〕　1988.11　227p　19cm　1300円　Ⓘ4-408-59029-0

◇小説 春日局　筆内幸子著　泰流社　1988.11　223p　19cm　1200円　Ⓘ4-88470-662-5

◇夢は飽くなきものに候―春日局と将軍家光　今川徳三著　教育書籍　1988.11　254p　19cm　980円　Ⓘ4-317-60026-9

◇明智光秀と春日局考　北瀬富男著　改訂版　武芸川町(岐阜県)　北瀬富男　1988.10　100p　22cm　〈春日局および明智光秀の肖像あり〉

◇春日局―NHK大河ドラマ ビジュアル版　角川書店編集部編　角川書店　1988.10　157p　30cm　〈折り込図1枚〉　1800円　Ⓘ4-04-823009-3

◇春日局―三代将軍家光の乳母　鈴木俊平著, 木俣清史絵　講談社　1988.10　221p　18cm　(講談社 火の鳥伝記文庫 68)　420円　Ⓘ4-06-147568-1

◇春日局―知られざる実像　小和田哲男著　講談社　1988.10　265p　20cm　1300円　Ⓘ4-06-204003-4

◇春日局―徳川家光をささえた偉大な女性　木村茂光立案・構成, 貝塚ひろし漫画　集英社　1988.10　141p　21cm　(学習漫画 日本の伝記)　680円　Ⓘ4-08-241009-0

◇春日局　堀和久著　文芸春秋　1988.10　333p　15cm　(文春文庫)　400円　Ⓘ4-16-749501-5

◇美濃国白樫城趾―春日局生誕地　大久保甚一編　春日村(岐阜県)　春日村　1988.10　107p　21cm　〈昭和64年度NHK大河ドラマ放映記念　春日局の肖像あり〉

◇お楽の方と春日局　大森隆司著　河出書房新社　1988.9　238p　19cm　1200円　Ⓘ4-309-90044-5

◇春日局―物語と史蹟をたずねて　松本幸子著　成美堂出版　1988.8　232p　19cm　900円　Ⓘ4-415-06568-6

◇春日局・運命を拓く生きかた　風巻絃一著　三笠書房　1988.8　242p　15cm　(知的生きかた文庫)　400円　Ⓘ4-8379-0252-9

◇春日局の生涯　島津隆子著　三笠書房　1988.7　248p　15cm　(知的生きかた文庫)　400円　Ⓘ4-8379-0248-0

◇覇王の女―春日局・波乱の生涯　沢田ふじ子著　光文社　1988.7　316p　18cm　(カッパ・ノベルス)　690円　Ⓘ4-334-02772-5

◇大奥の宰相 春日局　藤居正規著　叢文社　1988.6　282p　19cm　1500円　Ⓘ4-7947-0162-4

◇春日局　早乙女貢著　講談社　1988.6　353p　19cm　1200円　Ⓘ4-06-203946-X

◇春日局―家光を名将軍に育てた稀代の才女　童門冬二著　三笠書房　1988.6　252p　15cm　(知的生きかた文庫)　400円　Ⓘ4-8379-0239-1

◇春日局の生涯　島津隆子著　三笠書房　1988.6　248p　19cm　1000円　Ⓘ4-8379-1368-7

◇小説 春日局　上巻　土橋治重著　経済界　1988.6　186p　18cm　(リュウブックス)　730円　Ⓘ4-7667-0136-4

◇小説 春日局　下巻　土橋治重著　経済界　1988.6　202p　18cm　(リュウブックス)　730円　Ⓘ4-7667-0137-2

◇春日局―将軍・家光の乳母　土橋治重著　経済界　1988.5　278p　19cm　1200円　①4-7667-8046-9

◇春日局―家光を名将軍に育てた稀代の才女　童門冬二著　三笠書房　1988.5　252p　19cm　1000円　①4-8379-1364-4

◇春日局　1　松本利昭著　光文社　1988.5　408p　15cm　（光文社時代小説文庫）500円　①4-334-70744-0

◇春日局と徳川の女たち―時代の波にゆれた女の生涯　早乙女貢、邦光史郎、安西篤子、祖田浩一、円地文子、杉本苑子、島津隆子著　三笠書房　1988.4　246p　15cm　（知的生きかた文庫）400円　①4-8379-0232-4

◇京・おんな絵物語　永井ひろし著　京都淡交社　1988.4　174p　19cm　（イラストリーガイド）880円　①4-473-01037-6

◇明智光秀と春日局考　北瀬富男編　武芸川町（岐阜県）　北瀬富男　1987.11　96p　23cm　〈春日局および明智光秀の肖像あり〉　非売品

◇春日局　杉本苑子著　集英社　1986.8　285p　15cm　（集英社文庫）380円　①4-08-749131-5

◇京都大事典　佐和隆研ほか編集　京都淡交社　1984.11　1083, 91p　27cm　12000円　①4-473-00885-1

◇神奈川県史　別編1　人物―神奈川県歴史人名事典　神奈川県県民部県史編集室編　横浜　神奈川県　1983.3　816, 58p　23cm　非売品

◇江戸東京市井人物事典　北村一夫著　新人物往来社　1976　354p　20cm　2000円

◇岐阜県百科事典　岐阜県百科事典制作委員会著　岐阜　岐阜日日新聞社　1968　2冊　27cm　11500円

土井 利勝
どい としかつ

天正元年(1573年)～正保元年(1644年)7月10日
大名。下総古河藩主。江戸幕府大老。遠江国浜松（静岡県）の人。幼名松千代。三河刈谷城主水野信元の子で、土井利昌の養子となる。天正7年(1579年)秀忠が誕生するとその側近となり、終生に渡って仕えた。慶長15年(1610年)老中となり、下総佐倉で3万2400石。以後も加増を受けて、秀忠の没後、下総古河で16万石、寛永15年(1638年)酒井忠勝と共に大老となった。頭脳明晰で判断力に優れ、3代将軍家光にも重用されて、幕府の体制確立に大きく貢献した。

＊　　＊　　＊

◇古人往来　森銑三著, 小出昌洋編　中央公論新社　2007.9　307p　15cm　（中公文庫）857円　①978-4-12-204914-7

◇歴史に学ぶ大江戸株式会社の危機管理術　童門冬二著　東京書籍　2000.9　316p　19cm　1600円　①4-487-79586-9

◇栃木県歴史人物事典　栃木県歴史人物事典編纂委員会編　宇都宮　下野新聞社　1995.7　726p　27cm　18000円

◇家康を支えた頭脳集団―天下統一を成し遂げた最強・徳川軍団の英傑たち　萩原裕雄著　日本文芸社　1993.2　251p　15cm　（にちぶん文庫）〈『家康を天下人にした二十人』改題書〉　480円　①4-537-06216-9

◇参謀たちの戦略と経営―時代をささえた影のヒーローたち　中村整史朗著　ベストセラーズ　1993.1　250p　15cm　（ワニ文庫）500円　①4-584-30363-0

◇角川日本姓氏歴史人物大辞典　23　愛知県　竹内理三ほか編纂　愛知県姓氏歴史人物大辞典編纂委員会編著　角川書店　1991.10　1052p　23cm　〈愛知県略年表：p944～958　愛知県参考文献一覧・主要文献解題：p1044～1051〉　16000円　①4-04-002230-0

◇茶道人物辞典　原田伴彦編　柏書房　1991.1　290, 22p　22cm　〈新装版〉　4944円　①4-7601-0620-0

◇歴史の中の名総務部長―実務と人間経営の名人たち　童門冬二著　三笠書房　1987.12　268p　19cm　1100円　①4-8379-1352-0

◇徳川家臣団―組織を支えたブレーンたち　綱淵謙錠著　講談社　1986.12　254p

◇15cm （講談社文庫） 380円 ①4-06-183872-5
◇戦国武将人使い名人伝　矢田挿雲著〔新装版〕　原書房　1986.2　226p　20×14cm　1200円　①4-562-01704-X
◇茨城県大百科事典　茨城新聞社編　水戸　茨城新聞社　1981.11　1099, 138p 図版16枚　27cm　〈発売：茨城県教科書販売, 茨城県書店組合〉　23000円
◇江戸東京市井人物事典　北村一夫著　新人物往来社　1976　354p　20cm　2000円
◇埼玉大百科事典　4　とちーま　浦和　埼玉新聞社　1975　472p(図共)　27cm
◇埼玉大百科事典　5　みーわ　浦和　埼玉新聞社　1975　279, 231, 24p(図共)　27cm　〈付：埼玉県歴史年表〉
◇埼玉大百科事典　1　あーか　浦和　埼玉新聞社　1974　497p(図共)　27cm　10000円
◇埼玉大百科事典　2　きーしゃ　浦和　埼玉新聞社　1974　502p(図共)　27cm　10000円
◇埼玉大百科事典　3　しゃーとた　浦和　埼玉新聞社　1974　487p(図共)　27cm

松平 忠明
まつだいら ただあきら

　天正11年(1583年)〜正保元年(1644年)3月25日播磨姫路藩主。三河国(愛知県)の人。初名は清匡、通称は鶴松丸。奥平信昌の四男で、母は徳川家康の長女亀姫。天正16年(1588年)家康の養子となり松平姓を称し、のち徳川秀忠より忠明の諱を与えられた。慶長5年(1600年)関ヶ原の戦いに出陣後、三河作手1万7000石、伊勢亀山5万石。大坂の陣でも活躍し、摂津・河内10万石に移され大坂藩を立藩。大坂の町を復興整備し、天下の台所の基礎を築いた。寛永9年(1632年)徳川秀忠の遺言により家光の補佐役となり、彦根藩主井伊直孝と共に幕政に参画し、譜代大名を統括。元和5年(1619年)郡山12万石を経て、寛永16年(1639年)播磨姫路藩主松平(奥平)家初代18万石となった。

＊　　＊　　＊

◇大阪人物辞典　三善貞司編　大阪　清文堂出版　2000.11　1304, 70p　23cm　16000円　①4-7924-0499-1
◇角川日本姓氏歴史人物大辞典　23　愛知県　竹内理三ほか編纂　愛知県姓氏歴史人物大辞典編纂委員会編著　角川書店　1991.10　1052p　23cm　〈愛知県略年表：p944〜958　愛知県参考文献一覧・主要文献解題：p1044〜1051〉　16000円　①4-04-002230-0
◇茶道人物辞典　原田伴彦編　柏書房　1991.1　290, 22p　22cm　〈新装版〉　4944円　①4-7601-0620-0

伊藤 一刀斎
いとう いっとうさい

　永禄3年(1560年)〜承応2年(1653年)？
　剣術家。伊豆国伊東(静岡県)の人。名は景久、友景、幼名は前原弥五郎。弥左衛門友定の子。剣を山中で独学し、神蔭流を外他通家(鐘捲自斎)に学び、無想剣、払捨刀の極意を会得。一刀流の開祖となり、古藤田俊直、神子上典膳らに極意を伝授、一刀流は神子上典膳があとをついだ。天正19年(1591年)下総で典膳とわかれた後消息不明となる。武者修行で全国を歩き真剣勝負を33回行ったが負けなかったという。

＊　　＊　　＊

◇剣豪伝 天の巻　歴史を旅する会著　講談社　2003.8　314p　15cm　(講談社文庫)　533円　①4-06-273830-9
◇日本剣豪列伝　江崎俊平, 志茂田誠諦著　学習研究社　2001.12　348p　15cm　(学研M文庫)　700円　①4-05-901094-4
◇日本剣豪列伝　直木三十五著　新版　大東出版社　1999.9　286p　19cm　1800円　①4-500-00655-9
◇全国諸藩剣豪人名事典　間島勲著　新人物往来社　1996.3　393p　22cm　〈主要参考文献：p388〜391〉　13000円　①4-404-02318-9
◇角川日本姓氏歴史人物大辞典　22　静岡県姓氏家系大辞典　竹内理三ほか編纂

静岡県姓氏家系大辞典編纂委員会編著　角川書店　1995.12　731p　23cm　16000円

◇一刀斎天正変　志津三郎著　光風社出版　1993.2　362p　19cm　(剣鬼外道伝 壱)　1400円　ⓣ4-87519-195-2

◇日本剣豪伝　鷲尾雨工著　富士見書房　1992.11　376p　15cm　(時代小説文庫)　560円　ⓣ4-8291-1241-7

◇静岡県歴史人物事典　静岡新聞社出版局編　静岡　静岡新聞社　1991.12　608p　27cm　11000円　ⓣ4-7838-0424-9

◇剣聖伊藤一刀斎—神剣払捨刀　仁田義男著　徳間書店　1991.4　347p　15cm　(徳間文庫)　520円　ⓣ4-19-599303-2

◇剣聖伊藤一刀斎—われ開眼せり　仁田義男著　徳間書店　1990.9　344p　15cm　(徳間文庫)　500円　ⓣ4-19-599176-5

◇伊東一刀斎　下　戸部新十郎著　光文社　1990.2　316p　15cm　(光文社時代小説文庫)　440円　ⓣ4-334-71099-9

◇伊東一刀斎　中　戸部新十郎著　光文社　1989.12　311p　21cm　(光文社時代小説文庫)　440円　ⓣ4-334-71067-0

◇伊東一刀斎　上　戸部新十郎著　光文社　1989.10　317p　15cm　(光文社時代小説文庫)　440円　ⓣ4-334-71030-1

◇日本剣豪譚　戦国編　戸部新十郎著　光文社　1989.8　354p　15cm　(光文社時代小説文庫)　480円　ⓣ4-334-70993-1

◇日本剣豪列伝　上　津本陽ほか著　旺文社　1987.6　587p　15cm　(旺文社文庫)　〈『日本の剣豪』改題書〉　720円　ⓣ4-01-061681-4

◇日本剣豪列伝　直木三十五著　河出書房新社　1986.7　271p　15cm　(河出文庫)　460円　ⓣ4-309-40156-2

◇剣の舞　南条範夫著　旺文社　1986.3　672p　15cm　(旺文社文庫)　750円　ⓣ4-01-061641-5

◇静岡大百科事典　静岡新聞社出版局編　静岡　静岡新聞社　1978.3　969p　図版17枚　30cm　〈特装本〉　30000円

◇江戸市井人物事典　北村一夫著　新人物往来社　1974　320p　20cm　1800円

井伊 直孝
いい　なおたか

天正18年(1590年)～万治2年(1659年)6月28日　武将。近江彦根藩の祖。駿河国藤枝(静岡県)の人。幼名弁之介(助)、通称掃部頭。井伊直政の二男、母は印具氏。慶長8年(1603年)徳川家康に仕え、その後、徳川秀忠に従う。書院番頭、大番頭を経て、病身の兄直勝に代わって、元和元年(1615年)近江彦根藩15万石の家督をつぐ。大坂夏の陣で功をあげて5万石を加増され、元和3年(1617年)さらに5万石を加増される。寛永10年(1633年)さらに5万石の加増で30万となる。翌年江戸に召されて参向し、幕閣の重鎮として重んぜられ、家光の没後は家綱の幕政を補佐した。

*　　　*　　　*

◇戦国から泰平の世へ—井伊直政から直孝の時代　百花繚乱—彦根歴史絵巻　国宝・彦根城築城400年記念特別企画展　彦根城博物館編　彦根　彦根城博物館　2007.10　88p　21cm　〈会期・会場：平成19年10月27日—11月25日　彦根城博物館〉

◇栃木県歴史人物事典　栃木県歴史人物事典編纂委員会編　宇都宮　下野新聞社　1995.7　726p　27cm　18000円

◇滋賀県百科事典　滋賀県百科事典刊行会編　大和書房　1984　877p　28cm　〈年表：p.〔775〕-786　主要参考図書目録：p.〔805〕-820〉　ⓣ4-479-90012-8

◇群馬県人名大事典　前橋　上毛新聞社　1982.11　926p　27cm　20000円

◇郷土歴史人物事典滋賀　渡辺守順著　第一法規出版　1979.7　219p　19cm　1300円

◇郷土歴史人物事典群馬　萩原進著　第一法規出版　1978.10　266p　19cm　1300円

◇江戸市井人物事典　北村一夫著　新人物往来社　1974　320p　20cm　1800円

◇井伊直政・直孝　中村不能斎編, 中村元麻呂訂　彦根　彦根史談会　1951　177p　図版　22cm

松平　忠輝
まつだいら ただてる

文禄元年(1592年)～天和3年(1683年)7月3日
大名。徳川家康の六男、母は茶阿局。幼名は辰千代。妻は伊達政宗の娘五郎八(いろは)。長沢松平家を継ぎ、慶長4年(1599年)武蔵深谷1万石から、慶長7年(1602年)下総佐倉5万石、慶長8年(1603年)信濃川中島14万石と経て、慶長15年(1610年)越後福島で45万石を領し、のち越後高田に移る。かねてより家康と不仲であったが、大坂夏の陣に遅参して家康の不興を買うなどがきっかけとなり、元和2年(1616年)伊勢朝熊に配流となる。その後も、飛騨高山、信濃諏訪と預け替えを繰り返されて、諏訪で没した。

　　　　＊　　＊　　＊

◇大名廃絶録　南条範夫著　新装版　文芸春秋　2007.7　361p　15cm　(文春文庫)　638円　①978-4-16-728221-9
◇逆転 日本史―仮説で読み解く歴史事件簿　加来耕三著　新装版　三修社　2006.5　246p　19cm　1600円　①4-384-03819-4
◇徳川将軍家十五代のカルテ　篠田達明著　新潮社　2005.5　188p　18cm　(新潮新書)　680円　①4-10-610119-X
◇逆転日本史―仮説で読み解く歴史事件簿　加来耕三著　三修社　2004.3　246p　19cm　1900円　①4-384-03405-9
◇大坂の陣名将列伝　永岡慶之助著　学習研究社　2000.9　286p　15cm　(学研M文庫)　560円　①4-05-901004-9
◇謎を読み解く日本史真相推理　小林久三著　日本実業出版社　1999.5　254p　19cm　1400円　①4-534-02933-0
◇埼玉人物事典　埼玉県教育委員会編　〔浦和〕　埼玉県　1998.2　863, 69p　22cm
◇角川日本姓氏歴史人物大辞典　20　長野県姓氏歴史人物大辞典　竹内理三ほか編纂　長野県姓氏歴史人物大辞典編纂委員会編著　角川書店　1996.11　1059p　23cm　17000円　①4-04-002200-9
◇大名廃絶録　南条範夫著　文芸春秋　1993.5　352, 14p　15cm　(文春文庫)　480円　①4-16-728216-X
◇捨て童子・松平忠輝　下　隆慶一郎著　講談社　1993.1　331p　15cm　(講談社文庫)　500円　①4-06-185321-X
◇捨て童子・松平忠輝　中　隆慶一郎著　講談社　1992.12　357p　15cm　(講談社文庫)　540円　①4-06-185286-8
◇捨て童子・松平忠輝　上　隆慶一郎著　講談社　1992.11　345p　15cm　(講談社文庫)　520円　①4-06-185285-X
◇捨て童子・松平忠輝　3　隆慶一郎著　講談社　1990.1　301p　19cm　1300円　①4-06-204783-7
◇捨て童子・松平忠輝　2　隆慶一郎著　講談社　1989.12　324p　19cm　1300円　①4-06-203810-2
◇捨て童子・松平忠輝　1　隆慶一郎著　講談社　1989.11　316p　19cm　1300円　①4-06-203809-9
◇長野県歴史人物大事典　赤羽篤ほか編　松本　郷土出版社　1989.7　841p　27cm　〈参考文献一覧：p820～821〉　20000円　①4-87663-126-3
◇長野県百科事典　信濃毎日新聞社開発局出版部編　補訂版　長野　信濃毎日新聞社　1981.3　918p　22cm　3200円
◇新潟県大百科事典　新潟日報事業社編　新潟　新潟日報事業社　1977.1～9　3冊(別巻とも)　27cm　全32000円
◇江戸東京市井人物事典　北村一夫著　新人物往来社　1976　354p　20cm　2000円
◇埼玉大百科事典　4　とちーま　浦和　埼玉新聞社　1975　472p(図共)　27cm
◇松平忠輝　諏訪忠輝会編　岡谷　信濃民友社　1955　248p　図版15枚　19cm

近　畿

足利 義尚
あしかが よしひさ

寛正6年(1465年)〜延徳元年(1489年)3月26日　室町幕府第9代将軍。足利義政の長男、母は日野富子。別名足利義熙(あしかがよしひろ)とも。義政に嗣子がなく弟義視を還俗させて後嗣としたが、そこに義尚が誕生。富子らは義尚の擁立を図って山名持豊と結び、細川勝元と結んだ義視との間で将軍継承争いが起こり、これが応仁の乱の一因となった。文明5年(1473年)将軍となったが実際の政務は義政が担当し、文明11年(1479年)ようやく自ら政務を執るようになったが、義政の影響力が持続していたため政務は不安定であった。将軍の権威を示すため近江の六角高頼を攻めたが長期戦となり、その陣中で病没した。

＊　＊　＊

◇日本史 不肖の息子　森下賢一著　白水社　2003.10　244p　19cm　1900円　①4-560-04990-4

◇後鑑　第3篇　黒板勝美編　新装版　吉川弘文館　1999.1　1010p　21cm　(新訂増補 国史大系 第36巻)　11800円　①4-642-00339-8

◇角川日本姓氏歴史人物大辞典 26　京都市姓氏歴史人物大辞典　竹内理三ほか編纂　京都市姓氏歴史人物大辞典編纂委員会編著　角川書店　1997.9　909p　23cm　①4-04-002260-2

◇京都事典　村井康彦編　東京堂出版　1993.10　495p　21cm　〈新装版〉　2900円　①4-490-10355-7

◇京都大事典　佐和隆研ほか編集　京都淡交社　1984.11　1083, 91p　27cm　12000円　①4-473-00885-1

足利 義政
あしかが よしまさ

永享8年(1436年)〜延徳2年(1490年)1月7日　室町幕府第8代将軍。幼名は三寅。初名は足利義成。別名は東山殿。法号は慈照院。6代将軍足利義教の子、兄は7代将軍足利義勝。母は日野重子、妻は日野富子。兄義勝の死後、管領畠山持国らの諸大名に擁立され、宝徳元年(1449年)将軍となるが、母重子、妻富子らの政治介入や守護大名畠山持国、細川勝元らの力が強大であったことなどから政治への興味を次第に失う。1457年頃よりは伊勢氏の支持によって将軍勢力が強まり、伊勢貞親主導による守護大名抑制政策が行われたが、貞親が文正1年(1466年)大名らの反発により失脚すると、政治収拾は困難となる。寛正5年(1464年)弟の足利義視を還俗させ後継者としたが、翌年富子に義尚が生まれたため、将軍継嗣争いに諸大名の抗争が絡んで、応仁の乱を招いた。文明5年(1473年)義尚に将軍職を譲り、自らは京都東山に莫大な費用をかけて山荘を作り隠棲、東山殿とよばれる。文明17年(1485年)月翁周鏡を戒師として剃髪、延徳元年(1489年)山荘内に、こんにち銀閣寺として知られる慈照寺を建てた。芸能・芸術など多方面に渡る趣味に没頭し、芸術家や文化人を庇護して東山文化を主導した。同年義尚の死後、再び政務を執ったが翌年没した。

◇おもしろ日本史　森田恭二編著　大阪　和泉書院　2008.6　185p　19cm

◇(IZUMI BOOKS) 1500円 ⓘ978-4-7576-0451-3

◇写真記録 日本人物史 日本図書センター 2008.6 297p 32×23cm 24000円 ⓘ978-4-284-50095-1

◇人物なぞとき日本の歴史 3 鎌倉・室町時代 高野尚好監修 小峰書店 2008.4 55p 29×22cm 3200円 ⓘ978-4-338-23303-3

◇室町和歌への招待 林達也、広木一人、鈴木健一著 笠間書院 2007.6 311p 19cm 2200円 ⓘ978-4-305-70336-1

◇日本夫婦げんか考 永井路子著 中央公論新社 2006.8 276p 15cm (中公文庫) 667円 ⓘ4-12-204724-2

◇庭園の中世史—足利義政と東山山荘 飛田範夫著 吉川弘文館 2006.3 209p 19cm (歴史文化ライブラリー) 1700円 ⓘ4-642-05609-2

◇中世花押の謎を解く—足利将軍家とその花押 上島有著 山川出版社 2004.11 365,11p 26cm 13000円 ⓘ4-634-52330-2

◇逆説の日本史—室町文化と一揆の謎 中世汎濫編 井沢元彦著 小学館 2004.6 495p 15cm (小学館文庫) 657円 ⓘ4-09-402008-X

◇日本史 不肖の息子 森下賢一著 白水社 2003.10 244p 19cm 1900円 ⓘ4-560-04990-4

◇足利義政—日本美の発見 ドナルド・キーン著,角地幸男訳 中央公論新社 2003.1 247p 20cm 〈肖像あり 文献あり〉 2000円 ⓘ4-12-003357-0

◇教科書に出てくる世界の偉人100人のことがよくわかる本 イデア・ビレッジ著 メイツ出版 2003.1 160p 21cm 1500円 ⓘ4-89577-548-8

◇青森県人名事典 東奥日報社編 青森 東奥日報社 2002.8 1166p 27cm 24762円 ⓘ4-88561-065-6

◇人物日本の歴史・日本を変えた53人 3 高野尚好監修 学習研究社 2002.2 63p 27×22cm 2800円 ⓘ4-05-201567-3

◇中世を創った人びと 松岡心平著,裏昭写真 新書館 2001.4 310p 19cm 2800円 ⓘ4-403-23085-7

◇永井路子の日本史探訪 永井路子著 角川書店 1999.8 205p 15cm (角川文庫) 533円 ⓘ4-04-137206-2

◇歴史を変えた運命の瞬間—出会い、誤解、大逆転…その後を決めた裏のドラマ 歴史の謎を探る会 河出書房新社 1999.2 217p 15cm (KAWADE夢文庫) 476円 ⓘ4-309-49280-0

◇角川日本姓氏歴史人物大辞典 26 京都市姓氏歴史人物大辞典 竹内理三ほか編纂 京都市姓氏歴史人物大辞典編纂委員会編著 角川書店 1997.9 909p 23cm ⓘ4-04-002260-2

◇日本恋愛事件史 山崎洋子著 講談社 1997.8 299p 15cm (講談社文庫) 〈『歴史を彩った恋人たち』改題書〉 486円 ⓘ4-06-263576-3

◇応仁記 志村有弘著 勉誠社 1994.6 251p 19cm (日本合戦騒動叢書 2) 2470円 ⓘ4-585-05102-3

◇応仁の乱と日野富子—将軍の妻として、母として 小林千草著 中央公論社 1993.10 212p 18cm (中公新書) 700円 ⓘ4-12-101157-0

◇京都事典 村井康彦編 東京堂出版 1993.10 495p 21cm 〈新装版〉 2900円 ⓘ4-490-10355-7

◇決断のとき—歴史にみる男の岐路 杉本苑子著 文芸春秋 1993.10 333p 15cm (文春文庫) 450円 ⓘ4-16-722418-6

◇足利義政の研究 森田恭二著 大阪 和泉書院 1993.2 361p 22cm (日本史研究叢刊 3) 〈足利義政の肖像あり〉 7725円 ⓘ4-87088-575-1

◇室町幕府と応仁の乱 笠原一男編 木耳社 1991.12 214p 19cm (物語 日本の歴史 14) 1500円 ⓘ4-8393-7566-6

◇茶道人物辞典 原田伴彦編 柏書房 1991.1 290,22p 22cm 〈新装版〉 4944円 ⓘ4-7601-0620-0

◇変革期の人間像　永井路子著　吉川弘文館　1990.12　275p　19cm　1600円　①4-642-07290-X

◇決断のとき―歴史にみる男の岐路　杉本苑子著　文芸春秋　1990.10　278p　19cm　1300円　①4-16-344700-8

◇日本の歴史をつくった人びと　6　室町幕府と民衆の力　学校図書　1990.5　127p　21cm　（学図の伝記シリーズ）1000円　①4-7625-0870-5

◇鎌倉室町編　桑田忠親著　秋田書店　1989.10　238p　19cm　（新編　日本武将列伝 2）　1500円　①4-253-00363-X

◇「日本型」行動原理の確立　渡部昇一著　祥伝社　1989.5　234p　19cm　（日本史から見た日本人　鎌倉編）　1500円　①4-396-61019-X

◇慈照寺銀閣　義政の数寄空間　大橋治三撮影，沢田ふじ子，荒木元悦文　集英社　1989.4　67p　31×22cm　（日本の庭園美 3）　2060円　①4-08-598003-3

◇京都感覚　秦恒平著　筑摩書房　1989.2　251p　19cm　1600円　①4-480-81268-7

◇銀閣寺　鈴木嘉吉，工藤圭章編，岡本茂男撮影　毎日新聞社　1989.1　63p　30cm　（不滅の建築 8）　1800円　①4-620-60278-7

◇茶道史序考　堀内他次郎著　〔復刻版〕　講談社　1987.10　213p　21cm　3000円　①4-06-202804-2

◇人を率いる男の器量―堂々と生きる　奈良本辰也ほか著　三笠書房　1986.12　285p　19cm　1000円　①4-8379-1310-5

◇NHK 国宝への旅　3　NHK取材班著　日本放送出版協会　1986.11　133p　24cm　1800円　①4-14-008498-7

◇京都大事典　佐和隆研ほか編　京都　淡交社　1984.11　1083，91p　27cm　12000円　①4-473-00885-1

◇足利義政と東山文化　河合正治著　清水書院　1984.9　197p　18cm　（清水新書）『足利義政』（昭和47年刊）の改題　足利義政の肖像あり〉　480円　①4-389-44026-8

◇沖縄大百科事典　沖縄大百科事典刊行事務局編　那覇　沖縄タイムス社　1983.5　4冊　27cm　〈付(別冊 16p 26cm)：『沖縄大百科事典』の手引き　付(地図2枚)〉　全55000円

◇足利義政―盛り上がる社会意識と東山文化　河合正治著　清水書院　1972　197p　図　20cm　（センチュリーブックス）　430円

◇東山殿義政私伝　中村直勝著　京都　河原書店　1970　574p　19cm　1000円

畠山　義就
はたけやま　よしなり

永享9年(1437年)～延徳2年(1490年)
　武将。初名は義夏。畠山持国の子。父の持国に子が無く、持国は弟持富の子政長を養子としたが、その後義就が妾腹に生まれ、家督をつがせようとしたため畠山氏は分裂。細川勝元、山名持豊らが政長を援助し、父と共に京都を追われたが、のち将軍足利義政の仲裁により和睦。しかしまもなく再び対立し、河内、紀伊、さらには吉野に逃れ、日野富子に取り入るなどした。これが応仁の乱の発端となり、乱後も畿内で転戦しながら病没した。

*　　　*　　　*

◇角川日本姓氏歴史人物大辞典　26　京都市姓氏歴史人物大辞典　竹内理三ほか編纂　京都市姓氏歴史人物大辞典編纂委員会編著　角川書店　1997.9　909p　23cm　①4-04-002260-2

◇富山大百科事典　富山大百科事典編集事務局編　富山　北日本新聞社　1994.8　2冊　27cm　全45000円

◇京都大事典　府域編　京都　淡交社　1994.3　696，39p　27cm　〈監修：上田正昭，吉田光邦〉　12000円　①4-473-01327-8

◇京都事典　村井康彦編　東京堂出版　1993.10　495p　21cm　〈新装版〉　2900円　①4-490-10355-7

◇和歌山県史　人物　和歌山県史編さん委員会編　和歌山　和歌山県　1989.3　539，64p　22cm　非売品

◇戦国大名系譜人名事典　西国編　山本大，

小和田哲男編　新人物往来社　1986.1
563p　22cm　7500円　①4-404-01316-7

◇京都大事典　佐和隆研ほか編集　京都淡交社　1984.11　1083, 91p　27cm　12000円　①4-473-00885-1

足利 政知
あしかが まさとも

永享7年(1435年)～延徳3年(1491年)4月3日
武将。堀越公方(ほりこしくぼう)。足利義教の三男。義政の弟。幼少時に天竜院香厳院に入室。享徳3年(1454年)関東公方足利成氏が管領上杉憲忠を殺して東国が動乱した際、将軍義政の命で還俗し、幕府および上杉方の総師として下向したが、鎌倉までは入りきれずに伊豆堀越に止まり、堀越公方と呼ばれた。鎌倉公方の諸権限を継承したが、実質的な支配は上杉氏にゆだねられ実質上の権力はなかった。文明14年(1482年)幕府と成氏の都鄙和睦の際、伊豆を御料所として与えられた。

　　　　＊　　　＊　　　＊

◇角川日本姓氏歴史人物大辞典　22　静岡県姓氏家系大辞典　竹内理三ほか編纂　静岡県姓氏家系大辞典編纂委員会編著　角川書店　1995.12　731p　23cm　16000円

◇静岡県歴史人物事典　静岡新聞社出版局編　静岡　静岡新聞社　1991.12　608p　27cm　11000円　①4-7838-0424-9

◇神奈川県史　別編1　人物―神奈川県歴史入名事典　神奈川県県民部県史編集室編　横浜　神奈川県　1983.3　816, 58p　23cm　非売品

◇静岡大百科事典　静岡新聞社出版局編　静岡　静岡新聞社　1978.3　969p　図版17枚　30cm　〈特装本〉　30000円

◇埼玉大百科事典　1　あーか　浦和　埼玉新聞社　1974　497p(図共)　27cm　10000円

足利 義視
あしかが よしみ

永享11年(1439年)～延徳3年(1491年)1月7日
武将。通称は今出川殿(いまでがわどの)。足利義教の子。初め浄土寺に入ったが、将軍義政に子がなかったため、寛正5年(1464年)還俗して義視と名乗り義政の後嗣となるが、翌年義政に実子が生まれたために起こった継嗣争いが応仁の乱の一因となる。応仁の乱では始め北畠氏を頼って伊勢へ逃れ、義政の要請により帰洛するも義政と不和になり、西軍の山名氏側につく。のち土岐氏を頼って美濃に移ったが、延徳2年(1490年)子の足利義材(義稙)が将軍になると義政とも和睦、幕政を後見した。

　　　　＊　　　＊　　　＊

◇角川日本姓氏歴史人物大辞典　26　京都市姓氏歴史人物大辞典　竹内理三ほか編纂　京都市姓氏歴史人物大辞典編纂委員会編著　角川書店　1997.9　909p　23cm　①4-04-002260-2

◇京都事典　村井康彦編　東京堂出版　1993.10　495p　21cm　〈新装版〉　2900円　①4-490-10355-7

◇歴史を変えた野望の戦国史―国盗りに賭けた勇将たちの決断　寺林峻著　日本文芸社　1993.5　251p　15cm　(にちぶん文庫)　480円　①4-537-06223-1

◇京都大事典　佐和隆研ほか編集　京都淡交社　1984.11　1083, 91p　27cm　12000円　①4-473-00885-1

畠山 政長
はたけやま まさなが

嘉吉2年(1442年)～明応2年(1493年)閏4月25日
武将、室町幕府管領。名は弥三郎、幼名は弥二郎、次郎。畠山持富の子。畠山持国の養子となるが、持国に実子義就が生まれたため追放され、細川勝元を頼る。享徳3年(1454年)持国父子を追って畠山氏の家督を継ぐ。のち将軍足利義政の仲裁で義就と和睦し管領となるが、山名持豊が義就を援助したため再び対立し、これが応

仁の乱の一因となった。寛正元年(1460年)、応仁元年(1467年)惣領となり、河内・紀伊・越中・山城守護、数度にわたり管領に任ぜられた。延徳2年(1490年)将軍足利義稙に迎えられるが、明応2年(1493年)義稙と河内に出陣中、細川政元に攻められ河内正覚寺で自害した。

＊　＊　＊

◇大阪人物辞典　三善貞司編　大阪　清文堂出版　2000.11　1304, 70p　23cm　16000円　①4-7924-0499-1
◇角川日本姓氏歴史人物大辞典　26　京都市姓氏歴史人物大辞典　竹内理三ほか編纂　京都市姓氏歴史人物大辞典編纂委員会編著　角川書店　1997.9　909p　23cm　①4-04-002260-2
◇大阪墓碑人物事典　近松誉文著　大阪　東方出版　1995.11　310p　20cm　2900円　①4-88591-458-2
◇京都事典　村井康彦編　東京堂出版　1993.10　495p　21cm　〈新装版〉　2900円　①4-490-10355-7
◇角川日本姓氏歴史人物大辞典　16　富山県姓氏家系大辞典　竹内理三ほか編纂　富山県姓氏家系大辞典編纂委員会編著　角川書店　1992.7　749p　23cm　〈富山県略年表・参考文献一覧：p685〜715〉　14000円　①4-04-002160-6
◇和歌山県史　人物　和歌山県史編さん委員会編　和歌山　和歌山県　1989.3　539, 64p　22cm　非売品
◇戦国大名系譜人名事典　西国編　山本大, 小和田哲男編　新人物往来社　1986.1　563p　22cm　7500円　①4-404-01316-7
◇京都大事典　佐和隆研ほか編集　京都　淡交社　1984.11　1083, 91p　27cm　12000円　①4-473-00885-1

日野 富子
ひの とみこ

永享12年(1440年)〜明応5年(1496年)5月20日
足利義政の正室。法号は妙善院。日野政光(重政)の娘。康正元年(1455年)将軍足利義政の正室となる。はじめ男子が生まれず義政は弟義視を

還俗させて後継者としたが、その後富子に義尚が生まれ、将軍継嗣を巡り義視と対立。富子が義尚の後見を山名持豊に依頼したため、細川勝元を頼った義視との対立が激化し、応仁の乱の一因となったとされる。文明5年(1473年)義尚が将軍になると幼少の義尚を後見して幕政に深く関与し、御内書も発した。また関所を設けて関銭を徴収し、高利貸や米相場に介入して莫大な富を蓄財。文明14年(1482年)義尚の隠居後まもなく政治から離れ、義尚・義政の没後出家したが、隠然たる影響力を持ち続けた。

＊　＊　＊

◇その「手紙」が変えた日本の歴史　日本の歴史研究班編　リイド社　2007.12　239p　15cm　(リイド文庫)　524円　①978-4-8458-3232-3
◇悪人列伝―近世篇　海音寺潮五郎著　新装版　文芸春秋　2007.1　285p　15cm　(文春文庫)　543円　①978-4-16-713550-8
◇意外な意外な「日本史」「歴史ミステリー」倶楽部著　三笠書房　2006.8　200p　15cm　(王様文庫)　505円　①4-8379-6351-X
◇日本夫婦げんか考　永井路子著　中央公論新社　2006.8　276p　15cm　(中公文庫)　667円　①4-12-204724-2
◇なぜ偉人たちは教科書から消えたのか―"肖像画"が語る通説破りの日本史　河合敦著　光文社　2006.6　274p　21cm　1300円　①4-334-97502-X
◇歴史人物「その後」の意外な話―あの有名人の驚きの結末　河合敦著　ベストセラーズ　2006.4　230p　19cm　476円　①4-584-16570-X
◇健康力―戦国武将たちに学ぶ　植田美津江著　名古屋　ゆいぽおと, KTC中央出版〔発売〕　2006.1　190p　18cm　1000円　①4-87758-403-X
◇日野富子―歴史小説　青木重数著　文芸館　2006.1　119p　19cm　1000円　①4-7800-2003-4
◇美女たちの日本史　永井路子著　中央公論新社　2005.7　277p　15cm　(中公文

庫）667円　ⓒ4-12-204551-7
◇その時歴史が動いた　29　NHK取材班編　名古屋　KTC中央出版　2004.11　253p　19cm　1600円　ⓒ4-87758-329-7
◇逆説の日本史―室町文化と一揆の謎　中世混沌編　井沢元彦著　小学館　2004.6　495p　15cm　（小学館文庫）657円　ⓒ4-09-402008-X
◇戦国武将の意外なウラ事情―英雄たちの「秘められた事実」　日本博学倶楽部著　PHP研究所　2004.6　276p　15cm　（PHP文庫）　571円　ⓒ4-569-66199-8
◇京の名墓探訪―京に生き、京に眠る　高野澄著　京都　淡交社　2004.3　127p　21cm　（新撰　京の魅力）　1500円　ⓒ4-473-03126-8
◇日本人の手紙　村尾清一著　岩波書店　2004.2　206p　19cm　1900円　ⓒ4-00-024222-9
◇新版　戦国史新聞―乱世の激動を伝える天下無双の大号外！　戦国史新聞編纂委員会編　新版　日本文芸社　2003.10　223p　26cm　1200円　ⓒ4-537-25176-X
◇日本の歴史 その不思議な結末―傑物・英雄たちの「その後」　河合敦著　三笠書房　2003.6　284p　15cm　（知的生きかた文庫）552円　ⓒ4-8379-7332-9
◇「悪女」はこうして生まれた　三宅孝太郎著　筑摩書房　2003.3　222p　18cm　（ちくま新書）700円　ⓒ4-480-05997-0
◇美女たちの日本史　永井路子著　中央公論新社　2002.7　218p　19cm　1500円　ⓒ4-12-003291-4
◇日本の歴史を騒がせたこんなに困った人たち　小和田哲男著　祥伝社　2001.2　363p　15cm　（祥伝社黄金文庫）619円　ⓒ4-396-31243-1
◇逆説の日本史　8　中世混沌編 室町文化と一揆の謎　井沢元彦著　小学館　2000.12　419p　20×14cm　1550円　ⓒ4-09-379419-7
◇楽しく調べる人物図解日本の歴史―南北朝・室町時代 知っててほしい戦乱の世に活躍した人びと　佐藤和彦監修　あか

ね書房　2000.4　47p　30cm　3200円　ⓒ4-251-07933-7
◇堂々日本史　21　NHK取材班編　名古屋　KTC中央出版　1999.4　247p　19cm　1600円　ⓒ4-87758-114-6
◇陰謀が歴史をつくる―日本史の闇に葬られた驚くべき真実　藤川桂介著　ロングセラーズ　1998.10　230p　18cm　（ムックセレクト）905円　ⓒ4-8454-0595-4
◇金融危機に生かす10の鉄則―ビジネスマンへの新・発想　山田智彦著　青春出版社　1998.10　221p　19cm　1500円　ⓒ4-413-03110-5
◇角川日本姓氏歴史人物大辞典　26　京都市姓氏歴史人物大辞典　竹内理三ほか編纂　京都市姓氏歴史人物大辞典編纂委員会編著　角川書店　1997.9　909p　23cm　ⓒ4-04-002260-2
◇室町万華鏡―ひざかりの女と残照の男たち　千草子著　集英社　1997.5　269p　19cm　1900円　ⓒ4-08-781138-7
◇謎解き中世史　今谷明著　洋泉社　1997.4　237p　19cm　1600円　ⓒ4-89691-255-1
◇歴史を動かした女たち　高橋千劔破著　中央公論社　1997.2　391p　15cm　（中公文庫）780円　ⓒ4-12-202800-0
◇艶女が操る日本史―性に翻弄された歴史の真実　山科薫著　ダイヤモンド社　1997.1　218p　19cm　1300円　ⓒ4-478-92022-2
◇戦国史新聞―乱世をスクープ！　戦国史新聞編纂委員会編　日本文芸社　1996.10　223p　26cm　1300円　ⓒ4-537-02539-5
◇歴史の道を歩く　今谷明著　岩波書店　1996.6　199p　18cm　（岩波新書）631円　ⓒ4-00-430449-8
◇女人政治の中世―北条政子と日野富子　田端泰子著　講談社　1996.3　229p　18cm　（講談社現代新書）650円　ⓒ4-06-149294-2
◇日野富子とその時代　青木重数著　新人物往来社　1994.11　330p　20cm　1300円　ⓒ4-404-02142-9

◇日野富子のすべて　吉見周子編　新人物往来社　1994.9　213p　20cm　2800円　⓵4-404-02136-4

◇一休―応仁の乱を生きた禅僧　武田鏡村著　新人物往来社　1994.6　235p　19cm　1800円　⓵4-404-02111-9

◇応仁記　志村有弘著　勉誠社　1994.6　251p　19cm　（日本合戦騒動叢書 2）　2470円　⓵4-585-05102-3

◇賢女日野富子　緒形隆司著　光風社出版　1994.4　217p　18cm　800円　⓵4-87519-612-1

◇評伝日野富子　三谷茉沙夫著　毎日新聞社　1994.4　231p　19cm　〈参考文献：p231〉　1400円　⓵4-620-30985-0

◇華頂の花―日野富子　阿井景子著　プレジデント社　1994.3　275p　19cm　1600円　⓵4-8334-1515-1

◇「花の乱」をたっぷり楽しむ法　高野冬彦著　五月書房　1994.3　182p　19cm　1380円　⓵4-7727-0134-6

◇日野富子光と影―室町幕府陰の実力者　中江克己著　広済堂出版　1994.3　231p　18cm　（Kosaido books）　800円　⓵4-331-00640-9

◇日本中世女性史論　田端泰子著　塙書房　1994.2　293, 19p　21cm　4738円　⓵4-8273-1104-8

◇日野富子―応仁の乱に生きる　真鍋和子著　講談社　1994.2　205p　18cm　（講談社　火の鳥伝記文庫 89）　490円　⓵4-06-147589-4

◇乱世を翔ぶ日野富子の生涯　左方郁子著　徳間オリオン　1994.2　235p　19cm　〈発売：徳間書店〉　1200円　⓵4-19-860066-X

◇乱に咲く・日野富子　島津隆子著　新人物往来社　1994.2　236p　19cm　2300円　⓵4-404-02084-8

◇日野富子―物語と史蹟をたずねて　松本幸子著　成美堂出版　1994.1　220p　19cm　1000円　⓵4-415-06576-7

◇日野富子　山田正三著　勁文社　1994.1　204p　18cm　850円　⓵4-7669-1937-8

◇おもしろ日本誌　尾崎秀樹著　集英社　1993.12　230p　19cm　1600円　⓵4-08-774044-7

◇男をむさぼる悪女の日本史―妖しく咲き誇る女たちの毒と華　片岡鬼堂著　日本文芸社　1993.11　252p　15cm　（にちぶん文庫）　480円　⓵4-537-06237-1

◇応仁の乱と日野富子―将軍の妻として、母として　小林千草著　中央公論社　1993.10　212p　18cm　（中公新書）　700円　⓵4-12-101157-0

◇京都事典　村井康彦編　東京堂出版　1993.10　495p　21cm　〈新装版〉　2900円　⓵4-490-10355-7

◇日本史・激情に燃えた炎の女たち―奔放に生き抜いた女たちの色と欲　村松駿吉著　日本文芸社　1993.9　235p　15cm　（にちぶん文庫）〈『日本史を揺がした女』改題書〉　480円　⓵4-537-06233-9

◇炎の女日野富子の生涯　風巻絃一著　三笠書房　1993.9　270p　15cm　（知的生きかた文庫）　480円　⓵4-8379-0598-6

◇日本女性人名辞典　日本図書センター　1993.6　1274p　27cm　〈監修：芳賀登ほか〉　26780円　⓵4-8205-7128-1

◇日本史に光る女性22話―その虚像と実像と　田郷利雄著　近代文芸社　1993.1　197p　19cm　1500円　⓵4-7733-1756-6

◇純愛　縄田一男編　角川書店　1992.12　420p　19cm　（時代小説の女たち）　1800円　⓵4-04-872710-9

◇歴史を変えた魔性の女たち―野心に燃える悪女の色と欲　寺林峻著　日本文芸社　1992.12　238p　15cm　（にちぶん文庫）　480円　⓵4-537-06209-6

◇中世を生きた日本人　今井雅晴著　学生社　1992.6　310p　19cm　2400円　⓵4-311-20175-3

◇聞き語り　にっぽん女性「愛」史　杉本苑子著　講談社　1992.4　263p　15cm　（講談社文庫）　420円　⓵4-06-185121-7

◇英雄・美人に学ぶ人間学　高橋英司著　時事通信社　1991.4　249p　19cm　1400円　⓵4-7887-9110-2

◇変革期の人間像　永井路子著　吉川弘文館　1990.12　275p　19cm　1600円　①4-642-07290-X

◇新編 歴史と人物　三浦周行著, 林屋辰三郎, 朝尾直弘編　岩波書店　1990.10　355p　15cm　（岩波文庫）　670円　①4-00-331662-2

◇時代小説大全集　3　人物日本史 古代・戦国　新潮社　1990.9　624p　15cm　（新潮文庫）　640円　①4-10-120812-3

◇歴史のヒロインたち　永井路子著　文芸春秋　1990.9　269p　15cm　（文春文庫）　380円　①4-16-720022-8

◇政治と文化を動かした女性たち　邦光史郎著　勁文社　1990.2　228p　15cm　（ケイブンシャ文庫）　460円　①4-7669-1126-1

◇春日局と歴史を変えた女たち　高野澄著　祥伝社　1988.12　283p　15cm　（ノン・ポシェット）〈『権力を握った女』改題書〉　420円　①4-396-31021-8

◇歴史を生きた女たち　吉見周子著　同成社　1988.10　252p　19cm　1700円　①4-88621-056-2

◇聞き語り にっぽん女性「愛」史　杉本苑子著　講談社　1988.8　253p　19cm　1200円　①4-06-203821-8

◇室町抄, 覇権への道　南条範夫著　講談社　1988.8　505p　19cm　（日本歴史文学館 7）　2300円　①4-06-193007-9

◇秘密の日本史—梅干先生が描いた日本人の素顔　樋口清之著　祥伝社　1988.7　270p　15cm　（ノン・ポシェット）　420円　①4-396-31019-6

◇京・おんな絵物語　永井ひろし著　京都淡交社　1988.4　174p　19cm　（イラストリーガイド）　880円　①4-473-01037-6

◇世界金儲け談義　冨子勝久著　徳間書店　1988.3　413p　15cm　（徳間文庫）〈『古今東西かね談義』改題書〉　540円　①4-19-598482-3

◇日本中世の女性　田端泰子著　吉川弘文館　1987.10　292, 11p　19cm　（中世史研究選書）　2600円　①4-642-02652-5

◇江戸の娘　平岩弓枝著　角川書店　1987.7　277p　15cm　（角川文庫）　380円　①4-04-163006-1

◇サラリーマン日本史—山上憶良から夏目漱石まで　福田紀一著　旺文社　1987.5　253p　15cm　（旺文社文庫）　400円　①4-01-061691-1

◇江戸の娘　平岩弓枝著　東京文芸社　1986.7　285p　19cm　1000円　①4-8088-0036-5

◇日野富子—闘う女の肖像　吉村貞司著　中央公論社　1985.7　212p　18cm　（中公新書）　520円　①4-12-100771-9

◇京都大事典　佐和隆研ほか編集　京都淡交社　1984.11　1083, 91p　27cm　12000円　①4-473-00885-1

◇岡山人名事典　吉岡三平監修　岡山　日本文教出版　1978.2　466p　19cm

細川 政元
ほそかわ まさもと

文正元年(1466年)〜永正4年(1507年)6月23日　武将。室町幕府管領。幼名九郎。細川勝元の子。文明18年(1486年)以降4回管領に就任。応仁の乱では、明応2年(1493年)足利義知の子義澄を擁して対立していた畠山政長を滅ぼし、将軍足利義材を廃して義澄を将軍とするなどの工作により、幕府の実権を握る。修験道に凝り、政務を家臣に任せ、嗣子がなかったため、前関白九条政基の子澄之、ついで同族義春の子元澄、さらに政春の子高国を養子としたが、家臣間の争いおよび家督争いが激化し、香西元長に暗殺された。

*　　　　*　　　　*

◇人物を読む日本中世史—頼朝から信長へ　本郷和人著　講談社　2006.5　250p　19cm　（講談社選書メチエ）　1600円　①4-06-258361-5

◇戦国武将 あの人の顛末　中江克己著　青春出版社　2004.9　253p　15cm　（青春文庫）　571円　①4-413-09301-1

◇日本史 不肖の息子　森下賢一著　白水社　2003.10　244p　19cm　1900円　①4-

560-04990-4
◇角川日本姓氏歴史人物大辞典　26　京都市姓氏歴史人物大辞典　竹内理三ほか編纂　京都市姓氏歴史人物大辞典編纂委員会編著　角川書店　1997.9　909p　23cm　①4-04-002260-2
◇戦国大名系譜人名事典　西国編　山本大、小和田哲男編　新人物往来社　1986.1　563p　22cm　7500円　①4-404-01316-7
◇京都大事典　佐和隆研ほか編集　京都淡交社　1984.11　1083, 91p　27cm　12000円　①4-473-00885-1
◇戦国大名家臣団事典　西国編　山本大、小和田哲男編　新人物往来社　1981.8　414p　22cm　6800円
◇新潟県大百科事典　新潟日報事業社編　新潟　新潟日報事業社　1977.1～9　3冊（別巻とも）　27cm　全32000円

足利 義稙
あしかが よしたね

文正元年(1466年)～大永3年(1523年)
室町幕府第10代将軍。初名は義材(あしかがさき)。足利義政の弟義視の嫡男、母は日野政光の娘。義政の没後、日野富子に擁立されて将軍となるが、明応2年(1493年)細川政元に背かれて京都を追われる。永正5年(1508年)大内義興に奉ぜられて将軍に復活。細川高国を管領に任じたが、高国らと対立して近江に隠退、将軍を廃されて、のち阿波に移り同地で没した。将軍の在職期間は延徳2年から明応2年(1490～1493年)および永正5年から永正18年(1508～1521年)。諸国を流浪したため、"流れ公方"または"島公方"と呼ばれた。

＊　　＊　　＊

◇中世奇人列伝　今谷明著　草思社　2001.11　229p　19cm　1600円　①4-7942-1094-9
◇後鑑　第3篇　黒板勝美編　新装版　吉川弘文館　1999.1　1010p　21cm　（新訂増補 国史大系 第36巻）　11800円　①4-642-00339-8
◇角川日本姓氏歴史人物大辞典　26　京都市姓氏歴史人物大辞典　竹内理三ほか編纂　京都市姓氏歴史人物大辞典編纂委員会編著　角川書店　1997.9　909p　23cm　①4-04-002260-2
◇京都大事典　佐和隆研ほか編集　京都淡交社　1984.11　1083, 91p　27cm　12000円　①4-473-00885-1
◇山口県百科事典　山口県教育会編　大和書房　1982.4　1001, 45p　28cm　23000円

足利 義晴
あしかが よしはる

永正8年(1511年)～天文19年(1550年)5月4日
室町幕府第12代将軍。在職大永元年～天文15年(1521～1546年)。近江国(滋賀県)の人。幼名は亀王丸、法号は万松院。足利義澄の次男。大永元年(1521年)将軍義稙の淡路出奔後、管領細川高国に擁されて将軍となるが実権は殆どなく、大永7年(1527年)桂川の戦で高国が細川晴元軍に敗れると近江へ亡命し、各所を流寓。天文元年(1532年)細川晴元と和睦して将軍の権限を回復したが、細川氏の内紛のため地位は安定せず、その後も入京・逃亡を繰り返した。天文15年(1546年)義輝に将軍職を譲ったが、天文18年(1549年)三好長慶に京を追われ近江に出奔。以後も京都回復を目指すが、果たせず近江穴太(あのう)で客死した。

＊　　＊　　＊

◇表象としての美術、言説としての美術史―室町将軍足利義晴と土佐光茂の絵画　亀井若菜著　国立　ブリュッケ、星雲社〔発売〕　2003.12　307p　21cm　5000円　①4-434-03644-0
◇角川日本姓氏歴史人物大辞典　26　京都市姓氏歴史人物大辞典　竹内理三ほか編纂　京都市姓氏歴史人物大辞典編纂委員会編著　角川書店　1997.9　909p　23cm　①4-04-002260-2
◇中世の旅人たち　丸茂武重著　六興出版　1987.5　237p　19cm　1800円　①4-8453-8075-7
◇京都大事典　佐和隆研ほか編集　京都淡交社　1984.11　1083, 91p　27cm

12000円　Ⓘ4-473-00885-1
◇沖縄大百科事典　沖縄大百科事典刊行事務局編　那覇　沖縄タイムス社　1983.5　4冊　27cm　〈付(別冊 16p 26cm)：『沖縄大百科事典』の手引き 付(地図2枚)〉全55000円

斎藤 道三　さいとう どうさん

明応3年(1494年)？〜弘治2年(1556年)4月20日　武将。山城国(京都府)の人。藤原規秀、長井新九郎規秀、斎藤左近大夫利政などと称し、通称は勘九郎。道三は法名。父は土岐氏三奉行の一人・長井新左衛門尉(京都妙覚寺の僧で、還俗して美濃守護岐氏の家臣長井弥二郎に仕えて西村、のち長井と名のる)。天文2年(1533年)父の死により家督を継ぎ、翌年土岐氏の家臣長井景弘を討つ。天文4年(1535年)土岐頼芸を擁して美濃守護土岐頼武を追放し、土岐家の実権を握った。天文7年(1538年)守護代斎藤家の名跡を継ぎ、斎藤新九郎利政のち秀竜と改名して稲葉山城に拠る。国内は土岐一族の反抗、これと結ぶ隣国の朝倉・織田氏の侵入により混乱を続けたが、天文17年(1548年)娘の濃姫を織田信長に嫁がせて同盟を結び、天文21年(1552年)守護土岐頼芸を尾張に追放して美濃国主となる。のち剃髪して道三と号し家督を子の義竜に譲ったが、継嗣問題で義竜と対立し、長良川の合戦で敗死した。油商人から身を起こして美濃一国の主となったとされてきたが、古文書「六角承禎条書写」の発見により、美濃の国盗りは道三一代のものではなく、その父の長井新左衛門尉との父子二代にわたるものとする説が有力となっている。

◇古人往来　森銑三著, 小出昌洋編　中央公論新社　2007.9　307p　15cm　(中公文庫)　857円　Ⓘ978-4-12-204914-7
◇後継学―戦国父子に学ぶ　加来耕三著　時事通信出版局, 時事通信社〔発売〕　2006.12　301p　19cm　1800円　Ⓘ4-7887-0673-3
◇「名君」「暴君」大逆転の戦国史　新井喜美夫著　講談社　2005.12　201p　18cm　(講談社プラスアルファ新書)　800円　Ⓘ4-06-272351-4
◇検証 もうひとつの武将列伝　井沢元彦著　有楽出版社, 実業之日本社〔発売〕　2005.6　253p　19cm　1600円　Ⓘ4-408-59250-1
◇名将名城伝　津本陽著　PHP研究所　2005.6　280p　19cm　1500円　Ⓘ4-569-64187-3
◇戦国鉄仮面―実説・まむしの道三　9　八切止夫著, 縄田一男, 末国善己監修, 笹川吉晴解説　作品社　2003.1　238p　18cm　(八切意外史 9)　850円　Ⓘ4-87893-543-X

◇戦国武将 勝ち残りの戦略―状況を読みいかに闘うか　風巻絃一著　日本文芸社　2001.6　237p　18cm　(日文新書)　〈『戦国名将に学ぶ勝ち残りの戦略』再編集・改題書〉　686円　Ⓘ4-537-25057-7
◇光をかかげた人たち　1　西本鶏介編・著, 狩野富貴子絵　ポプラ社　2001.6　198p　21cm　(ひとり読みと読みきかせのための心を育てる偉人のお話)　980円　Ⓘ4-591-06822-6
◇武将たちの足跡をたどる―戦乱の世を生き、夢に散った男たち　マガジントップ編　山海堂　2000.4　159p　21cm　(私の創る旅 7)　1600円　Ⓘ4-381-10369-6
◇戦国武将まんだら―秘本三十六人伝　大栗丹後著　春陽堂書店　1999.8　244p　15cm　(春陽文庫)　486円　Ⓘ4-394-16136-3
◇司馬遼太郎の日本史探訪　司馬遼太郎著　角川書店　1999.6　318p　15cm　(角川文庫)　590円　Ⓘ4-04-129005-8
◇簒奪者　岩井三四二著　学習研究社

近畿

1999.4　330p　18cm　（歴史群像新書）
850円　①4-05-401070-9

◇もののふ　柴田錬三郎著　新潮社　1999.
1　375p　15cm　（新潮文庫）　552円
①4-10-115048-6

◇おのれ筑前、我敗れたり　南条範夫著
文芸春秋　1998.11　276p　19cm　1714
円　①4-16-318120-2

◇斎藤道三─物語と史蹟をたずねて　土橋
治重著　成美堂出版　1997.6　302p
15cm　（成美文庫）　543円　①4-415-
06469-8

◇戦国の武将三十人　桑田忠親著　新人物
往来社　1996.8　254p　19cm　〈『武将伝
戦国の史話』改題書〉　2500円　①4-404-
02364-2

◇斎藤道三　横山住雄著　〔各務原〕　濃尾
歴史研究所　1994.10　227p　21cm

◇京都大事典　府域編　京都　淡交社
1994.3　696,39p　27cm　〈監修：上田
正昭,吉田光邦〉　12000円　①4-473-
01327-8

◇こんな男が乱世に勝つ─戦国武将に学ぶ
早乙女貢著　広済堂出版　1993.3　251p
18cm　（広済堂ブックス）　780円　①4-
331-00599-2

◇歴史にみるビジネスマンの原理・原則─
創造的な判断力を磨く　新井喜美夫著
総合法令　1992.12　235p　19cm　（原
理・原則シリーズ）　1500円　①4-89346-
207-5

◇斎藤道三　高橋和島著　青樹社　1992.6
268p　19cm　（青樹社戦国武将シリーズ）
1400円　①4-7913-0708-9

◇斎藤道三─美濃戦国伝「虹の城」　岸宏子
著　〔新装版〕　名古屋　エフエー出版
1992.3　236p　19cm　1500円　①4-
87208-022-X

◇斎藤道三　司馬遼太郎著　新潮社　1991.
12　446p　21cm　（国盗り物語　前編）
2500円　①4-10-309733-7

◇群雄割拠編　桑田忠親著　秋田書店
1989.10　254p　19cm　（新編　日本武将
列伝 3）　1250円　①4-253-00364-8

◇岐阜県　ぎょうせい　1988.8　71p
30cm　（ビジュアルワイド　新日本風土記
21）　2000円　①4-324-01092-7

◇早雲と道三　小学館　1988.4　286p
15cm　（戦国・覇者の戦略 1）　580円
①4-09-401001-7

◇戦国武将名言集　桑田忠親著　広済堂出
版　1987.11　250p　15cm　（広済堂文
庫）　400円　①4-331-65026-X

◇戦国武将を支えた信仰─生死を超越した
不退転の決意　風巻絃一著　日本文芸社
1987.10　241p　19cm　980円　①4-537-
02076-8

◇歴史のなかの下剋上　嶋岡晨著　名著刊
行会　1986.11　304p　19cm　1500円
①4-8390-0228-0

◇戦国大名系譜人名事典　東国編　山本大,
小和田哲男編　新人物往来社　1985.11
555p　22cm　〈付：参考文献〉　7500円
①4-404-01293-4

◇斎藤道三　桑田忠親著　講談社　1983.9
246p　15cm　（講談社文庫）　340円
①4-06-183097-X

◇郷土歴史人物事典岐阜　吉岡勲編著　第
一法規出版　1980.12　245p　19cm
1400円

◇斎藤道三文書之研究　松田亮著　岐阜
松田亮　1974　172p　21cm　1500円

◇斎藤道三　桑田忠親著　新人物往来社
1973　235p　20cm　780円

◇斎藤道三と稲葉山城史　村瀬茂七著　雄
山閣　1973　232p　図　22cm　（雄山閣歴
史選書 14）　〈付：図1枚〉　1500円

◇斎藤道三─物語と史蹟をたずねて　土橋
治重著　成美堂出版　1972　221p　肖像
19cm　500円

◇岐阜県百科事典　岐阜県百科事典制作委
員会著　岐阜　岐阜日日新聞社　1968
2冊　27cm　11500円

足利 義輝
あしかが よしてる

天文5年(1536年)～永禄8年(1565年)5月19日

室町幕府第13代将軍。在職天文15年〜永禄8年(1546〜1565年)。幼名は菊童丸、初名は義藤、法号は光源院。12代将軍足利義晴の長男、母は近衛尚通の娘。天文15年(1546年)六角定頼の加冠で将軍に任官したが、細川晴元、三好長慶との対立抗争のためしばしば京都を逃れ、天文22年(1553年)から5年余は近江朽木谷へ亡命。永禄元年(1558年)六角義賢の仲介で長慶と和睦し帰洛したが、三好・松永氏らの勢力が強く将軍の勢力範囲は京都周辺に限られた。義輝は将軍職の傀儡化を嫌い、織田信長ら諸大名の力を利用して権威回復を画策。三好・松永両氏の忌むところとなり、松永久秀に急襲されて自害した。

＊　＊　＊

◇戦国武将 あの人の顛末　中江克己著　青春出版社　2004.9　253p　15cm　(青春文庫)　571円　①4-413-09301-1
◇完訳フロイス日本史—織田信長篇　将軍義輝の最期および自由都市堺　ルイス・フロイス著, 松田毅一, 川崎桃太訳　中央公論新社　2000.1　382p　15cm　(中公文庫)　1143円　①4-12-203578-3
◇角川日本姓氏歴史人物大辞典　26　京都市姓氏歴史人物大辞典　竹内理三ほか編纂　京都市姓氏歴史人物大辞典編纂委員会編著　角川書店　1997.9　909p　23cm　①4-04-002260-2
◇戦国余情　福島忠利著　古川書房　1987.4　280p　19cm　1800円　①4-89236-258-1
◇京都大事典　佐和隆研ほか編集　京都淡交社　1984.11　1083, 91p　27cm　12000円　①4-473-00885-1

浅井 長政
あさい ながまさ

天文14年(1545年)〜天正元年(1573年)8月28日武将。近江国(滋賀県)の人。幼名賢政、通称新九郎、備前守。浅井久政の子。永禄3年(1560年)家督をついで近江小谷城主となる。永禄11年(1568年)織田信長と結んで六角義賢を破り、近江北部を中心に勢力を得て戦国大名としての地位を固める。信長の妹お市を妻として友好を結んだが、元亀元年(1570年)以後信長と敵対するようになり、越前の朝倉義景と結んだものの、織田・徳川連合軍に近江姉川で大敗し、小谷城を攻められて自刃した。

＊　＊　＊

◇浅井氏三代　宮島敬一著　新装版　吉川弘文館　2008.2　289p　19cm　(人物叢書)　2100円　①978-4-642-05244-3
◇戦国武将おどろきの真実—乱世の英雄にまつわるウソのようなホントの話　歴史雑学探究倶楽部編　学習研究社　2006.1　95p　26cm　905円　①4-05-402999-X
◇近江浅井氏の研究　小和田哲男著　大阪清文堂出版　2005.4　342p　21cm　7500円　①4-7924-0579-3
◇湖国の王者 浅井長政　山中正英著　新風舎　2005.1　362p　19cm　1900円　①4-7974-5523-3
◇乱世を生きぬいた漢たち 戦国武将55の名言　秋庭道博著　学習研究社　2001.12　230p　15cm　(学研M文庫)　530円　①4-05-901098-7
◇死して残せよ虎の皮—浅井長政正伝　鈴木輝一郎著　徳間書店　2000.7　409p　19cm　1900円　①4-19-861206-4
◇日本人の死生観—時代のヒーローたちのみごとな生きざま死にざま　志村有弘著　ニュートンプレス　1998.11　278p　19cm　(ニュートンプレス選書)　1400円　①4-315-51501-9
◇愛憎—ライバル日本史　3　NHK取材班編　角川書店　1996.10　280p　15cm　(角川文庫)　500円　①4-04-195420-7
◇戦国の武将三十人　桑田忠親著　新人物往来社　1996.8　254p　19cm〈『武将伝戦国の史話』改題書〉　2500円　①4-404-02364-2
◇城塞—その攻防秘史　新宮正春著　講談社　1993.11　336p　19cm　1800円　①4-06-206625-4
◇京都事典　村井康彦編　東京堂出版　1993.10　495p　21cm　〈新装版〉　2900円　①4-490-10355-7
◇歴史を変えた野望の戦国史—国盗りに賭けた勇将たちの決断　寺林峻著　日本文

近畿

芸社　1993.5　251p　15cm　(にちぶん文庫)　480円　①4-537-06223-1

◇信長に「反逆」した男たち　萩尾農編　教育書籍　1992.7　271p　19cm　1700円　①4-317-60066-7

◇謎の人物日本史―謀略・事件・騒動の驚くべき舞台裏　桑田忠親著　広済堂出版　1992.2　249p　18cm　(広済堂ブックス)　780円　①4-331-00555-0

◇浅井長政の決断―賢愚の岐路　笹沢左保著　角川書店　1990.10　406p　15cm　(角川文庫)〈『華麗なる地平線』改題書〉　560円　①4-04-130666-3

◇浅井長政　徳永真一郎著　光文社　1990.4　404p　15cm　(光文社時代小説文庫)　520円　①4-334-71131-6

◇乱世統一編　桑田忠親著　秋田書店　1989.10　238p　19cm　(新編　日本武将列伝 4)　1500円　①4-253-00365-6

◇寝返りの戦国史―「裏切り」に生死を賭けた男たちの光と影　寺林峻著　日本文芸社　1988.10　237p　19cm　(舵輪ブックス)　730円　①4-537-02119-5

◇史談家康の周囲―歴史随想集　山岡荘八著　光文社　1987.10　292p　16cm　(光文社文庫)　420円　①4-334-70622-3

◇戦国武将の謎―日本史の旅　駒敏郎著　祥伝社　1986.9　221p　15cm　(ノン・ポシェット)　380円　①4-396-31009-9

◇戦国大名系譜人名事典　西国編　山本大, 小和田哲男編　新人物往来社　1986.1　563p　22cm　7500円　①4-404-01316-7

◇滋賀県百科事典　滋賀県百科事典刊行会編　大和書房　1984　877p　28cm　〈年表：p.〔775〕-786　主要参考図書目録：p.〔805〕-820〉　①4-479-90012-8

◇郷土歴史人物事典滋賀　渡辺守順著　第一法規出版　1979.7　219p　19cm　1300円

松永 久秀　まつなが ひさひで

　永正7年(1510年)～天正5年(1577年)10月10日　武将。大和国(奈良県)の人とされるが出自は不明な点が多い。通称は弾正少弼。初め藤原氏を称し、永禄4年(1561年)以後源氏を称する。天文2～3年(1533～1534年)頃から細川晴元の執事・三好長慶に仕える。天文22年(1553年)長慶が畿内をほぼ平定すると摂津滝山城の城主となり、西摂・播磨方面の軍政を担当したが、久秀は在京して訴訟事務に専念。永禄2年(1559年)大和信貴山城主となり、翌年大和全域を統一。永禄5年(1562年)奈良多聞山に築城し、数百年に及ぶ興福寺の大和支配に終止符を打つ。永禄6年(1563年)長慶の子義興が急死し(久秀による毒殺説もあり)、翌年長慶が没すると三好三人衆と共に嗣子義継を後見して三好家の実権を握る。永禄8年(1565年)には三好氏と対立する将軍足利義輝を暗殺し、三人衆政権は専横を極めたが、やがて主導権を争う三人衆と久秀の対立が激化。永禄10年(1567年)筒井順慶、三人衆と奈良に戦い、抗争の中で東大寺大仏殿が炎上した。永禄11年(1568年)美濃から入京した織田信長に降伏。大和一国が安堵されたが、元亀2年(1571年)密かに武田晴信に通じ、天正元年(1573年)には将軍義昭とも同盟して信長より離反し、多聞城から信貴山に居を移す。同年幕府の崩壊、三好義継の敗死により信長に帰服。天正5年(1577年)8月再び信貴山城に拠って信長に抗したが、織田軍の猛攻を受け同年10月自害。下克上の典型的人物と評される。

◇豪快茶人伝　火坂雅志著　角川学芸出版, 角川グループパブリッシング〔発売〕　2008.1　313p　15cm　(角川文庫)〈『茶の湯事件簿』加筆・修正・改題書〉　667円　①978-4-04-407801-0

◇戦国武将の生命懸け損益計算書―人生の

岐路に彼らはどう対処したか　加来耕三著　土屋書店　2007.11　203p　18cm（知の雑学新書）　800円　①978-4-8069-0946-0

◇器量人の研究　童門冬二著　PHP研究所　2007.9　256p　15cm（PHP文庫）〈『男子豹変のすすめ』改題書〉　552円　①978-4-569-66928-1

◇仮想 茶会潜入記―時空を超えた茶人の彷徨　谷晃著　京都 淡交社　2007.7　253p　19cm　1600円　①978-4-473-03424-3

◇松永久秀の真実―戦国ドキュメント　藤岡周三著　文芸社　2007.3　270p　20cm　〈文献あり〉　1500円　①978-4-286-02470-7

◇敗者の条件　会田雄次著　改版　中央公論新社　2007.2　222p　15cm（中公文庫）　590円　①978-4-12-204818-8

◇悪人列伝―近世篇　海音寺潮五郎著　新装版　文芸春秋　2007.1　285p　15cm（文春文庫）　543円　①978-4-16-713550-8

◇図解 日本史「悪役」たちの言い分―視点を変えればワルも善玉　岳真也著　PHP研究所　2006.12　119p　26cm　952円　①4-569-65715-X

◇信長の家臣団―「天下布武」を支えた武将34人の記録　樋口晴彦著　学習研究社　2005.9　362p　15cm（学研M文庫）　648円　①4-05-901174-6

◇検証 もうひとつの武将列伝　井沢元彦著　有楽出版社, 実業之日本社〔発売〕　2005.6　253p　19cm　1600円　①4-408-59250-1

◇戦国武将の遺言36選　歴史探訪研究の会編　リイド社　2005.6　254p　15cm（リイド文庫）　476円　①4-8458-2779-4

◇戦国茶闘伝―天下を制したのは、名物茶道具だった　三宅孝太郎著　洋泉社　2004.5　215p　18cm（新書y）　720円　①4-89691-817-7

◇日本史「悪役」たちの言い分―視点を変えればワルも善玉　岳真也著　PHP研究所　2003.12　275p　15cm（PHP文庫）〈『言い分の日本史』改題書〉　619円　①4-569-66088-6

◇歴史にみる「勝つリーダー、負けるリーダー」―何が明暗を分けるのか　岡本好古著　PHP研究所　2003.3　237p　15cm（PHP文庫）〈『「勝利」へのマネジメント』改題書〉　495円　①4-569-57921-3

◇戦国興亡 武将たちの進退　戸部新十郎著　PHP研究所　2000.10　249p　15cm（PHP文庫）〈『男の点描』改題書〉　514円　①4-569-57460-2

◇歴史に学ぶ「叛逆者」の人生哲学　早乙女貢著　集英社　2000.5　270p　15cm（集英社文庫）　476円　①4-08-747169-1

◇男子豹変のすすめ―歴史に学ぶ現状突破のヒント　童門冬二著　PHP研究所　1999.9　252p　18cm（PHPビジネスライブラリー）　1143円　①4-569-60785-3

◇戦国武将まんだら―秘本三十六人伝　大栗丹後著　春陽堂書店　1999.8　244p　15cm（春陽文庫）　486円　①4-394-16136-3

◇松永弾正　上　戸部新十郎著　読売新聞社　1998.9　325p　20cm　1700円　①4-643-98077-X

◇松永弾正　下　戸部新十郎著　読売新聞社　1998.9　305p　20cm　1700円　①4-643-98078-8

◇角川日本姓氏歴史人物大辞典　26　京都市姓氏歴史人物大辞典　竹内理三ほか編纂　京都市姓氏歴史人物大辞典編纂委員会編著　角川書店　1997.9　909p　23cm　①4-04-002260-2

◇戦国の武将三十人　桑田忠親著　新人物往来社　1996.8　254p　19cm〈『武将伝 戦国の史話』改題書〉　2500円　①4-404-02364-2

◇松永弾正久秀　黒部亨著　PHP研究所　1996.5　306p　19cm　1700円　①4-569-55173-4

◇おかしな大名たち　神坂次郎著　中央公論社　1995.11　401p　15cm（中公文庫）　800円　①4-12-202465-X

◇男の点描―戦国武将生死の一瞬　戸部新

十郎著　毎日新聞社　1995.5　246p　19cm　1300円　Ⓝ4-620-10518-X

◇織田信長家臣人名辞典　谷口克広著　吉川弘文館　1995.1　495,7p　23cm〈監修：高木昭作　参考文献：p483～495〉7210円　ⓃA4-642-02743-2

◇男の「引き際」の研究—"新しい自分"に生まれ変わる意識革命の法　童門冬二著　大和出版　1994.7　206p　19cm〈『男の真価は「出処進退」で決まる』改題書〉1350円　ⓃA4-8047-1318-2

◇徳島県人名事典　徳島　徳島新聞社　1994.6　2冊(別冊とも)　27cm〈別冊(384p)：徳島県歴史人物鑑〉　32000円　ⓃA4-88606-022-6

◇応仁の乱から朝鮮出兵まで　渡部昇一著　PHP研究所　1994.4　269p　19cm（日本史の真髄）　1500円　ⓃA4-569-54275-1

◇危機を乗り切るここ一番の決断力　百瀬明治著　ベストセラーズ　1993.12　271p　18cm（ベストセラーシリーズ・ワニの本　880）　820円　ⓃA4-584-00880-9

◇京都事典　村井康彦編　東京堂出版　1993.10　495p　21cm〈新装版〉2900円　ⓃA4-490-10355-7

◇日本史を揺るがした反逆者の野望—野望を貫く男たちの闘いと決断！　寺林峻著　日本文芸社　1993.8　237p　15cm（にちぶん文庫）　480円　ⓃA4-537-06229-0

◇こんな男が乱世に勝つ—戦国武将に学ぶ　早乙女貢著　広済堂出版　1993.3　251p　18cm（広済堂ブックス）　780円　ⓃA4-331-00599-2

◇乱世、夢幻の如し　上　津本陽著　プレジデント社　1992.12　344p　19cm　1500円　ⓃA4-8334-1471-6

◇乱世、夢幻の如し　下　津本陽著　プレジデント社　1992.12　316p　19cm　1500円　ⓃA4-8334-1472-4

◇武将に学ぶ苦境からの脱出　松本幸夫著　総合ライフ出版　1992.11　227p　19cm　1500円　ⓃA4-88311-029-X

◇信長に「反逆」した男たち　萩尾農編　教育書籍　1992.7　271p　19cm　1700円　ⓃA4-317-60066-7

◇山梨百科事典　山梨日日新聞社編　増補改訂版　甲府　山梨日日新聞社　1992.7　1068,198p　27cm〈創刊120周年記念版〉

◇日本仏教人名辞典　日本仏教人名辞典編纂委員会編　京都　法蔵館　1992.1　887,117p　26cm〈法蔵館140年(丁字屋370年)創業記念出版〉25000円　ⓃA4-8318-7007-2

◇非情の戦国史—勝利と挫折の人間模様　南条範夫著　大陸書房　1991.11　247p　15cm（大陸文庫）　530円　ⓃA4-8033-3774-8

◇叛　綱淵謙錠著　悠思社　1991.10　235p　19cm　1500円　ⓃA4-946424-01-6

◇戦国武将　誰も知らない苦労話　桑田忠親著　三笠書房　1991.9　248p　15cm（知的生きかた文庫）　450円　ⓃA4-8379-0466-1

◇村雨の首—歴史小説集　沢田ふじ子著　広済堂出版　1991.2　291p　19cm　1400円　ⓃA4-331-50316-X

◇戦国武将の本領　戸部新十郎著　読売新聞社　1991.1　268p　19cm　1300円　ⓃA4-643-90116-0

◇茶道人物辞典　原田伴彦編　柏書房　1991.1　290,22p　22cm〈新装版〉4944円　ⓃA4-7601-0620-0

◇滅びの将—信長に敗れた男たち　羽山信樹著　新人物往来社　1990.9　279p　19cm　1400円　ⓃA4-404-01755-3

◇歴史の仕掛人—日本黒幕列伝　童門冬二著　読売新聞社　1990.9　296p　19cm　1300円　ⓃA4-643-90073-3

◇おかしな大名たち　神坂次郎著　中央公論社　1990.6　316p　19cm　1500円　ⓃA4-12-001937-3

◇悪霊—松永弾正久秀　早乙女貢著　新潮社　1989.6　665p　15cm（新潮文庫）640円　ⓃA4-10-115511-9

◇「裏切り」の研究—謀略のバランスシート　新井英生著　政界往来社　1988.3　244p　19cm　1300円　ⓃA4-915303-28-4

◇「バサラ人間」待望論—人生、意気に感ずる生き方・21項　童門冬二著　大和出

版　1987.9　202p　19cm　1200円
　①4-8047-1111-2
◇反逆の日本史　原田伴彦著　河出書房新社　1987.6　261p　15cm　(河出文庫)　460円　①4-309-47111-0
◇戦国おもしろ読本─武将の謎・逸話・真実　桑田忠親著　広済堂出版　1987.5　265p　15cm　(広済堂文庫)　400円　①4-331-65020-0
◇戦国武将ビジネス読本─統率力と戦略　南条範夫著　広済堂出版　1987.5　239p　15cm　(広済堂文庫)　400円　①4-331-65019-7
◇戦国余情　福島忠利著　古川書房　1987.4　280p　19cm　1800円　①4-89236-258-1
◇風雅と遊心　古田紹欽著　春秋社　1987.4　247p　19cm　1800円　①4-393-13615-2
◇野望将軍　上　笹沢左保著　集英社　1986.12　327p　15cm　(集英社文庫)　460円　①4-08-749167-6
◇野望将軍　下　笹沢左保著　集英社　1986.12　313p　15cm　(集英社文庫)　460円　①4-08-749168-4
◇戦国権謀　早乙女貢著　東京文芸社　1986.10　401p　19cm　1200円　①4-8088-3163-5
◇戦国大名系譜人名事典　西国編　山本大, 小和田哲男編　新人物往来社　1986.1　563p　22cm　7500円　①4-404-01316-7
◇京都大事典　佐和隆研ほか編集　京都淡交社　1984.11　1083, 91p　27cm　12000円　①4-473-00885-1
◇兵庫県大百科事典　神戸　神戸新聞出版センター　1983.10　2冊　30cm　〈企画：神戸新聞創刊85周年記念兵庫県大百科事典刊行委員会〉　全49000円
◇郷土歴史人物事典奈良　乾健治著　第一法規出版　1981.10　246p　19cm　1500円
◇戦国大名家臣団事典　西国編　山本大, 小和田哲男編　新人物往来社　1981.8　414p　22cm　6800円

◇徳島県百科事典　徳島新聞社調査事業局編　徳島　徳島新聞社　1981.1　1051p　27cm　20000円

別所 長治
べっしょ ながはる

永禄元年(1558年)〜天正8年(1580年)1月17日
武将。播磨三木城主。播磨国(兵庫県)の人。通称は小三郎。播磨国守護赤松氏の一族別所長勝の子。祖父則治より三木城を本拠に東播磨に勢をはった。初め中国地方進出を狙う織田信長に属したが、天正6年(1578年)毛利氏と結んで離反して、中国征伐の羽柴(豊臣)秀吉を妨害。そのため2年間に渡って秀吉軍に包囲を続けられて兵糧が尽き、天正8年(1580年)1月17日、家臣の助命を条件に弟友之と共に自害した。三木城籠城戦は後に"三木の干殺し"と称された。

　　　　＊　　＊　　＊

◇戦国の武将別所長治公─岸本城跡の唐戸に祀る　野坂勉編纂　〔岸本町(鳥取県)〕〔野坂勉〕　1997.8　28p　26cm　非売品
◇織田信長家臣人名辞典　谷口克広著　吉川弘文館　1995.1　495, 7p　23cm　〈監修：高木昭作　参考文献：p483〜495〉　7210円　①4-642-02743-2
◇滅びの将─信長に敗れた男たち　羽山信樹著　新人物往来社　1990.9　279p　19cm　1400円　①4-404-01755-3
◇戦国大名系譜人名事典　西国編　山本大, 小和田哲男編　新人物往来社　1986.1　563p　22cm　7500円　①4-404-01316-7
◇兵庫県大百科事典　神戸　神戸新聞出版センター　1983.10　2冊　30cm　〈企画：神戸新聞創刊85周年記念兵庫県大百科事典刊行委員会〉　全49000円
◇兵庫県人物事典　上巻　神戸　のじぎく文庫　1966　222p　図版　19cm

中川 清秀
なかがわ きよひで

天文11年(1542年)〜天正11年(1583年)
武将。摂津国(大阪府)の人。中川重清の子。幼

近畿

名は虎之助。通称は瀬兵衛。池田勝正に仕えたのち、織田信長に仕え、一族の荒木村重の配下として摂津茨木城主となる。天正6年(1578年)荒木村重が織田信長に背くと、信長に帰順して村重を攻め功をあげた。天正10年(1582年)本能寺の変の後は、豊臣秀吉に仕えた。山崎の戦では先鋒をつとめ明智光秀を破った。賤ヶ岳の戦いでは大岩山に陣したが、柴田勝家勢の将佐久間盛政の奇襲にあい討死した。

* * *

◇信長の家臣団―「天下布武」を支えた武将34人の記録　樋口晴彦著　学習研究社　2005.9　362p　15cm　〈学研M文庫〉　648円　Ⓘ4-05-901174-6

◇日本史 泣かせるいい話―本当にあった胸を打つ人間ドラマ　後藤寿一著　河出書房新社　1999.12　221p　15cm　(KAWADE夢文庫)　476円　Ⓘ4-309-49319-X

◇大阪墓碑人物事典　近松誉文著　大阪東方出版　1995.11　310p　20cm　2900円　Ⓘ4-88591-458-2

◇織田信長家臣人名辞典　谷口克広著　吉川弘文館　1995.1　495,7p　23cm　〈監修：高木昭作　参考文献：p483〜495〉　7210円　Ⓘ4-642-02743-2

◇戦国大名家臣団事典　西国編　山本大,小和田哲男編　新人物往来社　1981.8　414p　22cm　6800円

池田 恒興
いけだ つねおき

天文5年(1536年)〜天正12年(1584年)

武将。摂津国池田(大阪府)の人。通称は庄三郎(勝三郎)、号は庄入(勝入)、名は信輝とも。池田恒利の子で、母は織田信長の乳母養徳院。幼少より織田信長に仕え、諸征服戦で功をたてる。天正8年(1580年)摂津の荒木一党を攻め、荒木村重の没落後、信長から同国内に10万石を与えられる。天正10年(1582年)本能寺の変で信長亡き後は豊臣秀吉に仕え、山崎の戦いで明智光秀を討ち、天正11年(1583年)織田信雄について賤ヶ岳の戦いで功をあげて美濃大垣城主13万石となった。天正12年(1584年)信雄・徳川家康と秀吉と

争うと秀吉方につき、小牧・長久手の戦いで家康軍の急襲により長男之助と共に戦死。

* * *

◇信長の家臣団―「天下布武」を支えた武将34人の記録　樋口晴彦著　学習研究社　2005.9　362p　15cm　〈学研M文庫〉　648円　Ⓘ4-05-901174-6

◇織田信長家臣人名辞典　谷口克広著　吉川弘文館　1995.1　495,7p　23cm　〈監修：高木昭作　参考文献：p483〜495〉　7210円　Ⓘ4-642-02743-2

◇岡山県歴史人物事典　岡山県歴史人物事典編纂委員会編　岡山　山陽新聞社　1994.10　1254p　27cm　Ⓘ4-88197-509-9

◇茶道人物辞典　原田伴彦編　柏書房　1991.1　290,22p　22cm　〈新装版〉　4944円　Ⓘ4-7601-0620-0

◇乱世統一編　桑田忠親著　秋田書店　1989.10　238p　19cm　(新編 日本武将列伝 4)　1500円　Ⓘ4-253-00365-6

◇鳥取県大百科事典　新日本海新聞社鳥取県大百科事典編集委員会編　鳥取　新日本海新聞社　1984.11　1101,74p　図版16枚　27cm　〈折り込図1枚〉　30000円

◇兵庫県大百科事典　神戸　神戸新聞出版センター　1983.10　2冊　30cm　〈企画：神戸新聞創刊85周年記念兵庫県大百科事典刊行委員会〉　全49000円

◇岡山人名事典　吉岡三平監修　岡山　日本文教出版　1978.2　466p　19cm

◇愛知百科事典　中日新聞社開発局編　名古屋　中日新聞本社　1977.1　977p　27cm　15000円

◇岐阜県百科事典　岐阜県百科事典制作委員会著　岐阜　岐阜日日新聞社　1968　2冊　27cm　11500円

筒井 順慶
つつい じゅんけい

天文18年(1549年)〜天正12年(1584年)

武将。大和国(奈良県)の人。大和筒井城主順昭の子。幼名は藤勝。天文19年(1550年)家督をつ

ぎ、興福寺衆徒の棟梁として大和一円に勢力を誇った。松永久秀に敗れたが、織田信長に仕え、大和一国を与えられ、天正8年(1580年)郡山城を築く。また興福寺衆徒として法印に叙せられた。天正10年(1582年)本能寺の変後に明智光秀に誘われたが応じず、山崎の戦いで形勢を見て秀吉側に寝返ったことから"洞ヶ峠の順慶"の汚名をきせられたが、これよって秀吉に領国は安堵された。謡曲や茶の湯にも優れ、"筒井筒"の茶碗を所有していたことで知られる。

＊　　＊　　＊

◇名城と合戦の日本史　小和田哲男著　新潮社　2007.5　217p　19cm　(新潮選書)　1100円　①978-4-10-603580-7

◇戦国武将の意外なウラ事情―英雄たちの「秘められた事実」　日本博学倶楽部著　PHP研究所　2004.6　276p　15cm　(PHP文庫)　571円　①4-569-66199-8

◇目からウロコの戦国時代―史料から読み解く武将たちの真相　谷口克広著　PHP研究所　2003.9　278p　15cm　(PHP文庫)　619円　①4-569-66033-9

◇順慶と筒井城を語る　大和郡山市教育委員会編　大和郡山　大和郡山市教育委員会　2000.12　34p　30cm　(こおりやま歴史フォーラム資料　第6回)　〈年表あり〉

◇目からウロコの戦国時代―史料から読み解く、武将たちの本当の舞台裏　谷口克広著　PHPエディターズ・グループ，PHP研究所〔発売〕　2000.12　237p　19cm　1350円　①4-569-61335-7

◇大阪人物辞典　三善貞司編　大阪　清文堂出版　2000.11　1304, 70p　23cm　16000円　①4-7924-0499-1

◇本能寺の変―戦史ドキュメント　高柳光寿著　学習研究社　2000.11　199p　15cm　(学研M文庫)　500円　①4-05-901003-0

◇わが千年の男たち　永井路子著　文芸春秋　1998.12　273p　15cm　(文春文庫)　448円　①4-16-720039-2

◇筒井順慶―勝機を見ぬいた知将　風野真知雄著　PHP研究所　1996.7　415p　15cm　(PHP文庫)　720円　①4-569-56913-7

◇わが千年の男たち　永井路子著　文芸春秋　1995.10　276p　18cm　1300円　①4-16-350790-6

◇織田信長家臣人名辞典　谷口克広著　吉川弘文館　1995.1　495, 7p　23cm　〈監修：高木昭作　参考文献：p483～495〉　7210円　①4-642-02743-2

◇大和武士　奈良県史編集委員会編　名著出版　1993.5　676, 7p　21cm　(奈良県史　第11巻)　8900円　①4-626-01461-5

◇歴史を変えた野望の戦国史―国盗りに賭けた勇将たちの決断　寺林峻著　日本文芸社　1993.5　251p　15cm　(にちぶん文庫)　480円　①4-537-06223-1

◇日本仏教人名辞典　日本仏教人名辞典編纂委員会編　京都　法蔵館　1992.1　887, 117p　26cm　〈法蔵館140年(丁字屋370年)創業記念出版〉　25000円　①4-8318-7007-2

◇城下町にねむる群像の野望　戸部新十郎, 小林久三, 篠田達明, 田中誠三郎, 安西篤子, 釖川兼光, 片岡文雄著　ぎょうせい　1991.5　223p　19cm　(ふるさと歴史舞台　2)　2000円　①4-324-02510-X

◇戦国武将の野望―乱世に命を賭けた男たち　早乙女貢著　大陸書房　1991.3　262p　15cm　(大陸文庫)　540円　①4-8033-3236-3

◇茶道人物辞典　原田伴彦編　柏書房　1991.1　290, 22p　22cm　〈新装版〉　4944円　①4-7601-0620-0

◇寝返りの戦国史―「裏切り」に生死を賭けた男たちの光と影　寺林峻著　日本文芸社　1988.10　237p　19cm　(舵輪ブックス)　730円　①4-537-02119-5

◇戦国武将に学ぶ決断の時　玉木重輝著　鈴木出版　1988.7　252p　19cm　1400円　①4-7902-9010-7

◇新大和軍記―青垣の攻防　杜青甦著　京都　晃洋書房　1988.4　594p　19cm　2000円　①4-7710-0398-X

◇あの榎さんの魅力人生爽快学―損な性分のあなたに贈る100話　榎本勝起著　大

和出版　1986.5　235p　19cm　1000円　①4-8047-1085-X
◇戦国大名系譜人名事典　西国編　山本大、小和田哲男編　新人物往来社　1986.1　563p　22cm　7500円　①4-404-01316-7
◇筒井順慶とその一族　籔景三著　新人物往来社　1985.8　242p　20cm　〈筒井順慶関係年表・順慶死後、定次関係年表・参考文献：p234～240〉　2000円　①4-404-01281-0
◇郷土歴史人物事典奈良　乾健治著　第一法規出版　1981.10　246p　19cm　1500円

荒木 村重
あらき むらしげ

天文5年(1536年)～天正14年(1586年)

武将。茶人。摂津国(大阪府)の人。通称は弥介。号は道薫。初め摂津池田城主池田勝政に属したが、天正元年(1573年)織田信長に仕える。翌年伊丹城を領して摂津を支配。石山本願寺攻めや豊臣秀吉の中国地方攻略で活躍したが、天正6年(1578年)信長に背いて石山本願寺と結び、伊丹城に籠ったが敗れて畿内を放浪。毛利氏を頼った後、剃髪して茶を千利休に学び、茶道に専念。"利休七哲"の一人に数えられ、茶人として知られるようになった。

　　　　*　　　*　　　*

◇豪快茶人伝　火坂雅志著　角川学芸出版、角川グループパブリッシング〔発売〕　2008.1　313p　15cm　〈角川文庫〉〈『茶の湯事件簿』加筆・修正・改題書〉　667円　①978-4-04-407801-0
◇信長の家臣団—「天下布武」を支えた武将34人の記録　樋口晴彦著　学習研究社　2005.9　362p　15cm　〈学研M文庫〉　648円　①4-05-901174-6
◇親と子の日本史　上　産経新聞取材班著　産経新聞ニュースサービス、扶桑社〔発売〕　2004.6　318p　15cm　〈扶桑社文庫〉　667円　①4-594-04674-6
◇戦国茶闘伝—天下を制したのは、名物茶道具だった　三宅孝太郎著　洋泉社　2004.5　215p　18cm　〈新書y〉　720円　①4-89691-817-7
◇完全保存版　戦国なるほど人物事典—100人のエピソードで戦国史がよくわかる！　泉秀樹著　PHP研究所　2004.2　111p　26cm　952円　①4-569-63328-5
◇親と子の日本史　産経新聞取材班著　産経新聞ニュースサービス、扶桑社〔発売〕　2001.3　381p　21cm　1714円　①4-594-03068-8
◇荒木村重研究序説—戦国の将村重の軌跡とその時代　瓦田昇著　福岡　海鳥社　1998.6　541p　22cm　8000円　①4-87415-222-8
◇荒木村重—命惜しゅうて候　黒部亨著　PHP研究所　1996.6　501p　15cm　(PHP文庫)〈『荒木村重 惜命記』改題書〉　820円　①4-569-56904-8
◇織田信長家臣人名辞典　谷口克広著　吉川弘文館　1995.1　495,7p　23cm　〈監修：高木昭作　参考文献：p483～495〉　7210円　①4-642-02743-2
◇兵庫頭の叛乱　神坂次郎著　毎日新聞社　1993.7　248p　19cm　1500円　①4-620-10476-0
◇信長に「反逆」した男たち　萩尾農編　教育書籍　1992.7　271p　19cm　1700円　①4-317-60066-7
◇茶道人物辞典　原田伴彦編　柏書房　1991.1　290,22p　22cm　〈新装版〉　4944円　①4-7601-0620-0
◇滅びの将—信長に敗れた男たち　羽山信樹著　新人物往来社　1990.9　279p　19cm　1400円　①4-404-01755-3
◇歴史随筆　男の流儀　津本陽著　PHP研究所　1990.8　224p　19cm　1300円　①4-569-52830-9
◇利休七哲　黒部亨、沢田ふじ子、左方郁子、邦光史郎、百瀬明治、加来耕三、神坂次郎著　講談社　1990.3　299p　19cm　1400円　①4-06-204535-4
◇荒木村重—惜命記　黒部亨著　講談社　1988.11　349p　19cm　1500円　①4-06-203672-X

◇寝返りの戦国史―「裏切り」に生死を賭けた男たちの光と影　寺林峻著　日本文芸社　1988.10　237p　19cm　(舵輪ブックス)　730円　①4-537-02119-5

◇兵庫県大百科事典　神戸　神戸新聞出版センター　1983.10　2冊　30cm　〈企画：神戸新聞創刊85周年記念兵庫県大百科事典刊行委員会〉　全49000円

◇謎の武将荒木村重と伊丹城　香村菊雄著　神戸　神戸新聞出版センター　1983.3　218p　19cm　〈編集：のじぎく文庫〉　1000円　①4-87521-430-8

◇荒木村重史料　八木哲浩編　伊丹　伊丹市　1978.3　198p　27cm　(伊丹資料叢書 4)　〈叢書の編者：伊丹市立博物館〉

◇兵庫県人物事典　上巻　神戸　のじぎく文庫　1966　222p　図版　19cm

滝川 一益
たきがわ かずます

大永5年(1525年)～天正14年(1586年)9月9日武将。近江国(滋賀県)の人。初名彦右衛門、左近将監と称する。滝川一勝の子。織田信長の家臣で、天正2年(1574年)伊勢長島一揆を平定して長島城主となる。武田氏の攻撃で活躍し、武田氏滅亡後は上野国厩橋城主となる。本能寺の変後、後北条氏に攻められ、敗北して長島に戻る。柴田勝家と結び、豊臣秀吉と敵対するが、賤ヶ岳で破れて降伏。小牧・長久手の戦では秀吉に属したが、徳川家康の反撃を受けて敗れ、出家して越前大野に隠居した。

　　　　*　　　*　　　*

◇信長の家臣団―「天下布武」を支えた武将34人の記録　樋口晴彦著　学習研究社　2005.9　362p　15cm　(学研M文庫)　648円　①4-05-901174-6

◇戦国茶闘伝―天下を制したのは、名物茶道具だった　三宅孝太郎著　洋泉社　2004.5　215p　18cm　(新書y)　720円　①4-89691-817-7

◇戦国の武将三十人　桑田忠親著　新人物往来社　1996.8　254p　19cm　(『武将伝戦国の史話』改題書)　2500円　①4-404-02364-2

◇織田信長家臣人名辞典　谷口克広著　吉川弘文館　1995.1　495,7p　23cm　〈監修：高木昭作　参考文献：p483～495〉　7210円　①4-642-02743-2

◇角川日本姓氏歴史人物大辞典　10　群馬県姓氏家系大辞典　竹内理三ほか編纂　群馬県姓氏家系大辞典編纂委員会編著　角川書店　1994.12　773p　23cm　14800円　①4-04-002100-2

◇滝川一益―信長四天王の雄、波乱の生涯　徳永真一郎著　PHP研究所　1993.1　332p　15cm　(PHP文庫)〈『忍の人・滝川一益』改題書〉　620円　①4-569-56518-2

◇茶道人物辞典　原田伴彦編　柏書房　1991.1　290,22p　22cm　〈新装版〉　4944円　①4-7601-0620-0

◇忍の人滝川一益　徳永真一郎著　毎日新聞社　1990.5　242p　19cm　1300円　①4-620-10410-8

◇乱世統一編　桑田忠親著　秋田書店　1989.10　238p　19cm　(新編 日本武将列伝 4)　1500円　①4-253-00365-6

◇長野県歴史人物大事典　赤羽篤ほか編　松本　郷土出版社　1989.7　841p　27cm　〈参考文献一覧：p820～821〉　20000円　①4-87663-126-3

◇戦国武将名言集　桑田忠親著　広済堂出版　1987.11　250p　15cm　(広済堂文庫)　400円　①4-331-65026-X

◇名将ちょっといい言葉―武将に学ぶビジネス訓　宝井琴鶴著　商業界　1986.8　261p　19cm　(まあきゅりい・ぶっくす)　1200円

◇滋賀県百科事典　滋賀県百科事典刊行会編　大和書房　1984　877p　28cm　〈年表：p.〔775〕-786　主要参考図書目録：p.〔805〕-820〉　①4-479-90012-8

◇群馬県人名大事典　前橋　上毛新聞社　1982.11　926p　27cm　20000円

◇群馬県百科事典　前橋　上毛新聞社　1979.2　980,60,52p　図版16枚　27cm　20000円

◇郷土歴史人物事典群馬　萩原進著　第一法規出版　1978.10　266p　19cm

◇埼玉大百科事典　3　しゃーとた　浦和　埼玉新聞社　1974　487p(図共)　27cm

蒲生 氏郷　(がもう うじさと)

弘治2年(1556年)～文禄4年(1595年)2月7日　武将。キリシタン大名。近江国(滋賀県)の人。幼名は鶴千代、初名は賦秀(やすひで)、通称は忠三郎、洗礼名はレオン。近江国日野城主蒲生賢秀の長男で、永禄11年(1568年)織田信長のもとに人質として送られ、のち信長の娘冬姫を娶って日野城に帰城。本能寺の変に信長夫人生駒氏を日野城に迎え、秀吉から伊勢亀山城を与えられた。秀吉に仕え、天正12年(1584年)小牧・長久手の功により伊勢松ヶ島城主12万石を与えられ、翌年賦秀を氏郷と改めた。ついで天正18年(1590年)小田原征伐の功により転封加増されて会津黒川城主42万石、さらに加増されて92万石となり、徳川、毛利につぐ大大名となった。文禄元年(1592年)黒川を若松と改め、居城と城下町の整備を進めた。文禄3年(1594年)従三位・参議に進んだが、まもなく伏見で急死した。千利休に茶道を学び、利休七哲の筆頭とされ、和歌にもすぐれ文武兼備の名将と評された。キリスト教にも入信している。

◇逆境を生き抜く男の人間学―歴史上の人物に学ぶ　山下康博著　中経出版　2007.2　191p　19cm　1300円　⊕978-4-8061-2644-7

◇敗者の条件　会田雄次著　改版　中央公論新社　2007.2　222p　15cm　(中公文庫)　590円　⊕978-4-12-204818-8

◇蒲生氏郷と家臣団―文武両道、秀吉に次ぐ未完の天下人　横山高治著　歴研　2006.10　151p　19cm　(歴研ブックス)　〈年譜あり〉　1200円　⊕4-947769-81-5

◇「氏郷記を読む会」研究レポート集　氏郷記を読む会研究レポート編集委員会編　日野町(滋賀県)　氏郷記を読む会　2006.6　142p　26cm　〈年表あり〉

◇蒲生氏郷―戦国を駆け抜けた武将　平成17年度秋季特別展　滋賀県立安土城考古博物館編　安土町(滋賀県)　滋賀県立安土城考古博物館　2005.10　114p　30cm　〈会期・会場：平成17年10月8日～11月6日　滋賀県立安土城考古博物館　蒲生氏郷生誕450年記念　年表あり〉

◇信長の家臣団―「天下布武」を支えた武将34人の記録　樋口晴彦著　学習研究社　2005.9　362p　15cm　(学研M文庫)　648円　⊕4-05-901174-6

◇戦国武将の危機突破学　童門冬二著　日本経済新聞社　2005.8　309p　15cm　(日経ビジネス人文庫)　667円　⊕4-532-19305-2

◇名将がいて、愚者がいた　中村彰彦著　講談社　2004.3　316p　19cm　1800円　⊕4-06-212281-2

◇日本史にみる経済改革―歴史教科書には載らない日本人の知恵　童門冬二著　角川書店　2002.9　212p　18cm　(角川oneテーマ21)　667円　⊕4-04-704102-5

◇戦国武将　別冊宝島編集部編　宝島社　2000.1　317p　15cm　(宝島社文庫)　〈別冊宝島『よみがえる戦国武将伝説』改訂・改題書〉　600円　⊕4-7966-1681-0

◇戦国武将まんだら―秘本三十六人伝　大栗丹後著　春陽堂書店　1999.8　244p　15cm　(春陽文庫)　486円　⊕4-394-16136-3

◇壮心の夢　火坂雅志著　徳間書店　1999.7　461p　19cm　1800円　⊕4-19-861035-5

◇童門冬二の名将言行録　童門冬二著　日本実業出版社　1999.5　277p　19cm

1500円　ⓘ4-534-02931-4
◇角川日本姓氏歴史人物大辞典　3　岩手県姓氏歴史人物大辞典　竹内理三ほか編纂　岩手県姓氏歴史人物大辞典編纂委員会編著　角川書店　1998.5　1195p　23cm　20000円　ⓘ4-04-002030-8
◇惨夢―静かに散ったキリシタン大名蒲生氏郷とその家臣たち　福米沢悟著　日本図書刊行会, 近代文芸社〔発売〕1997.11　284p　19cm　1500円　ⓘ4-89039-702-7
◇角川日本姓氏歴史人物大辞典　26　京都市姓氏歴史人物大辞典　竹内理三ほか編纂　京都市姓氏歴史人物大辞典編纂委員会編著　角川書店　1997.9　909p　23cm　ⓘ4-04-002260-2
◇蒲生氏郷の妻　大路和子著　成美堂出版　1997.5　359p　19cm　1600円　ⓘ4-415-06707-7
◇蒲生氏郷　歴史春秋社編　会津若松　歴史春秋出版　1997.4　144p　26cm　1600円　ⓘ4-89757-242-8
◇戦国の武将三十人　桑田忠親著　新人物往来社　1996.8　254p　19cm〈『武将伝戦国の史話』改題書〉　2500円　ⓘ4-404-02364-2
◇織田信長家臣人名辞典　谷口克広著　吉川弘文館　1995.1　495, 7p　23cm〈監修：高木昭作　参考文献：p483～495〉　7210円　ⓘ4-642-02743-2
◇武将大名たちのリストラ戦略　加来耕三著　実業之日本社　1993.10　238p　19cm　1600円　ⓘ4-408-21007-2
◇会津宰相蒲生氏郷・会津中将保科正之　蒲生氏郷まちづくり四〇〇年・保科正之入部三五〇年祭記念特別企画展実行委員会編　会津若松　特別展実行委員会　1993.9　163p　26cm〈付(図1枚　袋入)：文禄元年蒲生時代若松城下地図〉　1500円
◇現代語訳　名将言行録　智将編　加来耕三編訳　新人物往来社　1993.6　283p　19cm　2900円　ⓘ4-404-02021-X
◇狐狸庵　歴史の夜話　遠藤周作著　牧羊社　1992.11　170p　19cm　1600円　ⓘ4-8333-1531-9

◇武将に学ぶ苦境からの脱出　松本幸夫著　総合ライフ出版　1992.11　227p　19cm　1500円　ⓘ4-88311-029-X
◇物語　キリシタン大名の妻たち　新人物往来社編　新人物往来社　1991.11　332p　19cm　2500円　ⓘ4-404-01862-2
◇蒲生氏郷―近江・伊勢・会津を駆けぬけた戦国の智将　横山高治著　大阪　創元社　1991.3　193p　19cm　1400円　ⓘ4-422-20461-0
◇茶道人物辞典　原田伴彦編　柏書房　1991.1　290, 22p　22cm〈新装版〉　4944円　ⓘ4-7601-0620-0
◇蒲生氏郷　歴史春秋社編　会津若松　歴史春秋出版　1990.10　192p　26cm　2000円　ⓘ4-89757-240-1
◇蒲生氏郷―信長の愛弟子とよばれた名将　佐竹申伍著　PHP研究所　1990.9　418p　15cm（PHP文庫）700円　ⓘ4-569-56278-7
◇利休七哲　黒部亨, 沢田ふじ子, 左方郁子, 邦光史郎, 百瀬明治, 加来耕三, 神坂次郎著　講談社　1990.3　299p　19cm　1400円　ⓘ4-06-204535-4
◇人心掌握の天才たち―戦国武将に学ぶリーダーの条件　童門冬二著　PHP研究所　1990.2　251p　15cm（PHP文庫）〈『戦国武将　人心掌握の極意』改題書〉　460円　ⓘ4-569-56244-2
◇東西決戦場　桑田忠親著　秋田書店　1989.10　238p　19cm（新編　日本武将列伝　5）1500円　ⓘ4-253-00366-4
◇岩手百科事典　岩手放送岩手百科事典発行本部編　新版　盛岡　岩手放送　1988.10　931p　22cm〈折り込み図2枚　付(図1枚)：岩手県全図〉8000円
◇蒲生氏郷のすべて　高橋富雄編　新人物往来社　1988.8　296p　20cm　2000円　ⓘ4-404-01524-0
◇名将を支えた運気の秘密―九星術から見た武将たちのサバイバル戦略　片岡紀明著　日本文芸社　1988.8　229p　18cm（舵輪ブックス）730円　ⓘ4-537-02117-9

◇戦国武将の遺書　桑田忠親著　広済堂出版　1988.7　246p　15cm　(広済堂文庫)　420円　①4-331-65035-9

◇戦国武将名言集　桑田忠親著　広済堂出版　1987.11　250p　15cm　(広済堂文庫)　400円　①4-331-65026-X

◇会津鶴ケ城　阿井景子著　成美堂出版　1987.10　224p　19cm　(物語・日本の名城)　1000円　①4-415-08104-5

◇近江商人魂　上巻　童門冬二著　学陽書房　1987.9　276p　19cm　1300円　①4-313-85046-5

◇近江商人魂　下巻　童門冬二著　学陽書房　1987.9　270p　19cm　1300円　①4-313-85047-3

◇蒲生氏郷　佐竹申伍著　青樹社　1987.5　314p　19cm　1200円　①4-7913-0429-2

◇戦国名将 生き方の極意　西東玄著　PHP研究所　1987.5　245p　15cm　(PHP文庫)　450円　①4-569-26110-8

◇独創学―アントレプレナー伊達政宗の超優良経営術　宮崎正弘著　アイペック　1987.1　212p　19cm　1300円　①4-87047-051-9

◇戦国名将に学ぶ勝ち残りの戦略―状況の読み方・生かし方　風巻絃一著　三笠書房　1986.12　300p　15cm　(知的生き方文庫)　440円　①4-8379-0135-2

◇奥羽の二人　松本清張著　講談社　1986.11　259p　15cm　(講談社文庫)　340円　①4-06-183875-X

◇名将ちょっといい言葉―武将に学ぶビジネス訓　宝井琴鶴著　商業界　1986.8　261p　19cm　(まあきゅりい・ぶっくす)　1200円

◇火の兜 蒲生氏郷　小野孝二著　叢文社　1986.6　412p　19cm　(現代を拓く歴史名作シリーズ)　1600円　①4-7947-0138-1

◇蒲生氏郷　池内昭一著　新人物往来社　1986.5　241p　20cm　2000円　①4-404-01348-5

◇キリスト教人名辞典　日本基督教団出版局　1986.2　2094p　27cm　〈主要参考文献：p2091～2093〉　43000円

◇戦国大名系譜人名事典　西国編　山本大，小和田哲男編　新人物往来社　1986.1　563p　22cm　7500円　①4-404-01316-7

◇会津大事典　会津事典編纂会編纂　国書刊行会　1985.12　697, 77p 図版12枚　31cm　〈発売：文栄堂書店(会津若松)〉　20000円

◇京都大事典　佐和隆研ほか編集　京都　淡交社　1984.11　1083, 91p　27cm　12000円　①4-473-00885-1

◇滋賀県百科事典　滋賀県百科事典刊行会編　大和書房　1984　877p　28cm　〈年表：p.〔775〕-786　主要参考図書目録：p.〔805〕-820〉　①4-479-90012-8

◇福島大百科事典　福島民報社福島大百科事典発行本部編　福島　福島民報社　1980.11　1206p 図版16枚　31cm　〈折り込図1枚　付(別冊 61p 30cm)：追録版〉　20000円

◇郷土歴史人物事典滋賀　渡辺守順著　第一法規出版　1979.7　219p　19cm　1300円

◇福島人物の歴史　第2巻　蒲生氏郷　高橋富雄著　会津若松　歴史春秋社　1976.12　194p　20cm　〈蒲生氏郷の肖像あり〉

◇江戸東京市井人物事典　北村一夫著　新人物往来社　1976　354p　20cm　2000円

◇蒲生氏郷　今村義孝著　人物往来社　1967　269p 図版　19cm　(日本の武将52)　540円

◇春嵐―豊太閤もはばかつた蒲生氏郷　山本茂著　東京書房　1959　244p 図版　19cm

服部 半蔵
はっとり はんぞう

天文11年(1542年)～慶長元年(1596年)11月4日

武将。半三とも書き、名は正成。石見守。法名は西念。伊賀国(三重県)服部郷出身の服部保長の子として三河国(愛知県)で生まれる。父のあとをついで伊賀者を支配。父の代から徳川氏の家臣であり、掛川攻め、姉川の戦い、三方ヶ原

の戦いなどで、伊賀の忍びの者を率いて出陣し戦功をあげる。天正10年(1582年)本能寺の変の際は、堺にあった家康を案内し、伊賀の間道を通り無事三河に戻らせた(神君伊賀越え)。天正18年(1590年)の家康関東入国ののち、8000石を与えられ、伊賀同心200人を統率した。

　　　　　＊　　　＊　　　＊

◇服部半蔵と影の一族　橋場日月著　学習研究社　2006.10　320p　15cm　(学研M文庫)　660円　①4-05-901188-6
◇徳川三代の情報戦略　童門冬二著　学陽書房　2005.10　293p　15cm　(人物文庫)〈『徳川三代・諜報戦』改題書〉　720円　①4-313-75204-8
◇日本史「謎の人物」の意外な正体　中江克己著　PHP研究所　1999.11　268p　15cm　(PHP文庫)　495円　①4-569-57335-5
◇NHK歴史発見—カラー版　11　NHK歴史発見取材班編　角川書店　1994.2　219p　19cm　1800円　①4-04-522211-1
◇家康を支えた頭脳集団—天下統一を成し遂げた最強・徳川軍団の英傑たち　萩原裕雄著　日本文芸社　1993.2　251p　15cm　(にちぶん文庫)〈『家康を天下人にした二十人』改題書〉　480円　①4-537-06216-9
◇山梨百科事典　山梨日日新聞社編　増補改訂版　甲府　山梨日日新聞社　1992.7　1068, 198p　27cm　〈創刊120周年記念版〉
◇忍者の履歴書　戸部新十郎著　朝日新聞社　1989.4　284p　15cm　(朝日文庫)　450円　①4-02-260558-8
◇家康・十六武将　徳永真一郎著　PHP研究所　1987.12　330p　15cm　(PHP文庫)　500円　①4-569-26131-0
◇忍者と盗賊—日本史・陰の人物誌　戸部新十郎著　河出書房新社　1986.11　241p　15cm　(河出文庫)　450円　①4-309-40170-8
◇情報　戸部新十郎ほか著　旺文社　1986.2　281p　19cm　(ブレーン　歴史にみる群像 2)〈付：参考文献〉　1300円　①4-01-071412-3
◇戦国大名家臣団事典　東国編　山本大, 小和田哲男編　新人物往来社　1981.8　427p　22cm　6800円
◇江戸市井人物事典　北村一夫著　新人物往来社　1974　320p　20cm　1800円

足利 義昭　あしかが よしあき

　天文6年(1537年)〜慶長2年(1597年)8月28日　室町幕府第15代将軍。在職永禄11年〜元亀4年(1568〜1573年)。京の人。前名は一条院覚慶、義秋。号は昌山道休、法号は霊陽院。足利義晴の二男、母は関白近衛尚通の娘。初め奈良一乗院門跡となり覚慶と称す。永禄8年(1565年)兄義輝が松永久秀に急襲されて自害した時に幽閉されたが、細川幽斎らの活躍で一乗院を脱出し近江に逃れた。のち幕府再興のため還俗して義秋と名乗り、従五位下左馬頭に叙任して足利義栄に対立。越前の朝倉義景のもとに赴き、永禄11年(1568年)元服して義昭と改名した。同年織田信長と結び将軍に任ぜられて幕府を再興したが、実権は信長にあり、両者は次第に反目。天正元年(1573年)武田信玄、石山本願寺、浅井長政、朝倉義景らと結んで挙兵し信長を討とうとしたが、信長に京都を追われ、室町幕府は滅亡した。以後、武田勝頼、上杉謙信、北条氏政、徳川家康、本願寺顕如、毛利輝元、島津義久らを頼って幕府再興を試み、本能寺の変後は豊臣秀吉、柴田勝家、徳川家康らを説得、龍造寺政家や島津義久に援助を依頼するが果たせず、天正16年(1588年)の聚楽第行幸を期に京都に戻り、出家して昌山道休と号した。文禄元年(1592年)の朝鮮出兵では肥前名護屋に従軍し、豊臣秀吉から1万石を与えられた。

近畿

◇逆説の日本史　10(戦国覇王編)　井沢元彦著　小学館　2006.7　481p　15cm　(小学館文庫)〈年表あり〉　657円　⓪4-09-402010-1

◇戦国武将おどろきの真実―乱世の英雄にまつわるウソのようなホントの話　歴史雑学探究倶楽部編　学習研究社　2006.1　95p　26cm　905円　⓪4-05-402999-X

◇しぶとい戦国武将伝　外川淳著　河出書房新社　2004.1　237p　19cm　1600円　⓪4-309-22409-1

◇歴史にみる「勝つリーダー、負けるリーダー」―何が明暗を分けるのか　岡本好古著　PHP研究所　2003.3　237p　15cm　(PHP文庫)〈『「勝利」へのマネジメント』改題書〉　495円　⓪4-569-57921-3

◇逆説の日本史　10(戦国覇王編)　天下布武と信長の謎　井沢元彦著　小学館　2002.11　401p　20cm〈年表あり〉　1550円　⓪4-09-379660-2

◇日本の歴史を騒がせたこんなに困った人たち　小和田哲男著　祥伝社　2001.2　363p　15cm　(祥伝社黄金文庫)　619円　⓪4-396-31243-1

◇新人物日本史・光芒の生涯　下　畑山博著　学陽書房　1999.10　364p　15cm　(人物文庫)　700円　⓪4-313-75091-6

◇天正十年夏ノ記　岳宏一郎著　講談社　1999.9　347p　15cm　(講談社文庫)　638円　⓪4-06-264664-1

◇永井路子の日本史探訪　永井路子著　角川書店　1999.8　205p　15cm　(角川文庫)　533円　⓪4-04-137206-2

◇足利義昭　筑波常治作、坂本玄絵　国土社　1999.3　222p　21cm　(堂々日本人物史 6)　1200円　⓪4-337-21006-7

◇秀吉―夢を超えた男　2　堺屋太一著　文芸春秋　1998.11　360p　15cm　(文春文庫)　590円　⓪4-16-719317-5

◇足利義昭―流れ公方記　水上勉著　学陽書房　1998.3　222p　15cm　(人物文庫)〈『流れ公方記』改題書〉　560円　⓪4-313-75033-9

◇角川日本姓氏歴史人物大辞典　26　京都市姓氏歴史人物大辞典　竹内理三ほか編纂　京都市姓氏歴史人物大辞典編纂委員会編著　角川書店　1997.9　909p　23cm　⓪4-04-002260-2

◇抗争―ライバル日本史　4　NHK取材班編　角川書店　1996.10　304p　15cm　(角川文庫)　500円　⓪4-04-195421-5

◇戦国の武将三十人　桑田忠親著　新人物往来社　1996.8　254p　19cm〈『武将伝戦国の史話』改題書〉　2500円　⓪4-404-02364-2

◇京都事典　村井康彦編　東京堂出版　1993.10　495p　21cm〈新装版〉　2900円　⓪4-490-10355-7

◇御所車―最後の将軍・足利義昭　岡本好古著　文芸春秋　1993.6　350p　19cm　1700円　⓪4-16-314070-0

◇信長死す―<歴史裁判>本能寺殺人事件の黒幕　井沢元彦ほか著　ベストセラーズ　1993.6　263p　15cm　(ワニ文庫)　580円　⓪4-584-37005-2

◇群れず、敢えて一人で立つ―混迷の時代を生き抜く人生の流儀　童門冬二著　PHP研究所　1992.9　254p　19cm　1300円　⓪4-569-53740-5

◇信長に「反逆」した男たち　萩尾農編　教育書籍　1992.7　271p　19cm　1700円　⓪4-317-60066-7

◇日本仏教人名辞典　日本仏教人名辞典編纂委員会編　京都　法蔵館　1992.1　887,117p　26cm〈法蔵館140年(丁字屋370年)創業記念出版〉　25000円　⓪4-8318-7007-2

◇歴史の仕掛人―日本黒幕列伝　童門冬二著　読売新聞社　1990.9　296p　19cm　1300円　⓪4-643-90073-3

◇戦国乱世おもしろ読本　桑田忠親著　広済堂出版　1990.7　303p　15cm　(広済堂文庫)　470円　⓪4-331-65070-7

◇足利義昭　奥野高広著　吉川弘文館　1990.1　331p　19cm　(人物叢書　新装版)〈新装版　足利義昭の肖像あり　叢書の編者：日本歴史学会　略年譜・参考

◇群雄割拠編　桑田忠親著　秋田書店　1989.10　254p　19cm　(新編　日本武将列伝 3)　1500円　①4-253-00364-8

◇織田信長と越前一向一揆　辻川達雄著　誠文堂新光社　1989.5　267p　19cm　2100円　①4-416-88906-2

◇和歌山県史　人物　和歌山県史編さん委員会編　和歌山　和歌山県　1989.3　539, 64p　22cm　非売品

◇徳川家康　上　山路愛山著　岩波書店　1988.1　355p　15cm　(岩波文庫)　〈著者の肖像あり〉　500円　①4-00-331203-1

◇戦国おもしろ読本―武将の謎・逸話・真実　桑田忠親著　広済堂出版　1987.5　265p　15cm　(広済堂文庫)　400円　①4-331-65020-0

◇中世の旅人たち　丸茂武重著　六興出版　1987.5　237p　19cm　1800円　①4-8453-8075-7

◇戦国余情　福島忠利著　古川書房　1987.4　280p　19cm　1800円　①4-89236-258-1

◇男の値打ちは「度量」で決まる―修羅場に強い知将・闘将のケンカと迫力の方法　童門冬二著　大和出版　1986.6　219p　19cm　1000円　①4-8047-1084-1

◇流浪将軍足利義昭　桑田忠親著　講談社　1985.3　249p　20cm　1200円　①4-06-201850-0

◇京都大事典　佐和隆研ほか編集　京都　淡交社　1984.11　1083, 91p　27cm　12000円　①4-473-00885-1

◇宮崎県大百科事典　宮崎日日新聞社編　宮崎　宮崎日日新聞社　1983.10　1095p　図版16枚　30cm　〈折り込み図1枚〉　28000円

◇広島県大百科事典　中国新聞社編　広島　中国新聞社　1982.11　2冊　30cm

◇和漢詩歌作家辞典　森忠重著　みづほ出版　1972　952p　図　19cm　〈日中対照文化・文学史年表：p.921-952〉　3500円

◇足利義昭　奥野高広著　吉川弘文館　1960　331p　図版　18cm　(人物叢書)

小早川 隆景
こばやかわ たかかげ

天文2年(1533年)～慶長2年(1597年)6月12日　武将。摂津国の人。号は南坊、名は長房。毛利元就の三男。竹原小早川氏と沼田小早川氏を合わせて継承し、兄吉川元春と共に父の元就、甥の輝元を助けて、毛利氏の勢力拡大に尽力し、その協力体制は"毛利両川"と称された。天正10年(1582年)豊臣秀吉来攻の際は講話を計り、秀吉の信頼を得て五大老に列せられる。四国征伐の功により伊予35万石を領し、九州征伐での功に筑前一国を与えられ、筑前名島に築城。文禄の役では明将李如松の大軍を破る働きを見せた。文禄4年(1595年)秀吉の甥である秀俊(のちの秀秋)を養子に迎えて家督を譲った。

　　　　＊　　　＊　　　＊

◇戦国軍師の知略―将を動かし勝機を掴む　中江克己著　青春出版社　2008.6　188p　18×11cm　(青春新書インテリジェンス)　730円　①978-4-413-04205-5

◇上司の心得―名将名君に学ぶ　童門冬二著　PHP研究所　2007.5　238p　19cm　1500円　①978-4-569-69069-8

◇これは使える！図解 名軍師の戦略がよくわかる本　ビジネス兵法研究会著　PHP研究所　2007.3　95p　26cm　952円　①978-4-569-65973-2

◇小早川隆景―毛利を支えた知謀の将　野村敏雄著　PHP研究所　2000.8　373p　15cm　(PHP文庫)　619円　①4-569-57437-8

◇武将たちの足跡をたどる―戦乱の世を生き、夢に散った男たち　マガジントップ編　山海堂　2000.4　159p　21cm　(私の創る旅 7)　1600円　①4-381-10369-6

◇戦国武将　別冊宝島編集部編　宝島社　2000.1　317p　15cm　(宝島社文庫)　〈別冊宝島『よみがえる戦国武将伝説』改訂・改題書〉　600円　①4-7966-1681-0

◇戦国武将まんだら―秘本三十六人伝　大栗丹後著　春陽堂書店　1999.8　244p　15cm　(春陽文庫)　486円　①4-394-

16136-3
◇童門冬二の名将言行録　童門冬二著　日本実業出版社　1999.5　277p　19cm　1500円　④4-534-02931-4
◇軍師と家老―ナンバー2の研究　鈴木亨著　中央公論新社　1999.2　307p　15cm　(中公文庫)　667円　④4-12-203354-3
◇引き際―歴史舞台の名優たち　高橋富雄著　河出書房新社　1998.8　298p　19cm　2200円　④4-309-22330-3
◇小早川隆景のすべて　新人物往来社編　新人物往来社　1997.11　285p　20cm　3000円　④4-404-02517-3
◇島根県歴史人物事典　山陰中央新報社島根県歴史人物事典刊行委員会企画・編集　松江　山陰中央新報社　1997.11　737, 36p　27cm　22000円　④4-87903-062-7
◇毛利一族の賢将 小早川隆景　童門冬二著　実業之日本社　1997.10　302p　19cm　1700円　④4-408-53322-X
◇角川日本姓氏歴史人物大辞典　26　京都市姓氏歴史人物大辞典　竹内理三ほか編纂　京都市姓氏歴史人物大辞典編纂委員会編　角川書店　1997.9　909p　23cm　④4-04-002260-2
◇小早川隆景　渡辺世祐, 川上多助著　限定特装版　徳山　マツノ書店　1997.5　268p　22cm　〈三教書院昭和14年刊の複製　肖像あり　外箱入〉　7000円
◇小早川隆景　野村敏雄著　PHP研究所　1997.5　325p　19cm　1810円　④4-569-55591-8
◇瀬戸の鷹 小早川隆景　泉淳著　新装改訂版　叢文社　1994.2　293p　19cm　1500円　④4-7947-0214-0
◇現代語訳 名将言行録　軍師編　加来耕三訳　新人物往来社　1993.11　235p　19cm　2900円　④4-404-02064-3
◇才幹の人間学―智謀の群像たち 士は己れを知る者の為に死す　南条範夫著　ベストセラーズ　1993.5　255p　15cm　(ワニ文庫)　530円　④4-584-37004-4
◇乱世に躍る武将群像　古川薫著　PHP研究所　1991.9　252p　19cm　1400円　④4-569-53259-4

◇茶道人物辞典　原田伴彦編　柏書房　1991.1　290, 22p　22cm　〈新装版〉　4944円　④4-7601-0620-0
◇戦国の軍師たち　堀和久著　文芸春秋　1990.10　278p　15cm　(文春文庫)〈『軍師の時代』改題書〉　400円　④4-16-749502-3
◇東西決戦編　桑田忠親著　秋田書店　1989.10　238p　19cm　(新編 日本武将列伝 5)　1500円　④4-253-00366-4
◇瀬戸の鷹 小早川隆景　泉淳著　叢文社　1989.5　293p　19cm　(現代を拓く歴史名作シリーズ)　1545円　④4-7947-0166-7
◇戦国武将に学ぶ決断の時　玉木重輝著　鈴木出版　1988.7　252p　19cm　1400円　④4-7902-9010-7
◇名将ちょっといい言葉―武将に学ぶビジネス訓　宝井琴鶴著　商業界　1986.8　261p　19cm　(まあきゅりい・ぶっくす)　1200円
◇戦国大名系譜人名事典　西国編　山本大, 小和田哲男編　新人物往来社　1986.1　563p　22cm　7500円　④4-404-01316-7
◇愛媛県百科大事典　愛媛新聞社編　松山　愛媛新聞社　1985.6　2冊　30cm　全41000円
◇京都大事典　佐和隆研ほか編集　京都　淡交社　1984.11　1083, 91p　27cm　12000円　④4-473-00885-1
◇広島県大百科事典　中国新聞社編　広島　中国新聞社　1982.11　2冊　30cm
◇福岡県百科事典　西日本新聞社福岡県百科事典刊行本部編　福岡　西日本新聞社　1982.11　2冊　27cm　全42000円　④4-8167-0029-3
◇山口県百科事典　山口県教育会編　大和書房　1982.4　1001, 45p　28cm　23000円
◇戦国大名家臣団事典　西国編　山本大, 小和田哲男編　新人物往来社　1981.8　414p　22cm　6800円
◇小早川隆景　渡辺世祐, 川上多助著　徳山　マツノ書店　1980.8　268p　22cm

〈三教書院昭和14年刊の複製　小早川隆景の肖像あり　限定版〉　4300円

六角 義賢
ろっかく よしかた

大永元年(1521年)～慶長3年(1598年)
　武将。近江国(滋賀県)の人。六角定頼の嫡男。字は四郎。法名は承禎。天文21年(1552年)家督をつぐ。蒲生郡観音寺城を本拠として、近江の南半を支配。三好長慶に追われた将軍足利義晴・義輝を助け、永禄元年(1558年)長慶と戦ったのち和議を結び、義輝と共に入洛。翌年子の義弼に家督を譲り剃髪したが実権は握り続けた。永禄11年(1568年)足利義昭を奉じて入洛を図る織田信長に抵抗して追われ、元亀元年(1570年)降伏して六角氏は滅亡した。

＊　　＊　　＊

◇京都大事典　府域編　京都　淡交社　1994.3　696, 39p　27cm　〈監修:上田正昭, 吉田光邦〉　12000円　①4-473-01327-8
◇戦国大名系譜人名事典　西国編　山本大, 小和田哲男編　新人物往来社　1986.1　563p　22cm　7500円　①4-404-01316-7
◇京都大事典　佐和隆研ほか編集　京都　淡交社　1984.11　1083, 91p　27cm　12000円　①4-473-00885-1
◇郷土歴史人物事典滋賀　渡辺守順著　第一法規出版　1979.7　219p　19cm　1300円
◇体育人名辞典　東京体育科学研究会編　逍遙書院　1970　304p　22cm　(新体育学講座 第54巻 竹内虎士, 大石三四郎編)　1300円

宮部 継潤
みやべ けいじゅん

享禄元年(1528年)?～慶長4年(1599年)3月25日　武将。近江国(滋賀県)浅井郡宮部の人。通称は善祥坊、中務縁法印。もと比叡山の法師。浅井長政に仕えて織田信長に対抗。元亀2年(1571年)豊臣秀吉に誘われて信長に従う。秀吉の中国攻めに参加し、天正10年(1582年)鳥取城代となり因幡地方を支配。信長の死後は秀吉に仕える。天正15年(1587年)九州征伐に参加、高城の戦で島津軍に勝利し、天正17年(1589年)因幡、但馬に5万石を与えられる。天正18年(1590年)小田原征伐に参加。慶長元年(1596年)隠居後も秀吉の奉行衆として活躍した。晩年は秀吉の御伽衆となった。

＊　　＊　　＊

◇角川日本姓氏歴史人物大辞典　26　京都市姓氏歴史人物大辞典　竹内理三ほか編纂　京都市姓氏歴史人物大辞典編纂委員会編著　角川書店　1997.9　909p　23cm　①4-04-002260-2
◇大分県歴史人物事典　〔大分〕　大分合同新聞社　1996.8　581p　27cm　〈創刊一一〇周年記念〉
◇織田信長家臣人名辞典　谷口克広著　吉川弘文館　1995.1　495, 7p　23cm　〈監修:高木昭作　参考文献:p483～495〉　7210円　①4-642-02743-2
◇鳥取県大百科事典　新日本海新聞社鳥取県大百科事典編集委員会編　鳥取　新日本海新聞社　1984.11　1101, 74p 図版16枚　27cm　〈折り込図1枚〉　30000円
◇戦国大名家臣団事典　西国編　山本大, 小和田哲男編　新人物往来社　1981.8　414p　22cm　6800円
◇大分百科事典　大分放送大分百科事典刊行本部編　大分　大分放送　1980.12　1087p 図版18枚　28cm　〈折り込図1枚付(地図1枚):大分県全図〉　21000円

石田 三成
いしだ みつなり

永禄3年(1560年)～慶長5年(1600年)10月1日　武将。近江国坂田郡石田村(滋賀

近畿

県)の人。幼名は左吉、初名は三也。通称は治部少輔。石田正継の子。羽柴(豊臣)秀吉が近江長浜を領していたころ認められ、近侍となる。天正5年(1577年)頃より側近の能吏として働き、秀吉政権の中枢に参画。天正13年(1585年)従五位下・治部少輔に叙任。翌年堺の奉行を兼ねる。天正15年(1587年)の九州征伐では秀吉に従い博多の復興を指揮し、島井宗室・神屋宗湛ら豪商と親交を深めた。諸合戦で軍功をあげたが、戦闘能力よりも有能な官僚として秀吉政権の政務面で手腕を発揮する。文禄4年(1595年)近江佐和山に18万石を領す。文禄元年(1692年)朝鮮出兵が開始されると舟奉行として名護屋に駐留し、秀吉の朝鮮渡海を主張したが、中止されると、代官として増田長盛、大谷吉継らとともに渡海。前線の諸軍を監察、交戦し、戦況を見定め講和論を支持、講和使を伴って帰還した。五大老・五奉行制が敷かれると五奉行の一員として大坂城に居り、秀吉の死後九州に赴いて朝鮮からの将兵の撤収に尽力した。豊臣秀頼による集権的支配体制を擁護するため前田利家や毛利輝元に接近し、豊臣政権を維持しようとしたが、天下を狙う徳川家康と対立し、慶長5年(1600年)関ヶ原の戦いに敗れ、京都で処刑された。

◇関ヶ原の合戦―歴史を変えた日本の合戦 加来耕三企画・構成・監修, すぎたとおる原作, 早川大介企画 ポプラ社 2008.2 126p 21cm (コミック版日本の歴史 9) 1000円 ①978-4-591-09798-4

◇関ヶ原合戦―家康の戦略と幕藩体制 笠谷和比古著 講談社 2008.1 267p 15cm (講談社学術文庫) 900円 ①978-4-06-159858-4

◇石田三成とその子孫 白川亨著 新人物往来社 2007.12 233p 20cm 2800円 ①978-4-404-03509-7

◇戦国武将 この「すごい眼力」に学べ 小和田哲男著 三笠書房 2007.12 220p 15cm (知的生きかた文庫) 533円 ①978-4-8379-7677-6

◇その「手紙」が変えた日本の歴史 日本の歴史研究班編 リイド社 2007.12 239p 15cm (リイド文庫) 524円 ①978-4-8458-3232-3

◇「戦国武将」名将のすごい手の内―頭一つ抜け出す生き方 小和田哲男著 三笠書房 2007.9 238p 15cm (知的生きかた文庫) 533円 ①978-4-8379-7656-1

◇関ヶ原合戦「武将」たちの言い分―天下分け目の行動学 岳真也著 PHP研究所 2007.8 408p 15cm (PHP文庫) 686円 ①978-4-569-66851-2

◇「戦国武将」名将の頭の中―「勝負所」で勝つ法 菊池道人著 三笠書房 2007.6 219p 15cm (知的生きかた文庫) 533円 ①978-4-8379-7636-3

◇関ヶ原―誰が大合戦を仕掛けたか 武光誠著 PHP研究所 2007.5 199p 18cm (PHP新書) 700円 ①978-4-569-65938-1

◇敗者から見た関ヶ原合戦 三池純正著 洋泉社 2007.5 266p 18cm (新書y) 800円 ①978-4-86248-146-7

◇名城と合戦の日本史 小和田哲男著 新潮社 2007.5 217p 19cm (新潮選書) 1100円 ①978-4-10-603580-7

◇これは使える！図解 名軍師の戦略がよくわかる本 ビジネス兵法研究会著 PHP研究所 2007.3 95p 26cm 952円 ①978-4-569-65973-2

◇戦国時代の舞台裏―ここが一番おもしろい！ 歴史の謎研究会編 青春出版社 2006.11 232p 19cm 476円 ①4-413-00859-6

◇戦国武将の謎―教科書ではわからない戦国時代の裏のウラ 桑田忠親著 日本文芸社 2006.10 199p 18cm 648円 ①4-537-25437-8

◇図解 関ヶ原に学ぶ勝負の法則―天下を分けた戦国最大の合戦 『歴史街道』編集部編 PHP研究所 2006.4 107p 26cm 800円 ①4-569-64957-2

◇日本を創った12人 堺屋太一著 PHP研究所 2006.2 413p 15cm (PHP文

◇日本史「敗者」たちの言い分―負けた側にも正義あり　岳真也著　PHP研究所〔2005.9〕　300p　15cm　(PHP文庫)　590円　①4-569-66459-8
◇日本史・ライバルたちの「意外な結末」―宿敵・政敵・好敵手たちの知られざる「その後」　日本博学倶楽部著　PHP研究所　2005.9　275p　15cm　(PHP文庫)　533円　①4-569-66442-3
◇戦国なるほど人物事典―100人のエピソードで戦国史がよくわかる！　泉秀樹著　愛蔵版　PHP研究所　2005.6　235p　19cm　476円　①4-569-64332-9
◇石田三成の微笑　山崎泰著　新風舎　2004.5　194p　19cm　〈文献あり〉　1400円　①4-7974-4142-9
◇完全保存版　戦国なるほど人物事典―100人のエピソードで戦国史がよくわかる！　泉秀樹著　PHP研究所　2004.2　111p　26cm　952円　①4-569-63328-5
◇図説　戦国武将のあの人の「その後」―「関ヶ原」「本能寺」…事件が変えた男たちの運命　日本博学倶楽部著　PHP研究所　2003.11　95p　26cm　952円　①4-569-63217-3
◇対訳・日本を創った12人　堺屋太一著, ジャイルズ・マリー訳　講談社インターナショナル　2003.11　287p　21cm　〈本文：日英両文〉　1800円　①4-7700-4002-4
◇戦国15大合戦の真相―武将たちはどう戦ったか　鈴木真哉著　平凡社　2003.8　252p　18cm　(平凡社新書)　760円　①4-582-85193-2
◇戦国なるほど人物事典―100人のエピソードで歴史の流れがよくわかる　泉秀樹著　PHP研究所　2003.5　502p　15cm　(PHP文庫)　〈『戦国乱世百傑百話』修正・改題書〉　819円　①4-569-57945-0
◇歴史にみる「勝つリーダー、負けるリーダー」―何が明暗を分けるのか　岡本好古著　PHP研究所　2003.3　237p　15cm　(PHP文庫)　〈『『勝利』へのマネジメント』改題書〉　495円　①4-569-57921-3
◇戦国武将・あの人の「その後」―「関ヶ原」「本能寺」…事件が変えた男たちの運命　日本博学倶楽部著　PHP研究所　2002.9　244p　15cm　(PHP文庫)　552円　①4-569-57777-6
◇名将言行録　乱世を生き抜く智恵　谷沢永一, 渡部昇一著　PHP研究所　2002.4　196p　19cm　1300円　①4-569-62018-3
◇戦国武将―勝者の死にざま・敗者の生きざま　岳勇士著　健友館　2002.3　170p　19cm　1600円　①4-7737-0614-7
◇秀吉と家康―関ヶ原と戦国武将の興亡　小和田哲男監修　主婦と生活社　〔2002.1〕　237p　21cm　〈『関ヶ原と戦国武将の攻防』補筆訂正・改版・改題書〉　1500円　①4-391-12601-X
◇乱世を生きぬいた漢たち　戦国武将55の名言　秋庭道博著　学習研究社　2001.12　230p　15cm　(学研M文庫)　530円　①4-05-901098-7
◇戦国武将にみる混迷変革期突破―人間の行動原理は昔も今も欲　米田一雄著　福岡　西日本新聞社　2001.11　254p　19cm　1524円　①4-8167-0539-2
◇戦国武将　勝ち残りの戦略―状況を読みいかに闘うか　風巻絃一著　日本文芸社　2001.6　237p　18cm　(日文新書)　〈『戦国名将に学ぶ勝ち残りの戦略』再編集・改題書〉　686円　①4-537-25057-7
◇戦国武将に学ぶ生活術　童門冬二著　産能大学出版部　2001.6　369p　19cm　1800円　①4-382-05505-9
◇戦国　城と合戦―知れば知るほど　二木謙一監修　実業之日本社　2001.5　269p　19cm　1400円　①4-408-39473-4
◇関ヶ原合戦と近世の国制　笠谷和比古著　京都　思文閣出版　2000.12　257p　21cm　5800円　①4-7842-1067-9
◇石田三成―戦国を疾走した秀吉奉行　特別展覧会　第2章　市立長浜城歴史博物館編　長浜　市立長浜城歴史博物館　2000.10　96p　20×22cm　〈文化財保護法50年記念　会期：2000年10月27日―11月26日〉

近畿

◇フィールドワーク関ヶ原合戦　藤井尚夫著　朝日新聞社　2000.9　90p　26cm　2000円　④4-02-257537-9

◇関ヶ原合戦四百年の謎　笠谷和比古著　新人物往来社　2000.6　219p　19cm　2200円　④4-404-02867-9

◇関ヶ原　家康と勝ち組の武将たち　加来耕三著　立風書房　2000.5　303p　19cm　1700円　④4-651-75119-9

◇歴史に学ぶ「叛逆者」の人生哲学　早乙女貢著　集英社　2000.5　270p　15cm（集英社文庫）476円　④4-08-747169-1

◇仮説・関ヶ原合戦　村田一司著　文芸社　2000.4　189p　19cm　1200円　④4-88737-959-5

◇未来三成　豊臣さくら著　新風舎　2000.3　92p　19cm　1200円　④4-7974-1162-7

◇戦国武将　別冊宝島編集部編　宝島社　2000.1　317p　15cm（宝島社文庫）〈別冊宝島『よみがえる戦国武将伝説』改訂・改題書〉600円　④4-7966-1681-0

◇関ヶ原から大坂の陣へ　小和田哲男著　新人物往来社　1999.12　247p　19cm　2800円　④4-404-02844-X

◇関ヶ原連判状　上巻　安部竜太郎著　新潮社　1999.12　461p　15cm（新潮文庫）629円　④4-10-130514-5

◇関ヶ原連判状　下巻　安部竜太郎著　新潮社　1999.12　449p　15cm（新潮文庫）629円　④4-10-130515-3

◇石田三成―秀吉を支えた知の参謀　没後四百年特別展覧会　市立長浜城歴史博物館編　長浜　市立長浜城歴史博物館　1999.10　96p　20×22cm〈会期：1999年10月22日―11月21日〉

◇知略と忍耐徳川政権への道―石田三成と徳川家康　江戸時代黎明期　旺文社編　旺文社　1999.10　223p　19cm（まんが解説変革の日本史）900円　④4-01-050031-X

◇小説　石田三成　童門冬二著　成美堂出版　1999.4　315p　15cm（成美文庫）552円　④4-415-06836-7

◇石田三成―戦国を差配した才知と矜持　学習研究社　1998.7　178p　26cm（歴史群像シリーズ55号）〈付属資料：48p（21cm）〉1300円　④4-05-601917-7

◇乱世光芒―小説・石田三成　嶋津義忠著　PHP研究所　1998.3　518p　19cm　2000円　④4-569-60003-4

◇石田三成とその一族　白川亨著　新人物往来社　1997.12　324p　22cm　9800円　④4-404-02550-5

◇石田三成―「知の参謀」の実像　小和田哲男著　PHP研究所　1997.1　205p　18cm（PHP新書）680円　④4-569-55442-3

◇小説　石田三成　童門冬二著　成美堂出版　1996.10　284p　19cm　1500円　④4-415-06706-9

◇日本を創った10人の名参謀―歴史を動かした頭脳と人間力　邦光史郎著　広済堂出版　1996.10　308p　18cm（広済堂ブックス）880円　④4-331-00749-9

◇戦国の武将三十人　桑田忠親著　新人物往来社　1996.8　254p　19cm〈『武将伝戦国の史話』改題書〉2500円　④4-404-02364-2

◇石田三成の生涯　白川亨著　新人物往来社　1995.1　301p　22cm　8800円　④4-404-02179-8

◇関ヶ原合戦記　西野辰吉著　勉誠社　1994.6　209p　19cm（日本合戦騒動叢書7）2060円　④4-585-05107-4

◇現代語訳　名将言行録　軍師編　加来耕三訳　新人物往来社　1993.11　235p　19cm　2900円　④4-404-02064-3

◇武将大名たちのリストラ戦略　加来耕三著　実業之日本社　1993.10　238p　19cm　1600円　④4-408-21007-2

◇戦国大逆転戦記　桐野作人著　勁文社　1993.8　213p　18cm（ケイブンシャブックス K-82）780円　④4-7669-1834-7

◇逆転の人物日本史―歴史に甦る英雄たちの不死伝説とその後を推理!!　中江克己著　日本文芸社　1993.3　247p　18cm

◇(ラクダブックス) 780円 ①4-537-02343-0
◇関ヶ原の戦い―勝者の研究・敗者の研究 小和田哲男著 三笠書房 1993.3 312p 19cm 1300円 ①4-8379-1500-0
◇武将に学ぶ苦境からの脱出 松本幸夫著 総合ライフ出版 1992.11 227p 19cm 1500円 ①4-88311-029-X
◇戦国合戦かくれ話―野望に燃えた武将たち! 土橋治重著 大陸書房 1992.9 246p 15cm (大陸文庫) 470円 ①4-8033-4279-2
◇主役・脇役おもしろ列伝―歴史変遷の人間模様! 加来耕三著 大陸書房 1992.7 239p 15cm (大陸文庫) 530円 ①4-8033-4146-X
◇関ヶ原の合戦 笠原一男編 木耳社 1992.6 209p 19cm (物語 日本の歴史 20) 1500円 ①4-8393-7572-0
◇関ヶ原の戦い前夜 笠原一男編 木耳社 1992.5 205p 20cm (物語 日本の歴史 19) 1500円 ①4-8393-7571-2
◇戦国武将 誰も知らない苦労話 桑田忠親著 三笠書房 1991.9 248p 15cm (知的生きかた文庫) 450円 ①4-8379-0466-1
◇英雄・女人に学ぶ人間学 高橋英司著 時事通信社 1991.4 249p 19cm 1400円 ①4-7887-9110-2
◇石田三成 徳永真一郎著 改訂新版 青樹社 1991.1 301p 19cm 1400円 ①4-7913-0636-8
◇戦国武将の本領 戸部新十郎著 読売新聞社 1991.1 268p 19cm 1300円 ①4-643-90116-0
◇茶道人物辞典 原田伴彦編 柏書房 1991.1 290, 22p 22cm 〈新装版〉 4944円 ①4-7601-0620-0
◇魅力あるリーダーとは―歴史の中の肖像 加来耕三著 日本経済新聞社 1990.9 241p 19cm 1300円 ①4-532-09614-6
◇「逆転」日本史 土橋治重著 天山出版, 大陸書房〔発売〕 1990.6 255p 15cm (天山文庫) 440円 ①4-8033-2281-3

◇名将の社長学―信長はランチェスター法則を活かした 武田鏡村著 ビジネス社 1990.5 207p 19cm 1300円 ①4-8284-0421-X
◇戦国武将の食生活―勝ち残るための秘伝 永山久夫著 河出書房新社 1990.3 268p 15cm (河出文庫) 500円 ①4-309-47189-7
◇人心掌握の天才たち―戦国武将に学ぶリーダーの条件 童門冬二著 PHP研究所 1990.2 251p 15cm (PHP文庫) 〈『戦国武将 人心掌握の極意』改題書〉 460円 ①4-569-56244-2
◇戦国武将に学ぶ 勝敗の分岐点―勝機をつかむ武将、つかめない武将 吉岡行雄著 産能大学出版部 1989.12 198p 19cm 1500円 ①4-382-05028-6
◇戦国武将国盗り秘話 早乙女貢著 PHP研究所 1989.10 217p 15cm (PHP文庫) 420円 ①4-569-56226-4
◇石田三成―「義」に生きた智将の生涯 徳永真一郎著 PHP研究所 1989.5 381p 15cm (PHP文庫) 520円 ①4-569-56202-7
◇石田三成 今井林太郎著 吉川弘文館 1988.12 241p 19cm (人物叢書 新装版) 〈新装版 折り込図1枚 叢書の編者:日本歴史学会〉 1700円 ①4-642-05142-2
◇石田三成 尾崎士郎著 光文社 1988.10 327p 15cm (光文社時代小説文庫) 440円 ①4-334-70831-5
◇巨いなる企て 3 堺屋太一著 毎日新聞社 1988.8 331p 18cm (ミューノベルズ) 680円 ①4-620-71030-X
◇巨いなる企て 4 堺屋太一著 毎日新聞社 1988.8 283p 18cm (ミューノベルズ) 680円 ①4-620-71031-8
◇巨いなる企て 1 堺屋太一著 毎日新聞社 1988.7 252p 18cm (ミューノベルズ) 680円 ①4-620-71028-8
◇巨いなる企て 2 堺屋太一著 毎日新聞社 1988.7 278p 18cm (ミューノベルズ) 680円 ①4-620-71029-6

◇戦国と現代 成功の原則―作家や学者が書かなかった真の勝者 新井喜美夫著 プレジデント社 1988.4 270p 19cm 1300円 ①4-8334-1305-1

◇戦国のブレーン学―トップを支える知恵と心 大和勇三著 世界文化社 1988.4 220p 19cm (BIGMANビジネスブックス) 1300円 ①4-418-88605-2

◇関ケ原合戦写真集 安藤英男著 新人物往来社 1988.3 243p 26cm 7800円 ①4-404-01481-3

◇戦国の組織と人脈 堺屋太一, 田原総一朗, 三浦朱門, 百瀬明治, 童門冬二, 小和田哲男著 集英社 1987.12 269p 19cm (日本を創った戦略集団 2) 1400円 ①4-08-194002-9

◇戦国武将名言集 桑田忠親著 広済堂出版 1987.11 250p 15cm (広済堂文庫) 400円 ①4-331-65026-X

◇関ケ原の戦い―運命を決する頭脳戦略 二木謙一, 古川薫, 津本陽, 光瀬竜, 大和勇三著 世界文化社 1987.10 220p 19cm 1300円 ①4-418-87607-3

◇戦国武将おもしろ大百科 山梨輝雄著 広済堂出版 1987.9 263p 13cm (豆たぬきの本 208) 380円 ①4-331-20108-2

◇戦国武将の食生活―勝ち残るための秘伝 永山久夫著 ジャパンポスト出版部 1987.9 238p 19cm (ポスト・ブック) 1200円 ①4-915230-04-X

◇戦国武将ビジネス読本―統率力と戦略 南条範夫著 広済堂出版 1987.5 239p 15cm (広済堂文庫) 400円 ①4-331-65019-7

◇戦国名将に学ぶ勝ち残りの戦略―状況の読み方・生かし方 風巻絃一著 三笠書房 1986.12 300p 15cm (知的生き方文庫) 440円 ①4-8379-0135-2

◇石田三成写真集 石田多加幸文・写真 新人物往来社 1986.8 230p 27cm 7000円 ①4-404-01375-2

◇強い指導者―戦国武将新研究 会田雄次, 百瀬明治著 力富書房 1986.4 270p 19cm (リキトミブックス 19) 1000円 ①4-89776-019-4

◇石田三成のすべて 安藤英男編 新人物往来社 1985.3 318p 20cm 2000円 ①4-404-01258-6

◇石田三成 旺文社編 旺文社 1983.6 192p 26cm (現代視点)〈石田三成の肖像あり〉 1900円 ①4-01-070556-6

◇石田三成 桑田忠親著 講談社 1982.10 234p 15cm (講談社文庫) 320円 ①4-06-131786-5

◇史伝石田三成 安藤英男著 白川書院 1976.12 313p 図 21cm 1600円

◇石田三成 安藤英男著 新人物往来社 1975 219p 20cm 1300円

◇義士石田三成 桑田忠親著 エルム 1974 250p 20cm 1200円

◇歪められた歴史―石田三成と関ケ原戦 田中巌著 明玄書房 1967 270p 19cm 650円

◇石田三成 今井林太郎著 吉川弘文館 1961 241p 図版 18cm (人物叢書 日本歴史学会編)

大谷 吉継
おおたに よしつぐ

永禄2年(1559年)～慶長5年(1600年)9月15日
武将。幼名は桂松。通称は紀之介。豊臣秀吉の小姓として仕え、天正11年(1583年)賤ヶ岳の戦いに戦功をあげて越前敦賀5万石を領し、さらに九州平定、小田原征伐でも戦功をあげる。文禄・慶長の役では、船奉行、三奉行として活躍し、明との交渉などにもあたる。帰国後、病により盲目となり諸役を免ぜられた。秀吉の没後は徳川家康に接近し、慶長5年(1600年)家康の会津攻めに従うため敦賀を出たが、途中で石田三成に説得されて西軍側となり、関ケ原の戦いで東軍に内応した小早川秀秋に背後をつかれ戦死した。

＊　　＊　　＊

◇関ヶ原合戦「武将」たちの言い分―天下分け目の行動学 岳真也著 PHP研究所

◇2007.8　408p　15cm　(PHP文庫)　686円　①978-4-569-66851-2
◇男たちの戦国―戦国武将友情始末　夏野清三郎著　ぶんか社　2007.6　205p　15cm（ぶんか社文庫）　600円　①978-4-8211-5101-1
◇大谷刑部のすべて　花ヶ前盛明編　新人物往来社　2000.5　304p　20cm　2800円　①4-404-02857-1
◇大谷吉継―「関ケ原」に散った仁将　野村敏雄著　PHP研究所　2000.4　372p　15cm　(PHP文庫)〈『仁将』改題書〉648円　①4-569-57395-9
◇新人物日本史・光芒の生涯　下　畑山博著　学陽書房　1999.10　364p　15cm（人物文庫）　700円　①4-313-75091-6
◇角川日本姓氏歴史人物大辞典　3　岩手県姓氏歴史人物大辞典　竹内理三ほか編纂　岩手県姓氏歴史人物大辞典編纂委員会編著　角川書店　1998.5　1195p　23cm　20000円　①4-04-002030-8
◇角川日本姓氏歴史人物大辞典　26　京都市姓氏歴史人物大辞典　竹内理三ほか編纂　京都市姓氏歴史人物大辞典編纂委員会編著　角川書店　1997.9　909p　23cm　①4-04-002260-2
◇人物日本歴史館　戦国篇―天に選ばれた歴史の主人公たち　児玉幸多監修　三笠書房　1996.11　510p　15cm（知的生きかた文庫）　980円　①4-8379-0843-8
◇仁将―小説大谷吉継　野村敏雄著　PHP研究所　1996.10　333p　19cm　1800円　①4-569-55362-1
◇戦国の武将三十人　桑田忠親著　新人物往来社　1996.8　254p　19cm〈『武将伝戦国の史話』改題書〉2500円　①4-404-02364-2
◇福井県大百科事典　福井新聞社百科事典刊行委員会編　福井　福井新聞社　1991.6　1167p　図版26枚　27cm　〈付(地図1枚袋入)：福井県全図〉　30000円
◇智将大谷刑部　池内昭一著　新人物往来社　1990.2　227p　20cm　2300円　①4-404-01654-9

◇天下平定編　桑田忠親著　秋田書店　1989.10　249p　19cm（新編　日本武将列伝 6）　1500円　①4-253-00367-2
◇死闘　関ケ原―大谷吉継伝　佐藤太治,ライオンズ・プロ著　相模原　ライオンズ石油出版部,泰流社〔発売〕　1987.9　246p　19cm　980円　①4-88470-601-3
◇郷土歴史人物事典福井　中川平常ほか編　第一法規出版　1985.6　345p　19cm　〈監修：印牧邦雄　人物年表・参考文献：p325～336〉　2400円
◇戦国大名家臣団事典　西国編　山本大,小和田哲男編　新人物往来社　1981.8　414p　22cm　6800円
◇大谷刑部少輔吉隆とその一族―関ケ原戦における大谷吉隆を中心に　森脇宏之著　神戸　森脇宏之　1965　20p　22cm

九鬼 嘉隆
くき よしたか

天文11年(1542年)～慶長5年(1600年)10月12日
武将。紀伊国(和歌山県)の人。名は右馬允。志摩田城城主九鬼定隆の子。織田信長に属し、熊野海賊を率いて活躍。一向一揆制圧、毛利氏攻略などで功をあげ、鳥羽城主として伊勢・志摩3万5000石を領す。その後、秀吉にも水軍の将として従い、文禄元年(1592年)文禄の役では朝鮮で海戦を行った。慶長2年(1597年)家督を守隆に譲り隠居料を受けて致仕。慶長5年(1600年)関ケ原の戦いでは東軍についた守隆に対し西軍について敗北し、自刃した。

＊　　　＊　　　＊

◇信長の家臣団―「天下布武」を支えた武将34人の記録　樋口晴彦著　学習研究社　2005.9　362p　15cm（学研M文庫）　648円　①4-05-901174-6
◇海のサムライたち　白石一郎著　文芸春秋　2004.10　253p　15cm（文春文庫）　495円　①4-16-737024-7
◇海のサムライたち　白石一郎著　日本放送出版協会　2003.2　229p　19cm　1400円　①4-14-080758-X
◇九鬼嘉隆　星亮一著　学習研究社　2002.

◇2　270p　15cm　（学研M文庫）　580円　①4-05-901112-6

◇戦国武将　別冊宝島編集部編　宝島社　2000.1　317p　15cm　（宝島社文庫）〈別冊宝島『よみがえる戦国武将伝説』改訂・改題書〉　600円　①4-7966-1681-0

◇覇王の海—海将九鬼嘉隆　二宮隆雄著　角川書店　1996.6　390p　19cm　2000円　①4-04-872970-5

◇九鬼嘉隆—信長・秀吉に仕えた水軍大将　志津三郎著　PHP研究所　1995.8　440p　15cm　（PHP文庫）　700円　①4-569-56791-6

◇戦鬼たちの海—織田水軍の将・九鬼嘉隆　白石一郎著　文芸春秋　1995.3　516p　15cm　（文春文庫）　620円　①4-16-737013-1

◇織田信長家臣人名辞典　谷口克広著　吉川弘文館　1995.1　495, 7p　23cm　〈監修：高木昭作　参考文献：p483～495〉　7210円　①4-642-02743-2

◇戦鬼たちの海—織田水軍の将・九鬼嘉隆　白石一郎著　毎日新聞社　1992.3　243p　19cm　1300円　①4-620-10453-1

◇茶道人物辞典　原田伴彦編　柏書房　1991.1　290, 22p　22cm　〈新装版〉　4944円　①4-7601-0620-0

◇戦国大名系譜人名事典　西国編　山本大, 小和田哲男編　新人物往来社　1986.1　563p　22cm　7500円　①4-404-01316-7

小西 行長　こにし ゆきなが

永禄元年(1558年)？〜慶長5年(1600年)10月1日　武将。キリシタン大名。和泉国(大阪府)の人。名は弥九郎。洗礼名はアゴスチーニョ。代々薬種業を営んだ堺の豪商小西隆佐の二男。兄は如清。備前の宇喜多直家に仕え、のち豊臣秀吉に属して船奉行となり、塩飽より堺に至るまでの船舶を監督。島津攻略、肥後一揆鎮圧の功により、加藤清正と肥後を2分して肥後半国24万石を領し、宇土城主となる。文禄の役では清正らと共に先鋒の主将として出陣。また明使沈惟敬と和平交渉にあたる。慶長2年(1597年)慶長の役にも先鋒の主将として出兵したが、秀吉の死とともに撤退。石田三成らと行動をともにし、慶長5年(1600年)関ヶ原の戦いでは西軍に属し、敗れて捕虜となり、京都六条河原で斬首となった。キリシタン大名としても知られ、信仰厚く、高山右近を庇護し、癩病治療・孤児救済など慈善事業につくし、その死は教団では殉教とされた。処刑前に、言い残すことはないかとたずねられて〈たとえいい置く儀億万あり共、いま首の座に居て白状すべきや〉と残したという。

◇小西行長伝　木村紀八郎著　鳥影社　2005.11　584p　20cm　2400円　①4-88629-947-4

◇海のサムライたち　白石一郎著　文芸春秋　2004.10　253p　15cm　（文春文庫）　495円　①4-16-737024-7

◇アゴスチイノ小西摂津守行長回想帖—十六世紀の自由人　園田信行著　中央公論事業出版　2003.7　446p　22cm　〈年表あり　文献あり〉　2000円　①4-89514-205-1

◇歴史にみる「勝つリーダー、負けるリーダー」—何が明暗を分けるのか　岡本好古著　PHP研究所　2003.3　237p　15cm　（PHP文庫）〈『「勝利」へのマネジメント』改題書〉　495円　①4-569-57921-3

◇海のサムライたち　白石一郎著　日本放送出版協会　2003.2　229p　19cm　1400円　①4-14-080758-X

◇武将意外史　10　八切止夫著、縄田一男, 末国善己監修、矢留栖夫随想　作品社　2003.1　225p　18cm　（八切意外史　10）　850円　①4-87893-544-8

◇戦国武将・あの人の「その後」―「関ヶ原」「本能寺」…事件が変えた男たちの運命　日本博学倶楽部著　PHP研究所　2002.9　244p　15cm　(PHP文庫)　552円　ⓉⒾ4-569-57777-6

◇鉄の首枷―小西行長伝　遠藤周作著　中央公論新社　2001.9　296p　21cm　(Chuko on demand books)〈年譜あり〉2800円　ⓉⒾ4-12-550214-5

◇小西行長公没後400年記念事業資料集―関ヶ原の戦いから四百年　宇土市教育委員会編　宇土　宇土市教育委員会　2000.10　27p　30cm

◇遠藤周作文学全集　10　評伝1　遠藤周作著　新潮社　2000.2　347p　21cm　5200円　ⓉⒾ4-10-640730-2

◇おたあジュリア　田村襄次, 平田都共著　サンパウロ　2000.2　323p　15cm　(アルバ文庫)　780円　ⓉⒾ4-8056-1222-3

◇聖書武将の生々流転―豊臣秀吉の朝鮮出兵と内藤如安　楠戸義昭著　講談社　2000.1　318p　20cm　1800円　ⓉⒾ4-06-209882-2

◇海将　上　白石一郎著　講談社　1999.9　446p　15cm　(講談社文庫)〈『海将―若き日の小西行長』改題書〉　667円　ⓉⒾ4-06-264669-2

◇海将　下　白石一郎著　講談社　1999.9　420p　15cm　(講談社文庫)〈『海将―若き日の小西行長』改題書〉　667円　ⓉⒾ4-06-264670-6

◇戦国武将まんだら―秘本三十六人伝　大栗丹後著　春陽堂書店　1999.8　244p　15cm　(春陽文庫)　486円　ⓉⒾ4-394-16136-3

◇海の往還記―近世国際人列伝　泉秀樹著　中央公論社　1999.1　359p　15cm　(中公文庫)　838円　ⓉⒾ4-12-203328-4

◇角川日本姓氏歴史人物大辞典　26　京都市姓氏歴史人物大辞典　竹内理三ほか編纂　京都市姓氏歴史人物大辞典編纂委員会編著　角川書店　1997.9　909p　23cm　ⓉⒾ4-04-002260-2

◇小西行長と沈惟敬―文禄の役、伏見地震、そして慶長の役。　三木晴男著　日本図書刊行会, 近代文芸社〔発売〕　1997.6　288p　19cm　1800円　ⓉⒾ4-89039-316-1

◇抗争―ライバル日本史　4　NHK取材班編　角川書店　1996.10　304p　15cm　(角川文庫)　500円　ⓉⒾ4-04-195421-5

◇戦国夜話―こころの風景　遠藤周作著　小学館　1996.6　157p　18cm　1000円　ⓉⒾ4-09-840040-5

◇大阪墓碑人物事典　近松誉文著　大阪東方出版　1995.11　310p　20cm　2900円　ⓉⒾ4-88591-458-2

◇ライバル日本史　4　NHK取材班編　角川書店　1995.4　216p　19cm　1500円　ⓉⒾ4-04-522504-8

◇岡山県歴史人物事典　岡山県歴史人物事典編纂委員会編　岡山　山陽新聞社　1994.10　1254p　27cm　ⓉⒾ4-88197-509-9

◇海将―若き日の小西行長　白石一郎著　新潮社　1993.7　460p　19cm　1900円　ⓉⒾ4-10-393001-2

◇熊本―人とその時代　工藤敬一編著　熊本　三章文庫　1993.4　282p　19cm　1942円

◇聖フランシスコ・ザビエルの日傘　平湯晃著　河出書房新社　1993.1　247p　19cm　2200円　ⓉⒾ4-309-22238-2

◇狐狸庵 歴史の夜話　遠藤周作著　牧羊社　1992.11　170p　19cm　1600円　ⓉⒾ4-8333-1531-9

◇秀吉と戦った朝鮮武将　貫井正之著　六興出版　1992.4　191p　19cm　(ロッコウブックス)　1400円　ⓉⒾ4-8453-5081-5

◇戦国武将伝―リーダーたちの戦略と決断　白石一郎著　文芸春秋　1992.3　290p　15cm　(文春文庫)　420円　ⓉⒾ4-16-737009-3

◇物語 キリシタン大名の妻たち　新人物往来社編　新人物往来社　1991.11　332p　19cm　2500円　ⓉⒾ4-404-01862-2

◇茶道人物辞典　原田伴彦編　柏書房　1991.1　290, 22p　22cm　〈新装版〉4944円　ⓉⒾ4-7601-0620-0

◇坂口安吾全集　17　坂口安吾著　筑摩書房　1990.12　581p　15cm　(ちくま文

近畿

◇天下平定編　桑田忠親著　秋田書店　1989.10　249p　19cm　〔新編 日本武将列伝 6〕　1500円　①4-253-00367-2

◇戦国の風　谷恒生著　講談社　1988.10　354p　19cm　1400円　①4-06-204035-2

◇戦国武将伝―リーダーたちの戦略と決断　白石一郎著　文芸春秋　1988.10　246p　19cm　1200円　①4-16-310600-6

◇戦国・天下取りの時代　早乙女貢ほか著　経済界　1988.8　253p　19cm　〔転換期の戦略 3〕　1300円　①4-7667-8052-3

◇安吾史譚　坂口安吾著　河出書房新社　1988.2　222p　15cm　〔河出文庫〕　420円　①4-309-40213-5

◇鎖国日本と国際交流　上巻　箭内健次編　吉川弘文館　1988.2　639p　21cm　9800円　①4-642-03284-3

◇戦国武将おもしろ大百科　山梨輝雄著　広済堂出版　1987.9　263p　13cm　〔豆たぬきの本 208〕　380円　①4-331-20108-2

◇交渉　佐々克明ほか著　旺文社　1986.3　293p　19cm　〔ブレーン：歴史にみる群像 3〕　1300円　①4-01-071413-1

◇キリスト教人名辞典　日本基督教団出版局　1986.2　2094p　27cm　〈主要参考文献：p2091～2093〉　43000円

◇京都大事典　佐和隆研ほか編集　京都　淡交社　1984.11　1083, 91p　27cm　12000円　①4-473-00885-1

◇兵庫県大百科事典　神戸　神戸新聞出版センター　1983.10　2冊　30cm　〈企画：神戸新聞創刊85周年記念兵庫県大百科事典刊行委員会〉　全49000円

◇熊本県大百科事典　熊本日日新聞社熊本県大百科事典編集委員会編　熊本　熊本日日新聞社　1982.4　1020p　図版16枚　30cm　〈折り込図1枚〉　25000円

◇宇土城主小西行長公　一宗雄文, 宇土市教育委員会編　宇土　宇土市教育委員会　1980.10　157p　15cm　非売品

◇岡山県大百科事典　岡山　山陽新聞社　1980.1　2冊　27cm　全40000円

◇鉄の首枷―小西行長伝　遠藤周作著　中央公論社　1979.4　286p　15cm　〔中公文庫〕　320円

◇岡山人名事典　吉岡三平監修　岡山　日本文教出版　1978.2　466p　19cm

◇小西行長　田村襄次著　中央出版社　1978.1　232p　19cm　1200円

◇鉄の首枷―小西行長伝　遠藤周作著　中央公論社　1977.4　282p　図　20cm　980円

島 勝猛
しま かつたけ

?～慶長5年(1600年)9月15日

　武将。大和国(奈良県)の人。別名は清興、通称は左近(さこん)。出自や前半生について詳しいことは不明で、初め筒井順慶に仕えたのち、豊臣秀長およびその世嗣秀保に仕え、秀保が死去すると出家しようとしたところを石田三成に高禄で招かれたといわれる。三成の参謀として非常に重用され、慶長5年(1600年)関ヶ原の戦いで三成の先鋒として奮戦したすえに戦死した。「治部少に過ぎたるものが二つあり、島の左近と佐和山の城」の落首は著名である。なお死亡については西国へ落ちたとする説などもある。

＊　　＊　　＊

◇仁義の智将 島左近　戦国歴史研究会著　PHP研究所　2008.6　223p　19cm　〔戦国闘将伝〕　476円　①978-4-569-69985-1

◇戦国武将 勝利の実学　火坂雅志著　勉誠出版　2006.12　266p　19cm　1400円　①4-585-05344-1

◇島左近のすべて　花ヶ前盛明編　新人物往来社　2001.6　255p　19cm　2800円　①4-404-02920-9

◇大阪人物辞典　三善貞司編　大阪　清文堂出版　2000.11　1304, 70p　23cm　16000円　①4-7924-0499-1

◇角川日本姓氏歴史人物大辞典　3　岩手県姓氏歴史人物大辞典　竹内理三ほか編纂　岩手県姓氏歴史人物大辞典編纂委員会編著　角川書店　1998.5　1195p　23cm　20000円　①4-04-002030-8

◇現代語訳 名将言行録 軍師編 加来耕三訳 新人物往来社 1993.11 235p 19cm 2900円 ⓘ4-404-02064-3

◇才幹の人間学―智謀の群像たち 士は己れを知る者の為に死す 南条範夫著 ベストセラーズ 1993.5 255p 15cm (ワニ文庫) 530円 ⓘ4-584-37004-4

◇戦国 名将の条件・参謀の条件 百瀬明治著 PHP研究所 1992.2 251p 15cm (PHP文庫) 480円 ⓘ4-569-56442-9

◇戦国の軍師たち 堀和久著 文芸春秋 1990.10 278p 15cm (文春文庫)〈『軍師の時代』改題書〉 400円 ⓘ4-16-749502-3

◇島左近―義を貫いた闘将の生涯 佐竹申伍著 PHP研究所 1990.1 573p 15cm (PHP文庫)〈『闘将島左近』改題書〉 780円 ⓘ4-569-56240-X

◇闘将島左近 佐竹申伍著 光風社出版 1986.11 394p 19cm 1200円 ⓘ4-87519-147-2

◇「軍師」の研究―将を支え、組織を活かす 百瀬明治著 PHP研究所 1986.5 236p 15cm (PHP文庫) 400円 ⓘ4-569-26076-4

長束 正家
なつか まさいえ

永禄5年(1562年)?～慶長5年(1600年)9月30日
武将。近江国栗太郡長束(滋賀県)の人。新三郎、大蔵少輔と称した。初め丹羽長秀に仕えたが、その没後は豊臣秀吉に登用され、財務・事務能力を高く評価されて、兵站や輸送の手配を担当したり、検地奉行などを務める。茶人としても知られる。文禄4年(1595年)近江水口城5万石を与えられ、のち豊臣家五奉行に列した。秀吉の没後は石田三成と結んで徳川家康と対立し、慶長5年(1600年)関ヶ原の戦いで敗れて、自領近江水口に逃れたのち自刃。

＊　　＊　　＊

◇角川日本姓氏歴史人物大辞典 26 京都市姓氏歴史人物大辞典 竹内理三ほか編纂 京都市姓氏歴史人物大辞典編纂委員会編著 角川書店 1997.9 909p 23cm ⓘ4-04-002260-2

◇角川日本姓氏歴史人物大辞典 23 愛知県 竹内理三ほか編纂 愛知県姓氏歴史人物大辞典編纂委員会編著 角川書店 1991.10 1052p 23cm 〈愛知県略年表：p944～958 愛知県参考文献一覧・主要文献解題：p1044～1051〉 16000円 ⓘ4-04-002230-2

◇名将を支えた戦国の異能群団―雑賀衆から柳生一族まで覇権に隠された群雄の知略 桐野作人著 日本文芸社 1991.7 238p 18cm (ラクダブックス) 780円 ⓘ4-537-02245-0

◇茶道人物辞典 原田伴彦編 柏書房 1991.1 290, 22p 22cm 〈新装版〉 4944円 ⓘ4-7601-0620-0

◇戦国の組織と人脈 堺屋太一、田原総一朗、三浦朱門、百瀬明治、童門冬二、小和田哲男著 集英社 1987.12 269p 19cm (日本を創った戦略集団 2) 1400円 ⓘ4-08-194002-9

◇京都大事典 佐和隆研ほか編集 京都淡交社 1984.11 1083, 91p 27cm 12000円 ⓘ4-473-00885-1

◇滋賀県百科事典 滋賀県百科事典刊行会編 大和書房 1984 877p 28cm 〈年表：p.〔775〕-786 主要参考図書目録：p.〔805〕-820〉 ⓘ4-479-90012-8

◇郷土歴史人物事典滋賀 渡辺守順著 第一法規出版 1979.7 219p 19cm 1300円

◇愛知百科事典 中日新聞社開発局編 名古屋 中日新聞本社 1977.1 977p 27cm 15000円

小早川 秀秋
こばやかわ ひであき

天正10年(1582年)～慶長7年(1602年)10月18日
武将。近江国(滋賀県)の人。幼名は辰之助、前名は羽柴秀俊、通称は金吾中納言。豊臣秀吉の正室高台院の兄木下家定の五男。叔父豊臣秀吉の養子となり10歳で亀山城10万石を与えられる。文禄2年(1593年)秀吉の実子・秀頼が誕生すると

小早川隆景の養子となり、筑前・筑後の一部35万石を継ぎ、中納言に昇進。慶長の役では総大将として朝鮮に出陣したが、軽率な行動を石田光成に咎められ、秀吉の怒りをかって越前北庄へ減封となる。その後、徳川家康の助言により筑前に復領。慶長5年(1600年)関ヶ原の戦いでは西軍に属していたが、途中で寝返り、東軍を勝利に導く。その功により備前・備中・美作51万石を与えられ岡山に居すが、嗣子がなく断絶した。

　　　　＊　　＊　　＊

◇関ヶ原合戦―家康の戦略と幕藩体制　笠谷和比古著　講談社　2008.1　267p　15cm（講談社学術文庫）　900円　①978-4-06-159858-4

◇関ヶ原合戦「武将」たちの言い分―天下分け目の行動学　岳真也著　PHP研究所　2007.8　408p　15cm（PHP文庫）　686円　①978-4-569-66851-2

◇敗者から見た関ヶ原合戦　三池純正著　洋泉社　2007.5　266p　18cm（新書y）　800円　①978-4-86248-146-7

◇名城と合戦の日本史　小和田哲男著　新潮社　2007.5　217p　19cm（新潮選書）　1100円　①978-4-10-603580-7

◇金吾とお呼び―小早川秀秋心象紀行　永井芳順著　京都　永井芳順　2007.4　129p　21cm　非売品

◇図解 関ヶ原に学ぶ勝負の法則―天下を分けた戦国最大の合戦　『歴史街道』編集部編　PHP研究所　2006.4　107p　26cm　800円　①4-569-64957-2

◇大いなる謎 関ヶ原合戦―家康暗殺計画から小早川裏切りの真相まで　近衛竜春著　PHP研究所　2005.11　395p　15cm（PHP文庫）　705円　①4-569-66485-7

◇戦国なるほど人物事典―100人のエピソードで戦国史がよくわかる！　泉秀樹著　愛蔵版　PHP研究所　2005.6　235p　19cm　476円　①4-569-64332-9

◇完全保存版 戦国なるほど人物事典―100人のエピソードで戦国史がよくわかる！　泉秀樹著　PHP研究所　2004.2　111p　26cm　952円　①4-569-63328-5

◇日本史「悪役」たちの言い分―視点を変えればワルも善玉　岳真也著　PHP研究所　2003.12　275p　15cm（PHP文庫）〈『言い分の日本史』改題書〉　619円　①4-569-66088-6

◇戦国なるほど人物事典―100人のエピソードで歴史の流れがよくわかる　泉秀樹著　PHP研究所　2003.5　502p　15cm（PHP文庫）〈『戦国乱世百傑百話』修正・改題書〉　819円　①4-569-57945-0

◇真説 関ヶ原合戦　桐野作人著　学習研究社　2000.9　278p　15cm（学研M文庫）　570円　①4-05-901005-7

◇小早川秀秋の悲劇　笹沢左保著　双葉社　2000.6　284p　15cm（双葉文庫）　514円　①4-575-66108-2

◇小早川秀秋の悲劇　双葉社　1997.10　261p　19cm　1700円　①4-575-23319-6

◇堂々日本史　第2巻　NHK取材班編　名古屋　KTC中央出版　1996.12　254p　20cm　1600円　①4-924814-87-3

◇戦国の武将三十人　桑田忠親著　新人物往来社　1996.8　254p　19cm〈『武将伝 戦国の史話』改題書〉　2500円　①4-404-02364-2

◇岡山県歴史人物事典　岡山県歴史人物事典編纂委員会編　岡山　山陽新聞社　1994.10　1254p　27cm　①4-88197-509-9

◇関ヶ原合戦記　西野辰吉著　勉誠社　1994.6　209p　19cm（日本合戦騒動叢書 7）　2060円　①4-585-05107-4

◇京都大事典　府域編　京都　淡交社　1994.3　696, 39p　27cm（監修：上田正昭, 吉田光邦）　12000円　①4-473-01327-8

◇歴史を変えた野望の戦国史―国盗りに賭けた勇将たちの決断　寺林峻著　日本文芸社　1993.5　251p　15cm（にちぶん文庫）　480円　①4-537-06223-1

◇「もしも…」の日本史―大胆な仮説で「もしも」を探れば歴史はこう変わる!?　鈴木旭著　日本文芸社　1992.10　261p　18cm（ラクダブックス）　780円　①4-537-02314-7

◇天下平定編　桑田忠親著　秋田書店　1989.10　249p　19cm　(新編 日本武将列伝 6)　1500円　①4-253-00367-2

◇野望の峠　戸部新十郎著　PHP研究所　1989.7　248p　15cm　(PHP文庫)　460円　①4-569-56209-4

◇寝返りの戦国史―「裏切り」に生死を賭けた男たちの光と影　寺林峻著　日本文芸社　1988.10　237p　19cm　(舵輪ブックス)　730円　①4-537-02119-5

◇戦国武将に学ぶ決断の時　玉木重輝著　鈴木出版　1988.7　252p　19cm　1400円　①4-7902-9010-7

◇「裏切り」の研究―謀略のバランスシート　新井英生著　政界往来社　1988.3　244p　19cm　1300円　①4-915303-28-4

◇戦国大名系譜人名事典　西国編　山本大,小和田哲男編　新人物往来社　1986.1　563p　22cm　7500円　①4-404-01316-7

◇佐賀県大百科事典　佐賀新聞社佐賀県大百科事典編集委員会編　佐賀　佐賀新聞社　1983.8　992p 図版16枚　30cm〈折り込図1枚〉　22000円

◇福岡県百科事典　西日本新聞社福岡県百科事典刊行本部編　福岡　西日本新聞社　1982.11　2冊　27cm　全42000円　①4-8167-0029-3

◇岡山県大百科事典　岡山　山陽新聞社　1980.1　2冊　27cm　全40000円

◇岡山人名事典　吉岡三平監修　岡山　日本文教出版　1978.2　466p　19cm

黒田　孝高　くろだ よしたか

　天文15年(1546年)～慶長9年(1604年)3月20日　武将。キリシタン大名。播磨国(兵庫県)の人。別名は黒田官兵衛、如水円清、勘解由次官。洗礼名はドン・シメオン。播磨姫路城主小寺職隆の子。一族は、播磨守護赤松氏や小寺氏に仕え、初め小寺姓を名のった。織田信長に謁して子の長政を人質として差し出す。信長の中国進出にくみし、羽柴(豊臣)秀吉の参謀として軍略家の名をはせ、各地に転戦。1578年(天正6)荒木村重が信長に背いたとき、説得に赴いたが失敗。天正8年(1580年)播磨揖東郡内1万石を与えられたのを始めとして、備中高松城の水攻め、毛利氏との講和など九州平定の功により、天正15年(1587年)豊前中津城主として12万石を領す。天正17年(1589年)剃髪して家を子長政に譲り、秀吉に近侍し、小田原征伐、文禄・慶長の役などで活躍した。秀吉の没後は長政とともに徳川家康につき、慶長5年(1600年)関ヶ原の戦いには東軍として豊後に出兵し、大友吉統と戦い捕虜とした。その功で、黒田家は筑前一国を領した。熱心なキリスト教徒で、キリシタン名を印文にした印判状を発給した。遺言により博多の教会堂に葬られた。

◇風渡る　葉室麟著　講談社　2008.6　271p　19cm　1600円　①978-4-06-214764-4

◇写真記録 日本人物史　日本図書センター　2008.6　297p　32×23cm　24000円　①978-4-284-50095-1

◇戦国軍師の知略―将を動かし勝機を掴む　中江克己著　青春出版社　2008.6　188p　18×11cm　(青春新書インテリジェンス)　730円　①978-4-413-04205-5

◇戦国武将からの手紙―乱世に生きた男たちの素顔　吉本健二著　学習研究社　2008.5　300p　15cm　(学研M文庫)〈『手紙から読み解く戦国武将意外な真実』改稿・改題書〉　667円　①978-4-05-901220-7

◇NHKその時歴史が動いた コミック版 修羅の戦国編　NHK取材班編　ホーム社,集英社〔発売〕　2008.4　497p　15cm　876円　①978-4-8342-7410-3

近畿

◇黒田官兵衛―稀代の軍師　播磨学研究所編　神戸　神戸新聞総合出版センター　2008.4　279p　20cm　1700円　①978-4-343-00457-4

◇稀代の軍師黒田如水と一族　新人物往来社　2007.8　161p　26cm　（別冊歴史読本　第32巻24号）〈年譜あり〉　2000円　①978-4-404-03376-5

◇男たちの戦国―戦国武将友情始末　夏野清三郎著　ぶんか社　2007.6　205p　15cm　（ぶんか社文庫）　600円　①978-4-8211-5101-1

◇「戦国武将」名将の頭の中―「勝負所」で勝つ法　菊池道人著　三笠書房　2007.6　219p　15cm　（知的生きかた文庫）　533円　①978-4-8379-7636-3

◇これは使える！図解 名軍師の戦略がよくわかる本　ビジネス兵法研究会著　PHP研究所　2007.3　95p　26cm　952円　①978-4-569-65973-2

◇敗者の条件　会田雄次著　改版　中央公論新社　2007.2　222p　15cm　（中公文庫）　590円　①978-4-12-204818-8

◇日本史「補佐役」たちの言い分―ナンバー2こそ本当の主役　岳真也著　PHP研究所　2006.4　316p　15cm　（PHP文庫）　619円　①4-569-66573-X

◇戦国武将 男の値打ち―知られざる値千金の逸話 この人間的魅力を見よ！　田中春泥著　三笠書房　2006.3　253p　15cm　（知的生きかた文庫）　533円　①4-8379-7548-8

◇戦国武将の危機突破学　童門冬二著　日本経済新聞社　2005.8　309p　15cm　（日経ビジネス人文庫）　667円　①4-532-19305-2

◇その時歴史が動いた　29　NHK取材班編　名古屋　KTC中央出版　2004.11　253p　19cm　1600円　①4-87758-329-7

◇播磨の黒田官兵衛　本山一城著　狛江　本山プロダクション　2004.10　202p　19cm　〈年譜あり〉　1500円

◇後継道―歴史の30父子にみる承継学　加来耕三著　日経BP社, 日経BP出版センター〔発売〕　2004.6　350p　19cm　（日本人のDNA 1）　1600円　①4-8222-2935-1

◇司馬遼太郎全講演　5　1992‐1995　司馬遼太郎著　朝日新聞社　2004.1　356,38p　15cm　（朝日文庫）　660円　①4-02-264323-4

◇武士の家訓　桑田忠親著　講談社　2003.12　324p　15cm　（講談社学術文庫）　1000円　①4-06-159630-6

◇エピソードで読む黒田官兵衛―ナンバー2の行動学　寺林峻著　PHP研究所　2003.4　315p　15cm　（PHP文庫）〈肖像あり　年譜あり〉　619円　①4-569-57927-2

◇歴史にひそみしもの―歴史エッセイ　東郷隆著　河出書房新社　2003.2　199p　19cm　1600円　①4-309-01528-X

◇武蔵―兵法革命家の生き方　童門冬二著　日本放送出版協会　2002.10　260p　20cm　1500円　①4-14-080724-5

◇発掘！意外日本史―三択クイズで読み解く歴史の裏側　河合敦監修　成美堂出版　2002.7　252p　15cm　（成美文庫）　524円　①4-415-06984-3

◇ほんとうの智恵を学ぶ―人生の手本にしたい名君の真骨頂　童門冬二編著　新装版　碧天舎　2002.5　259p　19cm　1359円　①4-88346-082-7

◇軍師・黒田官兵衛　野中信二著　光文社　2002.4　398p　15cm　（光文社時代小説文庫）　619円　①4-334-73305-0

◇参謀―黒田官兵衛という生き方　渡辺寿光著　小学館　2002.4　329p　15cm　（小学館文庫）　638円　①4-09-404861-8

◇名将言行録 乱世を生き抜く智恵　谷沢永一, 渡部昇一著　PHP研究所　2002.4　196p　19cm　1300円　①4-569-62018-3

◇歴史に学ぶ後継者育成の経営術―身を切らずして後継者の育成なし　童門冬二著　広済堂出版　2002.3　290p　15cm　（広済堂文庫）　600円　①4-331-65314-5

◇戦国武将にみる混迷変革期突破―人間の行動原理は昔も今も欲　米田一雄著　福岡　西日本新聞社　2001.11　254p　19cm　1524円　①4-8167-0539-2

◇黒田如水―史伝　安藤英男著　学習研究社　2001.8　365p　15cm　(学研M文庫)〈鈴木出版1987年刊の増補〉　670円　ⓣ4-05-901068-5

◇軍師 官兵衛　上　岳宏一郎著　講談社　2001.7　289p　15cm　(講談社文庫)〈『乱世が好き』改題書〉　629円　ⓣ4-06-273216-5

◇軍師 官兵衛　下　岳宏一郎著　講談社　2001.7　283p　15cm　(講談社文庫)〈『乱世が好き』改題書〉　629円　ⓣ4-06-273217-3

◇戦国武将 勝ち残りの戦略―状況を読みいかに闘うか　風巻絃一著　日本文芸社　2001.6　237p　18cm　(日文新書)〈『戦国名将に学ぶ勝ち残りの戦略』再編集・改題書〉　686円　ⓣ4-537-25057-7

◇戦国武将に学ぶ生活術　童門冬二著　産能大学出版部　2001.6　369p　19cm　1800円　ⓣ4-382-05505-9

◇完訳フロイス日本史―大村純忠・有馬晴信篇　黒田官兵衛の改宗と少年使節の帰国　ルイス・フロイス著, 松田毅一, 川崎桃太訳　中央公論新社　2000.11　386p　15cm　(中公文庫)　1143円　ⓣ4-12-203590-2

◇歴史「謎」物語―隠された真相を推理する　井沢元彦著　広済堂出版　2000.9　261p　15cm　(広済堂文庫)　552円　ⓣ4-331-65281-5

◇臥竜の夢―戦国孔明黒田如水　大沢俊作著　叢文社　2000.1　318p　19cm　1800円　ⓣ4-7947-0323-6

◇戦国武将　別冊宝島編集部編　宝島社　2000.1　317p　15cm　(宝島社文庫)〈別冊宝島『よみがえる戦国武将伝説』改訂・改題書〉　600円　ⓣ4-7966-1681-0

◇新人物日本史・光芒の生涯　下　畑山博著　学陽書房　1999.10　364p　15cm　(人物文庫)　700円　ⓣ4-313-75091-6

◇大軍師 黒田官兵衛　桜田晋也著　祥伝社　1999.6　404p　19cm　1900円　ⓣ4-396-63145-6

◇童門冬二の名将言行録　童門冬二著　日本実業出版社　1999.5　277p　19cm　1500円　ⓣ4-534-02931-4

◇乱世を勝ち抜く参謀学―秀吉を天下人にした半兵衛と官兵衛　加来耕三著　二見書房　1999.2　364p　20cm　1700円　ⓣ4-576-98182-X

◇黒田如水　童門冬二著　小学館　1999.1　318p　15cm　(小学館文庫)　590円　ⓣ4-09-403531-1

◇大友二階崩れ　高橋直樹著　文芸春秋　1998.8　290p　19cm　1714円　ⓣ4-16-317930-5

◇二人の軍師・竹中半兵衛と黒田官兵衛―特別陳列　名古屋市秀吉清正記念館編　名古屋　名古屋市秀吉清正記念館　1997.10　20p　30cm

◇老雄・名将 直伝の指導力―夢を託した者にだけ伝えたリーダー論　早乙女貢著　青春出版社　1997.10　238p　19cm　1400円　ⓣ4-413-03082-6

◇新史 黒田官兵衛　高橋和島著　PHP研究所　1997.6　317p　19cm　1762円　ⓣ4-569-55530-6

◇黒田如水　原田種真著　勉誠社　1996.12　292p　19cm　2266円　ⓣ4-585-05027-2

◇激突―ライバル日本史　7　NHK取材班編　角川書店　1996.12　294p　15cm　(角川文庫)　520円　ⓣ4-04-195424-X

◇日本を創った10人の名参謀―歴史を動かした頭脳と人間力　邦光史郎著　広済堂出版　1996.10　308p　18cm　(広済堂ブックス)　880円　ⓣ4-331-00749-9

◇ほんとうの智恵を学ぶ―人生の手本にしたい名君の真骨頂　童門冬二著　三天書房　1996.9　271p　19cm　(Santen Books)　1400円　ⓣ4-88346-007-X

◇大分県歴史人物事典〔大分〕　大分合同新聞社　1996.8　581p　27cm〈創刊一一〇周年記念〉

◇戦国の武将三十人　桑田忠親著　新人物往来社　1996.8　254p　19cm〈『武将伝戦国の史話』改題書〉　2500円　ⓣ4-404-02364-2

◇黒田官兵衛―秀吉も一目おいた天下人の器　浜野卓也著　PHP研究所　1996.6

381p 15cm（PHP文庫） 660円 ⓘ4-569-56903-X

◇黒田如水 三浦明彦著, 西日本人物誌編集委員会編 福岡 西日本新聞社 1996.5 229p 19cm（西日本人物誌7）〈監修：岡田武彦〉 1500円 ⓘ4-8167-0413-2

◇風の如く 水の如く 安部竜太郎著 集英社 1996.3 333p 19cm 1800円 ⓘ4-08-774184-2

◇織田信長家臣人名辞典 谷口克広著 吉川弘文館 1995.1 495, 7p 23cm〈監修：高木昭作 参考文献：p483～495〉 7210円 ⓘ4-642-02743-2

◇岡山県歴史人物事典 岡山県歴史人物事典編纂委員会編 岡山 山陽新聞社 1994.10 1254p 27cm ⓘ4-88197-509-9

◇武士の紋章 池波正太郎著 新潮社 1994.10 293p 15cm（新潮文庫） 400円 ⓘ4-10-115671-9

◇ライバル日本史 1 NHK取材班編 角川書店 1994.10 220p 19cm 1500円 ⓘ4-04-522501-3

◇勝ち抜く戦略生き残る知恵—武将に学ぶ不況時代を乗り切る生き方のヒント 祖田浩一著 日本文芸社 1994.7 238p 19cm 1200円 ⓘ4-537-02420-8

◇「左遷」をバネにする生き方—勝機をつかんだ知将・闘将の"自己変革"の方法 童門冬二著 大和出版 1994.6 214p 19cm『男の人生は敗者復活にあり』改題書 1350円 ⓘ4-8047-1313-1

◇のるかそるか 津本陽著 文芸春秋 1994.4 294p 15cm（文春文庫） 450円 ⓘ4-16-731430-4

◇現代語訳 名将言行録 軍師編 加来耕三訳 新人物往来社 1993.11 235p 19cm 2900円 ⓘ4-404-02064-3

◇才幹の人間学—智謀の群像たち 士は己れを知る者の為に死す 南条範夫著 ベストセラーズ 1993.5 255p 15cm（ワニ文庫） 530円 ⓘ4-584-37004-4

◇参謀たちの戦略と経営—時代をささえた影のヒーローたち 中村整史朗著 ベストセラーズ 1993.1 250p 15cm（ワニ文庫） 500円 ⓘ4-584-30363-0

◇人徳の研究—「水五則」に学ぶ人間の在り方・生き方 松原泰道著 大和出版 1992.11 235p 19cm 1600円 ⓘ4-8047-1227-5

◇天命を知る—乱世に輝いた男たち 白石一郎著 PHP研究所 1992.11 250p 19cm 1350円 ⓘ4-569-53798-7

◇武将に学ぶ苦境からの脱出 松本幸夫著 総合ライフ出版 1992.11 227p 19cm 1500円 ⓘ4-88311-029-X

◇黒田如水のすべて 安藤英男編 新人物往来社 1992.10 254p 20cm 2800円 ⓘ4-404-01955-6

◇戦国の参謀たち—信長・秀吉・家康を支えた「副」の生き方 小和田哲男著 実業之日本社 1992.5 252p 19cm 1500円 ⓘ4-408-34029-4

◇戦国武将伝—リーダーたちの戦略と決断 白石一郎著 文芸春秋 1992.3 290p 15cm（文春文庫） 420円 ⓘ4-16-737009-3

◇戦国 名将の条件・参謀の条件 百瀬明治著 PHP研究所 1992.2 251p 15cm（PHP文庫） 480円 ⓘ4-569-56442-9

◇物語 キリシタン大名の妻たち 新人物往来社編 新人物往来社 1991.11 332p 19cm 2500円 ⓘ4-404-01862-2

◇乱世に躍る武将群像 古川薫著 PHP研究所 1991.9 252p 19cm 1400円 ⓘ4-569-53259-4

◇のるかそるか 津本陽著 文芸春秋 1991.4 277p 19cm 1200円 ⓘ4-16-345170-6

◇戦国武将の本領 戸部新十郎著 読売新聞社 1991.1 268p 19cm 1300円 ⓘ4-643-90116-0

◇茶道人物辞典 原田伴彦編 柏書房 1991.1 290, 22p 22cm〈新装版〉 4944円 ⓘ4-7601-0620-0

◇武士の紋章 池波正太郎著 新人物往来社 1990.11 266p 19cm 1400円 ⓘ4-404-01782-0

◇戦国の軍師たち　堀和久著　文芸春秋　1990.10　278p　15cm　〈文春文庫〉〈『軍師の時代』改題書〉　400円　Ⓣ4-16-749502-3

◇名将の社長学―信長はランチェスター法則を活かした　武田鏡村著　ビジネス社　1990.5　207p　19cm　1300円　Ⓣ4-8284-0421-X

◇人心掌握の天才たち―戦国武将に学ぶリーダーの条件　童門冬二著　PHP研究所　1990.2　251p　15cm　(PHP文庫)〈『戦国武将　人心掌握の極意』改題書〉　460円　Ⓣ4-569-56244-2

◇黒田如水　吉川英治著　講談社　1989.11　377p　15cm　(吉川英治歴史時代文庫 44)　580円　Ⓣ4-06-196544-1

◇社長は自分の息子を後継者としてどう育てるか　童門冬二著　三笠書房　1989.11　232p　19cm　1300円　Ⓣ4-8379-1408-X

◇黒田長政　徳永真一郎著　光文社　1989.10　309p　15cm　(光文社時代小説文庫)　440円　Ⓣ4-334-71031-X

◇乱世統一編　桑田忠親著　秋田書店　1989.10　238p　19cm　(新編 日本武将列伝 4)　1500円　Ⓣ4-253-00365-6

◇部課長の戦陣訓　村上徹男著　日本経営者団体連盟広報部　1989.5　214p　19cm　1350円　Ⓣ4-8185-8903-9

◇戦国武将伝―リーダーたちの戦略と決断　白石一郎著　文芸春秋　1988.10　246p　19cm　1200円　Ⓣ4-16-310600-6

◇戦国武将に学ぶ決断の時　玉木重輝著　鈴木出版　1988.7　252p　19cm　1400円　Ⓣ4-7902-9010-7

◇竹中半兵衛と黒田官兵衛―実録　本山一城著　村田書店　1988.5　382p　19cm　2800円

◇戦国のブレーン学―トップを支える知恵と心　大和勇三著　世界文化社　1988.4　220p　19cm　(BIGMANビジネスブックス)　1300円　Ⓣ4-418-88605-2

◇関ヶ原合戦写真集　安藤英男著　新人物往来社　1988.3　243p　26cm　7800円　Ⓣ4-404-01481-3

◇自分らしく生きるための名「脇役」事典―戦国武将～現代経営者に学ぶ　百々由紀男著　公人の友社　1987.11　299p　19cm　1500円　Ⓣ4-87555-141-X

◇戦国武将名言集　桑田忠親著　広済堂出版　1987.11　250p　15cm　(広済堂文庫)　400円　Ⓣ4-331-65026-X

◇黒田如水―史伝　安藤英男著　鈴木出版　1987.10　342p　20cm　〈黒田如水の肖像あり〉　1700円　Ⓣ4-7902-9007-7

◇関ヶ原の戦い―運命を決する頭脳戦略　二木謙一, 古川薫, 津本陽, 光瀬竜, 大和勇三著　世界文化社　1987.10　220p　19cm　1300円　Ⓣ4-418-87607-3

◇戦国武将おもしろ大百科　山梨輝雄著　広済堂出版　1987.9　263p　13cm　(豆たぬきの本 208)　380円　Ⓣ4-331-20108-2

◇軍師の境遇　松本清張著　角川書店　1987.7　285p　15cm　(角川文庫)　380円　Ⓣ4-04-122743-7

◇反逆の日本史　原田伴彦著　河出書房新社　1987.6　261p　15cm　(河出文庫)　460円　Ⓣ4-309-47111-0

◇戦国名将 生き方の極意　西東玄著　PHP研究所　1987.5　245p　15cm　(PHP文庫)　450円　Ⓣ4-569-26110-8

◇男の人生は「敗者復活」にあり―再び勝機をつかんだ知将・闘将に学ぶ自己修養の方法　童門冬二著　大和出版　1987.3　217p　19cm　1200円　Ⓣ4-8047-1099-X

◇戦国名将に学ぶ勝ち残りの戦略―状況の読み方・生かし方　風巻紘一著　三笠書房　1986.12　300p　15cm　(知的生き方文庫)　440円　Ⓣ4-8379-0135-2

◇参謀と演出―組織を活かす補佐役の智恵　佐々克明ほか著　三笠書房　1986.10　277p　19cm　(歴史に学ぶ生きかた学)　1200円　Ⓣ4-8379-1307-5

◇名将ちょっといい言葉―武将に学ぶビジネス訓　宝井琴鶴著　商業界　1986.8　261p　19cm　(まあきゅりい・ぶっくす)　1200円

◇これが経営参謀だ！　大橋武夫著　日本実業出版社　1986.6　222p　19cm

近畿

1100円　①4-534-01133-4
◇「軍師」の研究―将を支え、組織を活かす　百瀬明治著　PHP研究所　1986.5　236p　15cm　(PHP文庫)　400円　①4-569-26076-4
◇豊前・宇都宮氏―黒田藩戦国史　松山譲著　直方　ライオンズマガジン社　1986.4　284p　19cm　1200円
◇日本武将譚　菊池寛著　文芸春秋　1986.3　265p　15cm　(文春文庫)　360円　①4-16-741001-X
◇播磨灘物語　司馬遼太郎著　講談社　1986.3　741p　19cm　(日本歴史文学館13)　2500円　①4-06-193013-3
◇戦国武将人使い名人伝　矢न挿雲著〔新装版〕原書房　1986.2　226p　20×14cm　1200円　①4-562-01704-X
◇戦国大名系譜人名事典　西国編　山本大,小和田哲男編　新人物往来社　1986.1　563p　22cm　7500円　①4-404-01316-7
◇黒田如水と二十五騎　本山一城著　村田書店　1984.12　303p　19cm　2000円
◇兵庫県大百科事典　神戸　神戸新聞出版センター　1983.10　2冊　30cm　〈企画：神戸新聞創刊85周年記念兵庫県大百科事典刊行委員会〉全49000円
◇福岡県百科事典　西日本新聞社福岡県百科事典刊行本部編　福岡　西日本新聞社　1982.11　2冊　27cm　全42000円　①4-8167-0029-3
◇戦国大名家臣団事典　西国編　山本大,小和田哲男編　新人物往来社　1981.8　414p　22cm　6800円
◇大分百科事典　大分放送大分百科事典刊行本部編　大分　大分放送　1980.12　1087p　図版18枚　28cm　〈折り込図1枚付(地図1枚)：大分県全図〉21000円
◇岡山県大百科事典　岡山　山陽新聞社　1980.1　2冊　27cm　全40000円
◇岡山人名事典　吉岡三平監修　岡山　日本文教出版　1978.2　466p　19cm
◇黒田如水伝　金子堅太郎著　文献出版　1976.11　704p　図21枚　22cm　〈大正5年刊の複製　限定版〉14000円

◇史伝黒田如水　安藤英男著　日貿出版社　1975　288p　19cm　(日貿良書)　980円
◇兵庫県人物事典　下巻　神戸　のじぎく文庫　1968　123p　19cm

柳生 宗厳
やぎゅう むねよし

大永7年(1527年)～慶長11年(1606年)4月19日　剣術家。大和国柳生(奈良県)の人。通称は新左衛門。号は石舟斎。柳生家厳の長男。上泉秀綱に新陰流剣術を学び、永禄8年(1565年)印可を得たのち、柳生新陰流の一派を完成させる。将軍足利義昭、織田信長に招かれて剣術を指南し、信長の大和出陣の際には案内役を務めた。その後、柳生村に隠棲したが、太閤検地の際に隠田が見つかり所領を没収された。文禄3年(1594年)徳川家康に招かれて、5男宗矩とともに無刀取りの妙技を披露した。以後家康に仕える。慶長5年(1600年)関ヶ原の戦前後に家康の諜報機関の任を果した。戦後旧領の柳生に500石を与えられ、晩年は柳生村に戻った。

　　　＊　　　＊　　　＊

◇戦国武将 勝利の実学　火坂雅志著　勉誠出版　2006.12　266p　19cm　1400円　①4-585-05344-1
◇柳生一族―将軍家指南役の野望　相川司,伊藤昭著　新紀元社　2004.10　255p　21cm　(Truth In History 3)　1800円　①4-7753-0334-1
◇老いは生のさなかにあり　津本陽著　幻冬舎　2003.9　254p　19cm　1600円　①4-344-00393-4
◇柳生石舟斎宗厳―戦国を戦い抜いた柳生新陰流の祖　中島道子著　PHP研究所　2003.2　354p　15cm　(PHP文庫)　743円　①4-569-57891-8
◇徳川三代 葵の密約―幕府を支えた柳生一族の鬼謀　谷恒生著　祥伝社　1999.11　308p　19cm　1700円　①4-396-63159-6
◇徳川三代・諜報戦　童門冬二著　日本放送出版協会　1999.11　266p　19cm　1500円　①4-14-080461-0
◇全国諸藩剣豪人名事典　間島勲著　新人

物往来社　1996.3　393p　22cm　〈主要参考文献：p388～391〉　13000円　①4-404-02318-9

◇織田信長家臣人名辞典　谷口克広著　吉川弘文館　1995.1　495,7p　23cm　〈監修：高木昭作　参考文献：p483～495〉　7210円　①4-642-02743-2

◇定本 大和柳生一族―新陰流の系譜　今村嘉雄　新人物往来社　1994.3　364p　19cm　2800円　①4-404-02091-0

◇日本剣豪伝　鷲尾雨工著　富士見書房　1992.11　376p　15cm　（時代小説文庫）　560円　①4-8291-1241-7

◇柳生石舟斎　山岡荘八　光文社　1991.8　459p　15cm　（光文社時代小説文庫）〈『柳生一族』改題書〉　620円　①4-334-71383-1

◇正伝新陰流　柳生厳長著　島津書房　1989.2　328p　21cm　5800円　①4-88218-012-X

◇末法を照らした達人の極意　宮本義己,吉田豊編　第一法規出版　1989.2　325p　21cm　（史伝 健康長寿の知恵 1）　2200円　①4-474-17041-5

◇剣士の名言　戸部新十郎著　政界往来社　1988.6　235p　19cm　（歴史ビジネス選書）　1300円　①4-915303-29-2

◇日本剣豪列伝　上　津本陽ほか著　旺文社　1987.6　587p　15cm　（旺文社文庫）〈『日本の剣豪』改題書〉　720円　①4-01-061681-4

◇柳生石舟斎　山岡荘八著　講談社　1987.3　494p　15cm　（山岡荘八歴史文庫 60）　580円　①4-06-195060-6

宝蔵院 胤栄
ほうぞういん いんえい

大永元年(1521年)～慶長12年(1607年)
　槍術家、兵法家。僧侶。大和国(奈良県)の人。通称は覚禅坊法印。興福寺の衆徒中御門但馬胤永の次子として生まれ、興福寺の子院宝蔵院の院主となった。幼少より武術をよくして諸国を遍歴。柳生宗厳や上泉伊勢守に刀を、大膳大夫盛忠に槍を学び、香取新当流の槍術をとりいれて、宝蔵院槍術を創始。従来の素槍中心の槍術に対し、攻防に十文字鎌を駆使する画期的な方法を考案した。しかし武芸を本意とせず、寺内に武器は置かなかったといわれる。しかし門人により、槍術の代表的流派として栄えた。

　　　＊　　　＊　　　＊

◇概説・武芸者　小佐野淳著　新紀元社　2006.2　282p　21cm　1900円　①4-7753-0448-8

◇日本剣豪列伝　江崎俊平, 志茂田誠諦著　学習研究社　2001.12　348p　15cm　（学研M文庫）　700円　①4-05-901094-4

◇日本仏教人名辞典　日本仏教人名辞典編纂委員会編　京都　法藏館　1992.1　887,117p　26cm　〈法藏館140年(丁字屋370年)創業記念出版〉　25000円　①4-8318-7007-2

◇剣士の名言　戸部新十郎著　政界往来社　1988.6　235p　19cm　（歴史ビジネス選書）　1300円　①4-915303-29-2

京極 高次
きょうごく たかつぐ

永禄6年(1563年)～慶長14年(1609年)5月3日
　武将。若狭小浜藩主。幼名は小法師、通称は小兵衛。近江北半国の守護大名・京極高吉の長男。母は京極マリア。浅井氏に属したが浅井氏滅亡後は、織田信長に仕えた。本能寺の変で明智光秀に味方したため、豊臣秀吉に追われ若狭に逃れる。妹が秀吉の側室になり、ゆるされて秀吉に属し、文禄の役後、近江大津城6万石を与えられる。慶長5年(1600年)関ヶ原の戦いでは東軍に転じ、のち若狭小浜8万5000石の藩主となる。晩年キリスト教に入信した。

　　　＊　　　＊　　　＊

◇織田信長家臣人名辞典　谷口克広著　吉川弘文館　1995.1　495,7p　23cm　〈監修：高木昭作　参考文献：p483～495〉　7210円　①4-642-02743-2

◇勝ち抜く戦略生き残る知恵―武将に学ぶ不況時代を乗り切る生き方のヒント　祖田浩一著　日本文芸社　1994.7　238p　19cm　1200円　①4-537-02420-8

近畿

◇福井県大百科事典　福井新聞社百科事典刊行委員会編　福井　福井新聞社　1991.6　1167p 図版16枚　27cm　〈付(地図1枚袋入)：福井県全図〉　30000円

◇福井県　ぎょうせい　1988.4　70p　30cm　(ビジュアルワイド　新日本風土記18)　2000円　①4-324-01089-7

◇湖笛　水上勉著　講談社　1988.1　550p　19cm　(日本歴史文学館 14)　2300円　①4-06-193014-1

◇戦国大名系譜人名事典　西国編　山本大、小和田哲男編　新人物往来社　1986.1　563p　22cm　7500円　①4-404-01316-7

◇郷土歴史人物事典福井　中川平常ほか編　第一法規出版　1985.6　345p　19cm　〈監修：印牧邦雄　人物年表・参考文献：p325〜336〉　2400円

◇滋賀県百科事典　滋賀県百科事典刊行会編　大和書房　1984　877p　28cm　〈年表：p.〔775〕-786　主要参考図書目録：p.〔805〕-820〉　①4-479-90012-8

◇郷土歴史人物事典滋賀　渡辺守順著　第一法規出版　1979.7　219p　19cm　1300円

細川　幽斎　ほそかわ ゆうさい

　天文3年(1534年)〜慶長15年(1610年)8月20日　武将、歌人。京都の人。幼名は万吉、名は藤孝(ふじたか)、一時長岡姓を名乗る。剃髪して幽斎玄旨と号した。細川忠興の父。三淵晴員の子で、細川元常の養子となる。足利将軍家に仕え、足利義輝が暗殺されると義昭の擁立に尽くす。義昭が京都を追放されると織田信長の家臣となり丹波、丹後の攻略に当たり、天正8年(1580年)年丹後の国主となる。天正10年(1582年)本能寺の変では明智光秀の誘いを拒み、出家して忠興に家督を譲った。山崎の合戦以降は秀吉に従って丹後田辺城に住し、九州征伐に出兵して秀吉の命により島津領の検地などを行う。慶長5年(1600年)関ヶ原の戦いでは東軍に属した。和歌を三条西実枝に学び、古今伝授を受け、二条派の正統を継承。中世末期から近世初期の歌壇の中心的存在であった。「伊勢物語」などの古典文学の書写校合も多く、乱世に伝統文化を継承した功績は大きい。著書に「百人一首抄」、家集に「衆妙集」などがある。

◇戦国武将からの手紙―乱世に生きた男たちの素顔　吉本健二著　学習研究社　2008.5　300p　15cm　(学研M文庫)　〈手紙から読み解く戦国武将意外な真実』改稿・改題書〉　667円　①978-4-05-901220-7

◇器量人の研究　童門冬二著　PHP研究所　2007.9　256p　15cm　(PHP文庫)〈『男子豹変のすすめ』改題書〉　552円　①978-4-569-66928-1

◇上司の心得―名将名君に学ぶ　童門冬二著　PHP研究所　2007.5　238p　19cm　1500円　①978-4-569-69069-8

◇逆境を生き抜く男の人間学―歴史上の人物に学ぶ　山下康博著　中経出版　2007.2　191p　19cm　1300円　①978-4-8061-2644-7

◇日本史 宿命のライバル達の決断と苦悩―教科書には載っていない好敵手たちの本音　土橋治重著　日本文芸社　2006.10　199p　18cm　648円　①4-537-25438-6

◇戦国興亡 名将たちの決断　戸部新十郎著　PHP研究所　2006.9　221p　19cm〈『戦国興亡 武将たちの進退』再編集・改題書〉　476円　①4-569-65544-0

◇名将の法則―戦国乱世を生き抜いた12人の知られざる決断とは　安部竜太郎著　日本実業出版社　2006.8　254p　19cm　1600円　①4-534-04106-3

◇戦国武将の宣伝術―隠された名将のコミュニケーション戦略　童門冬二著　講談社　2005.12　311p　15cm　(講談社文

◇戦国武将の危機突破学　童門冬二著　日本経済新聞社　2005.8　309p　15cm　（日経ビジネス人文庫）　667円　①4-532-19305-2

◇細川幽斎の経営学―価値観大転換時代を生き抜く知恵　童門冬二著　PHP研究所　2005.3　268p　15cm　（PHP文庫）　495円　①4-569-66350-8

◇しぶとい戦国武将伝　外川淳著　河出書房新社　2004.1　237p　19cm　1600円　①4-309-22409-1

◇変革期の人傑　村山修一著　塙書房　2003.12　325p　19cm　（塙選書）　3200円　①4-8273-3100-6

◇日本の「ち・から」―史上最強の日本人達が指南する「智・血・地から」の歴史　友常貴仁著　三五館　2003.11　206p　19cm　1400円　①4-88320-279-8

◇戦国武将にみる混迷変革期突破―人間の行動原理は昔も今も欲　米田一雄著　福岡　西日本新聞社　2001.11　254p　19cm　1524円　①4-8167-0539-2

◇評伝　戦国武将―智略と決断の人間学　童門冬二著　経済界　2000.4　217p　19cm　1333円　①4-7667-8201-1

◇細川幽斎・忠興のすべて　米原正義編　新人物往来社　2000.3　282p　20cm　2800円　①4-404-02843-1

◇戦国武将　別冊宝島編集部編　宝島社　2000.1　317p　15cm　（宝島社文庫）〈別冊宝島『よみがえる戦国武将伝説』改訂・改題書〉　600円　①4-7966-1681-0

◇関ケ原連判状　上巻　安部竜太郎著　新潮社　1999.12　461p　15cm　（新潮文庫）　629円　①4-10-130514-5

◇関ケ原連判状　下巻　安部竜太郎著　新潮社　1999.12　449p　15cm　（新潮文庫）　629円　①4-10-130515-3

◇細川幽斎伝　平湯晃著　河出書房新社　1999.10　315p　20cm　2400円　①4-309-22355-7

◇男子豹変のすすめ―歴史に学ぶ現状突破のヒント　童門冬二著　PHP研究所　1999.9　252p　18cm　（PHPビジネスライブラリー）　1143円　①4-569-60785-3

◇松本清張の日本史探訪　松本清張著　角川書店　1999.7　234p　15cm　（角川文庫）　667円　①4-04-122756-9

◇細川幽斎―栄華をつかんだ文武両道の才　春名徹著　PHP研究所　1998.10　344p　15cm　（PHP文庫）　629円　①4-569-57205-7

◇埼玉人物事典　埼玉県教育委員会編　〔浦和〕　埼玉県　1998.2　863, 69p　22cm

◇島根県歴史人物事典　山陰中央新報社島根県歴史人物事典刊行委員会企画・編集　松江　山陰中央新報社　1997.11　737, 36p　27cm　22000円　①4-87903-062-7

◇角川日本姓氏歴史人物大辞典　26　京都市姓氏歴史人物大辞典　竹内理三ほか編纂　京都市姓氏歴史人物大辞典編纂委員会編著　角川書店　1997.9　909p　23cm　①4-04-002260-2

◇俳句人名辞典　常石英明編著　金園社　〔1997〕　634p　22cm　6000円　①4-321-32701-6

◇細川幽斎　桑田忠親著　講談社　1996.9　282p　15cm　（講談社学術文庫）　800円　①4-06-159249-1

◇織田信長家臣人名辞典　谷口克広著　吉川弘文館　1995.1　495, 7p　23cm　〈監修：高木昭作　参考文献：p483〜495〉　7210円　①4-642-02743-2

◇歴史に学ぶ危機管理　童門冬二著　丸善　1994.10　242p　18cm　（丸善ライブラリー　138）　680円　①4-621-05138-5

◇童門冬二の"出処進退"の研究―男の生き方、闘い方　童門冬二著　経済界　1994.8　237p　18cm　（リュウブックス）〈『強いリーダー生き方の秘密』改題書〉　1000円　①4-7667-0259-X

◇生存の法則―細川一族の闘い　加来耕三著　毎日新聞社　1994.4　260p　19cm　1400円　①4-620-30986-9

◇京都大事典　府域編　京都　淡交社　1994.3　696, 39p　27cm　〈監修：上田正昭, 吉田光邦〉　12000円　①4-473-01327-8

近畿

◇細川幽斎　細川護貞著　中央公論社　1994.3　375p　16cm　(中公文庫)〈細川幽斎の肖像あり〉　760円　①4-12-202083-2

◇細川幽斎の研究　続　土田将雄著　笠間書院　1994.3　313p　22cm（笠間叢書270）　7800円　①4-305-10270-6

◇藤孝事記　荒木尚編　古典文庫　1993.11　309p　17cm（古典文庫　第564冊）〈複製および翻刻〉　非売品

◇京都事典　村井康彦編　東京堂出版　1993.10　495p　21cm〈新装版〉　2900円　①4-490-10355-7

◇武将大名たちのリストラ戦略　加来耕三著　実業之日本社　1993.10　238p　19cm　1600円　①4-408-21007-2

◇主役・脇役おもしろ列伝―歴史変遷の人間模様！　加来耕三著　大陸書房　1992.7　239p　15cm（大陸文庫）　530円　①4-8033-4146-X

◇細川家の叡智―組織繁栄の条件　加来耕三著　日本経済新聞社　1992.7　321p　20cm　1500円　①4-532-16062-6

◇細川幽斎と丹後　宮津　京都府立丹後郷土資料館　1992.7　37p　26cm（特別陳列図録31）〈付(1枚)：出品目録　会期：1992年7月21日～8月30日〉

◇山梨百科事典　山梨日日新聞社編　増補改訂版　甲府　山梨日日新聞社　1992.7　1068, 198p　27cm〈創刊120周年記念版〉

◇勝竜寺城今昔物語　五十棲辰男著　京都　京都新聞社　1992.5　306p　19cm　2000円　①4-7638-0292-5

◇百人一首注・百人一首(幽斎抄)　荒木尚編　大阪　和泉書院　1991.10　240p　21cm（百人一首注釈書叢刊 3）　7725円　①4-87088-492-5

◇武士の心　日本の心―武士道評論集　下巻　高橋富雄著　近藤出版社　1991.7　435p　21cm　7725円　①4-7725-0179-7

◇名将を支えた戦国の異能群団―雑賀衆から柳生一族まで覇権に隠された群雄の知略　桐野作人著　日本文芸社　1991.7　238p　18cm（ラクダブックス）　780円　①4-537-02245-0

◇戦国武将の本領　戸部新十郎著　読売新聞社　1991.1　268p　19cm　1300円　①4-643-90116-0

◇茶道人物辞典　原田伴彦編　柏書房　1991.1　290, 22p　22cm〈新装版〉　4944円　①4-7601-0620-0

◇時代小説大全集　3　人物日本史 古代・戦国　新潮社　1990.9　624p　15cm（新潮文庫）　640円　①4-10-120812-3

◇人心掌握の天才たち―戦国武将に学ぶリーダーの条件　童門冬二著　PHP研究所　1990.2　251p　15cm（PHP文庫）〈『戦国武将 人心掌握の極意』改題書〉　460円　①4-569-56244-2

◇乱世統一編　桑田忠親著　秋田書店　1989.10　238p　19cm（新編 日本武将列伝 4）　1500円　①4-253-00365-6

◇強いリーダー生き方の秘密―こんな男に人と運はついてくる　童門冬二著　経済界　1989.8　214p　18cm（リュウブックス 0159）　750円　①4-7667-0159-3

◇影の将軍　徳永真一郎著　光文社　1988.10　303p　15cm（光文社時代小説文庫）　420円　①4-334-70828-5

◇戦国・天下取りの時代　早乙女貢ほか著　経済界　1988.8　253p　19cm（転換期の戦略 3）　1300円　①4-7667-8052-3

◇戦国武将に学ぶ決断の時　玉木重輝著　鈴木出版　1988.7　252p　19cm　1400円　①4-7902-9010-7

◇新潮日本文学辞典　磯田光一ほか編　新潮社　1988.1　1756p　22cm〈『新潮日本文学小辞典』(昭和43年刊)の改題増補改訂版〉　6500円　①4-10-730208-3

◇綿考輯録　第1巻　藤孝公　石田晴男ほか編　熊本　出水神社　1988.1　405p　22cm（出水叢書1）〈監修：細川護貞　製作・発売：汲古書院(東京)〉　7000円

◇戦国武将名言集　桑田忠親著　広済堂出版　1987.11　250p　15cm（広済堂文庫）　400円　①4-331-65026-X

◇奥羽の二人　松本清張著　講談社　1986.11　259p　15cm（講談社文庫）　340円

①4-06-183875-X
◇戦国武将人使い名人伝　矢田挿雲著
〔新装版〕原書房　1986.2　226p　20×14cm　1200円　①4-562-01704-X
◇細川幽斎　桑田忠親著　旺文社　1985.10　252p　16cm　(旺文社文庫)〈日本書院(昭和23年刊)の改訂版〉380円
①4-01-064319-6
◇京都大事典　佐和隆研ほか編集　京都淡交社　1984.11　1083, 91p　27cm　12000円　①4-473-00885-1
◇熊本県大百科事典　熊本日日新聞社熊本県大百科事典編集委員会編　熊本　熊本日日新聞社　1982.4　1020p 図版16枚　30cm〈折り込図1枚〉25000円
◇戦国大名家臣団事典　西国編　山本大, 小和田哲男編　新人物往来社　1981.8　414p　22cm　6800円
◇細川幽斎の研究　土田将雄著　笠間書院　1976　575p 図　22cm　(笠間叢書 61)　12500円
◇細川幽斎　細川護貞著　求竜堂　1972　371p(図・肖像共)　22cm　3100円
◇和漢詩歌作家辞典　森忠重著　みづほ出版　1972　952p 図　19cm　〈日中対照文化・文学史年表：p.921-952〉3500円
◇新潮日本文学小辞典　伊藤整等編　新潮社　1968　1353, 246p　19cm　2500円
◇北岡文庫蔵書解説目録—細川幽斎関係文学書　熊本　熊本大学法文学部国文学研究室　1961　96p 図版　22cm
◇細川幽斎　桑田忠親著　日本書院　1948　257p　19cm

浅野 幸長
あさの よしなが

天正4年(1576年)～慶長18年(1613年)8月25日　武将、紀伊藩主。近江国坂本(滋賀県)の人。幼名は長満、初名は長継、長慶、通称は左京大夫、紀伊守。浅野長政の長男。豊臣秀吉に仕え、天正18年(1590年)小田原征伐で功をあげ、文禄の役でも朝鮮に従軍し、父と共に甲斐一国を与えられる。石田三成の讒言により、文禄4年(1595年)豊臣秀次事件に連座して能登に流され、慶長元年(1596年)赦されて再び朝鮮に渡る。帰国後、加藤清正らと石田三成を排撃。関ヶ原の戦いでは徳川方に属し、その功により紀伊藩37万6500余石に封ぜられた。また学問を好み、藤原惺窩・堀正意らに師事した。

＊　　＊　　＊

◇ひろしま人物伝　落合功編著　広島　渓水社　2002.8　144p　19cm　1200円
①4-87440-710-2
◇山梨百科事典　山梨日日新聞社編　増補改訂版　甲府　山梨日日新聞社　1992.7　1068, 198p　27cm　〈創刊120周年記念版〉
◇茶道人物辞典　原田伴彦編　柏書房　1991.1　290, 22p　22cm　〈新装版〉4944円　①4-7601-0620-0
◇和歌山県史　人物　和歌山県史編さん委員会編　和歌山　和歌山県　1989.3　539, 64p　22cm　非売品
◇郷土歴史人物事典和歌山　阪上義和著　第一法規出版　1979.10　229p　19cm　1300円

大野 治長
おおの はるなが

永禄10年(1567年)?～元和元年(1615年)5月8日　武将。通称は修理亮。母は淀君の乳母大蔵縁局。大野治房の兄。豊臣秀吉に仕え、文禄元年(1592年)文禄の役では名護屋城へ従軍し、1万石を領す。慶長4年(1599年)豊臣秀頼に仕え、同年徳川家康暗殺の容疑で下総結城に流されるが、のち赦されて慶長5年(1600年)関ヶ原の戦いでは東軍で活躍。その後、再び側近として秀頼に仕え、徳川に対抗。豊臣氏の代表として大坂冬の陣の講和にあたるなど指導的役割を果たすが、大坂夏の陣に敗れ、秀頼に殉じて自害した。

＊　　＊　　＊

◇名将がいて、愚者がいた　中村彰彦著　講談社　2004.3　316p　19cm　1800円
①4-06-212281-2
◇大阪人物辞典　三善貞司編　大阪　清文

堂出版　2000.11　1304, 70p　23cm
16000円　ⓘ4-7924-0499-1
◇茶道人物辞典　原田伴彦編　柏書房
1991.1　290, 22p　22cm　〈新装版〉
4944円　ⓘ4-7601-0620-0

片桐 且元
かたぎり　かつもと

弘治2年(1556年)～元和元年(1615年)5月28日
武将。大和竜田藩主。近江国(滋賀県)の人。片
桐直貞の長男。幼名は助作、初名は直盛。豊臣秀
吉に仕え、天正11年(1583年)賤ヶ岳の戦いでは"
七本槍"の一人として活躍し、3千石を与えられ
る。太閤検地、文禄・慶長の役、伏見城普請など
の功により、文禄4年(1595年)摂津茨木に1万石
を加増。慶長6年(1601年)大和竜田藩2万8000石
に転封。秀吉の死後は秀頼の後見役となる。慶
長19年(1614年)方広寺鐘銘問題で、豊臣と徳川
の和解に尽力したが淀殿らに疑われて不成功に
終わり、大坂城を離れて茨木へ退く。大坂の陣で
は東軍に加わり、戦後家康から4万石の加増を受
け、山城・大和・河内・和泉で4万石を領有した。

　　　　＊　　＊　　＊

◇よみがえる茨木城　中村博司編　大阪
清文堂出版　2007.1　251p　19cm
2600円　ⓘ978-4-7924-0619-6
◇武将意外史　10　八切止夫著、縄田一男、
末国善己監修、矢留楢夫随想　作品社
2003.1　225p　18cm　〈八切意外史 10〉
850円　ⓘ4-87893-544-8
◇片桐且元　曽根勇二著　吉川弘文館
2001.3　285p　19cm　〈人物叢書 新装
版〉〈肖像あり〉　1900円　ⓘ4-642-
05221-6
◇大阪人物辞典　三善貞司編　大阪　清文
堂出版　2000.11　1304, 70p　23cm
16000円　ⓘ4-7924-0499-1
◇片桐且元　鈴木輝一郎著　小学館　2000.
10　360p　19cm　1700円　ⓘ4-09-
379188-0
◇大坂の陣名将列伝　永岡慶之助著　学習
研究社　2000.9　286p　15cm　〈学研M
文庫〉　560円　ⓘ4-05-901004-9

◇角川日本姓氏歴史人物大辞典　26　京都
市姓氏歴史人物大辞典　竹内理三ほか編
纂　京都市姓氏歴史人物大辞典編纂委員
会編著　角川書店　1997.9　909p
23cm　ⓘ4-04-002260-2
◇戦国の武将三十人　桑田忠親著　新人物
往来社　1996.8　254p　19cm〈『武将伝
戦国の史話』改題書〉　2500円　ⓘ4-404-
02364-2
◇京都事典　村井康彦編　東京堂出版
1993.10　495p　21cm　〈新装版〉　2900
円　ⓘ4-490-10355-7
◇歴史を変えた野望の戦国史―国盗りに賭
けた勇将たちの決断　寺林峻著　日本文
芸社　1993.5　251p　15cm　〈にちぶん
文庫〉　480円　ⓘ4-537-06223-1
◇群れず、敢えて一人で立つ―混迷の時代
を生き抜く人生の流儀　童門冬二著
PHP研究所　1992.9　254p　19cm
1300円　ⓘ4-569-53740-5
◇賤ヶ岳七本槍―秀吉を支えた勇将たちの
生涯　徳永真一郎著　PHP研究所
1992.6　292p　15cm　(PHP文庫)　600
円　ⓘ4-569-56473-9
◇静岡県歴史人物事典　静岡新聞社出版局
編　静岡　静岡新聞社　1991.12　608p
27cm　11000円　ⓘ4-7838-0424-9
◇茶道人物辞典　原田伴彦編　柏書房
1991.1　290, 22p　22cm　〈新装版〉
4944円　ⓘ4-7601-0620-0
◇天下平定編　桑田忠親著　秋田書店
1989.10　249p　19cm　(新編 日本武将
列伝 6)　1500円　ⓘ4-253-00367-2
◇賤ヶ岳七本槍　徳永真一郎著　毎日新聞
社　1989.3　249p　19cm　1300円
ⓘ4-620-10385-3
◇寝返りの戦国史―「裏切り」に生死を賭
けた男たちの光と影　寺林峻著　日本文
芸社　1988.10　237p　19cm　(舵輪ブッ
クス)　730円　ⓘ4-537-02119-5
◇「裏切り」の研究―謀略のバランスシー
ト　新井英生著　政界往来社　1988.3
244p　19cm　1300円　ⓘ4-915303-28-4
◇日本史の巷説と実説　和歌森太郎著　河
出書房新社　1987.9　244p　15cm　(河

出文庫）　440円　①4-309-47118-8
◇戦国帝王学・決断・先見・調整　佐々克明著　三笠書房　1986.5　242p　19cm　1000円　①4-8379-1296-6
◇京都大事典　佐和隆研ほか編集　京都　淡交社　1984.11　1083, 91p　27cm　12000円　①4-473-00885-1
◇滋賀県百科事典　滋賀県百科事典刊行会編　大和書房　1984　877p　28cm　〈年表：p.〔775〕-786　主要参考図書目録：p.〔805〕-820〉　①4-479-90012-8

◇神奈川県史　別編1　人物―神奈川県歴史人名事典　神奈川県県民部県史編集室編　横浜　神奈川県　1983.3　816, 58p　23cm　非売品
◇戦国大名家臣団事典　西国編　山本大，小和田哲男編　新人物往来社　1981.8　414p　22cm　6800円
◇郷土歴史人物事典滋賀　渡辺守順著　第一法規出版　1979.7　219p　19cm　1300円

高山 右近　たかやま うこん

　天文21年(1552年)～元和元年(1615年)　武将。キリシタン大名。茶人。摂津国の人。幼名は彦五郎、名は長房、重友、友祥（ともなが）。通称は右近大夫、号は南坊（みなみのぼう）等伯、洗礼名はドン・ジュスト。飛騨守・高山図書の長男。永禄7年(1564年)受洗。天正元年(1573年)摂津領主荒木村重に仕えて高槻城主となり、天正6年(1578年)村重が織田信長に反すると宣教師オルガンティノの説得で信長につき、4万石を得る。信長の死後は豊臣秀吉に仕えて紀州根来（ねごろ）征伐、四国征伐に参加し、天正13年(1585年)播磨国明石城主6万石となる。この間、教会堂建設や領民の改宗に尽力し、黒田孝高・蒲生氏郷ら有力武将をキリスト教に導く。天正15年(1587年)秀吉の伴天連追放令により明石城を没収されて追放となり、小豆島、天草などに隠れ住む。のち加賀の前田家に召され1万5000石を得、関ヶ原の戦いなどに参陣。慶長19年(1614年)徳川幕府の禁教令によりマニラに追放され、到着後まもなく同地で病没。茶人としては利休七哲の一人に挙げられる。

◇武将高山右近の信仰と茶の湯　高橋敏夫著　いのちのことば社フォレストブックス　2007.11　164p　18cm　(Forest books)　〈年表あり〉　1100円　①978-4-264-02594-8
◇敗者の条件　会田雄次著　改版　中央公論新社　2007.2　222p　15cm　(中公文庫)　590円　①978-4-12-204818-8
◇キリシタンの記憶　木越邦子著　富山　桂書房　2006.10　227p　21cm　2000円　①4-903351-21-1
◇茶の湯の心で聖書を読めば　高橋敏夫著　いのちのことば社フォレストブックス　2006.6　126p　18×12cm　1000円　①4-264-02447-1
◇曼陀羅華―私の朝鮮人キリシタン 私の続

高山右近　関根和美著　〔大分〕　高山泰四郎　2005.12　349, 24p　19cm　〈文献あり　年表あり〉　1905円　①4-9902947-0-X
◇信長の家臣団―「天下布武」を支えた武将34人の記録　樋口晴彦著　学習研究社　2005.9　362p　15cm　(学研M文庫)　648円　①4-05-901174-6
◇書府太郎―石川県大百科事典「改訂版」上巻(人物/歴史/文化財/宗教/民俗・生活/医療・福祉)　金沢　北国新聞社　2004.11　878p　27cm　19000円　①4-8330-1382-7
◇戦国茶闘伝―天下を制したのは、名物茶道具だった　三宅孝太郎著　洋泉社　2004.5　215p　18cm　(新書y)　720円

①4-89691-817-7
◇右近再考─高山右近を知っていますか　能勢初枝著　高槻　スタジオ・クレイ　2004.4　277p　21cm　〈年表あり〉　1200円　①4-907713-03-7
◇私の高山右近─Justus Ucondonus　関根和美著　大分　高山活版社　2003.11　264, 14p　19cm　〈年譜あり〉　1800円
◇大航海時代と日本　五野井隆史著　渡辺出版　2003.2　190p　19cm　2000円　①4-902119-00-5
◇高山右近─加賀百万石異聞　金沢　北国新聞社　2003.1　145p　26cm　〈年表あり　文献あり〉　2200円　①4-8330-1280-4
◇歴史へのいざない　小谷野修著　近代文芸社　2000.5　193p　19cm　1600円　①4-7733-6624-9
◇完訳フロイス日本史─豊臣秀吉編　秀吉の天下統一と高山右近の追放　ルイス・フロイス著, 松田毅一, 川崎桃太訳　中央公論新社　2000.4　278p　15cm（中公文庫）　1048円　①4-12-203583-X
◇楽しく調べる人物図解日本の歴史─戦国・安土桃山時代　知っててほしい天下統一に活躍した人びと　佐藤和彦監修　あかね書房　2000.4　47p　30cm　3200円　①4-251-07934-5
◇完訳フロイス日本史─織田信長篇　安土城と本能寺の変　ルイス・フロイス著, 松田毅一, 川崎桃太訳　中央公論新社　2000.3　321p　15cm（中公文庫）　1143円　①4-12-203582-1
◇高山右近　加賀乙彦著　講談社　1999.9　334p　19cm　1900円　①4-06-209831-8
◇ルソン放浪　桑野淳一著　連合出版　1999.5　239p　19cm　1700円　①4-89772-148-2
◇高山右近　筑波常治作, 坂本玄絵　国土社　1999.3　205p　21cm（堂々日本人物史 9）　1200円　①4-337-21009-1
◇海の往還記─近世国際人列伝　泉秀樹著　中央公論新社　1999.1　359p　15cm（中公文庫）　838円　①4-12-203328-4

◇角川日本姓氏歴史人物大辞典　17　石川県姓氏歴史人物大辞典　竹内理三ほか編纂　石川県姓氏歴史人物大辞典編纂委員会編著　角川書店　1998.12　633p　23cm　18000円　①4-04-002170-3
◇引き際─歴史舞台の名優たち　高橋富雄著　河出書房新社　1998.8　298p　19cm　2200円　①4-309-22330-3
◇高山右近とその時代─北摂のキリシタン文化　吹田市立博物館編　吹田　吹田市立博物館　1998.4　52p　26cm　〈平成10年度特別展：平成10年4月29日─5月31日〉
◇高山右近とその時代─北摂のキリシタン文化　平成10年度特別展　吹田　吹田市立博物館　1998.4　52p　26cm
◇高山右近　アントニオ・セルメニオ著　サンパウロ　1997.1　160p　19cm〈『聖将高山右近』(1965年刊)の改題〉　1236円　①4-8056-5625-5
◇戦国夜話─こころの風景　遠藤周作著　小学館　1996.6　157p　18cm　1000円　①4-09-840040-5
◇高山右近史話　H.チースリク著　長崎　聖母の騎士社　1995.5　392p　15cm（聖母文庫）〈高山右近の肖像あり〉　800円　①4-88216-129-X
◇織田信長家臣人名辞典　谷口克広著　吉川弘文館　1995.1　495, 7p　23cm　〈監修：高木昭作　参考文献：p483〜495〉　7210円　①4-642-02743-2
◇富山大百科事典　富山大百科事典編集事務局編　富山　北日本新聞社　1994.8　2冊　27cm　全45000円
◇狐狸庵 歴史の夜話　遠藤周作著　牧羊社　1992.11　170p　19cm　1600円　①4-8333-1531-9
◇角川日本姓氏歴史人物大辞典　16　富山県姓氏家系大辞典　竹内理三ほか編纂　富山県姓氏家系大辞典編纂委員会編著　角川書店　1992.7　749p　23cm　〈富山県略年表・参考文献一覧：p685〜715〉　14000円　①4-04-002160-6
◇高山右近─あるキリシタン大名の生涯　上　鷲山千恵著　京都　同朋舎出版

◇1992.4 314p 19cm 1800円 ⓘ4-8104-1048-X
◇高山右近―あるキリシタン大名の生涯 下 鷲山千恵著 京都 同朋舎出版 1992.4 342p 19cm 1800円 ⓘ4-8104-1049-8
◇織田信長と高山右近―フロイスが見た日本 津山千恵著 三一書房 1992.3 243p 20cm 1500円 ⓘ4-380-92209-X
◇物語 キリシタン大名の妻たち 新人物往来社編 新人物往来社 1991.11 332p 19cm 2500円 ⓘ4-404-01862-2
◇まだ見ぬ故郷 下 長部日出雄著 毎日新聞社 1991.8 347p 19cm 1500円 ⓘ4-620-10443-4
◇茶道人物辞典 原田伴彦編 柏書房 1991.1 290, 22p 22cm 〈新装版〉 4944円 ⓘ4-7601-0620-0
◇茶将 高山右近―利休茶道の使徒 浅田晃彦著 春陽堂書店 1990.12 460p 15cm（春陽文庫） 640円 ⓘ4-394-14902-9
◇利休七哲 黒部亨、沢田ふじ子、左方郁子、邦光史郎、百瀬明治、加来耕三、神坂次郎著 講談社 1990.3 299p 19cm 1400円 ⓘ4-06-204535-4
◇日本史探訪 戦国時代 5 大航海時代と戦国日本 さいとうたかを著 角川書店 1990.2 254p 19cm （角川コミックス） 1000円 ⓘ4-04-852185-3
◇乱世統一編 桑田忠親著 秋田書店 1989.10 238p 19cm （新編 日本武将列伝 4） 1500円 ⓘ4-253-00365-6
◇高山右近 海老沢有道著 吉川弘文館 1989.9 242p 19cm （人物叢書 新装版）〈新装版 折り込図1枚 叢書の編者：日本歴史学会〉 1650円 ⓘ4-642-05170-8
◇バテレン追放令―16世紀の日欧対決 安野真幸著 日本エディタースクール出版部 1989.2 247p 19cm 2500円 ⓘ4-88888-146-4
◇長崎事典 歴史編 1988年版 第2版 長崎 長崎文献社 1988.9 536p 21cm 〈参考文献：巻末〉 ⓘ4-88851-041-5

◇すかんぽの詩 酒匂八州夫著 近代文芸社 1988.1 240p 15cm （近代文芸社文庫） 380円 ⓘ4-89607-714-8
◇戦国の組織と人脈 堺屋太一, 田原総一朗, 三浦朱門, 百瀬明治, 童門冬二, 小和田哲男著 集英社 1987.12 269p 19cm（日本を創った戦略集団 2） 1400円 ⓘ4-08-194002-9
◇戦国武将を支えた信仰―生死を超越した不退転の決意 風巻紘一著 日本文芸社 1987.10 241p 19cm 980円 ⓘ4-537-02076-8
◇高山右近の生涯とキリシタン殉教 久保義明著〔茨木〕〔久保義明〕 1986.9 27p 26cm
◇切支丹たちの劇(ドラマ) 武田友寿著 講談社 1986.6 264p 19cm （もんじゅ選書） 1100円 ⓘ4-06-192268-8
◇キリスト教人名辞典 日本基督教団出版局 1986.2 2094p 27cm 〈主要参考文献：p2091〜2093〉 43000円
◇兵庫県大百科事典 神戸 神戸新聞出版センター 1983.10 2冊 30cm 〈企画：神戸新聞創刊85周年記念兵庫県大百科事典刊行委員会〉 全49000円
◇郷土歴史人物事典奈良 乾健治著 第一法規出版 1981.10 246p 19cm 1500円
◇キリシタン大名高山右近と大和沢城 大門貞夫編著〔榛原町(奈良県)〕 榛原町 1978.5 51p 21cm （榛原町郷土ブックス 2） 300円
◇キリシタンの人々 3 高山右近 牧村史陽著 大阪 史陽選集刊行会 1971.12 79p 19cm （史陽選集 48）〈限定版〉
◇高山右近の北摂キリシタン遺跡案内―高槻城主・キリシタン大名高山右近の北摂巡礼 奥田康雄著 高槻 高槻高山右近研究会 1971 1冊(頁付なし) 26cm
◇高山右近研究―逝去350年祭記念 西宮 高山右近列福運動本部 1965.3 128p 図 22cm
◇聖将高山右近 アントニオ・セルメニオ著 中央出版社 1965 183p 図版 17cm （グロリア文庫）

◇高山右近　片岡弥吉著　西宮　高山右近列福運動本部　1964　84p　はり込み原色図版1枚　18cm　90円

◇高山右近　海老沢有道著　吉川弘文館　1958　242p　図版　地図　18cm　（人物叢書　日本歴史学会編）

◇高山右近―聖将　アントニオ・セルメニオ著　中央出版社　1951　126p　図版　19cm

◇ジュスト高山右近―短篇集　和仁三郎著　京都　馬場店店　1950.1　142p　19cm

◇高山右近の研究と史料　ヨハネス・ラウレス著, 松田毅一訳　六興出版社　1949　295p　19cm

◇高山右近の生涯―日本初期基督教史　ヨハネス・ラウレス著, 松田毅一訳　エンデルレ書店　1948　424p　22cm

豊臣 秀頼　とよとみ ひでより

　文禄2年(1593年)8月3日～元和元年(1615年)5月8日　大名。大坂の人。幼名はお拾い。豊臣秀吉の二男、母は淀殿。長子の鶴松は3歳で夭逝しているため、秀吉の唯一の子として大坂城内に生まれた。文禄4年(1595年)秀吉の養嗣子の秀次が高野山に追放された後、豊臣家の世嗣となり、前田利家が守役として育成にあたる。慶長元年(1596年)参内して従五位下に叙爵、同年12月に秀頼と改名。慶長3年(1898年)秀吉の死去に際しては、徳川家康ら五大老より忠誠の血判誓約書を受けた。6歳で豊臣家の家督を相続、このとき従二位権中納言であった。慶長5年(1600年)関ヶ原の戦いで西軍が敗北すると、摂津・河内・和泉65万石の一大名に転落したが、大坂城にとどまり公儀権力は保持した。慶長8年(1603年)徳川家康の征夷大将軍宣下の折りに内大臣となる。同年徳川秀忠の娘千姫と結婚。慶長10年(1605年)徳川秀忠の将軍宣下の折りに右大臣となる。旧豊臣勢力の一掃を狙う徳川家康は、慶長19年(1614年)、方広寺大仏殿の大鐘の銘文「国家安康」「君臣豊楽」を「家康を切り豊臣の世を楽しむ」を表すとして問題にし(鐘銘事件)、大坂冬の陣、夏の陣を起こす。夏の陣で大坂城は落城し、秀頼は母の淀殿と共に自害し、豊臣家は滅亡した。公家文化に親しみ名筆であったことが知られている。

◇戦国武将100選　川口素生著　リイド社　2008.2　277p　15cm　（リイド文庫）　524円　①978-4-8458-3734-2

◇逆転 日本史―仮説で読み解く歴史事件簿　加来耕三著　新装版　三修社　2006.5　246p　19cm　1600円　①4-384-03819-4

◇戦国武将おどろきの真実―乱世の英雄にまつわるウソのようなホントの話　歴史雑学探究倶楽部編　学習研究社　2006.1　95p　26cm　905円　①4-05-402999-X

◇豊臣秀頼―悲劇のヒーロー　森田恭二著　大阪　和泉書院　2005.1　143p　19cm　(Izumi books 10)　〈肖像あり　文献あり　年譜あり〉　1200円　①4-7576-0285-5

◇豊臣秀頼年譜追加・修正条項―続補遺　井上安代編著　続群書類従完成会（製作）　2004.4　1冊（ページ付なし）　26cm

◇逆転日本史―仮説で読み解く歴史事件簿　加来耕三著　三修社　2004.3　246p　19cm　1900円　①4-384-03405-9

◇歴史人物 あの人のその後　インターナショナル・ワークス編著　幻冬舎　2003.7　277p　15cm　（幻冬舎文庫）　533円　①4-344-40388-6

◇大阪人物辞典　三善貞司編　大阪　清文堂出版　2000.11　1304, 70p　23cm　16000円　①4-7924-0499-1

◇豊臣秀頼側室の出自について　補遺　竹島平兵衛著　明和町（三重県）　竜汀荘　1999.12　1冊　21cm

◇日本の顔。この歳で何をした!!　フリープレス編　講談社　1999.12　344p　15cm

◇戦国うら史談　山本律郎著　新人物往来社　1998.9　211p　19cm　1800円　①4-404-02660-9

◇秀頼脱出—豊臣秀頼は九州で生存した　前川和彦著　国書刊行会　1997.12　286p　20cm　1800円　①4-336-04057-5

◇角川日本姓氏歴史人物大辞典　26　京都市姓氏歴史人物大辞典　竹内理三ほか編纂　京都市姓氏歴史人物大辞典編纂委員会編著　角川書店　1997.9　909p　23cm　①4-04-002260-2

◇豊臣秀頼側室の出自について—船江城異聞・改版　竹島平兵衛著　明和町(三重県)　竜汀荘　1997.3　27, 11p　21cm

◇覆された日本史—俗説・妄説に埋もれた史実を再検証　中村彰彦著　日本文芸社　1995.2　245p　19cm　1300円　①4-537-02455-0

◇豊臣秀頼　年譜補遺　井上安代編著　〔井上安代〕　1994.11　24p　図版3枚　26cm　〈製作：続群書類従完成会〉

◇日本の戦史　大坂の役　旧参謀本部編　徳間書店　1994.10　439p　15cm　(徳間文庫)　620円　①4-19-890201-1

◇京都事典　村井康彦編　東京堂出版　1993.10　495p　21cm　〈新装版〉　2900円　①4-490-10355-7

◇逆転の人物日本史—歴史に甦る英雄たちの不死伝説とその後を推理!!　中江克己著　日本文芸社　1993.3　247p　18cm　(ラクダブックス)　780円　①4-537-02343-0

◇豊臣秀頼展—生誕400年記念特別展　大阪城天守閣編　大阪　大阪城天守閣特別事業委員会　1993.3　126p　26cm　〈付(18p)　会期：1993年3月20日～5月5日〉

◇大坂落城　笠原一男編　木耳社　1992.7　210p　20cm　(物語 日本の歴史 21)　1500円　①4-8393-7573-9

◇消された英雄伝承の謎—ミステリー意外史!!　加藤蕙著　ベストセラーズ　1992.5　236p　15cm　(ワニ文庫)　500円　①4-584-30312-6

◇豊臣秀頼—自家版　井上安代編著　続群書類従完成会(製作)　1992.4　218p　図版12枚　27cm　〈折り込2枚　年譜あり〉

◇豊臣秀頼　井上安代編著　井上安代　1992.4　10, 218p　図版12枚　27cm　〈私家版　製作：続群書類従完成会　豊臣秀頼の肖像あり　折り込2枚〉

◇戦国 名将の条件・参謀の条件　百瀬明治著　PHP研究所　1992.2　251p　15cm　(PHP文庫)　480円　①4-569-56442-9

◇真相なるほど戦国史—謎の事件と人物　桑田忠親著　大陸書房　1991.12　239p　15cm　(大陸文庫)　530円　①4-8033-3804-3

◇日本史おもしろウラ話—伝説・評伝・逸話で描く　土橋治重著　大陸書房　1991.12　231p　15cm　(大陸文庫)　470円　①4-8033-3805-1

◇怪の日本史—不死伝説の謎を解く　三谷茉沙夫著　評伝社　1991.10　267p　19cm　1600円　①4-89371-823-1

◇間違いだらけの戦国史—歴史群像の虚実　桑田忠親編　大陸書房　1991.5　221p　15cm　(大陸文庫)　470円　①4-8033-3324-6

◇天下平定編　桑田忠親著　秋田書店　1989.10　249p　19cm　(新編 日本武将列伝 6)　1500円　①4-253-00367-2

◇にっぽん裏返史　尾崎秀樹著　時事通信社　1989.4　271p　19cm　1500円　①4-7887-8909-4

◇月の人豊臣秀頼　上　大仏次郎著　徳間書店　1988.11　376p　15cm　(徳間文庫)　500円　①4-19-598639-7

◇月の人 豊臣秀頼　下　大仏次郎著　徳間書店　1988.11　349p　15cm　(徳間文庫)　480円　①4-19-598640-0

◇定本 名将の演出　大橋武夫著　マネジメント社　1987.12　3冊　19cm　10000円　①4-8378-0211-7

◇豊臣秀頼　籔景三著　新人物往来社　1987.8　236p　20cm　〈年表・参考文献：p223～233〉　2000円　①4-404-01445-7

◇日本史おもしろ読本—歴史の謎 事件の真相　桑田忠親著　広済堂出版　1987.2

259p　15cm　(広済堂文庫)　400円　①4-331-65013-8
◇智者韜晦―歴史・裏と表　山田恒雄著　丸井図書出版　1986.11　344p　19cm　1400円
◇花開く千姫　南条範夫著　旺文社　1986.8　300p　15cm　(旺文社文庫)　440円　①4-01-061650-4
◇京都大事典　佐和隆研ほか編集　京都　淡交社　1984.11　1083, 91p　27cm　12000円　①4-473-00885-1
◇大坂城余燼　木崎国嘉著　大阪　ヘルス研究所　1983.5　163p　19cm　〈発売：星の環会〉　1000円　①4-89294-016-X
◇豊臣秀頼　井上富佐代著　〔清水〕　〔井上富佐代〕　1983.4　143p　22cm　〈製作：青濤社(東京)　豊臣秀頼の肖像あり〉
◇秀頼の首　木崎国嘉著　大阪　共同出版社　1982.11　286p　19cm　1200円
◇淀殿と秀頼　中村孝也著　国民文化研究会　1966.12　264p　19cm　(千姫シリーズ3)

淀殿　よどどの

永禄10年(1567年)～元和元年(1615年)5月8日　豊臣秀吉の側室。近江国(滋賀県)の人。名は茶々(ちゃちゃ)。淀の方、淀君、西の丸殿ともよばれる。浅井長政の長女、母は織田信長の妹小谷(お市)の方。姉川の戦いで浅井氏が信長に敗れた際、母および妹(常高院、崇源院)と共に小谷城を脱出し、信長の尾張清洲城に入る。のち母が柴田勝家と再婚したため越前に赴くが、賤ヶ岳の戦いで勝家が敗れ、母は勝家に殉じて自刃。茶々は妹2人とともに豊臣秀吉に引き取られ、やがて秀吉の寵愛を受けて側室となり、山城淀城に拠って淀の女房と称された。秀吉の初の子となる鶴丸を産むが夭折し、文禄2年(1593年)二男の拾(ひろい)丸(豊臣秀頼)を産んでからは、秀吉の正妻北政所をしのぐ権勢を得る。秀吉死去後は慶長元年(1596年)大坂城西の丸に移り、秀頼の後見となる。大坂夏の陣で徳川家康軍に敗れ大坂城は炎上、秀頼と共に自害した。

◇歴史を騒がせた「悪女」たち　山崎洋子著　光文社　2007.2　332p　15cm　(知恵の森文庫)　705円　①978-4-334-78468-3
◇淀殿―われ太閤の妻となりて　福田千鶴著　京都　ミネルヴァ書房　2007.1　253, 8p　20cm　(ミネルヴァ日本評伝選)〈文献あり　年譜あり〉　2500円　①4-623-04810-1
◇日本史 宿命のライバル達の決断と苦悩―教科書には載っていない好敵手たちの本音　土橋治重著　日本文芸社　2006.10　199p　18cm　648円　①4-537-25438-6
◇戦国の女たち―乱世に咲いた名花23人　森実与子著　学習研究社　2006.2　311p　15cm　(学研M文庫)　667円　①4-05-901180-0
◇戦国の妻たち　山村竜也著　リイド社　2005.12　239p　15cm　(リイド文庫)　476円　①4-8458-2638-0
◇戦国おんな絵巻―歴史よもやま話　永井路子著　光文社　2004.11　230p　15cm　(光文社文庫)〈『葵を咲かせた女たち』加筆・修正・改題書〉　476円　①4-334-73783-8
◇日本史が人物12人でわかる本　爆笑問題著　幻冬舎　2004.7　253p　20cm　1200円　①4-344-00640-2
◇京に燃えたおんな―愛のかたち　京都新聞出版センター編　京都　京都新聞出版センター　2004.4　219p　21cm　1400円　①4-7638-0533-9
◇日本史「悪役」たちの言い分―視点を変えればワルも善玉　岳真也著　PHP研究所　2003.12　275p　15cm　(PHP文庫)〈『言い分の日本史』改題書〉　619円

◇4-569-66088-6

◇歴史をさわがせた女たち 日本篇 永井路子著 新装版 文芸春秋 2003.6 295p 15cm (文春文庫) 476円 ◇4-16-720040-6

◇天下人の時代―16~17世紀の京都 朝尾直弘, 田端泰子編 平凡社 2003.3 297p 19cm 2900円 ◇4-582-47509-4

◇その時歴史が動いた 17 NHK取材班編 名古屋 KTC中央出版 2002.12 253p 19cm 1600円 ◇4-87758-275-4

◇戦国武将にみる混迷変革期突破―人間の行動原理は昔も今も欲 米田一雄著 福岡 西日本新聞社 2001.11 254p 19cm 1524円 ◇4-8167-0539-2

◇乱世に生きる―歴史の群像 中村彰彦著 中央公論新社 2001.3 349p 15cm (中公文庫) 762円 ◇4-12-203801-4

◇大阪人物辞典 三善貞司編 大阪 清文堂出版 2000.11 1304, 70p 23cm 16000円 ◇4-7924-0499-1

◇永井路子の日本史探訪 永井路子著 角川書店 1999.8 205p 15cm (角川文庫) 533円 ◇4-04-137206-2

◇戦国うら史談 山本律郎著 新人物往来社 1998.9 211p 19cm 1800円 ◇4-404-02660-9

◇角川日本姓氏歴史人物大辞典 26 京都市姓氏歴史人物大辞典 竹内理三ほか編纂 京都市姓氏歴史人物大辞典編纂委員会編著 角川書店 1997.9 909p 23cm ◇4-04-002260-2

◇戦国三姉妹物語 小和田哲男著 角川書店 1997.8 225p 19cm (角川選書 286) 1300円 ◇4-04-703286-7

◇歴史に学ぶライバルの研究 会田雄次, 谷沢永一著 PHP研究所 1997.8 261p 15cm (PHP文庫) 533円 ◇4-569-57040-2

◇歴史を動かした女たち 高橋千劔破著 中央公論社 1997.2 391p 15cm (中公文庫) 780円 ◇4-12-202800-0

◇艶女が操る日本史―性に翻弄された歴史の真実 山科薫著 ダイヤモンド社 1997.1 218p 19cm 1300円 ◇4-478-92022-2

◇愛憎―ライバル日本史 3 NHK取材班編 角川書店 1996.10 280p 15cm (角川文庫) 500円 ◇4-04-195420-7

◇戦国夜話―こころの風景 遠藤周作著 小学館 1996.6 157p 18cm 1000円 ◇4-09-840040-5

◇秀吉をめぐる女たち 中江克己著 河出書房新社 1996.1 216p 15cm (河出文庫) 560円 ◇4-309-47290-7

◇淀殿―物語と史蹟をたずねて 安西篤子著 成美堂出版 1995.4 286p 16cm (成美文庫) 〈1991年刊の増訂〉 560円 ◇4-415-06420-5

◇歴史を騒がせた「悪女」たち 山崎洋子著 講談社 1995.4 327p 15cm (講談社文庫) 540円 ◇4-06-185934-X

◇日本の戦史 大坂の役 旧参謀本部編 徳間書店 1994.10 439p 15cm (徳間文庫) 620円 ◇4-19-890201-1

◇ライバル日本史 1 NHK取材班編 角川書店 1994.10 220p 19cm 1500円 ◇4-04-522501-3

◇日本史・乱世に生きた悲運の女たち―苦難に彩られた戦国の女系図 村松駿吉著 日本文芸社 1994.2 237p 15cm (にちぶん文庫)〈『話のタネ本戦国女性史』改題書〉 480円 ◇4-537-06245-2

◇男をむさぼる悪女の日本史―妖しく咲き誇る女たちの毒と華 片岡鬼堂著 日本文芸社 1993.11 252p 15cm (にちぶん文庫) 480円 ◇4-537-06237-1

◇女人絵巻―歴史を彩った女の肖像 沢田ふじ子著 徳間書店 1993.10 337p 19cm 1500円 ◇4-19-860004-X

◇日本史・激情に燃えた炎の女たち―奔放に生き抜いた女たちの色と欲 村松駿吉著 日本文芸社 1993.9 235p 15cm (にちぶん文庫)〈『日本史を揺がした女』改題書〉 480円 ◇4-537-06233-9

◇日本女性人名辞典 日本図書センター 1993.6 1274p 27cm 〈監修:芳賀登ほか〉 26780円 ◇4-8205-7128-1

◇波乱の戦国史 秀吉と家康の陰謀―天下統一に隠された野望と苦悩　塩田道夫著　日本文芸社　1993.6　254p　15cm（にちぶん文庫）〈『太閤秀吉と淀君』改題書〉　480円　①4-537-06225-8

◇血ぬられた悪役たち　日本テレビ放送網　1993.2　247p　19cm　（知ってるつもり?! 9）　1100円　①4-8203-9300-6

◇歴史に舞った女たち　沢田ふじ子著　広済堂出版　1993.2　289p　15cm（広済堂文庫）〈『火宅往来』改題書〉　480円　①4-331-60348-2

◇日本史に光る女性22話―その虚像と実像と　田郷利雄著　近代文芸社　1993.1　197p　19cm　1500円　①4-7733-1756-6

◇歴史を変えた魔性の女たち―野心に燃える悪女の色と欲　寺林峻著　日本文芸社　1992.12　238p　15cm（にちぶん文庫）　480円　①4-537-06209-6

◇女たちの本能寺　小石房子著　三交社　1992.11　253p　19cm　1600円　①4-87919-539-1

◇物語 女たちの太閤記　新人物往来社編　新人物往来社　1992.10　234p　19cm　2500円　①4-404-01950-5

◇消された英雄伝承の謎―ミステリー意外史!!　加藤蕙著　ベストセラーズ　1992.5　236p　15cm（ワニ文庫）　500円　①4-584-30312-6

◇聞き語り にっぽん女性「愛」史　杉本苑子著　講談社　1992.4　263p　15cm（講談社文庫）　420円　①4-06-185121-7

◇新・大逆転の日本史　早乙女貢ほか著　三笠書房　1992.3　266p　15cm（知的生きかた文庫）　480円　①4-8379-0501-1

◇豊臣秀吉読本　新人物往来社編　新人物往来社　1992.3　265p　20cm　2600円　①4-404-01895-9

◇英雄の心理学―時代が求める新しいヒーロー・ヒロインたち　小此木啓吾著　PHP研究所　1991.9　212p　15cm（PHP文庫）　460円　①4-569-56416-X

◇歴史を騒がせた"悪女"たち　山崎洋子著　講談社　1991.9　250p　19cm　1200円　①4-06-205478-7

◇豊臣秀吉―人心収攬の極意　渡部昇一ほか著　プレジデント社　1991.1　307p　20cm〈『豊臣秀吉の研究』(1984年刊)の増補改訂版〉　1500円　①4-8334-1402-3

◇秀吉と女たち　楠戸義昭著　祥伝社　1990.10　291p　16cm（ノン・ポシェット）　460円　①4-396-31032-3

◇日本よもやま歴史館　南条範夫著　天山出版,大陸書房〔発売〕　1990.9　303p　15cm（天山文庫）　460円　①4-8033-2796-3

◇歴史のヒロインたち　永井路子著　文芸春秋　1990.9　269p　15cm（文春文庫）　380円　①4-16-720022-8

◇歴史ロマン 火宅往来―日本史のなかの女たち　沢田ふじ子著　広済堂出版　1990.8　284p　19cm　1400円　①4-331-50294-5

◇豊臣秀吉の発想力と知謀　桑田忠親著　広済堂出版　1990.4　259p　16cm（広済堂文庫）　440円　①4-331-65065-0

◇政治と文化を動かした女性たち　邦光史郎著　勁文社　1990.2　228p　15cm（ケイブンシャ文庫）　460円　①4-7669-1126-1

◇春日局と歴史を変えた女たち　高野澄著　祥伝社　1988.12　283p　15cm（ノン・ポシェット）〈『権力を握った女』改題書〉　420円　①4-396-31021-8

◇歴史に学ぶライバルの研究　会田雄次,谷沢永一著　PHP研究所　1988.12　227p　19cm　1200円　①4-569-22399-0

◇聞き語り にっぽん女性「愛」史　杉本苑子著　講談社　1988.8　253p　19cm　1200円　①4-06-203821-8

◇家康と天下平定　小学館　1988.4　286p　15cm（戦国・覇者の戦略 5）　580円　①4-09-401005-X

◇京・おんな絵物語　永井ひろし著　京都淡交社　1988.4　174p　19cm（イラストリーガイド）　880円　①4-473-01037-6

◇真田太平記 10　大坂入城　池波正太郎著　新潮社　1988.1　510p　15cm（新潮文庫）　560円　①4-10-115643-3

◇淀どの哀楽　上　安西篤子著　講談社　1987.12　284p　15cm　（講談社文庫）　380円　①4-06-184114-9

◇淀どの哀楽　下　安西篤子著　講談社　1987.12　290p　15cm　（講談社文庫）　380円　①4-06-184115-7

◇歴史のなかの愛——万葉・戦国の女たち　田中澄江著　文芸春秋　1987.9　254p　15cm　（文春文庫）　340円　①4-16-731303-0

◇淀どの覚書　沢田ふじ子著　徳間書店　1987.3　245p　15cm　（徳間文庫）　360円　①4-19-598252-9

◇戦国おんな史談　桑田忠親著　潮出版社　1986.10　226p　15cm　（潮文庫）　360円　①4-267-01103-6

◇風林火山, 淀どの日記, 後白河院　井上靖著　講談社　1986.9　578p　19cm　（日本歴史文学館 8）　2300円　①4-06-193008-7

◇戦国帝王学・決断・先見・調整　佐々克明著　三笠書房　1986.5　242p　19cm　1000円　①4-8379-1296-6

◇淀君　桑田忠親著　吉川弘文館　1985.6　168p　19cm　（人物叢書　新装版）〈新装版　叢書の編者：日本歴史学会〉　900円　①4-642-05004-3

◇京都大事典　佐和隆研ほか編集　京都淡交社　1984.11　1083, 91p　27cm　12000円　①4-473-00885-1

◇淀殿——物語と史蹟をたずねて　安西篤子著　成美堂出版　1981.1　221p　19cm　〈淀殿の肖像あり〉　900円

◇和漢詩歌作家辞典　森忠重著　みづほ出版　1972　952p　図　19cm　〈日中対照文化・文学史年表：p.921-952〉　3500円

◇淀殿と秀頼　中村孝也著　国民文化研究会　1966.12　264p　19cm　（千姫シリーズ 3）

◇淀君　桑田忠親著　吉川弘文館　1958　168p　図版　18cm　（人物叢書　日本歴史学会編）

見性院
けんしょういん

弘治3年(1557年)〜元和3年(1617年)12月4日　山内一豊の妻。近江国坂田郡飯村(滋賀県)の人。名は千代、まつ。浅井氏家臣若宮喜助友興の娘とされる。両親を幼時に亡くし、元亀年間(1570〜72年)頃、山内一豊に嫁ぐ。慶長5年(1600年)関ヶ原の戦いの直前、徳川家康に従って出陣中の夫に石田三成の旗揚げをいち早く知らせた。戦後、一豊は土佐一国24万石を与えられ、夫と共に土佐に入国。慶長10年(1605年)の一豊の死後、落飾し見性院と号した。夫が信長の家臣だった頃に"馬揃え(出陣前の閲兵式)"のために、実家から持参した小判10枚で夫に名馬を買った逸話は、新井白石の「藩翰譜」に記され、広く知られた。

　　　＊　　　＊　　　＊

◇乱世の金字塔一豊お千代　高橋義一著〔郡上〕〔高橋義一〕　2006.8　20, 8, 2p　26cm　非売品

◇「一豊の妻」が教えてくれた幸せな生き方——『功名が辻』に学ぶ"育てあう夫婦"　大原敬子著　ダイヤモンド社　2006.3　148p　19cm　1200円　①4-478-70345-0

◇『功名が辻』の正しい読み方　北影雄幸著　光人社　2006.3　364p　19cm　1800円　①4-7698-1288-4

◇司馬遼太郎作品の女性たち　北影雄幸著　越谷　文芸企画, 星雲社〔発売〕　2006.2　357p　19cm　1800円　①4-434-07496-2

◇戦国の女たち——乱世に咲いた名花23人　森実与子著　学習研究社　2006.2　311p　15cm　（学研M文庫）　667円　①4-05-901180-0

◇一豊と秀吉が駆けた時代——夫人が支えた戦国史　長浜城歴史博物館企画・編集　長浜　長浜城歴史博物館　2005.12　143p　22cm　〈会期・会場：平成18年1月3日—11月30日　市立長浜歴史博物館　年譜あり〉

◇一豊と秀吉が駆けた時代——夫人が支えた戦国史　長浜城歴史博物館企画・編集

長浜　長浜城歴史博物館　2005.12　143p　22cm　〈彦根　サンライズ出版(発売)　年譜あり〉　1500円　①4-88325-290-6

◇戦国の妻たち　山村竜也著　リイド社　2005.12　239p　15cm　(リイド文庫)　476円　①4-8458-2638-0

◇山内一豊とその妻─大河ドラマ功名が辻特別展 2005-2006　NHK, NHKプロモーション編　NHK　2005.12　209p　29cm　〈会期・会場：平成17年12月23日─平成18年2月5日　江戸東京博物館ほか　共同刊行：NHKプロモーション　折り込1枚　年表あり〉

◇山内一豊と千代─歴史・文化ガイド　小和田哲男監修　日本放送出版協会　2005.12　142p　24cm　(NHKシリーズ)　〈年表あり〉　1300円　①4-14-910582-0

◇賢妻・千代の理由　小和田哲男著　日本放送出版協会　2005.11　237p　20cm　1400円　①4-14-081073-4

◇山内一族──一豊と妻の生涯　新人物往来社　2005.11　175p　26cm　(別冊歴史読本　第30巻第22号)　〈年表あり〉　1800円　①4-404-03324-9

◇山内一豊とその妻111の謎　楠木誠一郎著　成美堂出版　2005.11　271p　16cm　(成美文庫)　〈年譜あり　文献あり〉　524円　①4-415-07388-3

◇山内一豊の妻　楠戸義昭著　新人物往来社　2005.11　249p　20cm　〈年譜あり　文献あり〉　1800円　①4-404-03275-7

◇「山内一豊の妻」の会計学─お千代はなぜセレブになれたのか　西沢健次著　グラフ社　2005.11　183p　19cm　1200円　①4-7662-0922-2

◇山内一豊と千代─戦国武士の家族像　田端泰子著　岩波書店　2005.10　254, 3p　18cm　(岩波新書)　〈年譜あり　文献あり〉　780円　①4-00-430974-3

◇山内一豊と妻千代101の謎　川口素生著　PHP研究所　2005.10　327p　15cm　(PHP文庫)　〈年譜あり　文献あり〉　571円　①4-569-66465-2

◇山内一豊の妻と戦国女性の謎＜徹底検証＞　加来耕三著　講談社　2005.10　572p　15cm　(講談社文庫)　〈年表あり〉　781円　①4-06-275203-4

◇一豊の妻見性院出自の謎を追う　岩崎義郎著　高知　土佐史談会　2002.11　196p　21cm　(土佐史談選書 17)　1429円　①4-947727-43-8

◇戦国武将夫妻のパートナーシップ─山内一豊と千代夫人にみる　小和田哲男, 榛村純一編　清文社　2000.5　201p　19cm　1400円　①4-433-27250-7

◇高知県人名事典　『高知県人名事典新版』刊行委員会編　新版　〔高知〕　高知新聞社　1999.9　972p　27cm　19048円　①4-87503-285-4

◇埼玉人物事典　埼玉県教育委員会編　〔浦和〕　埼玉県　1998.2　863, 69p　22cm

◇日本女性人名辞典　日本図書センター　1993.6　1274p　27cm　〈監修：芳賀登ほか〉　26780円　①4-8205-7128-1

◇山内一豊の妻は美濃の人　永井源六郎著　八幡町(岐阜県)　山内一豊夫人顕彰会　1993.5　15p　21cm

◇日本史に光る女性22話─その虚像と実像と　田郷利雄著　近代文芸社　1993.1　197p　19cm　1500円　①4-7733-1756-6

◇山梨百科事典　山梨日日新聞社編　増補改訂版　甲府　山梨日日新聞社　1992.7　1068, 198p　27cm　〈創刊120周年記念版〉

◇滋賀県百科事典　滋賀県百科事典刊行会編　大和書房　1984　877p　28cm　〈年表：p.〔775〕-786　主要参考図書目録：p.〔805〕-820〉　①4-479-90012-8

◇郷土歴史人物事典滋賀　渡辺守順著　第一法規出版　1979.7　219p　19cm　1300円

◇高知県百科事典　高知　高知新聞社 高新企業出版部(製作) 高新企業(発売)　1976　987p　28cm　12000円

京極 マリア
きょうごく まりあ

天文11年(1542年)？～元和4年(1618年)7月1日

キリシタン女性、京極高吉の妻。浅井久政の娘。禅宗信者であったが、天正9年(1581年)安土の教会でロレンソから40日間にわたり教義を学び、夫高吉とともにオルガンチノから受洗、洗礼名マリアを授けられた。数日後に夫が死去したため神仏の罰と非難されたが堅い信仰を保ち、秀吉の側室となった次女を除く子女を信仰に導いた。長男高次の領国・若狭、次男高知の領国・丹後で布教に努めた。晩年は此御堂(こみどう)という庵で神に仕える日々を送り、泉源寺様と慕われた。

＊　　＊　　＊

◇戦国天使 京極マリア　渋谷美枝子著　叢文社　1997.7　206p　19cm　1500円　①4-7947-0258-2
◇日本女性人名辞典　日本図書センター　1993.6　1274p　27cm　〈監修：芳賀登ほか〉　26780円　①4-8205-7128-1

黒田 長政
くろだ ながまさ

永禄11年(1568年)12月3日〜元和9年(1623年)8月4日

武将。筑前福岡藩主。播磨国(兵庫県)の人。幼名は嘉寿丸、通称は吉兵衛。洗礼名はダミアン。黒田孝高の長男。天正5年(1577年)人質として織田信長のもとにゆき、豊臣秀吉に預けられる。その後、秀吉に仕えて賤ヶ岳、九州平定などで功をあげ、父の隠居により豊前中津藩を襲封。文禄・慶長の役でも活躍し、慶長5年(1600年)関ヶ原の戦いでは東軍に属し、小早川秀秋の内応を画策するなどにより勝利に貢献し、筑前52万石を与えられ福岡藩主となった。キリシタンであったが、父の死後に棄教した。

＊　　＊　　＊

◇ウラ読み「戦国合戦」　谷口研語著　PHP研究所　2008.6　358p　15cm　(PHP文庫)　648円　①978-4-569-67036-2
◇写真記録 日本人物史　日本図書センター　2008.6　297p　32×23cm　24000円　①978-4-284-50095-1
◇関ヶ原合戦「武将」たちの言い分―天下分け目の行動学　岳真也著　PHP研究所　2007.8　408p　15cm　(PHP文庫)　686円　①978-4-569-66851-2
◇戦国武将の宣伝術―隠された名将のコミュニケーション戦略　童門冬二著　講談社　2005.12　311p　15cm　(講談社文庫)　571円　①4-06-275281-6
◇後継道―歴史の30父子にみる承継学　加来耕三著　日経BP社,日経BP出版センター〔発売〕　2004.6　350p　19cm　(日本人のDNA 1)　1600円　①4-8222-2935-1
◇名将言行録 乱世を生き抜く智恵　谷沢永一,渡部昇一著　PHP研究所　2002.4　196p　19cm　1300円　①4-569-62018-3
◇歴史に学ぶ後継者育成の経営術―身を切らずして後継者の育成なし　童門冬二著　広済堂出版　2002.3　290p　15cm　(広済堂文庫)　600円　①4-331-65314-5
◇戦国武将に学ぶ生活術　童門冬二著　産能大学出版部　2001.6　369p　19cm　1800円　①4-382-05505-9
◇戦国武将の人間学　童門冬二著　小学館　1999.12　267p　15cm　(小学館文庫)　514円　①4-09-403532-X
◇戦国武将まんだら―秘本三十六人伝　大栗丹後著　春陽堂書店　1999.8　244p　15cm　(春陽文庫)　486円　①4-394-16136-3
◇風の如く 水の如く　安部竜太郎著　集英社　1999.3　340p　15cm　(集英社文庫)　571円　①4-08-747030-X
◇激突―ライバル日本史　7　NHK取材班編　角川書店　1996.12　294p　15cm　(角川文庫)　520円　①4-04-195424-X
◇ライバル日本史　1　NHK取材班編　角川書店　1994.10　220p　19cm　1500円　①4-04-522501-3
◇危機を乗り切るここ一番の決断力　百瀬明治著　ベストセラーズ　1993.12　271p　18cm　(ベストセラーシリーズ・ワニの本 880)　820円　①4-584-00880-9
◇茶道人物辞典　原田伴彦編　柏書房　1991.1　290, 22p　22cm　〈新装版〉　4944円　①4-7601-0620-0

近畿

◇人心掌握の天才たち―戦国武将に学ぶリーダーの条件　童門冬二著　PHP研究所　1990.2　251p　15cm　(PHP文庫)〈『戦国武将 人心掌握の極意』改題書〉460円　①4-569-56244-2

◇黒田長政　徳永真一郎著　光文社　1989.10　309p　15cm　(光文社時代小説文庫)　440円　①4-334-71031-X

◇戦国武将の遺書　桑田忠親著　広済堂出版　1988.7　246p　15cm　(広済堂文庫)　420円　①4-331-65035-9

◇人を見ぬき人を活かす―戦国名将の戦略と決断　藤公房著　ダイヤモンド社　1987.12　195p　19cm　1200円　①4-478-92016-8

◇戦国武将名言集　桑田忠親著　広済堂出版　1987.11　250p　15cm　(広済堂文庫)　400円　①4-331-65026-X

◇戦国武将おもしろ大百科　山梨輝雄著　広済堂出版　1987.9　263p　13cm　(豆たぬきの本 208)　380円　①4-331-20108-2

◇戦国名将 生き方の極意　西東玄著　PHP研究所　1987.5　245p　15cm　(PHP文庫)　450円　①4-569-26110-8

◇名将ちょっといい言葉―武将に学ぶビジネス訓　宝井琴鶴著　商業界　1986.8　261p　19cm　(まあきゅりい・ぶっくす)　1200円

◇豊前・宇都宮氏―黒田藩戦国史　松山譲著　直方　ライオンズマガジン社　1986.4　284p　19cm　1200円

◇戦国大名系譜人名事典　西国編　山本大、小和田哲男編　新人物往来社　1986.1　563p　22cm　7500円　①4-404-01316-7

◇福岡県百科事典　西日本新聞社福岡県百科事典刊行本部編　福岡　西日本新聞社　1982.11　2冊　27cm　全42000円　①4-8167-0029-3

◇戦国大名家臣団事典　西国編　山本大、小和田哲男編　新人物往来社　1981.8　414p　22cm　6800円

崇源院
すうげんいん

天正元年(1573年)～寛永3年(1626年)9月15日
徳川秀忠の正室、徳川家光の母。近江国(滋賀県)の人。名は達子、通称は於江、お江与。幼名は小督御料人。浅井長政と織田信長の妹小谷方の三女。豊臣秀吉の側室淀殿、京極高次の室常高院の妹。天正元年(1573年)浅井氏の滅亡後は柴田勝家に養われ、天正11年(1583年)柴田氏滅亡後は豊臣秀吉に養われる。はじめ尾張国大野城主佐治一成に嫁すが離別。その後秀吉の意向で豊臣秀勝に嫁ぎ、文禄元年(1592年)秀勝の病死後、文禄4年(1595年)徳川秀忠に再々嫁。秀忠との間に千姫、家光、忠長、和子(東福門院)ら2男5女をもうけた。

＊　　＊　　＊

◇大奥列伝―ヒロインたちの「しきたり」と「おきて」　山本博文監修　世界文化社　2008.2　143p　21cm　1400円　①978-4-418-08200-1

◇戦国の女性たち―16人の波乱の人生　小和田哲男編著　河出書房新社　2005.9　253p　19cm　1500円　①4-309-22435-0

◇大阪人物辞典　三善貞司編　大阪　清文堂出版　2000.11　1304, 70p　23cm　16000円　①4-7924-0499-1

◇日本女性人名辞典　日本図書センター　1993.6　1274p　27cm　〈監修:芳賀登ほか〉　26780円　①4-8205-7128-1

◇火輪―家光の生母お江与の方と春日局　中島道子著　世界文化社　1989.3　285p　19cm　1200円　①4-418-89503-5

◇人物事典 江戸城大奥の女たち　卜部典子著　新人物往来社　1988.12　207p　19cm　2000円　①4-404-01577-1

◇春日局と徳川の女たち―時代の波にゆれた女の生涯　早乙女貢、邦光史郎、安西篤子、祖田浩一、円地文子、杉本苑子、島津隆子著　三笠書房　1988.4　246p　15cm　(知的生きかた文庫)　400円　①4-8379-0232-4

内藤 如安
ないとう じょあん

？～寛永3年(1626年)

武将。丹波国(京都府)の人。名は忠俊、号は徳庵、別姓は小西、洗礼名はジョアン、飛騨守を称した。丹波船井郡八木城主で、永禄8年(1565年)京都でガスパル・ヴィレラにより受洗。足利義昭の没落後、封を失い流浪していたが、豊臣秀吉のもとで小西行長に属して小西如安と名乗り、朝鮮出兵の際には対明講和使節として活躍した。小西家が滅亡すると、加藤清正配下となり、その後前田利長にも仕えた。慶長19年(1614年)キリシタン禁教令により、高山右近等と共にマニラに追放され、同地で没した。

＊　　＊　　＊

◇曼陀羅華—私の朝鮮人キリシタン　私の続高山右近　関根和美著〔大分〕　高山泰四郎　2005.12　349,24p　19cm　〈文献あり　年表あり〉　1905円　①4-9902947-0-X
◇武具甲冑紀行　1　土井輝生著　同信社、同文舘出版〔発売〕　2000.5　176p　21cm　4800円　①4-495-97591-9
◇聖書武将の生々流転—豊臣秀吉の朝鮮出兵と内藤如安　楠戸義昭著　講談社　2000.1　318p　20cm　1800円　①4-06-209882-2
◇角川日本姓氏歴史人物大辞典　17　石川県姓氏歴史人物大辞典　竹内理三ほか編纂　石川県姓氏歴史人物大辞典編纂委員会編著　角川書店　1998.12　633p　23cm　18000円　①4-04-002170-3
◇京都大事典　府域編　京都　淡交社　1994.3　696,39p　27cm　〈監修：上田正昭,吉田光邦〉　12000円　①4-473-01327-8
◇殉教—戦国キリシタン武将・内藤如安の生涯　各務英明著　朝日ソノラマ　1988.2　381p　20cm　1800円　①4-257-03241-3
◇キリスト教人名辞典　日本基督教団出版局　1986.2　2094p　27cm　〈主要参考文献：p2091～2093〉　43000円
◇熊本県大百科事典　熊本日日新聞社熊本県大百科事典編集委員会編　熊本　熊本日日新聞社　1982.4　1020p　図版16枚　30cm　〈折り込図1枚〉　25000円

脇坂 安治
わきざか やすはる

天文23年(1554年)～寛永3年(1626年)8月6日

武将、伊予大洲藩主。近江国(滋賀県)の人。別名は甚内。母の再嫁で脇坂安明の嗣子となる。明智光秀に属し、次いで豊臣秀吉に仕えた。天正11年(1583年)賤ヶ岳の戦で活躍し、"七本槍"の一人に数えられる。大和高取城2万石を経て天正13年(1585年)淡路洲本城主3万石を領す。小田原征伐、文禄・慶長の役などで活躍。慶長5年(1600年)関ヶ原の戦いでは、初め西軍に属したが、戦いの最中に東軍に寝返り、戦後所領を安堵された。慶長14年(1609年)伊予大洲藩5万3500石に移封。伊予大洲藩主脇坂家初代となる。

＊　　＊　　＊

◇賤ケ岳七本槍—秀吉を支えた勇将たちの生涯　徳永真一郎著　PHP研究所　1992.6　292p　15cm　（PHP文庫）　600円　①4-569-56473-9
◇賤ケ岳七本槍　徳永真一郎著　毎日新聞社　1989.3　249p　19cm　1300円　①4-620-10385-3
◇愛媛県百科大事典　愛媛新聞社編　松山　愛媛新聞社　1985.6　2冊　30cm　全41000円
◇兵庫県大百科事典　神戸　神戸新聞出版センター　1983.10　2冊　30cm　〈企画：神戸新聞創刊85周年記念兵庫県大百科事典刊行委員会〉　全49000円
◇戦国大名家臣団事典　西国編　山本大,小和田哲男編　新人物往来社　1981.8　414p　22cm　6800円

藤堂 高虎
とうどう たかとら

弘治2年(1556年)～寛永7年(1630年)10月5日　武将。近江国(滋賀県)の人。名は与吉、通称は与右衛門、和泉守と称す。父が浅井氏の家臣であったため初め浅井長政に仕え、のち羽柴秀長に仕える。秀長の没後、秀長の猶子秀俊の後見となり、文禄の役では秀俊に代わって出陣。文禄4年(1595年)秀俊の死に遭って高野山に籠もったが、その才を惜しんだ秀吉により伊予国7万石を与えられ宇和島城主となる。慶長の役にも朝鮮に渡海。慶長5年(1600年)関ヶ原の戦いでは東軍に属して福島正則らと岐阜城攻略にあたり、戦後伊予国今治に20万石を与えられる。その後、津22万石に転封し、大坂夏の陣で徳川家康の窮地を救った功により32万石に加増され伊勢津藩主。戦国期の典型的武将ながら、築城術に優れ、居城となった諸城のほか、近江膳所(ぜぜ)城、江戸城、丹波篠山城、大坂城の縄張りを行い、また領内の民政にも心を配った。大坂の陣の軍議にあずかったり、秀忠の娘和子(東福門院)の入内につき朝廷との交渉をまかされるなど、外様大名ではあったが家康、秀忠の信任はあつかった。

◇写真記録 日本人物史　日本図書センター　2008.6　297p　32×23cm　24000円　①978-4-284-50095-1

◇藤堂高虎文書集―藤堂高虎公入府四百年記念　角舎利監修, 福井健二編著　伊賀伊賀文化産業協会　2008.5　159p　27cm　〈複製および翻刻を含む　肖像あり　年譜あり〉　2500円

◇戦国武将 勝利の実学　火坂雅志著　勉誠出版　2006.12　286p　19cm　1400円　①4-585-05344-1

◇発見！三重の歴史　毎日新聞社津支局編, 三重県史編さんグループ著　新人物往来社　2006.10　271p　19cm　2000円　①4-404-03433-4

◇名将の法則―戦国乱世を生き抜いた12人の知られざる決断とは　安部竜太郎著　日本実業出版社　2006.8　254p　19cm　1600円　①4-534-04106-3

◇江戸時代の設計者―異能の武将・藤堂高虎　藤田達生著　講談社　2006.3　256p　18cm　(講談社現代新書)　〈年譜あり　文献あり〉　740円　①4-06-149830-4

◇藤堂高虎―秀吉と家康が惚れ込んだ男　羽生道英著　PHP研究所　2005.5　383p　15cm　(PHP文庫)　724円　①4-569-66300-1

◇藤堂高虎と今治(城と街)―今治の礎を築いた人　今治城築城・開町400年記念　越智斎著　〔今治〕　今治城築城・開町四〇〇年祭実行委員会　2005.3　32p　26cm　〈奥付・背のタイトル：藤堂高虎と今治　肖像あり　年譜あり〉

◇しぶとい戦国武将伝　外川淳著　河出書房新社　2004.1　237p　19cm　1600円　①4-309-22409-1

◇二番手を生ききる哲学―信念の武将・藤堂高虎が身をもって示したもの　童門冬二著　青春出版社　2002.7　234p　19cm　1500円　①4-413-03352-3

◇津藩　深谷克己著, 日本歴史学会編　新装版　吉川弘文館　2002.3　279p　19cm　(日本歴史叢書)　2900円　①4-642-06660-8

◇日本史101人のことば　円谷真護著　柘植書房新社　2001.11　219p　19cm　1700円　①4-8068-0465-7

◇大阪人物辞典　三善貞司編　大阪　清文堂出版　2000.11　1304, 70p　23cm　16000円　①4-7924-0499-1

◇評伝 戦国武将―智略と決断の人間学　童門冬二著　経済界　2000.4　217p　19cm　1333円　①4-7667-8201-1

◇歴史に学ぶ「生き残り」の奇襲戦略　童門冬二著　集英社　1999.9　269p　15cm　(集英社文庫)　476円　①4-08-747086-5

◇戦国武将まんだら―秘本三十六人伝　大栗丹後著　春陽堂書店　1999.8　244p　15cm　(春陽文庫)　486円　①4-394-16136-3

◇おもかげ記―藤堂高虎　岸宏子著　知玄舎, 星雲社〔発売〕　1999.3　263p

◇高山公実録—藤堂高虎伝　上巻　上野市古文献刊行会編　大阪　清文堂出版　1998.4　500p　22cm　(清文堂史料叢書第98刊)　④4-7924-0437-1

◇高山公実録—藤堂高虎伝　下巻　上野市古文献刊行会編　大阪　清文堂出版　1998.4　p501-986　22cm　(清文堂史料叢書　第99刊)　④4-7924-0438-X

◇角川日本姓氏歴史人物大辞典　26　京都市姓氏歴史人物大辞典　竹内理三ほか編纂　京都市姓氏歴史人物大辞典編纂委員会編著　角川書店　1997.9　909p　23cm　④4-04-002260-2

◇人を育て、人を活かす—江戸に学ぶ　童門冬二著　講談社　1997.6　390p　15cm　(講談社文庫)〈『江戸 人遣い達人伝』改題書〉　581円　④4-06-263526-7

◇栃木県歴史人物事典　栃木県歴史人物事典編纂委員会編　宇都宮　下野新聞社　1995.7　726p　27cm　18000円

◇伊勢伊賀「藤堂藩」戦記　横山高治著　新人物往来社　1994.9　230p　20×14cm　2000円　④4-404-02137-2

◇童門冬二の"出処進退"の研究—男の生き方、闘い方　童門冬二著　経済界　1994.8　237p　18cm　(リュウブックス)〈『強いリーダー生き方の秘密』改題書〉　1000円　④4-7667-0259-X

◇江戸人遣い達人伝　童門冬二著　講談社　1994.6　339p　19cm　1700円　④4-06-207018-9

◇京都大事典　府域編　京都　淡交社　1994.3　696,39p　27cm　〈監修:上田正昭,吉田光邦〉　12000円　④4-473-01327-8

◇藤堂高虎家臣辞典　佐伯朗著　〔佐伯朗〕〔1994〕160p　21cm

◇京都事典　村井康彦編　東京堂出版　1993.10　495p　21cm　〈新装版〉　2900円　④4-490-10355-7

◇戦国の世の乱れ　戦国時代　槇村ただし漫画　名古屋　郷土出版社　1993.7　151p　21cm　(まんが 三重県の歴史 3)　1250円　④4-87670-045-1

◇武将に学ぶ苦境からの脱出　松本幸夫著　総合ライフ出版　1992.11　227p　19cm　1500円　④4-88311-029-X

◇勝者に論理あり 敗者に美学あり—歴史を駆けぬけた十二人の生きざま　青木茂著　中央経済社　1992.10　264p　19cm　1800円　④4-502-52061-6

◇藤堂高虎　村上元三著　徳間書店　1992.10　217p　15cm　(徳間文庫)　420円　④4-19-577347-4

◇戦国武将伝—リーダーたちの戦略と決断　白石一郎著　文芸春秋　1992.3　290p　15cm　(文春文庫)　420円　④4-16-737009-3

◇茶道人物辞典　原田伴彦編　柏書房　1991.1　290,22p　22cm　〈新装版〉　4944円　④4-7601-0620-0

◇藤堂高虎—家康晩年の腹心、その生涯　德永真一郎著　PHP研究所　1990.10　364p　15cm　(PHP文庫)〈『影の人 藤堂高虎』改題書〉　660円　④4-569-56287-6

◇人心掌握の天才たち—戦国武将に学ぶリーダーの条件　童門冬二著　PHP研究所　1990.2　251p　15cm　(PHP文庫)〈『戦国武将 人心掌握の極意』改題書〉　460円　④4-569-56244-2

◇天下平定編　桑田忠親著　秋田書店　1989.10　249p　19cm　(新編 日本武将列伝 6)　1500円　④4-253-00367-2

◇戦国武将の危機管理—生死を賭けた戦乱の行動原理とは　新宮正春著　PHP研究所　1989.8　229p　19cm　1050円　④4-569-52568-7

◇強いリーダー生き方の秘密—こんな男に人と運はついてくる　童門冬二著　経済界　1989.8　214p　18cm　(リュウブックス 0159)　750円　④4-7667-0159-3

◇和歌山県史　人物　和歌山県史編さん委員会編　和歌山　和歌山県　1989.3　539,64p　22cm　非売品

◇戦国武将伝—リーダーたちの戦略と決断　白石一郎著　文芸春秋　1988.10　246p　19cm　1200円　④4-16-310600-6

◇戦国を駆ける　神坂次郎著　中央公論社　1988.7　320p　19cm　1250円　④4-12-

001703-6
◇戦国武将の遺書　桑田忠親著　広済堂出版　1988.7　246p　15cm（広済堂文庫）　420円　①4-331-65035-9
◇家康・十六武将　徳永真一郎著　PHP研究所　1987.12　330p　15cm（PHP文庫）　500円　①4-569-26131-0
◇戦国の組織と人脈　堺屋太一、田原総一朗、三浦朱門、百瀬明治、童門冬二、小和田哲男著　集英社　1987.12　269p　19cm（日本を創った戦略集団2）　1400円　①4-08-194002-9
◇藤堂高虎　横山高治著　大阪　創元社　1987.12　307p　19cm　1500円　①4-422-20459-9
◇戦国武将名言集　桑田忠親著　広済堂出版　1987.11　250p　15cm（広済堂文庫）　400円　①4-331-65026-X
◇歴史ウォッチング　Part2　名古屋テレビ編　舞阪町　ひくまの出版　1987.11　252p　19cm　1200円　①4-89317-103-8
◇影の人　藤堂高虎　徳永真一郎著　毎日新聞社　1987.9　280p　19cm　1400円　①4-620-10335-7
◇戦国武将おもしろ大百科　山梨輝雄著　広済堂出版　1987.9　263p　13cm（豆たぬきの本208）　380円　①4-331-20108-2
◇戦国名将に学ぶ勝ち残りの戦略―状況の読み方・生かし方　風巻絃一著　三笠書房　1986.12　300p　15cm（知的生き方文庫）　440円　①4-8379-0135-2
◇名将ちょっといい言葉―武将に学ぶビジネス訓　宝井琴鶴著　商業界　1986.8　261p　19cm（まあきゅりい・ぶっくす）　1200円
◇愛媛県百科大事典　愛媛新聞社編　松山　愛媛新聞社　1985.6　2冊　30cm　全41000円
◇京都大事典　佐和隆研ほか編集　京都　淡交社　1984.11　1083,91p　27cm　12000円　①4-473-00885-1
◇滋賀県百科事典　滋賀県百科事典刊行会編　大和書房　1984　877p　28cm　〈年表：p.〔775〕-786　主要参考図書目録：p.〔805〕-820〉　①4-479-90012-8
◇藤堂高虎公と藤堂式部家　林泉編著　久居　林泉　1982.5　262p　図版10枚　22cm
◇戦国大名家臣団事典　西国編　山本大、小和田哲男編　新人物往来社　1981.8　414p　22cm　6800円
◇郷土歴史人物事典滋賀　渡辺守順著　第一法規出版　1979.7　219p　19cm　1300円
◇郷土歴史人物事典愛媛　景浦勉編　第一法規出版　1978.7　251p　19cm　1300円

宮本 武蔵
みやもと むさし

天正12年(1584年)〜正保2年(1645年)
剣術家、肥後熊本藩士。播磨国（兵庫県）の人。名は政吉、玄信、号は二天。生年を天正10年とする説、生地も播州（兵庫県）説と美作国吉野郡讃甘村字宮本（岡山県美作市）がある。田原甚右衛門の二男。養父無二之助から当理流十手術を学んだのち修行に出、生涯60余度の勝負で無敗といわれる。特に、慶長17年(1612年)豊前国船島の佐々木小次郎との試合が有名。二天一流の祖。小倉藩に留まったのち、晩年は熊本藩主細川忠利の客分となった。絵画、彫刻、金工にも優れ、著書に兵法書「五輪書」、水墨画に「枯木鳴鵙図（こぼくめいげきず）」がある。岡山県美作市に武蔵資料館がある。

＊　　＊　　＊

◇「図解」宮本武蔵と「五輪書」―仕事に使える絶対不敗の法則　戦略的思考が身につく　武田鏡村著　PHP研究所　2008.5　95p　26cm　〈年譜あり〉　952円　①978-4-569-69909-7
◇宮本武蔵に学ぶサムライ精神―勝ちつづけるための人生バイブル　ボイエ・L.D.メンテ著, 松本道弘監訳　日新報道　2008.4　168p　19cm　1200円　①978-4-8174-0661-3
◇五輪書　志村有弘監修　ぶんか社　2007.

12 191p 15cm （ぶんか社文庫）〈年譜あり〉 571円 ⓘ978-4-8211-5129-5

◇新編・真訳五輪書―兵法二天一流真諦 宮本武蔵原著, 宮田和宏編訳 文芸社 2007.11 341p 19cm 1600円 ⓘ978-4-286-03723-3

◇宮本武蔵・百問百答 宇都宮泰長著 都留 鵬和出版 2007.9 220p 19cm 2000円 ⓘ978-4-89282-067-0

◇「五輪の書」がよ〜くわかる本―剣法の奥義に学ぶ人生と仕事の極意！ ポケット図解 広川州伸著 秀和システム 2007.5 144p 19cm 700円 ⓘ978-4-7980-1648-1

◇戦国人物伝 宮本武蔵 加来耕三企画・構成, すぎたとおる原作, 滝玲子作画, 島田真祐監修 ポプラ社 2007.5 127p 21cm （コミック版日本の歴史 6） 1000円 ⓘ978-4-591-09795-3

◇宮本武蔵最強伝説の真実 井沢元彦著 小学館 2007.1 185p 15cm （小学館文庫）〈年譜あり〉 438円 ⓘ4-09-408137-2

◇宮本武蔵五輪書入門―敵に勝つ技術 相手を呑み、意表を衝く 桑田忠親著 日本文芸社 2006.12 215p 18cm （パンドラ新書）〈肖像あり〉 838円 ⓘ4-537-25454-8

◇武蔵の「五輪書」を攻略する 細谷正充著 中経出版 2006.12 185p 15cm （中経の文庫） 495円 ⓘ4-8061-2614-4

◇剣と禅のこころ 佐江衆一著 新潮社 2006.10 193p 18cm （新潮新書） 680円 ⓘ4-10-610185-8

◇こころの潜在力―宮本武蔵と中村天風 合田周平, 岩見利男著 PHP研究所 2006.10 247p 20cm 1300円 ⓘ4-569-65549-1

◇意外な意外な「日本史」 「歴史ミステリー」倶楽部著 三笠書房 2006.8 200p 15cm （王様文庫） 505円 ⓘ4-8379-6351-X

◇わしが在所の宮本武蔵―美作国宮本村 本位田秀夫編 ［舞鶴］〔本位田秀夫〕 〔2006〕 33p 22cm

◇武蔵と五輪書 津本陽著 講談社 2005.11 214p 15cm （講談社文庫） 448円 ⓘ4-06-275247-6

◇江戸の性 中江克己著 河出書房新社 2005.10 210p 15cm （河出i文庫） 550円 ⓘ4-309-48153-1

◇五輪書―サムライたちへ 宮本武蔵原著, 次呂久英樹, 高野耕一文, 藤森武写真 ピエ・ブックス 2005.10 327p 16cm 〈年譜あり〉 2000円 ⓘ4-89444-483-6

◇イチロー・武蔵・西部劇―十割打者を目指す求道者 小野しまと著 志賀町 ビワコ・エディション 2005.9 212p 19cm 1300円 ⓘ4-9900809-1-2

◇女五輪書―宮本武蔵に学ぶ今どき仕事の心得80 杉谷みどり解釈・文 EH春潮社 2005.8 189p 19cm 1200円 ⓘ4-915096-76-9

◇宮本武蔵・二天一流の剣と五輪書 一川格治著 土屋書店 2005.8 167p 21cm 〈肖像あり 年譜あり〉 2200円 ⓘ4-8069-0793-6

◇宮本武蔵の『五輪書』が面白いほどわかる本 細谷正充著 集英社 2005.8 199p 16cm （集英社文庫） 476円 ⓘ4-08-747856-4

◇日本精神の研究―人格を高めて生きる 安岡正篤著 致知出版社 2005.1 505p 19cm 2600円 ⓘ4-88474-700-3

◇小説・剣豪もし戦わば!? 巨椋修編 セントラルSOG, コアラブックス〔発売〕 2004.12 218p 19cm 1300円 ⓘ4-86097-076-4

◇「日本人の名著」を読む 岬竜一郎著 致知出版社 2004.12 282p 21cm 1500円 ⓘ4-88474-698-8

◇禅と武士道―柳生宗矩から山岡鉄舟まで 渡辺誠著 ベストセラーズ 2004.10 243p 18cm （ベスト新書） 780円 ⓘ4-584-12070-6

◇日本の歴史ライバル人物伝―科学・歴史人物伝 2 ながいのりあき漫画, 川口素生構成・解説 小学館 2004.10 191p 19cm （小学館学習まんがシリーズ） 743円 ⓘ4-09-296302-5

◇水南老人講話「宮本武蔵」―楠正位と大日本武徳会　楠正位原著,堂本昭彦,石神卓馬編著　体育とスポーツ出版社　2004.6　274p　22cm　2800円　⓵4-88458-020-6

◇ル・武士道　竹本忠雄著　扶桑社　2004.6　245p　19cm　1619円　⓵4-594-04661-4

◇NHKその時歴史が動いたコミック版 宿命のライバル編　NHK取材班編　ホーム社,集英社〔発売〕2004.5　500p　15cm　（ホーム社漫画文庫）　876円　⓵4-8342-7300-8

◇宮本武蔵研究論文集　福田正秀著　歴研　2004.2　247p　22cm　〈編集所：歴史研究会出版局　年譜あり〉　4000円　⓵4-947769-22-X

◇歴史をつくった自由人　青丹社歴史編集部編著　ソフトマジック　2004.2　191p　19cm　1400円　⓵4-86122-028-9

◇資料集成宮本武蔵年譜通史　第2回　和田要治著　〔熊本〕〔和田要治〕〔2004〕30p　26cm　〈電子複写〉

◇生きる―宮本武蔵からのメッセージ　斎藤邦泰著　花伝社　2003.12　296p　19cm　〈東京 共栄書房(発売)　文献あり〉　1700円　⓵4-7634-0414-8

◇宮本武蔵研究論文集　福田正秀著　歴研　2003.12　247p　21cm　4000円　⓵4-947769-22-X

◇日本史快刀乱麻　明石散人著　新潮社　2003.11　188p　18cm　（新潮新書）　680円　⓵4-10-610041-X

◇宮本武蔵随想録―語り継ぐ剣聖・武蔵の実像と秘話　日本随想録編集委員会編　歴研　2003.11　159p　21cm　〈年譜あり 文献あり〉　3000円　⓵4-947769-19-X

◇剣聖武蔵伝　菊池寛著,菊池寛顕彰会編　未知谷　2003.10　190p　20cm　2000円　⓵4-89642-087-X

◇中年宮本武蔵　鈴木輝一郎著　双葉社　2003.10　317p　19cm　1700円　⓵4-575-23482-6

◇宮本武蔵―ムサシは二刀をつかったか　戸星善宏著　福岡　櫂歌書房　2003.10　82p　21cm　（櫂歌ブックレット 4）　600円　⓵4-88757-080-5

◇宮本武蔵を哲学する―柳生の剣、武蔵の剣　赤羽根竜夫著　南窓社　2003.10　366p　20cm　〈年譜あり〉　2800円　⓵4-8165-0315-3

◇武蔵の学習力―人生とビジネスに成功する　皆木和義著　日経BP社　2003.10　244p　19cm　（日経ビジネス）〈東京 日経BP出版センター(発売)〉1400円　⓵4-8222-0151-1

◇武蔵の世界―「五輪書」技から道へ　寺山旦中著　巌南堂書店　2003.10　264p　20cm　2000円　⓵4-7626-0246-9

◇新考・宮本武蔵　遊佐京平著　秋田　無明舎出版　2003.9　269,14p　20cm　〈年譜あり〉　2000円　⓵4-89544-339-6

◇新訳『五輪書』―宮本武蔵を読む　志村有弘訳・解説　大法輪閣　2003.9　194p　19cm　1800円　⓵4-8046-1199-1

◇宮本武蔵―真剣勝負師の生きた道　渡辺誠著　体育とスポーツ出版社　2003.9　266p　20cm　〈年譜あり〉　1800円　⓵4-88458-016-8

◇お伽衆宮本武蔵　井上智重,大倉隆二著　草思社　2003.8　270p　20cm　〈年表あり〉　2000円　⓵4-7942-1191-0

◇剣豪伝 天の巻　歴史を旅する会著　講談社　2003.8　314p　15cm　（講談社文庫）　533円　⓵4-06-273830-9

◇時代劇・剣術のことが語れる本―テレビや映画を見るときに「あっ、そうなのか」是本信義著　明日香出版社　2003.8　243p　19cm　（アスカビジネス）　1500円　⓵4-7569-0680-X

◇ますらをの道―武蔵・道元・山鹿素行　安岡正篤著　ディ・シー・エス　2003.8　284p　19cm　2000円　⓵4-925227-12-2

◇福岡地方史研究 41　特集・福岡藩の古武道と武蔵　須恵町　福岡地方史研究会,(福岡)海鳥社〔発売〕2003.7　160p　21cm　1200円　⓵4-87415-451-4,ISSN0916-7765

◇砂かけ武蔵　斎藤次男著　彩流社　2003.6　159p　20cm　1700円　⓵4-88202-

819-0

◇ビジネスマンのための宮本武蔵五輪書　谷沢永一著　幻冬舎　2003.6　299p　16cm　(幻冬舎文庫)〈「宮本武蔵五輪書の読み方」(2002年刊)の増訂〉　533円　①4-344-40374-6

◇宮本武蔵全書―決定版　松延市次, 松井健二監修, 宮下和夫編　弓立社　2003.6　432p　22cm　4600円　①4-89667-301-8

◇宮本武蔵大事典　加来耕三編　新人物往来社　2003.6　224p　22cm　7800円　①4-404-03114-9

◇私説宮本武蔵　寺田貢著　文芸社　2003.5　119p　20cm　1200円　①4-8355-5833-2

◇宮本武蔵を行く―生国播磨の剣聖　中元孝迪編著　神戸　神戸新聞総合出版センター　2003.5　143p　19cm　〈肖像あり　文献あり　年譜あり〉　1300円　①4-343-00234-9

◇"武蔵"と吉川英治―求道と漂泊　斎藤慎爾編　東京四季出版　2003.5　224p　26cm　2500円　①4-8129-0275-4

◇The life and times of Miyamoto Musashi―宮本武蔵考　碓井静照著　広島　ガリバープロダクツ　2003.5　208p　21cm　(Gariver Books)　〈本文：英文〉　1429円　①4-86107-005-8

◇こちら葛飾区亀有公園前派出所両さんの宮本武蔵　秋本治キャラクター原作, 大河内昭爾監修, ひらまつとむ漫画　集英社　2003.4　207p　19cm　(満点人物伝)　880円　①4-08-314017-8

◇「勝負強さ」の探求―"いざ本番"に強くなる!　折茂鉄矢著　PHP研究所　2003.4　239p　19cm　1300円　①4-569-62836-2

◇人生に生きる五輪の書　井上正孝著　新装版　体育とスポーツ出版社　2003.4　210p　21cm　1800円　①4-88458-012-5

◇武道裏論　泉正樹著　文芸社　2003.4　189p　19cm　1300円　①4-8355-5516-3

◇宮本武蔵　NHK取材班編　名古屋　KTC中央出版　2003.4　182p　20cm　(その時歴史が動いた　別巻)　〈文献あり　年表あり〉　1400円　①4-87758-305-X

◇宮本武蔵巌流島の戦法論―ブームにも遅れてきた「燕返し」さえ使わなければ小次郎の勝ちだった　宇都宮忠著　大阪　新風書房　2003.4　87p　19cm　500円　①4-88269-522-7

◇宮本武蔵「五輪書」のすべてがわかる本　白井孝昌著　広済堂出版　2003.4　231p　19cm　1300円　①4-331-50962-1

◇宮本武蔵の読まれ方　桜井良樹著　吉川弘文館　2003.4　229p　19cm　(歴史文化ライブラリー)　1700円　①4-642-05552-5

◇菊池寛全集　補巻　第4　拾遺集戯曲・小説・評伝児童文学集　菊池寛著　国分寺　武蔵野書房　2003.3　670p　21cm　20000円　①4-943898-37-8

◇芸術家宮本武蔵　宮元健次著　京都　人文書院　2003.3　183p　19cm　〈文献あり〉　1900円　①4-409-52049-0

◇宮本武蔵　宮本武蔵遺蹟顕彰会編纂　復刻　〔熊本〕　熊本日日新聞社　2003.3　2冊(別冊とも)　22cm　〈熊本　熊本日日新聞情報文化センター(製作・発売)　原本：金港堂書籍大正7年刊　別冊(103p)：現代語訳〉　全3500円　①4-87755-138-7

◇宮本武蔵『五輪書』の哲学　前田英樹著　岩波書店　2003.3　179p　20cm　2300円　①4-00-002203-2

◇宮本武蔵復刻　宮本武蔵遺蹟顕彰会編　熊本　熊本日日新聞社, (熊本)熊本日日新聞情報文化センター〔発売〕　2003.3　1冊　21cm　〈付属資料：別冊1〉　3500円　①4-87755-138-7

◇《五輪書》のことがマンガで3時間でマスターできる本　中本千晶著　明日香出版社　2003.2　229p　21cm　(Asuka business & language books)　1300円　①4-7569-0623-0

◇【デキる男が活かす】武蔵『五輪書』必勝の法則　加来耕三著　二見書房　2003.2　286p　20cm　1600円　①4-576-03013-2

◇特集・武蔵—武蔵を訪ねる旅　防府　東洋図書出版　2003.2　83p　26cm　〈他言語標題：Musashi 2003　発行元：特集・武蔵共同出版会　年譜あり〉　648円　④4-88598-013-5

◇宮本武蔵を歩く　蔵田敏明著　山と渓谷社　2003.2　159p　21cm　(歩く旅シリーズ歴史・文学)　1500円　④4-635-60062-9

◇宮本武蔵の世界—現代によみがえる武蔵の画法　藤原六間堂指導, 日貿出版社編　日貿出版社　2003.2　79p　30×23cm　〈「季刊水墨画」別冊16〉　1800円　④4-8170-0900-4, ISSN0386-0140

◇宮本武蔵卑怯のすすめ　新選社編　新選社　2003.2　206p　19cm　〈東京 サンクチュアリ・パブリッシング(発売)〉1600円　④4-921132-85-2

◇武蔵が歩いた道—小説と史実の狭間　アズプロジェクト編　JTB　2003.2　127p　21cm　〈年譜あり〉　1500円　④4-533-04526-X

◇武蔵と日本人—価値の転変する時代に。　磯貝勝太郎, 縄田一男責任編集　日本放送出版協会　2003.2　343,28p　20cm　〈執筆：佐江衆一ほか　年譜あり〉　2000円　④4-14-080755-5

◇校本五輪書　第2分冊　松延市次編　〔小平〕〔松延市次〕　2003.1　132, 3, 69p　26cm　〈付：ロシア語版『五輪の書』〉

◇図解雑学五輪書　加来耕三監修, 岸祐二著　ナツメ社　2003.1　206p　19cm　〈奥付のタイトル：五輪書〉　1300円　④4-8163-3372-X

◇図説宮本武蔵の実像　新人物往来社　2003.1　176p　26cm　(別冊歴史読本33)　1800円　④4-404-03033-9

◇謎解き宮本武蔵　久保三千雄著　新潮社　2003.1　286p　16cm　(新潮文庫)〈「宮本武蔵とは何者だったのか」(1998年刊)の改訂〉　438円　④4-10-100921-X

◇ビジネス五輪書「個」を磨いて「勝つ」　皆木和義著　講談社　2003.1　222p　19cm　(講談社ニューハードカバー)　1300円　④4-06-264204-2

◇人を斬る覚悟があるか宮本武蔵「五輪書」の真髄　福田和也著　講談社　2003.1　214p　19cm　1300円　④4-06-211625-1

◇宮本武蔵を歩く—武蔵ゆかりの史跡・名所を旅する　朝倉一善著　平和出版　2003.1　151p　21cm　1200円　④4-86056-979-2

◇宮本武蔵・剣と心—絶対必勝の心理学　加庭寛, 植原吉朗著　日本放送出版協会　2003.1　254p　19cm　1400円　④4-14-080750-4

◇宮本武蔵考　碓井静照著　広島　ガリバープロダクツ　2003.1　215p　19cm　(ガリバープロダクツベストヒットシリーズ)　1429円　④4-906512-99-2

◇「宮本武蔵」という剣客—その史実と虚構　加来耕三著　日本放送出版協会　2003.1　305p　19cm　(NHKブックス)　1160円　④4-14-001960-3

◇武蔵とイチロー　高岡英夫著　小学館　2003.1　221p　15cm　(小学館文庫)〈肖像あり　著作目録あり〉　495円　④4-09-418231-4

◇武蔵—武人画家と剣豪の世界展　NHK, NHKプロモーション編　NHK　2003　178p　30cm　〈会期・会場：平成15年4月11日—5月25日　江戸東京博物館ほか　共同刊行：NHKプロモーション〉

◇一冊で読む剣豪宮本武蔵　菅井靖雄著　成美堂出版　2002.12　247p　16cm　(成美文庫)〈年譜あり　年表あり〉　524円　④4-415-07006-X

◇新考宮本武蔵　新宮正春著　新人物往来社　2002.12　252p　20cm　〈文献あり〉　2400円　④4-404-03000-2

◇「図説」宮本武蔵五輪の書　息吹友也著　PHP研究所　2002.12　158p　21cm　1200円　④4-569-62558-4

◇熱血!!決定版!!宮本武蔵学—時代劇ヒーローの本当の素顔　神一行著　角川書店　2002.12　245p　19cm　〈文献あり　年表あり〉　1100円　④4-04-883799-0

◇発掘！武蔵＆小次郎—歴史小事典　小和田哲男監修　日本放送出版協会　2002.12　223p　18cm　〈構成：久保田英一

折り込1枚 年表あり〉 1000円 ⓣ4-14-080738-5
◇はりま伝説散歩 橘川真一編著 神戸新聞総合出版センター 2002.12 300p 19cm （のじぎく文庫） 1600円 ⓣ4-343-00184-9
◇宮本武蔵 砂田弘著, 岡本順絵 ポプラ社 2002.12 127p 21cm 900円 ⓣ4-591-07448-X
◇宮本武蔵―日本人の道 魚住孝至著 ぺりかん社 2002.12 431p 22cm 〈文献あり 年譜あり〉 4500円 ⓣ4-8315-1011-4
◇宮本武蔵かく闘えり―宿敵たちとの決闘シーンが今よみがえる 桑沢慧著 PHPエディターズ・グループ 2002.12 165p 19cm 〈東京 PHP研究所(発売)〉 1250円 ⓣ4-569-62587-8
◇宮本武蔵剣と人―遺書『独行道』に秘められたその実像 渡辺誠著 新人物往来社 2002.12 238p 20cm 2400円 ⓣ4-404-03100-9
◇宮本武蔵・最強伝説の真実―歴史よもやま話 井沢元彦著 日本放送出版協会 2002.12 202p 20cm 〈年譜あり〉 1300円 ⓣ4-14-080727-X
◇宮本武蔵と新史料 宇都宮泰長著 鵬和出版 2002.12 102p 21cm （歴史の検証シリーズ 1） 1000円 ⓣ4-89282-061-X
◇宮本武蔵の時代―歴史・文化ガイド 二木謙一監修 日本放送出版協会 2002.12 158p 24cm （NHKシリーズ）〈年譜あり 文献あり〉 1300円 ⓣ4-14-910479-4
◇宮本武蔵の次の一手―決して後悔しない人生論 米長邦雄著 説話社 2002.12 220p 20cm 1400円 ⓣ4-916217-26-8
◇裏ムサシ―疑惑のヒーロー、宮本武蔵100の謎 宮本武蔵真相究明学会著 ワニマガジン社 2002.11 223p 19cm 950円 ⓣ4-89829-862-1
◇決闘者武蔵 北影雄幸著 光人社 2002.11 244p 19cm 1500円 ⓣ4-7698-1070-9

◇剣の達人111人データファイル 新人物往来社編 新人物往来社 2002.11 342p 21cm 1600円 ⓣ4-404-02993-4
◇実践・五輪書―武道を通して学んだ宮本武蔵 藤岡弘、著 ビジネス社 2002.11 210p 19cm 1400円 ⓣ4-8284-1014-7
◇実像・宮本武蔵 戸部新十郎編 広済堂出版 2002.11 221p 19cm 1300円 ⓣ4-331-50935-4
◇図解五輪書―宮本武蔵・必勝の兵法 武田鏡村著 東洋経済新報社 2002.11 162p 21cm 1500円 ⓣ4-492-09199-8
◇ビジネス「五輪書」―宮本武蔵に学ぶ必勝不敗の秘訣 河野守宏著 碧天舎 2002.11 215p 19cm 1000円 ⓣ4-88346-136-X
◇宮本武蔵―知れば知るほど面白い・人物歴史丸ごとガイド 坂本優二著 学習研究社 2002.11 287p 19cm 1350円 ⓣ4-05-401855-6
◇宮本武蔵―孤高に生きた剣聖 新人物往来社 2002.11 192p 26cm （別冊歴史読本 第27巻 32号） 1800円 ⓣ4-404-03027-4
◇宮本武蔵―物語と史蹟をたずねて 川村晃著 改訂版 成美堂出版 2002.11 222p 19cm 〈付属資料：1枚 肖像あり〉 1000円 ⓣ4-415-02213-8
◇宮本武蔵を歩く 森本繁著 学習研究社 2002.11 349p 15cm （学研M文庫） 660円 ⓣ4-05-901151-7
◇宮本武蔵科学読本 Musashi研究会著 主婦と生活社 2002.11 207p 21cm 1300円 ⓣ4-391-12669-9
◇宮本武蔵「五輪書」勝機はこうつかめ！ 中江克己著 成美堂出版 2002.11 271p 16cm （成美文庫） 524円 ⓣ4-415-06986-X
◇宮本武蔵五輪書入門 奈良本辰也著 学習研究社 2002.11 261p 15cm （学研M文庫） 590円 ⓣ4-05-901152-5
◇宮本武蔵五輪書の読み方 谷沢永一著 幻冬舎 2002.11 318p 19cm 1500円 ⓣ4-344-00255-5

◇宮本武蔵の生涯　中西清三著　新版　新人物往来社　2002.11　274p　20cm　2400円　ⓘ4-404-02999-3

◇宮本武蔵の真実　小島英熙著　筑摩書房　2002.11　238p　18cm　(ちくま新書)　720円　ⓘ4-480-05972-5

◇宮本武蔵101の謎—出生の秘密から名勝負の真相まで　川口素生著　PHP研究所　2002.11　338p　15cm　(PHP文庫)　590円　ⓘ4-569-57840-3

◇武蔵見参—宮本武蔵伝説の事実と虚構　大森富士男著　MBC21　2002.11　219p　20cm　〈〔東京〕東京経済(発売)〉　1400円　ⓘ4-8064-0709-7

◇武蔵と五輪書　津本陽著　講談社　2002.11　246p　19cm　〈肖像あり〉　1600円　ⓘ4-06-211358-9

◇五輪書　宮本武蔵原著, 大河内昭爾現代語訳　改訂新版　ニュートンプレス　2002.10　302p　20cm　1800円　ⓘ4-315-51646-5

◇雑学宮本武蔵の人間学—なぜ日本人は不敗の武芸者にひかれるか　雑学倶楽部著　講談社　2002.10　263p　16cm　(講談社+α文庫)　780円　ⓘ4-06-256666-4

◇二十五人の剣豪—宮本武蔵から近藤勇まで　戸部新十郎著　PHP研究所　2002.10　245p　15cm　(PHP文庫)〈『剣は語る』改題書〉　571円　ⓘ4-569-57822-5

◇宮本武蔵—日本人の道　魚住孝至著　ぺりかん社　2002.10　431p　21cm　4500円　ⓘ4-8315-1011-4

◇宮本武蔵　童門冬二著　三笠書房　2002.10　235p　20cm　1400円　ⓘ4-8379-1977-4

◇宮本武蔵実戦・二天一流兵法—「二天一流兵法書」に学ぶ　宮田和宏著　文芸社　2002.10　538p　19cm　1500円　ⓘ4-8355-4584-2

◇宮本武蔵の『五輪書』が面白いほどわかる本　細谷正充著　中経出版　2002.10　156p　19cm　〈他言語標題：Understanding the book of five rings by Miyamoto Musashi〉　1000円　ⓘ4-8061-1701-3

◇宮本武蔵のすべて　岡田一男, 加藤寛編　新版　新人物往来社　2002.10　280p　20cm　2800円　ⓘ4-404-02989-6

◇武蔵—兵法革命家の生き方　童門冬二著　日本放送出版協会　2002.10　260p　20cm　1500円　ⓘ4-14-080724-5

◇武蔵の謎<徹底検証>　加来耕三著　講談社　2002.10　426p　15cm　(講談社文庫)　733円　ⓘ4-06-273557-1

◇歴史に学ぶ人間学　童門冬二著　潮出版社　2002.10　284p　19cm　1600円　ⓘ4-267-01652-6

◇宮本武蔵十二番勝負　柘植久慶著　PHP研究所　2002.9　327p　15cm　(PHP文庫)　629円　ⓘ4-569-57802-0

◇宮本武蔵の剣と美—自筆の書画が語る人間・武蔵の真実　寺山旦中監修　青春出版社　2002.9　188p　18cm　(プレイブックスインテリジェンス)　667円　ⓘ4-413-04033-3

◇宮本武蔵の水墨画—剣禅一如　金沢弘監修, 全国水墨画美術協会編著　秀作社出版　2002.9　109p　27cm　〈年譜あり　文献あり〉　2800円　ⓘ4-88265-318-4

◇武蔵—書下ろし文芸評論　縄田一男著　講談社　2002.9　397p　20cm　2300円　ⓘ4-06-210588-8

◇実録・宮本武蔵　早乙女貢著　新編　PHP研究所　2002.8　285p　15cm　(PHP文庫)〈1989年刊の増補〉　629円　ⓘ4-569-57791-1

◇宮本武蔵『五輪書』を読み解く—88の言葉で明かす武蔵流生き方指南　寺林峻著　清流出版　2002.8　220p　20cm　1500円　ⓘ4-86029-016-X

◇宮本武蔵の『五輪書』　童門冬二著　PHP研究所　2002.8　253p　20cm　1500円　ⓘ4-569-62396-4

◇講談　宮本武蔵　サンマーク出版編集部編　サンマーク出版　2002.7　237p　19cm　1600円　ⓘ4-7631-9454-2

◇新釈「五輪書」—宮本武蔵の哲学を読む　長尾剛著　PHP研究所　2002.7　291p　15cm　(PHP文庫)　533円　ⓘ4-569-57761-X

◇図解雑学宮本武蔵　加来耕三監修, 岸祐二著　ナツメ社　2002.7　223p　19cm　〈奥付のタイトル：宮本武蔵〉　1300円　④4-8163-3282-0

◇宮本武蔵―物語と史蹟をたずねて　川村晃著　改訂　成美堂出版　2002.7　300p　16cm　（成美文庫）　543円　④4-415-06994-0

◇宮本武蔵玄信の実像　高田泰史編著　熊本　もぐら書房　2002.7　253p　19cm　2381円

◇サムライ―世界の常識を覆す日本人アスリートの身体感覚　村崎那男著　幻冬舎　2002.6　245p　19cm　1400円　④4-344-00196-6

◇クイズ宮本武蔵　娯楽番組協議会編著　講談社　2002.5　222p　19cm　840円　④4-06-211270-1

◇宮本武蔵―兵法と芸術　新保哲著　相模原　青山社　2002.4　151p　21cm　1905円　④4-88359-088-7

◇随筆宮本武蔵　吉川英治著　講談社　2002.3　283p　20cm　1800円　④4-06-211240-X

◇宮本武蔵未刊資料　本山一城編　狛江　本山プロダクション　〔2002〕　59p　19cm　〈年譜あり〉

◇日本剣豪列伝　江崎俊平, 志茂田誠諦著　学習研究社　2001.12　348p　15cm　（学研M文庫）　700円　④4-05-901094-4

◇宮本武蔵伝説　別冊宝島編集部編　宝島社　2001.12　254p　16cm　（宝島社文庫）　600円　④4-7966-2495-3

◇図説宮本武蔵　戸部新十郎著　河出書房新社　2001.11　110p　22cm　（ふくろうの本）〈肖像あり　年譜あり〉　1800円　④4-309-76003-1

◇武蔵伝説の真実―コミック・小説・テレビ　坂上優二著　祥伝社　2001.11　219p　19cm　1333円　④4-396-41017-4

◇宮本武蔵・伊織と小原玄昌について　宇都宮泰長編著　鵬和出版　2001.7　171p　22cm　1500円　④4-89282-060-1

◇宮本武蔵・二天一流の剣と五輪書　一川格治著　土屋書店　2001.7　167p　21cm　〈肖像あり　年表あり〉　2200円　④4-8069-0246-2

◇敵に勝つ技術　宮本武蔵　五輪書入門―相手を呑み、意表を衝く　桑田忠親著　日本文芸社　2001.6　215p　18cm　（日文新書）〈『宮本武蔵　五輪書入門』再編集・改題書〉　686円　④4-537-25054-2

◇宮本武蔵50の真説!!　宮本武蔵研究会編, 高橋華王監修　東邦出版　2001.6　188p　19cm　1500円　④4-8094-0236-3

◇姫路城　永遠の天守閣　中元孝迪著　神戸　神戸新聞総合出版センター　2001.5　334p　19cm　1800円　④4-343-00065-6

◇宮本武蔵事典―剣聖・剣豪　加来耕三著　東京堂出版　2001.2　352, 4p　20cm　2400円　④4-490-10563-0

◇姫路城を彩る人たち　播磨学研究所編　神戸　神戸新聞総合出版センター　2000.12　249p　19cm　（姫路文庫 7）　1300円　④4-343-00081-8

◇宮本武蔵―独行の道、無双の孤剣　学習研究社　2000.11　178p　26cm　（歴史群像シリーズ 63号）　1500円　④4-05-602357-3

◇空手の理から明かされた宮本武蔵五輪書―各界指導者必読の書　柳川昌弘著　福昌堂　2000.6　239p　19cm　〈背のタイトル：宮本武蔵五輪書〉　1500円　④4-89224-749-9

◇宮本武蔵・剣士大全　コーエー出版部編　横浜　光栄　2000.2　127p　21cm　1400円　④4-87719-771-0

◇宮本武蔵の人生訓　童門冬二著　PHP研究所　2000.2　224p　15cm　（PHP文庫）〈永岡書店1984年刊の増訂〉　533円　④4-569-57373-8

◇宮本武蔵　司馬遼太郎著　朝日新聞社　1999.11　251p　15cm　（朝日文庫）　480円　④4-02-264214-9

◇薩摩夜叉雛・宮本武蔵　津本陽著　角川書店　1999.10　530p　21cm　（津本陽歴史長篇全集 第4巻）　5800円　④4-04-574504-1

◇武道の謎を科学する　高橋華王著　砂書房　1999.10　173p　21cm　1500円

◇日本剣豪列伝　直木三十五著　新版　大東出版社　1999.9　286p　19cm　1800円　①4-500-00655-9
◇武蔵の素顔―宮本武蔵三五〇年祭記念誌　大平五雄編　再版〔熊本〕熊本宮本武蔵顕彰会　1999.8　41p　26cm
◇剣豪―剣一筋に生きたアウトローたち　草野巧著　新紀元社　1999.3　216p　21cm　(Truth In Fantasy 45)　1800円　①4-88317-325-9
◇素顔の剣豪たち　小島英煕著　日本経済新聞社　1998.11　243p　19cm（歴史紀行）　1600円　①4-532-16285-8
◇日本人の生命観　新保哲編著　北樹出版，学文社〔発売〕1998.10　208p　21cm　2500円　①4-89384-682-5
◇宮本武蔵とは何者だったのか　久保三千雄著　新潮社　1998.5　292p　20cm（新潮選書）　1100円　①4-10-600538-7
◇五輪書　宮本武蔵原著, 大河内昭爾訳　新装　ニュートンプレス　1998.4　226p　18cm　1000円　①4-315-40141-2
◇宮本武蔵―物語と史蹟をたずねて　川村晃著　成美堂出版　1998.3　300p　16cm（成美文庫）　543円　①4-415-06490-6
◇武蔵を斬る―「五輪書」の真相　峰隆一郎著　青春出版社　1998.2　216p　18cm（プレイブックス）　810円　①4-413-01703-X
◇「自在」に生きた日本人　河原宏著　農山漁村文化協会　1998.1　186p　19cm（人間選書）　1524円　①4-540-97112-3
◇実戦五輪書　柘植久慶著　中央公論社　1997.10　399p　15cm（中公文庫）　895円　①4-12-202963-5
◇宮本武蔵　3　水の巻　笹沢左保著　文芸春秋　1996.11　445p　15cm（文春文庫）　560円　①4-16-723816-0
◇宮本武蔵　4　火の巻　笹沢左保著　文芸春秋　1996.11　452p　15cm（文春文庫）　560円　①4-16-723817-9
◇宮本武蔵　1　天の巻　笹沢左保著　文芸春秋　1996.10　450p　15cm（文春文庫）　560円　①4-16-723814-4
◇宮本武蔵　2　地の巻　笹沢左保著　文芸春秋　1996.10　442p　15cm（文春文庫）　560円　①4-16-723815-2
◇兵法は不滅なり―宮本武蔵　15　笹沢左保著　文芸春秋　1996.6　237p　19cm　1500円　①4-16-316320-4
◇男の真剣勝負　津本陽著　角川書店　1996.4　363p　15cm（角川文庫）　640円　①4-04-171312-9
◇全国諸藩剣豪人名事典　間島勲著　新人物往来社　1996.3　393p　22cm〈主要参考文献：p388～391〉13000円　①4-404-02318-9
◇『五輪書』に学ぶ勝ち方の極意　谷沢永一著　ごま書房　1995.12　218p　20cm　1400円　①4-341-17078-3
◇勧進・宮本武蔵玄信―宮本武蔵大百科 史料考証　谷口覚著　長岡京　鈴木印刷ショップ　1995.11　759p　31cm〈限定版〉
◇謎の剣聖・宮本武蔵―"吉川版"では語られなかったその実像　加来耕三著　祥伝社　1995.10　259p　16cm（ノン・ポシェット）　500円　①4-396-31068-4
◇今こそ宮本武蔵―没後350年知られざる実像と洞察力　清水豊著　四日市　武蔵実像研究会　1995.7　301p　21cm〈宮本武蔵の肖像あり〉1400円　①4-89597-104-X
◇日本剣豪列伝　2　村上元三ほか著　多摩　福武書店　1995.2　417p　15cm（福武文庫）　680円　①4-8288-5712-5
◇二天記異聞　木村建庵著　創栄出版(製作)　1995.1　227p　19cm　2000円　①4-88250-481-2
◇命を拾った人、捨てた人―外科医城戸修平のその後　城後昭彦著　マキノ出版　1994.9　228p　19cm（ビタミン文庫）　1200円　①4-8376-1084-6
◇素浪人　宮本武蔵―竜祥の篇　峰隆一郎著　光文社　1994.9　316p　15cm（光文社文庫）　500円　①4-334-71942-7
◇実戦五輪書　柘植久慶著　原書房　1994.8　287p　20cm　1600円　①4-562-02613-8

◇のるかそるか　津本陽著　文芸春秋　1994.4　294p　15cm　（文春文庫）　450円　①4-16-731430-4

◇播磨の人物　新保哲著　杉山書店　1994.4　153p　21cm　2500円　①4-7900-0233-0

◇サムライ・マインド―日本人の生き方を問う　森本哲郎著　PHP研究所　1993.12　301p　15cm　（PHP文庫）　560円　①4-569-56599-9

◇宮本武蔵・五輪書の極意―生涯不敗「二天一流」の真髄　桑田忠親著　日本文芸社　1993.12　217p　15cm　（にちぶん文庫）　480円　①4-537-06241-X

◇新五輪書―武蔵に学ぶ右脳開発　松本幸夫著　日本出版放送企画　1993.11　177p　19cm　〈発売：星雲社〉　1400円　①4-7952-5330-7

◇意気に燃える―情念に生きた男たち　沢田ふじ子著　広済堂出版　1993.10　257p　19cm　1500円　①4-331-50420-4

◇宮本武蔵の最期　中西清三著　日本出版放送企画,星雲社〔発売〕　1993.10　282p　19cm　1800円　①4-7952-3332-3

◇宮本武蔵の実像　高田泰史著　熊本　もぐら書房　1993.8　161p　19cm　〈宮本武蔵の肖像あり〉　1500円

◇女人忘れまじ　笹沢左保著　文芸春秋　1993.5　237p　19cm　（宮本武蔵 9）　1300円　①4-16-313940-0

◇NHK 歴史発見　6　NHK歴史発見取材班編　〔カラー版〕　角川書店　1993.5　217p　19cm　1600円　①4-04-522206-5

◇男の真剣勝負　津本陽著　日本経済新聞社　1993.4　337p　19cm　1400円　①4-532-16091-X

◇日本史ものしり英雄伝―とっておきの戦略・戦術　加来耕三著　広済堂出版　1993.3　253p　15cm　（広済堂文庫）　480円　①4-331-65170-3

◇江戸人物伝　白石一郎著　文芸春秋　1993.1　206p　19cm　1200円　①4-16-347130-8

◇伝説に生きるヒーローたち　日本テレビ放送網　1992.12　247p　19cm　（知ってるつもり?! 8）　1100円　①4-8203-9226-3

◇爆笑剣豪伝―歴史人物笑史　シブサワコウ編　横浜　光栄　1992.12　171p　19cm　1000円　①4-906300-88-X

◇日本剣豪伝　鷲尾雨工著　富士見書房　1992.11　376p　15cm　（時代小説文庫）　560円　①4-8291-1241-7

◇決闘者宮本武蔵　上　柴田錬三郎著　新潮社　1992.7　481p　15cm　（新潮文庫）　560円　①4-10-115038-9

◇決闘者宮本武蔵　中　柴田錬三郎著　新潮社　1992.7　478p　15cm　（新潮文庫）　560円　①4-10-115039-7

◇決闘者宮本武蔵　下　柴田錬三郎著　新潮社　1992.7　496p　15cm　（新潮文庫）　560円　①4-10-115040-0

◇負けを知らなかった日本人―なぜ宮本武蔵は勝ちつづけたのか　小沢四郎著　リヨン社　1992.7　348p　20cm　〈発売：二見書房〉　1600円　①4-576-92066-9

◇五輪書　大河内昭爾著　〔東村山〕　教育社　1992.6　310p　20cm　〈発売：教育社出版サービス(東京)　宮本武蔵の肖像あり〉　1600円　①4-315-51260-5

◇実説武侠伝　海音寺潮五郎著　文芸春秋　1992.4　286p　15cm　（文春文庫）　400円　①4-16-713528-0

◇日本仏教人名辞典　日本仏教人名辞典編纂委員会編　京都　法蔵館　1992.1　887,117p　26cm　〈法蔵館140年(丁字屋370年)創業記念出版〉　25000円　①4-8318-7007-2

◇サムライ・マインド―歴史をつくる精神の力とは　森本哲郎著　PHP研究所　1991.12　276p　19cm　1400円　①4-569-53480-5

◇ぶ器用「武蔵」からの贈り物―不況の時代の若きビジネスマン達へ　渡辺誠著　東急エージェンシー　1991.12　220p　18cm　850円　①4-924664-96-0

◇正伝新免武蔵原玄信―真実と虚構　谷口覚著　長岡京　鈴木印刷ショップ　1991.10　336p　31cm　〈限定版〉

◇随筆・それからの武蔵　小山勝清著　島津書房　1991.10　177p　21cm　2000円　①4-88218-031-6

◇剣と横笛―『宮本武蔵』の深層　島内景二著　新典社　1991.9　132p　19cm　（叢刊・日本の文学 20）　1009円　①4-7879-7520-X

◇「巌流島の決闘」その虚実―武蔵は公儀隠密であった　沢忠宏著　近代文芸社　1991.8　222p　20cm　1800円　①4-7733-1165-7

◇勝つ極意 生きる極意　津本陽著　講談社　1991.6　210p　15cm　（講談社文庫）　400円　①4-06-184928-X

◇戦国武将の野望―乱世に命を賭けた男たち　早乙女貢著　大陸書房　1991.3　262p　15cm　（大陸文庫）　540円　①4-8033-3236-3

◇宮本武蔵　峰隆一郎著　祥伝社　1991.2　299p　15cm　（ノン・ポシェット）　480円　①4-396-32211-9

◇われ死するなり　笹沢左保著　文芸春秋　1991.2　235p　19cm　（宮本武蔵 5）　1200円　①4-16-312380-6

◇武蔵「五輪書」探究―エグゼクティブのための　純丘曒綺現代訳、樹玄静輝解説　NTT出版　1990.11　218p　20cm　1500円　①4-87188-097-4

◇随筆 私本太平記，随筆 宮本武蔵　吉川英治著　講談社　1990.10　417p　15cm　（吉川英治歴史時代文庫 補 5）　600円　①4-06-196585-9

◇宮本武蔵七つの謎　新人物往来社編　新人物往来社　1990.10　237p　20cm　2000円　①4-404-01766-9

◇わが威光尊ぶべし　笹沢左保著　文芸春秋　1990.8　232p　19cm　（宮本武蔵 4）　1200円　①4-16-311980-9

◇武蔵の世界―「五輪書」技から道へ　寺山旦中著　柏樹社　1990.6　264p　20cm　2000円

◇汚名晴らすに及ばず　笹沢左保著　文芸春秋　1990.3　228p　19cm　（宮本武蔵 3）　1200円　①4-16-311610-9

◇宮本武蔵の人生訓　童門冬二著　三笠書房　1990.2　232p　15cm　（知的生きかた文庫）　450円　①4-8379-0365-7

◇われ邪心ありき　笹沢左保著　文芸春秋　1990.2　234p　19cm　（宮本武蔵 2）　1200円　①4-16-311540-4

◇決闘者宮本武蔵　壮年篇　柴田錬三郎著　集英社　1990.1　419p　19cm　（柴田錬三郎選集 9）　2800円　①4-08-147009-X

◇考証宮本武蔵　戸部新十郎著　PHP研究所　1990.1　266p　15cm　（PHP文庫）　460円　①4-569-56241-8

◇兵法大祖武蔵守玄信公伝来　廓巌著, 光田福一編　光田福一　1990.1　60p　26cm　〈私家版 電子複写〉

◇宮本武蔵　6　吉川英治著　講談社　1990.1　390p　15cm　（吉川英治歴史時代文庫 19）　580円　①4-06-196519-0

◇宮本武蔵　7　吉川英治著　講談社　1990.1　427p　15cm　（吉川英治歴史時代文庫 20）　580円　①4-06-196520-4

◇宮本武蔵　8　吉川英治著　講談社　1990.1　379p　15cm　（吉川英治歴史時代文庫 21）　580円　①4-06-196521-2

◇武蔵敗れたり　笹沢左保著　文芸春秋　1990.1　231p　19cm　（宮本武蔵 1）　1200円　①4-16-311480-7

◇決闘者宮本武蔵　少年篇・青年篇　柴田錬三郎著　集英社　1989.12　428p　19cm　（柴田錬三郎選集 8）　2800円　①4-08-147008-1

◇宮本武蔵　4　吉川英治著　講談社　1989.12　397p　15cm　（吉川英治歴史時代文庫 17）　580円　①4-06-196517-4

◇宮本武蔵　5　吉川英治著　講談社　1989.12　404p　15cm　（吉川英治歴史時代文庫 18）　580円　①4-06-196518-2

◇宮本武蔵　1　吉川英治著　講談社　1989.11　409p　15cm　（吉川英治歴史時代文庫 14）　580円　①4-06-196514-X

◇宮本武蔵　2　吉川英治著　講談社　1989.11　409p　15cm　（吉川英治歴史時代文庫 15）　580円　①4-06-196515-8

◇宮本武蔵 3 吉川英治著 講談社 1989.11 409p 15cm (吉川英治歴史時代文庫 16) 580円 Ⓘ4-06-196516-6

◇NHK歴史への招待 第14巻 実像・宮本武蔵 日本放送協会編 日本放送出版協会 1989.10 230p 18cm 700円 Ⓘ4-14-018062-5

◇宮本武蔵の真髄—五輪書と二天一流の極意 大浦辰男著 マネジメント社 1989.10 312p 19cm 1800円 Ⓘ4-8378-0247-8

◇日本剣豪譚 戦国編 戸部新十郎著 光文社 1989.8 354p 15cm (光文社時代小説文庫) 480円 Ⓘ4-334-70993-1

◇人物篇 9 森銑三著 〔新装愛蔵版〕 中央公論社 1989.6 518p 21cm (森銑三著作集 第9巻) 3300円 Ⓘ4-12-402779-6

◇宮本武蔵 津本陽著 文芸春秋 1989.2 408p 15cm (文春文庫) 460円 Ⓘ4-16-731411-8

◇宮本武蔵の生涯 森銑三著 三樹書房 1989.1 262p 18cm (やまと文庫 11) 780円 Ⓘ4-89522-130-X

◇熊本県 ぎょうせい 1988.11 71p 30cm (ビジュアルワイド新日本風土記 43) 2000円 Ⓘ4-324-01114-1

◇剣豪宮本武蔵 松永義弘著 春陽堂書店 1988.8 223p 15cm (春陽文庫)〈『その後の武蔵』改題書〉 400円 Ⓘ4-394-15104-X

◇剣士の名言 戸部新十郎著 政界往来社 1988.6 235p 19cm (歴史ビジネス選書) 1300円 Ⓘ4-915303-29-2

◇五輪書に学ぶ「勝機」のつかみ方—ビジネスマン必勝不敗の人生学 河野守宏著 日本文芸社 1988.3 223p 18cm (ラクダブックス) 730円 Ⓘ4-537-02100-4

◇秘伝兵法二十七番 戸部新十郎著 読売新聞社 1988.3 250p 19cm 1200円 Ⓘ4-643-88017-1

◇日本剣客列伝 津本陽著 講談社 1987.11 232p 15cm (講談社文庫) 340円 Ⓘ4-06-184101-7

◇男—生きざまの研究 早乙女貢著 PHP研究所 1987.8 245p 15cm (PHP文庫) 450円 Ⓘ4-569-26119-1

◇武蔵と五輪書 奈良本辰也著 広済堂出版 1987.5 230p 16cm (広済堂文庫) 400円 Ⓘ4-331-65018-9

◇宮本武蔵の最期 中西清三著 日本出版放送企画, 国書刊行会〔発売〕 1987.4 228p 19cm 1800円

◇謎の人物おもしろ日本史 風早恵介著 日本文芸社 1987.2 221p 18cm (舵輪ブックス) 730円 Ⓘ4-537-02051-2

◇宮本武蔵—二刀一流の解説 小沢正夫著 吉川弘文館 1986.11 303p 20cm 〈宮本武蔵の肖像あり〉 2000円 Ⓘ4-642-07259-4

◇日本剣豪列伝 直木三十五著 河出書房新社 1986.7 271p 15cm (河出文庫) 460円 Ⓘ4-309-40156-2

◇五輪書 宮本武蔵原著, 鎌田茂雄著 講談社 1986.5 263p 15cm (講談社学術文庫) 680円 Ⓘ4-06-158735-8

◇剣聖武蔵の生涯 赤松六郎著 図書出版社 1985.11 215p 22cm 1500円

◇宮本武蔵・二天一流の剣と五輪書 一川格治著 土屋書店 1985.9 167p 21cm 〈宮本武蔵の肖像あり 宮本武蔵年表:p166～167〉 1500円 Ⓘ4-8069-0246-2

◇宮本武蔵・二天一流の世界 一川格治著 土屋書店 1984.9 167p 21cm 〈宮本武蔵および著者の肖像あり 宮本武蔵年表:p166～167〉 1500円

◇五輪書宮本武蔵のわざと道 寺山旦中著 講談社 1984.6 230p 20cm 〈監修:大森曹玄 宮本武蔵の肖像あり〉 1200円 Ⓘ4-06-200809-2

◇宮本武蔵五輪書 潮境藍編著 ソルト出版 1984.5 302p 19cm 1500円

◇真説宮本武蔵 原田夢果史著 福岡 葦書房 1984.4 247p 20cm 1500円

◇宮本武蔵 尾崎秀樹他著 ぱる出版 1984.4 226p 19cm (ぱるドキュメント) 1000円

近畿

◇人間宮本武蔵―己に克つ―不遇の天才が辿った波乱の生涯　プレジデント編　プレジデント社　1984.3　263p　19cm　〈宮本武蔵の肖像あり〉　1000円　①4-8334-1222-5

◇宮本武蔵五輪書入門　奈良本辰也著　徳間書店　1984.3　215p　16cm　（徳間文庫）　280円　①4-19-597619-7

◇宮本武蔵勝者の条件　旺文社　1984.3　160p　26cm　（別冊・現代視点）〈宮本武蔵の肖像あり〉　1800円　①4-01-070741-0

◇宮本武蔵の旅　城塚朋和文，城塚尚興写真　六興出版　1984.3　205p　20cm　980円

◇レクチャー『五輪書』―宮本武蔵の自己管理術　童門冬二著　六興出版　1984.3　230p　19cm　980円

◇宮本武蔵―物語と史蹟をたずねて　川村晃著　成美堂出版　1984.1　222p　19cm　〈宮本武蔵の肖像あり〉　900円　①4-415-06550-3

◇宮本武蔵　福武書店　1983.12　188p　26cm　（歴史ライブ）　1400円　①4-8288-0304-1, 4-8288-0300-9

◇宮本武蔵のすべて　岡田一男，加藤寛編　新人物往来社　1983.4　271p　20cm　2000円

◇宮本武蔵の生涯展　共同通信社企画編集〔永青文庫〕1983　1冊（頁付なし）　24×25cm　〈生誕四百年記念　監修：丸岡宗男　宮本武蔵の肖像あり　会期・会場：昭和58年3月23日～4月3日ほか　日本橋三越本店ほか〉

◇武蔵と五輪書―今、その極意に学ぶ　奈良本辰也編著　広済堂出版　1981.2　234p　18cm　（Kosaido books）　680円

◇考証宮本武蔵　戸部新十郎著　光風社出版　1981.6　270p　19cm　〈宮本武蔵の肖像あり〉　900円

◇宮本武蔵の探究　福原浄泉著　第3版　大原町(岡山県)　宮本武蔵顕彰五輪の会　1978.12　211p　19cm

◇宮本武蔵名品集成　丸岡宗男編　講談社　1977.12　182p　37cm　〈監修：細川護貞　はり込図6枚〉　18000円

◇武蔵とその周辺　熊本　熊本県立美術館　1977.10　1冊（頁付なし）　26cm　（熊本の美術 2）〈宮本武蔵の肖像あり〉

◇宮本武蔵―その実像と虚像　棟田博著　新人物往来社　1976　245p　20cm　1200円

◇宮本武蔵の生涯　中西清三著　新人物往来社　1975　243p　20cm　1300円

◇随筆宮本武蔵　吉川英治著　改訂新版　六興出版　1974　287p　図　肖像　19cm　780円

◇宮本武蔵の研究　福原浄泉著　増補再版　大原町(岡山県)　大原町宮本武蔵顕彰会　1973　207p　図　19cm

◇史実宮本武蔵―付五輪書・兵法三十五条　富永堅吾著　増補重版　百泉書房　1972　342p　図　20cm　800円

◇史実宮本武蔵　富永堅吾著　百泉書房　1969　270p　図版　20cm　（現代人の古典叢書 3）　600円

◇宮本武蔵生誕地の確証　福原浄泉著　増補版　大原町(岡山県)　宮本武蔵顕彰五輪会　1969　48p　図版　19cm

◇宮本武蔵の研究　福原浄泉著　大原町(岡山県)　宮本武蔵顕彰五輪の会　1964　128p　図版　18cm

◇宮本武蔵―随筆　吉川英治著　講談社　1963　306p　図版　22cm

◇武蔵・又兵衛―郷土の剣豪たち　綿谷雪著　神戸　のじぎく文庫　1963　178p　図版　19cm

◇随筆・それからの武蔵　小山勝清著　東都書房　1960　190p　図版　19cm

柳生 宗矩
やぎゅう むねのり

元亀2年(1571年)～正保3年(1646年)3月26日　剣術家、大和柳生藩主。大和国柳生(奈良県)の人。通称又右衛門。柳生但馬守を称した。柳生宗厳の五男。文禄3年(1594年)父と共に徳川家康に招かれて新陰流を披露し、その技が認められて旗本に加えられる。関ヶ原の戦いで功をあげて

2000石を得、また秀忠、家光の兵法指南役として将軍家御流儀としての地歩を固めた。政治的手腕にも優れ、家光の信任を得て、寛永9年(1632年)総目付となり、寛永13年(1636年)加増されて大和柳生藩主1万石の大名になった。江戸柳生の祖とされる。

　　　　　　＊　　＊　　＊

◇柳生十兵衛はなぜ独眼なのか　赤司典弘著　ぶんか社　2007.4　195p　15cm　(ぶんか社文庫)　590円　①978-4-8211-5097-7
◇教科書が教えない歴史有名人の晩年と死　新人物往来社編　新人物往来社　2007.2　293p　19cm　1600円　①978-4-404-03441-1
◇異能の勝者―歴史に見る「非常の才」　中村彰彦著　集英社　2006.4　286p　19cm　1900円　①4-08-781342-8
◇日本史「補佐役」たちの言い分―ナンバー2こそ本当の主役　岳真也著　PHP研究所　2006.4　316p　15cm　(PHP文庫)　619円　①4-569-66573-X
◇学校では教えてくれない日本史人物の謎―"だれもが知っている"有名人の知られざる素顔に迫る！　学研編集部編　学習研究社　2005.9　161p　21cm　950円　①4-05-402927-2
◇禅と武士道―柳生宗矩から山岡鉄舟まで　渡辺誠著　ベストセラーズ　2004.10　243p　18cm　(ベスト新書)　780円　①4-584-12070-6
◇柳生一族―将軍家指南役の野望　相川司、伊藤昭著　新紀元社　2004.10　255p　21cm　(Truth In History 3)　1800円　①4-7753-0334-1
◇柳生宗矩の人生訓―徳川三代を支えた剣豪、「抜群の智力」とは？　童門冬二著　PHP研究所　2003.12　235p　20cm　1400円　①4-569-63254-8
◇兵法家伝書に学ぶ　加藤純一著　日本武道館　2003.10　337p　20cm　〈〔東京〕ベースボール・マガジン社(発売)〉　2400円　①4-583-03771-6
◇剣豪伝 地の巻　歴史を旅する会著　講談社　2003.8　340p　15cm　(講談社文庫)　571円　①4-06-273831-7
◇剣の達人111人データファイル　新人物往来社編　新人物往来社　2002.11　342p　21cm　1600円　①4-404-02993-4
◇二十五人の剣豪―宮本武蔵から近藤勇まで　戸部新十郎著　PHP研究所　2002.10　245p　15cm　(PHP文庫)〈『剣は語る』改題書〉　571円　①4-569-57822-5
◇日本剣豪列伝　江崎俊平, 志茂田誠諸著　学習研究社　2001.12　348p　15cm　(学研M文庫)　700円　①4-05-901094-4
◇黒衣の参謀列伝　武田鏡村著　学習研究社　2001.5　267p　15cm　(学研M文庫)〈『黒衣の参謀学』改題書〉　570円　①4-05-901053-7
◇宮本武蔵・剣士大全　コーエー出版部編　横浜　光栄　2000.2　127p　21cm　1400円　①4-87719-771-0
◇柳生宗矩―徳川三代を支えた剣と智　大島昌宏著　PHP研究所　1999.12　349p　15cm　(PHP文庫)　629円　①4-569-57342-8
◇徳川三代 葵の密約―幕府を支えた柳生一族の鬼謀　谷恒生著　祥伝社　1999.11　308p　19cm　1700円　①4-396-63159-6
◇日本剣豪列伝　直木三十五著　新版　大東出版社　1999.9　286p　19cm　1800円　①4-500-00655-9
◇軍師と家老―ナンバー2の研究　鈴木亨著　中央公論新社　1999.2　307p　15cm　(中公文庫)　667円　①4-12-203354-3
◇徳川将軍と柳生新陰流　赤羽根竜夫著　南窓社　1998.11　365p　19cm　2800円　①4-8165-0236-X
◇柳生宗矩―物語と史蹟をたずねて　徳永真一郎著　成美堂出版　1996.6　270p　16cm　(成美文庫)　560円　①4-415-06444-2
◇全国諸藩剣豪人名事典　間島勲著　新人物往来社　1996.3　393p　22cm　〈主要参考文献：p388～391〉　13000円　①4-404-02318-9
◇定本 大和柳生一族―新陰流の系譜　今村嘉雄著　新人物往来社　1994.3　364p

19cm　2800円　①4-404-02091-0
◇黒衣の参謀学―歴史をあやつった11人の僧侶　武田鏡村著　徳間書店　1993.1　243p　19cm　1500円　①4-19-225073-X
◇柳生但馬守　柴田錬三郎著　文芸春秋　1992.8　270p　15cm　(文春文庫)　400円　①4-16-714313-5
◇江戸なるほど人物秘史―「志」に生きた逞しき男たち　邦光史郎著　広済堂出版　1992.5　258p　18cm　(広済堂ブックス)　780円　①4-331-00567-4
◇修羅を生きる　神坂次郎著　中央公論社　1991.11　249p　19cm　1350円　①4-12-002067-3
◇名将を支えた戦国の異能群団―雑賀衆から柳生一族まで覇権に隠された群雄の知略　桐野作人著　日本文芸社　1991.7　238p　18cm　(ラクダブックス)　780円　①4-537-02245-0
◇勝つ極意 生きる極意　津本陽著　講談社　1991.6　210p　15cm　(講談社文庫)　400円　①4-06-184928-X
◇人間的強さの研究　小島直記著　竹井出版　1991.5　286p　19cm　1300円　①4-88474-195-1
◇茶道人物辞典　原田伴彦編　柏書房　1991.1　290, 22p　22cm　〈新装版〉　4944円　①4-7601-0620-0
◇日本剣豪列伝　直木三十五著　鱒書房　1990.6　230p　19cm　(歴史ノベルズ)　1200円　①4-89598-000-6
◇正伝新陰流　柳生厳長著　島津書房　1989.2　328p　21cm　5800円　①4-88218-012-X
◇決闘の辻―藤沢版新剣客伝　藤沢周平著　講談社　1988.11　301　15cm　(講談社文庫)　420円　①4-06-184343-5
◇柳生但馬守　柴田錬三郎著　富士見書房　1988.9　262p　15cm　(時代小説文庫)　420円　①4-8291-1155-0
◇剣士の名言　戸部新十郎著　政界往来社　1988.6　235p　19cm　(歴史ビジネス選書)　1300円　①4-915303-29-2
◇秘伝兵法二十七番　戸部新十郎著　読売新聞社　1988.3　250p　19cm　1200円　①4-643-88017-1
◇日本剣客列伝　津本陽著　講談社　1987.11　232p　15cm　(講談社文庫)　340円　①4-06-184101-7
◇史談家康の周囲―歴史随想集　山岡荘八著　光文社　1987.10　292p　16cm　(光文社文庫)　420円　①4-334-70622-3
◇日本剣豪列伝　上　津本陽ほか著　旺文社　1987.6　587p　15cm　(旺文社文庫)　〈『日本の剣豪』改題書〉　720円　①4-01-061681-4
◇勝つ極意 生きる極意―実際に強い男の条件　津本陽著　大和出版　1986.12　235p　19cm　1180円　①4-8047-1093-0
◇柳生宗矩　4 散る花咲く花の巻　山岡荘八著　講談社　1986.11　358p　15cm　(山岡荘八歴史文庫 64)　480円　①4-06-195064-9
◇柳生宗矩　3 人間曼陀羅の巻　山岡荘八著　講談社　1986.11　366p　15cm　(山岡荘八歴史文庫 63)　480円　①4-06-195063-0
◇柳生宗矩　1 鷹と蛙の巻　山岡荘八著　講談社　1986.10　403p　15cm　(山岡荘八歴史文庫 61)　480円　①4-06-195061-4
◇柳生宗矩　2 柳生の桃の巻　山岡荘八著　講談社　1986.10　374　15cm　(山岡荘八歴史文庫 62)　480円　①4-06-195062-2
◇情報　戸部新十郎, 南原幹雄, 米原正義, 津本陽, 栗原隆一, 出井孫六著　旺文社　1986.2　281p　19cm　(ブレーン 歴史にみる群像 2)　1300円　①4-01-071412-3
◇郷土歴史人物事典奈良　乾健治著　第一法規出版　1981.10　246p　19cm　1500円
◇柳生宗矩―物語と史蹟をたずねて　徳永真一郎著　成美堂出版　1978.10　206p　19cm　800円
◇江戸東京市井人物事典　北村一夫著　新人物往来社　1976　354p　20cm　2000円
◇実録柳生宗矩　山田野理夫著　潮文社　1971　228p 図　19cm　480円

◇柳生宗矩―物語　江崎俊平著　社会思想社　1971　304p　15cm　(現代教養文庫)　〈参考文献・関係年表：p.293-301〉

松平 忠直
まつだいら ただなお

文禄4年(1595年)～慶安3年(1650年)9月10日
大名。結城秀康の長男。妻は徳川秀忠の三女勝姫。幼名は長吉、国丸。号は一伯。慶長12年13歳で家督を継ぎ、越前北庄藩主67万石を領する。慶長20年(1615年)大坂の陣では、天王寺茶臼山で真田幸村軍を討つなどの活躍をみせた。しかし従三位参議に叙せられただけであったので幕府に不満を抱き、その後家臣の成敗など乱行を繰り返したため、藩政の乱れなどを理由に、元和9年(1623年)謹慎となり、豊後萩原に流された。

＊　　＊　　＊

◇時代を駆けた風雲児松平忠直―大分市歴史資料館開館20周年記念特別展　大分市歴史資料館編　〔大分〕　大分市歴史資料館　2007.10　105p　30cm　〈会期・会場：平成19年10月19日―11月25日　大分市歴史資料館　年表あり〉

◇悪人列伝―近世篇　海音寺潮五郎著　新装版　文芸春秋　2007.1　285p　15cm　(文春文庫)　543円　①978-4-16-713550-8

◇日本史 不肖の息子　森下賢一著　白水社　2003.10　244p　19cm　1900円　①4-560-04990-4

◇大分県歴史人物事典　〔大分〕　大分合同新聞社　1996.8　581p　27cm　〈創刊一一〇周年記念〉

◇福井県大百科事典　福井新聞社百科事典刊行委員会編　福井　福井新聞社　1991.6　1167p　図版16枚　27cm　〈付(地図1枚袋入)：福井県全図〉　30000円

◇茶道人物辞典　原田伴彦編　柏書房　1991.1　290, 22p　22cm　〈新装版〉　4944円　①4-7601-0620-0

◇忠直乱行　中嶋繁雄著　立風書房　1988.2　216p　20cm　1300円　①4-651-66035-5

◇郷土歴史人物事典福井　中川平常ほか編　第一法規出版　1985.6　345p　19cm　〈監修：印牧邦雄　人物年表・参考文献：p325～336〉　2400円

◇大分百科事典　大分放送大分百科事典刊行本部編　大分　大分放送　1980.12　1087p　図版18枚　28cm　〈折り込図1枚付(地図1枚)：大分県全図〉　21000円

◇私本松平忠直　則武三雄著　福井　福井PRセンター出版事業部　1976.12　163p　(図共)　19cm　(フェニックス選書)　1200円

◇忠直卿と犬公方―松平忠直と徳川綱吉の病跡　王丸勇著　新人物往来社　1975　196p　20cm　1200円

◇江戸市井人物事典　北村一夫著　新人物往来社　1974　320p　20cm　1800円

◇病跡学から見た松平忠直・徳川家光・徳川綱吉　王丸勇著　歴史図書社　1970　205p　19cm　550円

◇松平忠直卿　黒田伝兵衛著　福井　福井県郷土誌懇談会　1959　168p　図版11枚　18cm

柳生 兵庫助
やぎゅう ひょうごのすけ

天正7年(1579年)～慶安3年(1650年)
剣術家。尾張柳生家の祖。大和国柳生(奈良県)の人。名は利厳(としよし)、通称は忠太郎、兵介、茂左衛門、号は如雲斎。柳生新陰流の祖である柳生宗厳の長男厳勝の次男。幼少より祖父宗厳に鍛えられ、その才能を認められ、上泉伊勢守伝来の秘伝書と出雲守永則の大太刀を授けられて後継者となる。元和元年(1615年)尾張徳川家の初代徳川義直の兵法師範となり、尾張藩に新陰流を広めたことから、尾張柳生氏の祖とされ、江戸の柳生宗矩とともに剣名をはせた。著書に根本伝書「始終不捨書」がある。

＊　　＊　　＊

◇柳生一族―将軍家指南役の野望　相川司, 伊藤昭著　新紀元社　2004.10　255p　21cm　(Truth In History 3)　1800円　①4-7753-0334-1

◇柳生兵庫助　上　津本陽著　角川書店　2000.11　500p　21cm　(津本陽歴史長篇全集　第8巻)　5800円　①4-04-574508-4

◇全国諸藩剣豪人名事典　間島勲著　新人物往来社　1996.3　393p　22cm　〈主要参考文献：p388〜391〉　13000円　①4-404-02318-9

◇定本　大和柳生一族―新陰流の系譜　今村嘉雄著　新人物往来社　1994.3　364p　19cm　2800円　①4-404-02091-0

◇柳生兵庫助　7　津本陽著　文芸春秋　1992.2　274p　15cm　(文春文庫)　450円　①4-16-731423-1

◇柳生兵庫助　8　津本陽著　文芸春秋　1992.2　348p　15cm　(文春文庫)　450円　①4-16-731424-X

◇柳生兵庫助　5　津本陽著　文芸春秋　1992.1　332p　15cm　(文春文庫)　450円　①4-16-731421-5

◇柳生兵庫助　6　津本陽著　文芸春秋　1992.1　285p　15cm　(文春文庫)　450円　①4-16-731422-3

◇柳生兵庫助　3　津本陽著　文芸春秋　1991.12　279p　15cm　(文春文庫)　450円　①4-16-731419-3

◇柳生兵庫助　4　津本陽著　文芸春秋　1991.12　325p　15cm　(文春文庫)　450円　①4-16-731420-7

◇角川日本姓氏歴史人物大辞典　23　愛知県　竹内理三ほか編纂　愛知県姓氏歴史人物大辞典編纂委員会編著　角川書店　1991.10　1052p　23cm　〈愛知県略年表：p944〜958　愛知県参考文献一覧・主要文献解題：p1044〜1051〉　16000円　①4-04-002230-0

◇柳生兵庫助　7　津本陽著　毎日新聞社　1989.2　236p　19cm　1100円　①4-620-10307-1

◇柳生兵庫助　5　津本陽著　毎日新聞社　1988.2　286p　19cm　1100円　①4-620-10305-5

◇柳生兵庫助　1　津本陽著　毎日新聞社　1986.6　296p　19cm　1100円　①4-620-10301-2

◇柳生兵庫助　2　津本陽著　毎日新聞社　1986.6　250p　19cm　1100円　①4-620-10302-0

◇柳生兵庫助　3　津本陽著　毎日新聞社　1986.6　240p　19cm　1100円　①4-620-10303-9

◇愛知百科事典　中日新聞社開発局編　名古屋　中日新聞本社　1977.1　977p　27cm　15000円

千姫
せんひめ

慶長2年(1597年)〜寛文6年(1666年)2月6日
豊臣秀頼の妻。山城国伏見(京都府)の人。号は天樹院。徳川秀忠の長女。慶長8年(1603年)7歳で豊臣秀頼の妻となり大坂城へ入る。元和元年(1615年)大坂夏の陣では落城に際し坂崎出羽守に助けられ城を脱出。翌年播磨国姫路城主本多忠政の長男忠刻に再嫁し、一男一女をもうけたが、寛永3年(1626年)忠刻の没後は落飾して天樹院と号し、江戸竹橋御殿に住した。以降は将軍徳川家光の姉として大奥などに勢力を持った。史実ではないが吉田御殿の乱行などが俗説として歌舞伎などに脚色された。

　　　＊　　　＊　　　＊

◇戦国の妻たち　山村竜也著　リイド社　2005.12　239p　15cm　(リイド文庫)　476円　①4-8458-2638-0

◇夢の回廊―慶長の町割と千姫物語　平成のまちづくり「くわなルネッサンス」プレ事業　樋田清砂監修, 古城武司漫画　〔桑名〕　桑名市　2001.3　160p　21cm　〈奥付のサブタイトル(誤植)：本多忠勝と千姫物語　年表あり　文献あり〉

◇姫路城を彩る人たち　播磨学研究所編　神戸　神戸新聞総合出版センター　2000.12　249p　19cm　(姫路文庫 7)　1300円　①4-343-00081-8

◇大阪人物辞典　三善貞司編　大阪　清文堂出版　2000.11　1304, 70p　23cm　16000円　①4-7924-0499-1

◇兵庫史の謎　春木一夫著　神戸　神戸新聞総合出版センター　1999.10　315p　19cm　1800円　①4-343-00059-1

◇千姫―物語と史蹟をたずねて　松本幸子著　成美堂出版　1996.4　340p　16cm（成美文庫）〈1982年刊の増訂〉　560円　ⓘ4-415-06439-6

◇歴史の零れもの　司馬遼太郎ほか著, 日本ペンクラブ編　光文社　1994.3　371p　15cm（光文社文庫）　600円　ⓘ4-334-71856-6

◇日本史・乱世に生きた悲運の女たち―苦難に彩られた戦国の女系図　村松駿吉著　日本文芸社　1994.2　237p　15cm（にちぶん文庫）〈『話のタネ本戦国女性史』改題書〉　480円　ⓘ4-537-06245-2

◇女人絵巻―歴史を彩った女の肖像　沢田ふじ子著　徳間書店　1993.10　337p　19cm　1500円　ⓘ4-19-860004-X

◇日本女性人名辞典　日本図書センター　1993.6　1274p　27cm　〈監修:芳賀登ほか〉　26780円　ⓘ4-8205-7128-1

◇歴史に舞った女たち　沢田ふじ子著　広済堂出版　1993.2　289p　15cm（広済堂文庫）〈『火宅往来』改題書〉　480円　ⓘ4-331-60348-2

◇日本史に光る女性22話―その虚像と実像と　田郷利雄著　近代文芸社　1993.1　197p　19cm　1500円　ⓘ4-7733-1756-6

◇千姫様　平岩弓枝著　角川書店　1992.12　321p　15cm（角川文庫）　520円　ⓘ4-04-163014-2

◇歴史を変えた魔性の女たち―野心に燃える悪女の色と欲　寺林峻著　日本文芸社　1992.12　238p　15cm（にちぶん文庫）　480円　ⓘ4-537-06209-6

◇戦国武将列伝　3　家康　縄田一男編　徳間書店　1992.5　381p　15cm（徳間文庫）　540円　ⓘ4-19-597165-9

◇千姫絵姿　沢田ふじ子著　新潮社　1990.9　493p　15cm（新潮文庫）　560円　ⓘ4-10-121011-X

◇千姫様　平岩弓枝著　角川書店　1990.9　317p　19cm　1200円　ⓘ4-04-872598-X

◇歴史のヒロインたち　永井路子著　文芸春秋　1990.9　269p　15cm（文春文庫）　380円　ⓘ4-16-720022-8

◇歴史ロマン　火宅往来―日本史のなかの女たち　沢田ふじ子著　広済堂出版　1990.8　284p　19cm　1400円　ⓘ4-331-50294-5

◇千姫考　橋本政次著　神戸　神戸新聞総合出版センター　1990.4　297p　19cm（のじぎく文庫）　1300円　ⓘ4-87521-463-4

◇異議あり日本史　永井路子著　文芸春秋　1989.6　213p　19cm　1000円　ⓘ4-16-343330-9

◇人物事典　江戸城大奥の女たち　卜部典子著　新人物往来社　1988.12　207p　19cm　2000円　ⓘ4-404-01577-1

◇春日局と徳川の女たち―時代の波にゆれた女の生涯　早乙女貢, 邦光史郎, 安西篤子, 祖田浩一, 円地文子, 杉本苑子, 島津隆子著　三笠書房　1988.4　246p　15cm（知的生きかた文庫）　400円　ⓘ4-8379-0232-4

◇千姫絵姿　沢田ふじ子著　秋田書店　1987.6　371p　19cm　1500円　ⓘ4-253-00292-7

◇千姫　村上元三著　徳間書店　1987.4　542p　15cm（徳間文庫）　580円　ⓘ4-19-598270-7

◇戦国おんな史談　桑田忠親著　潮出版社　1986.10　226p　15cm（潮文庫）　360円　ⓘ4-267-01103-6

◇花開く千姫　南条範夫著　旺文社　1986.8　300p　15cm（旺文社文庫）　440円　ⓘ4-01-061650-4

◇兵庫県大百科事典　神戸　神戸新聞出版センター　1983.10　2冊　30cm〈企画:神戸新聞創刊85周年記念兵庫県大百科事典刊行委員会〉　全49000円

◇群馬県人名大事典　前橋　上毛新聞社　1982.11　926p　27cm　20000円

◇千姫―物語と史蹟をたずねて　松本幸子著　成美堂出版　1982.5　231p　19cm〈千姫の肖像あり〉　900円　ⓘ4-415-06546-5

◇岡山人名事典　吉岡三平監修　岡山　日本文教出版　1978.2　466p　19cm

近畿

◇江戸市井人物事典　北村一夫著　新人物往来社　1974　320p　20cm　1800円
◇千姫真実伝　中村孝也著　国民文化研究会　1966.7　306p　19cm　（千姫シリーズ 2）

中国・四国

尼子 経久
あまこ つねひさ

長禄2年(1458年)11月20日～天文10年(1541年)11月13日

　武将。出雲国(島根県)の人。出雲守護代清定の子。初名は又四郎。父のあとを継ぎ出雲守護代となる。文明16年(1484年)寺社本所領、段銭(たんせん)などを押領したため、職を解かれた、富田城を追放されるが、文明18年(1486年)守護京極政経の上洛後、事実上出雲の支配権を握った。政経の死後は隠岐、石見、伯耆、安芸、備中、備後など11ヵ国の太守と称される戦国大名となる。尼子氏の最盛期を築いた。天文6年(1537年)隠退して孫の尼子晴久を後見した。

　　　　＊　　　＊　　　＊

◇後継学―戦国父子に学ぶ　加来耕三著　時事通信出版局, 時事通信社〔発売〕　2006.12　301p　19cm　1800円　①4-7887-0673-3
◇乱世を生きぬいた漢たち 戦国武将55の名言　秋庭道博著　学習研究社　2001.12　230p　15cm　(学研M文庫)　530円　①4-05-901098-7
◇島根県歴史人物事典　山陰中央新報社島根県歴史人物事典刊行委員会企画・編集　松江　山陰中央新報社　1997.11　737, 36p　27cm　22000円　①4-87903-062-7
◇尼子一族興亡記　羽山信樹著　新人物往来社　1997.9　298p　19cm　1800円　①4-404-02528-9
◇竜の夢 尼子経久　神川武利著　叢文社　1997.5　246p　19cm　1500円　①4-7947-0264-7
◇出雲尼子一族　米原正義著　新人物往来社　1996.10　254p　20cm　〈新装版 尼子経久の肖像あり〉　2000円　①4-404-02428-2
◇尼子ロマンの里歴史フォーラム報告書 第3回〔広瀬町(島根県)〕　月山尼子ロマンの里づくり委員会　〔1990〕　22p　26cm　〈会期・会場：平成2年3月25日 広瀬町中央公民館　年譜あり〉
◇群雄割拠編　桑田忠親著　秋田書店　1989.10　254p　19cm　(新編 日本武将列伝 3)　1500円　①4-253-00364-8
◇戦国大名系譜人名事典　西国編　山本大, 小和田哲男編　新人物往来社　1986.1　563p　22cm　7500円　①4-404-01316-7
◇鳥取県大百科事典　新日本海新聞社鳥取県大百科事典編集委員会編　鳥取　新日本海新聞　1984.11　1101, 74p 図版16枚　27cm　〈折り込図1枚〉　30000円
◇島根県大百科事典　上(あ～そ), 下(た～ん)　松江　山陰中央新報社　1982　2冊　27cm　〈企画・編集：島根県大百科事典編集委員会, 山陰中央新報社開発局〉
◇出雲尼子一族　米原正義著　新人物往来社　1981.4　254p　20cm〈『風雲の月山城』(昭和42年刊)の改訂改題　尼子経久の肖像あり〉　1800円
◇島根県人名事典　伊藤菊之輔編　松江　伊藤菊之輔　1970　326p　図　22cm　〈限定版〉　1500円
◇風雲の月山城―尼子経久　米原正義著　人物往来社　1967　295p 図版　19cm　(日本の武将 39)　490円

大内 義隆
おおうち よしたか

永正4年(1507年)～天文20年(1551年)9月1日　武将。幼名は亀童丸。大内義興

中国・四国

の長男。享禄元年(1528年)父の家督を継ぎ、周防、長門、安芸、筑前、豊前の守護となる。天文3年(1534年)少弐冬尚を討って筑前・肥前を平定し、翌年大友義鑑と和して九州北部を掌握した。天文9年(1540年)毛利元就を助けて安芸に侵入した尼子晴久を撃退し、翌々年には出雲へ出兵し晴久の富田城を攻めるが敗退。一方、儒学、和歌、管弦、有職故実など様々な学問や文学を好み、京都から公卿や僧などを招いて中国地方に京都の文化が伝播するきっかけを作った。また、天文5年(1536年)朝廷より大宰大弐の官を得て北九州を中心に貿易権を掌握し、明や朝鮮と積極的に交易して文物を移入。キリスト教にも寛大でザビエルの領内布教の許可を与えた。ほか大内版を開版するなど文化の発展に功績を残したが、領国経営や家臣団の統制が不安定となり、天文20年(1551年)重臣陶晴賢らの謀反にあい、逃亡中の長門深川大寧寺で自刃した。

◇西国の戦国合戦　山本浩樹著　吉川弘文館　2007.7　291, 7p　19cm　(戦争の日本史 12)　2500円　Ⓘ978-4-642-06322-7
◇日本史 不肖の息子　森下賢一著　白水社　2003.10　244p　19cm　1900円　Ⓘ4-560-04990-4
◇中世九州の政治・文化史　川添昭二著　福岡　海鳥社　2003.7　382p, 30p　21cm　5000円　Ⓘ4-87415-448-4
◇戦史ドキュメント 厳島の戦い　森本繁著　学習研究社　2001.2　309p　15cm　(学研M文庫)　600円　Ⓘ4-05-901034-0
◇大内義隆の光と影　山本一成著　山口　大内文化研究会　2000.5　42p　21cm　〈大内義隆没後450年記念事業、山口メセナ倶楽部助成事業〉　300円
◇堂々戦国史　NHK取材班編　名古屋　KTC中央出版　1999.8　247p　19cm　(堂々日本史 別巻2)　1600円　Ⓘ4-87758-150-2
◇おのれ筑前、我敗れたり　南条範夫著　文芸春秋　1998.11　276p　19cm　1714円　Ⓘ4-16-318120-2
◇島根県歴史人物事典　山陰中央新報社島根県歴史人物事典刊行委員会企画・編集　松江　山陰中央新報社　1997.11　737, 36p　27cm　22000円　Ⓘ4-87903-062-7
◇戦国の名脇役たち—乱世に輝いた九つの才能　武光誠著　PHP研究所　1995.6　251p　15cm　(PHP文庫)　460円　Ⓘ4-569-56770-3
◇名族大内氏の盛衰　利重忠著　新人物往来社　1993.3　245p　19cm　1800円　Ⓘ4-404-01984-X
◇中国人の美意識—詩・ことば・演劇　岩城秀夫著　創文社　1992.3　384p　19cm　3605円　Ⓘ4-423-90018-1
◇日本仏教人名辞典　日本仏教人名辞典編纂委員会編　京都　法蔵館　1992.1　887, 117p　26cm　〈法蔵館140年(丁字屋370年)創業記念出版〉　25000円　Ⓘ4-8318-7007-2
◇角川日本姓氏歴史人物大辞典　35　山口県　竹内理三ほか編纂　山口県姓氏歴史人物大辞典編纂委員会編著　角川書店　1991.12　717p　23cm　〈山口県参考資料・図書目録：p643～663 山口県歴史年表：p679～715〉　14000円　Ⓘ4-04-002350-1
◇茶道人物辞典　原田伴彦編　柏書房　1991.1　290, 22p　22cm　〈新装版〉　4944円　Ⓘ4-7601-0620-0
◇失楽園の武者—小説・大内義隆　古川薫著　講談社　1990.8　315p　15cm　(講談社文庫)　480円　Ⓘ4-06-184736-8
◇大内義隆と陶晴賢　山本一成著　新人物往来社　1990.6　316p　19cm　1800円　Ⓘ4-404-01725-1
◇大内義隆　福尾猛市郎著　吉川弘文館　1989.10　212p　19cm　(人物叢書 新装版)〈新装版 大内義隆の肖像あり　折り込図1枚　叢書の編者：日本歴史学会〉　1550円　Ⓘ4-642-05173-2
◇群雄割拠編　桑田忠親著　秋田書店　1989.10　254p　19cm　(新編 日本武将列伝 3)　1500円　Ⓘ4-253-00364-8

◇大内義隆のすべて　米原正義編　新人物往来社　1988.6　312p　20cm　2000円　⓵4-404-01497-X

◇失楽園の武者―小説 大内義隆　古川薫著　講談社　1987.6　267p　19cm　1300円　⓵4-06-203374-7

◇戦国大名系譜人名事典　西国編　山本大, 小和田哲男編　新人物往来社　1986.1　563p　22cm　7500円　⓵4-404-01316-7

◇京都大事典　佐和隆研ほか編集　京都淡交社　1984.11　1083, 91p　27cm　12000円　⓵4-473-00885-1

◇福岡県百科事典　西日本新聞社福岡百科事典刊行本部編　福岡　西日本新聞社　1982.11　2冊　27cm　全42000円　⓵4-8167-0029-3

◇山口県百科事典　山口県教育会編　大和書房　1982.4　1001, 45p　28cm　23000円

◇島根県大百科事典　上(あ〜そ), 下(た〜ん)　松江　山陰中央新報社　1982　2冊　27cm　〈企画・編集：島根県大百科事典編集委員会, 山陰中央新報社開発局〉

◇日本を創った人びと　13　大内義隆―文武両道を目指した西国の雄　日本文化の会編集　熱田公著　平凡社　1979.4　82p　29cm　〈大内義隆年表：p78〜79〉　1600円

◇大内義隆　米原正義著　人物往来社　1967　291p　図版　19cm　(日本の武将 第28)　540円

◇大内義隆　福尾猛市郎著　吉川弘文館　1959　212p　図版　18cm　(人物叢書 日本歴史学会編)

陶　晴賢
すえ　はるかた

大永元年(1521年)〜弘治元年(1555年)10月1日武将。周防国(山口県)の人。幼名は五郎、初名は隆房。陶興房の次男。大内義隆の重臣で、天文9年(1540年)尼子晴久が毛利元就の安芸郡山城を囲んだ際は大内軍の総大将として尼子軍を撃退。さらに出雲遠征を主張して尼子氏の富田城を囲んだが、天文12年(1543年)敗退。のち、貴族文化を好み側近相良武任を重用する義隆と対立し、天文20年(1551年)内藤氏、杉氏ら大内氏重臣と共に山口で義隆を襲って自刃させた。翌年、大友宗麟の弟晴英を大内氏の家督に迎えて大内義長と名乗らせ、自ら実権を握り名を晴賢と改めた。弘治元年(1555年)反晴賢の態度をとった毛利元就を討つため安芸厳島に渡るが、元就軍の急襲で大敗し自刃(厳島の戦)。

＊　　＊　　＊

◇悪人列伝―近世篇　海音寺潮五郎著　新装版　文芸春秋　2007.1　285p　15cm　(文春文庫)　543円　⓵978-4-16-713550-8

◇戦史ドキュメント 厳島の戦い　森本繁著　学習研究社　2001.2　309p　15cm　(学研M文庫)　600円　⓵4-05-901034-0

◇毛利元就と陶晴賢　山本一成著　新人物往来社　1996.10　284p　19cm　1600円　⓵4-404-02427-4

◇本朝美少年録　実吉達郎著　光風社出版　1993.10　352p　19cm　1400円　⓵4-87519-915-5

◇角川日本姓氏歴史人物大辞典　35　山口県　竹内理三ほか編纂　山口県姓氏歴史人物大辞典編纂委員会編著　角川書店　1991.12　717p　23cm　〈山口県参考資料・図書目録：p643〜663 山口県歴史年表：p679〜715〉　14000円　⓵4-04-002350-1

◇大内義隆と陶晴賢　山本一成著　新人物往来社　1990.6　316p　19cm　1800円　⓵4-404-01725-1

◇私説 厳島合戦　皆本幹雄著　太田出版　1990.6　165p　19cm　1600円　⓵4-900416-91-6

◇広島県大百科事典　中国新聞社編　広島　中国新聞社　1982.11　2冊　30cm

◇山口県百科事典　山口県教育会編　大和書房　1982.4　1001, 45p　28cm　23000円

◇戦国大名家臣団事典　西国編　山本大, 小和田哲男編　新人物往来社　1981.8　414p　22cm　6800円

細川 晴元
ほそかわ はるもと

永正11年(1514年)～永禄6年(1563年)3月1日
　武将。室町幕府管領。幼名六郎、法名永川。一清と号す。細川澄元の子。父が細川高国に追われたため、三好元長に擁されて阿波で成長し、高国の死後入洛して家督をつぐ。享禄4年(1531年)元長の勢力拡大を嫌い、一向一揆を利用して元長を自刃に追い込む。天文5年(1536年)管領に就くが、高国の残党と元長の子三好長慶に攻められ、京都を追われて近江に逃れる。永禄4年(1561年)長慶と和睦したのち、摂津国富田の普門寺に隠棲した。

　　　　＊　　＊　　＊

◇角川日本姓氏歴史人物大辞典　26　京都市姓氏歴史人物大辞典　竹内理三ほか編纂　京都市姓氏歴史人物大辞典編纂委員会編著　角川書店　1997.9　909p　23cm　①4-04-002260-2
◇大阪墓碑人物事典　近松誉文著　大阪東方出版　1995.11　310p　20cm　2900円　①4-88591-458-2
◇徳島県人名事典　徳島　徳島新聞社　1994.6　2冊(別冊とも)　27cm　〈別冊(384p)：徳島県歴史人物鑑〉　32000円　①4-88606-022-6
◇京都事典　村井康彦編　東京堂出版　1993.10　495p　21cm　〈新装版〉　2900円　①4-490-10355-7
◇信玄の妻─円光院三条夫人　上野晴朗著　新人物往来社　1990.12　238p　20cm　2500円　①4-404-01791-X
◇戦国大名系譜人名事典　西国編　山本大,小和田哲男編　新人物往来社　1986.1　563p　22cm　7500円　①4-404-01316-7
◇京都大事典　佐和隆研ほか編集　京都　淡交社　1984.11　1083, 91p　27cm　12000円　①4-473-00885-1
◇戦国大名家臣団事典　西国編　山本大,小和田哲男編　新人物往来社　1981.8　414p　22cm　6800円

毛利 隆元
もうり たかもと

大永3年(1523年)～永禄6年(1563年)
　武将。安芸国(広島県)の人。毛利元就の長男。天文6年(1537年)大内義隆のもとに人質として送られたのち、天文15年(1546年)家督を相続。備中守を称した。父の後見のもと家中統治機構を確立。弘治元年(1555年)義隆を倒した陶晴賢を厳島の戦で討ち、その後大内義長を攻めて周防・長門を支配し、永禄3年(1560年)大膳大夫・安芸守護となり、永禄5年(1562年)備中・備後・長門守護、翌年周防守護となった。尼子氏攻めに出陣の途上、安芸佐々部で急死した。

　　　　＊　　＊　　＊

◇戦国武将からの手紙─乱世に生きた男たちの素顔　吉本健二著　学習研究社　2008.5　300p　15cm　〈学研M文庫〉〈『手紙から読み解く戦国武将意外な真実』改稿・改題書〉　667円　①978-4-05-901220-7
◇毛利隆元　金谷俊則著　中央公論事業出版(製作発売)　2008.1　449p　20cm　〈肖像あり　文献あり〉　2571円　①978-4-89514-301-1
◇島根県歴史人物事典　山陰中央新報社島根県歴史人物事典刊行委員会企画・編集　松江　山陰中央新報社　1997.11　737, 36p　27cm　22000円　①4-87903-062-7
◇戦国大名系譜人名事典　西国編　山本大,小和田哲男編　新人物往来社　1986.1　563p　22cm　7500円　①4-404-01316-7
◇広島県大百科事典　中国新聞社編　広島　中国新聞社　1982.11　2冊　30cm
◇山口県百科事典　山口県教育会編　大和書房　1982.4　1001, 45p　28cm　23000円

三好 長慶
みよし ながよし

大永2年(1522年)～永禄7年(1564年)
　武将。堺公方府の山城守護代三好元長の嫡男。

幼名は千熊丸。名ははじめ利長、範長。天文元年(1532年)父元長が堺顕本寺で敗北したとき阿波に逃れ、家督をつぐ。管領細川晴元に仕えるが、やがて晴元や三好政長と対立するようになり、政長を摂津で滅ぼし、晴元および義輝を近江に追放。天文18年(1549年)京都を制圧。管領細川氏綱に代わって権力をふるい畿内、四国など8ヵ国を支配した。永禄元年(1558年)義輝と和睦したが、永禄6年(1563年)長男義興が毒殺されて以降は、家臣の松永久秀に実権を奪われた。連歌に優れ、戦国武将のなかでも教養人として知られた。

　　　　　＊　　　＊　　　＊

◇特集戦国おもしろ百話　出水康生著　徳島　教育出版センター　2007.10　229p　30cm　1000円　①978-4-905702-49-8
◇三好長慶の時代―「織田信長芥川入城」の以前以後 高槻市立しろあと歴史館秋季特別展　高槻市立しろあと歴史館編　高槻　高槻市立しろあと歴史館　2007.9　79p　30cm　〈他言語標題：The time of Miyoshi Nagayoshi　会期・会場：平成19年9月29日―11月25日 高槻市立しろあと歴史館企画展示室　肖像あり　年表あり〉
◇戦国三好一族―天下に号令した戦国大名　今谷明著　洋泉社　2007.4　302p　18cm　（MC新書 14）〈肖像あり　折り込1枚　年譜あり　文献あり〉　1700円　①978-4-86248-135-1
◇戦国興亡 名将たちの決断　戸部新十郎著　PHP研究所　2006.9　221p　19cm〈『戦国興亡 武将たちの進退』再編集・改題書〉　476円　①4-569-65544-0
◇名将の法則―戦国乱世を生き抜いた12人の知られざる決断とは　安部竜太郎著　日本実業出版社　2006.8　254p　19cm　1600円　①4-534-04106-3
◇群雄割拠と天下統一　小和田哲男監修・年表解説, 井沢元彦巻頭総覧　世界文化社　2006.4　199p　24×19cm　（ビジュアル版 日本の歴史を見る 5）　2400円　①4-418-06212-2
◇天下を制す三好長慶vs織田信長―戦国阿波おもしろ百話　出水康生著　徳島　教育出版センター　2003.6　405p　19cm　1000円　①4-905702-35-6
◇三芳野の花―三好長慶の生涯　諏訪雅信著　近代文芸社　2003.6　516p　19cm　1950円　①4-7733-7037-8
◇勝瑞時代―三好長慶天下を制す 平成13年度秋の特別展勝瑞城館跡国史跡指定記念　徳島市立徳島城博物館編　徳島　徳島市立徳島城博物館　2001.10　80p　30cm　〈会期：平成13年10月20日―11月25日　文献あり〉
◇大阪人物辞典　三善貞司編　大阪　清文堂出版　2000.11　1304, 70p　23cm　16000円　①4-7924-0499-1
◇戦国興亡 武将たちの進退　戸部新十郎著　PHP研究所　2000.10　249p　15cm（PHP文庫）〈『男の点描』改題書〉　514円　①4-569-57460-2
◇大仙院文書　伊藤克己校訂　続群書類従完成会　2000.5　299p　21cm　（史料纂集 古文書編 31）　11000円　①4-7971-0414-7
◇角川日本姓氏歴史人物大辞典　26　京都市姓氏歴史人物大辞典　竹内理三ほか編纂　京都市姓氏歴史人物大辞典編纂委員会編著　角川書店　1997.9　909p　23cm　①4-04-002260-2
◇俳句人名辞典　常石英明編著　金園社〔1997〕　634p　22cm　6000円　①4-321-32701-6
◇三好長慶　徳永真一郎著　光文社　1996.3　362p　15cm　（光文社文庫）〈『妖雲』改題書〉　600円　①4-334-72208-3
◇大阪墓碑人物事典　近松誉文著　大阪　東方出版　1995.11　310p　20cm　2900円　①4-88591-458-2
◇戦国の名脇役たち―乱世に輝いた九つの才能　武光誠著　PHP研究所　1995.6　251p　15cm　（PHP文庫）　460円　①4-569-56770-3
◇男の点描―戦国武将生死の一瞬　戸部新十郎著　毎日新聞社　1995.5　246p　19cm　1300円　①4-620-10518-X
◇徳島県人名事典　徳島　徳島新聞社　1994.6　2冊(別冊とも)　27cm　〈別

中国・四国

◇(384p)：徳島県歴史人物鑑〉　32000円　①4-88606-022-6
◇応仁の乱から朝鮮出兵まで　渡部昇一著　PHP研究所　1994.4　269p　19cm　〈日本史の真髄〉　1500円　①4-569-54275-1
◇京都事典　村井康彦編　東京堂出版　1993.10　495p　21cm　〈新装版〉　2900円　①4-490-10355-7
◇現代語訳 名将言行録　智将編　加来耕三編訳　新人物往来社　1993.6　283p　19cm　2900円　①4-404-02021-X
◇妖雲―戦国下剋上・三好長慶の生涯　徳永真一郎著　青樹社　1992.10　285p　19cm　1400円　①4-7913-0729-1
◇茶道人物辞典　原田伴彦編　柏書房　1991.1　290,22p　22cm　〈新装版〉　4944円　①4-7601-0620-0
◇群雄割拠編　桑田忠親著　秋田書店　1989.10　254p　19cm　(新編 日本武将列伝 3)　1500円　①4-253-00364-8
◇三好長慶　長江正一著　吉川弘文館　1989.5　277p　19cm　〈人物叢書 新装版〉〈新装版 三好長慶の肖像あり 折り込図1枚 叢書の編者：日本歴史学会〉　1860円　①4-642-05154-6
◇戦国の群雄 畿内・東国　二木謙一編　第一法規出版　1988.6　158p　30cm　〈戦乱の日本史 第7巻〉　3500円　①4-474-10137-5
◇逃げない男たち―志に生きる歴史群像 上　戸部新十郎、安西篤子、赤木駿介、徳永真一郎、山上笙介、小島貞二、網淵謙錠著　旺文社　1987.3　318p　19cm　1500円　①4-01-071282-1
◇戦国大名系譜人名事典　西国編　山本大、小和田哲男編　新人物往来社　1986.1　563p　22cm　7500円　①4-404-01316-7
◇戦国三好一族　今谷明著　新人物往来社　1985.4　243p　20cm　2000円　①4-404-01262-4
◇京都大事典　佐和隆研ほか編集　京都淡交社　1984.11　1083,91p　27cm　12000円　①4-473-00885-1
◇兵庫県大百科事典　神戸 神戸新聞出版センター　1983.10　2冊　30cm　〈企画：神戸新聞創刊85周年記念兵庫県大百科事典刊行委員会〉　全49000円
◇戦国大名家臣団事典　西国編　山本大、小和田哲男編　新人物往来社　1981.8　414p　22cm　6800円
◇徳島県百科事典　徳島新聞社調査事業局編　徳島　徳島新聞社　1981.1　1051p　27cm　20000円
◇三好長慶　長江正一著　吉川弘文館　1968　277p 図版 地図　18cm　（人物叢書 日本歴史学会編）　390円
◇三好長慶　秋永政孝著　人物往来社　1968　322p 図版　19cm　（日本の武将 38）〈表紙等には「戦国三好党」とあり〉　490円

足利 義栄
あしかが よしひで

天文7年(1538年)～永禄11年(1568年)9月
室町幕府第14代将軍。初名は義親。堺公方足利義維の長男として阿波国平島(徳島県)に生まれた。将軍足利義輝と三好長慶の対立の機をみて上洛を図るが失敗し、毛利氏を頼って一時周防に移る。永禄6年(1563年)阿波に戻り、永禄8年(1565年)将軍義輝が松永久秀に殺されると、三好三人衆に擁立され、阿波から摂津に移って従五位下・左馬頭に叙任される。永禄11年(1568年)念願の将軍となったが、同年織田信長が足利義昭を擁して上洛する状勢となり、その対決を目前にして病死した。将軍の在職期間はわずか7ヶ月。

＊　　＊　　＊

◇角川日本姓氏歴史人物大辞典　26　京都市姓氏歴史人物大辞典　竹内理三ほか編纂　京都市姓氏歴史人物大辞典編纂委員会編著　角川書店　1997.9　909p　23cm　①4-04-002260-2
◇徳島県人名事典　徳島　徳島新聞社　1994.6　2冊(別冊とも)　27cm　〈別冊(384p)：徳島県歴史人物鑑〉　32000円　①4-88606-022-6
◇京都大事典　佐和隆研ほか編集　京都淡交社　1984.11　1083,91p　27cm　12000円　①4-473-00885-1

毛利 元就　もうり もとなり

　明応6年(1497年)～元亀2年(1571年)6月14日　武将。安芸国高田郡(広島県)の人。幼名は松寿丸、通称は少輔次郎、右馬頭、陸奥守。毛利弘元の二男、母は福原広俊の娘。兄興元の死により甥幸松丸の後見となり、大永3年(1523年)幸松丸の死により家督をついで、安芸郡山城主となる。初め尼子氏、ついで大内氏に属し、三男隆景を瀬戸内に臨む竹原・沼田の小早川氏に、二男元春を、安芸の有力国人で石見口を押さえる大朝の吉川家に養子としていれ相続させるなどにより勢力の拡大を図る。大内義隆が家臣の陶晴賢に倒されると陶晴賢を厳島に破り、ついで陶晴賢に擁立された大内義長も滅ぼして周防・長門を平定。さらに備後、備中、石見、出雲方面に進出し、ついに尼子義久を破って中国全域を支配する大大名となった。嫡子隆元を失ったが、孫の輝元に家督を継がせて後見するとともに、吉川元春、小早川隆景の両川にも宗家を支えさせた。計略に優れた知将であり、隆元、元春、隆景の三子に対して一族の結束を諭した"三本の矢"の逸話で知られる。信仰篤く文芸も愛好した。

◇戦国武将からの手紙―乱世に生きた男たちの素顔　吉本健二著　学習研究社　2008.5　300p　15cm　(学研M文庫)〈『手紙から読み解く戦国武将意外な真実』改稿・改題書〉　667円　①978-4-05-901220-7

◇戦国武将「まさか」の凄い戦略―知将はいかにして生き残ったか？　楠戸義昭著　三笠書房　2008.4　270p　15cm　(知的生きかた文庫)　533円　①978-4-8379-7703-2

◇日本史を変えた夫の戦い妻の戦い　中江克己著　青春出版社　2008.1　220p　18×11cm　(青春新書INTELLIGENCE)　730円　①978-4-413-04191-1

◇相続プロデューサーが教える戦国武将に学んだ社長が成功する！―事業承継 成功と失敗の分岐点　藤永悟志著　文芸社　2007.11　167p　19cm　1200円　①978-4-286-03804-9

◇「あの人」の言葉―人生の指針を残した偉人たち　武光誠著　リイド社　2007.10　254p　15cm　(リイド文庫)　476円　①978-4-8458-3229-3

◇「戦国武将」名将のすごい手の内―頭一つ抜け出す生き方　小和田哲男著　三笠書房　2007.9　238p　15cm　(知的生きかた文庫)　533円　①978-4-8379-7656-1

◇西国の戦国合戦　山本浩樹著　吉川弘文館　2007.7　291,7p　19cm　(戦争の日本史 12)　2500円　①978-4-642-06322-7

◇「戦国武将」名将の頭の中―「勝負所」で勝つ法　菊池道人著　三笠書房　2007.6　219p　15cm　(知的生きかた文庫)　533円　①978-4-8379-7636-3

◇上司の心得―名将名君に学ぶ　童門冬二著　PHP研究所　2007.5　238p　19cm　1500円　①978-4-569-69069-8

◇図説 相関図と合戦地図で読み解く戦国武将あの人の顛末　中江克己著　青春出版社　2007.5　95p　26cm　1000円　①978-4-413-00889-1

◇毛利元就と地域社会　岸田裕之編　広島中国新聞社　2007.5　276p　19cm　〈肖像あり　文献あり〉　1600円　①978-4-88517-346-2

◇逆境を生き抜く男の人間学―歴史上の人物に学ぶ　山下康博著　中経出版　2007.2　191p　19cm　1300円　①978-4-8061-2644-7

◇戦国武将の謎―教科書ではわからない戦国時代の裏のウラ　桑田忠親著　日本文芸社　2006.10　199p　18cm　648円　①4-537-25437-8

◇笑う偉人伝　高橋春男著　講談社　2006.10　221p　15cm　(講談社プラスアル

中国・四国

◇戦国興亡 名将たちの決断　戸部新十郎著　PHP研究所　2006.9　221p　19cm〈『戦国興亡 武将たちの進退』再編集・改題書〉　476円　①4-569-65544-0

◇名将の法則―戦国乱世を生き抜いた12人の知られざる決断とは　安部竜太郎著　日本実業出版社　2006.8　254p　19cm　1600円　①4-534-04106-3

◇日本史に刻まれた最期の言葉　童門冬二著　祥伝社　2006.7　220p　18×11cm（祥伝社新書）　740円　①4-396-11045-6

◇毛利元就―これしっちょるかのー282の謎　石川和朋著〔山口〕〔石川和朋〕2006.3　94p　21cm　800円

◇健康力―戦国武将たちに学ぶ　植田美津江著　名古屋　ゆいぽおと，KTC中央出版〔発売〕2006.1　190p　18cm　1000円　①4-87758-403-X

◇戦国の雄と末裔たち　中嶋繁雄著　平凡社　2005.12　243p　18cm（平凡社新書）　780円　①4-582-85301-3

◇戦国武将の宣伝術―隠された名将のコミュニケーション戦略　童門冬二著　講談社　2005.12　311p　15cm（講談社文庫）　571円　①4-06-275281-6

◇「名君」「暴君」大逆転の戦国史　新井喜美夫著　講談社　2005.12　201p　18cm（講談社プラスアルファ新書）　800円　①4-06-272351-4

◇戦国なるほど人物事典―100人のエピソードで戦国史がよくわかる！　泉秀樹著　愛蔵版　PHP研究所　2005.6　235p　19cm　476円　①4-569-64332-9

◇名将名城伝　津本陽著　PHP研究所　2005.6　280p　19cm　1500円　①4-569-64187-3

◇日本史を動かした名言―その「名場面」を読み解く　小和田哲男著　青春出版社　2004.6　269p　18cm（プレイブックス・インテリジェンス）　780円　①4-413-04095-3

◇完全保存版 戦国なるほど人物事典―100人のエピソードで戦国史がよくわかる！　泉秀樹著　PHP研究所　2004.2　111p　26cm　952円　①4-569-63328-5

◇地形で読みとく合戦史　谷口研語著　PHP研究所　2003.12　247p　18cm（PHP新書）　760円　①4-569-63343-9

◇老いは生のさなかにあり　津本陽著　幻冬舎　2003.9　254p　19cm　1600円　①4-344-00393-4

◇戦国なるほど人物事典―100人のエピソードで歴史の流れがよくわかる　泉秀樹著　PHP研究所　2003.5　502p　15cm（PHP文庫）〈『戦国乱世百傑百話』修正・改題書〉　819円　①4-569-57945-0

◇城が見た合戦史―天下統一の野望をかけた城をめぐる攻防　二木謙一監修　青春出版社　2002.11　204p　18cm（プレイブックス・インテリジェンス）　667円　①4-413-04043-0

◇週刊ビジュアル日本の歴史　no.122　戦国武将篇　2　デアゴスティーニ・ジャパン　2002.7　p44-83　30cm〈年表あり〉　533円

◇歴史に学ぶ後継者育成の経営術―身を切らずして後継者の育成なし　童門冬二著　広済堂出版　2002.3　290p　15cm（広済堂文庫）　600円　①4-331-65314-5

◇戦国のコミュニケーション―情報と通信　山田邦明著　吉川弘文館　2002.1　276p　19cm　3200円　①4-642-07782-0

◇戦国武将に学ぶ経営戦略　高木健次著　新評論　2001.12　225p　19cm　2200円　①4-7948-0534-9

◇戦国武将に学ぶ逆境の勝ち方―7つの成功法則　植西聰著　広済堂出版　2001.7　204p　19cm　1200円　①4-331-50784-X

◇戦国武将 勝ち残りの戦略―状況を読みいかに闘うか　風巻絃一著　日本文芸社　2001.6　237p　18cm（日文新書）〈『戦国名将に学ぶ勝ち残りの戦略』再編集・改題書〉　686円　①4-537-25057-7

◇戦国武将に学ぶ生活術　童門冬二著　産能大学出版部　2001.6　369p　19cm　1800円　①4-382-05505-9

◇荒天は吉日　馬場誠二著　鳥影社　2001.3　281p　20cm　1600円　①4-88629-

551-7
◇戦史ドキュメント 厳島の戦い 森本繁著 学習研究社 2001.2 309p 15cm（学研M文庫） 600円 ⑪4-05-901034-0
◇歴史人物アルバム 日本をつくった人たち大集合 2 鎌倉・室町・安土桃山時代の50人 PHP研究所編 PHP研究所 2001.2 47p 30cm 2900円 ⑪4-569-68262-6
◇歴史上の人物に学ぶリーダーの条件─おごるなトップ 吉田進著 文芸社 2000.12 135p 19cm 1600円 ⑪4-8355-1050-X
◇戦国興亡 武将たちの進退 戸部新十郎著 PHP研究所 2000.10 249p 15cm (PHP文庫)〈『男の点描』改題書〉 514円 ⑪4-569-57460-2
◇歴史に学ぶ「乱世」の守りと攻め 小和田哲男著 集英社 2000.7 252p 15cm（集英社文庫） 457円 ⑪4-08-747170-5
◇評伝 戦国武将─智略と決断の人間学 童門冬二著 経済界 2000.4 217p 19cm 1333円 ⑪4-7667-8201-1
◇元就、そして女たち 永井路子著 中央公論新社 2000.3 232p 15cm（中公文庫） 495円 ⑪4-12-203615-1
◇戦国武将 別冊宝島編集部編 宝島社 2000.1 317p 15cm（宝島社文庫）〈別冊宝島『よみがえる戦国武将伝説』改訂・改題書〉 600円 ⑪4-7966-1681-0
◇戦国武将の人間学 童門冬二著 小学館 1999.12 267p 15cm（小学館文庫） 514円 ⑪4-09-403532-X
◇毛利元就─独創的経営法とリーダーシップ 童門冬二著 光人社 1999.11 205p 20cm 1700円 ⑪4-7698-0939-5
◇戦国武将まんだら─秘本三十六人伝 大栗丹後著 春陽堂書店 1999.8 244p 15cm（春陽文庫） 486円 ⑪4-394-16136-3
◇我、天下を望まず─毛利元就軍記 渡辺寿光著 祥伝社 1999.6 387p 19cm 1900円 ⑪4-396-63144-8
◇安西軍策─毛利元就合戦記 石黒吉郎著 勉誠出版 1999.5 224p 19cm （日本合戦騒動叢書 11） 2500円 ⑪4-585-05111-2
◇司馬遼太郎全集 57 街道をゆく 司馬遼太郎著 文芸春秋 1999.4 532p 19cm 3429円 ⑪4-16-510570-8
◇よみがえる戦国武将伝説─男たちの生き様を感じとれ！ 宝島社 1999.4 254p 21cm（別冊宝島 433） 933円 ⑪4-7966-9433-1
◇近世資料にみる戦国吉田と毛利元就─萩藩を中心に作られた戦国毛利氏の見聞記録 吉田町歴史民俗資料館編 吉田町(広島県) 吉田町歴史民俗資料館 1998.10 37p 30cm （吉田町歴史民俗資料館特別展図録 13）〈会期：1998年10月27日─12月6日〉
◇戦国大名の戦い─室町時代3・戦国時代 池上裕子監修 集英社 1998.3 163p 21cm（集英社版・学習漫画 日本の歴史 10） 850円 ⑪4-08-239010-3
◇堂々日本史 第11巻 NHK取材班編 名古屋 KTC中央出版 1998.1 250p 19cm 1600円 ⑪4-87758-058-1
◇毛利元就と女たち 下 早乙女貢著 朝日出版社 1997.12 304p 19cm 1600円 ⑪4-255-97031-9
◇毛利元就 下 内館牧子著 日本放送出版協会 1997.10 388p 19cm 1456円 ⑪4-14-005261-9
◇老雄・名将 直伝の指導力─夢を託した者にだけ伝えたリーダー論 早乙女貢著 青春出版社 1997.10 238p 19cm 1400円 ⑪4-413-03082-6
◇史説・毛利元就─ふるさとの事績 福田健著 広島 中国新聞社 1997.8 198p 19cm 1200円 ⑪4-88517-251-9
◇本当の元就─毛利家第十六代当主が語る 毛利就挙著 同朋舎 1997.8 241p 20cm 1500円 ⑪4-8104-2427-8
◇元就と毛利両川 利重忠著 福岡 海鳥社 1997.8 221p 20cm 1600円 ⑪4-87415-196-5
◇毛利元就─その野望と群雄たち 世界文化社 1997.7 162p 26cm（ビッグマ

◇智謀の人毛利元就　古川薫他著　中央公論社　1997.6　265p　16cm（中公文庫）　571円　①4-12-202872-8

◇毛利元就―ビジュアル・ガイド　PHP研究所編，林義勝写真　PHP研究所　1997.6　127p　21cm　1476円　①4-569-55659-0

◇毛利元就　中　内館牧子著　日本放送出版協会　1997.5　367p　19cm　1456円　①4-14-005260-0

◇毛利元就卿伝　三卿伝編纂所編，渡辺世祐監修　限定特装版　徳山　マツノ書店　1997.5　908，30p　22cm〈肖像あり　外箱入〉　20000円

◇毛利元就と墓標ハリイブキ　篠原起昌著　広島　ヒラモト印刷（印刷）　1997.5　64p　図版12枚　21cm〈生誕五百年記念〉　1000円

◇フォト史跡探訪　皇太子さまの毛利元就紀行　大久保利美撮影〔保存版〕　三心堂出版社　1997.4　158p　26cm　2500円　①4-88342-106-6

◇毛利元就の人間学―家康が学んだ遅咲きの人生　中江克己著　ぴいぷる社　1997.4　263，7p　20cm　1600円＋税　①4-89374-116-0

◇毛利元就―はかりごと多きは勝つ　秀吉が、そして家康が畏怖した男　堺屋太一ほか著　プレジデント社　1997.2　245p　20cm　1500円　①4-8334-1625-5

◇毛利元就と二男吉川元春山陰制覇の戦　河本英明編　鳥取　いなば庵　1997.2　121p　21cm　1800円

◇「毛利元就」なるほど百話―NHK大河ドラマの人物像がよくわかる　大衆文学研究会著　広済堂出版　1997.2　295p　18cm　(Kosaido books)　924円　①4-331-00760-X

◇元就軍記　下巻　桜田晋也著　徳間書店　1997.2　325p　19cm　1800円　①4-19-860647-1

◇戦国武将の素顔―毛利元就の手紙を読む　永井路子述　日本放送出版協会　1997.1　132p　21cm（NHK人間大学）〈1997年1月―3月期　文献あり〉　534円

◇智将毛利元就・勝利の方程式99　藤田公道著　成美堂出版　1997.1　253p　16cm（成美文庫）　520円　①4-415-06457-4

◇謀略の鬼　毛利元就　三谷茉沙夫著　東洋経済新報社　1997.1　357p　19cm　1600円　①4-492-06093-6

◇毛利軍記―小よく大を制す　古川薫著　歴思書院　1997.1　213p　20cm〈東京かんき出版(発売)〉　1359円　①4-7612-5622-2

◇西国の武将英雄　毛利元就　吉本直志郎著　講談社　1996.12　221p　18cm（講談社火の鳥伝記文庫）　590円　①4-06-147598-3

◇小説　毛利元就　童門冬二著　PHP研究所　1996.12　301p　19cm　1600円　①4-569-55459-8

◇誰も知らなかった毛利元就　後藤寿一著　勁文社　1996.12　208p　18cm（ケイブンシャブックス）　880円　①4-7669-2635-8

◇天の剣　毛利元就　神川武利著　叢文社　1996.12　235p　19cm　1500円　①4-7947-0257-4

◇毛利元就―西国の覇者　小和田哲男監修，原田久仁信漫画　講談社　1996.12　216p　19cm（おもしろ日本史）　1500円　①4-06-267301-0

◇毛利元就―物語と史蹟をたずねて　八尋舜右著　成美堂出版　1996.12　392p　15cm（成美文庫）　600円　①4-415-06459-0

◇毛利元就―物語と史蹟をたずねて　八尋舜右著　成美堂出版　1996.12　246p　19cm　1000円　①4-415-06577-5

◇毛利元就―混迷の時代を智略で生き抜いた英傑　世界文化社　1996.12　162p　26cm（ビッグマンスペシャル）　1400円　①4-418-96132-1

◇毛利元就　上　内館牧子著，三原庸子ノベライズ　日本放送出版協会　1996.12　332p　19cm　1500円　①4-14-005259-7

◇毛利元就考—毛利一族の死にせまる　碓井静照著　広島　ガリバープロダクツ　1996.12　223p　19cm　(ベストヒットシリーズ)〈年表あり〉 971円　Ⓘ4-906512-19-4

◇毛利元就と女たち　上　早乙女貢著　朝日出版社　1996.12　307p　19cm　1600円　Ⓘ4-255-96039-9

◇毛利元就の謀略—西国を制覇した諜報と奇襲の兵法　小林久三著　PHP研究所　1996.12　206p　18cm　(PHP business library History)　850円　Ⓘ4-569-55398-2

◇毛利元就101の謎　中江克己著　新人物往来社　1996.12　246p　20cm　2800円　Ⓘ4-404-02443-6

◇元就軍記　上巻　桜田晋也著　徳間書店　1996.12　264p　19cm　1600円　Ⓘ4-19-860614-5

◇元就の選択—困惑時代のリーダー　椿章謙著　広島　ガリバープロダクツ　1996.12　186p　19cm　(ガリバーbooks)　971円　Ⓘ4-906512-20-8

◇毛利元就—天下統一の先駆者　緒形隆司著　光風社出版　1996.11　246p　18cm　800円　Ⓘ4-87519-614-8

◇毛利元就99の謎　森本繁著　PHP研究所　1996.11　284p　15cm　(PHP文庫)　540円　Ⓘ4-569-56951-X

◇毛利元就と戦国武将たち　古川薫著　PHP研究所　1996.11　283p　15cm　(PHP文庫)〈『乱世に躍る武将群像』改題書〉 540円　Ⓘ4-569-56949-8

◇毛利元就とその時代　古川薫著　文芸春秋　1996.11　237p　16cm　(文春文庫)　420円　Ⓘ4-16-735712-7

◇毛利元就のすべて　河合正治編　新人物往来社　1996.11　315p　20cm　〈新装版〉 2800円　Ⓘ4-404-02435-5

◇毛利元就の野望　高野澄著　毎日新聞社　1996.11　221p　19cm　1300円　Ⓘ4-620-31143-X

◇毛利元就　浜野卓也作, 伊藤悌夫画　岩崎書店　1996.10　170p　17cm　(フォア文庫)　550円　Ⓘ4-265-06305-5

◇毛利元就　瀬田美樹男著　光文社　1996.10　327p　19cm　2000円　Ⓘ4-334-92275-9

◇毛利元就　森本繁著　新人物往来社　1996.10　234p　20cm　2800円　Ⓘ4-404-02411-8

◇毛利元就—智略の大鷲　浜野卓也著　歴思書院, かんき出版〔発売〕 1996.10　238p　19cm　1500円　Ⓘ4-7612-5604-4

◇毛利元就と山口　山本一成著　山口　大内文化研究会　1996.10　40p　22cm　300円

◇毛利元就入門—時の流れを味方に　山崎宏忠著, 山崎英則監修　広島　ガリバープロダクツ　1996.10　204p　21cm　1262円　Ⓘ4-906512-16-X

◇元就、そして女たち　永井路子著　中央公論社　1996.10　237p　18cm　1000円　Ⓘ4-12-002628-0

◇知将・毛利元就の生涯　榊山潤著　立風書房　1996.9　254p　20cm　1600円　Ⓘ4-651-75107-5

◇乱世の智将毛利元就—歴史紀行　古川薫著　広島　中国新聞社　1996.9　261p　20cm　〈毛利元就の肖像あり〉 1854円　Ⓘ4-88517-240-3

◇戦国の武将三十人　桑田忠親著　新人物往来社　1996.8　254p　19cm〈『武将伝戦国の史話』改題書〉 2500円　Ⓘ4-404-02364-2

◇毛利元就　谷恒生著　河出書房新社　1996.8　389p　15cm　(河出文庫)〈『青雲の鷲』改題書〉 740円　Ⓘ4-309-40484-7

◇毛利元就　及川儀右衛門著　徳山　マツノ書店　1996.7　630, 58p　22cm　〈星野書店昭和17年刊の複製　限定版〉 12000円

◇毛利元就知将の戦略・戦術　小和田哲男著　三笠書房　1996.7　252p　15cm　(知的生きかた文庫)　500円　Ⓘ4-8379-0818-7

◇毛利元就—人間通　鈴村進著　三笠書房　1996.6　261p　19cm　1200円　Ⓘ4-8379-1640-6

中国・四国

◇毛利元就のすべてがわかる本　桑田忠親著　三笠書房　1996.6　229p　15cm（知的生きかた文庫）　500円　①4-8379-0814-4

◇吉田と毛利元就　秋田隆幸著,吉田町商工会編　吉田町（広島県）　吉田町商工会　1996.5　40p　21cm　300円

◇毛利元就―知略に長けた西国の覇者　和田恭太郎著　PHP研究所　1996.4　475p　15cm（PHP文庫）〈『戦国・毛利元就』増補・改題書〉　680円　①4-569-56882-3

◇男の点描―戦国武将生死の一瞬　戸部新十郎著　毎日新聞社　1995.5　246p　19cm　1300円　①4-620-10518-X

◇群雄創世紀―信玄・氏綱・元就・家康　山室恭子著　朝日新聞社　1995.4　285p　19cm　2200円　①4-02-256843-7

◇歴史に学ぶ危機管理　童門冬二著　丸善　1994.10　242p　18cm（丸善ライブラリー 138）　680円　①4-621-05138-5

◇勝ち抜く戦略生き残る知恵―武将に学ぶ不況時代を乗り切る生き方のヒント　祖田浩一著　日本文芸社　1994.7　238p　19cm　1200円　①4-537-02420-8

◇歴史の零れもの　司馬遼太郎ほか著,日本ペンクラブ編　光文社　1994.3　371p　15cm（光文社文庫）　600円　①4-334-71856-6

◇城塞―その攻防秘史　新宮正春著　講談社　1993.11　336p　19cm　1800円　①4-06-206625-4

◇決断のとき―歴史にみる男の岐路　杉本苑子著　文芸春秋　1993.10　333p　15cm（文春文庫）　450円　①4-16-722418-6

◇武将大名たちのリストラ戦略　加来耕三著　実業之日本社　1993.10　238p　19cm　1600円　①4-408-21007-2

◇覇道の鷲 毛利元就　古川薫著　新潮社　1993.8　313p　15cm（新潮文庫）　440円　①4-10-141705-9

◇現代語訳 名将言行録　智将編　加来耕三編訳　新人物往来社　1993.6　283p　19cm　2900円　①4-404-02021-X

◇新裁軍記―毛利元就軍記考証　田村哲夫校訂　徳山　マツノ書店　1993.4　696,108p　22cm〈限定版〉　20000円

◇知られざる「養生日記」―歴史が明かす賢人健康秘話!!　宮本義己著　ベストセラーズ　1993.3　255p　15cm（ワニ文庫）　500円　①4-584-30371-1

◇天命を知る―乱世に輝いた男たち　白石一郎著　PHP研究所　1992.11　250p　19cm　1350円　①4-569-53798-7

◇武将に学ぶ苦境からの脱出　松本幸夫著　総合ライフ出版　1992.11　227p　19cm　1500円　①4-88311-029-X

◇主役・脇役おもしろ列伝―歴史変遷の人間模様！　加来耕三著　大陸書房　1992.7　239p　15cm（大陸文庫）　530円　①4-8033-4146-X

◇山霧―毛利元就の妻　上　永井路子著　文芸春秋　1992.6　341p　19cm　1300円　①4-16-313280-5

◇山霧―毛利元就の妻　下　永井路子著　文芸春秋　1992.6　364p　19cm　1300円　①4-16-313290-2

◇戦国武将伝―リーダーたちの戦略と決断　白石一郎著　文芸春秋　1992.3　290p　15cm（文春文庫）　420円　①4-16-737009-3

◇戦国 名将の条件・参謀の条件　百瀬明治著　PHP研究所　1992.2　251p　15cm（PHP文庫）　480円　①4-569-56442-9

◇毛利・親鸞子鷹孫鳶　森本繁著　叢文社　1991.12　294p　19cm（現代を拓く歴史名作シリーズ）　1600円　①4-7947-0185-3

◇乱世に躍る武将群像　古川薫著　PHP研究所　1991.9　252p　19cm　1400円　①4-569-53259-4

◇戦国最強の海上軍団・毛利水軍　森本繁著　新人物往来社　1991.7　224p　19cm　2700円　①4-404-01834-7

◇戦国武将の本領　戸部新十郎著　読売新聞社　1991.1　268p　19cm　1300円　①4-643-90116-0

◇毛利元就　徳永真一郎著　光文社　1991.1　403p　15cm（光文社時代小説文庫）

560円　ⓈISBN4-334-71276-2
◇覇道の鷲　毛利元就　古川薫著　新潮社　1990.11　261p　19cm　（新潮書下ろし時代小説）　1350円　ⓈISBN4-10-345404-0
◇決断のとき―歴史にみる男の岐路　杉本苑子著　文芸春秋　1990.10　278p　19cm　1300円　ⓈISBN4-16-344700-8
◇私説　厳島合戦　皆本幹雄著　太田出版　1990.6　165p　19cm　1600円　ⓈISBN4-900416-91-6
◇毛利元就展　吉田町歴史民俗資料館編　吉田町(広島県)　吉田町歴史民俗資料館　1990.4　1冊(頁付なし)　26cm　（吉田町歴史民俗資料館特別展図録 1）〈吉田町歴史民俗資料館開館記念　会期：平成2年3月28日～5月6日, 平成2年7月28日～8月15日〉
◇若き日の毛利元就　伊藤正一著　叢文社　1990.4　251p　19cm　（現代を拓く歴史名作シリーズ）　1545円　ⓈISBN4-7947-0174-8
◇尼子ロマンの里歴史フォーラム報告書　第3回　〔広瀬町(島根県)〕　月山尼子ロマンの里づくり委員会　〔1990〕　22p　26cm　〈会期・会場：平成2年3月25日 広瀬町中央公民館　年譜あり〉
◇日本史探訪　戦国時代 1　覇を競う戦国大名　さいとうたかを著　角川書店　1989.12　255p　19cm　（角川コミックス）　1000円　ⓈISBN4-04-852181-0
◇強いリーダー生き方の秘密―こんな男に人と運はついてくる　童門冬二著　経済界　1989.8　214p　18cm　（リュウブックス 0159）　750円　ⓈISBN4-7667-0159-3
◇戦国武将伝―リーダーたちの戦略と決断　白石一郎著　文芸春秋　1988.10　246p　19cm　1200円　ⓈISBN4-16-310600-6
◇毛利元就―西国の雄、天下への大知略　学習研究社　1988.10　181p　26cm　（歴史群像シリーズ 9）〈付属資料：図1枚〉　981円
◇戦国・天下取りの時代　早乙女貢ほか著　経済界　1988.8　253p　19cm　（転換期の戦略 3）　1300円　ⓈISBN4-7667-8052-3

◇広島県　ぎょうせい　1988.8　71p　30cm　（ビジュアルワイド 新日本風土記 34）　2000円　ⓈISBN4-324-01105-2
◇名将を支えた運気の秘密―九星術から見た武将たちのサバイバル戦略　片岡紀明著　日本文芸社　1988.8　229p　18cm　（舵輪ブックス）　730円　ⓈISBN4-537-02117-9
◇戦国武将の遺書　桑田忠親著　広済堂出版　1988.7　246p　15cm　（広済堂文庫）　420円　ⓈISBN4-331-65035-9
◇日本の組織図事典　新人物往来社編　新人物往来社　1988.6　432p　21cm　7500円　ⓈISBN4-404-01507-0
◇歴史紀行　安芸吉川氏　中国新聞社編著　新人物往来社　1988.6　222p　19cm　2000円　ⓈISBN4-404-01517-8
◇戦国と現代 成功の原則―作家や学者が書かなかった真の勝者　新井喜美夫著　プレジデント社　1988.4　270p　19cm　1300円　ⓈISBN4-8334-1305-1
◇戦国武将名言集　桑田忠親著　広済堂出版　1987.11　250p　15cm　（広済堂文庫）　400円　ⓈISBN4-331-65026-X
◇毛利元就　徳永真一郎著　青樹社　1987.11　297p　19cm　1200円　ⓈISBN4-7913-0451-9
◇毛利元就写真集　森本繁著　新人物往来社　1987.11　238p　27cm　7000円　ⓈISBN4-404-01464-3
◇戦国武将を支えた信仰―生死を超越した不退転の決意　風巻絃一著　日本文芸社　1987.10　241p　19cm　980円　ⓈISBN4-537-02076-8
◇乱世の知謀と決断　堺屋太一編　集英社　1987.10　269p　19cm　（日本を創った戦略集団 1）　1400円　ⓈISBN4-08-194001-0
◇戦国武将おもしろ大百科　山梨輝雄著　広済堂出版　1987.9　263p　13cm　（豆たぬきの本 208）　380円　ⓈISBN4-331-20108-2
◇新版 戦国・毛利元就　和田恭太郎著　光風社出版　1987.5　375p　19cm　1200円　ⓈISBN4-87519-150-2

◇戦国おもしろ読本―武将の謎・逸話・真実　桑田忠親著　広済堂出版　1987.5　265p　15cm　（広済堂文庫）　400円　①4-331-65020-0

◇戦国名将 生き方の極意　西東玄著　PHP研究所　1987.5　245p　15cm　（PHP文庫）　450円　①4-569-26110-8

◇日本合戦譚　菊池寛著　文芸春秋　1987.2　286p　15cm　（文春文庫）　360円　①4-16-741002-8

◇戦国名将に学ぶ勝ち残りの戦略―状況の読み方・生かし方　風巻絃一著　三笠書房　1986.12　300p　15cm　（知的生き方文庫）　440円　①4-8379-0135-2

◇毛利元就のすべて　河合正治編　新人物往来社　1986.9　313p　20cm　2000円　①4-404-01369-8

◇名将ちょっといい言葉―武将に学ぶビジネス訓　宝井琴鶴著　商業界　1986.8　261p　19cm　（まあきゅりい・ぶっくす）　1200円

◇毛利元就　2　山岡荘八著　講談社　1986.8　366p　15cm　（山岡荘八歴史文庫 50）　480円　①4-06-195050-9

◇毛利元就　1　山岡荘八著　講談社　1986.8　356p　15cm　（山岡荘八歴史文庫 49）　480円　①4-06-195049-5

◇戦国帝王学・決断・先見・調整　佐々克明著　三笠書房　1986.5　242p　19cm　1000円　①4-8379-1296-6

◇歴史紀行・毛利元就　森本繁著　新人物往来社　1985.6　259p　20cm　2000円　①4-404-01271-3

◇毛利元就伝　続　小都勇二著　吉田町(広島県)　吉田郷土史調査会　1985.1　284p　22cm〈「続」の副書名：その人物と家族・女性たち　毛利元就の肖像あり〉　2500円

◇安芸毛利一族　河合正治著　新人物往来社　1984.11　246p　20cm　2000円　①4-404-01239-X

◇陰徳太平記　6　米原正義校注　東洋書院　1984.2　320p　21cm　4944円

◇陰徳太平記　5　米原正義校注　東洋書院　1983.7　327p　21cm　4944円

◇毛利元就伝―その経歴と遺跡　小都勇二著　吉田町(広島県)　吉田郷土史調査会　1982.9　245p　22cm〈毛利元就の肖像あり〉

◇陰徳太平記　4　米原正義校注　東洋書院　1982.7　341p　21cm　4944円

◇陰徳太平記　3　米原正義校注　東洋書院　1981.12　365p　21cm　4944円

◇陰徳太平記　2　米原正義校注　東洋書院　1981.6　378p　21cm　4944円

◇陰徳太平記　1　米原正義校注　東洋書院　1980.11　421p　21cm　4944円

◇雲州軍話　多々良一竜外編　下関　防長史料出版社　1978.4　37, 24, 22丁　19cm〈明治16年刊の複製　付：毛利元就記　限定版〉　3000円

◇毛利元就　三坂圭治著　人物往来社　1966　269p　図版　19cm　（日本の武将 32）　480円

山中 幸盛
やまなかゆきもり

天文14年(1545年)？～天正6年(1578年)

　武将。出雲国(島根県)の人。通称山中鹿之介(やまなかしかのすけ)。尼子家の家臣で、尼子十勇士の一人。永禄9年(1566年)尼子勝久が毛利氏に降伏すると浪人となり、尼子氏の再興を狙う。永禄11年(1568年)京都東福寺の僧となっていた勝久を還俗させ、隠岐で挙兵。尼子氏の旧領出雲を回復するが、元亀2年(1571年)毛利氏に敗れ、織田信長を頼って上洛。天正5年(1577年)豊臣秀吉の中国征伐に従い、播磨上月城の守備を命ぜられたが、毛利氏の攻撃により勝久は自刃し、幸盛も捕らえられ備中で殺された。

　　　　　＊　　　＊　　　＊

◇武将列伝 戦国爛熟篇　海音寺潮五郎著　新装版　文芸春秋　2008.5　403p　15cm　（文春文庫）　686円　①978-4-16-713555-3

◇戦国時代の大誤解　鈴木真哉著　PHP研究所　2007.3　205p　18cm　（PHP新書）　700円　①978-4-569-65940-4

◇日本史「わき役」たちの言い分―われらが歴史を盛り上げた！ 岳真也著 PHP研究所 2006.10 338p 15cm （PHP文庫） 590円 ⓘ4-569-66715-5

◇英雄にっぽん―小説 山中鹿之介 池波正太郎著 改版 集英社 2002.7 468p 15cm （集英社文庫） 762円 ⓘ4-08-747468-2

◇小説 山中鹿介 童門冬二著 学陽書房 2001.7 293p 15cm （人物文庫） 700円 ⓘ4-313-75130-0

◇山中鹿之介 高橋直樹著 文芸春秋 2000.11 490p 15cm （文春文庫） 686円 ⓘ4-16-762902-X

◇歴史に学ぶ大江戸株式会社の危機管理術 童門冬二著 東京書籍 2000.9 316p 19cm 1600円 ⓘ4-487-79586-9

◇山中鹿之介 筑波常治作, 坂本玄絵 国土社 1999.3 229p 21cm （堂々日本人物史 2） 1200円 ⓘ4-337-21002-4

◇島根県歴史人物事典 山陰中央新報社島根県歴史人物事典刊行委員会企画・編集 松江 山陰中央新報社 1997.11 737, 36p 27cm 22000円 ⓘ4-87903-062-7

◇山中鹿之介 高橋直樹著 文芸春秋 1997.11 379p 19cm 2095円 ⓘ4-16-317310-2

◇男の真剣勝負 津本陽著 角川書店 1996.4 363p 15cm （角川文庫） 640円 ⓘ4-04-171312-9

◇現代語訳 名将言行録 軍師編 加来耕三訳 新人物往来社 1993.11 235p 19cm 2900円 ⓘ4-404-02064-3

◇尼子ロマンの里歴史フォーラム報告書 第4回 月山尼子ロマンの里づくり委員会編 〔広瀬町(島根県)〕 月山尼子ロマンの里づくり委員会 1991.3 24p 26cm 〈会期・会場：平成2年8月26日 広瀬町中央公民館 年譜あり〉

◇戦国武将の野望―乱世に命を賭けた男たち 早乙女貢著 大陸書房 1991.3 262p 15cm （大陸文庫） 540円 ⓘ4-8033-3236-3

◇山中鹿介のすべて 米原正義編 新人物往来社 1989.10 265p 20cm 2300円 ⓘ4-404-01648-4

◇乱世統一編 桑田忠親著 秋田書店 1989.10 238p 19cm （新編 日本武将列伝 4） 1500円 ⓘ4-253-00365-6

◇長野県歴史人物大事典 赤羽篤ほか編 松本 郷土出版社 1989.7 841p 27cm 〈参考文献一覧：p820～821〉 20000円 ⓘ4-87663-126-3

◇戦国武将に学ぶ決断の時 玉木重輝著 鈴木出版 1988.7 252p 19cm 1400円 ⓘ4-7902-9010-7

◇山中鹿之介 中山義秀著 徳間書店 1988.7 440p 15cm （徳間文庫） 560円 ⓘ4-19-598567-6

◇歴史の中の名総務部長―実務と人間経営の名人たち 童門冬二著 三笠書房 1987.12 268p 19cm 1100円 ⓘ4-8379-1352-0

◇戦国武将名言集 桑田忠親著 広済堂出版 1987.11 250p 15cm （広済堂文庫） 400円 ⓘ4-331-65026-X

◇鳥取県大百科事典 新日本海新聞社鳥取県大百科事典編集委員会編 鳥取 新日本海新聞社 1984.11 1101, 74p 図版16枚 27cm 〈折り込図1枚〉 30000円

◇兵庫県大百科事典 神戸 神戸新聞出版センター 1983.10 2冊 30cm 〈企画：神戸新聞創刊85周年記念兵庫県大百科事典刊行委員会〉 全49000円

◇島根県大百科事典 上(あ～そ), 下(た～ん) 松江 山陰中央新報社 1982 2冊 27cm 〈企画・編集：島根県大百科事典編集委員会, 山陰中央新報社開発局〉

◇戦国大名家臣団事典 西国編 山本大, 小和田哲男編 新人物往来社 1981.8 414p 22cm 6800円

◇山中鹿介紀行 藤岡大拙著 松江 山陰中央新報社 1980.8 259p 18cm （山陰中央新報ふるさと文庫 8） 1000円

◇岡山県大百科事典 岡山 山陽新聞社 1980.1 2冊 27cm 全40000円

◇岡山人名事典 吉岡三平監修 岡山 日本文教出版 1978.2 466p 19cm

中国・四国

◇和漢詩歌作家辞典　森忠重著　みづほ出版　1972　952p　図　19cm　〈日中対照文化・文学史年表：p.921-952〉　3500円

◇山中幸盛　妹尾豊三郎編著　広瀬町(島根県)　広瀬町　1971　96p　図　18cm　(広瀬町シリーズ 4)　非売品

◇島根県人名事典　伊藤菊之輔編　松江　伊藤菊之輔　1970　326p　図　22cm　〈限定版〉　1500円

宇喜多 直家
うきた なおいえ

享禄2年(1529年)～天正9年(1581年)2月14日
備前岡山藩主。備前国岡山(岡山県)の人。本姓は三宅、幼名は八郎、通称は和泉守、三郎右衛門。浮田とも書く。宇喜多興家の子。天文12年(1543年)備前福岡から浦上宗景の家臣として出仕。備前西南部に進出し、天正元年(1573年)岡山に居城を建設。毛利氏と結んで備前三村氏、美作三浦氏を討ち、天正5年(1577年)主君宗景を放逐して備前、美作、播磨の一部を支配。のち豊臣秀吉の中国侵攻を受けて毛利氏と連携をとるが、まもなく秀吉方に帰順し、天正9年(1581年)毛利氏との交戦中に病没。死後は翌年まで喪を秘した。

＊　　＊　　＊

◇悪人列伝―近世篇　海音寺潮五郎著　新装版　文芸春秋　2007.1　285p　15cm　(文春文庫)　543円　①978-4-16-713550-8

◇異能の勝者―歴史に見る「非常の才」　中村彰彦著　集英社　2006.4　286p　19cm　1900円　①4-08-781342-8

◇男の点描―戦国武将生死の一瞬　戸部新十郎著　毎日新聞社　1995.5　246p　19cm　1300円　①4-620-10518-X

◇剣酢漿草の乱舞―備前宇喜多直家の生涯　森本繁著　岡山　山陽新聞社　1995.4　298p　19cm　1800円　①4-88197-531-5

◇織田信長家臣人名辞典　谷口克広著　吉川弘文館　1995.1　495,7p　23cm　〈監修：高木昭作　参考文献：p483～495〉　7210円　①4-642-02743-2

◇岡山県歴史人物事典　岡山県歴史人物事典編纂委員会編　岡山　山陽新聞社　1994.10　1254p　27cm　①4-88197-509-9

◇戦国宇喜多一族　立石定夫著　新人物往来社　1988.10　437p　19cm　2500円　①4-404-01511-9

◇「裏切り」の研究―謀略のバランスシート　新井英生著　政界往来社　1988.3　244p　19cm　1300円　①4-915303-28-4

◇戦国大名系譜人名事典　西国編　山本大, 小和田哲男編　新人物往来社　1986.1　563p　22cm　7500円　①4-404-01316-7

◇兵庫県大百科事典　神戸　神戸新聞出版センター　1983.10　2冊　30cm　〈企画：神戸新聞創刊85周年記念兵庫県大百科事典刊行委員会〉　全49000円

◇岡山県大百科事典　岡山　山陽新聞社　1980.1　2冊　27cm　全40000円

◇岡山人名事典　吉岡三平監修　岡山　日本文教出版　1978.2　466p　19cm

吉川 元春
きっかわ もとはる

享禄3年(1530年)～天正14年(1586年)11月15日
武将。安芸国(広島県)の人。幼名は少輔次郎。毛利元就の二男。天文16年(1547年)吉川興経の養子となり、天文19年(1550年)安芸国吉川氏を継ぎ治部少輔、のち駿河守。父元就、兄隆元と共に、尼子義久、大内輝弘、尼子勝久らを討ち、芸備地方で勢力を拡大。元亀2年(1571年)元就死去後は、若年の甥毛利輝元を弟の小早川隆景と共に補佐して中国平定に尽力し、"毛利両川"と称された。天正10年(1582年)備中高松城を救援した際、本能寺の変を知らずに豊臣秀吉と和睦。以後は秀吉に従い、九州征伐に従軍中、豊前小倉で病没。陣中で「太平記」を書写するなど、学問を好んだ。

＊　　＊　　＊

◇武将たちの足跡をたどる―戦乱の世を生き、夢に散った男たち　マガジントップ編　山海堂　2000.4　159p　21cm　(私の創る旅 7)　1600円　①4-381-10369-6

◇島根県歴史人物事典　山陰中央新報社島根県歴史人物事典刊行委員会企画・編集　松江　山陰中央新報社　1997.11　737,36p 27cm 22000円　①4-87903-062-7

◇吉川元春―毛利を支えた勇将　浜野卓也著　PHP研究所　1997.8　347p　15cm（PHP文庫）　571円　①4-569-57044-5

◇吉川元春　瀬川秀雄著　限定特装版　徳山　マツノ書店　1997.5　1冊　22cm〈富山房創立事務所昭和19年刊の複製　肖像あり　外箱入〉　10000円

◇毛利元就と二男吉川元春山陰制覇の戦　河本英明編著　鳥取　いなば庵　1997.2　121p 21cm 1800円

◇角川日本姓氏歴史人物大辞典　35　山口県　竹内理三ほか編纂　山口県姓氏歴史人物大辞典編纂委員会編著　角川書店　1991.12　717p 23cm〈山口県参考資料・図書目録:p643～663 山口県歴史年表:p679～715〉　14000円　①4-04-002350-1

◇乱世に躍る武将群像　古川薫著　PHP研究所　1991.9　252p 19cm 1400円　①4-569-53259-4

◇東西決戦編　桑田忠親著　秋田書店　1989.10　238p 19cm（新編 日本武将列伝 5）　1500円　①4-253-00366-4

◇戦国武将名言集　桑田忠親著　広済堂出版　1987.11　250p 15cm（広済堂文庫）　400円　①4-331-65026-X

◇戦国大名系譜人名事典　西国編　山本大,小和田哲男編　新人物往来社　1986.1　563p 22cm 7500円　①4-404-01316-7

◇吉川元春　瀬川秀雄著　徳山　マツノ書店　1985.1　1冊　22cm〈富山房創立事務所昭和19年刊の複製　吉川元春の肖像あり　限定版〉　9000円

◇鳥取県大百科事典　新日本海新聞社鳥取県大百科事典編集委員会編　鳥取　新日本海新聞社　1984.11　1101, 74p 図版16枚　27cm〈折り込図1枚〉　30000円

◇広島県大百科事典　中国新聞社編　広島　中国新聞社　1982.11　2冊　30cm

◇山口県百科事典　山口県教育会編　大和書房　1982.4　1001, 45p 28cm 23000円

◇島根県大百科事典　上(あ～そ), 下(た～ん)　松江　山陰中央新報社　1982　2冊　27cm〈企画・編集:島根県大百科事典編集委員会, 山陰中央新報社開発局〉

◇戦国大名家臣団事典　西国編　山本大,小和田哲男編　新人物往来社　1981.8　414p 22cm 6800円

長宗我部 元親　ちょうそかべ もとちか

　天文8年(1539年)～慶長4年(1599年)5月19日　武将。土佐国(高知県)の人。幼名は弥三郎、通称は宮内少輔、羽柴土佐侍従。岡豊城主長宗我部国親の長男。永禄3年(1560年)家督を継ぐ。岡豊城を本拠に土佐国司一条氏などを攻略し、天正3年(1575年)土佐一国を統一。さらに阿波の三好氏、伊予の西園寺・宇都宮氏、讃岐の香川・羽床らを下してほぼ四国全土を制圧したが、天正10年(1582年)織田信長が本格的に元親討伐を開始。本能寺の変で危機を脱し、以後豊臣秀吉と敵対しつつ四国統一抗争を展開。天正13年(1585年)ついに四国全土を統一するが、同年秀吉の四国攻めを受けて降伏。のち土佐一国7万8000石を安堵され、侍従土佐守、羽柴姓を受ける。その後は秀吉の九州征伐や小田原征伐、文禄・慶長の役などに従軍して戦功をあげ、従四位下、少将に任ぜられた。一方、天正15年(1587年)より一国惣検地を開始し、慶長元年(1596年)子の盛親と共に分国法として有名な掟書「長曽我部元親百箇条」を制定するなど、国内の統治にも努めた。

◇長宗我部元親・盛親の栄光と挫折―企画展　高知県立歴史民俗資料館編　南国

高知県立歴史民俗資料館　2001.10　77p　30cm　〈山内一豊入国400年共同企画　ひと・もの・こころ—土佐の近世　会期：平成13年10月19日—12月16日　年表あり　文献あり〉

◇戦国武将　勝ち残りの戦略—状況を読みいかに闘うか　風巻紘一著　日本文芸社　2001.6　237p　18cm　（日文新書）〈『戦国名将に学ぶ勝ち残りの戦略』再編集・改題書〉　686円　①4-537-25057-7

◇戦国武将　別冊宝島編集部編　宝島社　2000.1　317p　15cm（宝島社文庫）〈別冊宝島『よみがえる戦国武将伝説』改訂・改題書〉　600円　①4-7966-1681-0

◇高知県人名事典　『高知県人名事典新版』刊行委員会編　新版〔高知〕高知新聞社　1999.9　972p　27cm　19048円　①4-87503-285-4

◇戦国武将まんだら—秘本三十六人伝　大栗丹後著　春陽堂書店　1999.8　244p　15cm（春陽文庫）　486円　①4-394-16136-3

◇角川日本姓氏歴史人物大辞典　26　京都市姓氏歴史人物大辞典　竹内理三ほか編纂　京都市姓氏歴史人物大辞典編纂委員会編著　角川書店　1997.9　909p　23cm　①4-04-002260-2

◇長宗我部元親—信長・秀吉に挑んだ南海の雄　荒川法勝著　PHP研究所　1995.12　358p　15cm（PHP文庫）　640円　①4-569-56833-5

◇戦国の名脇役たち—乱世に輝いた九つの才能　武光誠著　PHP研究所　1995.6　251p　15cm（PHP文庫）　460円　①4-569-56770-3

◇徳島県人名事典　徳島　徳島新聞社　1994.6　2冊（別冊とも）　27cm　〈別冊（384p）：徳島県歴史人物鑑〉　32000円　①4-88606-022-6

◇元親記　泉淳著　勉誠社　1994.6　212p　20cm　（日本合戦騒動叢書6）　2060円　①4-585-05106-6

◇危機突破の発想—戦国武将は知恵で勝つ　小和田哲男著　日本経済新聞社　1992.9　212p　19cm　1500円　①4-532-16072-3

◇長宗我部元親　徳永真一郎著　光文社　1992.1　374p　15cm　（光文社時代小説文庫）　560円　①4-334-71462-5

◇長宗我部元親　徳永真一郎著　改訂版　青樹社　1991.12　289p　19cm　1400円　①4-7913-0679-1

◇図説 高知県の歴史　山本大編　河出書房新社　1991.11　271, 35p　26cm　（図説日本の歴史 39）　5400円　①4-309-61139-7

◇城下町にねむる群像の野望　戸部新十郎, 小林久三, 篠田達明, 田中誠三郎, 安西篤子, 釼川兼光, 片岡文雄著　ぎょうせい　1991.5　223p　19cm　（ふるさと歴史舞台 2）　2000円　①4-324-02510-X

◇東西決戦編　桑田忠親著　秋田書店　1989.10　238p　19cm　（新編 日本武将列伝 5）　1500円　①4-253-00366-4

◇長宗我部元親のすべて　山本大編　新人物往来社　1989.8　268p　20cm　〈長宗我部元親年譜・長宗我部氏関係文献目録：p248～264〉　2300円　①4-404-01624-7

◇長宗我部元親　徳永真一郎著　青樹社　1989.3　289p　19cm　1200円　①4-7913-0498-5

◇「裏切り」の研究—謀略のバランスシート　新井英生著　政界往来社　1988.3　244p　19cm　1300円　①4-915303-28-4

◇長宗我部元親　山本大著　吉川弘文館　1988.1　271p　19cm　（人物叢書 新装版）〈新装版　長宗我部元親の肖像あり　叢書の編者：日本歴史学会　長宗我部元親略年譜・主要参考文献：p259～271〉　1800円　①4-642-05103-1

◇戦国おもしろ読本—武将の謎・逸話・真実　桑田忠親著　広済堂出版　1987.5　265p　15cm　（広済堂文庫）　400円　①4-331-65020-0

◇戦国名将 生き方の極意　西東玄著　PHP研究所　1987.5　245p　15cm　（PHP文庫）　450円　①4-569-26110-8

◇戦国名将に学ぶ勝ち残りの戦略—状況の読み方・生かし方　風巻紘一著　三笠書房　1986.12　300p　15cm（知的生き方文庫）　440円　①4-8379-0135-2

◇歴史のなかの下剋上　嶋岡晨著　名著刊行会　1986.11　304p　19cm　1500円　①4-8390-0228-0

◇土佐人物ものがたり　窪田善太郎, 塩田正年, 中田正幸, 吉本青司編　高知　高知新聞社, 高新企業〔発売〕　1986.3　199p　19cm　（がいどこうち 5）　1200円

◇戦国大名系譜人名事典　西国編　山本大, 小和田哲男編　新人物往来社　1986.1　563p　22cm　7500円　①4-404-01316-7

◇愛媛県百科大事典　愛媛新聞社編　松山　愛媛新聞社　1985.6　2冊　30cm　全41000円

◇香川県人物・人名事典　四国新聞社出版委員会編　高松　四国新聞社　1985.6　384p　27cm　5000円　①4-915604-07-1

◇香川県大百科事典　四国新聞社出版委員会編　高松　四国新聞社　1984.4　1216p　31cm　25000円

◇徳島県百科事典　徳島新聞社調査事業局編　徳島　徳島新聞社　1981.1　1051p　27cm　20000円

◇高知県百科事典　高知　高知新聞社 高新企業出版部(製作)　高新企業(発売)　1976　987p　28cm　12000円

◇元親記　髙島正重著　高知　高知県立図書館　1967　69丁　図版　27cm　（土佐文学複刻集成 第1巻 土佐文学研究会編）〈高知県立図書館蔵本の複製　和装〉1000円

◇長宗我部元親　平尾道雄著　人物往来社　1966　261p　図版　19cm　（日本の武将 46）　480円

◇長宗我部元親　山本大著　吉川弘文館　1960　271p　図版 地図　18cm　（人物叢書 第57)

安国寺 恵瓊　あんこくじ えけい

　天文7年(1538年)～慶長5年(1600年)　僧侶(臨済宗)。安芸国(広島県)の人。俗姓は武田。字は瑤甫、別号に一任斎。安芸国守護職武田氏の一族の出で、幼少時に安芸安国寺に入り得度。のち武田氏の滅亡に際して京都東福寺に入り、竺雲恵心に師事したのち、永禄12年(1569年)安国寺住持となる。この間、毛利氏について北九州に従軍し、永禄12年(1569年)立花城攻略のために活躍したのをはじめ、外交僧として諸大名と毛利氏との間を斡旋・調停した。天正元年(1573年)足利義昭の帰洛を織田信長に周旋。天正10年(1582年)には毛利輝元と豊臣秀吉の講和を成立させて秀吉の信任を得、直臣の大名として取り立てられ、伊予和気郡2万3000石(後に6万石)を与えられた。文禄・慶長の役では従軍僧として渡海して活躍したが、毛利氏の顧問という立場に変化はなかった。一方、天正7年(1579年)東福寺退耕庵主を経て、慶長3年(1598年)東福寺、慶長5年(1600年)南禅寺の住持となり、中央禅林の最高位に就く。また備後安国寺、東福寺竜眠菴、東福寺庫裏を再建し、厳島大願寺、安芸新安国寺を建立するなどの功績を残した。慶長5年(1600年)関ヶ原の戦いで西軍について敗北し、京都六条河原で斬首。

◇戦国軍師の知略―将を動かし勝機を掴む　中江克己著　青春出版社　2008.6　188p　18×11cm　（青春新書インテリジェンス）730円　①978-4-413-04205-5

◇後継学―戦国父子に学ぶ　加来耕三著　時事通信出版局, 時事通信社〔発売〕　2006.12　301p　19cm　1800円　①4-7887-0673-3

◇戦国の影法師―もうひとつの意外人物列伝　武田鏡村著　三修社　2006.4　207p　19cm　1600円　①4-384-03809-7

◇名将の陰に名僧あり―戦国時代を生き抜いた知恵と戦略　百瀬明治著　祥伝社　2006.2　243p　15cm　（祥伝社黄金文庫）571円　①4-396-31398-5

◇乱世を生きぬいた漢たち 戦国武将55の名

言　秋庭道博著　学習研究社　2001.12　230p　15cm　(学研M文庫)　530円　①4-05-901098-7

◇黒衣の参謀列伝　武田鏡村著　学習研究社　2001.5　267p　15cm　(学研M文庫)〈『黒衣の参謀学』改題書〉　570円　①4-05-901053-7

◇角川日本姓氏歴史人物大辞典　26　京都市姓氏歴史人物大辞典　竹内理三ほか編纂　京都市姓氏歴史人物大辞典編纂委員会編著　角川書店　1997.9　909p　23cm　①4-04-002260-2

◇武将と名僧　百瀬明治著　清流出版　1996.3　222p　19cm　1600円　①4-916028-17-1

◇京都事典　村井康彦編　東京堂出版　1993.10　495p　21cm〈新装版〉2900円　①4-490-10355-7

◇こんな男が乱世に勝つ―戦国武将に学ぶ　早乙女貢著　広済堂出版　1993.3　251p　18cm　(広済堂ブックス)　780円　①4-331-00599-2

◇黒衣の参謀学―歴史をあやつった11人の僧侶　武田鏡村著　徳間書店　1993.1　243p　19cm　1500円　①4-19-225073-X

◇日本仏教人名辞典　日本仏教人名辞典編纂委員会編　京都　法藏館　1992.1　887, 117p　26cm〈法藏館140年(丁字屋370年)創業記念出版〉25000円　①4-8318-7007-2

◇名将を支えた戦国の異能群団―雑賀衆から柳生一族まで覇権に隠された群雄の知略　桐野作人著　日本文芸社　1991.7　238p　18cm　(ラクダブックス)　780円　①4-537-02245-0

◇茶道人物辞典　原田伴彦編　柏書房　1991.1　290, 22p　22cm〈新装版〉4944円　①4-7601-0620-0

◇安国寺恵瓊　河合正治著　吉川弘文館　1989.7　153p　19cm　(人物叢書 新装版)〈新装版 折り込図1枚 叢書の編者：日本歴史学会〉1350円　①4-642-05164-3

◇ブレーンの力―武将の戦略を支えた名僧たち　百瀬明治著　佼成出版社　1988.11　213p　19cm　1200円　①4-333-01372-0

◇戦国武将名言集　桑田忠親著　広済堂出版　1987.11　250p　15cm　(広済堂文庫)　400円　①4-331-65026-X

◇日本仏教人名辞典　斎藤昭俊, 成瀬良徳編著　新人物往来社　1986.5　494p　22cm〈日本仏教関係年譜：p466〜494〉8500円　①4-404-01351-5

◇交渉　佐々克明ほか著　旺文社　1986.3　293p　19cm　(ブレーン：歴史にみる群像 3)　1300円　①4-01-071413-1

◇京都大事典　佐和隆研ほか編集　京都　淡交社　1984.11　1083, 91p　27cm　12000円　①4-473-00885-1

◇広島県大百科事典　中国新聞社編　広島　中国新聞社　1982.11　2冊　30cm

◇和漢詩歌作家辞典　森忠重著　みづほ出版　1972　952p　図　19cm〈日中対照文化・文学史年表：p.921-952〉3500円

◇安国寺恵瓊　河合正治著　吉川弘文館　1959　153p　図版　地図　18cm　(人物叢書 第32 日本歴史学会編)

長宗我部 盛親
ちょうそがべ もりちか

天正3年(1575年)〜元和元年(1615年)5月15日　武将。土佐国長岡郡岡豊(高知県)の人。幼名は千熊丸、通称は右衛門太郎、新右衛門。別名は大岩祐夢。長宗我部元親の四男、母は斎藤氏。豊臣秀吉に従い、小田原征伐、文禄・慶長の役に父と共に従軍。慶長2年(1597年)元親と連名で分国法「長宗我部元親百箇条」を発布。慶長4年(1599年)父の死により家督を継承。慶長5年(1600年)関ヶ原の戦いでは西軍に属し、戦わずして帰国。戦後領国を没収され、大岩祐夢の名で京都の寺子屋の師匠となる。大坂冬の陣では豊臣秀頼の招きで豊臣方について参陣するが、夏の陣で敗れて捕らえられ、京の大路引回しのうえ六条河原で斬首された。

＊　　＊　　＊

◇長宗我部盛親―土佐武士の名誉と意地　開館15周年関連企画展　高知県立歴史民俗資料館編　南国　高知県立歴史民俗資料

館　2006.10　96p　30cm　〈会期・会場：平成18年10月7日―11月26日　高知県立歴史民俗資料館　年表あり〉

◇長宗我部元親・盛親の栄光と挫折―企画展　高知県立歴史民俗資料館編　南国　高知県立歴史民俗資料館　2001.10　77p　30cm　〈山内一豊入国400年共同企画　ひと・もの・こころ―土佐の近世　会期：平成13年10月19日―12月16日　年表あり　文献あり〉

◇高知県人名事典　『高知県人名事典新版』刊行委員会編　新版〔高知〕　高知新聞社　1999.9　972p　27cm　19048円　①4-87503-285-4

◇長宗我部盛親　寺石正路著　高知　土佐史談会　1986.10　109,〔3〕p　18cm　〈大正14年刊の複製〉

◇戦国大名系譜人名事典　西国編　山本大,小和田哲男編　新人物往来社　1986.1　563p　22cm　7500円　①4-404-01316-7

◇京都大事典　佐和隆研ほか編集　京都　淡交社　1984.11　1083,91p　27cm　12000円　①4-473-00885-1

◇高知県百科事典　高知　高知新聞社 高新企業出版部(製作) 高新企業(発売)　1976　987p　28cm　12000円

明石 掃部
あかし かもん

?～元和4年(1618年)?
キリシタン武将。名は守重、号は全登、全薑。洗礼名はジョアン。備前の宇喜多秀家に仕え、家臣として重きをなす。妻は秀家の姉。慶長元年(1596年)頃に大坂でキリスト教に帰依。慶長5年(1600年)関ヶ原の戦いでは西軍に属し、敗戦後は九州に逃れて黒田氏領内の筑前国秋月で隠棲。慶長19年(1614年)大坂の陣が起こると、豊臣秀頼の招きに応じて大坂城に入り、真田幸村、長宗我部盛親らと共に"大坂五人衆"と呼ばれて活躍。大坂落城後戦死とも、逃亡潜伏後元和4年(1618年)に病死したともいわれる。

＊　　＊　　＊

◇明石掃部　森本繁著　学習研究社　2006.12　269p　15cm　(学研M文庫)　650円　①4-05-900453-7

◇明石掃部の謎―神出鬼没のキリシタン武将　小林久三著　PHP研究所　1997.12　220p　18cm　(PHP business library History)　819円　①4-569-55938-7

◇戦国大名家臣団事典　西国編　山本大,小和田哲男編　新人物往来社　1981.8　414p　22cm　6800円

吉川 広家
きっかわ ひろいえ

永禄4年(1561年)～寛永2年(1625年)
武将。安芸国山県郡(広島県)の人。吉川元春の三男。初名は経言。通称蔵人頭。毛利氏の武将として各地を転戦。天正15年(1587年)兄吉川元長の死であとを継ぐ。豊臣秀吉の九州出征の際に活躍、豊前・肥前国一揆等を鎮圧。天正19年(1591年)秀吉より伯耆、出雲、安芸の諸所領および隠岐国を宛行われた。同年安芸新庄を離れ、出雲富田城主となる。慶長5年(1600年)関ヶ原の戦いでは毛利氏の存続をはかって徳川氏に内通し、毛利方の参戦を阻止して本宗を保った。毛利氏から3万石を分知され、岩国に築城して岩国藩を創設、毛利氏支藩岩国藩の初代藩主となった。

＊　　＊　　＊

◇無念の思い―歴史に紛れた人たち　杉本景史著　健友館　2003.9　139p　19cm　1100円　①4-7737-0821-2

◇島根県歴史人物事典　山陰中央新報社島根県歴史人物事典刊行委員会企画・編集　松江　山陰中央新報社　1997.11　737,36p　27cm　22000円　①4-87903-062-7

◇歴史の散歩道―岩国藩始祖吉川広家公編　じゃげな会編　岩国　じゃげな会　1995.8　32p　26cm

◇角川日本姓氏歴史人物大辞典　35　山口県　竹内理三ほか編纂　山口県姓氏歴史人物大辞典編纂委員会編著　角川書店　1991.12　717p　23cm　〈山口県参考資料・図書目録：p643～663　山口県歴史年表：p679～715〉　14000円　①4-04-002350-1

中国・四国

◇茶道人物辞典　原田伴彦編　柏書房　1991.1　290, 22p　22cm　〈新装版〉4944円　①4-7601-0620-0

◇天下平定編　桑田忠親著　秋田書店　1989.10　249p　19cm　（新編 日本武将列伝 6）　1500円　①4-253-00367-2

◇寝返りの戦国史―「裏切り」に生死を賭けた男たちの光と影　寺林峻著　日本文芸社　1988.10　237p　19cm　(舵輪ブックス)　730円　①4-537-02119-5

◇歴史紀行 安芸吉川氏　中国新聞社編著　新人物往来社　1988.6　222p　19cm　2000円　①4-404-01517-8

◇戦国大名系譜人名事典　西国編　山本大, 小和田哲男編　新人物往来社　1986.1　563p　22cm　7500円　①4-404-01316-7

◇鳥取県大百科事典　新日本海新聞社鳥取県大百科事典編集委員会編　鳥取　新日本海新聞社　1984.11　1101, 74p 図版16枚　27cm　〈折り込み図1枚〉　30000円

◇山口県百科事典　山口県教育会編　大和書房　1982.4　1001, 45p　28cm　23000円

◇戦国大名家臣団事典　西国編　山本大, 小和田哲男編　新人物往来社　1981.8　414p　22cm　6800円

毛利 輝元
もうり てるもと

天文22年(1553年)～寛永2年(1625年)4月27日　武将。安芸国高田郡(広島県)の人。毛利元就の孫、毛利隆元の長男。幼名は幸鶴丸、法名は宗瑞。永禄6年(1563年)家督をつぎ、はじめ元就の後見を受ける。京都を追われた将軍足利義昭を迎えた他、石山本願寺攻撃に際しては本願寺を援助する等、織田信長と対立。天正5年(1577年)羽柴(豊臣)秀吉と播磨、因幡に戦うが、天正10年(1582年)備中高松で講和。以後は秀吉に従い、九州従軍などにより9ヵ国112万石を与えられる。慶長3年(1598年)五大老となる。慶長5年(1600年)関ヶ原の戦いでは西軍の総大将に推され、豊臣秀頼を擁して大坂城に入城。敗戦後は周防・長門の2国37万石に大きく減封され、剃髪して子の秀就に家督を譲ったが、藩政を実質的に握り続けた。

　　　＊　　　＊　　　＊

◇秀吉の接待―毛利輝元上洛日記を読み解く　二木謙一著　学習研究社　2008.2　318p　18cm　（学研新書）　840円　①978-4-05-403468-6

◇江戸人のこころ　山本博文著　角川学芸出版, 角川グループパブリッシング〔発売〕　2007.9　210p　19cm　(角川選書)　1400円　①978-4-04-703415-0

◇図説 戦国武将のあの人の「その後」―「関ヶ原」「本能寺」…事件が変えた男たちの運命　日本博学倶楽部著　PHP研究所　2003.11　95p　26cm　952円　①4-569-63217-3

◇黒衣の参謀列伝　武田鏡村著　学習研究社　2001.5　267p　15cm　(学研M文庫)　〈『黒衣の参謀学』改題書〉　570円　①4-05-901053-7

◇歴史に学ぶ組織活用 生き残りの戦略　田原総一朗, 井沢元彦, 小和田哲男, 新宮正春, 高野澄, 多岐川恭, 百瀬明治著　学習研究社　2000.9　317p　15cm　(学研M文庫)〈『歴史の教訓 生き残りの戦略』第1巻「組織活用力が勝敗を決める」改訂・改題書〉　570円　①4-05-901012-X

◇異聞関ケ原合戦　古川薫著　文芸春秋　2000.4　246p　19cm　1714円　①4-16-356170-6

◇毛利輝元卿伝　渡辺世祐監修, 三卿伝編纂所編　特装限定版　徳山　マツノ書店　1999.10　728, 22p　22cm　〈肖像あり〉　15000円

◇歴史に学ぶ「勝者」の組織革命　堺屋太一著　集英社　1999.7　265p　15cm　(集英社文庫)　476円　①4-08-747084-9

◇島根県歴史人物事典　山陰中央新報社島根県歴史人物事典刊行委員会企画・編集　松江　山陰中央新報社　1997.11　737, 36p　27cm　22000円　①4-87903-062-7

◇勝ち抜く戦略生き残る知恵―武将に学ぶ不況時代を乗り切る生き方のヒント　祖田浩一著　日本文芸社　1994.7　238p　19cm　1200円　①4-537-02420-8

◇組織活用力が勝敗を決める　井沢元彦,百瀬明治,小和田哲男,新宮正春,多岐川恭,高野澄著　学習研究社　1994.2　268p　19cm　(生き残りの戦略 第1巻)　1800円　①4-05-400178-5

◇黒衣の参謀学—歴史をあやつった11人の僧侶　武田鏡村著　徳間書店　1993.1　243p　19cm　1500円　①4-19-225073-X

◇日本史大逆転—もしも…あの時　奈良本辰也ほか著　天山出版,大陸書房〔発売〕　1992.5　257p　18cm　(天山ブックス)　800円　①4-8033-3510-9

◇角川日本姓氏歴史人物大辞典　35　山口県　竹内理三ほか編纂　山口県姓氏歴史人物大辞典編纂委員会編著　角川書店　1991.12　717p　23cm　〈山口県参考資料・図書目録：p643〜663 山口県歴史年表：p679〜715〉　14000円　①4-04-002350-1

◇毛利・親鸞子鷹孫鳶　森本繁著　叢文社　1991.12　294p　19cm　(現代を拓く歴史名作シリーズ)　1600円　①4-7947-0185-3

◇茶道人物辞典　原田伴彦編　柏書房　1991.1　290, 22p　22cm　〈新装版〉　4944円　①4-7601-0620-0

◇天下平定編　桑田忠親著　秋田書店　1989.10　249p　19cm　(新編 日本武将列伝 6)　1500円　①4-253-00367-2

◇戦国大名系譜人名事典　西国編　山本大,小和田哲男編　新人物往来社　1986.1　563p　22cm　7500円　①4-404-01316-7

◇鳥取県大百科事典　新日本海新聞社鳥取県大百科事典編集委員会編　鳥取　新日本海新聞社　1984.11　1101, 74p 図版16枚　27cm　〈折り込図1枚〉　30000円

◇広島県大百科事典　中国新聞社編　広島　中国新聞社　1982.11　2冊　30cm

◇山口県百科事典　山口県教育会編　大和書房　1982.4　1001, 45p　28cm　23000円

◇毛利輝元卿伝　三卿伝編纂所編　徳山　マツノ書店　1982.1　728, 22p　22cm　〈監修：渡辺世祐　毛利輝元の肖像あり　限定版〉　9500円

宇喜多 秀家
うきた ひでいえ

天正元年(1573年)〜明暦元年(1655年)11月20日

武将。備前国岡山(岡山県)の人。幼名は八郎、初名は家氏。宇喜多直家の子。父の死後豊臣秀吉に養われ、天正10年(1582年)家督をつぎ、四国平定、九州討伐、小田原征伐に従軍して功をあげ、朝鮮出兵では明の将李如松を破る。のち五大老に列するが、慶長5年(1600年)関ヶ原の戦いで西軍について敗北すると薩摩に潜伏。慶長8年(1603年)死罪を免れて駿河国久能山に幽閉となり、のち八丈島に流罪となり、在島49年の後、八丈島で没した。

＊　　　＊　　　＊

◇関ヶ原合戦「武将」たちの言い分—天下分け目の行動学　岳真也著　PHP研究所　2007.8　408p　15cm　(PHP文庫)　686円　①978-4-569-66851-2

◇日本史人物「第二の人生」発見読本　楠木誠一郎著　彩流社　2007.3　222p　19cm　1500円　①978-4-7791-1009-2

◇封印された戦国名城史—知られざる城盗り物語　井沢元彦著　ベストセラーズ　2007.2　300p　15cm　(ワニ文庫)　676円　①978-4-584-39240-9

◇骨肉 父と息子の日本史　森下賢一著　文芸春秋　2005.7　262p　18cm　(文春新書)　750円　①4-16-660453-8

◇封じ込められた宇喜多秀家とその一族—豊臣五大老(戦国武将)　浮田丈男著　文芸社　2000.12　83p　19cm　〈肖像あり〉　1000円　①4-8355-1132-8

◇優しい侍　東秀紀著　講談社　1999.8　270p　19cm　1800円　①4-06-209770-2

◇宇喜多秀家—備前物語　津本陽著　文芸春秋　1997.12　605p　19cm　2095円　①4-16-317380-3

◇宇喜多秀家—秀吉が夢を託した男　野村敏雄著　PHP研究所　1996.9　323p　15cm　(PHP文庫)　600円　①4-569-56929-3

◇秀家　赤木駿介著　富士見書房　1996.6
299p　19cm　1800円　①4-8291-7318-1

◇岡山県歴史人物事典　岡山県歴史人物事典編纂委員会編　岡山　山陽新聞社　1994.10　1254p　27cm　①4-88197-509-9

◇乱世に躍る武将群像　古川薫著　PHP研究所　1991.9　252p　19cm　1400円　①4-569-53259-4

◇茶道人物辞典　原田伴彦編　柏書房　1991.1　290, 22p　22cm　〈新装版〉4944円　①4-7601-0620-0

◇東西決戦編　桑田忠親著　秋田書店　1989.10　238p　19cm　（新編　日本武将列伝 5）　1500円　①4-253-00366-4

◇戦国宇喜多一族　立石定夫著　新人物往来社　1988.10　437p　19cm　2500円　①4-404-01511-9

◇戦国大名系譜人名事典　西国編　山本大, 小和田哲男編　新人物往来社　1986.1　563p　22cm　7500円　①4-404-01316-7

◇岡山県大百科事典　岡山　山陽新聞社　1980.1　2冊　27cm　全40000円

◇岡山人名事典　吉岡三平監修　岡山　日本文教出版　1978.2　466p　19cm

九州・琉球

尚 真
しょうしん

　尚徳5年(1465年)～尚真50年(1526年)12月11日　琉球国王(第二尚氏王統第7代)。尚徳5年・文明9年(1477年)琉球王国第二尚氏王朝第3代の王として即位。以来、歴代国王の中で最も長い50年の治世の間に、仏教の統制、八重山征討と属島支配の強化、按司の武装解除と首里集住、身分制の確立、政教分離、外国貿易の活発化などの様々な施策を行い、国王を頂点とする中央集権を確立し、琉球王国の黄金時代を築いた。

　　　　＊　　　＊　　　＊

◇角川日本姓氏歴史人物大辞典　47　沖縄県姓氏家系大辞典　竹内理三ほか編纂　沖縄県姓氏家系大辞典編纂委員会編著　角川書店　1992.10　795p　23cm　〈沖縄県人事関係参考図書目録：p669～690〉　14000円　①4-04-002470-2

◇沖縄大百科事典　沖縄大百科事典刊行事務局編　那覇　沖縄タイムス社　1983.5　4冊　27cm　〈付(別冊 16p 26cm)：『沖縄大百科事典』の手引き 付(地図2枚)〉　全55000円

島津 忠良
しまづ ただよし

　明応元年(1492年)～永禄11年(1568年)12月13日

　武将。薩摩国(鹿児島県)の人。幼名菊三郎。相模守。号梅岳。法名愚谷軒日新(じつしん)。伊作家島津善久の子であるが、父の没後に母が相州家島津運久と再婚したため伊作・相州両家領主となる。長男貴久を島津宗家の後嗣にし、薩摩・大隅・日向の統一達成を援助し、二男政久は佐土原家の祖となった。神儒仏の合一、四書五経と朱子学の推奨、自作の「いろは御歌」の作成などで家臣団統率にあたり、近世大名島津氏の領国形成の精神的な基盤をつくった。

　　　　＊　　　＊　　　＊

◇日本芸能人名事典　倉田喜弘, 藤波隆之編　三省堂　1995.7　1040, 55p　22cm　9800円　①4-385-15447-3

◇角川日本姓氏歴史人物大辞典　46　鹿児島県姓氏家系大辞典　竹内理三ほか編纂　鹿児島県姓氏家系大辞典編纂委員会編著　角川書店　1994.11　909p　23cm　16000円　①4-04-002460-5

◇日本音楽大事典　平凡社　1989.3　1034, 112, 46p　27cm　〈監修：平野健次ほか 折り込図2枚〉　22000円　①4-582-10911-X

◇戦国武将を支えた信仰―生死を超越した不退転の決意　風巻絃一著　日本文芸社　1987.10　241p　19cm　980円　①4-537-02076-8

◇戦国名将 生き方の極意　西東玄著　PHP研究所　1987.5　245p　15cm　(PHP文庫)　450円　①4-569-26110-8

◇戦国武将の家訓　佐藤和夫著　新人物往来社　1986.9　300p　19cm　2300円　①4-404-01382-5

◇戦国大名系譜人名事典　西国編　山本大, 小和田哲男編　新人物往来社　1986.1　563p　22cm　7500円　①4-404-01316-7

◇いろは歌と島津日新公　相徳隆著　加世田　加世田商工会議所　1984.11　231p　22cm　〈編集：加世田市　日新公の肖像あり〉

◇鹿児島大百科事典　南日本新聞社鹿児島大百科事典編纂室編　鹿児島　南日本新聞社　1981.9　1181p 図版16枚　31cm　〈折り込図1枚 付(63p)：別冊〉　29000円

◇ぼさつ日新公　橋口純美編　加世田　竹田神社　1967.2　137p　22cm　〈折り込図1枚〉　非売品

種子島 時堯
たねがしま ときたか

享禄元年(1528年)〜天正7年(1579年)
武将。大隅国種子島(鹿児島県)の人。初名は直時。犬楠丸、左兵衛尉、弾正忠、左近将監、可釣と称す。大隅国種子島の領主。天文12年(1543年)種子島に漂着したポルトガル人から鉄砲二挺を入手。八板清定に鉄砲の製法を学ばせて国産化を図り、また笹川秀重に火薬の製造や調合を命じるなど、洋式鉄砲の伝来を受けて鉄砲普及の端緒を開いた。弘治元年(1555年)島津氏と共に蒲生氏攻めに従い、娘は島津義久に嫁した。永禄3年(1560年)子の時次に家督を譲ったが、時尭の死亡により家督に復した。

*　　　*　　　*

◇鉄砲無頼伝　津本陽著　角川書店　2000.2　301p　15cm　(角川文庫)〈『鉄砲無頼記』改題書〉　590円　①4-04-171318-8

◇角川日本姓氏歴史人物大辞典　46　鹿児島県姓氏家系大辞典　竹内理三ほか編纂　鹿児島県姓氏家系大辞典編纂委員会編著　角川書店　1994.11　909p　23cm　16000円　①4-04-002460-5

◇戦国大名系譜人名事典　西国編　山本大,小和田哲男編　新人物往来社　1986.1　563p　22cm　7500円　①4-404-01316-7

◇鹿児島大百科事典　南日本新聞社鹿児島大百科事典編纂室編　鹿児島　南日本新聞社　1981.9　1181p　図版16枚　31cm　〈折り込図1枚 付(63p)：別冊〉　29000円

◇戦国大名家臣団事典　西国編　山本大,小和田哲男編　新人物往来社　1981.8　414p　22cm　6800円

龍造寺 隆信
りゅうぞうじ たかのぶ

享禄2年(1529年)〜天正12年(1584年)3月24日
武将。肥前国(佐賀県)の人。前名は胤信、隆胤。龍造寺氏の支族水ヶ江周家の子。幼時に出家したが、天文15年(1546年)曽祖父家兼の死に伴い還俗して水ヶ江龍造寺氏を継承、民部大輔隆胤と称す。天文17年(1548年)胤栄の死により宗家を継ぐ。天文19年(1550年)大内氏から加冠を受け、山城守隆信と称す。天文20年(1551年)旧臣の土橋栄益らに追われて筑後に退くが、天文22年(1553年)佐賀城、水ヶ江城を奪還。永禄元年(1558年)少弐時尚を討ち、元亀元年(1570年)大友宗麟を破って天正年間の初め頃には肥前一国をほぼ平定し、島津・大友氏と並ぶ戦国大名となる。天正12年(1584年)島津・有馬氏との戦いで敗死。

*　　　*　　　*

◇龍造寺隆信―五州二島の太守　川副博著,川副義敦考訂　佐賀　佐賀新聞社　2006.10　386p　19cm　〈人物往来社1967年刊の増訂　年譜あり〉　1800円　①4-88298-161-0

◇九州戦国の武将たち　吉永正春著　福岡　海鳥社　2000.11　292p　22×16cm　2300円　①4-87415-321-6

◇筑後戦国史　吉永正春著　二版　葦書房　1997.9　246p　19cm　1900円　①4-7512-0685-0

◇肥陽軍記　原田種真著　勉誠社　1994.6　259p　20cm　(日本合戦騒動叢書 5)　2470円　①4-585-05105-8

◇東西決戦録　桑田忠親著　秋田書店　1989.10　238p　19cm　(新編 日本武将列伝 5)　1500円　①4-253-00366-4

◇戦国武将の遺書　桑田忠親著　広済堂出版　1988.7　246p　15cm　(広済堂文庫)　420円　①4-331-65035-9

◇戦国武将名言集　桑田忠親著　広済堂出版　1987.11　250p　15cm　(広済堂文庫)　400円　①4-331-65026-X

◇戦国大名系譜人名事典　西国編　山本大,小和田哲男編　新人物往来社　1986.1　563p　22cm　7500円　①4-404-01316-7

◇龍造寺隆信　川副博著　人物往来社　1967　366p　図版　19cm　(日本の武将 45)　540円

戸次 鑑連
べっき あきつら

永正13年(1516年)〜天正13年(1585年)

武将。豊後国(大分県)の人。幼名は八幡丸。初名は守親、親俊。後名は立花鑑連。号は立花道雪。大友義鎮(宗麟)の加判衆で勇将として武名をはせた。永禄6年(1563年)毛利との和平に活躍。永禄11年(1568年)主君の命により立花鑑載を滅ぼし、筑前国立花城を奪い、筑前一国を支配した。元亀2年立花家をついで立花鑑連を名乗る。その後、宗像氏、原田氏を鎮圧するなど各地を転戦し、陣中で没した。鑑連は若くして雷にうたれて足を傷つけたため手輿に乗って軍陣の指揮をしたとされるが、疑問視する説もある。

＊　＊　＊

◇九州戦国の武将たち　吉永正春著　福岡　海鳥社　2000.11　292p　22×16cm　2300円　⑪4-87415-321-6
◇小説 立花宗茂　上巻　童門冬二著　学陽書房　2000.6　263p　19cm　1500円　⑪4-313-85136-4
◇立花宗茂―秀吉が天下無双と讃えた戦国武将　八尋舜右著　PHP研究所　2000.6　479p　15cm　(PHP文庫)〈『小説 立花宗茂』改題書〉　743円　⑪4-569-57421-1
◇立花宗茂　河村哲夫著　福岡　西日本新聞社　1999.9　277p　19cm　(西日本人物誌 13)〈年譜あり　文献あり〉　1500円　⑪4-8167-0488-4
◇筑前立花城興亡史　吉永正春著　福岡　西日本新聞社　1998.12　269p　19cm　1600円　⑪4-8167-0474-4
◇炎の軍扇 立花道雪　西津弘美著　改訂版　叢文社　1998.2　401p　19cm　1800円　⑪4-7947-0281-7
◇大分県歴史人物事典〔大分〕　大分合同新聞社　1996.8　581p　27cm　〈創刊一一〇周年記念〉
◇炎の軍扇立花道雪　西津弘美著　叢文社　1994.12　373p　19cm　1800円　⑪4-7947-0230-2
◇現代語訳 名将言行録　軍師編　加来耕三訳　新人物往来社　1993.11　235p　19cm　2900円　⑪4-404-02064-3
◇天命を知る―乱世に輝いた男たち　白石一郎著　PHP研究所　1992.11　250p　19cm　1350円　⑪4-569-53798-7
◇戦国の軍師たち　堀和久著　文芸春秋　1990.10　278p　15cm　(文春文庫)〈『軍師の時代』改題書〉　400円　⑪4-16-749502-3
◇人心掌握の天才たち―戦国武将に学ぶリーダーの条件　童門冬二著　PHP研究所　1990.2　251p　15cm　(PHP文庫)〈『戦国武将 人心掌握の極意』改題書〉　460円　⑪4-569-56244-2
◇戦国名将 生き方の極意　西東玄著　PHP研究所　1987.5　245p　15cm　(PHP文庫)　450円　⑪4-569-26110-8
◇乱離の風―若き日の立花宗茂　滝口康彦著　文芸春秋　1986.9　390p　15cm　(文春文庫)　450円　⑪4-16-737102-2
◇戦国大名系譜人名事典　西国編　山本大,小和田哲男編　新人物往来社　1986.1　563p　22cm　7500円　⑪4-404-01316-7
◇福岡県百科事典　西日本新聞社福岡県百科事典刊行本部編　福岡　西日本新聞社　1982.11　2冊　27cm　全42000円　⑪4-8167-0029-3
◇戦国大名家臣団事典　西国編　山本大,小和田哲男編　新人物往来社　1981.8　414p　22cm　6800円

高橋 紹運
たかはし じょううん

天文17年(1548年)〜天正14年(1586年)

武将。名は鎮種。通称は孫七郎、主繕正。大友氏の一族吉弘鑑理の二男で、妻は斎藤鎮実の妹。大友宗麟の重臣として活躍。永禄12年(1569年)大友氏に反した高橋鑑種が降伏すると高橋家の家督を相続して筑前宝満、岩屋城主となり、筑前南部の軍事・行政の責任者となった。天正7年(1579年)末以来筑前各地での叛乱鎮圧のため、同北部の責任者戸次道雪とともに奔走、筑後へも遠征した。天正14年(1586年)豊臣秀吉の薩摩攻

略に先立って島津氏に岩屋城を攻められ、落城して戦死した。

　　　　＊　　　＊　　　＊

◇戦国武将の遺言36選　歴史探訪研究の会編　リイド社　2005.6　254p　15cm　(リイド文庫)　476円　①4-8458-2779-4
◇筑後戦国史　吉永正春著　二版　葦書房　1997.9　246p　19cm　1900円　①4-7512-0685-0
◇大分県歴史人物事典〔大分〕　大分合同新聞社　1996.8　581p　27cm　〈創刊一一〇周年記念〉
◇現代語訳 名将言行録　軍師編　加来耕三訳　新人物往来社　1993.11　235p　19cm　2900円　①4-404-02064-3
◇福岡県百科事典　西日本新聞社福岡県百科事典刊行本部編　福岡　西日本新聞社　1982.11　2冊　27cm　全42000円　①4-8167-0029-3
◇戦国大名家臣団事典　西国編　山本大、小和田哲男編　新人物往来社　1981.8　414p　22cm　6800円

大友 宗麟
おおとも そうりん

享禄3年(1530年)～天正15年(1587年)

武将。豊後国(大分県)の人。実名は義鎮(よししげ)、号は宗滴、三非斎、三玄齋。キリシタン大名と呼ばれるが受洗は隠居後である。洗礼名ドン・フランシスコ。大友義鑑(よしあき)の子。天文19年(1550年)家督をつぎ、豊後・肥後両国守護職を継承。さらに大内氏、菊池氏などが滅亡したため、豊後、豊前、筑後、筑前、肥後、肥前6ヵ国の守護を兼ね、九州探題にもなって全盛時代を迎える。一方でザビエルを招いてキリスト教を保護して自らも洗礼を受け、さらに、天正10年(1582年)ローマ教皇へ少年使節を派遣するなどした。しかしその後領国は、島津氏の侵略を受けて衰退の一途をたどった。

　　　　＊　　　＊　　　＊

◇大分学―移り住むなら豊の国・大分　辻野功著　明石書店　2008.6　281p　19cm　2000円　①978-4-7503-2807-2

◇武将列伝 戦国爛熟篇　海音寺潮五郎著　新装版　文芸春秋　2008.5　403p　15cm　(文春文庫)　686円　①978-4-16-713555-3
◇武将が信じた神々と仏　八幡和郎監修　青春出版社　2007.5　188p　18cm　(青春新書INTELLIGENCE)　730円　①978-4-413-04173-7
◇歴史人物・意外な「その後」―あの有名人の「第二の人生」「晩年」はこうだった　泉秀樹著　PHP研究所　2006.3　279p　15cm　(PHP文庫)　571円　①4-569-66606-X
◇九州のキリシタン大名　吉永正春著　福岡　海鳥社　2004.12　221p　21cm　2000円　①4-87415-507-3
◇大名領国支配の構造　三重野誠著　校倉書房　2003.4　286p　21cm　(歴史科学叢書)　8000円　①4-7517-3410-5
◇日本キリシタン史の研究　五野井隆史著　吉川弘文館　2002.11　377, 21p　21cm　9000円　①4-642-03376-9
◇大分と茶道―宗麟・利休の流れ 開館15周年記念展(第21回秋季特別展)　大分市歴史資料館編　大分　大分市歴史資料館　2002.10　84p　30cm　〈会期：平成14年10月25日―11月24日〉
◇戦国武将にみる混迷変革期突破―人間の行動原理は昔も今も欲　米田一雄著　福岡　西日本新聞社　2001.11　254p　19cm　1524円　①4-8167-0539-2
◇九州戦国の武将たち　吉永正春著　福岡　海鳥社　2000.11　292p　22×16cm　2300円　①4-87415-321-6
◇完訳フロイス日本史―大友宗麟篇　宗麟の死と嫡子吉統の背教　ルイス・フロイス著、松田毅一, 川崎桃太訳　中央公論新社　2000.8　334p　15cm　(中公文庫)　1143円　①4-12-203587-2
◇完訳フロイス日本史―大友宗麟篇　宗麟の改宗と島津侵攻　ルイス・フロイス著, 松田毅一, 川崎桃太訳　中央公論新社　2000.7　326p　15cm　(中公文庫)　1143円　①4-12-203586-4
◇完訳フロイス日本史―大友宗麟篇　ザビ

◇エル来日と初期の布教活動　ルイス・フロイス著, 松田毅一, 川崎桃太訳　中央公論新社　2000.6　282p　15cm　（中公文庫）　1048円　①4-12-203585-6
◇楽しく調べる人物図解日本の歴史―戦国・安土桃山時代　知っててほしい天下統一に活躍した人びと　佐藤和彦監修　あかね書房　2000.4　47p　30cm　3200円　①4-251-07934-5
◇戦国武将　別冊宝島編集部編　宝島社　2000.1　317p　15cm　（宝島社文庫）〈別冊宝島『よみがえる戦国武将伝説』改訂・改題書〉　600円　①4-7966-1681-0
◇花の反逆　大友宗麟の妻　水上あや著　叢文社　2000.1　270p　19cm　1600円　①4-7947-0327-9
◇宗麟自伝―青雲怒濤の巻　竹下勇著　叢文社　1999.11　287p　19cm　2000円　①4-7947-0318-X
◇王国燃ゆ―小説大友宗麟　赤瀬川隼著　学陽書房　1999.8　331p　15cm　（人物文庫）　660円　①4-313-75089-4
◇大友二階崩れ　高橋直樹著　文芸春秋　1998.8　290p　19cm　1714円　①4-16-317930-5
◇筑後戦国史　吉永正春著　二版　葦書房　1997.9　246p　19cm　1900円　①4-7512-0685-0
◇バテレンと宗麟の時代　加藤知弘著　福岡　石風社　1996.11　425p　20cm　〈参考文献：p421～425〉　3090円　①4-88344-016-8
◇大分県歴史人物事典　〔大分〕　大分合同新聞社　1996.8　581p　27cm　〈創刊一一〇周年記念〉
◇戦国夜話―こころの風景　遠藤周作著　小学館　1996.6　157p　18cm　1000円　①4-09-840040-5
◇大友宗麟―戦国乱世の英傑　芦刈政治文, 仲築間英人絵, 大分県立先哲史料館編　〔大分〕　大分県教育委員会　1996.3　218p　19cm　（大分県先哲叢書）〈普及版　大友宗麟の肖像あり　折り込図1枚〉
◇大友宗麟　王道幻想の巻　御手洗一而著　新人物往来社　1995.11　353p　19cm　2500円　①4-404-02313-8
◇大友宗麟　竹本弘文著, 大分県立先哲史料館編　〔大分〕　大分県教育委員会　1995.3　264p　19cm　（大分県先哲叢書）〈監修：渡辺澄夫　大友宗麟の肖像あり〉　非売品
◇大友宗麟―道を求め続けた男　風早恵介著　PHP研究所　1994.12　298p　15cm　（PHP文庫）　600円　①4-569-56719-3
◇大友宗麟―資料集　第3巻　大分県教育庁文化課編　〔大分〕　大分県教育委員会　1994.3　273p　22cm　（大分県先哲叢書）　非売品
◇大友宗麟―資料集　第4巻　大分県教育庁文化課編　〔大分〕　大分県教育委員会　1994.3　371p　22cm　（大分県先哲叢書）　非売品
◇大友宗麟―資料集　第5巻　大分県教育庁文化課編　〔大分〕　大分県教育委員会　1994.3　274p　22cm　（大分県先哲叢書）　非売品
◇大友宗麟　毛利合戦の巻　御手洗一而著　新人物往来社　1993.10　290p　19cm　2300円　①4-404-02056-2
◇大友宗麟―資料集　第1巻　大分県教育庁文化課編　〔大分〕　大分県教育委員会　1993.3　263p　22cm　（大分県先哲叢書）　非売品
◇大友宗麟―資料集　第2巻　大分県教育庁文化課編　〔大分〕　大分県教育委員会　1993.3　381p　22cm　（大分県先哲叢書）　非売品
◇戦国大名大友宗麟―その実像に迫る―開館5周年記念シンポジウム　〔大分〕　大分市歴史資料館　1992.11　20p　26cm　〈期日・会場：1992年11月3日　コンパルホール・文化ホール〉
◇主役・脇役おもしろ列伝―歴史変遷の人間模様！　加来耕三著　大陸書房　1992.7　239p　15cm　（大陸文庫）　530円　①4-8033-4146-X
◇王の挽歌　上巻　遠藤周作著　新潮社　1992.5　270p　19cm　1300円　①4-10-303520-X

◇王の挽歌　下巻　遠藤周作著　新潮社　1992.5　269p　19cm　1300円　ⓘ4-10-303521-8

◇「人間(リーダー)の魅力」が人を育てる―"知"で率い、"心"で伸ばすリーダーシップの方法　童門冬二著　大和出版　1992.5　203p　19cm　1300円　ⓘ4-8047-1218-6

◇戦国武将伝―リーダーたちの戦略と決断　白石一郎著　文芸春秋　1992.3　290p　15cm　(文春文庫)　420円　ⓘ4-16-737009-3

◇大友宗麟とその時代―覇権をめざした英雄たち　開館5周年記念特別展　大分市歴史資料館編〔大分〕　大分市歴史資料館〔1992〕　113p　26cm　〈会期：平成4年10月24日～11月29日〉

◇物語 キリシタン大名の妻たち　新人物往来社編　新人物往来社　1991.11　332p　19cm　2500円　ⓘ4-404-01862-2

◇茶道人物辞典　原田伴彦編　柏書房　1991.1　290, 22p　22cm　〈新装版〉　4944円　ⓘ4-7601-0620-0

◇さらば風雲海峡　古川薫著　新人物往来社　1990.10　237p　19cm　1400円

◇大友宗麟　戦国求道の巻　御手洗一而著　新人物往来社　1990.9　270p　19cm　2000円　ⓘ4-404-01758-8

◇戦国乱世おもしろ読本　桑田忠親著　広済堂出版　1990.7　303p　15cm　(広済堂文庫)　470円　ⓘ4-331-65070-7

◇豊後 大友一族　芥川竜男著　新人物往来社　1990.3　211p　19cm　2500円　ⓘ4-404-01704-9

◇大友宗麟　風早恵介著　青樹社　1989.10　302p　19cm　1300円　ⓘ4-7913-0577-9

◇戦国武将国盗り秘話　早乙女貢著　PHP研究所　1989.10　217p　15cm　(PHP文庫)　420円　ⓘ4-569-56226-4

◇東西決戦編　桑田忠親著　秋田書店　1989.10　238p　19cm　(新編 日本武将列伝 5)　1500円　ⓘ4-253-00366-4

◇国東物語―ドン・フランシスコ・大友宗麟　高山由紀子著　八重岳書房　1989.9　225p　19cm　1300円　ⓘ4-89646-128-2

◇大友宗麟　二階崩れの巻　御手洗一而著　新人物往来社　1989.8　294p　19cm　2000円　ⓘ4-404-01650-6

◇大友宗麟　外山幹夫著　吉川弘文館　1988.12　315p　19cm　(人物叢書 新装版)〈新装版 大友宗麟の肖像あり　叢書の編者：日本歴史学会〉　1900円　ⓘ4-642-05139-2

◇戦国武将伝―リーダーたちの戦略と決断　白石一郎著　文芸春秋　1988.10　246p　19cm　1200円　ⓘ4-16-310600-6

◇長崎事典　歴史編 1988年版　第2版　長崎　長崎文献社　1988.9　536p　21cm　〈参考文献：巻末〉　ⓘ4-88851-041-5

◇キリシタン殉教史跡の旅―信仰に命を捧げた人びと、その足跡を追って　荒木誠三著　大陸書房　1988.4　237p　19cm　1300円　ⓘ4-8033-1365-2

◇戦国武将名言集　桑田忠親著　広済堂出版　1987.11　250p　15cm　(広済堂文庫)　400円　ⓘ4-331-65026-X

◇王国燃ゆ―小説 大友宗麟　赤瀬川隼著　講談社　1987.8　273p　19cm　1300円　ⓘ4-06-203531-6

◇戦国おもしろ読本―武将の謎・逸話・真実　桑田忠親著　広済堂出版　1987.5　265p　15cm　(広済堂文庫)　400円　ⓘ4-331-65020-0

◇大友宗麟のすべて　芥川竜男編　新人物往来社　1986.4　326p　20cm　2000円　ⓘ4-404-01315-9

◇キリスト教人名辞典　日本基督教団出版局　1986.2　2094p　27cm　〈主要参考文献：p2091～2093〉　43000円

◇戦国大名系譜人名事典　西国編　山本大, 小和田哲男編　新人物往来社　1986.1　563p　22cm　7500円　ⓘ4-404-01316-7

◇宮崎県大百科事典　宮崎日日新聞社編　宮崎　宮崎日日新聞社　1983.10　1095p　図版16枚　30cm　〈折り込図1枚〉　28000円

◇福岡県百科事典　西日本新聞社福岡県百科事典刊行本部編　福岡　西日本新聞社　1982.11　2冊　27cm　全42000円　ⓘ4-8167-0029-3

◇熊本県大百科事典　熊本日日新聞社熊本県大百科事典編集委員会編　熊本　熊本日日新聞社　1982.4　1020p　図版16枚　30cm　〈折り込図1枚〉　25000円

◇ふるさと歴史考　第5巻　大友宗麟城盗物語　上巻　吉良稔編著　佐伯　南海新報　1982.2　206p　22cm　(南海新報叢書 5)〈海部郡郷土史〉　2500円

◇大分の歴史　第4巻　中世　2　キリシタン大名大友宗麟　渡辺澄夫ほか執筆　大分　大分合同新聞社　1978.8　2冊(付録とも)　22cm　3800円

◇大友宗麟　外山幹夫著　吉川弘文館　1975　315p　18cm　(人物叢書　日本歴史学会編)　950円

◇大友宗麟—きりしたん大名　白水甲二著　春秋社　1970　307p　図版　20cm　850円

◇大友宗麟　大分県地方史研究会編　大分　大分県地方研究会　1958.5　198p　22cm

大村 純忠
おおむら すみただ

天文2年(1533年)〜天正15年(1587年)
　武将、キリシタン大名。肥前国(長崎県)の人。幼名は勝童丸、法名は理専、洗礼名はドン・バルトロメウ。有馬晴純の二男。大村純前の養子となり、天文19年(1550年)家督をつぐ。1562年(永禄5)ポルトガル船を領内横瀬浦に招致。翌年受洗して日本初のキリシタン大名となり、貿易関係をより強固にした。反乱による横瀬浦の焼失により、長崎が新寄港地となると、天正8年(1580年)同地と隣の茂木を教会領に寄進して長崎の貿易港としての発展の基礎を築いた。天正10年(1582年)有馬晴信、大友宗麟とともに天正遣欧少年使節をローマ教皇に派遣したとされる。

　　　　＊　　　＊　　　＊

◇武将が信じた神々と仏　八幡和郎監修　青春出版社　2007.5　188p　18cm　(青春新書INTELLIGENCE)　730円　①978-4-413-04173-7

◇九州のキリシタン大名　吉永正春著　福岡　海鳥社　2004.12　221p　21cm　2000円　①4-87415-507-3

◇完訳フロイス日本史—大村純忠・有馬晴信篇(4)　キリシタン弾圧と信仰の決意　ルイス・フロイス著, 松田毅一, 川崎桃太訳　中央公論新社　2000.12　284p　15cm　(中公文庫)　1048円　①4-12-203591-0

◇完訳フロイス日本史—大村純忠・有馬晴信篇　黒田官兵衛の改宗と少年使節の帰国　ルイス・フロイス著, 松田毅一, 川崎桃太訳　中央公論新社　2000.11　386p　15cm　(中公文庫)　1143円　①4-12-203590-2

◇九州戦国の武将たち　吉永正春著　福岡　海鳥社　2000.11　292p　22×16cm　2300円　①4-87415-321-6

◇完訳フロイス日本史—大村純忠・有馬晴信篇　大村・龍造寺の戦いと有馬晴信の改宗　ルイス・フロイス著, 松田毅一, 川崎桃太訳　中央公論新社　2000.10　327p　15cm　(中公文庫)　1143円　①4-12-203589-9

◇完訳フロイス日本史　9　大村純忠・有馬晴信篇　ルイス・フロイス著, 松田毅一, 川崎桃太訳　中央公論新社　2000.9　363p　15cm　(中公文庫)　1143円　①4-12-203588-0

◇キリシタン大名大村純忠の謎—没400年記念シンポジウム「西洋との出会い」レポート　大村純忠顕彰事業実行委員会編　福岡　西日本新聞社　1989.4　174p　20cm　1400円

◇長崎事典　歴史編 1988年版　第2版　長崎　長崎文献社　1988.9　536p　21cm　〈参考文献：巻末〉　①4-88851-041-5

◇キリシタン殉教史跡の旅—信仰に命を捧げた人びと、その足跡を追って　荒木誠三著　大陸書房　1988.4　237p　19cm　1300円　①4-8033-1365-2

◇キリスト教人名辞典　日本基督教団出版局　1986.2　2094p　27cm　〈主要参考文献：p2091〜2093〉　43000円

◇長崎県大百科事典　長崎新聞社長崎県大百科事典出版局編　長崎　長崎新聞社

◇大村純忠　外山幹夫著　静山社　1982.9　271p　20cm　1400円

◇戦国大名家臣団事典　西国編　山本大, 小和田哲男編　新人物往来社　1981.8　414p　22cm　6800円

◇郷土歴史人物事典長崎　深潟久著　第一法規出版　1979.4　246p　19cm　1300円

◇大村純忠伝―付・日葡交渉小史　松田毅一著　改訂版　教文館　1978.11　463p　22cm　3000円

◇大村純忠―キリシタン大名　パチェコ・ディエゴ著, 佐久間正訳　長崎　二十六聖人記念館　1974.8　47p　18cm

◇大村純忠公と長崎甚左衛門―長崎開港四百年記念　松田毅一著　佐世保　親和銀行　1970　193p　図　19cm　(親和文庫第8号)　〈付篇(p.161-193)：長崎氏系譜(長崎克敏氏所蔵), 長崎家伝来「長崎根元記」抜書(山口小太郎氏所蔵), 元和年間・肥前国キリシタン代表者名簿, 長崎家系図〉　非売品

◇日葡交渉史　松田毅一著　教文館　1963　449, 27p　図版　22cm　〈標題紙及び奥付には親和文庫第6号とあり〉

島津 義久
しまづ よしひさ

天文2年(1533年)～慶長16年(1611年)

武将。薩摩国(鹿児島県)の人。幼名は虎寿丸、初名は忠良・義辰、通称は又三郎。法名は貫明、竜伯。島津貴久の長男。永禄9年(1566年)家督を継ぎ、領国拡大に活躍。元亀3年(1572年)木崎原合戦で日向の伊東義祐を破り、天正2年(1574年)大隅の肝付氏および北薩の入来院氏を平定し、薩摩、大隅、日向3ヵ国の守護職となる。のち、天正6年(1578年)耳川の戦で大友宗麟を下し、天正12年(1584年)島原合戦で龍造寺隆信を討ってほぼ九州全域を統一。天正15年(1587年)豊臣秀吉の九州征伐に敗れ降服し、薩摩、大隅、日向の一部を安堵された。文禄元年(1592年)文禄の役では名護屋に在陣し、太閤検地などに対応した。

*　　　*　　　*

◇戦国武将からの手紙―乱世に生きた男たちの素顔　吉本健二著　学習研究社　2008.5　300p　15cm　(学研M文庫)〈『手紙から読み解く戦国武将意外な真実』改稿・改題書〉　667円　①978-4-05-901220-7

◇武将たちの足跡をたどる―戦乱の世を生き、夢に散った男たち　マガジントップ編　山海堂　2000.4　159p　21cm　(私の創る旅7)　1600円　①4-381-10369-6

◇島津義久　筑波常治作, 坂本玄絵　国土社　1999.3　222p　21cm　(堂々日本人物史7)　1200円　①4-337-21007-5

◇戦国の武将三十人　桑田忠親著　新人物往来社　1996.8　254p　19cm〈『武将伝戦国の史話』改題書〉　2500円　①4-404-02364-2

◇角川日本姓氏歴史人物大辞典　46　鹿児島県姓氏家系大辞典　竹内理三ほか編纂　鹿児島県姓氏家系大辞典編纂委員会編著　角川書店　1994.11　909p　23cm　16000円　①4-04-002460-5

◇現代語訳　名将言行録　智将編　加来耕三編訳　新人物往来社　1993.6　283p　19cm　2900円　①4-404-02021-X

◇角川日本姓氏歴史人物大辞典　47　沖縄県姓氏家系大辞典　竹内理三ほか編纂　沖縄県姓氏家系大辞典編纂委員会編著　角川書店　1992.10　795p　23cm　〈沖縄県人事関係参考図書目録：p669～690〉　14000円　①4-04-002470-2

◇戦国武将伝―リーダーたちの戦略と決断　白石一郎著　文芸春秋　1992.3　290p　15cm　(文春文庫)　420円　①4-16-737009-3

◇茶道人物辞典　原田伴彦編　柏書房　1991.1　290, 22p　22cm　〈新装版〉　4944円　①4-7601-0620-0

◇戦国と現代　成功の原則―作家や学者が書かなかった真の勝者　新井喜美夫著　プレジデント社　1988.4　270p　19cm　1300円　①4-8334-1305-1

◇戦国大名系譜人名事典　西国編　山本大, 小和田哲男編　新人物往来社　1986.1

563p　22cm　7500円　①4-404-01316-7
◇沖縄大百科事典　沖縄大百科事典刊行事務局編　那覇　沖縄タイムス社　1983.5　4冊　27cm　〈付(別冊16p 26cm)：『沖縄大百科事典』の手引き　付(地図2枚)〉全55000円
◇熊本県大百科事典　熊本日日新聞社熊本県大百科事典編集委員会編　熊本　熊本日日新聞社　1982.4　1020p 図版16枚　30cm　〈折り込図1枚〉　25000円
◇鹿児島大百科事典　南日本新聞社鹿児島大百科事典編纂室編　鹿児島　南日本新聞社　1981.9　1181p 図版16枚　31cm　〈折り込図1枚　付(63p)：別冊〉　29000円

有馬 晴信
ありま　はるのぶ

永禄10年(1567年)～慶長17年(1612年)5月6日
武将。キリシタン大名。肥前日野江藩主。肥前国の人。洗礼名ジョアン・プロタシオ。有馬義貞の二男。兄義純の早世により家督をつぐ。天正4年(1576年)肥前日野江城主となる。天正8年(1580年)洗礼を受ける。天正10年(1582年)大友宗麟・大村純忠と共に少年使節をローマに派遣。豊臣秀吉の九州平定に従って功をあげ4万石を得る。慶長5年(1600年)関ヶ原の戦いでは東軍に属し、本領を安堵される。慶長17年(1612年)本多正純の家臣岡本大八の詐欺にあい、所領没収となり切腹させられた。

　　　　　＊　　　＊　　　＊

◇九州のキリシタン大名　吉永正春著　福岡　海鳥社　2004.12　221p　21cm　2000円　①4-87415-507-3
◇有馬抄録―島原・有馬の歴史と見どころ　近藤宗顕著　文芸社　2002.6　133p　19cm　1000円　①4-8355-3686-X
◇有馬晴信キリシタン領国の証―北有馬町「日野江城跡の踏み石」　轟竜造著　高来町(長崎県)　未成年社　2001.5　245p　21cm　3000円
◇完訳フロイス日本史―大村純忠・有馬晴信篇(4)　キリシタン弾圧と信仰の決意　ルイス・フロイス著，松田毅一，川崎桃太訳　中央公論新社　2000.12　284p　15cm　(中公文庫)　1048円　①4-12-203591-0
◇完訳フロイス日本史―大村純忠・有馬晴信篇　黒田官兵衛の改宗と少年使節の帰国　ルイス・フロイス著，松田毅一，川崎桃太訳　中央公論新社　2000.11　386p　15cm　(中公文庫)　1143円　①4-12-203590-2
◇完訳フロイス日本史―大村純忠・有馬晴信篇　大村・龍造寺の戦いと有馬晴信の改宗　ルイス・フロイス著，松田毅一，川崎桃太訳　中央公論新社　2000.10　327p　15cm　(中公文庫)　1143円　①4-12-203589-9
◇完訳フロイス日本史　9　大村純忠・有馬晴信篇　ルイス・フロイス著，松田毅一，川崎桃太訳　中央公論新社　2000.9　363p　15cm　(中公文庫)　1143円　①4-12-203588-0
◇肥前 有馬一族　外山幹夫著　新人物往来社　1997.8　311p　19cm　3000円　①4-404-02502-5
◇山梨百科事典　山梨日日新聞社編　増補改訂版　甲府　山梨日日新聞社　1992.7　1068, 198p　27cm　〈創刊120周年記念版〉
◇キリスト教人名辞典　日本基督教団出版局　1986.2　2094p　27cm　〈主要参考文献：p2091～2093〉　43000円
◇長崎県大百科事典　長崎新聞社長崎県大百科事典出版局編　長崎　長崎新聞社　1984.8　1050p 図版16枚　31cm　〈折り込地図1枚〉　30000円
◇郷土歴史人物事典長崎　深潟久著　第一法規出版　1979.4　246p　19cm　1300円

岩見 重太郎
いわみ　じゅうたろう

？～元和元年(1615年)
伝説的な剣術家。初めは筑前の小早川氏の家臣であったが、諸国を巡歴ののち豊臣秀吉に仕え、元和元年(1615年)大坂夏の陣の河内国道明寺の戦いで戦死したと伝えられる。秀吉家臣の

九州・琉球

薄田兼相(すすきだかねすけ)と同一人物ともいわれるが詳細は不明。また諸国を巡る武者修行中、仙台での大蛇退治、信州松本での狒狒(ひひ)退治、河内国損城山中での山賊退治、天橋立での仇討ちの助太刀などの伝説が講釈、歌舞伎、近代の立川文庫や大衆演劇などにとりあげられ英雄化されている。

＊　＊　＊

◇大阪人物辞典　三善貞司編　大阪　清文堂出版　2000.11　1304,70p　23cm　16000円　①4-7924-0499-1
◇戦国武将伝―リーダーたちの戦略と決断　白石一郎著　文芸春秋　1992.3　290p　15cm　(文春文庫)　420円　①4-16-737009-3
◇福岡県百科事典　西日本新聞社福岡県百科事典刊行本部編　福岡　西日本新聞社　1982.11　2冊　27cm　全42000円　①4-8167-0029-3

宗 義智
そう よしとし

永禄11年(1568年)～元和元年(1615年)1月3日
武将。対馬藩藩祖。幼名は彦三郎。初名は昭景。宗将盛の五男で、宗義調の養子となる。天正7年(1579年)対馬島主を襲封。豊臣秀吉の朝鮮出兵時に、事前に朝鮮との交渉役を務める。文禄・慶長の役では、小西行長とともに先陣を務めるなど活躍し、役後も重臣柳川調信(しげのぶ)らと朝鮮との交渉役を務めた。肥前に1万石を与えられた。慶長5年(1600年)関ヶ原の戦いでは西軍に属したが、徳川幕府の成立後は、幕府と朝鮮の条約締結に尽力した。

＊　＊　＊

◇朝鮮通信使をよみなおす―「鎖国」史観を越えて　仲尾宏著　明石書店　2006.10　363p　19cm　3800円　①4-7503-2425-6
◇長崎県大百科事典　長崎新聞社長崎県大百科事典出版局編　長崎　長崎新聞社　1984.8　1050p　図版16枚　31cm　〈折り込地図1枚〉　30000円
◇佐賀県大百科事典　佐賀新聞社佐賀県大百科事典編集委員会編　佐賀　佐賀新聞社　1983.8　992p　図版16枚　30cm　〈折り込図1枚〉　22000円
◇郷土歴史人物事典長崎　深潟久著　第一法規出版　1979.4　246p　19cm　1300円

鍋島 直茂
なべしま なおしげ

天文7年(1538年)～元和4年(1618年)
武将。肥前国(佐賀県)の人。初名は彦法師、通称孫四郎。別名は信生、信昌。肥前の土豪鍋島清房の長男。戦国大名龍造寺隆信に仕えて老臣となる。天正12年(1584年)隆信が島原で島津勢と戦い戦死すると、その子政家を助けつつ領国の実権を握る。天正18年(1590年)秀吉に認められて政家の子高房に代わって龍造寺家領を相続し、事実上の大名となった。文禄・慶長の役では朝鮮に出兵、関ヶ原では西軍を攻め、徳川家康に領地を安堵された。

＊　＊　＊

◇史伝鍋島直茂―「葉隠」の名将　中西豪著　学習研究社　2002.7　294p　15cm　(学研M文庫)　620円　①4-05-901106-1
◇戦国武将まんだら―秘本三十六人伝　大栗丹後著　春陽堂書店　1999.8　244p　15cm　(春陽文庫)　486円　①4-394-16136-3
◇茶道人物辞典　原田伴彦編　柏書房　1991.1　290,22p　22cm　〈新装版〉　4944円　①4-7601-0620-0
◇人心掌握の天才たち―戦国武将に学ぶリーダーの条件　童門冬二著　PHP研究所　1990.2　251p　15cm　(PHP文庫)〈『戦国武将 人心掌握の極意』改題書〉460円　①4-569-56244-2
◇長崎事典　歴史編 1988年版　第2版　長崎　長崎文献社　1988.9　536p　21cm　〈参考文献：巻末〉　①4-88851-041-5
◇長崎県大百科事典　長崎新聞社長崎県大百科事典出版局編　長崎　長崎新聞社　1984.8　1050p　図版16枚　31cm　〈折り込地図1枚〉　30000円
◇佐賀県大百科事典　佐賀新聞社佐賀県大百科事典編集委員会編　佐賀　佐賀新聞社　1983.8　992p　図版16枚　30cm　〈折り込図1枚〉　22000円

九州・琉球

島津 義弘　しまづ よしひろ

　天文4年(1535年)7月23日～元和5年(1619年)7月21日　武将。薩摩国(鹿児島県)の人。初名は忠平、義珍(よしまさ)、通称は又四郎、法号は惟新。島津貴久の二男。天文23年(1554年)大隅岩剣(いわつるぎ)城攻めの初陣以来、島津氏の領国拡大の前線にあり、兄義久とともに九州全土を統一。天正15年(1587年)豊臣秀吉の九州征伐の先鋒豊臣秀長と戦い、秀吉軍に敗れる。島津氏は降伏したが薩摩、大隅の二国を安堵される。同年兄義久に代わり島津氏の17代当主となる。文禄・慶長の役では朝鮮に出陣し、泗川の戦いで明(中国)の大軍を破るなど数々の戦功をあげる。また朝鮮より陶工を連れ帰り、薩摩焼を生み出した。慶長5年(1600年)関ヶ原の戦いでは西軍に属し、敗退にあたって家康の本陣を突破するという強行作戦をとり、その勇猛さを讃えられた。敗戦処理に際して家康からは本領を安堵される。のち嫡男家久に家督をゆずり隠居、出家した。

◇慈悲深き鬼 島津義弘　戦国歴史研究会著　PHP研究所　2008.6　223p　19cm　（戦国闘将伝）　476円　①978-4-569-69984-4

◇「戦国武将」名将の頭の中―「勝負所」で勝つ法　菊池道人著　三笠書房　2007.6　219p　15cm　（知的生きかた文庫）　533円　①978-4-8379-7636-3

◇名将の法則―戦国乱世を生き抜いた12人の知られざる決断とは　安部竜太郎著　日本実業出版社　2006.8　254p　19cm　1600円　①4-534-04106-3

◇戦国武将の宣伝術―隠された名将のコミュニケーション戦略　童門冬二著　講談社　2005.12　311p　15cm　（講談社文庫）　571円　①4-06-275281-6

◇名将名城伝　津本陽著　PHP研究所　2005.6　280p　19cm　1500円　①4-569-64187-3

◇島津義弘　江宮隆之著　学習研究社　2004.5　362p　15cm　（学研M文庫）　690円　①4-05-901162-2

◇その時歴史が動いた　20　NHK取材班編　名古屋　KTC中央出版　2003.7　253p　19cm　1600円　①4-87758-278-9

◇戦国武将・あの人の「その後」―「関ヶ原」「本能寺」…事件が変えた男たちの運命　日本博学倶楽部著　PHP研究所　2002.9　244p　15cm　（PHP文庫）　552円　①4-569-57777-6

◇発掘！意外日本史―三択クイズで読み解く歴史の裏側　河合敦監修　成美堂出版　2002.7　252p　15cm　（成美文庫）　524円　①4-415-06984-3

◇島津義弘の賭け　山本博文著　中央公論新社　2001.10　345p　16cm　（中公文庫）　724円　①4-12-203909-6

◇戦国武将 勝ち残りの戦略―状況を読みいかに闘うか　風巻絃一著　日本文芸社　2001.6　237p　18cm　（日文新書）〈『戦国名将に学ぶ勝ち残りの戦略』再編集・改題書〉　686円　①4-537-25057-7

◇九州戦国の武将たち　吉永正春著　福岡　海鳥社　2000.11　292p　22×16cm　2300円　①4-87415-321-6

◇武将たちの足跡をたどる―戦乱の世を生き、夢に散った男たち　マガジントップ編　山海堂　2000.4　159p　21cm　（私の創る旅7）　1600円　①4-381-10369-6

◇戦国武将　別冊宝島編集部編　宝島社　2000.1　317p　15cm　（宝島社文庫）〈別冊宝島『よみがえる戦国武将伝説』改訂・改題書〉　600円　①4-7966-1681-0

◇歴史小説を斬る 戦国武将編　外川淳著　ミオシン出版　2000.1　237p　19cm　1300円　①4-88701-852-5

◇鬼戦記―島津四兄弟の夢　岸伸洋著　近代文芸社　1999.8　216p　19cm　1600円　①4-7733-6109-3

◇戦国武将まんだら―秘本三十六人伝　大栗丹後著　春陽堂書店　1999.8　244p

九州・琉球

15cm （春陽文庫） 486円 ①4-394-16136-3
◇歴史に学ぶ「勝者」の組織革命　堺屋太一著　集英社　1999.7　265p　15cm （集英社文庫）　476円　①4-08-747084-9
◇島津奔る　上巻　池宮彰一郎著　新潮社　1998.12　365p　19cm　1900円　①4-10-387205-5
◇島津奔る　下巻　池宮彰一郎著　新潮社　1998.12　354p　21cm　1900円　①4-10-387206-3
◇島津義弘の賭け―秀吉と薩摩武士の格闘　山本博文著　読売新聞社　1997.8　294p　20cm　1800円　①4-643-97074-X
◇島津義弘―関ヶ原・敵中突破の豪勇　加野厚志著　PHP研究所　1996.12　406p　15cm （PHP文庫）　680円　①4-569-56965-X
◇角川日本姓氏歴史人物大辞典　46　鹿児島県姓氏家系大辞典　竹内理三ほか編纂　鹿児島県姓氏家系大辞典編纂委員会編著　角川書店　1994.11　909p　23cm　16000円　①4-04-002460-5
◇危機を乗り切るここ一番の決断力　百瀬明治著　ベストセラーズ　1993.12　271p　18cm （ベストセラーシリーズ・ワニの本　880）　820円　①4-584-00880-9
◇島津義弘　徳永真一郎著　光文社　1992.12　424p　15cm （光文社時代小説文庫）　580円　①4-334-71629-6
◇角川日本姓氏歴史人物大辞典　47　沖縄県姓氏家系大辞典　竹内理三ほか編纂　沖縄県姓氏家系大辞典編纂委員会編著　角川書店　1992.10　795p　23cm 〈沖縄県人事関係参考図書目録：p669～690〉　14000円　①4-04-002470-2
◇危機突破の発想―戦国武将は知恵で勝つ　小和田哲男著　日本経済新聞社　1992.9　212p　19cm　1500円　①4-532-16072-3
◇茶道人物辞典　原田伴彦編　柏書房　1991.1　290, 22p　22cm 〈新装版〉　4944円　①4-7601-0620-0
◇乱世を罷り通る―チャンスの機微　百瀬明治著　ダイヤモンド社　1990.12　276p　19cm　1500円　①4-478-92019-2

◇島津義弘　徳永真一郎著　青樹社　1990.8　283p　19cm　1300円　①4-7913-0610-4
◇歴史随筆　男の流儀　津本陽著　PHP研究所　1990.8　224p　19cm　1300円　①4-569-52830-9
◇戦国武将の食生活―勝ち残るための秘伝　永山久夫著　河出書房新社　1990.3　268p　15cm （河出文庫）　500円　①4-309-47189-7
◇天下平定編　桑田忠親著　秋田書店　1989.10　249p　19cm （新編　日本武将列伝　6）　1500円　①4-253-00367-2
◇戦国武将の危機管理―生死を賭けた戦乱の行動原理とは　新宮正春著　PHP研究所　1989.8　229p　19cm　1050円　①4-569-52568-7
◇戦国武将の食生活―勝ち残るための秘伝　永山久夫著　ジャパンポスト出版部　1987.9　238p　19cm （ポスト・ブック）　1200円　①4-915230-04-X
◇戦国名将に学ぶ勝ち残りの戦略―状況の読み方・生かし方　風巻絃一著　三笠書房　1986.12　300p　15cm （知的生き方文庫）　440円　①4-8379-0135-2
◇島津義弘公と茶の湯―惟新様より利休え御尋之条書　島津修久編　鹿児島　島津顕彰会　1986.10　90p　21cm 〈奥付の書名：島津義弘と茶の湯　発行所：誠広出版　島津義弘の肖像あり〉　1200円
◇島津義弘のすべて　三木靖編　新人物往来社　1986.7　284p　20cm　2000円　①4-404-01356-6
◇戦国大名系譜人名事典　西国編　山本大, 小和田哲男編　新人物往来社　1986.1　563p　22cm　7500円　①4-404-01316-7
◇宮崎県大百科事典　宮崎日日新聞社編　宮崎　宮崎日日新聞社　1983.10　1095p　図版16枚　30cm 〈折り込図1枚〉　28000円
◇沖縄大百科事典　沖縄大百科事典刊行事務局編　那覇　沖縄タイムス社　1983.5　4冊　27cm 〈付（別冊　16p　26cm）：『沖縄大百科事典』の手引き　付（地図2枚）〉　全55000円

◇鹿児島大百科事典　南日本新聞社鹿児島大百科事典編纂室編　鹿児島　南日本新聞社　1981.9　1181p 図版16枚　31cm〈折り込図1枚　付(63p)：別冊〉　29000円
◇島津義弘の軍功記―「惟新公御自記」について　島津修久編　鹿児島　鶴嶺神社社務所　1981.6　109p　21cm〈島津義弘の肖像あり〉　800円
◇チェスト関ヶ原―島津義弘と薩摩精神　西田実著　鹿児島　春苑堂書店　1972　245p　20cm　680円

尚 寧
しょうねい

尚元9年(1564年)～尚寧32年(1620年)9月19日
琉球国王(第二尚氏王統第7代)。前王尚永の妹の子。尚永に嫡子がなく、天正17年(1589年)群臣に推され、第7代国王に即位。豊臣秀吉、次いで徳川家康から来聘を求められたが応じなかった。しかし慶長14年(1609年)薩摩藩島津軍の侵攻を受け、ほとんど抵抗できず降伏(琉球征服)。鹿児島に連行され、翌年、駿府で徳川家康、江戸で徳川秀忠に謁見の後、薩摩への忠誠を誓い、2年半ぶりに帰国。琉球国の幕藩体制への従属が確定し、失意の中で晩年を送った。

＊　　＊　　＊

◇孤独の海―奄美大島、南北いずれ　藤山喜要著　日本図書刊行会, 近代文芸社〔発売〕　2004.10　142p　19cm　1400円　①4-8231-0778-0
◇琉球王朝の謎―悲劇の独立王国琉球の興亡　萩原雄二郎著　鶴ヶ島　三心堂　1992.12　229p　19cm　1400円　①4-915620-58-1
◇角川日本姓氏歴史人物大辞典　47　沖縄県姓氏家系大辞典　竹内理三ほか編纂　沖縄県姓氏家系大辞典編纂委員会編著　角川書店　1992.10　795p　23cm〈沖縄県人事関係参考図書目録：p669～690〉14000円　①4-04-002470-2
◇沖縄大百科事典　沖縄大百科事典刊行事務局編　那覇　沖縄タイムス社　1983.5　4冊　27cm〈付(別冊 16p 26cm)：『沖縄大百科事典』の手引き　付(地図2枚)〉　全55000円

松倉 重政
まつくら しげまさ

天正2年(1574年)～寛永7年(1630年)
大名。肥前国(長崎県)の人。通称は九一郎。松倉重信の子。初め筒井定次に仕え、のち豊臣秀吉に仕えて伊勢二見城に移る。関ヶ原の戦いでは東軍に属して大和五条に1万石を与えられる。大坂夏の陣での功により、元和2年(1616年)肥前島原4万石に転封、肥前島原藩主となり、旧主有馬氏の日野江、原の両城を廃して島原城を新築した。キリシタンの弾圧、過酷な徴税が、のちの島原の乱の遠因となった。呂宋(フィリピン)攻略を計画中に病死。

＊　　＊　　＊

◇ワイド版 街道をゆく　17　島原・天草の諸道　司馬遼太郎著　朝日新聞社　2005.6　331p　19cm　1100円　①4-02-250117-0
◇長崎事典　歴史編 1988年版　第2版　長崎　長崎文献社　1988.9　536p　21cm〈参考文献：巻末〉　①4-88851-041-5
◇長崎県大百科事典　長崎新聞社長崎県大百科事典出版局編　長崎　長崎新聞社　1984.8　1050p 図版16枚　31cm〈折り込地図1枚〉　30000円
◇郷土歴史人物事典奈良　乾健治著　第一法規出版　1981.10　246p　19cm　1500円
◇郷土歴史人物事典長崎　深潟久著　第一法規出版　1979.4　246p　19cm　1300円

島津 家久
しまづ いえひさ

天正4年(1576年)11月7日～寛永15年(1638年)2月23日
武将。鹿児島藩主。日向国(宮崎県)の人。初名忠恒。島津義弘の三男。慶長3年(1598年)慶長の役で、泗川で明の大軍を破って功をあげる。慶長5年(1600年)関ヶ原の戦いで西軍に属して敗れ

た父の助命工作を行う。慶長14年(1609年)琉球に出兵し、琉球を薩摩の付属とし、幕府の許可を得て尚寧王を琉球王とし、大島、徳之島、沖永良部島、喜界島、与論島を島津氏の直轄地とした。寛永14年(1637年)島原の乱で出兵したが、まもなく病死した。

　　　　＊　　　＊　　　＊

◇鬼戦記―島津四兄弟の夢　岸伸洋著　近代文芸社　1999.8　216p　19cm　1600円　①4-7733-6109-3

◇島根県歴史人物事典　山陰中央新報社島根県歴史人物事典刊行委員会企画・編集　松江　山陰中央新報　1997.11　737,36p　27cm　22000円　①4-87903-062-7

◇大分県歴史人物事典〔大分〕　大分合同新聞社　1996.8　581p　27cm〈創刊一一〇周年記念〉

◇角川日本姓氏歴史人物大辞典　46　鹿児島県姓氏家系大辞典　竹内理三ほか編纂　鹿児島県姓氏家系大辞典編纂委員会編著　角川書店　1994.11　909p　23cm　16000円　①4-04-002460-5

◇角川日本姓氏歴史人物大辞典　47　沖縄県姓氏家系大辞典　竹内理三ほか編纂　沖縄県姓氏家系大辞典編纂委員会編著　角川書店　1992.10　795p　23cm〈沖縄県人事関係参考図書目録：p669～690〉　14000円　①4-04-002470-2

◇戦国大名系譜人名事典　西国編　山本大,小和田哲男編　新人物往来社　1986.1　563p　22cm　7500円　①4-404-01316-7

◇沖縄大百科事典　沖縄大百科事典刊行事務局編　那覇　沖縄タイムス社　1983.5　4冊　27cm〈付(別冊16p 26cm)：『沖縄大百科事典』の手引き 付(地図2枚)〉全55000円

◇鹿児島大百科事典　南日本新聞社鹿児島大百科事典編纂室編　鹿児島　南日本新聞社　1981.9　1181p　図版16枚　31cm〈折り込図2枚　付(63p)：別冊〉　29000円

立花 宗茂
たちばな むねしげ

永禄12年(1569年)～寛永19年(1642年)11月25日
武将。柳川藩主。初名は宗虎、統虎。剃髪後、立斎と号した。筑後国柳川(福岡県)の人。筑前岩屋城主高橋紹運の長男。立花城主立花道雪の養子となり、天正13年(1585年)家督をつぐ。豊臣秀吉の九州平定に従い、筑後国で13万石柳川城主となる。文禄の役では碧蹄館で大勝を収める。慶長5年(1600年)関ヶ原の戦いでは西軍につき、敗れて帰国した直後に鍋島氏に攻められて改易となる。流浪ののち徳川秀忠に仕え、陸奥棚倉で1万石をゆるされ、さらに大坂の陣で功をあげて、元和6年(1620年)旧領の柳川10万石を回復した。

　　　　＊　　　＊　　　＊

◇戦国の雄と末裔たち　中嶋繁雄著　平凡社　2005.12　243p　18cm　(平凡社新書)　780円　①4-582-85301-3

◇成せば、成る。―知られざる「成功者」たちの再起と逆転のドラマ　加来耕三著　一二三書房　2002.11　296p　19cm　1800円　①4-89199-005-8

◇立花宗茂　中野等著　吉川弘文館　2001.1　300p　19cm　(人物叢書 新装版)　2000円　①4-642-05220-8

◇小説 立花宗茂　上巻　童門冬二著　学陽書房　2000.6　263p　19cm　1500円　①4-313-85136-4

◇小説 立花宗茂　下巻　童門冬二著　学陽書房　2000.6　276p　19cm　1500円　①4-313-85137-2

◇立花宗茂―秀吉が天下無双と讃えた戦国武将　八尋舜右著　PHP研究所　2000.6　479p　15cm　(PHP文庫)〈『小説 立花宗茂』改題書〉　743円　①4-569-57421-1

◇戦国武将　別冊宝島編集部　宝島社　2000.1　317p　15cm　(宝島社文庫)〈別冊宝島『よみがえる戦国武将伝説』改訂・改題書〉　600円　①4-7966-1681-0

◇立花宗茂　河村哲夫著　福岡　西日本新聞社　1999.9　277p　19cm　(西日本人

九州・琉球

物誌 13)〈年譜あり　文献あり〉　1500円　①4-8167-0488-4
◇戦国武将まんだら―秘本三十六人伝　大栗丹後著　春陽堂書店　1999.8　244p　15cm（春陽文庫）486円　①4-394-16136-3
◇小説 立花宗茂　八尋舜右著　PHP研究所　1997.11　395p　19cm　1857円　①4-569-55759-7
◇老雄・名将 直伝の指導力―夢を託した者にだけ伝えたリーダー論　早乙女貢著　青春出版社　1997.10　238p　19cm　1400円　①4-413-03082-6
◇筑前戦国史　吉永正春著　二版　葦書房　1997.6　463p　19cm　2500円　①4-7512-0680-X
◇立花宗茂―他一篇　中村正夫著　関メイン・スタンプ　1994.8　336p　19cm　3000円
◇「左遷」をバネにする生き方―勝機をつかんだ知将・闘将の"自己変革"の方法　童門冬二著　大和出版　1994.6　214p　19cm〈『男の人生は敗者復活にあり』改題書〉1350円　①4-8047-1313-1
◇茶道人物辞典　原田伴彦編　柏書房　1991.1　290, 22p　22cm〈新装版〉4944円　①4-7601-0620-0
◇人心掌握の天才たち―戦国武将に学ぶリーダーの条件　童門冬二著　PHP研究所　1990.2　251p　15cm（PHP文庫）〈『戦国武将 人心掌握の極意』改題書〉460円　①4-569-56244-2
◇東西決戦編　桑田忠親著　秋田書店　1989.10　238p　19cm（新編 日本武将列伝 5）1500円　①4-253-00366-4
◇火の槍 立花宗茂　原田種真著　叢文社　1989.6　313, 3p　19cm　1545円　①4-7947-0168-3
◇男の人生は「敗者復活」にあり―再び勝機をつかんだ知将・闘将に学ぶ自己修養の方法　童門冬二著　大和出版　1987.3　217p　19cm　1200円　①4-8047-1099-X
◇逃げない男たち―志に生きる歴史群像 上　戸部新十郎, 安西篤子, 赤木駿介, 徳永真一郎, 山上笙介, 小島貞二, 綱淵謙錠

著　旺文社　1987.3　318p　19cm　1500円　①4-01-071282-1
◇乱離の風―若き日の立花宗茂　滝口康彦著　文芸春秋　1986.9　390p　15cm（文春文庫）450円　①4-16-737102-2
◇名将ちょっといい言葉―武将に学ぶビジネス訓　宝井琴鶴著　商業界　1986.8　261p　19cm（まあきゅりい・ぶっくす）1200円
◇男の値打ちは「度量」で決まる―修羅場に強い知将・闘将のケンカと迫力の方法　童門冬二著　大和出版　1986.6　219p　19cm　1000円　①4-8047-1084-1
◇福岡県百科事典　西日本新聞社福岡県百科事典刊行本部編　福岡　西日本新聞社　1982.11　2冊　27cm　全42000円　①4-8167-0029-3
◇戦国大名家臣団事典　西国編　山本大, 小和田哲男編　新人物往来社　1981.8　414p　22cm　6800円

細川 忠興
ほそかわ ただおき

永禄6年(1563年)～正保2年(1645年)12月2日　武将。豊前小倉藩主。豊前国（福岡県）の人。通称は与一郎、号は三斎。細川幽斎の長男。織田信長に従い、松永久秀討伐などで戦功をあげて丹後宮津城主となる。妻ガラシャは明智光秀の娘であったが本能寺の変では秀吉側につき、秀吉の死後は徳川家康に従った。関ヶ原の戦いの功で豊前中津城主となり、慶長7年(1602年)豊前小倉藩39万9000石に移封。家督を譲った三男忠利とともに肥後に入国。元和5年(1619年)致仕して出家した。和歌、絵画、有職故実に通じ、利休七哲の一人。著書に「細川三斎茶書」「細川茶湯之書」など。

＊　　＊　　＊

◇日本史偉人「健康長寿法」　森村宗冬著　講談社　2007.5　201p　18cm（講談社プラスアルファ新書）800円　①978-4-06-272436-4
◇江戸城の宮廷政治―熊本藩細川忠興・忠利父子の往復書状　山本博文著　講談社　2004.11　346p　15cm（講談社学術文

庫)〈読売新聞社1993年刊の改訂　文献あり〉 1100円　Ⓘ4-06-159681-0

◇考証 風流大名列伝　稲垣史生著　新潮社　2004.4　252p　15cm　(新潮文庫)　400円　Ⓘ4-10-143721-1

◇細川三斎―茶の湯の世界　矢部誠一郎著　京都　淡交社　2003.7　279p　22cm　〈肖像あり〉 3000円　Ⓘ4-473-01994-2

◇ほんとうの智恵を学ぶ―人生の手本にしたい名君の真骨頂　童門冬二編著　新装版　碧天舎　2002.5　259p　19cm　1359円　Ⓘ4-88346-082-7

◇歴史に学ぶ後継者育成の経営術―身を切らずして後継者の育成なし　童門冬二著　広済堂出版　2002.3　290p　15cm　(広済堂文庫)　600円　Ⓘ4-331-65314-5

◇戦国武将 勝ち残りの戦略―状況を読みいかに闘うか　風巻紘一著　日本文芸社　2001.6　237p　18cm　(日文新書)〈『戦国名将に学ぶ勝ち残りの戦略』再編集・改題書〉 686円　Ⓘ4-537-25057-7

◇戦国武将に学ぶ生活術　童門冬二著　産能大学出版部　2001.6　369p　19cm　1800円　Ⓘ4-382-05505-9

◇細川幽斎・忠興のすべて　米原正義編　新人物往来社　2000.3　282p　20cm　2800円　Ⓘ4-404-02843-1

◇戦国武将まんだら―秘本三十六人伝　大栗丹後著　春陽堂書店　1999.8　244p　15cm　(春陽文庫)　486円　Ⓘ4-394-16136-3

◇角川日本姓氏歴史人物大辞典　26　京都市姓氏歴史人物大辞典　竹内理三ほか編纂　京都市姓氏歴史人物大辞典編纂委員会編著　角川書店　1997.9　909p　23cm　Ⓘ4-04-002260-2

◇俳句人名辞典　常石英明編著　金園社　〔1997〕 634p　22cm　6000円　Ⓘ4-321-32701-6

◇江戸城の宮廷政治―熊本藩細川忠興・忠利父子の往復書状　山本博文著　講談社　1996.9　382p　15cm　(講談社文庫)　700円　Ⓘ4-06-263336-1

◇ほんとうの智恵を学ぶ―人生の手本にしたい名君の真骨頂　童門冬二著　三天書房　1996.9　271p　19cm　(Santen Books)　1400円　Ⓘ4-88346-007-X

◇大分県歴史人物事典　〔大分〕 大分合同新聞社　1996.8　581p　27cm　〈創刊一一〇周年記念〉

◇戦国の武将三十人　桑田忠親著　新人物往来社　1996.8　254p　19cm〈『武将伝戦国の史話』改題書〉 2500円　Ⓘ4-404-02364-2

◇織田信長家臣人名辞典　谷口克広著　吉川弘文館　1995.1　495, 7p　23cm　〈監修：高木昭作　参考文献：p483～495〉 7210円　Ⓘ4-642-02743-2

◇京都大事典　府域編　京都　淡交社　1994.3　696, 39p　27cm　〈監修：上田正昭, 吉田光邦〉 12000円　Ⓘ4-473-01327-8

◇危機を乗り切るここ一番の決断力　百瀬明治著　ベストセラーズ　1993.12　271p　18cm　(ベストセラーシリーズ・ワニの本 880)　820円　Ⓘ4-584-00880-9

◇京都事典　村井康彦編　東京堂出版　1993.10　495p　21cm　〈新装版〉 2900円　Ⓘ4-490-10355-7

◇知られざる「養生日記」―歴史が明かす賢人健康秘話!!　宮本義己著　ベストセラーズ　1993.3　255p　15cm　(ワニ文庫)　500円　Ⓘ4-584-30371-1

◇「人間(リーダー)の魅力」が人を育てる―"知"で率い、"心"で伸ばすリーダーシップの方法　童門冬二著　大和出版　1992.5　203p　19cm　1300円　Ⓘ4-8047-1218-6

◇茶道人物辞典　原田伴彦編　柏書房　1991.1　290, 22p　22cm　〈新装版〉 4944円　Ⓘ4-7601-0620-0

◇利休七哲　黒部亨, 沢田ふじ子, 左方郁子, 邦光史郎, 百瀬明治, 加来耕三, 神坂次郎著　講談社　1990.3　299p　19cm　1400円　Ⓘ4-06-204535-4

◇利休流の茶室　中村昌生編著　小学館　1989.5　338p　30cm　(数寄屋古典集成 2)　39140円　Ⓘ4-09-697002-6

◇綿考輯録　第3巻　忠興公　下　石田晴男ほか編　熊本　出水神社　1989.3

440p　22cm　(出水叢書3)〈監修：細川護貞　製作・発売：汲古書院(東京)〉7000円
◇影の将軍　徳永真一郎著　光文社　1988.10　303p　15cm　(光文社時代小説文庫)　420円　①4-334-70828-5
◇綿考輯録　第2巻　忠興公　上　石田晴男ほか編　熊本　出水神社　1988.9　491p　22cm　(出水叢書2)〈監修：細川護貞　製作・発売：汲古書院(東京)〉8000円
◇戦国武将に学ぶ決断の時　玉木重輝著　鈴木出版　1988.7　252p　19cm　1400円　①4-7902-9010-7
◇考証 風流大名列伝　稲垣史生著　旺文社　1987.6　226p　15cm　(旺文社文庫)　400円　①4-01-061493-5
◇戦国名将に学ぶ勝ち残りの戦略―状況の読み方・生かし方　風巻絃一著　三笠書房　1986.12　300p　15cm　(知的生き方文庫)　440円　①4-8379-0135-2
◇名将ちょっといい言葉―武将に学ぶビジネス訓　宝井琴鶴著　商業界　1986.8　261p　19cm　(まあきゅりい・ぶっくす)　1200円
◇京都大事典　佐和隆研ほか編　京都　淡交社　1984.11　1083, 91p　27cm　12000円　①4-473-00885-1
◇福岡県百科事典　西日本新聞社福岡県百科事典刊行本部編　福岡　西日本新聞社　1982.11　2冊　27cm　全42000円　①4-8167-0029-3
◇熊本県大百科事典　熊本日日新聞社熊本県大百科事典編集委員会編　熊本　熊本日日新聞社　1982.4　1020p 図版16枚　30cm　〈折り込図1枚〉25000円
◇戦国大名家臣団事典　西国編　山本大, 小和田哲男編　新人物往来社　1981.8

414p　22cm　6800円
◇大分百科事典　大分放送大分百科事典刊行本部編　大分　大分放送　1980.12　1087p 図版18枚　28cm　〈折り込図1枚付(地図1枚)：大分県全図〉21000円
◇江戸東京市井人物事典　北村一夫著　新人物往来社　1976　354p　20cm　2000円

鍋島 勝茂
なべしま かつしげ

天正8年(1580年)～明暦3年(1657年)3月24日　武将。佐賀藩初代藩主。肥前国(佐賀県)の人。幼名は伊勢松。名は伊平太、清茂。鍋島直茂の長男。父と共に豊臣秀吉に従い、慶長の役で功をあげる。関ヶ原の戦いでは西軍側で戦うが、のち徳川家康に許され九州の立花宗茂を討つことで肥前佐賀の支配を認められる。慶長12年(1607年)龍造寺家の断絶により家督をつぎ、鍋島佐賀藩の初代藩主となる。領内の検地を実施した他、「鳥ノ子帳」の制定など佐賀藩の基本的体制を構築した。また、寛永19年(1642年)幕府から長崎御番役の命をうけ、翌年から1年交代で長崎の警備にあたり、長崎防備の役割を担った。島原の乱では軍令に違反して原城を攻めたため、謹慎を命ぜられた。

＊　　＊　　＊

◇考証 風流大名列伝　稲垣史生著　新潮社　2004.4　252p　15cm　(新潮文庫)　400円　①4-10-143721-1
◇黄檗文化人名辞典　大槻幹郎ほか編著　京都　思文閣出版　1988.12　580, 141p　23cm　15000円　①4-7842-0538-1
◇佐賀県大百科事典　佐賀新聞社佐賀大百科事典編集委員会編　佐賀　佐賀新聞社　1983.8　992p 図版16枚　30cm　〈折り込図1枚〉22000円

人名・合戦名索引

人名・合戦名索引

【あ】

明石掃部 …………………………… 361
明智光秀 …………………………… 108
浅井長政 …………………………… 267
朝倉孝景 …………………………… 95
朝倉敏景　→朝倉孝景 …………… 95
朝倉延景　→朝倉孝景 …………… 95
朝倉教景　→朝倉孝景 …………… 95
朝倉義景 …………………………… 95
浅野長政 …………………………… 197
浅野幸長 …………………………… 305
朝日方 ……………………………… 152
足利成氏 …………………………… 40
足利政知 …………………………… 259
足利義昭 …………………………… 279
足利義澄 …………………………… 99
足利義稙 …………………………… 264
足利義輝 …………………………… 266
足利義遐　→足利義澄 …………… 99
足利義晴 …………………………… 264
足利義尚 …………………………… 256
足利義栄 …………………………… 346
足利義政 …………………………… 256
足利義視 …………………………… 259
蘆名盛氏 …………………………… 23
阿茶局 ……………………………… 93
姉川の戦
　→朝倉義景 ……………………… 95
　→織田信長 ……………………… 115
　→小谷の方 ……………………… 145
　→丹羽長秀 ……………………… 149
　→石川数正 ……………………… 155
　→酒井忠次 ……………………… 157
　→豊臣秀吉 ……………………… 158
　→前田利家 ……………………… 181
　→鳥居元忠 ……………………… 186
　→榊原康政 ……………………… 194
　→徳川家康 ……………………… 207
　→浅井長政 ……………………… 267
　→服部半蔵 ……………………… 278
　→淀殿 …………………………… 312

尼子経久 …………………………… 341
荒木村重 …………………………… 274
有馬晴信 …………………………… 373
安国寺恵瓊 ………………………… 359
井伊直孝 …………………………… 254
井伊直政 …………………………… 189
池田恒興 …………………………… 272
池田輝政 …………………………… 205
石川数正 …………………………… 155
石田三成 …………………………… 283
石山合戦
　→明智光秀 ……………………… 108
　→織田信忠 ……………………… 114
　→織田信長 ……………………… 115
　→佐々成政 ……………………… 151
　→荒木村重 ……………………… 274
　→毛利輝元 ……………………… 362
伊勢新九郎　→北条早雲 ………… 41
板倉勝重 …………………………… 235
板倉重昌 …………………………… 247
厳島の戦
　→陶晴賢 ………………………… 343
　→毛利隆元 ……………………… 344
　→毛利元就 ……………………… 347
伊藤一刀斎 ………………………… 253
伊東景久　→伊藤一刀斎 ………… 253
今川氏親 …………………………… 99
今川義元 …………………………… 101
岩見重太郎 ………………………… 373
胤栄　→宝蔵院胤栄 ……………… 301
上杉景勝 …………………………… 91
上杉謙信 …………………………… 72
上杉御館の乱
　→蘆名盛氏 ……………………… 23
　→上杉景勝 ……………………… 91
上杉景春の乱　→太田道灌 ……… 39
宇喜多直家 ………………………… 356
宇喜多秀家 ………………………… 363
宇都宮国綱 ………………………… 53
雲光院　→阿茶局 ………………… 93
お市の方　→小谷の方 …………… 145
応仁の乱
　→朝倉孝景 ……………………… 95

385

→足利義尚		256
→足利義政		256
→畠山義就		258
→足利義視		259
→畠山政長		259
→日野富子		260
→細川政元		263
お江与の方	→崇源院	318
大内義隆		341
大久保忠教	→大久保彦左衛門	248
大久保忠隣		240
大久保彦左衛門		248
大坂の陣		
→小笠原忠真		55
→真田幸村		85
→上杉景勝		91
→阿茶局		93
→真田信之		94
→増田長盛		207
→徳川家康		207
→織田信雄		241
→徳川秀忠		243
→本多正純		246
→板倉重昌		247
→松平忠明		253
→井伊直孝		254
→松平忠輝		255
→大野治長		305
→片桐且元		306
→豊臣秀頼		310
→淀殿		312
→藤堂高虎		319
→松平忠直		337
→千姫		338
→長宗我部盛親		360
→明石掃部		361
→岩見重太郎		373
→松倉重政		377
→立花宗茂		378
太田資長	→太田道灌	39
太田道灌		39
大谷吉継		288
大津宰相	→京極高次	301

大友宗麟		368
大友義鎮	→大友宗麟	368
大野治長		305
大政所	→天瑞院	154
大村純忠		371
小笠原忠真		55
小笠原長時		83
桶狭間の戦		
→今川義元		101
→織田信長		115
→前田利家		181
→徳川家康		207
織田信雄		241
織田信雄		241
織田信孝		146
織田信忠		114
織田信長		115
織田信長室	→濃姫	205
織田信秀		100
於大の方	→伝通院	190
小谷の方		145
小田原征伐		
→葛西晴信		23
→最上義光		25
→片倉景綱		26
→佐竹義宣		30
→伊達政宗		31
→北条氏照		50
→北条氏政		51
→北条氏直		52
→宇都宮国綱		53
→真田昌幸		84
→真田幸村		85
→上杉景勝		91
→前田利長		97
→堀秀政		152
→豊臣秀次		156
→豊臣秀吉		158
→前田利家		181
→井伊直政		189
→山内一豊		191
→浅野長政		197
→仙石秀久		206

→増田長盛	207
→徳川家康	207
→福島正則	238
→蒲生氏郷	276
→宮部継潤	283
→大谷吉継	288
→黒田孝高	295
→浅野幸長	305
→脇坂安治	319
→長宗我部元親	357
→長宗我部盛親	360
→宇喜多秀家	363
お禰　→高台院	236
小野忠明	53
お万の方	54

【か】

加賀の一向一揆	
→朝倉義景	95
→織田信長	115
→柴田勝家	146
蠣崎慶広　→松前慶広	26
蔭山殿　→お万の方	54
葛西晴信	23
春日局	249
片桐且元	306
片倉景綱	26
片倉小十郎　→片倉景綱	26
桂川の戦　→足利義晴	264
加藤清正	198
加藤虎之助　→加藤清正	198
加藤嘉明	242
金森長近	196
上泉秀綱　→上泉伊勢守	50
蒲生氏郷	276
川中島の戦	
→武田信玄	56
→上杉謙信	72
→山本勘助	103
北政所　→高台院	236
帰蝶　→濃姫	205
吉川経信　→吉川広家	361

吉川広家	361
吉川元春	356
木下藤吉郎　→豊臣秀吉	158
九州征伐	
→前田利長	97
→石川数正	155
→豊臣秀吉	158
→前田利家	181
→加藤清正	198
→仙石秀久	206
→小早川隆景	281
→宮部継潤	283
→石田三成	283
→大谷吉継	288
→黒田孝高	295
→細川幽斎	302
→黒田長政	317
→吉川元春	356
→長宗我部元親	357
→宇喜多秀家	363
→島津義久	372
→有馬晴信	373
→島津義弘	375
→立花宗茂	378
京極高次	301
京極高吉室　→京極マリア	316
京極マリア	316
九鬼嘉隆	289
九戸政実の乱	
→南部信直	24
→松前慶広	26
黒田官兵衛　→黒田孝高	295
黒田如水　→黒田孝高	295
黒田長政	317
黒田孝高	295
見性院	315
上泉伊勢守	50
上泉秀綱　→上泉伊勢守	50
高台院	236
小寺官兵衛　→黒田孝高	295
後藤寿庵	29
小西如安　→内藤如安	319
小西行長	290

小早川隆景 ……………………… 281
小早川秀秋 ……………………… 293
小牧・長久手の戦
　→蜂須賀正勝 ………………… 149
　→佐々成政 …………………… 151
　→朝日方 ……………………… 152
　→石川数正 …………………… 155
　→酒井忠次 …………………… 157
　→豊臣秀吉 …………………… 158
　→井伊直政 …………………… 189
　→山内一豊 …………………… 191
　→榊原康政 …………………… 194
　→結城秀康 …………………… 195
　→池田輝政 …………………… 205
　→増田長盛 …………………… 207
　→徳川家康 …………………… 207
　→織田信雄 …………………… 241
　→池田恒興 …………………… 272
　→滝川一益 …………………… 275
　→蒲生氏郷 …………………… 276

【さ】

斎藤道三 ………………………… 265
酒井忠次 ………………………… 157
榊原康政 ………………………… 194
佐々木厳流　→佐々木小次郎 … 97
佐々木小次郎 …………………… 97
佐々木義賢　→六角義賢 ……… 283
佐竹義宣 ………………………… 30
佐々成政 ………………………… 151
真田信之 ………………………… 94
真田昌幸 ………………………… 84
真田幸村 ………………………… 85
賤ヶ岳の戦
　→小谷の方 …………………… 145
　→織田信孝 …………………… 146
　→柴田勝家 …………………… 146
　→丹羽長秀 …………………… 149
　→蜂須賀正勝 ………………… 149
　→堀秀政 ……………………… 152
　→豊臣秀次 …………………… 156
　→豊臣秀吉 …………………… 158

　→前田利家 …………………… 181
　→金森長近 …………………… 196
　→加藤清正 …………………… 198
　→堀尾吉晴 …………………… 204
　→福島正則 …………………… 238
　→加藤嘉明 …………………… 242
　→中川清秀 …………………… 271
　→池田恒興 …………………… 272
　→滝川一益 …………………… 275
　→大谷吉継 …………………… 288
　→片桐且元 …………………… 306
　→淀殿 ………………………… 312
　→黒田長政 …………………… 317
　→脇坂安治 …………………… 319
泗川の戦　→島津義弘 ………… 375
柴田勝家 ………………………… 146
島勝猛 …………………………… 292
島清興　→島勝猛 ……………… 292
島左近　→島勝猛 ……………… 292
島津家久 ………………………… 377
島津忠良 ………………………… 365
島津義久 ………………………… 372
島津義弘 ………………………… 375
島原の乱
　→小笠原忠真 ………………… 55
　→板倉重昌 …………………… 247
　→松倉重政 …………………… 377
　→島津家久 …………………… 377
　→鍋島勝茂 …………………… 381
尚真 ……………………………… 365
尚寧 ……………………………… 377
崇源院 …………………………… 318
陶晴賢 …………………………… 343
駿河御前　→築山殿 …………… 107
関ヶ原の戦
　→津軽為信 …………………… 24
　→最上義光 …………………… 25
　→佐竹義宣 …………………… 30
　→伊達政宗 …………………… 31
　→小野忠明 …………………… 53
　→真田昌幸 …………………… 84
　→真田幸村 …………………… 85
　→直江兼続 …………………… 89

388

人名・合戦名索引

→上杉景勝 …………………… 91
→真田信之 …………………… 94
→前田利長 …………………… 97
→前田利家 …………………… 181
→鳥居元忠 …………………… 186
→細川ガラシャ ……………… 186
→井伊直政 …………………… 189
→前田玄以 …………………… 191
→山内一豊 …………………… 191
→結城秀康 …………………… 195
→金森長近 …………………… 196
→本多忠勝 …………………… 196
→浅野長政 …………………… 197
→加藤清正 …………………… 198
→堀尾吉晴 …………………… 204
→池田輝政 …………………… 205
→仙石秀久 …………………… 206
→増田長盛 …………………… 207
→徳川家康 …………………… 207
→福島正則 …………………… 238
→加藤嘉明 …………………… 242
→徳川秀忠 …………………… 243
→本多正純 …………………… 246
→蜂須賀家政 ………………… 247
→松平忠明 …………………… 253
→石田三成 …………………… 283
→大谷吉継 …………………… 288
→九鬼嘉隆 …………………… 289
→小西行長 …………………… 290
→島勝猛 ……………………… 292
→長束正家 …………………… 293
→小早川秀秋 ………………… 293
→黒田孝高 …………………… 295
→柳生宗厳 …………………… 300
→京極高次 …………………… 301
→細川幽斎 …………………… 302
→浅野幸長 …………………… 305
→大野治長 …………………… 305
→高山右近 …………………… 307
→豊臣秀頼 …………………… 310
→見性院 ……………………… 315
→黒田長政 …………………… 317
→脇坂安治 …………………… 319
→藤堂高虎 …………………… 319
→柳生宗矩 …………………… 334
→安国寺恵瓊 ………………… 359
→長宗我部盛親 ……………… 360
→明石掃部 …………………… 361
→吉川広家 …………………… 361
→毛利輝元 …………………… 362
→宇喜多秀家 ………………… 363
→有馬晴信 …………………… 373
→宗義智 ……………………… 374
→島津義弘 …………………… 375
→松倉重政 …………………… 377
→島津家久 …………………… 377
→立花宗茂 …………………… 378
→細川忠興 …………………… 379
→鍋島勝茂 …………………… 381
仙石秀久 ……………………… 206
千姫 …………………………… 338
宗義智 ………………………… 374

【た】

高城の戦　→宮部継潤 ……… 283
高橋紹運 ……………………… 367
高松城の水攻め
　→豊臣秀吉 ………………… 158
　→堀尾吉晴 ………………… 204
　→黒田孝高 ………………… 295
　→吉川元春 ………………… 356
高山右近 ……………………… 307
滝川一益 ……………………… 275
武田勝頼 ……………………… 80
武田信玄 ……………………… 56
武田信虎 ……………………… 72
竹中重治　→竹中半兵衛 …… 105
竹中半兵衛 …………………… 105
立花道雪　→戸次鑑連 ……… 367
立花宗茂 ……………………… 378
伊達政宗 ……………………… 31
種子島時堯 …………………… 366
茶々　→淀殿 ………………… 312
千代　→見性院 ……………… 315
長宗我部元親 ………………… 357

長宗我部盛親 …………………… 360
塚原高幹　→塚原卜伝 ………… 47
塚原卜伝 ………………………… 47
津軽為信 ………………………… 24
築山殿 …………………………… 107
筒井順慶 ………………………… 272
天瑞院 …………………………… 154
伝通院 …………………………… 190
天目山の戦
　→武田勝頼 ………………… 80
　→織田信長 ………………… 115
　→森蘭丸 …………………… 144
土井利勝 ………………………… 252
東常縁 …………………………… 99
刀衡坂の合戦　→朝倉義景 …… 95
藤堂高虎 ………………………… 319
道明寺の戦　→岩見重太郎 …… 373
遠江乾の戦　→大久保彦左衛門 … 248
徳川家康 ………………………… 207
徳川家康母　→伝通院 ………… 190
徳川忠輝　→松平忠輝 ………… 255
徳川信康　→松平信康 ………… 108
徳川秀忠 ………………………… 243
徳川秀忠室　→崇源院 ………… 318
徳川秀康　→結城秀康 ………… 195
徳川広忠　→松平広忠 ………… 100
豊臣秀次 ………………………… 156
豊臣秀長　→羽柴秀長 ………… 153
豊臣秀吉 ………………………… 158
豊臣秀吉母　→天瑞院 ………… 154
豊臣秀頼 ………………………… 310
豊臣秀頼室　→千姫 …………… 338
鳥居元忠 ………………………… 186

【な】

内藤如安 ………………………… 319
直江兼続 ………………………… 89
直江山城守　→直江兼続 ……… 89
長尾顕長　→上杉景勝 ………… 91
長尾景虎　→上杉謙信 ………… 72
中川清秀 ………………………… 271
長篠の戦
　→武田勝頼 ………………… 80
　→織田信忠 ………………… 114
　→織田信長 ………………… 115
　→丹羽長秀 ………………… 149
　→石川数正 ………………… 155
　→酒井忠次 ………………… 157
　→前田利家 ………………… 181
　→鳥居元忠 ………………… 186
　→山内一豊 ………………… 191
　→徳川家康 ………………… 207
長島の一向一揆　→織田信忠 … 114
長良川の戦　→斎藤道三 ……… 265
長束正家 ………………………… 293
鍋島勝茂 ………………………… 381
鍋島直茂 ………………………… 374
南部信直 ………………………… 24
丹羽長秀 ………………………… 149
ねね　→高台院 ………………… 236
濃姫 ……………………………… 205

【は】

羽柴秀次　→豊臣秀次 ………… 156
羽柴秀長 ………………………… 153
羽柴秀吉　→豊臣秀吉 ………… 158
支倉常長 ………………………… 27
畠山政長 ………………………… 259
畠山義就 ………………………… 258
蜂須賀家政 ……………………… 247
蜂須賀小六　→蜂須賀正勝 …… 149
蜂須賀正勝 ……………………… 149
服部半蔵 ………………………… 278
比叡山焼討ち　→織田信長 …… 115
日野富子 ………………………… 260
福島正則 ………………………… 238
藤原富子　→日野富子 ………… 260
文禄・慶長の役
　→南部信直 ………………… 24
　→松前慶広 ………………… 26
　→支倉常長 ………………… 27
　→真田幸村 ………………… 85
　→直江兼続 ………………… 89
　→上杉景勝 ………………… 91

→前田利長	97
→天瑞院	154
→豊臣秀吉	158
→前田利家	181
→浅野長政	197
→加藤清正	198
→増田長盛	207
→福島正則	238
→加藤嘉明	242
→足利義昭	279
→小早川隆景	281
→石田三成	283
→大谷吉継	288
→九鬼嘉隆	289
→小西行長	290
→小早川秀秋	293
→黒田孝高	295
→京極高次	301
→浅野幸長	305
→大野治長	305
→片桐且元	306
→黒田長政	317
→内藤如安	319
→脇坂安治	319
→藤堂高虎	319
→長宗我部元親	357
→安国寺恵瓊	359
→長宗我部盛親	360
→宇喜多秀家	363
→島津義久	372
→宗義智	374
→鍋島直茂	374
→島津義弘	375
→島津家久	377
→立花宗茂	378
→鍋島勝茂	381
戸次鑑連	367
別所長治	271
芳春院	234
北条氏綱	46
北条氏照	50
北条氏直	52
北条氏政	51

北条氏康	48
北条早雲	41
宝蔵院胤栄	301
細川越中守　→細川忠興	379
細川ガラシャ	186
細川忠興	379
細川忠興妻　→細川ガラシャ	186
細川玉　→細川ガラシャ	186
細川晴元	344
細川藤孝　→細川幽斎	302
細川政元	263
細川幽斎	302
堀秀政	152
堀尾吉晴	204
堀越公方　→足利政知	259
本多忠勝	196
本多正純	246
本多正信	234
本能寺の変	
→明智光秀	108
→織田信忠	114
→織田信長	115
→森蘭丸	144
→織田信孝	146
→細川ガラシャ	186
→前田玄以	191
→徳川家康	207
→滝川一益	275
→服部半蔵	278
→京極高次	301

【ま】

前田玄以	191
前田利家	181
前田利家室　→芳春院	234
前田利勝　→前田利長	97
前田利長	97
増田長盛	207
増田長盛	207
まつ　→芳春院	234
松倉重政	377
松平忠明	253

松平忠輝	255
松平忠直	337
松平信康	108
松平秀康　→結城秀康	195
松平広忠	100
松平元康　→徳川家康	207
松永弾正　→松永久秀	268
松永久秀	268
松前慶広	26
三方ヶ原の戦	
→武田信玄	56
→石川数正	155
→酒井忠次	157
→鳥居元忠	186
→榊原康政	194
→徳川家康	207
→服部半蔵	278
三河の一向一揆	
→榊原康政	194
→徳川家康	207
→本多正信	234
三木城攻防戦	
→竹中半兵衛	105
→別所長治	271
御子神典膳　→小野忠明	53
耳川の戦　→島津義久	372
宮部継潤	283
宮本武蔵	322
三好長慶	344
毛利隆景　→小早川隆景	281
毛利隆元	344
毛利輝元	362
毛利元就	347
毛利元春　→吉川元春	356
最上義光	25
森蘭丸	144

【や】

柳生石舟斎　→柳生宗厳	300
柳生但馬守　→柳生宗矩	334
柳生利厳　→柳生兵庫助	337
柳生兵庫助	337
柳生宗矩	334
柳生宗厳	300
山内一豊	191
山崎の戦	
→明智光秀	108
→丹羽長秀	149
→蜂須賀正勝	149
→堀秀政	152
→豊臣秀吉	158
→中川清秀	271
→池田恒興	272
→筒井順慶	272
→細川幽斎	302
山中鹿之助　→山中幸盛	354
山中幸盛	354
山内一豊	191
山内一豊妻　→見性院	315
山本勘助	103
結城秀康	195
養珠院　→お万の方	54
淀殿	312

【ら】

龍造寺隆信	366
六角義賢	283

【わ】

脇坂甚内　→脇坂安治	319
脇坂安治	319

読書案内「戦国」を知る本 ①武将
——下剋上の世を生きた人物群像

2008年9月25日 第1刷発行

発　行　者／大高利夫
編集・発行／日外アソシエーツ株式会社
　　　　　〒143-8550 東京都大田区大森北1-23-8 第3下川ビル
　　　　　電話(03)3763-5241(代表)　FAX(03)3764-0845
　　　　　URL http://www.nichigai.co.jp/
発　売　元／株式会社紀伊國屋書店
　　　　　〒163-8636 東京都新宿区新宿3-17-7
　　　　　電話(03)3354-0131(代表)
　　　　　ホールセール部(営業) 電話(03)6910-0519

　　　　電算漢字処理／日外アソシエーツ株式会社
　　　　印刷・製本／株式会社平河工業社

不許複製・禁無断転載　　《中性紙H-三菱書籍用紙イエロー使用》
〈落丁・乱丁本はお取り替えいたします〉
ISBN978-4-8169-2130-8　　Printed in Japan, 2008

本書はディジタルデータでご利用いただくことができます。詳細はお問い合わせください。

読書案内 「戦国」を知る本
①武将―下剋上の世を生きた人物群像
　A5・400頁　定価7,980円(本体7,600円)　2008.9刊
②戦乱―天下太平までの合戦・事件
　A5・約400頁　予価7,980円(本体7,600円)　2008.10刊予定
③文化―戦の世に花開いた芸術・文学
　A5・約400頁　予価7,980円(本体7,600円)　2008.11刊予定

"応仁の乱"から"大坂夏の陣"までの150年間、日本史の中でも関心を集める戦国・安土桃山時代を知るためのテーマ各200項目についての解説と、関連する各7,000点の図書を紹介したブックガイド。

読書案内　大江戸を知る本
小林克 監修　A5・360頁　定価7,140円(本体6,800円)　2000.7刊

江戸図、太田道灌、外国人の見た江戸、隅田川、徳川家康、火消し、浅草、平賀源内、浮世絵など都市としての江戸を知るためのテーマ250項目についての解説と、関連する7,000点の図書を紹介したブックガイド

読書案内　「明治」を知る本
A5・400頁　定価7,140円(本体6,800円)　2000.3刊

東京遷都、人力車、福沢諭吉、西南戦争、自由民権運動、鹿鳴館、日清戦争、日露戦争、夏目漱石など、「明治」という時代を知るためのテーマ300項目についての解説と、関連する8,000点の図書を紹介したブックガイド。

読書案内　「昭和」を知る本
①政治―軍国主義から敗戦、そして戦後民主主義へ
　A5・380頁　定価7,140円(本体6,800円)　2006.9刊
②社会―金融恐慌・闇市から高度成長・バブル経済へ
　A5・390頁　定価7,140円(本体6,800円)　2006.10刊
③文化―昭和を彩った科学・芸術・文学・風俗
　A5・400頁　定価7,140円(本体6,800円)　2006.11刊

昭和天皇、二・二六事件、美空ひばり、東京オリンピック、日本万国博覧会、まんが文化、バブル経済など、「昭和」という時代を知るためのテーマ各200項目についての解説と、関連する各8,000点の図書を紹介したブックガイド。

データベースカンパニー
日外アソシエーツ
〒143-8550　東京都大田区大森北1-23-8
TEL.(03)3763-5241　FAX.(03)3764-0845　http://www.nichigai.co.jp/